第8版获首届全国教材建设奖全国优秀教材二等奖

国家卫生健康委员会"十四五"规划教材

全 国 高 等 学 校 教 材

新形态教材

供预防医学类专业用

营养与食品卫生学

Nutrition and Food Hygiene

第 9 版

主　审　孙长颢

主　编　李　颖　刘烈刚

副主编　黄国伟　夏　敏　王　慧

数 字 主 编　李　颖

数字副主编　黄　涛　马　乐　杨万水

人民卫生出版社
·北 京·

图书在版编目（CIP）数据

营养与食品卫生学 / 李颖，刘烈刚主编. -- 9 版.
北京：人民卫生出版社，2025. 6. --（全国高等学校预
防医学专业第九轮规划教材）. -- ISBN 978-7-117
-38043-0

    I. R15

    中国国家版本馆 CIP 数据核字第 2025YS4918 号

人卫智网	www.ipmph.com	医学教育、学术、考试、健康，购书智慧智能综合服务平台
人卫官网	www.pmph.com	人卫官方资讯发布平台

营养与食品卫生学
Yingyang yu Shipin Weishengxue
第 9 版

主　　编：李　颖　刘烈刚
出版发行：人民卫生出版社（中继线 010-59780011）
地　　址：北京市朝阳区潘家园南里 19 号
邮　　编：100021
E - mail：pmph @ pmph.com
购书热线：010-59787592　010-59787584　010-65264830
印　　刷：人卫印务（北京）有限公司
经　　销：新华书店
开　　本：850×1168　1/16　　印张：30
字　　数：786 千字
版　　次：1981 年 7 月第 1 版　　2025 年 6 月第 9 版
印　　次：2025 年 6 月第 1 次印刷
标准书号：ISBN 978-7-117-38043-0
定　　价：99.00 元
打击盗版举报电话：010-59787491　E-mail：WQ @ pmph.com
质量问题联系电话：010-59787234　E-mail：zhiliang @ pmph.com
数字融合服务电话：4001118166　　E-mail：zengzhi @ pmph.com

编委名单

新形态教材使用说明

新形态教材是充分利用多种形式的数字资源及现代信息技术，通过二维码将纸书内容与数字资源进行深度融合的教材。本套教材全部以新形态教材形式出版，每本教材均配有特色的数字资源和电子教材，读者阅读纸书时可以扫描二维码，获取数字资源和电子教材。

电子教材是纸质教材的电子阅读版本，支持手机、平板及电脑等多终端浏览，具有目录导航、全文检索等功能，方便与纸质教材配合使用，随时随地进行阅读。

获取数字资源与电子教材的步骤

❶ 扫描封底红标二维码，获取图书"使用说明"。

❷ 揭开红标，扫描绿标激活码，注册／登录人卫账号获取数字资源与电子教材。

❸ 扫描书内二维码或封底绿标激活码随时查看数字资源和电子教材。

❹ 登录 zengzhi.ipmph.com 或下载应用体验更多功能和服务。

扫描下载应用

客户服务热线 400-111-8166

读者信息反馈方式

人卫e教
medu.pmph.com

欢迎登录"人卫 e 教"平台官网"medu.pmph.com"，在首页注册登录后，即可通过输入书名、书号或主编姓名等关键字，查询我社已出版教材，并可对该教材进行读者反馈、图书纠错、撰写书评以及分享资源等。

修订说明

公共卫生与预防医学教育是现代医学教育的重要组成部分，在应对全球健康挑战、建设健康中国、提高国民健康素养、促进人群健康过程中，始终发挥着重要作用、承担着重大使命。在人类应对各种突发、新发传染病威胁过程中，公共卫生更是作用重大，不可或缺，都说明公共卫生学科专业的重要性与必要性。公共卫生不仅关系着公众的健康水平、公共安全和社会稳定，还影响着社会经济的发展和国际关系与世界格局的改变，是事关大国计、大民生的大学科、大专业。在我国公共卫生40余年的教学实践中也逐步形成了我国公共卫生与预防医学教育的一些特点。比如，我国的公共卫生教育是以强医学背景为主的公共卫生与预防医学教育，既体现了国家战略需求，也结合了本土化实践。现代公共卫生与预防医学教育强调"干中学"（learning by doing）这一主动学习、在实践中学习和终身学习的教育理念，因此公共卫生与预防医学教材建设和发展也必须始终坚持和围绕这一理念。

1978年，在卫生部的指导下，人民卫生出版社启动了我国本科预防医学专业第一轮规划教材，组织了全国高等院校的知名专家和教师共同编写，于1981年全部出版。首轮教材共有7个品种，包括《卫生统计学》《流行病学》《分析化学》《劳动卫生与职业病学》《环境卫生学》《营养与食品卫生学》《儿童少年卫生学》，奠定了我国本科预防医学专业教育的规范化模式。此后，随着预防医学专业的发展和人才培养需求的变化，进行了多轮教材的修订、完善与出版工作，并于1990年成立了全国高等学校预防医学专业第一届教材评审委员会，至今已经是第五届。为了满足各院校教学的实际需求，规划教材的品种也在不断丰富。第二轮增加《卫生毒理学基础》《卫生微生物学》，第四轮增加《社会医学》，第五轮增加《卫生事业管理学》《卫生经济学》《卫生法规与监督学》《健康教育学》《卫生信息管理学》《社会医疗保险学》，第八轮增加《公共卫生与预防医学导论》。由此，经过40余年的不断完善和补充，逐渐形成了一套具有中国本土特色的、完整的、科学的预防医学教材体系。

党的二十大报告提出"创新医防协同、医防融合机制，健全公共卫生体系"，我国新时代卫生健康工作方针明确坚持"预防为主""将健康融入所有政策"，把公共卫生在国家建设发展中的基础性、全局性、战略性地位提到了空前高度。为贯彻落实党的二十大及二十届二中、三中全会精神，促进教育、科技、人才一体化发展，适应我国公共卫生体系重塑和高水平公共卫生学院建设的需要，经研究决定，于2023年启动了全国高等学校预防医学专业第九轮规划教材的修订工作。

预防医学专业第九轮规划教材的修订和编写特点如下:

1. 强化国家战略导向,坚持教材立德树人 教材修订编写工作认真贯彻落实教育部《高等学校课程思政建设指导纲要》,落实立德树人根本任务,以为党育人、为国育才为根本目标。在专业内容中融入思政元素,固本铸魂,阐释"人民至上、生命至上"的理念,引导学生热爱、专注、执着、奉献于公共卫生事业,打造政治过硬、心怀人民、专业能力强,既对国情有深刻理解,又对国际形势有充分认知,关键时刻能够靠得住、顶得上的公共卫生与预防医学专业人才队伍。

2. 培养公卫紧缺人才,坚持教材顶层设计 教材修订编写工作是在教育部、国家卫生健康委员会、国家疾病预防控制局的领导和支持下,由全国高等学校预防医学专业教材评审委员会审定,专家、教授把关,全国各医学院校知名专家教授和疾控专家共同编写,人民卫生出版社高质量出版。坚持顶层设计,按照教育部培养目标、国家公共卫生与疾控事业高质量发展的要求和社会用人需求,在全国进行科学调研的基础上,借鉴国内外公共卫生人才培养模式和教材建设经验,充分研究论证专业人才素质要求、学科体系构成、课程体系设置和教材体系规划。

3. 细化自强卓越目标,坚持教材编写原则 教材修订编写遵循教育模式的改革、教学方式的优化和教材体系的建设,立足中国本土,突出中国特色,夯实人才根基。在全国高等院校教材使用效果的调研、评价基础上,总结和汲取前八轮教材的编写经验和成果,对院校反馈意见比较集中的教材内容进行修改和完善。教材编写立足预防医学专业五年制本科教育,始终坚持教材"三基"(基础理论、基本知识、基本技能)、"五性"(思想性、科学性、先进性、启发性、适用性)和"三特定"(特定对象、特定要求、特定限制)的编写原则。

4. 深化数字科技赋能,坚持教材创新发展 为进一步满足预防医学专业教育数字化需求,更好地实现理论与实践结合,本轮教材采用纸质教材和数字资源融合的新形态教材出版形式。数字资源包括教学课件、拓展阅读、案例分析、实践操作、微课、视频、动画等,根据教学实际需求,突出公共卫生与预防医学学科特色资源建设,支持教学深度应用,有效服务线上教学、混合式教学等教学模式。

5. 全面服务教学育人,坚持教材立体建设 从第五轮教材修订开始,尝试编写和出版服务于教学与考核的配套教材,之后每轮教材修订时根据需要不断扩充和完善。本轮教材仍有 10 种理论教材配有学习指导与习题集、实习指导、实验指导类配套教材,供教师授课、学生学习和复习参考。

全国高等学校预防医学专业第九轮规划教材共 17 种,均为国家卫生健康委员会"十四五"规划教材。全套教材将于 2025 年出版发行,数字内容和电子教材也将同步上线。其他配套教材将于 2026 年陆续出版完成。另外,教育部公共卫生与预防医学"101 计划"核心教材首轮共 10 种,也将同步出版,供全国广大院校师生选用参考。

希望全国广大院校在使用过程中能够多提宝贵意见,反馈使用信息,以便进一步修改和完善教材内容,提高教材质量,为第十轮教材的修订工作建言献策。

主审简介

孙 长 颖

教授,哈尔滨医科大学原副校长、原公共卫生学院院长。现担任"精准营养与健康"教育部重点实验室主任、国家重点学科带头人、教育部首批虚拟教研室建设试点负责人等。曾获国家高层次人才特殊支持计划领军人才、第二批全国黄大年式教学团队负责人、第二十二届吴阶平-保罗·杨森医学药学奖等荣誉称号。曾担任中国营养学会副理事长,现担任中国营养学会监事长、教育部高等学校公共卫生与预防医学类专业教学指导委员会副主任委员等学术兼职。

1994 年医学博士研究生毕业留校任教,至今从事教学工作30 年。主持国家 863 重点项目、国家科技支撑计划、科技部重点研发计划项目、国家自然科学基金重点项目等国家级课题 18 项;发表 SCI 论文 200 余篇,累计影响因子 527.9,被引用 4 500 余次,H 指数为 48,包括 *Cell metabolism*、*Diabetes care*、*Journal of Pineal Research*、*Diabetes*、*Hypertension* 等国际知名学术期刊,连续 3 年入选 *Elsevier* 高被引学者;获教育部一等奖、省政府一等奖等省部级以上奖励 9 项;获国家级教学成果奖二等奖 2 项,获首届全国教材建设奖全国优秀教材二等奖及省级优秀教材奖特等奖各 1 项。

主编简介

李　颖

教授，博士研究生导师，哈尔滨医科大学公共卫生学院院长，国家级百千万人才工程入选者，国家有突出贡献中青年专家，教育部新世纪优秀人才。国家核心期刊《中华预防医学》《中国公共卫生》，及 CCDC Weekly 等编委。中国营养学会常务理事，中国营养学会营养与组学技术分会主任委员，黑龙江省营养学会副理事长兼秘书长，首批国家健康科普专家库成员。获省高校"师德先进个人"、省级"教学名师"、省"青年五四奖章"等荣誉称号。

一直从事营养与慢性疾病关系及机制研究，在 Cell Metabolism、Diabetes care、Diabetes、Hypertension 等期刊发表 120 余篇研究论文，获得国家自然科学基金重点项目、科技部重大专项、农业农村部重大专项、全军重大专项等课题 36 项，以第一完成人获得省政府一等奖励和第二完成人获得教育部一等奖励 11 项。获国家级教学成果奖二等奖、霍英东教育教学二等奖、省高等教育教学成果奖一等奖等奖励 25 项，主编和副主编国家规划教材共 7 部，主讲课程获评首批国家线上金课、国家级线上和线下混合教学金课。

刘烈刚

二级教授，博士研究生导师，华中科技大学同济医学院公共卫生学院副院长，食品营养与安全湖北省重点实验室主任，华中学者特聘岗教授，教育部新世纪优秀人才。主要学术兼职包括食品安全国家标准审评委员会委员、国家营养标准审评委员会委员、中国营养学会副理事长、湖北省营养学会理事长。

承担国家科技支撑计划、国家自然科学基金重点国际（地区）合作研究项目、国家自然科学基金重点项目等多项研究课题。以通信作者在 BMJ、Diabetes Care、EHP、Diabetes、AJCN、Am J Epidemiol 等期刊发表 SCI 收录论文 140 余篇。主编教材 6 部，获教育部自然科学奖二等奖、湖北省自然科学奖二等奖各 1 项，获国家教学成果奖二等奖（排名第二、第三）2 项。

副主编简介

黄国伟

教授，博士研究生导师，天津医科大学公共卫生学院原院长、营养与食品卫生学系主任，国务院政府特殊津贴专家，天津市杰出津门学者，天津市教学名师。教育部高等学校公共卫生与预防医学类专业教学指导委员会委员。

从事预防医学教学工作 35 年，研究方向为营养与疾病。主持科研项目 22 项，作为通信作者发表 SCI 收录论文 120 余篇。国家卫生健康委员会"十四五"规划教材《预防医学》（第 8 版）并列主编，国家卫生健康委员会规划教材《预防医学》（第 5～7 版）和《营养与食品卫生学》（第 7、8 版）副主编。曾获国家教学成果奖二等奖等奖项。

夏　敏

教授，博士研究生导师，中山大学公共卫生学院院长，广东省营养膳食与健康重点实验室主任，中国营养学会理事，中国营养学会基础营养分会副主任委员，广东省营养学会副理事长，国际动脉粥样硬化学会中国分会副主席，国家高层次人才，*Elsevier* 高被引学者。

长期从事营养膳食代谢与心血管代谢疾病防治研究。作为项目负责人主持科技部国家重点研发计划、国家自然科学基金和省部级重点项目等项目 20 余项。在 *Nat Food*、*Circulation*、*Circ Res*、*Diabetes Care* 等期刊发表多篇学术论文。研究成果荣获广东省自然科学奖一等奖、教育部高等学校科学研究优秀成果奖。

王　慧

二级教授，博士研究生导师，上海交通大学公共卫生学院院长，上海交通大学数字医学研究院执行院长。国家杰出青年科学基金获得者，国家百千万人才工程入选者，中国青年女科学家奖获得者，国务院政府特殊津贴专家。国务院食品安全委员会专家委员会委员，国家健康科普专家，中国营养科学界首席专家，第一届食品安全国家标准审评委员会微生物分委会主任委员，中国检验检测学会数智主动健康产业协同创新中心主任，上海市食品安全风险评估专家委员会膳食营养专业委员会主任委员，上海市毒理学会理事长，上海市大数据社会应用研究会数字健康专业委员会主任委员，*Elsevier* 高被引学者，科技部重点专项首席科学家。

长期从事主动健康与慢病防控、营养与食品安全、健康教育与健康传播的基础和应用研究。在 *Nature*、*JAMA* 等期刊发表 SCI 论文 200 余篇，主编专著 9 部，申请专利 60 余项，成果转化 7 项，形成国家、行业标准 25 项，曾获上海市优秀教学成果奖一等奖。

前　言

　　作为全国高等学校预防医学类专业核心规划教材，本教材历经八次修订，始终秉承严谨治学传统，其第8版曾荣获首届全国教材建设奖全国优秀教材二等奖。本次修订严格遵循教育部、教材评审委员会要求，在保持学科系统性与传承性的基础上，着力体现新时代高等教育教材建设理念，系统建构"文化根脉-现代转型"双向赋能的新型教材范式。

　　本次修订工作恪守"三基""五性""三特定"的编写原则，系统整合学科发展前沿动态与国家战略需求。在内容构建上凸显三大特色：其一，强化课程思政元素有机融入，实现知识传授与价值引领的深度融合；其二，深化新形态教材建设，通过数字化资源拓展实现立体化知识呈现；其三，立足健康中国战略，紧密对接《"健康中国2030"规划纲要》等国家政策导向，确保教材内容与公共卫生事业发展同频共振。

　　本次修订重点体现在以下方面：

　　1. 学科体系优化　将营养毒理学内容由食品卫生学调整至营养学篇，新增"营养相关方法学"专章，构建营养学方法学框架。

　　2. 知识模块更新　全面引入膳食模式研究最新成果，系统阐述DASH、MIND等国际公认膳食模式，强化循证营养学理念。

　　3. 标准规范同步　依据2024年新版《食品添加剂使用标准》，重构食品添加剂分类体系，新增特殊医学用途配方食品管理规范。

　　4. 监管体系对接　更新国际国内食品安全监管机构名录及职能表述，完善食品安全风险分析框架。

　　5. 数字资源升级　开发配套三维可视化教学资源库，构建"纸质教材＋数字课程＋实践指导"三位一体教学体系。

　　本版教材配套出版《营养与食品卫生学实习指导》（第6版）、《营养与食品卫生学学习指导与习题集》（第4版），形成完整的教学资源体系。

　　教材编写团队秉承"传承创新、兼容并蓄"的建设理念，组建跨区域、跨院校、跨学科的编写委员会。特别感谢主审孙长颢教授在框架设计、内容审定等环节的卓越贡献，以及各参编院校专家在交叉互审过程中展现的严谨治学精神。哈尔滨医科大学公共卫生学院团队在统稿校勘工作中表现出的专业素养，为教材质量提供了坚实保障。

　　限于编者学识水平，虽经反复推敲论证，仍恐存在疏漏之处。诚望各教学单位师生及学界同仁不吝指正，共同推进我国营养与食品卫生学教材建设迈向新高度。

李　颖　刘烈刚

2025年4月

目　录

第一篇　营养学

第二篇　食品卫生学

绪　论

营养与食品卫生学（nutrition and food hygiene）属于预防医学领域，主要研究膳食与机体的相互作用及其对健康的影响作用机制以及据此提出预防疾病、保护和促进健康的措施、政策和法规等。因此，营养与食品卫生学不仅具有很强的自然科学属性，而且还具有相当程度的社会科学属性，即社会实践性和应用性。

营养与食品卫生学包括既联系密切而又相互区别的两门学科，即营养学（nutrition science）与食品卫生学（food hygiene）。

一、营养学与食品卫生学的定义、联系与区别

（一）营养学定义

从字义上讲"营"的含义是经营、谋求，"养"的含义是养生，营养就是谋求养生。因此，营养是指机体从外界摄取食物，经过体内的消化、吸收和/或代谢后，或参与构建组织器官，或满足生理功能和身体活动需要的必要的生物学过程。

营养学是指研究机体营养规律以及改善措施的科学，即研究食物中对人体有益的成分及人体摄取和利用这些成分以维持、促进健康的规律和机制，在此基础上采取具体的、宏观的社会性措施，以改善人类健康和提高生命质量。因此，它主要涉及食物营养、人体营养和公共营养三大领域。还可将其分为基础营养、食物营养、公共营养、特殊人群营养和临床营养这五大领域。

（二）食品卫生学定义

食品卫生学是指研究食品中可能存在的、危害人体健康的有害因素及其对机体的作用规律和机制，在此基础上提出具体、宏观的预防措施，以提高食品卫生质量，保护食用者安全的科学。

（三）两者的联系与区别

营养学与食品卫生学的联系在于，从广义上讲，两者有共同的研究对象——食物（food）和人体，即研究食物（饮食）与健康的关系；区别在于，从狭义上讲，两者在具体研究目标、研究目的、研究方法和理论体系等方面各不相同。营养学是研究食物中的有益成分与健康的关系，食品卫生学则是研究食物中有害因素与健康的关系。

二、营养学发展的历史及展望

（一）古代营养学发展的历史

我国对食物营养与健康的认识历史悠久，源远流长。早在3 000多年前的西周时期（约公元前1100年—公元前771年），便有食医（专门从事饮食营养的医生），且位居"四医"之首。2 000多年前的战国至西汉时代编写的中医经典著作《黄帝内经·素问》中，就提出了"五谷为养、五果为助、五畜为益、五菜为充、气味合而服之，以补精益气"的膳食平衡理念。东晋葛洪的《肘后备急方》记载了用豆豉、大豆、小豆、牛乳等方法治疗和预防脚气病。唐代医学家孙思邈倡导顺应自然的饮食养生，并明确提出了"食疗"和"药食同源"的概念，认为就食物功能而言，"用之充饥则谓之食，以其疗病则谓之药"。公元659年，孙思邈的弟子孟诜撰写了我国第一部食疗专著《食疗本草》。宋、金、元时

期,食疗学得到较全面的发展,如宋朝的王怀隐等编写的《太平圣惠方》,记载了 28 种疾病的食疗方法;而元朝忽思慧等撰写的《饮膳正要》,针对各种保健食物、补益药膳以及烹调方法进行了较为深入的研究。明代李时珍总结了我国 16 世纪以前的药学经验,撰写了《本草纲目》,其中有关抗衰老的保健药物及药膳就达 253 种。

人类在长达几百万年探索饮食与健康关系的历史进程中,积累了丰富的实践经验和感性认识,并逐渐形成了祖国传统医学中关于营养保健的独特理论体系,即"药食同源学说""药膳学说""食物功能的性味学说""食物的升、降、浮、沉学说""食物的补泻学说""食物的归经学说""辨证施食学说"等。这些学说依据祖国传统医学的理论,从哲学的角度,用辨证、综合、联系和发展的视角,深入研究了饮食与健康的关系。

国外最早关于营养方面的记载、认识与实践始见于公元前 400 多年前。《圣经》中曾描述将鱼肝汁挤到眼睛中治疗一种眼病。古希腊名医希波克拉底(Hippocrates)提出"食物即药"的观点,这与我国古代关于"药食同源"的学说有惊人相似之处。不仅如此,他提出的食物疗法,如使用海藻治疗甲状腺肿、动物肝脏治疗夜盲症和用含铁的水治疗贫血,至今仍有一定的应用。

（二）现代营养学的发展

18 世纪中叶以前,关于膳食、营养与健康的关系已形成了大量的观点、学说甚至理论,但这些认识多基于感性经验,缺乏对深层次的理解(比如当时对食物和人体的构成一无所知)。1785 年法国"化学革命"后,化学、物理学等自然科学的发展、化学分析方法的进步,以及生物化学、微生物学、生理学、医学等多学科的突破性成果,推动了现代意义的营养学研究,即利用定量、科学的方法系统地对营养观点进行更深层次的研究与验证,从而标志着现代营养学的开端。

现代营养学从开始至现在,可大致分为以下三个时期:

1. 营养学的萌芽与形成期(1785—1945 年) 此期的特点:①在认识到人体与食物基本化学元素组成的基础上,逐渐形成了营养学的基本概念、理论;②建立了食物成分化学分析和动物实验方法;③明确了一些营养缺乏病的病因;④1912—1942 年分离和鉴定了绝大多数营养素(nutrient),是发现营养素的鼎盛时期,也是营养学发展的黄金时期;⑤1934 年美国营养学会成立,标志着现代营养学的基本框架形成。

这一时期是营养学历史上突破最大、最多的时期,代表性成果有:

（1）通过定量化学分析认识了动植物的化学元素构成。1778 年,法国化学家 Lavoisier 鉴定了氧和氢;1785 年,法国化学家 Berthollet 发现动、植物体内含氢和氮,标志着现代营养学的开端。

（2）1780 年,Lavoisier 通过实验首次提出"呼吸是氧化燃烧"理论,为食物能量代谢研究奠定基础。

（3）1839 年,荷兰科学家 Mulder 首次提出"蛋白质(protein)"的概念,并认识到各种蛋白质含有大约 16% 的氮。

（4）1842 年,德国有机化学家 Liebig 提出营养是蛋白质、脂肪(fat)和碳水化合物(carbohydrate)的氧化过程,并指出碳水化合物可在体内转化为脂肪;同时还建立了碳、氢、氮定量测定方法,由此明确了食物组成及物质代谢概念。

（5）1860 年,德国生理学家 Voit 建立氮平衡(nitrogen balance)学说,并于 1881 年首次系统提出蛋白质、碳水化合物和脂肪的每日供给量;1894 年,Rubner 建立食物代谢热量测量法,提出热量代谢的体表面积法则和 Rubner 生热系统;1899 年,美国农业化学家 Atwater 提出 Atwater 生热系数,设计了更精确的呼吸能量计,并完成了大量能量代谢实验和食物成分分析。这师生三代(Liebig 是

Voit 的老师，后者又是 Rubner 和 Atwater 的老师）科学家以伟大的科研业绩，成为现代营养学的主要奠基人。

（6）1886 年，荷兰细菌学家 Eijkman 建立了研究脚气病的鸡模型，并发现白色精制大米可导致该病，而粗制带有麸皮的大米具有治疗作用。此后，经过几代人的努力，终于在 1926 年发现了维生素 B_1（vitamin B_1）。

（7）1912 年，Funk 将抗脚气病、抗坏血病、抗癞皮病、抗佝偻病的四种物质统称为"生命胺（vitamine）"。1920 年，命名为维生素（vitamin）。

（8）1810 年，Wollastor 发现第一种氨基酸（amino acid）——亮氨酸（leucine）。1935 年，Rose 鉴定出最后一种天然存在的氨基酸——苏氨酸（threonine）。1942 年，Rose 根据人体实验确认成人有八种必需氨基酸（essential amino acid）。

2. 营养学的全面发展与成熟期（1945—1985 年）　此期的特点有：

（1）持续发现新营养素，并系统研究其消化、吸收、代谢、生理功能及缺乏病的机制。

（2）除了营养缺乏问题，开始关注营养过剩对健康的危害。

（3）公共营养（public nutrition）的兴起是该时期营养学发展的显著特点。第二次世界大战期间，美国政府的食物配给制度和社会性措施为公共营养的发展奠定了基础。战后，国际组织推动宏观营养研究，加强营养工作的社会性；随后在世界卫生组织（World Health Organization，WHO）和联合国粮农组织（Food and Agriculture Organization，FAO）的努力下，加强了全球营养工作的宏观调控性质，公共营养学应运而生。1996 年，Mason 等提出并经 1997 年第十六届国际营养大会讨论同意，最终明确"公共营养"的定义，标志着公共营养的发展已经成熟。

3. 营养学发展的新突破与孕育期（1985 年至今）　此期的特点有：

（1）营养学研究领域更加广泛：除传统营养素外，植物化学物（phytochemicals）对人体健康的影响及其对慢性病的防治作用逐渐成为营养学研究热点；植物化学物的深入研究有利于促进健康、防治人类重大慢性病。

（2）营养学的研究内容更加深入：随着分子生物学技术和理论向各学科的逐渐渗透，1985 年分子营养学（molecular nutrition）名词的提出及 2006 年《分子营养学》教材的出版，分别标志着分子营养学研究的开始以及这门学科的成熟。分子营养学从微观的角度，专注于研究营养与基因的相互作用及其对健康的影响。

（3）营养学的研究内容更加宏观：2005 年 5 月发布的吉森宣言（Giessen declaration）及同年 9 月第十八届国际营养学大会上均提出了新营养学的概念，新营养学关注食物体系在生物、社会和环境中的相互作用，致力于解决全球营养问题和推动可持续发展。其研究内容超越传统营养学，涵盖更广泛的社会政治、经济、文化和环境因素，旨在制定保障食品安全和营养的政策，以促进健康生活和环境多样性。

（三）我国现代营养学的发展

我国现代营养学的发展约始于 20 世纪初。当时的生化学家做了一些食物成分分析和膳食调查方面的工作。1927 年，刊载营养学论文的《中国生理杂志》创刊。1928 年、1937 年分别发表了《中国食物的营养价值》和《中国民众最低营养需要》。1939 年，中华医学会参照国际联盟建议提出了我国历史上第一个营养素供给量建议。1941 年，中央卫生实验院召开了全国第一次营养学会议。1945 年，中国营养学会（Chinese nutrition society）在重庆正式成立，并创办《中国营养学杂志》。

中华人民共和国成立后，我国营养学有了长足发展。中华人民共和国成立初期根据营养学家的建议，国家采取了对主要食品统购、统销和价格补贴政策，保证了食物合理分配和居民基本需要。设置了营养科研机构，在全国各级医学院开设了营养卫生课程，为我国培养了大批营养专业人才队伍。结合国家建设和人民健康需要，开展了多方面富有成效的工作，先后进行了"粮食适宜碾磨度""军粮标准化""5410 豆制代乳粉""提高粗粮消化率"等研究工作。1952 年，我国出版第 1 版《食物成分表》；1955 年，提出中华人民共和国成立后第一个推荐膳食营养素供给量（recommended dietary allowance，RDA）；1956 年，《营养学报》创刊；1959 年，开展了我国历史上第一次全国性营养调查（nutritional survey）。

1978 年，党的十一届三中全会以后，我国的营养学事业驶入了快速发展的轨道。1982—2012年，每隔 10 年进行一次全国性营养调查；2010 年开始，每 3～5 年进行一次。1988 年，中国营养学会修订了每人每天膳食营养素供给量，并于 1989 年制定了我国第一个膳食指南。与此同时，我国的营养科学工作者进行了一些重要营养缺乏病，包括克山病、碘缺乏病、佝偻病及癞皮病等的防治研究，并结合防治克山病及硒中毒的研究结果，提出了人体硒需要量，受到各国学者的高度重视。另外，在基础营养学研究方面，如我国在居民蛋白质、能量需要量，以及利用稳定同位素技术检测微量元素体内代谢等研究领域，已接近世界先进水平，并取得了重要成果。

根据社会发展和居民膳食结构的改变，1997 年、2007 年、2016 年和 2022 年，中国营养学会先后修订了《中国居民膳食指南》，并发布了《中国居民平衡膳食宝塔》；2000 年，中国营养学会发布了我国第一部《中国居民膳食营养素参考摄入量》（dietary reference intakes，DRIs），并于 2013 年、2023 年分别进行了修订。我国政府高度重视居民营养与健康问题。1993 年，国务院发布了《九十年代食物结构改革与发展纲要》，1994 年国务院总理签发了《食盐加碘消除碘缺乏危害管理条例》；1997 年国务院办公厅发布了《中国营养改善行动计划》；2001 年和 2014 年分别发布了《中国食物与营养发展纲要（2001—2010 年）》和《中国食物与营养发展纲要（2014—2020 年）》。此后，为进一步推进国民营养健康，2016 年中共中央和国务院联合发布《"健康中国 2030"规划纲要》，2017 年，国务院办公厅发布了《国民营养计划（2017—2030 年）》，并发起了中国合理膳食行动。2022 年，国务院办公厅印发了《"十四五"国民健康规划》；2015 年，中国营养学会开始在全国举办"全民营养周"，并于 2019年纳入健康中国行动计划。这一系列政策文件、法律条例以及措施，不仅为改善与促进国民健康提供了有力的保障，还推动了我国营养学领域的持续发展。

（四）营养学未来发展趋势

1. 精准营养与健康　在充分考虑个体营养需求产生差异的生物学基础上，采用精准的膳食暴露测量、精准的机体营养状况评价和精准的膳食营养干预措施，以期达到改善机体健康、防控疾病以及延长寿命的目的。

2. 制定降低膳食相关非传染性疾病风险的建议摄入量（PI-NCD）　目前越来越多的研究证据表明，营养素在慢性病发生发展过程中起到了一定作用，但目前制定 PI-NCD 的营养素有限（仅有钾、钠和维生素 C）。随着大规模人群队列和随机临床干预研究的开展，高等循证医学证据将会被获得，以便制定更多营养素的 PI-NCD。

3. 膳食营养与健康长寿的关系　营养素定义的本质，是维持"生存"所必需的。近些年研究发现，有些营养素（或营养物质，如植物化学物、牛磺酸等）能够明显延长健康寿命。因此，未来的研究应以寿命为观察终点，研究营养素（或营养物质）的作用及其机制，从而确定"寿命营养素"。

4. 膳食模式和进餐方式与健康的关系　近些年已有大量研究表明，地中海膳食模式、MIND 膳食模式、DASH 膳食模式等有明显的预防和控制慢性病作用，而我国的健康膳食模式还未明确，因此急需开展这方面的研究,以提高我国居民的健康水平。

另外,进餐方式,如限制能量进食、限时进食、间歇性轻断食、时序进食等对健康有益的研究越来越多,但长期的健康效应有待进一步研究;同时还应探讨其他进餐方式与健康的关系。

5. 现代营养学与祖国传统医学的融合研究　现代营养学注重科学实验证据、注重定性与定量分析,这既有其科学和先进的一面,但也存在着一定的局限性,即过分强调某个食物成分的作用和某个组织、细胞的功能(因而现代营养学常被称为"解剖式营养学"),缺乏整体、联系、综合与发展的观点。而祖国传统医学中许多关于营养与人体健康的观点、学说与理论,恰好能弥补现代营养学的缺陷。如何将两者有机结合,融合成一门新的学科将是未来的发展方向。

6. 建立从农田(牧场)到餐桌再到健康的全链条教学体系和科研体系　目前农学研究改良种子以提高食物营养价值;食品科学创新食品加工技术,以便最大限度保留或改善食物营养价值;而医学营养是从宏观和微观角度,提高食物对机体的健康效应。然而,目前上述三者之间是割裂、独立的,因而不能完整阐述食物与健康的关系。因此,必须建立以营养需求为导向的食物生产、加工、储存、运输、烹调到餐桌,再到人体健康的全链条、闭环式的教学和科研体系,从而促进食物营养与健康产业的快速发展,更好造福人类健康。

三、食品卫生学发展的历史及展望

(一)古代食品卫生学

人类对食品可能造成人体健康损害甚至死亡的认识,最早可追溯到人类的起源。大约在 170 万年前至 8 000 年前,人类主要是靠捕猎和采集野果维持生命,这一时期被称为食物采集期。此时,人类已认识到有些动植物是有毒的,可使人中毒甚至死亡,这也是该时期存在的主要食品卫生问题。大约在 1 万年前至 8 000 年前,人类开始进入到了食品生产期。这时,人类生产食物的技术与能力明显提高,出现了食物过剩的现象。过剩的食物需要贮藏,从而出现了食品腐败变质(food spoilage)和食物中毒(food poisoning)问题。于是食物各种保存方法和生产耐贮藏食品的新技术应运而生。大约在 8 000 年前,在近东地区就首次使用煮沸消毒锅;大约在公元前 7 000 年,古巴比伦尼亚首次酿造啤酒;大约在公元前 3 000 年,闪族人(阿拉伯半岛的游牧民族)首次制作奶酪、黄油。大约在 3 000 多年前的周朝,就能通过控制一定卫生条件而制造出酒、醋、酱等发酵食品。这一时期还出现了腌制、熏制、自然风干和冷冻等食品保存技术,于是食品添加剂(主要是食盐、食醋、天然香料和天然草药)的应用等实践活动也随之开始。

我国夏商周时期,青铜制造工艺达到鼎盛,并广泛用作食品容器。因此经常发生中毒事件(后经证实是由铅中毒引起);这一时期又发现了炼丹术(国外称炼金术),即将含汞物质炼成兼具治疗和强身健体功能的丹药,从而经常引发中毒事件。另外,随着农业的发展,可大面积种植玉米、小麦,因此出现了玉米、小麦被真菌污染而发生的中毒事件。公元前 600 年,亚洲西部就曾发生因食用裸麦而引起的麦角中毒事件。

在生产、生活过程中,人们逐渐认识到食物对人类健康可能造成的重大危害。因此引起了当时统治阶层的高度重视,并制定了相应的法律,如我国周朝时期就已经设置了"凌人",专司食品冷藏防腐;唐朝时期制定的《唐律》规定了处理腐败食品的法律准则,如"脯肉有毒曾经患者,有余者速焚之,违者杖九十;若与人食,并出卖令人病者徒一年;以故致死者,绞"。国外也有类似的食品卫生管理的记载,如公元前 400 年古希腊名医希波克拉底所著《饮食论》、中世纪罗马与意大利设置的专管食品卫生的"市吏"、16 世纪俄国古典文学著作《治家训》、18 世纪法国记者梅尔斯撰写的《巴黎景象》等都是这种认识和管理的例证。但当时关于食品卫生与人类健康关系的认识还处于感性的、经验的积累阶段,因为当时整个自然科学的发展也正处在盲目的、混沌不清的状态。

（二）现代食品卫生学

1. **现代食品卫生学的形成期** 18世纪末至20世纪中叶是自然科学具有划时代意义的重大发现和突破的鼎盛时期,也是现代诸多学科形成和建立的繁荣时期,现代食品卫生学就是其中之一。18世纪末法国的"化学革命",为食物中化学污染物的发现与研究奠定了基础;1683年,荷兰科学家列文虎克在显微镜下观察到细菌之后,1837年巴斯德第一次认识到食品中微生物的存在及其作用,证明牛奶变酸是由微生物引起的,1860年他第一次用加热的方法杀死了葡萄酒和啤酒中的有害微生物(该方法即所谓的"巴氏消毒法")。巴斯德的发现为现代食品微生物的发展奠定了基础。此时期由于化学、微生物学、物理学、生理学等学科所取得的突破性成就,使现代食品卫生学得以建立,并取得了迅猛发展。

如上所述,此期取得的主要成就有:

（1）逐渐认识到了食品中的化学性污染物(如汞、镉、砷、铅等)和生物性污染物(如沙门氏菌、肉毒梭菌等)的性质与结构,并建立了相应的分析、检测与鉴定方法。

（2）明确了微生物污染在食品腐败变质以及在食物中毒过程中的作用。

（3）开始尝试用高压蒸汽灭菌消毒、防腐剂及其他一些方法来延长食品保存期。

（4）由于当时西方资本主义国家正处于自由竞争阶段,为了追逐高额利润,食品伪造、掺假、掺杂行为相当猖獗,因此这些国家最早建立了食品法。例如,1851年法国颁布了《取缔食品伪造法》、1860年英国颁布了《防止饮食掺假法》、1878年美国加利福尼亚州通过了《牛奶场法》。这一时期食品存在的主要卫生学问题是细菌污染与食品腐败变质、食物中毒及食品的伪造、掺假、掺杂等问题。

2. **现代食品卫生学的快速发展期** 第二次世界大战结束以后,科学技术的快速发展带动了工业、农业、商业等的迅猛发展。这种快速发展直接或间接促进了食品卫生学科的进一步发展与完善,并取得了令人瞩目的成就。主要表现在以下几个方面。

（1）理论与技术研究方面:食品毒理学理论与食品安全性评价程序的建立及危险性分析方法的应用,都为评价食品中各种有害因素的毒性及制订食品卫生标准提供了依据与保证;食品卫生监督管理概念及理论体系的提出,为确保食品卫生及安全提供了强有力的保障;一些现代化、高精度仪器如各种色谱仪、分光光度计、气质联用仪、液质联用仪和磁共振仪等在食品卫生学领域的应用,使发现与鉴定食品中新的化学性污染物及检测食品中痕量污染物成为可能;细胞生物学、分子遗传学、免疫组织化学、分子生物学等技术及同位素示踪技术等的应用,进一步阐明了食品污染物在体内的代谢、毒性作用性质、作用机制以及敏感、特异的生物标志物,为进一步修订污染物的食品安全标准奠定了基础。

（2）食品污染物研究方面:食品的化学性污染是第二次世界大战结束后食品卫生的最主要问题,也是发展最快、最具特征的一个领域。其主要原因是:

1）工业的盲目、无节制、无秩序扩张与发展,导致工厂排放的"三废"一度失去控制,从而造成环境及食品的严重污染,如在日本曾出现过"水俣病""痛痛病"等一类的"公害病"。

2）农业为增加粮食产量,大量使用农药、化肥、除草剂、植物生长调节剂等,从而也导致了环境及食品的严重污染,如有机汞、有机氯这两类农药在20世纪70—80年代停止使用,但至今仍可在环境及食品中检出,有些地区的食品残留量仍然很高。

3）为牟取更多经济利益,在畜禽养殖过程中违规大量使用兽药、激素以及各种添加剂,从而导致这些化学物质在畜、禽产品中过量残留，并对人体造成一定危害，其中最典型的是盐酸克伦特罗（瘦肉精）。

4）食品添加剂及各种容器包装材料在食品生产、加工、贮藏过程中的广泛应用，加重了食品化学性污染的严重局面。

5）在腌制、发酵、烧烤、熏制等食品中发现了具有"三致"毒性（致突变、致畸、致癌）的化学污染物。如在20世纪的50—80年代，陆续发现了N-亚硝基化合物、真菌毒素、多环芳烃、杂环胺等四大类致癌物。

生物性污染物研究方面取得的重大成就是发现了真菌污染的严重性，鉴定了一系列真菌毒素的化学结构，并阐明了这些毒素的毒作用性质及作用机制。虽然在19世纪中叶就已经知道真菌毒素的存在，但直到1960年发现黄曲霉毒素，造成英国10万只火鸡死亡事件之后，真菌毒素的研究才开始得到了世界各国和国际有关组织的高度重视。到目前为止，已发现与食品污染有关、并可引起人类健康危害的真菌毒素主要有：黄曲霉毒素、赭曲霉毒素、单端孢霉烯族化合物、玉米赤霉烯酮、桔青霉素、杂色曲霉素A、展青霉素、伏马菌素。

物理性污染物研究方面，食品的放射性污染是20世纪50年代中期提出并纳入食品卫生学的新问题，其原因是世界上的一些超级大国竞相开发核武器，开展核试验，建立核反应堆，偶尔会出现核爆炸试验、核反应堆意外污染和意外泄漏事件；此外，经常性的放射性物质开采、冶炼、工业、医疗放射性物质的应用，都会造成环境及食品的污染。因此，世界各国都建立了包括食品在内的环境放射性污染监测系统，制定并不断修订"食品中放射性物质限量标准"和"食品放射性管理办法"。

（3）食品卫生监督与管理研究方面：世界各国都非常重视食品卫生监督与管理工作，不仅提出了食品卫生监督与管理的概念及理论体系，而且还成立了相应的组织管理机构，并开展了卓有成效的工作。1963年，FAO/WHO成立了食品法典委员会（Codex Alimentarius Commission，CAC），主要负责制定推荐的食品卫生标准及食品加工规范，协调各国的食品卫生标准并指导各国和全球食品安全体系的建立。世界各国都制定了本国的食品卫生法及与之配套的技术规范、规章、办法等。各国政府设有专门负责食品卫生监督与管理的部门，并有专业人员队伍负责食品卫生的日常监督与管理，从而基本上保障了食品安全。

（三）我国现代食品卫生学的发展

我国现代食品卫生学的发展是伴随着中华人民共和国的成立逐渐发展起来的，主要体现在以下几个方面。

1. 食品卫生法治管理　我国食品卫生的法治化管理始于20世纪50年代，1965年国务院颁布了《食品卫生管理试行条例》，使我国的食品卫生管理工作更加规范。1982年11月第五届全国人大常委会第二十五次会议通过了《中华人民共和国食品卫生法（试行）》。1995年10月第八届全国人大常委会第十六次会议审议通过了正式的《中华人民共和国食品卫生法》，成为我国食品卫生法治建设的重要里程碑。2009年2月第十一届全国人大常委会通过了《中华人民共和国食品安全法》。从食品卫生到食品安全，意味着我们所关注的食品与健康的范围扩大了，食品安全不仅包括食品卫生，还包括质量安全、营养安全等；也意味着我国食品安全监管进入一个全新的阶段。2015年10月实施了修订后的《中华人民共和国食品安全法》（简称《食品安全法》），2019年12月1日颁布实施了《中华人民共和国食品安全法实施条例》，强化了食品安全监管细则。

2. 食品卫生标准和检验方法的建立及不断更新、修订和完善　我国自20世纪50年代开始研制和实施食品卫生标准，当时主要是针对发现的某些比较突出的食品卫生问题而制定单项卫生标准,如1953年卫生部制定的酱油中的砷限量指标。从1982年我国颁布《中华人民共和国食品卫生法（试行）》到1995年《中华人民共和国食品卫生法》正式颁布，食品卫生标准的制定工作有了明确的法律依据和保障。到20世纪90年代末，制定的各类食品卫生标准多达500余项。2009年《中华人民共和国食品卫生法》实施以后，明确规定了国务院卫生行政部门应当对现行的食用农产品质量安全标准、食品卫生标准、食品质量标准和有关食品的行业标准中强制执行的标准予以整合，统一公布为食品安全国家标准。

1959年以前，我国没有统一的食品理化检验方法。1978年卫生部首次颁布《食品卫生检验方法（理化部分）》，20世纪80年代初期，食品卫生检验方法（理化部分）上升为国家标准（GB 5009），2010年后修订为食品安全国家标准。食品微生物检验方法是伴随着我国食品污染事件的发生而逐步建立和发展的。1960—1962年我国证实了副溶血性弧菌是引起食物中毒的病原菌，并建立了一整套常规检验方法及生化、血清、噬菌体的分型技术。1976年卫生部颁布了《食品卫生检验方法（微生物学部分）》；1984年颁布了《食品卫生微生物学检验》（GB 4789—84）国家标准。2004—2008年对其进行了全面系统的修订，增加了对微生物实验室的基本要求、国际食品微生物标准委员会的采样方案、样品检验的质量控制和检验后样品的处理，并制定了食品中大肠埃希氏菌O157∶H7及阪崎肠杆菌等的检验方法；2010年后修订为食品安全国家标准。2013年对我国现行的163项微生物检验方法标准开展了清理工作。

自"十五"以来，我国微生物的检测技术得到了飞速发展，经历了从生化检测、免疫学、分子生物学检测等几个阶段，朝着快速、高通量、特异性强、准确度高的方向发展，尤其是《食品安全标准与监测评估"十四五"规划》发布后，我国已建立起群体基因组学、宏基因组及相关技术应用体系，并掌握了动物源大肠埃希氏菌耐药特征等关键数据，均为实现食源性致病微生物全基因组关键分析技术的落地应用提供了技术支撑和方法学依据。

3. 一些重要食品卫生问题的研究与解决 我国科学工作者先后进行了酵米面和变质银耳中毒、变质甘蔗中毒及肉毒毒素中毒的研究与控制，有机氯农药残留、辐照食品的研究与标准制定，工业废水灌溉农田的安全性评价，主要酒类中氨基甲酸乙酯的风险评估，牛乳中硫氰酸盐本底含量调查，我国居民即食食品中单增李斯特氏菌的定量风险评估，食品安全突发事件的应急处理等相关研究工作，为保障我国人民的健康与食品安全发挥了良好的作用。

4. 食品安全监测体系和食品安全控制技术的建立 建立了以国家为龙头、省为核心、地市为骨干、县为基础的国家风险监测制度和技术网络。在2005年，化学污染物监测覆盖11个省、市，食源性疾病监测及病原菌检测覆盖16个省、市、区；到2014年，食源性疾病及食品污染监测工作已经覆盖了31个省和新疆生产建设兵团。《食品安全法》颁布后，依据全国食品安全风险监测网络，对食品污染物、食源性致病菌和食源性疾病进行常规监测；开展了6次全国总膳食研究。近年来，国家卫生健康委员会又建立了国家食源性疾病监测报告系统、食源性疾病暴发监测系统和食源性疾病分子溯源网络三大系统，发挥了风险监测评估预警作用，有效防范系统性风险。

危害分析与关键控制点（hazard analysis and critical control point, HACCP）于20世纪80年代传入我国，20世纪90年代开始在我国食品企业中应用并逐渐扩大范围。2015年10月1日起施行的《中华人民共和国食品安全法》明确鼓励食品企业积极采用HACCP体系；2019年5月，中共中央、国务院印发《深化改革加强食品安全工作的意见》，明确提出"风险高的大型食品企业要率先建立和实施危害分析与关键控制点体系"。

5. 参与国际事务并与国际接轨 我国于1984年加入CAC，经国务院批准于1986年成立了中国食品法典委员会。2001 年,随着我国加入 WTO,卫生部成立了 CAC 专家组,加强了对国际法典标准的跟踪研究。2002 年中国首次牵头组织起草《减少和预防树果中黄曲霉毒素污染的生产规范》,该规范于 2005 年 7 月在第 28 届 CAC 大会获得顺利通过。2006 年 7 月根据国务院领导的批示,中国代表团在第 29 届 CAC 大会上代表国家成功申请成为国际食品添加剂法典委员会(Codex Committee on Food Additives,CCFA)和农药残留法典委员会(Codex Committee On Pesticide Residues,CCPR)的主持国,成为我国参与国际食品法典事务的重要里程碑。

（四）食品安全面临的主要问题及对公共卫生的挑战

食品安全是世界各国都非常关注的重大问题。根据问题的重要性来排列,目前我国存在的主要食品安全问题依次为微生物引起的食源性疾病,农药残留、兽药残留、重金属、天然毒素、有机污染物等引起的化学性污染,以及非法使用食品添加剂。

从目前来看,全球的食品安全问题及对公共卫生的挑战主要体现在以下几个方面。

1. 食品安全的主要问题

（1）微生物污染:在过去的 20 年中,许多国家微生物引起的食源性疾病发病率显著上升,成为重要的公共卫生和经济问题。在发达国家,估计每年有 1/3 的人群感染食源性疾病,全世界每年有 220 万～1 000 万人因患食源性疾病而丧生。美国是世界上食品安全管理最严格的国家之一,但食物中毒事件亦呈上升趋势。据估计,目前美国每年约有 7 200 万人患食源性疾病,造成 3 500 亿美元的损失。发展中国家食源性疾病发生的情况更加严重,但由于报告体系不健全,尚缺乏详细的数据。我国食源性疾病发生的主要原因也是微生物污染。

（2）新的化学性污染物的出现:食品化学性污染形势依然(或更加)严峻。继 1999 年比利时首先发现二噁英污染食品事件,并引起世界范围恐慌之后,又相继发现了在食品生产加工过程中产生的氯丙醇、丙烯酰胺等污染物。目前,食物中又出现一些新型污染物,如抗生素、内分泌干扰物、全氟化合物、微塑料、双酚 A 类似物、有机磷酸酯等。违规使用农药、滥用兽药从而导致食品高残留污染的形势依然严峻;持久性有机污染物(persistent organic pollutants,POPs)对人类健康的危害依然存在。

另外,长期低剂量同时暴露多种有害因素对机体的联合毒性也是一个值得关注的食品安全问题。

（3）食品新技术的应用带来的食品安全问题:近年来生物技术和一些高尖端化工技术应用于食品的生产、加工,从而产生了许多新型食品,如转基因食品、酶工程食品、辐照食品、微胶囊化食品、膜分离食品、超高压食品等。这些新技术可能给新型食品带来新的食品卫生和安全问题,但目前还不清楚,因此需要密切注意并加强该领域的研究。这就要求研究者既要掌握食品卫生知识,又要学习一些食品加工技术和工艺方面的知识。此外,食品新资源的开发正在改变传统的食品生产模式,纳米组装、生物制造、智能化工厂和数字化供应链等生产技术的创新正在为食品工业带来革命性的变化,这些新生产系统在推动食品产业变革的过程中,给食品安全也带来了挑战。

2. 食品安全对公共卫生的挑战

（1）食源性疾病引发的公共卫生问题:2020 年,第七十三届世界卫生大会要求世界卫生组织更新其《全球食品安全战略》(2002 年)。预计到 2030 年,世界卫生组织将支持各国最大限度地减少食源性疾病的负担,特别是使大多数 5 岁以下儿童和其他弱势群体的食源性腹泻发病率降低 40%、食源性疾病和污染物监测的全球平均能力评分达到 3.5 分或以上(满分为 5 分)。

（2）食品安全在国际贸易中引发的公共卫生问题:食品的全球性流通,跨国贸易的开展,导致一个国家或地区生产的食品一旦被污染,可同时威胁其他国家乃至整个世界消费者的健康。在某一地区发生的单一污染源可能引发全球性暴发(如禽流感事件)。

3. 食品安全监督管理所面临和亟待解决的主要问题

(1)加强食品安全的全球治理:世界卫生组织制定的《2022—2030年全球食品安全战略》提出,加强国家主管当局与制定食品标准和准则的国际机构和网络的联系。到2030年,根据缔约国自评年度报告,所有会员国针对食品安全事件开展多部门协作的实施率至少达到80%。

(2)全面系统地评估食品污染物的危害性:我国《食品安全法》规定,国家建立食品安全风险监测制度和风险评估制度,需要对食品中存在的各种有害因素包括新型食品污染物进行风险分析,构建和完善食品安全预警体系,以便建立科学合理的预防措施。

(3)国际食品安全的管理模式强调"从农田(或养殖场)到餐桌"的全过程管理,即以预防为主的原则来减少食源性危害,尤其在全过程中要全面贯彻和建立食品良好生产规范(good manufacturing practice,GMP)和HACCP体系。

(4)与国际食品卫生标准即CAC标准接轨:食品安全与卫生已被世界贸易组织(World Trade Organization,WTO)纳入实施卫生与植物卫生措施协定(agreement on the application of sanitary and phytosanitary measures,SPS协定)和技术性贸易壁垒协定(agreement on technical barriers to trade,TBT协定)两个重要文件中。同时,WTO还将CAC所制定的标准、准则和技术规范指定为国际贸易仲裁标准,并得到了越来越多国家的认同和采用。而以科学为基础的危险性分析更是SPS协定的重要内容,在解决重大食品安全问题和制定食品卫生标准中将会得到越来越多的应用。因此世界各国(包括我国)应该积极采纳这些WTO认可的原则,开展危险性评估,尽可能多采纳国际食品法典委员会制定的标准。

四、营养与食品卫生学的研究内容与方法

营养学与食品卫生学虽然有密切联系,但在研究内容上又各不相同。

(一)营养学研究内容

概括来说,营养学的研究内容主要包括食物营养、人体营养和公共营养三大方面。

1. 食物营养 主要阐述食物的营养组成、功能及为保持、改善、弥补食物的营养缺陷所采取的各种措施。近年来,植物性食品中含有的生物活性成分(即植物化学物)的功能研究已成为食物营养的重要研究内容。另外,食物营养还包括对新食品原料的开发、利用等方面。

2. 人体营养 主要阐述营养素与人体之间的相互作用。为保持人体健康,一方面,人体应摄入含有一定种类、数量、适宜比例营养素的食物;另一方面,营养素摄入过多或不足均会对健康造成危害。近年来营养素摄入不平衡导致的营养相关疾病的分子营养学基础研究及营养预防已成为人体营养的重要研究内容。此外,特殊生理条件、特殊环境条件下人群和患者的营养需求也是人体营养的重要组成部分。

3. 公共营养 公共营养基于人群营养状况,有针对性地提出解决营养问题的措施,它阐述人群或社区的营养问题,以及造成和决定这些营养问题的条件。公共营养具有实践性、宏观性、社会性和多学科性等特点。公共营养主要包括以下研究内容:膳食营养素参考摄入量、膳食结构(膳食模式)与膳食指南、营养调查与评价、营养监测、营养教育、食物营养规划与营养改善、社区营养、饮食行为与营养、食物与营养的政策与法规等。

(二)食品卫生学研究内容

1. 食品的污染 主要阐明食品中可能存在的有害因素的种类、来源、性质、数量和污染食品的

程度,对人体健康的影响与机制以及防止食品污染的措施等。

2. **食品及其加工技术的卫生问题**　主要包括食品在生产、运输、贮存、销售等各环节可能或容易出现的卫生问题及预防管理措施。另外,由于食品新技术的应用以及形成的新型食品,如转基因食品、酶工程食品、辐照食品等存在的卫生问题及管理也是食品卫生学研究的新问题。

3. **食源性疾病及食品安全评价体系的建立**　包括食物中毒、食源性肠道传染病、人畜共患传染病、食源性寄生虫病等在内的食源性疾病的预防及控制一直是食品卫生学的重要研究内容。建立完善的食品安全评价体系不仅直接影响居民健康,更关系到国家经济发展和政治稳定。

4. **食品安全监督管理**　重点阐述我国食品安全法律体系的构成、性质及在食品安全监督管理中的地位与功能。食品安全标准作为我国食品安全法的主要法律依据,其相关的制定原则与制定程序也是食品卫生学的重要研究内容。此外,食品生产加工、销售、餐饮过程的监督管理和质量保证体系,加强食品生产加工过程的管理手段如 GMP、HACCP 体系等也是保障食品安全的重要手段。

5. **食品安全风险监测与预警**　系统和持续收集食源性疾病、食品污染以及食品中有害因素等相关数据信息,对人群健康风险进行评估;同时在食品安全风险造成危害或危害蔓延之前,发出预警提示信息,提醒相关各方积极采取措施以控制危害的发生或进一步扩大。

（三）营养与食品卫生学的研究方法

从广义上讲,营养学与食品卫生学所采用的研究方法是相同的,例如均采用流行病学、卫生统计学、食品理化检验学、实验动物学、生物化学、生理学、免疫学、微生物学、药理学、细胞生物学、分子遗传学、分子生物学及肿瘤学等相关学科领域的研究方法;按受试或实验对象的不同,均可分为人群研究和实验室研究。

从狭义上讲,由于营养学与食品卫生学的研究目的、研究内容不同,所采用的一些技术方法尽管有时相同,但具体研究方法又存在各自的特点和明显的不同。营养学研究方法,按研究目的可分为营养流行病学、分子营养学、营养缺乏病研究方法、营养代谢研究方法、营养状况评价方法、营养相关功能检测方法、食物营养与相关成分测定方法等。食品卫生学研究方法,按研究目的可分为食品卫生学检验(食品中有害化学物质检验和微生物检验)方法、食品毒理学方法、食品安全性评价方法、食品中有毒物质限量标准的制定方法、食物中毒的调查处理方法、危险性分析方法、GMP 和 HACCP 的建立方法,以及行政和法制监督管理方法等。

（孙长颢）

第一篇
营养学

　　本教材营养学部分，首先介绍了营养学基础，主要包括基本概念和基础知识；在此基础上，分别介绍了食物营养、特殊人群营养、公共营养、临床营养及营养与营养相关疾病；最后，介绍了营养相关方法学，包括分子营养学、营养流行病学和营养毒理学。

第一章
营养学基础

营养学基础主要包括营养素的生理功能、消化吸收与代谢、缺乏和过量对人体健康的影响及食物来源,确定营养素的参考摄入量以及营养素之间的相互作用与平衡关系,通过平衡膳食,达到合理营养的目的。

第一节 概 述

食物是人类赖以生存的物质基础,供给人体必需的各类营养素,不同的食物所含营养素的数量与质量不同,因此,膳食中食物的合理搭配,即营养素的种类、数量、质量及其比例是否合适,对于维持机体的生理功能、生长发育、促进健康及预防疾病至关重要。

一、食物成分

(一)营养素种类及分类

营养素(nutrient)是指维持机体繁殖、生长发育和生存等一切生命活动和过程,需要从外界环境中摄取的物质。来自食物中的营养素种类繁多,人类所需大约40多种,根据其化学性质和生理作用分为六大类,即蛋白质(protein)、脂类(lipids)、碳水化合物(carbohydrate)、矿物质(mineral)、维生素(vitamin)和水(water)。根据人体的需要量或体内含量多少,可将营养素分为宏量营养素(macronutrients)和微量营养素(micronutrients)。

1. 宏量营养素 人体需要量较多的营养素,包括蛋白质、脂类和碳水化合物,这三种营养素可通过体内的氧化过程释放能量,又称为产能营养素(energy-yielding nutrients)。

2. 微量营养素 相对宏量营养素来说,人体需要量较少的营养素,包括矿物质和维生素。根据在体内的含量不同,矿物质又可分为常量元素(macroelements)和微量元素(microelements)。根据溶解性质不同,维生素则可分为脂溶性维生素(lipid-soluble vitamins)和水溶性维生素(water-soluble vitamins)。

3. 水 水不仅构成身体成分,还具备调节生理功能的作用,是人体必需营养素。水的生理功能可概括如下。

(1)构成细胞和体液的重要组成部分:成年人体内的水分大约占体重的60%,构成人体内环境。

(2)参与新陈代谢:水能够使水溶性物质以溶解状态和电解质离子状态存在,协助营养素在体内运送及代谢废物的排出。

(3)调节体温:1g水升高或降低1℃所需要的能量为4.184J。在37℃体温时,蒸发1g水能够吸收2.4kJ的能量,因此,在高温环境下,水分蒸发有助于维持体温恒定。

(4)润滑作用:人体的关节、胸腹腔以及胃肠道等区域含有一定量的水分,这些水分对关节、器官、组织和肌肉发挥着缓冲和润滑的保护作用。

人体内水分来源包括饮用的水、食物中所含的水分以及体内代谢产生的内生水三部分。水的需求量受多种因素影响,包括新陈代谢、年龄、身体活动水平、环境温度以及饮食习惯等,因此,个体对水的需求量差异较大。通常情况下,健康成年人每日大约需要水 2 500mL。在温和气候条件下,低强度身体活动的成年人,建议每日至少饮水 1 500～1 700mL;在高温或高强度身体活动时,应适当增加饮水量。

（二）食物的生物活性成分

在人类的食物中,除了含有多种营养素外,还含有许多对人体健康有益的物质,这些物质称为食物的生物活性成分(bioactive food components),也称其他膳食成分(other dietary components)。这些物质包括来自植物性食物的植物化学物(phytochemicals)以及主要来源于动物性食物的辅酶 Q、γ-氨基丁酸和左旋肉碱等生物活性成分。

二、营养素的作用与膳食营养素参考摄入量

（一）营养素的代谢及生理功能

1. 营养素的代谢　是指生物体与外界环境之间物质的交换及生物体内物质的转变过程。生物在生命活动中不断从外界环境中摄取营养素,转化为机体的组织成分,称为同化作用;同时机体本身的物质也在不断分解成代谢产物,排出体外,称为异化作用。在生物体内,蛋白质、脂类和碳水化合物这三类物质的代谢是同时进行的,它们之间既相互联系,又相互制约,形成一个协调统一的过程。

营养素代谢可分为三个阶段:①消化吸收:进入消化道的食物营养素,除水、矿物质、维生素和单糖等小分子物质可被机体直接吸收外,蛋白质、脂类、碳水化合物等都需要经过消化,分解成比较简单的水溶性或脂溶性物质,才能被机体吸收;②中间代谢:消化吸收后的营养素通过血液及淋巴液被输送到全身各组织中参与代谢过程,在各种酶的催化下,进行分解和合成代谢以及细胞内外物质进行交换和能量转变;③排泄:营养素经过中间代谢过程产生多种终产物,随后通过肾脏、肠道、肝脏和肺等器官,以尿液、粪便、胆汁和呼出气体等形式排出体外。

2. 营养素的生理功能　主要表现以下三个方面。

（1）提供能量:维持体温并满足各种生理活动及身体活动对能量的需要。能量来自蛋白质、脂类和碳水化合物三大营养素。

（2）构成细胞组织,供给生长、发育和自我更新所需的材料:蛋白质、脂类、碳水化合物及某些矿物质经代谢和同化过程,形成机体组织,以满足生长发育和新陈代谢的需求。

（3）调节机体生理活动:营养素在维持机体各种生理活动与生物化学反应中起调节作用,使之均衡协调地进行。

（二）膳食营养素参考摄入量

膳食营养素参考摄入量(dietary reference intakes, DRIs)是为了确保人体合理摄入能量和营养素,避免营养缺乏和过量及降低慢性病风险,在推荐膳食营养素供给量(recommended dietary allowance, RDA)的基础上,发展起来的推荐健康人群每日平均膳食营养素摄入量的一组参考值。中国营养学会对我国的 DRIs 进行定期修订和完善,《中国居民膳食营养素参考摄入量》(2023 版)[以下简称中国居民 DRIs(2023 版)]包括七个指标:平均需要量(estimated average requirement, EAR)、推荐摄入量(recommended nutrient intake, RNI)、适宜摄入量(adequate intake, AI)、可耐受最高摄入量(tolerable upper intake level, UL)四个指标,其目的是提供建议摄入量、预防营养缺乏和防止营养素摄入过量对健康的危害;降低慢性病风险的三个指标:宏量营养素可接受范围(acceptable macronutrient distribution ranges，AMDR）、降低膳食相关非传染性疾病风险的建议摄入量（proposed intake for reducing the risk of diet-related non-communicable diseases，PI-NCD，简称建议摄入量，PI）和特定建议值（specific proposed level，SPL）。

1. 平均需要量（EAR） 是指某一特定性别、年龄及生理状况群体中个体对某营养素需要量的平均值。根据某些指标判断，按照 EAR 水平摄入营养素可以满足某一特定性别、年龄及生理状况群体中 50% 个体需要量的摄入水平，但不能满足另外 50% 个体对该营养素的需要。

EAR 是制定 RNI 的基础，也可用于评价或计划群体的膳食摄入量，或判断个体某营养素摄入量不足的可能性。由于某些营养素的研究尚缺乏足够的个体需要量资料，因此并非所有的营养素都制定了 EAR。

针对群体，EAR 可用于评估群体中摄入不足的发生率；针对个体，可预测其摄入不足的可能性。EAR 不是计划个体膳食的目标和推荐量，当用 EAR 评价个体的摄入量时，如某个体的摄入量远高于 EAR，则此个体的摄入量有可能是充足的；如某个体的摄入量远低于 EAR，则此个体的摄入量很可能为不足。

2. 推荐摄入量（RNI） 是指可以满足某一特定性别、年龄及生理状况群体中绝大多数个体（97%～98%）需要量的某种营养素摄入水平。长期摄入 RNI 水平，可以满足机体对该营养素的需要，维持组织中有适当的营养素储备和机体健康。RNI 相当于传统意义上的 RDA。RNI 的主要用途是作为个体每日摄入该营养素的目标值。

RNI 是根据某一特定人群中体重在正常范围内的个体需要量而设定的。对个别身高、体重超过正常范围较多的个体，可能需要按每千克体重的需要量调整其 RNI。

能量需要量（estimated energy requirement，EER）是指能够长期保持良好的健康状态、维持良好的体型、机体构成以及理想活动水平的个体或群体，达到能量平衡时所需要的膳食能量摄入量。群体的能量推荐摄入量直接等同于该群体的能量 EAR，而不是像蛋白质等其他营养素那样等于 EAR+2 倍标准差。所以能量的推荐摄入量不用 RNI 表示，而使用另一个术语"能量需要量（EER）"表示推荐的人体能量摄入量。

EER 的制定需考虑性别、年龄、体重、身高和身体活动。成年人 EER 的定义为：一定年龄、性别、体重、身高和身体活动水平的健康群体中，维持能量平衡所需要摄入的膳食能量。儿童 EER 的定义为：一定年龄、体重、身高、性别（3 岁以上儿童）的个体，维持能量平衡和正常生长发育所需要的膳食能量摄入量。对于孕妇，EER 包括胎儿发育所需要的能量；对于乳母，EER 还需要加上泌乳的能量需要量。

3. 适宜摄入量（AI） 是通过观察或试验获得的健康群体中某种营养素的摄入量。当某种营养素的个体需要量的研究资料不足而不能制定 EAR，从而无法推算 RNI 时，可通过设定 AI 来代替 RNI。例如纯母乳喂养的足月产健康婴儿，从出生到 6 个月，其营养素全部来自母乳，故母乳中的营养素含量就是婴儿所需各种营养素的 AI。AI 的主要用途是作为个体营养素摄入量的目标。

AI 和 RNI 的相似之处是两者都可以作为目标群体中个体营养素摄入量的目标，可以满足该群体中几乎所有个体的需要。但值得注意的是，AI 的准确性远不如 RNI，可能高于 RNI，因此，使用 AI 作为推荐标准时要比使用 RNI 更加谨慎。

4. 可耐受最高摄入量（UL） 是指平均每日摄入营养素或其他膳食成分的最高限量。对一般群体来说，摄入量达到 UL 水平对几乎所有个体均不致损害健康，但并不表示达到此摄入水平对健康是有益的。对大多数营养素而言，健康个体的摄入量超过 UL 水平并不会产生益处，UL 并不是一个建议的摄入水平。在制定个体和群体膳食时,应使营养素摄入量低于 UL,以避免营养素摄入过量可能造成的危害。由于 UL 水平对健康群体中最易感的个体也不应造成损害,所以 UL 不能用来评估群体中营养素摄入过多而产生毒副作用的危险性。目前有些营养素还没有足够的资料来制定 UL,所以对没有 UL 的营养素并不意味着过多摄入这些营养素没有潜在的危险。

5. **宏量营养素可接受范围(AMDR)**　是指脂肪、蛋白质和碳水化合物理想的摄入量范围,该范围可以提供这些必需营养素的需要,并且有利于降低慢性病的发生风险,常用占能量摄入量的百分比表示。AMDR 的关键特征是适宜摄入量范围值,具有下限和上限,即被认为对健康有预期影响的最低或最高阈值。如果一个人的摄入量低于或高于此范围,则可能会增加营养缺乏和慢性病发生风险,从而影响长期健康。

6. **降低膳食相关非传染性疾病风险的建议摄入量(PI-NCD)**　是以膳食相关非传染性疾病一级预防为目标,提出的必需营养素每日摄入量(水平)。当 NCD 易感人群该营养素的摄入量达到 PI,可降低其发生风险。

7. **特定建议值(SPL)**　是以降低成年人膳食相关非传染性疾病风险为目标,提出的其他膳食成分的每日摄入量(水平)。当该成分的摄入量达到 SPL,可能有利于降低疾病的发生风险或死亡率。

(三)营养素摄入不足或过量的风险

人体每日都需要从膳食中获得一定量的各种必需营养素。如果人体长期摄入某种营养素不足就有发生该营养素缺乏症的风险。当日常摄入量为 0 时,摄入不足的概率为 1.0。当摄入量达到 EAR 水平时,发生营养素缺乏的概率为 0.5,即有 50% 的概率缺乏该营养素。摄入量达到 RNI 水平时,摄入不足的概率变得很小,也就是绝大多数的个体都没有发生缺乏症的风险。摄入量超过 UL,则产生过量危害的概率随之增加,为了避免摄入不足和摄入过量的风险,应当把营养素的摄入量控制在安全摄入范围之内,RNI 和 UL 之间是一个"安全摄入范围",见图 1-1。

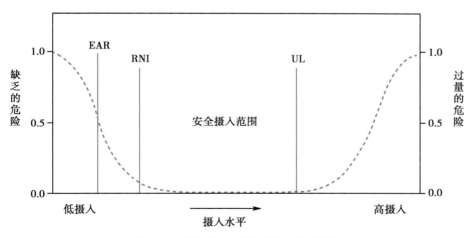

图 1-1　营养素安全摄入范围的示意图

三、合理营养与合理膳食

(一)合理营养

1. **合理营养的概念**　合理营养(optimal nutrition)是指人体每日从食物中摄入的能量和各种营养素的数量及其相互间的比例,能满足在不同生理阶段、不同身体活动水平及不同环境条件下的需要，并使机体处于良好的健康状态。

2. 合理营养要求　满足机体对各种营养素和能量的需要，营养素的种类齐全且数量充足；保持各种营养素摄入量和消耗量的平衡以及营养素之间的平衡，防止营养失衡所造成的危害。营养失去平衡可产生营养不良（malnutrition），营养不良是指由于一种或一种以上营养素的缺乏或过量所造成的机体健康异常或疾病状态。营养不良包括两种表现，即营养缺乏（undernutrition）和营养过量（overnutrition）。

（二）合理膳食

1. 合理膳食的概念　合理膳食（rational diet）又称为平衡膳食（balanced diet），是指符合合理营养要求的膳食，膳食中食物构成的种类齐全、数量充足及比例适宜，能够满足机体对能量和各种营养素的需要，避免营养素缺乏或过量所导致的不平衡。合理膳食是合理营养的物质基础，是达到合理营养的唯一途径，也是反映现代人类生活质量的一个重要标志。

2. 合理膳食要求

（1）食物种类齐全、数量充足、比例合适：人类需要的基本食物一般可分为谷薯类、蔬菜水果类、畜禽鱼蛋奶类、大豆坚果类和油脂类五大类，不同食物中的营养素及有益膳食成分的种类和含量不同。除供 6 月龄内婴儿的母乳外，没有任何一种食物可以满足人体所需的能量及全部营养素。因此，只有多种食物组成的膳食才能满足人体对能量和各种营养素的需要。食物多样是平衡膳食模式的基本原则。每日的膳食应包括五大类食物，合理搭配，而且在营养素数量上要满足 DRIs 的要求。各类食物所提供的能量与营养素之间的比例、营养素之间的比例、动物性食物与植物性食物之间或之内的比例要适宜。

（2）保证食物安全：食品无毒、无害，符合营养要求，保持食物的新鲜卫生。

（3）科学的烹调加工：食物经科学的加工与烹调，应最大限度地减少营养素的损失，提高食物的消化吸收率，改善食物的感官性状，增进食欲。去除食物中的有害成分。

（4）合理的进餐制度和良好的饮食习惯：根据不同人群的生理条件、身体活动及作业环境，对进餐制度给予合理安排。合理的进餐制度有助于促进食欲和消化液定时分泌，使食物能得到充分消化、吸收和利用。成年人应采用一日三餐制，并养成不挑食、不偏食、不暴饮暴食等良好的饮食习惯。

（5）遵循《中国居民膳食指南》的原则。

（黄国伟）

第二节　蛋白质

蛋白质（protein）是机体细胞、组织和器官的重要组成成分，是一切生命的物质基础；而一切生命的表现形式，本质上都是蛋白质功能的体现，没有蛋白质就没有生命。一个体重 70kg 的健康成年男性体内大约含有 12kg 蛋白质。人体内的蛋白质始终处于不断分解和不断合成的动态平衡之中，从而达到组织蛋白质更新和修复的目的。一般来说，成人体内每天约有 3% 的蛋白质被更新，肠道和骨髓内的蛋白质更新速度较快。

一、氨基酸

蛋白质分子是生物大分子，分子量约从 5 000 到数百万道尔顿（Dalton，Da）。其基本构成单位是氨基酸(amino acid),各氨基酸按一定的排列顺序由肽键(酰胺键)连接。由于其排列顺序的不同,链的长短不一,以及其空间结构的异同,就构成了无数种功能各异的蛋白质。

(一)氨基酸及其分类

蛋白质被水解后的次级结构称为肽(peptide)。肽是由氨基酸之间以肽键(peptide bond)相连而形成,肽键是指一个氨基酸的 α-羧基与另一个氨基酸的 α-氨基脱水缩合形成的键(图 1-2)。含 10 个及以上氨基酸残基的肽称为多肽(polypeptide),含 10 个以下氨基酸残基的肽称为寡肽(oligopeptide)。由 2 个氨基酸残基通过肽键连接形成的肽称为二肽(dipeptide)。

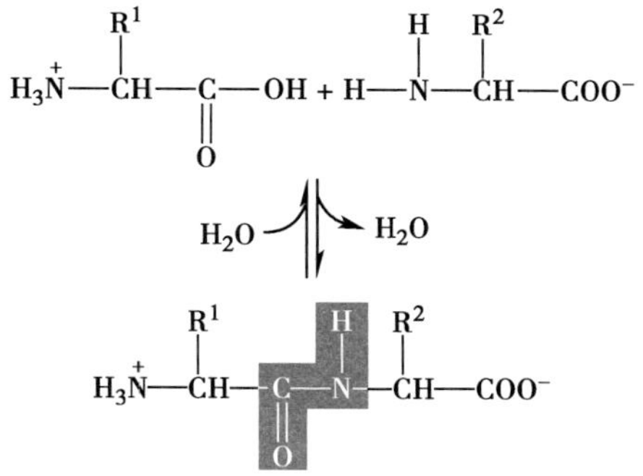

自然界存在的氨基酸有 300 余种,但构成人体蛋白质的氨基酸有 21 种,见表 1-1。硒代半胱氨酸是半胱氨酸中的硫原子被硒取代后的衍生物,是近年发现的参与蛋白质组成的第 21 种基本氨基酸,在参与体内合成蛋白质多肽链过程中,可由特异的 tRNA 携带,其密码子是 UGA。

图 1-2 肽键的形成结构示意图

表 1-1 构成人体蛋白质的氨基酸

氨基酸	英文	氨基酸	英文
必需氨基酸		**非必需氨基酸**	
异亮氨酸	isoleucine(Ile)	丙氨酸	alanine(Ala)
亮氨酸	leucine(Leu)	精氨酸	arginine(Arg)
赖氨酸	lysine(Lys)	天冬氨酸	aspartic acid(Asp)
甲硫氨酸	methionine(Met)	天冬酰胺	asparagine(Asn)
苯丙氨酸	phenylalanine(Phe)	谷氨酸	glutamic acid(Glu)
苏氨酸	threonine(Thr)	谷氨酰胺	glutamine(Gln)
色氨酸	tryptophan(Trp)	甘氨酸	glycine(Gly)
缬氨酸	valine(Val)	脯氨酸	proline(Pro)
组氨酸*	histidine(His)	丝氨酸	serine(Ser)
		硒代半胱氨酸	Selenocysteine(Sec)
		条件必需氨基酸	
		谷氨酰胺	glutamine(Gln)
		精氨酸	arginine(Arg)
		半胱氨酸	cysteine(Cys)
		酪氨酸	tyrosine(Tyr)

注:*组氨酸为婴儿必需氨基酸,成人需要量相对较少。

1. **必需氨基酸** 必需氨基酸(essential amino acid)是指人体内不能合成或合成量很少,不能满足机体需要,必须从食物中直接获得的氨基酸。构成人体蛋白质的氨基酸中,9 种氨基酸为必需氨基酸,即异亮氨酸、亮氨酸、赖氨酸、甲硫氨酸、苯丙氨酸、苏氨酸、色氨酸、缬氨酸和组氨酸。

2. **非必需氨基酸** 非必需氨基酸(non-essential amino acid)是指人体可以自身合成,不一定需要从食物中直接供给的氨基酸。

3. 条件必需氨基酸　某些氨基酸在正常情况下能够在体内合成，为非必需氨基酸；但在某些特定条件下，由于合成能力有限或需要量增加，不能满足机体需要，必须从食物中获取，变成必需氨基酸，即条件必需氨基酸（conditionally essential amino acid）。如正常情况下谷氨酰胺和精氨酸是非必需氨基酸；但在创伤或患病期间谷氨酰胺为必需氨基酸，肠道代谢功能异常或严重生理应激条件下，精氨酸也成为必需氨基酸。此外，半胱氨酸和酪氨酸在体内分别由甲硫氨酸和苯丙氨酸转变而成，如果膳食中能直接提供半胱氨酸和酪氨酸，则人体对甲硫氨酸和苯丙氨酸的需要可分别减少30% 和 50%。因此，在计算食物必需氨基酸组成时，往往将半胱氨酸和甲硫氨酸，苯丙氨酸和酪氨酸合并计算。但是如果膳食中的甲硫氨酸和苯丙氨酸供给不足，或由于某些原因机体不能转化（如苯丙酮尿症的病人），半胱氨酸和酪氨酸就成为必需氨基酸，也必须来源于食物，这两种氨基酸又称为半必需氨基酸（semi-essential amino acid）。

（二）氨基酸模式和限制氨基酸

人体蛋白质以及各种食物蛋白质在必需氨基酸的种类和含量上存在着差异，在营养学上用氨基酸模式（amino acid pattern）来反映这种差异。所谓氨基酸模式，就是蛋白质中各种必需氨基酸的构成比例。其计算方法是将该种蛋白质中的色氨酸含量定为 1，分别计算出其他必需氨基酸的相应比值，这一系列的比值就是该种蛋白质的氨基酸模式（表 1-2）。有些食物蛋白质中一种或几种必需氨基酸相对含量较低，这些含量相对较低的必需氨基酸称为限制氨基酸（limiting amino acid），其中含量最低的称为第一限制氨基酸，余者依次类推。

表 1-2　人体和几种中国食物蛋白质氨基酸模式

氨基酸	人体	全鸡蛋	牛奶	牛肉	大豆	面粉	大米
异亮氨酸	5.0	3.2	3.4	4.4	4.3	3.8	4.0
亮氨酸	9.8	5.1	6.8	6.8	5.7	6.4	6.3
赖氨酸	7.5	4.1	5.6	7.2	4.9	1.8	2.3
甲硫氨酸+半胱氨酸	3.7	3.4	2.4	3.2	1.2	2.8	2.3
苯丙氨酸+酪氨酸	6.3	5.5	7.3	6.2	3.2	7.2	3.8
苏氨酸	3.8	2.8	3.1	3.6	2.8	2.5	2.9
缬氨酸	6.5	3.9	4.6	4.6	3.2	3.8	4.8
色氨酸	1.0	1.0	1.0	1.0	1.0	1.0	1.0

食物蛋白质氨基酸模式与人体蛋白质氨基酸模式越接近，必需氨基酸被机体利用的程度就越高，食物蛋白质的营养价值也相对较高。按照食物蛋白质氨基酸模式与人体蛋白质氨基酸模式接近程度，可以将食物蛋白质分为完全蛋白质、半完全蛋白和不完全蛋白。完全蛋白质（或称优质蛋白质）指含必需氨基酸种类齐全，氨基酸模式与人体蛋白质氨基酸模式接近，营养价值较高，不仅可维持成人的健康，也可促进儿童生长发育的蛋白质，如蛋、奶、肉、鱼等动物性蛋白质以及大豆蛋白等。其中鸡蛋蛋白质与人体蛋白质氨基酸模式最接近，在实验中常作为参考蛋白（reference protein）。参考蛋白是指可用来测定其他蛋白质质量的标准蛋白。

半完全蛋白质指蛋白质中虽然含有种类齐全的必需氨基酸，但是氨基酸模式与人体蛋白质氨基酸模式差异较大,存在一种或几种限制氨基酸,导致其他的必需氨基酸在体内不能被充分利用而浪费,造成蛋白质营养价值降低。大多数植物蛋白都是半完全蛋白。植物性蛋白往往相对缺少下列必需氨基酸:赖氨酸、甲硫氨酸、苏氨酸和色氨酸,所以其营养价值相对较低,如大米和面粉蛋白质中赖氨酸含量相对较少。为了提高植物性蛋白质的营养价值,往往将两种或两种以上的食物混合食用,从而达到以多补少、提高膳食蛋白质营养价值的目的。这种不同食物间相互补充其必需氨基酸不足的作用称蛋白质互补作用(protein complementary action)

不完全蛋白质指那些含必需氨基酸种类不全、既不能维持生命又不能促进生长发育的食物蛋白质,如玉米胶蛋白、动物结缔组织中的胶原蛋白等。

二、蛋白质的生理功能

(一)人体组织的构成成分

蛋白质是人体不可缺少的结构成分,人体的任何组织和器官都以蛋白质作为重要的组成成分,人体在生长过程中蛋白质不断增加。人体的瘦组织(lean tissue)中,如肌肉、心、肝、肾等器官含大量蛋白质;骨骼和牙齿中含有大量胶原蛋白;指(趾)甲中含有角蛋白;细胞从细胞膜到细胞内的各种结构中均含有蛋白质。

(二)构成体内各种重要的生理活性物质,调节生理功能

1. **构成酶**　酶是一类具有特异性生物活性的蛋白质,能催化体内物质代谢,如消化酶等;调节机体氧化还原平衡,如过氧化物酶等;参与物质的转移,如胆碱乙酰化酶等。

2. **构成激素**　某些激素本身就是蛋白质,或由蛋白质参与构成,这些激素调节着各种生理过程并维持着内环境的稳定,如生长激素、胰岛素、甲状腺素等。

3. **构成抗体**　抗体可以抵御外来微生物及其他有害物质的入侵,发挥机体免疫调节作用。

4. **构成转运体**　细胞膜和血液中的蛋白质担负着各类物质的运输和交换。

5. **维持体液渗透压和酸碱度**　体液内可解离为阴、阳离子的可溶性蛋白质能使体液的渗透压和酸碱度得以稳定,有助于维持机体的体液平衡,蛋白质丢失过多可引起水肿。

此外,血液的凝固、视觉的形成、人体的运动等都与蛋白质有关。近年来研究发现,许多蛋白质降解的肽也具有其特有的生理功能,某些外源性氨基酸的特有生理功能目前已受到关注。

(三)供给能量

当碳水化合物、脂肪提供的能量不能满足机体需要时,蛋白质可被代谢水解,释放能量,1g食物蛋白质在体内产生约16.7kJ(4kcal)的能量。

(四)肽类的特殊生理功能

近年来,研究发现直接从肠道吸收进入血液的活性肽具有许多重要的功能。它们不仅能作为氨基酸的供体,而且也是一类生理调节物。

1. **参与机体的免疫调节**　免疫调节肽主要是从牛的 κ 酪蛋白、$α_1$ 酪蛋白及 β 酪蛋白中得到,对免疫系统既有抑制又有增强作用。

2. **促进矿物质吸收**　如酪蛋白磷酸肽(casein phosphopeptide,CPP)是近年发现的促进钙、铁吸收的物质。CPP 是以乳中的酪蛋白为原料,利用酶技术分离而取得的特定肽片段,可从很多酪蛋白水解物中得到,具有促进钙、铁溶解的特性。体外实验已经证明 CPP 能在碱性条件下防止钙与磷酸发生沉淀,促进矿物质的吸收,因此可以作为以钙、镁、铁等矿物质为原料的营养素补充剂的配料,预防诸如骨质疏松、龋齿、高血压和贫血等,还可用于调整牛奶中的钙磷比例等。

3. **降血压**　降压肽是通过抑制血管紧张素转换酶的活性来实现降压功能的。降压肽大致有三种来源：来自乳酪蛋白的肽类，来自鱼贝类的肽类和来自植物的肽类。

4. **清除自由基**　作为自由基清除剂，可保护细胞膜，使之免遭氧化性破坏，防止红细胞溶血及促进高铁血红蛋白的还原。例如谷胱甘肽是由谷氨酸、半胱氨酸和甘氨酸通过肽键缩合而成的三肽化合物，分子中含有一个活泼的巯基（—SH），这一特异结构与谷胱甘肽易被氧化脱氢有密切的关系。

三、蛋白质的消化、吸收和代谢

（一）蛋白质的消化、吸收

膳食中蛋白质消化从胃开始。胃中的胃酸（主要为盐酸）先使蛋白质变性，破坏其空间结构以利于酶发挥作用，同时胃酸可激活胃蛋白酶水解蛋白质，活化的胃蛋白酶可将蛋白质及大分子多肽水解成小分子多肽和游离氨基酸。蛋白质消化吸收的主要场所在小肠，由胰腺分泌的胰蛋白酶和糜蛋白酶使蛋白质在小肠中被分解为寡肽和少量氨基酸，再被小肠黏膜细胞吸收。在小肠黏膜细胞中，寡肽酶将寡肽最终水解为氨基酸。这些氨基酸通过黏膜细胞进入肝门静脉而被运送到肝脏和其他组织或器官被利用。也有报道称少数蛋白质大分子和多肽可直接被吸收。

氨基酸是通过小肠黏膜细胞三种主动运输系统来进行的，分别为转运中性、酸性和碱性氨基酸。具有相似结构的氨基酸在共同使用同一种转运系统时，相互间具有竞争机制，这种竞争的结果使含量高的氨基酸相应地被吸收多一些，从而保证了肠道能按食物中氨基酸的含量比例进行吸收。如果在膳食中过多地加入某一种氨基酸，这种竞争作用会造成同类型的其他氨基酸吸收减少，造成食物蛋白质的营养价值降低。

肠道中被消化吸收的蛋白质每天约有 70g，除了来自食物外，还有来自肠道脱落的黏膜细胞、消化液等。当机体在无氮（蛋白质）膳食条件下仍有氮排出体外，由粪便排出的氮量称粪代谢氮（metabolic fecal nitrogen）；通过尿液排出的尿酸、尿素、肌酐等中的氮为尿内源性氮（endogenous urine nitrogen，EUN）。

（二）蛋白质代谢

吸收的氨基酸先储存于人体各组织、器官和体液中，这些游离氨基酸统称为氨基酸池（amino acid pool）。氨基酸池中游离氨基酸除了来自食物外，大部分来自体内蛋白质水解。

氨基酸出入细胞是靠氨基酸转运子即细胞膜结合蛋白质来实现的。细胞膜上有各种类型的氨基酸转运子，每种氨基酸载体（或转运子）可以识别不同氨基酸的构型和性质，载体对氨基酸的亲和力和转运机制决定了细胞内氨基酸水平。转运子分为两类：钠依赖型和非钠依赖型载体，每类载体又有多种转运系统。钠依赖型载体同时转运钠和氨基酸进入细胞，较高的钠浓度梯度可促进钠依赖型载体转运氨基酸，这类载体可产生较大的浓度梯度，使细胞内氨基酸浓度高于细胞外。

转运氨基酸的载体，不仅存在于肠黏膜细胞上，也存在于肾小管细胞、肌肉细胞、脂肪细胞、白细胞、网织红细胞以及成纤维细胞上，对于细胞内聚集氨基酸，具有普遍意义。但是在不同细胞中，载体的分布及性质可能有所差异。

进入细胞的氨基酸，主要被用来重新合成人体蛋白质，使机体蛋白质不断更新和修复。大约 30% 用于合成肌肉蛋白，50% 用于体液、器官蛋白质合成，其余 20% 用于合成白蛋白、血红蛋白等其他机体蛋白质。未被利用的氨基酸则经代谢转变成尿素、氨、尿酸和肌酐等，由尿和其他途径排出体外或转化为糖原和脂肪。同样由尿排出的氮也包括来自食物中的氮和内源性氮两种，尿氮占总排出氮的 80% 以上（图 1-3）。

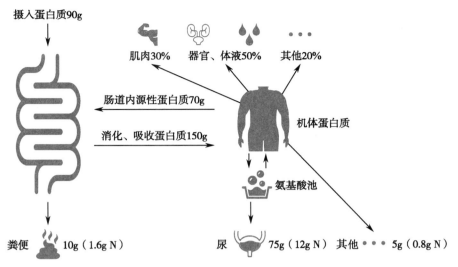

摄入蛋白质90g

肌肉30%　器官、体液50%　其他20%

肠道内源性蛋白质70g

消化、吸收蛋白质150g

机体蛋白质

氨基酸池

粪便 10g（1.6g N）　尿 75g（12g N）　其他 5g（0.8g N）

图 1-3　蛋白质代谢及氮平衡

机体每天由于皮肤、毛发和黏膜的脱落，妇女月经期的失血及肠道菌体死亡排出等损失约 20g 以上的蛋白质，这种氮排出是机体不可避免的氮消耗，称为必要的氮损失（obligatory nitrogen losses，ONL）。当膳食中的碳水化合物和脂肪不能满足机体能量需要或蛋白质摄入过多时，蛋白质才分别被用来作为能量或转化为碳水化合物和脂肪。因此，理论上只要从膳食中获得相当于必要的氮损失量的蛋白质，即可满足人体对蛋白质的需要。

（三）氮平衡

营养学上将摄入蛋白质的量和排出蛋白质的量之间的关系氮平衡（nitrogen balance）。氮平衡关系式如下：

$$B=I-(U+F+S)$$

上式中 B：氮平衡；I：摄入量；U：尿氮；F：粪氮；S：皮肤等氮损失。

当摄入氮和排出氮相等时为零氮平衡（zero nitrogen balance），健康的成人应该维持在零氮平衡并富裕 5%。如摄入氮多于排出氮则为正氮平衡（positive nitrogen balance），儿童处于生长发育阶段、妇女怀孕时、疾病恢复时以及运动和劳动需要增加肌肉时等均应保证适当的正氮平衡，以满足机体对蛋白质额外的需要。而摄入氮少于排出氮时为负氮平衡（negative nitrogen balance），人在饥饿、疾病及老年时往往处于这种状况，应注意尽可能减轻或改变负氮平衡，以保持健康、促进疾病康复和延缓衰老。

四、蛋白质营养学评价

评价食物蛋白质的营养价值，对于食品品质的鉴定、新资源食品的研究与开发、指导人群膳食等许多方面都是十分必要的。各种食物的蛋白质含量、氨基酸模式等都不一样，人体对不同蛋白质的消化、吸收和利用程度也存在差异，所以营养学上，主要是从食物的蛋白质含量、消化吸收程度和被人体利用程度三方面来全面评价食物蛋白质的营养价值。

（一）蛋白质的含量

虽然蛋白质的含量不等于质量，但是没有一定的数量，再好的蛋白质其营养价值也有限，所以蛋白质含量是食物蛋白质营养价值的基础。食物中蛋白质含量测定一般使用凯氏（Kjeldahl）定氮法，先测定食物中的氮含量，再乘以由氮换算成蛋白质的换算系数，就可以得到食物蛋白质的含量。换算系数对同种食物来说一般是不变的，是根据氮占蛋白质的百分比而计算出来的。食物中含氮量占蛋白质 16%，其倒数即为 6.25，由氮计算蛋白质的换算系数是 6.25。

（二）蛋白质消化率

蛋白质消化率（digestibility）不仅反映了蛋白质在消化道内被分解的程度，同时还反映消化后的氨基酸和肽被吸收的程度。由于蛋白质在食物中存在形式、结构各不相同，食物中含有不利于蛋白质吸收的其他因素的影响等，不同的食物，或同一种食物的不同加工方式，其蛋白质的消化率都有差异，如动物性食品中蛋白质消化率一般高于植物性食物（表 1-3）。大豆整粒食用时，消化率仅60%，而加工成豆腐后，消化率提高到 90% 以上。这是因为加工后的制品中去除了大豆中的纤维素和其他不利于蛋白质消化吸收的影响因素。

表 1-3　几种食物蛋白质的消化率　　　　　　　　　　　　　单位：%

食物	真消化率	食物	真消化率	食物	真消化率
鸡蛋	97	大米（精制）	88	大豆粉	86
牛奶	95	面粉（精制）	96	菜豆	78
肉、鱼	94	燕麦	86	花生酱	95
玉米	85	小米	79	花生	94
豆子	78	黑小麦	90	中国混合膳食	96

测定蛋白质消化率时，无论以人或动物为实验对象，都必须检测试验期内摄入的食物氮、排出体外的粪氮和粪代谢氮，再用下列公式计算。

$$蛋白质真消化率(\%) = \frac{食物氮-(粪氮-粪代谢氮)}{食物氮} \times 100\%$$

上式计算结果是食物蛋白质的真消化率（true digestibility）。在实际应用中，往往不考虑粪代谢氮。这样不仅实验方法简单，而且因所测得的结果比真消化率要低，具有一定安全性，这种消化率称为表观消化率（apparent digestibility）。

$$蛋白质表观消化率(\%) = \frac{食物氮-粪氮}{食物氮} \times 100\%$$

（三）蛋白质利用率

衡量蛋白质利用率的指标有很多，各指标分别从不同角度反映蛋白质被利用的程度，下面介绍几种常用的指标。

1. 生物价　蛋白质的生物价（biological value，BV）是反映食物蛋白质被吸收后在体内储留的氮与被吸收氮的比值。生物价的值越高，表明其被机体储留利用程度越高，最大值为 100%（表1-4）。计算公式如下：

$$生物价(\%) = \frac{储留氮}{吸收氮} \times 100\%$$

$$吸收氮=食物氮-（粪氮-粪代谢氮）$$
$$储留氮=吸收氮-（尿氮-尿内源性氮）$$

尿氮和尿内源性氮的检测原理和方法与粪氮、粪代谢氮一样。生物价对指导肝、肾病病人的膳食有重要意义。生物价高，表明食物蛋白质中氨基酸主要用来合成人体蛋白，避免有过多的氨基酸经肝、肾代谢而释放能量或由尿排出，从而大大减少肝肾负担。

2. 蛋白质净利用率　蛋白质净利用率（net protein utilization, NPU）是反映食物蛋白质被利用的程度，包括食物蛋白质的消化和利用两方面，因此更为安全（表1-4）。

$$蛋白质净利用率（\%）=消化率×生物价=\frac{储留氮}{食物氮}×100\%$$

表1-4　几种常见食物生物价及蛋白质净利用率　　　　　　　　　　　　单位：%

食物	BV	NPU
鸡蛋	100	97
牛奶	93	88
牛肉	75	71
鱼	75	71
玉米	72	61

3. 蛋白质功效比值　蛋白质功效比值（protein efficiency ratio, PER）是用处于生长阶段中的幼年动物（一般用刚断奶的雄性大白鼠），在实验期内，其体重增加量（g）和摄入蛋白质的量（g）的比值来反映蛋白质营养价值的指标（表1-5）。显然，动物摄食持续时间、年龄、实验开始的体重和所用动物的种类都是很重要的变量。由于所测蛋白质主要用于提供生长所需，所以该指标被广泛用来作为婴幼儿食品中蛋白质的评价。动物实验时，饲料中被测蛋白质是唯一蛋白质来源，占饲料的10%，实验期为28天。

表1-5　几种食物蛋白质的蛋白质功效比值

食物蛋白	PER	食物蛋白	PER
酪蛋白	2.50	菜豆	1.70
鸡蛋蛋白	2.50	燕麦粉	1.43
大豆分离蛋白	2.48	花生粉	1.30
牛肉	2.30	小扁豆	1.30
豌豆粉	1.73	全麦	1.00

$$蛋白质功效比值=\frac{动物体重增加（g）}{摄入食物蛋白质（g）}$$

同一种食物在不同的实验条件下，所测得的功效比值往往有明显差异。为了使实验结果具有一致性和可比性，实验期间用标化酪蛋白为参考蛋白作为对照组，将上面计算得到的 PER 值与对照组（即标化酪蛋白组）的 PER 值相比，再用标准情况下酪蛋白的 PER（2.5）进行校正，得到被测蛋白质功效比值。

$$被测蛋白质功效比值 = \frac{实验组功效比值}{对照组功效比值} \times 2.5$$

该方法在评价肠内和肠外营养处方时是有意义的。提供最适宜的必需和非必需氨基酸食物的处方应能够使人体达到最快的生长速度。该方法得出的结果在应用到人时会有偏差，与人类和大鼠需要的氨基酸存在差异有关。但在不考虑消化率的情况下，可用于新的蛋白质与参考蛋白的比较。

4. 氨基酸评分和经消化率修正的氨基酸评分　氨基酸评分（amino acid score，AAS）又叫蛋白质化学评分（amino acid chemical score），是目前被广为采用的一种评价方法。氨基酸评分是最简单的评估蛋白质质量的方法。通过氨基酸的组成，并将各组分与参考蛋白相比较，可以很容易发现与参考蛋白比较最缺乏的氨基酸即第一限制性氨基酸。例如，如果被测蛋白质的限制氨基酸相当于参考蛋白的 0.7，那么其评分即是 70。但是，这种方法并未考虑消化率的影响。该方法是用被测食物蛋白质的必需氨基酸评分模式（amino acid scoring pattern）和推荐的理想模式或参考蛋白模式进行比较，因此是反映蛋白质构成和利用率的关系。不同年龄的人群，其需要的氨基酸评分模式不同，不同的食物其氨基酸评分模式也不相同。氨基酸评分分值为食物蛋白质中的必需氨基酸和参考蛋白或理想模式中相应的必需氨基酸比值。因为许多食物在人类和大鼠的消化率是相似的，所以大鼠蛋白质的消化率数值往往用于人类。

确定某一食物蛋白质氨基酸评分分两步：第一步计算被测蛋白质每种必需氨基酸的评分值；第二步是在上述计算结果中，找出最低的必需氨基酸（第一限制氨基酸）评分值，即为该蛋白质的氨基酸评分。

氨基酸评分的方法比较简单，缺点是没有考虑食物蛋白质的消化率。为此，美国食品药品管理局通过了一种新的方法，即经消化率修正的氨基酸评分（protein digestibility corrected amino acid score，PDCAAS）（表 1-6）。在实际应用中，可用食物 PDCAAS 计算出估算的 PER（PDCAAS×2.5=估算的 PER）。要得到 PDCAAS，需将 AAS 乘以食物蛋白质的真消化率。其计算公式：

$$经消化率修正的氨基酸评分 = 氨基酸评分 \times 真消化率$$

表 1-6　几种食物蛋白质的经消化率修正的氨基酸评分

食物蛋白	PDCAAS	食物蛋白	PDCAAS
酪蛋白	1.00	菜豆	0.68
鸡蛋蛋白	1.00	燕麦粉	0.57
大豆分离蛋白	0.99	花生粉	0.52
牛肉	0.92	小扁豆	0.52
豌豆粉	0.69	全麦	0.40

除上述方法和指标外，还有一些蛋白质营养评价方法和指标，如相对蛋白质值（relative protein value，RPV）、净蛋白质比值（net protein ratio，NPR）和氮平衡指数（nitrogen balance index，NBI）等，一般使用较少。

五、蛋白质营养状况评价

（一）蛋白质营养不良

蛋白质缺乏在成人和儿童中都有发生，但处于生长阶段的儿童更为敏感。据 WHO 估计，目前世界上大约有 500 万儿童患蛋白质 - 能量营养不良（protein-energy malnutrition，PEM），其中有因疾病和营养不当引起的，但大多数则是因贫穷和饥饿引起的，主要分布在非洲、中、南美洲、中东、东亚和南亚地区。在蛋白质缺乏的国家，居民蛋白质摄入不足，蛋白质的质量在很大程度上决定了儿童的生长情况和成人的健康。PEM 有两种：一种称 Kwashiorkor，来自加纳语，指能量摄入基本满足而蛋白质严重不足的儿童营养性疾病，主要表现为腹腿部水肿、虚弱、表情淡漠、生长滞缓、头发变色、变脆和易脱落、易感染其他疾病等；另一种叫 Marasmus，原意为"消瘦"，指蛋白质和能量摄入均严重不足的儿童营养性疾病（表 1-7），患儿消瘦无力，易感染其他疾病而死亡。这两种情况可以单独存在，也可并存。也有人认为此两种营养不良症是 PEM 的两种不同阶段。对成人来说，蛋白质摄入不足，同样可引起体力下降、水肿、抗病力减弱等症状。

表 1-7　儿童 Kwashiorkor 和 Marasmus 的特征

Kwashiorkor	Marasmus
3～13 岁的儿童	小于 2 岁的幼儿
蛋白质摄入不足，常见的是感染	蛋白质、能量、维生素和矿物质严重缺乏或吸收功能受损
发病快，急性 PEM	发展缓慢，慢性 PEM
体重下降不明显	体重下降明显
肌肉部分消耗，保留部分体脂	严重的肌肉和脂肪消耗
体重是同年龄儿童平均体重 60%～80%	体重小于同年龄儿童平均体重的 60%
水肿	没有明显的水肿
肿大的脂肪肝	没有脂肪肝
焦虑、易激惹、易悲伤	焦虑、淡漠
没有食欲	可能有食欲
毛发干、脆、易脱落、颜色改变	毛发稀疏、细黄、干枯、脱发
有皮损	皮肤干瘪，弹性差

（二）蛋白质摄入过多

蛋白质，尤其是动物性蛋白摄入过多，对人体同样有害。首先，过多的动物性蛋白质的摄入，必定伴有较多的动物脂肪和胆固醇的摄入。其次，蛋白质过多本身也会产生有害影响。正常情况下，人体不储存蛋白质，所以必须将过多的蛋白质脱氨分解，氮则由尿排出体外。这一过程需要大量水分，从而加重了肾脏的负荷，若肾功能已经受损，则危害更大。过多的动物性蛋白摄入，也造成含硫氨基酸摄入过多，这样可加速骨骼中钙的丢失，易产生骨质疏松症。摄入蛋白质过多可能与心脏疾病和一些癌症发病有关，尤其是结肠癌、乳腺癌、肾癌、胰腺癌和前列腺癌。

（三）蛋白质营养状况评价指标

评价蛋白质营养状况的指标主要有以下几种。

1. 血清蛋白质　血清蛋白质常用于评估人体营养水平，主要的指标见表 1-8。

表 1-8　评价蛋白质营养状况的主要血清蛋白质指标

评价方法	参考范围	优点	缺点
白蛋白	40～55g/L	是群体调查时常用的指标,白蛋白测定样品易采集,方法简易	白蛋白体积大,生物半衰期长,早期缺乏时不易测出
运铁蛋白	2.3～4.1g/L	能及时反映脏器蛋白质急剧的变化	受铁的影响,当蛋白质和铁的摄取量都低时,其血浆浓度出现代偿性升高
前白蛋白	250～400mg/L	体内储存很少,生物半衰期仅1.9天,较敏感	在任何急需合成蛋白质的情况下,如创伤、急性感染、血清前白蛋白都迅速下降
视黄醇结合蛋白	25～70mg/L	高度敏感	在很小的应激情况下,也有变化。肾脏有病变时,浓度升高
血清总蛋白	65～85g/L	样品易采集,方法简易	特异性差

2. 上臂肌围和上臂肌区　上臂肌围(arm muscle circumference, AMC)和上臂肌区(arm muscle area, AMA)是评价总体蛋白质储存的较可靠指标。测量上臂中点处的围长(arm circumference, AC)和三头肌部皮褶厚度(triceps skin-fold thickness, TSF)。用下列公式计算上臂肌围和上臂肌区。

$$AMC(cm)=AC(cm)-3.14 \times TSF(cm)$$

$$AMA(mm^2)=\frac{[AC(mm)-3.14 \times TSF(mm)]^2}{4 \times 3.14}$$

AMC 评价标准:国际标准 25.3cm(男)、23.2cm(女)。测定值>90% 标准值为正常。

上臂肌围测算简便,评价结果和其他蛋白质营养状况的评价结果有显著相关。但测量易有误差,由于上臂是纺锤形的,即使同一人操作,上臂围和皮褶厚度两处合计测量误差达 10%。

3. 血清氨基酸比值　在蛋白质营养不良时,可能由于适应性代谢的结果,血清游离氨基酸比值(serum amino acid ratios, SAAR)发生变化。蛋白质营养不良的儿童,空腹血亮氨酸、异亮氨酸等必需氨基酸和酪氨酸、精氨酸等非必需氨基酸减少;而其他非必需氨基酸正常或增高。

评价标准:SAAR<2 为正常,SAAR>3 为蛋白质营养不良。

此指标测试仪器复杂,而且受试者必须在能量摄入充足而蛋白质不足的条件下才有意义,因而不常采用。

上述指标,种类虽然很多,但各有不足之处,实际应用还需结合膳食史和临床观察进行综合评价。

六、蛋白质的参考摄入量及食物来源

利用氮平衡法以及基于氮平衡法的 meta 分析,WHO/FAO/UNU 提出 18 岁以上成人蛋白质 RNI 为按 0.8g/(kg·d),但该方法制定的蛋白质需要量普遍偏低。利用稳定同位素示踪技术评估我国成年人蛋白质 RNI 为 0.98g/(kg·d),结合成年人的体重代表值,我国成年人蛋白质的 RNI 为:男性 65g/d,女性 55g/d,蛋白质的 AMDR 为 10%E～20%E。蛋白质营养正常时,人体内反映蛋白质营养水平的指标也应处于正常水平。

蛋白质广泛存在于动植物性食物中。动物性蛋白质质量好、利用率高,但同时富含饱和脂肪酸和胆固醇,而植物性蛋白利用率较低。因此,注意蛋白质互补,适当进行搭配是非常重要的。大豆可提供丰富的优质蛋白质,其对人体健康的益处也越来越被认可;牛奶也是优质蛋白质的重要食物来源,我国人均牛奶的年消费量很低,应大力提倡我国各类人群增加牛奶和大豆及其制品的消费。

(刘烈刚)

第三节　脂　类

脂类（lipids）包括脂肪（fats）和类脂（lipoids），是一类由脂肪酸与醇作用脱水缩合生成的酯及其衍生物的统称，其不溶于水而易溶于醇、醚、氯仿、苯等非极性溶剂。人体脂类总量约占体重的10%～20%。脂肪又称甘油三酯（triglycerides），是体内重要的储能和供能物质，约占体内脂类总量的95%。类脂主要包括磷脂（phospholipids）、固醇类（sterols）、糖脂（glycolipids）等，约占体内脂类总量的5%，是细胞膜、机体组织器官，尤其是神经组织的重要组成成分。脂类也是膳食中重要的营养素，烹调时赋予食物特殊的色、香、味，增进食欲，适量摄入对满足机体生理需要，提供并促进维生素A、维生素E等脂溶性维生素的吸收和利用，在维持人体健康中发挥着重要作用。

一、脂肪及其功能

食物中脂类主要由甘油三酯构成，三分子脂肪酸（fatty acid，FA）与一分子甘油（glycerol）缩合生成甘油三酯。通常，来自动物性食物的甘油三酯由于碳链长、饱和程度高，熔点高，常温下呈固态，故称为脂；来自植物性食物中的甘油三酯由于不饱和程度高，熔点低，故称为油。甘油三酯分子中的三个脂肪酸，其结构不完全相同，在自然界中还未发现由单一脂肪酸构成的甘油三酯。脂肪因其所含的脂肪酸链的长短、饱和程度和空间结构等不同，而呈现不同的特性和功能。

（一）体内脂肪的生理功能

人体内的甘油三酯主要分布在腹腔、皮下和肌肉纤维之间，具有重要的生理功能。

1. 储存和提供能量　当人体摄入能量过多不能被利用时，就转变为脂肪而储存起来。当机体需要时，脂肪细胞中的脂肪分解酶立即分解甘油三酯释放出甘油和脂肪酸进入血液循环，和食物中被吸收的脂肪一起被分解释放出能量以满足机体的需要。由于甘油三酯中碳、氢的含量远高于蛋白质和碳水化合物，所以可提供较多的能量，1g脂肪体内氧化可产生能量约37.56kJ（9.0kcal）。

体内脂肪的储存和提供能量有两个特点：一是脂肪细胞可以不断地储存脂肪，尚未发现其吸收脂肪的上限，所以人体可因不断摄入过多的能量而不断积累脂肪；二是机体不能利用脂肪酸分解的含两个碳的化合物合成葡萄糖，所以脂肪不能直接给神经细胞以及血细胞提供能量，因此节食减肥不当可能导致机体组织蛋白质分解，通过糖异生维持血糖水平。

2. 保温及润滑作用　脂肪不仅可直接提供能量，皮下脂肪组织还可起到隔热保温的作用，维持体温正常和恒定，因此肥胖者一般相对不怕冷；脂肪组织在体内对器官有支撑和衬垫作用，可保护内部器官免受外力伤害及减少器官间的摩擦，如心脏、肾脏等脏器四周脂肪对内脏可起到保护和减震作用，腹腔大网膜中大量脂肪在胃肠蠕动中起润滑作用，甚至皮脂腺分泌脂肪对皮肤也起到润滑护肤作用。

3. 节约蛋白质作用　脂肪在体内代谢分解的产物，如脂肪酸经过β-氧化代谢产生能量，可以减少碳水化合物的利用，有利于维持血糖水平恒定。充足的脂肪摄入可保护体内蛋白质（包括食物蛋白质）不被用来作为能源物质，而使其有效地发挥其他生理功能，脂肪的这种功能被称为节约蛋白质作用。

4. 机体构成成分　细胞膜中含有大量脂类，是细胞维持正常的结构和功能的重要成分。

5. 脂肪组织内分泌功能　人体的脂肪组织还具有内分泌作用。现已发现的由脂肪组织所分泌的因子有瘦素（leptin）、肿瘤坏死因子α（tumor necrosis factor α，TNF-α）、白细胞介素-6（interleukin-6，IL-6）、白细胞介素-8（interleukin-8，IL-8）、雌激素（estrogen）、胰岛素样生长因子-1（insulin-like growth factor，IGF-1）、IGF结合蛋白3（insulin-like growth factor binding protein 3，

IGFBP3）、脂联素（adiponectin）及抵抗素（resistin）等。这些脂肪组织来源的因子参与机体的代谢、免疫调节、生长发育等生理过程。

（二）食物中脂肪的作用

食物中的脂肪除了为人体提供能量和作为人体脂肪的合成材料以外，还有一些特殊的营养学功能。

1. 增加饱腹感　食物脂肪由胃进入十二指肠时，可刺激十二指肠产生肠抑胃素（enterogastrone），使胃蠕动受到抑制，造成食物由胃进入十二指肠的速度相对缓慢。食物中脂肪含量越多，胃排空的速度越慢，所需时间越长，从而增加饱腹感。

2. 改善食物的感官性状　脂肪作为食品烹调加工的重要原料，可以改善食物的色、香、味、形，达到美观和促进食欲的作用。

3. 提供脂溶性维生素　食物脂肪中同时含有各类脂溶性维生素，如维生素 A、维生素 D、维生素 E、维生素 K 等。脂肪不仅是这类脂溶性维生素的食物来源，也可促进它们在肠道中的吸收。

4. 提供必需脂肪酸　食物中的脂肪可提供必需脂肪酸亚油酸（linoleic acid，LA）和 α- 亚麻酸（α-linolenic acid，ALA）。

二、脂肪酸的分类及功能

（一）脂肪酸的分类

目前已知存在于自然界的脂肪酸有 40 多种。脂肪酸的基本分子式为：$CH_3[CH_2]_nCOOH$，式中 n 的数目大部分为 2～24 个。脂肪酸是具有甲基端（—CH_3）和羧基端（—COOH）的碳氢链，大多数脂肪酸含有排列成一条直链的偶数碳原子，而奇数碳脂肪酸虽然也在天然脂类中广泛存在，但在正常情况下其含量较少。脂肪酸的命名和表达方式可以用碳的数目和不饱和双键的数目来表示。例如棕榈酸（palmitic acid）为 16 个碳的饱和脂肪酸，没有不饱和双键，故以 $C_{16:0}$ 表示；油酸（oleic acid）含有 18 个碳和一个不饱和双键，以 $C_{18:1}$ 表示。

脂肪酸命名规则：①脂肪酸分子上的碳原子用阿拉伯数字编号定位通常有两种系统。n 或 ω 编号系统是从离羧基最远的碳原子算起；Δ 编号系统是从羧基碳原子算起；②脂肪酸分子上碳原子的位置用希腊字母表示，紧邻于脂肪酸羧基端的碳为 α，其余依次为 β、γ、σ 等。

根据碳链的长短、饱和程度、空间结构等不同，脂肪酸可以有不同的分类方法。

1. 按碳链长度分类　脂肪酸按其碳链长度可分为长链脂肪酸（long-chain fatty acid）含 14～24 碳，中链脂肪酸（medium-chain fatty acid，MCFA）含 8～12 碳，短链脂肪酸（short-chain fatty acid，SCFA）含 6 碳以下。另外，还有一些极长链脂肪酸（very long-chain fatty acid），是指由≥22 个碳原子组成的脂肪酸，其主要分布在大脑和一些特殊的组织中，如视网膜和精子。脂肪组织中含有各种长度的脂肪酸。食物中的脂肪酸主要以 18 碳为主，并且具有重要的营养学价值。

2. 按饱和程度分类　脂肪酸可分为饱和脂肪酸（saturated fatty acid，SFA）和不饱和脂肪酸（unsaturated fatty acid，USFA）。饱和脂肪酸的碳链中没有不饱和双键，如棕榈酸（$C_{16:0}$）；不饱和脂肪酸含有一个或多个不饱和双键。根据不饱和双键的数量可将含有一个不饱和双键的脂肪酸称为单不饱和脂肪酸（monounsaturated fatty acid，MUFA），含有两个及两个以上不饱和双键的脂肪酸称为多不饱和脂肪酸（polyunsaturated fatty acid，PUFA）。最多见的单不饱和脂肪酸是油酸（oleic acid），膳食中最主要的多不饱和脂肪酸为 LA 和 ALA，主要存在于植物油中。人体细胞中不饱和脂肪酸的含量是饱和脂肪酸的两倍，但各种组织中两者的组成有很大差异，在一定程度上与膳食中脂肪的种类有关。

一般植物油中含不饱和脂肪酸较多，但可可籽油、椰子油和棕榈油含有较多的饱和脂肪酸，因其碳链较短（10～12碳），所以熔点低于大多数动物脂肪。

3. 按空间结构分类 脂肪酸按空间结构不同可分为顺式脂肪酸（cis-fatty acid，CFA）和反式脂肪酸（trans-fatty acid，TFA）。在自然状态下，大多数的不饱和脂肪酸为顺式脂肪酸，只有少数的是反式脂肪酸。

反式脂肪酸是含有反式非共轭双键结构的不饱和脂肪酸的总称，即双键上的氢原子连在碳原子的两侧，碳链以直链形式构成空间结构，成为顺式脂肪酸的几何异构化分子。近年来，反式脂肪酸摄入过量带来的危害逐渐引起关注。反式脂肪酸摄入增加可升高血浆低密度脂蛋白胆固醇（low-density lipoprotein cholesterol，LDL-C）水平，同时降低高密度脂蛋白胆固醇（high-density lipoprotein cholesterol，HDL-C）水平，从而增加冠心病的发生风险。长期高反式脂肪酸摄入可引起血管炎症、氧化应激等反应从而加速动脉粥样硬化的进展。

4. 按双键位置分类 脂肪酸碳原子位置的排列一般从 CH_3— 的碳（为 ω 碳）起计算不饱和脂肪酸中不饱和键的位置。如油酸的表达式为 $C_{18:1}$，ω-9，即碳链由18个碳组成，有一个不饱和键，从甲基端数起，不饱和键在第九位和第十位之间；亚油酸为 $C_{18:2}$，ω-6，9，即有两个不饱和键，第一个不饱和键从甲基端数起，在第六和第七碳之间。此外，国际上也可用 n 来代替 ω 的表示方法，如 ω-9 可写成 n-9（表1-9）。

表1-9 常见脂肪酸

中文名称	英文名称	表达式
丁酸	butyric acid	$C_{4:0}$
己酸	caproic acid	$C_{6:0}$
辛酸	caprylic acid	$C_{8:0}$
癸酸	capric acid	$C_{10:0}$
月桂酸	lauric acid	$C_{12:0}$
肉豆蔻酸	myristic acid	$C_{14:0}$
棕榈酸	palmitic acid	$C_{16:0}$
棕榈油酸	palmitoleic acid	$C_{16:1}$，n-7 cis
硬脂酸	stearic acid	$C_{18:0}$
油酸	oleic acid	$C_{18:1}$，n-9 cis
反油酸	elaidic acid	$C_{18:1}$，n-9 trans
亚油酸	linoleic acid，LA	$C_{18:2}$，n-6，9 all cis
α-亚麻酸	α-linolenic acid，ALA	$C_{18:3}$，n-3，6，9 all cis
γ-亚麻酸	γ-linolenic acid	$C_{18:3}$，n-6，9，12 all cis
花生酸	arachidic acid	$C_{20:0}$
花生四烯酸	arachidonic acid	$C_{20:4}$，n-6，9，12，15 all cis
二十碳五烯酸	eicosapentaenoic acid，EPA	$C_{20:5}$，n-3，6，9，12，15 all cis
芥子酸	erucic acid	$C_{22:1}$，n-9 cis
二十二碳五烯酸（鳀鱼酸）	docosapentaenoic acid，DPA	$C_{22:5}$，n-3，6，9，12，15 all cis
二十二碳六烯酸	docosahexaenoic acid，DHA	$C_{22:6}$，n-3，6，9，12，15，18 all cis
二十四碳单烯酸（神经酸）	nervonic acid	$C_{24:1}$，n-9 cis

（二）必需脂肪酸与其他多不饱和脂肪酸

1．必需脂肪酸　人体不可缺少且自身不能合成，必须通过食物供给的脂肪酸，称为必需脂肪酸（essential fatty acid，EFA）。亚油酸和α-亚麻酸为必需脂肪酸，不能通过体内转化，它们分别是n-6和n-3系列脂肪酸的母核，其他种类的脂肪酸均以这两种脂肪酸为原料逐步合成。EFA主要有以下功能。

（1）构成磷脂的组成成分：磷脂是细胞膜的主要结构成分，它是膜磷脂具有流动特性的物质基础，所以EFA与细胞膜的结构和功能直接相关。

（2）前列腺素合成的前体：前列腺素（prostaglandins，PG）存在于许多器官中，有多种生理功能，如调节神经传导、扩张和收缩血管及影响肾脏对水的排泄，母乳中的前列腺素可以防止婴儿消化道损伤等。近年来，研究认为EFA有减少血栓形成和血小板聚集的作用，可能与必需脂肪酸作为前列腺素和凝血素的前体有关。此外，花生酸，如二十碳三烯酸（$C_{20:3}$，n-6）、二十碳四烯酸（$C_{20:4}$，n-6）、二十碳五烯酸（$C_{20:5}$，n-3），在环氧化酶和脂氧合酶的作用下生成一系列类花生酸，包括PG、血栓素（thromboxanes，TXA）及白三烯（leukotriens，LT）等。这些类花生酸是许多生化过程的重要调节剂，如调节血压、血脂、血栓的形成，以及调节机体对伤害、感染的免疫反应等。

（3）参与胆固醇代谢：体内大约70%的胆固醇与脂肪酸酯化成酯。在低密度脂蛋白（low-density lipoprotein，LDL）和高密度脂蛋白（high-density lipoprotein，HDL）中，胆固醇与亚油酸形成亚油酸胆固醇酯，然后被转运和代谢。HDL-C可将胆固醇运往肝脏而被代谢分解，其他n-3系列和n-6系列的多不饱和脂肪酸，如二十碳五烯酸（EPA）和二十二碳六烯酸（DHA）也被认为具有降血脂作用。阿拉斯加（Alaska）人膳食中富含能量、脂肪和胆固醇，但心血管系统疾病的患病率却很低，这可能与摄入富含多不饱和脂肪酸的海产品有关。

EFA的缺乏可以引起生长迟缓、生殖障碍、皮肤损伤（出现皮疹）以及肾脏、肝脏、神经和视觉疾病。这些情况多发生在婴儿、以脱脂奶或低脂膳食喂养的幼儿、长期全胃肠外营养的患者，也可出现在慢性肠道疾病的患者中。EFA的缺乏也可能是由类花生酸化合物代谢的改变而引起。此外，由于EFA对心血管疾病、炎症、肿瘤等多方面影响引起广泛关注；但过多摄入多不饱和脂肪酸，也可使体内有害的氧化物、过氧化物以及能量等增加，对机体也可产生多种慢性危害。

2．n-6和n-3系列多不饱和脂肪酸　该系列脂肪酸在体内可由EFA转化而来。机体可以利用母体脂肪酸合成更长链的脂肪酸。哺乳动物由于缺乏Δ^{12}或Δ^{15}去饱和酶，因此n-6系列和n-3系列的脂肪酸不能相互转换。亚油酸和α-亚麻酸在体内分别合成n-6系列和n-3系列脂肪酸的过程如图1-4所示。

（1）n-6系列多不饱和脂肪酸：亚油酸和花生四烯酸是n-6系列多不饱和脂肪酸中重要的脂肪酸。这类脂肪酸完全来自植物，

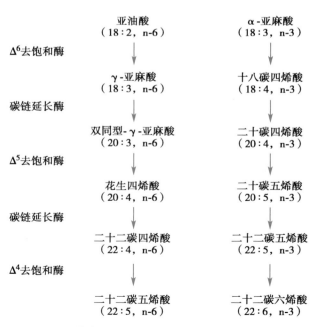

图1-4　体内多不饱和脂肪酸（n-6、n-3）合成途径

主要是植物油。n-6 系列多不饱和脂肪酸可调节血脂和参与磷脂组成,其中花生四烯酸还是形成类花生酸的重要前体物质,花生四烯酸缺乏时皮肤易感染、伤口愈合减慢。此外,n-6 系列多不饱和脂肪酸还具有促进生长发育等作用,这与类花生酸调节下丘脑和脑垂体激素释放有关。

(2)n-3 系列多不饱和脂肪酸:植物油(含有 α-亚麻酸)和鱼油(主要包含 EPA、DHA)是 n-3 系列多不饱和脂肪酸的主要来源。其中,DHA($C_{22:6}$,n-3)是大脑和视网膜的重要构成成分,在人类大脑皮质中含量高达 20%,在视网膜脂肪中所占比例约 50%,对胎儿、婴幼儿智力和视力的发育至关重要。EPA 具有降低胆固醇和甘油三酯水平的作用,降低血液黏度,预防动脉粥样硬化等心血管疾病。此外,n-3 系列脂肪酸在冠心病、高血压、关节炎、其他炎症性和自身免疫性疾病及肿瘤防治中也具有一定生物活性作用。

哺乳动物组织中 n-3 系列多不饱和脂肪酸的水平比 n-6 系列多不饱和脂肪酸低。这两种脂肪酸在体内代谢和组织分布是不同的。二十碳四烯酸($C_{20:4}$,n-6)和二十碳三烯酸($C_{20:3}$,n-6)主要分布在肝脏和血小板中。长链 n-3 系列多不饱和脂肪酸在视网膜、睾丸和中枢神经系统中的分布较多。十八碳三烯酸($C_{18:3}$,n-3)与十八碳二烯酸($C_{18:2}$,n-6)在调节机体生长、毛细血管通透性、红细胞脆性及线粒体功能上具有相似的作用。

(三)中、短链脂肪酸

1. 中链脂肪酸　是指碳原子数在 8～12 个之间的脂肪酸。食物中含有一定量的中链脂肪酸,如椰子油含 13.9%,棕榈油含 71%,牛奶及其制品中含 4.0%～4.7%,人乳中含 1.5%～2.9%。中链脂肪酸因其特有的营养学作用及安全性,目前受到了越来越多的关注。中链脂肪酸可直接与甘油酯化形成甘油三酯,不需要催化剂;由于其水溶性较好,不需要胆汁乳化,可直接被小肠吸收,而吸收后无须形成乳糜微粒,可由门静脉直接进入肝脏,并在细胞内可快速氧化产生能量,所以此类脂肪在特殊食品生产(如运动员食品)和临床上(如用来治疗高脂蛋白血症、急性和慢性肾功能不全等)开始受到重视。但是,中链脂肪酸不可过量使用,因为中链脂肪酸可很快被氧化产生较多的酮体,引起恶心、面部潮红、血栓性静脉炎、脑电图改变等;糖尿病、酮中毒、酸中毒及肝硬化等患者也不宜大量使用。

2. 短链脂肪酸　是指碳原子数在 6 个以下的脂肪酸,主要包括乙酸、丙酸及丁酸等。人体内短链脂肪酸主要来源于食物中膳食纤维、抗性淀粉、低聚糖和糖醇等在结肠内被肠道微生物发酵的产物。短链脂肪酸主要生理功能包括:①提供机体能量;②促进细胞膜脂类物质合成;③促进肠道蠕动,降低便秘等风险;④预防和治疗溃疡性结肠炎;⑤预防结肠肿瘤;⑥抑制内源性胆固醇的合成。目前,短链脂肪酸在临床上已有应用。

三、类脂及其功能

类脂(lipoids)包括磷脂、固醇类和糖脂等,磷脂主要有磷酸甘油酯和神经鞘脂,在脑和肝脏中含量丰富;固醇类主要为胆固醇和植物固醇,动物内脏、蛋黄等食物中富含胆固醇,而植物固醇主要来自植物油、种子及坚果等食物;糖脂是细胞与神经组织的结构成分之一,神经组织中含大量糖脂,主要分布在髓鞘上。

(一)磷脂

含有磷酸的脂类称为磷脂,具有亲水性和亲脂性的双重特性。磷脂是除甘油三酯以外,在体内含量较多的脂类。磷脂按其组成结构可以分为两类:一类是磷酸甘油酯,即甘油三酯中一个或两个脂肪酸被磷酸或含磷酸的其他基团所取代的一类脂类物质,常见有卵磷脂、脑磷脂及肌醇磷脂等,其中最重要的是卵磷脂,是由一个磷酸胆碱基团取代甘油三酯中一个脂肪酸而形成的;另一类是神经鞘磷脂,其分子结构中含有脂肪酰基、磷酸胆碱和神经鞘氨醇,但不含甘油。神经鞘磷脂是膜结构的重要磷脂,它与卵磷脂并存于细胞膜外侧。人红细胞膜的磷脂中约 20%～30% 为神经鞘磷脂。磷脂的功能主要包括以下几个方面。

1. 提供能量　和甘油三酯一样,磷脂也可提供能量。

2. 细胞膜成分　由于磷脂具有极性和非极性双重特性,可帮助脂类或脂溶性物质如脂溶性维生素、激素等顺利通过细胞膜,促进细胞内外的物质交流。磷脂的缺乏可造成细胞膜结构受损,使毛细血管脆性和通透性增加,皮肤细胞对水的通透性增高引起水代谢紊乱,产生皮疹。

3. 乳化剂作用　磷脂可以使体液中的脂肪悬浮在体液中,有利于其吸收、转运和代谢。由于磷脂的乳化作用,在食品加工中也被广泛应用,如在人造奶油、蛋黄酱和巧克力生产中常以磷脂(如卵磷脂)作为乳化剂。

4. 改善心血管作用　磷脂能改善脂肪的吸收和利用,防止胆固醇在血管内沉积,降低血液黏度,促进血液循环,对预防心血管疾病具有一定作用。

5. 改善神经系统功能　食物磷脂被机体消化吸收后释放出胆碱,进而合成神经递质乙酰胆碱,可促进和改善大脑组织和神经系统的功能。

卵磷脂是细胞膜的主要组成成分,细胞的存活依赖膜的完整性,因此,卵磷脂对于细胞的结构和功能十分重要。人体可从食物中获得卵磷脂,也可由肝脏通过其他底物合成机体所需的卵磷脂。但大剂量使用卵磷脂可导致胃肠道应激、多汗、流涎以及食欲减退等。

(二)固醇类

固醇类是一类含有多个环状结构的脂类化合物,因其环外基团不同而不同。固醇类包括胆固醇和植物固醇,胆固醇来源于动物性食物,植物固醇是植物中的一种固醇类物质,主要存在于植物油、种子及坚果等食物中。植物固醇与胆固醇在结构上类似,但侧链有所不同。植物固醇不能为动物吸收利用,在消化道内吸收时与胆固醇竞争,降低胆固醇的吸收,因而能降低血胆固醇水平。

胆固醇(cholesterol)是最重要的一种固醇,是细胞膜的重要成分,人体内 90% 的胆固醇存在于细胞之中;也是人体内许多重要的活性物质的合成材料,如胆汁、性激素(如睾酮)及肾上腺素(如皮质醇)等,因此,肾上腺皮质中胆固醇含量很高,主要作为激素合成的原料。胆固醇还可在体内转变成 7-脱氢胆固醇,后者在皮肤中经紫外线照射可转变成维生素 D_3。

人体自身可以合成内源性胆固醇。肝脏和肠壁细胞是体内合成胆固醇最旺盛的组织。大脑虽然含丰富的胆固醇,但合成能力低,主要由血液提供。人体胆固醇合成代谢受能量及胆固醇摄入的多少、膳食脂肪摄入的种类、甲状腺素水平、雌激素类水平、胰岛素水平等影响和调节。体内胆固醇增多时可负反馈抑制肝及其他组织中胆固醇合成限速酶的活性,减少胆固醇的合成。碳水化合物和脂肪等分解产生的乙酰辅酶 A(acetyl-CoA)是体内各组织合成胆固醇的主要原料。

动物性食物来源的胆固醇吸收率约为 30%。由于机体既可从食物中获得胆固醇,也可利用内源性胆固醇,因此,一般不存在胆固醇缺乏。近年来,有研究显示膳食胆固醇摄入量与高胆固醇血症的发生密切相关,而与心血管疾病发生之间的关系尚不明确。因此,目前对健康人群胆固醇的摄入暂不再严格限制,而且适量的胆固醇摄入被认为是人体必需的,可以帮助修复受损的血管壁;但对膳食胆固醇敏感的人群和代谢障碍的人群(糖尿病、高血脂、动脉粥样硬化及冠心病等人群),必须严格控制膳食胆固醇的摄入。

四、脂类的消化、吸收及转运

机体每日从肠道吸收的甘油三酯约为 50～100g, 磷脂为 4～8g, 其中胆固醇约为 300～450mg。食物进入口腔后, 唾液腺分泌的脂肪酶可水解部分食物脂肪, 但消化能力较弱, 而婴儿口腔中的脂肪酶则可有效分解奶中短链脂肪酸和中链脂肪酸。脂肪在胃里的消化有限, 主要消化场所是小肠。正常条件下脂肪吸收率成人约为 95%, 婴幼儿约为 85%～90%(母乳中的脂肪)。在消化过程中, 食糜从胃进入十二指肠, 由于食糜本身对胃肠道的刺激而引起胆囊收缩素(cholecystokinin, CCK)等激素的释放, CCK 进而刺激胰液和胆汁的合成与分泌。胆汁使肠内容物的 pH 升高, 同时胆汁本身也有表面活化剂的作用, 这两个作用对脂肪酶作用的发挥都极为重要。胆汁首先将脂肪乳化, 这使甘油三酯的表面积增大, 有利于胰脂肪酶和肠脂肪酶将甘油三酯水解。胰液中的脂肪酶被胆汁激活后作用于甘油 - 脂肪酸酯键, 将甘油三酯水解成游离脂肪酸和甘油一酯(偶尔也有完全水解为甘油和脂肪酸)。甘油三酯的水解速度与甘油三酯的链长和不饱和程度等因素有关, 含不饱和双键的甘油三酯比只含饱和键的甘油三酯水解的速度快。

脂肪水解后的小分子, 如甘油、短链和中链脂肪酸, 很容易被小肠细胞吸收直接进入血液。甘油一酯和长链脂肪酸被吸收后, 先在小肠细胞中重新合成甘油三酯, 并和磷脂、胆固醇和蛋白质形成乳糜微粒(chylomicron), 由淋巴系统进入血循环。血中的乳糜微粒是食物脂肪的主要运输形式, 可以满足机体对脂肪和能量的需要, 最终被肝脏吸收。

肝脏将来自食物中的脂肪和内源性脂肪及蛋白质等合成极低密度脂蛋白(very-low density lipoprotein, VLDL), 并随血流供应机体其他组织, 满足机体对甘油三酯的需要, 随着其中甘油三酯的减少, 同时又不断聚集血中胆固醇, 最终形成了甘油三酯少而胆固醇多的 LDL-C。血液中的 LDL-C 一方面满足机体对各种脂类的需要, 另一方面也可被细胞中的 LDL-C 受体结合进入细胞, 借此可适当调节血中胆固醇的浓度。LDL-C 异常升高可引起动脉粥样硬化等疾病。体内还可合成 HDL-C, 其重要功能就是将体内的胆固醇、磷脂运回肝脏进行代谢, 起到有益的保护作用。

磷脂消化的产物游离脂肪酸和溶血磷脂一同掺入肠道内微胶粒中, 通过与甘油三酯水解产物相同的过程被吸收。胆固醇则可直接被吸收, 如果食物中的胆固醇和其他脂类呈结合状态, 则先被酶水解成游离的胆固醇, 再被吸收。胆固醇是合成胆汁酸的主要成分, 胆汁酸在乳化脂肪后一部分被小肠吸收, 由血液输送到肝脏和胆囊, 通过肠肝循环被重新利用; 另一部分和食物中未被吸收的胆固醇一起, 被膳食纤维(主要为可溶性纤维素)吸附由粪便排出体外。

五、营养状况评价

人体脂类营养状况评价包括膳食总脂肪及必需脂肪酸摄入量评价、脂代谢相关生化指标检测以及体格测量。

(一)膳食摄入量

通过膳食调查获得一定时间内消耗食物的种类和数量, 通过食物日平均摄入量, 计算膳食总脂肪和主要脂肪酸摄入量或构成百分比, 与推荐的参考摄入量进行比较, 初步判断每日膳食脂肪及主要脂肪酸摄入量是否合理。

(二)生化指标

1. 血脂测定 血脂被认为是反映人体脂肪代谢的重要指标, 常规包括血清 TG、TC、HDL-C、LDL-C、载脂蛋白 A1、载脂蛋白 B 及脂蛋白(a)等。

2. 红细胞膜磷脂脂肪酸的构成　红细胞膜磷脂脂肪酸的构成被认为是评价体内 n-6 和 n-3 PUFA 营养状况的生物标志物。测定时可通过提取红细胞膜，利用高效液相色谱法或气相色谱法测定各种脂肪酸水平。

3. 血中必需脂肪酸水平　通过检测血液中二十碳三烯酸（$C_{20:3}$, n-6）与花生四烯酸（$C_{20:4}$, n-6）的比值，作为人体必需脂肪酸营养状况的评价指标。当比值 >0.2 时，可认为 EFA 不足，比值 >0.4 时为 EFA 缺乏，并可能出现临床症状。

（三）体格测量

体格测量可间接评价脂肪的营养状况。营养学常用的体格评价指标，如身高、体重、皮褶厚度、围度测量（胸围、头围、腰围、臀围）等可作为能量摄入（包括脂肪摄入）的参考指标。体脂含量是评价脂代谢的直观指标。

六、营养学评价

膳食脂肪的营养价值可从脂肪消化率、必需脂肪酸含量、脂溶性维生素含量等方面进行评价。

1. 脂肪消化率　食物脂肪消化率与其熔点密切相关。熔点低于体温的脂肪消化率可高达 97%～98%，高于体温的脂肪消化率约 90%；熔点高于 50℃ 的脂肪较难消化，多见于动物脂肪。含不饱和脂肪酸和短链脂肪酸越多的脂肪，熔点越低，越容易消化，多见于植物脂肪。一般植物脂肪的消化率要高于动物脂肪。

2. 必需脂肪酸含量　一般植物油中亚油酸和 α- 亚麻酸含量高于动物脂肪，其营养价值优于动物脂肪。但椰子油中亚油酸含量很低，其不饱和脂肪酸含量也少。

3. 脂溶性维生素含量　脂溶性维生素含量高的脂类其营养价值也高。植物油中富含维生素 E，特别是谷类种子的胚油（如麦胚油）维生素 E 的含量非常丰富。动物皮下脂肪几乎不含维生素，而器官脂肪如肝脏脂肪中含有丰富的维生素 A、维生素 D，某些海产鱼肝脏脂肪中维生素 A、维生素 D 含量更高。

4. 某些特殊生理功能的脂肪酸含量　深海鱼类脂肪和鱼油类功能食品中含有较多的 n-3 多不饱和脂肪酸（EPA、DHA 等），对降低心血管系统疾病的发病风险具有重要作用。

七、脂类参考摄入量及食物来源

《中国居民膳食营养素参考摄入量》（2023 版）推荐，成人膳食脂肪 AMDR 为 20%E～30%E；成年人亚油酸的 AI 为 4.0%E，n-6 多不饱和脂肪酸的 AMDR 为 2.5%E～9.0%E；成年人的 α- 亚麻酸的 AI 为 0.6%E，n-3 多不饱和脂肪酸的 AMDR 为 0.5%E～2.0%E；成人膳食饱和脂肪酸 AMDR 上限为 10%E。WHO 推荐成人反式脂肪酸的摄入量应低于 1%E。目前我国制定成人反式脂肪酸 AMDR 上限为 1%E。

人类膳食脂肪主要来源于肉类、鱼类及植物种子等。畜禽等动物脂肪中饱和脂肪酸和单不饱和脂肪酸含量较多，而多不饱和脂肪酸含量较少。水产品富含不饱和脂肪酸，如深海鱼、贝类食物含 EPA 和 DHA 相对较多。植物脂肪（或油）主要富含不饱和脂肪酸。植物油中普遍含有亚油酸，豆油和紫苏籽油、亚麻籽油中 α- 亚麻酸较多，但可可籽油、椰子油和棕榈油则富含饱和脂肪酸。磷脂含量较多的食物为蛋黄、肝脏、大豆、麦胚和花生等。含胆固醇丰富的食物是动物脑、肝、肾等内脏和蛋类。部分食物的脂肪含量见表 1-10。

表 1-10　常见食物的脂肪含量　　　　　　　　　　　　　　　　单位：g/100g

食物名称	脂肪含量	食物名称	脂肪含量
猪肉（五花肉/土猪）	61.1	鸡胸脯肉	1.9
猪肉（瘦）	7.5	鸭	19.7
猪肉（后臀尖）	30.8	草鱼	5.2
猪肉（后肘）	28.0	带鱼（白带鱼/刀鱼A）	4.9
猪肉（里脊）	7.9	黄鱼（大黄花鱼）	2.5
猪蹄	18.8	海鳗	5.0
猪肝	4.7	鲤鱼	4.1
猪大肠	18.7	鸡蛋	8.6
牛肉	8.7	鸡蛋黄粉	55.1
羊肉	6.5	鸭蛋	13.0
鹌鹑	3.1	核桃（干）	58.8
鸡	9.4	花生仁（炒）	44.4
鸡腿（肉鸡/去骨）	20.9	葵花子仁	53.4

（梁　惠）

第四节　碳水化合物

碳水化合物（carbohydrate）由碳、氢、氧三种元素组成，是含有多羟基的醛类或酮类化合物及其缩聚物和某些衍生物的总称，其分子通式为 $C_m(H_2O)_n$，因其分子式中氢和氧的比例与水相同为 2：1 而得名。根据分子聚合度，碳水化合物可分为糖、低聚糖和多糖；糖和多糖中的淀粉类是人类膳食最常见的能量来源，其经机体消化吸收后，参与调节血糖和血脂水平；不能被小肠吸收的膳食纤维则通过结肠发酵且产生代谢物影响肠道健康；因此，碳水化合物在慢性病防治中起着重要作用。

一、碳水化合物的分类

碳水化合物是最早被发现的宏量营养素之一。随着碳水化合物与慢性病发生风险关联性及其作用机制的深入研究，以及对膳食治疗效果评价的日益完善，人们对不同种类碳水化合物的化学结构、吸收利用以及生理作用有了新的认识。目前常依据碳水化合物的化学结构和生理作用进行分类。

（一）根据化学结构和聚合度分类

碳水化合物的分类主要依据其化学结构和聚合度进行。FAO/WHO（1998）依据碳水化合物的聚合度（degree of polymerization，DP），将膳食中主要碳水化合物分为糖（DP 1～2）、寡糖（DP 3～9）以及多糖（DP≥10）。常见碳水化合物分类见表 1-11。

1. 糖　糖（sugar）又称简单糖，是指 DP 为 1～2 的碳水化合物，包括单糖、双糖和糖醇。

（1）单糖（monosaccharide）：是指不能再被直接水解为分子更小的、最简单的碳水化合物，是构成低聚糖和多糖的基本单位；按照羰基在分子中的位置可为多羟醛（醛糖）和多羟酮（酮糖）；还可根据单糖分子中功能碳原子的数目，依次命名为丙糖、丁糖、戊糖、己糖及庚糖。分子中碳原子数≥3

表 1-11　主要膳食碳水化合物分类和组成

分类（DP）	亚组	主要组成
糖（1～2）	单糖	葡萄糖、半乳糖、果糖
	双糖	蔗糖、乳糖、麦芽糖、海藻糖
	糖醇	山梨醇、木糖醇、麦芽糖醇、乳糖醇
寡糖（3～9）（短链碳水化合物）	低聚异麦芽糖	麦芽糊精（α-葡聚糖）
	其他低聚糖	棉子糖、水苏糖（非 α-葡聚糖）、低聚果糖、低聚半乳糖
多糖（≥10）	淀粉	直链淀粉、支链淀粉、变性淀粉（α-1：4 和 1：6 葡聚糖）
	非淀粉多糖	纤维素、半纤维素、果胶、亲水胶质物

资料来源：膳食主要碳水化合物的分类 FAO/WHO，2007.

的单糖因含有不对称碳原子，可有 D-型及 L-型两种构型，天然存在的单糖多为 D-型。食物中最常见的单糖是葡萄糖（glucose）和果糖（fructose），分子式为 $C_6H_{12}O_6$，均为 6 个碳原子的单糖，但原子排序不同。葡萄糖是一类具有右旋性和还原性的醛糖，是组成多种碳水化合物的基本单元。在人体禁食情况下，葡萄糖是体内唯一游离存在的单糖，血中葡萄糖浓度大约是 5mmol/L（100mg/dl）。果糖几乎总是与葡萄糖同时存在于植物中，也是天然碳水化合物中最甜的一种糖类。糖的甜度依次为果糖＞蔗糖＞葡萄糖＞麦芽糖＞半乳糖。

（2）双糖（disaccharide）：是由两分子的单糖通过糖苷键相连而成的化合物统称。最重要的双糖是蔗糖（sucrose）、麦芽糖（maltose）和乳糖（lactose），分子式是 $C_{12}H_{22}O_{11}$。蔗糖由一分子的葡萄糖和一分子的果糖结合而成，无还原性，主要来源于甘蔗和甜菜。乳糖是由葡萄糖和 β-半乳糖以 β-1,4 糖苷键结合，具有还原性，主要存在于乳品中。麦芽糖是由两个分子的葡萄糖结合构成，具有还原性，主要来源于大麦淀粉。

（3）糖醇（sugar alcohols）：是由糖分子氢化还原后的产物，广泛存在于生物界，特别是在植物中。在食品工业上，糖醇是重要的甜味剂和湿润剂，目前常使用的有甘露醇、麦芽糖醇、乳糖醇、木糖醇和混合糖醇等。

2. 寡糖　寡糖（oligosaccharide）又称低聚糖，是由 3～9 个单糖分子通过糖苷键构成的聚合物，根据糖苷键和结合糖的不同而有不同名称和结构。目前已知的几种重要的功能性低聚糖有低聚果糖、低聚异麦芽糖、低聚木糖及低聚半乳糖等，多数低聚糖不能或只能部分在肠道吸收；肠道共生双歧杆菌（Bifidobacteria）和乳杆菌（Lactobacillus）含有各种代谢相关酶，可利用到达结肠的低聚糖并将其代谢，产生短链脂肪酸（short chain fatty acids，SCFA）等代谢物；此外，罗氏菌（Roseburia）、真杆菌（Eubacterium）和粪杆菌（Faecalibacterium）的代谢物如丁酸盐具有改善胃肠健康、抗炎及影响细胞增殖和凋亡的作用。

3. 多糖　多糖（polysaccharide）指带有 10 个或以上单糖分子通过 1,4- 或 1,6-糖苷键结合而成的聚合物。多糖不溶于水，无甜味，不形成结晶，且无还原性。在酶或酸的作用下，多糖可水解成单糖残基数不等的片段，最终分解为单糖。因构成多糖的单糖形式、数量及连接方式不同，所形成的多糖结构复杂且数量和种类繁多，主要包括淀粉和非淀粉多糖。

（1）淀粉（starch）：是由葡萄糖聚合而成，因聚合方式不同分为直链和支链淀粉。直链淀粉（amylose）是 D-葡萄糖残基以 α-1,4 糖苷键连接而成的线性结构，其相对分子量为 $3.2×10^4$～$1.6×10^5$ 甚至更大，相当于 200～980 个葡萄糖残基，遇碘产生蓝色反应。富含天然直链淀粉的食物易"老化",形成难消化的抗性淀粉。支链淀粉(amylopectin)是枝杈状结构,相对分子量在 $1 \times 10^5 \sim$ 1×10^6,相当于 $600 \sim 6\,000$ 个葡萄糖残基,遇碘产生棕色反应。富含支链淀粉的食物易"糊化",消化率较高。食物中直链和支链淀粉的含量不同,其含量变化常取决于淀粉的来源或加工方式。依据淀粉的组成、化学结构和抗消化性,将健康人小肠内不被 α-淀粉酶降解,但在大肠内可被发酵的淀粉及其分解产物称为抗性淀粉(resistant starch, RS)。RS 主要分为以下几类:①RS1,因受到一些食物成分包裹,无法直接与消化酶接触,难以消化,如整粒或部分碾碎的谷类和豆类;②RS2,在糊化后才可被 α-淀粉酶消化,如未煮的土豆和青香蕉;③RS3,又称变性淀粉,是直链和支链淀粉在经过烹煮或糊化处理时变性而成,不能被 α-淀粉酶消化,如冷的熟土豆和谷类食物等。

(2)非淀粉多糖(non-starch polysaccharides, NSP):为植物细胞壁主要组成成分,是由五碳糖、六碳糖和醛糖类组成的支链与直链多聚糖的混合物,主要包括纤维素、半纤维素和果胶类;因其化学结构的不同,表现出不同的生化特征和生物学效应。纤维素是由数千个葡萄糖通过 β-1,4 糖苷键相连接而成的直链聚合物,在人体胃和小肠中不被消化酶和酸水解,具有吸水性且不溶于水的特性,属于不可溶性膳食纤维。半纤维素是由五碳糖和六碳糖连接而成的多糖,部分半纤维素可溶于水,在大肠中被发酵分解。果胶是存在于果蔬细胞壁中的一种酸性多糖,含有许多甲基化羧基的果胶酸,具有离子交换特性和胶质黏稠性。树胶和植浆存在于海藻、植物渗出液和种子中,具有黏稠性、稳定性和乳化性能;因此,常被用于食品加工中,以增加食品的黏稠性。

因对糖聚合度判定的标准有异,不同国际组织和国家对膳食纤维(dietary fiber, DF)的定义略有不同。WHO/FAO(2013)工作组提出的膳食纤维是指 10 个和 10 个以上 DP 的碳水化合物聚合物,且该物质不能被人体小肠内的酶水解,并对人体具有健康效益。中国营养学会发布的"膳食纤维定义与来源科学共识(2021)"中更新了膳食纤维定义:植物中天然存在的、从植物中提取或直接合成的 $DP \geqslant 3$、不能被人体小肠消化吸收的,且对人体有健康意义的可食用碳水化合物的聚合物,主要包括纤维素、半纤维素、低聚糖、胶类、菊粉以及其他一些膳食纤维单体成分。目前有关膳食纤维分类方法较多,按照膳食纤维的溶解性可分为可溶性和不可溶性膳食纤维。可溶性膳食纤维(soluble dietary fiber, SDF)是指可溶于温水或热水的部分纤维,主要是细胞壁的储存物和分泌物以及微生物多糖等,如胶类(果胶、瓜尔胶)和部分低聚糖(如半乳甘露糖)等。不可溶性膳食纤维(insoluble dietary fiber, IDF)是细胞壁的组成成分,如纤维素、壳聚糖和原果胶等。

(3)其他多糖:糖原(glycogen)是由几千个至几万个葡萄糖残基组成,主链以 α-1,4 糖苷键相连,链与链之间以 α-1,6 糖苷键连接,是一种存在于动物肝脏和肌肉等组织中的多聚 D-葡萄糖。此外,还有由植物和菌类代谢产生的 $DP > 10$ 的多糖,包括真菌多糖、人参多糖、海藻多糖、枸杞多糖以及香菇多糖等。

(二)按照碳水化合物的消化性及生理作用分类

依据机体对碳水化合物的消化性可分为可消化和不消化的碳水化合物。

1. 可消化的碳水化合物 可消化的碳水化合物(digestible carbohydrates)是指可被人体小肠消化吸收的碳水化合物,因其吸收入血并可引起血糖水平升高,又称为升糖碳水化合物(glycaemic carbohydrate),主要包括糖、淀粉(除外抗性淀粉)和部分糖醇。不同类型的碳水化合物吸收率不同,引起的餐后血糖应答水平也不相同。血糖指数(glycemic index, GI)是指某种含有一定量碳水化合物的食物 2 小时升高血糖应答曲线下面积与标准食品(一般是等量葡萄糖)2 小时升高血糖应答曲线下面积之比,以百分数表示。GI 是反映食物升高血糖效应的生理指标,可衡量某种食物或膳食组成对血糖浓度的影响。GI 值越高说明该种食物升高血糖的效应越强。一般认为 $\leqslant 55$ 为低 GI 食物,

55～70 为中 GI 食物，GI>70 为高 GI 食物。GI 值可受到糖的化学结构、类型、消化代谢途径以及食物组成等因素的影响，因此，GI 可作为糖尿病人选择糖类食物的参考依据，也可用于高血压和肥胖者的膳食管理及居民营养教育等。

餐后血糖水平还与食物中碳水化合物的含量密切相关。GI 高的食物，如果碳水化合物含量很少，尽管其容易转化为血糖，但对血糖总体水平的影响并不大；因此，在 GI 的基础上提出血糖负荷（glycemic load，GL）的概念。GL 是食物碳水化合物升血糖能力和摄入量的综合评价指标；其计算公式为：GL=摄取食物中碳水化合物的重量×食物 GI 值/100。一般认为 GL<10 为低 GL 食物，10～20 为中 GL 食物，>20 为高 GL 食物。GL 与 GI 联合使用，可反映特定食物的一般摄入量中所含可消化碳水化合物的数量和质量，因此更接近实际情况，见表 1-12。

表 1-12　常见食物的血糖指数及血糖负荷

食物	GI	一份质量	碳水化合物实际含量/g	GL
白米饭	64	1 碗，150g	36	23
黑米饭	55	1 碗，150g	33	18
发面米糕	78	3 个，25g	21	17
油炸圈饼	76	47g	23	17
苏打饼	74	4 片，25g	17	12
蛋糕	67	80g	58	39
橘子	42	1 个，120g	11	5
梨	38	1 个，120g	11	4
苹果	38	1 个，120g	15	6
脱脂奶	32	250mL	13	4
大豆（煮）	28	1 碗，150g	25	7
腰果	22	30g	9	2
花生	14	30g	6	1
干枣	103	60g	40	42

2. 不消化的碳水化合物　不消化的碳水化合物（non-digestible carbohydrates）是指人体小肠无法消化吸收的碳水化合物，主要包括膳食纤维及其单体成分、部分不被消化的糖醇等。因其不能直接提供可在小肠消化且直接吸收入血的碳水化合物，也被称为非升糖碳水化合物（non-glycaemic carbohydrate），具有一定的生物学作用（参见碳水化合物生理功能部分）。

（三）其他相关概念

随着科学界对碳水化合物认识的加深，近年来出现的一些概念得到广泛应用。

1. 低碳水化合物膳食和低碳饮食　低碳水化合物膳食（low carbohydrate diet，LCD）是指在一定的能量摄入范围内，碳水化合物供能相对比较低（一般是在 40% 以下）的膳食。不同研究采用的碳水化合物供能比不同，如美国国家脂类协会规定每日总能量中 10%～25% 的能量来源于碳水化合物，即摄入量为 50～130g/d。有研究表明，LCD 可能与降低 T2DM、肥胖等发生风险有关，但是长期

LCD 是否存在副作用甚至是危害还不确定；同时由于 LCD 中蛋白质和脂肪占比增加，对冠心病、痛风及肾病者不利。低碳饮食（low-carbon diet）是指在食物获取、使用和加工处理过程中，更多选择当季和当地的食物、低加工度和原生态以及植物性食物，且选择低能耗的烹调方式并减少厨余垃圾，直接或间接减少温室气体排放量的一种新兴饮食方式。低碳饮食不仅可满足个体健康的需求，还可兼顾低碳排放量，实现人与环境的可持续性发展。

2. 益生元和后生元 益生元（prebiotics）是指不被人体消化系统所消化吸收的一些碳水化合物，其能够选择性地促进宿主肠道内原有的一种或几种有益细菌（益生菌）生长繁殖的物质，通过增强有益细菌的繁殖及抑制有害细菌生长，从而维持肠道菌群稳态，促进机体健康。部分低聚糖或抗性低聚糖（resistant oligosaccharides，RO）可作为益生元，其中最具代表性的有低聚乳果糖、低聚异麦芽糖等。后生元（postbiotics）是经加工处理后的益生菌及其代谢物成分的统称，包括菌体与代谢物。益生菌代谢物主要有维生素、脂质、蛋白质、多肽、有机酸、SCFA 及细胞内多糖；菌体成分包括脂壁酸、磷壁酸、肽聚糖、细胞表面蛋白、多糖、细胞膜蛋白以及细胞外多糖。有研究证实，经过筛选的后生元，增强免疫能力优于原活菌，即使经由高温作用或肠胃消化液处理，仍有高度生物活性，对人体发挥着多种健康效应。

3. 添加糖 添加糖（added sugars）又称游离糖（free sugars），是指人工加入食品中的糖类，具有甜味特征，如常用的添加糖有蔗糖、果糖、葡萄糖以及果葡糖浆等；添加糖主要应用于软饮料、运动饮料、糕点、饼干、水果酱、乳制品、糖果及烹调用糖等。

二、碳水化合物的消化、吸收与代谢

碳水化合物主要在小肠消化吸收和结肠细菌发酵。食物中可消化的碳水化合物主要在小肠内完成消化吸收过程。单糖直接在小肠消化吸收，双糖经酶水解后再吸收，一部分低聚糖和多糖水解成葡萄糖后吸收；在小肠内不能消化的碳水化合物在结肠中经细菌发酵消化后再吸收。

（一）碳水化合物的消化吸收

碳水化合物首先经过口腔唾液中的 α- 淀粉酶初步分解消化，在小肠的碳水化合物经胰淀粉酶等多种水解酶的作用下继续消化，而未被吸收的部分如非淀粉多糖在结肠通过细菌发酵消化。

可消化的碳水化合物的消化吸收主要是在小肠中完成的，是一个消耗 ATP 的主动转运过程。小肠内碳水化合物的消化分为肠腔消化和小肠黏膜上皮细胞表面的消化。肠腔胰液中的胰淀粉酶可将淀粉消化为麦芽糖、麦芽三糖和糊精，继而被其他碳氢酶如 α- 葡萄糖苷酶分解成葡萄糖。小肠黏膜上皮细胞刷状缘上的 α- 糊精酶、麦芽糖酶及乳糖酶等能将可消化的碳水化合物继续分解为葡萄糖及少量果糖和半乳糖，从而被小肠黏膜上皮细胞吸收。单糖由小肠内绒毛上皮细胞或细胞间隙直接吸收，而双糖在双糖酶的作用下水解成单糖形式，在小肠绒毛上皮细胞吸收。小肠中可消化的碳水化合物消化吸收的影响因素较多，包括吸收面积、Na^+ 电化学梯度、细胞膜脂质成分、转运细胞与非转运细胞比例以及昼夜节律等因素。

不消化的碳水化合物到达结肠后，经过菌群酵解，产生氢气、甲烷、CO_2 和 SCFA 等，同时，还可促进肠道一些特定有益菌群如双歧杆菌、乳酸菌等的生长繁殖，维持肠道健康。

（二）碳水化合物的代谢

葡萄糖首先需依赖于细胞膜上的跨膜转运体即钠依赖的葡萄糖转运体（SGLT）和易化扩散的葡萄糖转运体（GLUT）来完成进入细胞的过程。细胞内的葡萄糖代谢通过一系列的级联式化学反应，包括分解、储存与合成代谢。葡萄糖的分解方式与不同类型细胞的代谢特点和供氧状态有关，如供氧充足时,大多数组织和细胞进行有氧氧化过程,经历葡萄糖裂解为丙酮酸,继而转变成乙酰辅酶A,进入三羧酸循环(TCA),彻底氧化为 CO_2 和 H_2O 并释放能量,如1分子的葡萄糖经有氧氧化净生成30~32个分子的ATP,是机体获得能量的主要方式。无氧氧化分为糖酵解和乳酸生成两个阶段;缺氧时,葡萄糖通过糖酵解(glycolysis)途径分解为丙酮酸,后者在胞质内乳酸脱氢酶作用下还原成乳酸,可为机体迅速提供能量,尤其是严重缺氧或剧烈运动、代谢活跃的组织细胞(如神经、肌肉、骨髓和白细胞)以及成熟的红细胞等。葡萄糖通过磷酸戊糖途径给机体提供磷酸核糖和NADPH;此外,葡萄糖还可通过糖醛酸途径和多元醇途径,产生一些重要的代谢物,如葡萄糖醛酸、木糖醇和山梨醇。

除供能和以甘油三酯形式储存于脂肪组织外,还有一小部分糖类用于合成糖原。糖原合成主要发生在肝脏和肌肉中,葡萄糖先经过活化生成尿苷二磷酸葡萄糖(UDPG),在糖原合成引物的基础上,葡萄糖基经糖原合酶的催化,分别合成肝糖原和肌糖原。有些非糖物质如丙酮酸、乳酸、甘油、丙酸盐以及生糖氨基酸主要在肝脏经糖异生(gluconeogenesis)途径转变为葡萄糖或糖原。

碳水化合物的排泄与消化率有关,可消化的碳水化合物的代谢物主要是 CO_2 和 H_2O,经尿液、呼吸或肠道排出;而不消化的碳水化合物如膳食纤维等因其代谢物不同显示出较大差别,代谢物如甲烷、氢和 CO_2 均由呼吸道或肠道排出,SCFA则主要通过结肠重吸收或由粪便排出。

三、碳水化合物的生理功能

机体中碳水化合物的存在形式主要有3种,即葡萄糖、糖原和含糖复合物。碳水化合物的生理功能既与摄入的食物碳水化合物的种类有关,也与机体碳水化合物存在的形式有关。

1. 提供能量和碳源 膳食碳水化合物是人类获取能量的最主要、最经济的来源,通常维持人体健康所需要能量的一半以上是由膳食碳水化合物提供。以葡萄糖为主供给机体各种组织能量,1g葡萄糖在体内氧化可产生16.7kJ(4kcal)的能量;不消化的碳水化合物如1g膳食纤维提供的能量平均为8.4kJ(2kcal)。体内的葡萄糖具有释放能量较快和提供能量也快的特点,成为神经系统和心脏的主要能源,也是肌肉活动时的主要燃料。糖原是肝脏和肌肉中碳水化合物的储存形式,肝脏约储存1/3的糖原,一旦机体需要葡萄糖时,肝脏中的糖原迅速分解为葡萄糖以提供能量。此外,葡萄糖通过磷酸戊糖途径给机体提供磷酸核糖等,糖代谢的中间产物可转变成其他的含碳化合物,如氨基酸、核苷酸及脂肪酸等,为多种合成代谢旺盛的组织(如肝脏、脂肪组织和泌乳期的乳腺)和增殖活跃的组织(骨髓和肿瘤)及红细胞提供碳源和供氢体。

2. 构成组织结构及生物活性物质 碳水化合物是构成机体组织的重要物质,并参与细胞的组成和多种活动。细胞中的碳水化合物主要以糖脂、糖蛋白和蛋白多糖的形式存在,分布于细胞膜、细胞器膜、细胞质以及细胞间基质中。糖和脂结合形成的糖脂广泛存在于各组织中,如大脑及其他神经组织中含大量糖脂,是构成神经组织和细胞的成分;多种器官(如胃、脾、肝、肺及胸腺和肾上腺)和细胞(红细胞和白细胞)均含有糖脂。糖与蛋白质结合生成的糖蛋白包括黏蛋白与类黏蛋白是构成骨和软骨、肌腱和韧带、眼角膜及玻璃体等的组成成分。另外,糖也是一些具有重要生理功能的物质包括D-核糖、抗体、酶(核酸酶、蛋白酶及糖苷酶等)和激素的组成成分。

3. 节约蛋白质作用 当膳食碳水化合物供应不足时,为了满足自身对葡萄糖的需要,机体则通过糖异生作用产生葡萄糖。由于脂肪一般不能转化成葡萄糖,机体首先动用体内组织蛋白质,包括肌肉、肝脏、肾脏及心脏中的蛋白质,引起重要器官和组织的损害;而当碳水化合物摄入充足时,则无须动用组织蛋白质来供能,保证了膳食蛋白质合理利用,减少组织蛋白质的消耗,即为碳水化合物的节约蛋白质作用（protein sparing action）。

4. 抗生酮作用 在脂肪代谢中，脂肪酸分解所产生的乙酰 CoA 需要与来自碳水化合物代谢产生的草酰乙酸缩合生成柠檬酸进入 TCA，最终被彻底氧化分解并产生能量。当膳食碳水化合物摄入不足时，草酰乙酸供应相应减少，脂肪酸则不能被彻底氧化分解，而生成过多的中间产物——酮体（ketone body）包括乙酰乙酸、β-羟基丁酸及丙酮，以致发生酮血症和酮尿症。但膳食中提供充足的碳水化合物则可促进脂肪酸彻底氧化分解，减少生成过多的酮体，该作用称之为碳水化合物的抗生酮作用（antiketogenesis）。

5. 解毒作用 糖醛酸途径是指以葡萄糖醛酸（glucuronic acid）为中间产物的葡萄糖代谢途径，从葡萄糖 -6- 磷酸，经尿苷二磷酸葡萄糖醛酸一系列反应生成葡萄糖醛酸的过程。葡萄糖醛酸在肝内生物转化过程中参与很多结合反应，是体内一种重要的结合解毒方式，可与含羟基、巯基、羧基及氨基等基团的外源物及某些内源性代谢物（如药物、食品添加剂、酒精及环境化学污染物）结合，提高其水溶性和极性，易于从尿和胆汁中排出，以消除和减轻这些物质的毒性或生物活性，从而起到解毒作用。研究表明，不消化的碳水化合物在肠道细菌的作用下发酵所产生的 SCFA（如丁酸）也具有解毒和促进健康的作用。

6. 维持肠道健康 某些碳水化合物可通过结肠发酵，改变肠道菌群的构成与代谢，可选择性刺激肠道细菌的生长，特别是诱导某些有益菌（如乳酸菌和双歧杆菌）的繁殖并产生 SCFA，清除肠道毒素（氨、酚及酚衍生化合物和有机胺类等），增强肠道的消化吸收功能，有益于肠道健康。

7. 降低慢性病发生风险 膳食纤维可通过多种机制降低慢性病发生风险。①调节血糖：碳水化合物的含量、类型和摄入总量是影响血糖的主要因素。不同类型的碳水化合物，即使摄入的总量相同，也可产生不同的升高血糖效应。一些抗性淀粉、低聚糖或其他形式的膳食纤维要经结肠细菌发酵后才能吸收，对血糖是一个持续缓慢释放调节过程；另外，也可减少胰岛素释放。可溶性膳食纤维具有强黏附性，可缓解食物与消化酶和胃酸的混合，减缓血糖水平升高的速度。因此在糖尿病人的膳食中，合理使用碳水化合物的种类及数量是非常重要的。②降低血脂：各种纤维可吸附脂肪、胆固醇和胆汁酸，使其吸收率下降，可达到降血脂的作用。研究证实，可溶性膳食纤维（如燕麦纤维）在小肠可形成黏性物质，破坏微团形成，减少胆固醇向小肠刷状缘转运，从而抑制胆固醇的吸收；还可干扰胆汁酸的肠 - 肝循环，减少胆汁酸重吸收，进而影响脂肪的消化吸收；通过结肠发酵产生的 SCFA（丙酸和乙酸等）可减少内源性胆固醇的合成，并减少 LDL-C 过高带来的不利影响。③控制体重：膳食纤维在胃中可吸水膨胀，增加胃内容物的容积和饱腹感；可溶性膳食纤维黏度高，减缓胃排空速率，延缓胃内容物进入小肠的速度，进而有利于超重和肥胖人群减少进食量。④防止便秘：不可溶性膳食纤维具有较强的吸水性，可增加粪便的含水量和体积，减少粪便硬度，以机械刺激促进肠壁蠕动，利于排便，减少肠道可能出现的健康风险。不同膳食纤维吸水作用差异较大，谷类纤维比水果和蔬菜类纤维作用更加明显。

四、食物碳水化合物的营养学评价

食物营养学评价主要涉及碳水化合物的种类、消化吸收率、膳食纤维和添加糖的含量等方面。

1. 种类和消化吸收率 碳水化合物包括简单糖、寡糖和多糖（含淀粉）。不同种类的碳水化合物消化吸收率差异较大，其中小肠中单糖的吸收率较高，如葡萄糖和果糖约为 80%～90%，乳糖约为 70%～90%，蔗糖则高于 50%，膳食纤维如抗性糊精小肠吸收率仅为 15%，人体缺少 β-1，4 糖苷键的葡萄糖苷酶,无法消化食物中的纤维素,但可通过结肠发酵调控肠道菌群,进而影响人体健康。

2. 膳食纤维和添加糖 膳食纤维和添加糖的含量是评估碳水化合物食物质量的重要指标。《中国居民膳食营养素参考摄入量》(2023 版)已明确给出膳食纤维 AI 值和添加糖推荐摄入水平,有关内容详见碳水化合物参考摄入量部分。

3. 全谷物成分 全谷物食品中应含有不低于 51% 的全谷物成分,包含胚乳、胚芽和麸皮,这些全谷物成分有益于控制体重、降低慢性病发生风险。

4. 常用的评价指标 主要包括 GI、GL 和碳水化合物食品质量评分。

五、人体碳水化合物的营养状况评价

碳水化合物摄入缺乏与过量均可干扰人体正常的营养素代谢和能量平衡,进而对健康产生不利影响。通过膳食调查获得碳水化合物摄入量和供能比,再结合人体测量和生化检查等方法,对个人进行营养状态的综合评价。

1. 膳食摄入量

(1)缺乏:人体碳水化合物的缺乏多数发生在饥饿、禁食、不合理的节食以及疾病状态下,此时,储存于组织细胞中的碳水化合物(糖原)耗竭,机体通过糖异生途径,加强脂肪分解,大量的脂肪酸通过 β 氧化供能,同时出现酮体累积以致酮症酸中毒。长期采用低碳水化合物膳食减肥者,还可出现恶心呕吐、重度酸中毒、便秘和其他营养素缺乏。

(2)过量:高水平摄入碳水化合物食物对血脂和血糖水平均有影响。高碳水化合物联合低脂肪膳食,可升高 LDL-C 水平,增加心血管疾病、代谢综合征的发生风险;长期摄入高水平碳水化合物尤其是高升糖碳水化合物,其经消化吸收完全后,葡萄糖进入血液,介导血糖水平升高效应,促进糖尿病的发生与发展。研究表明,摄入过量添加糖可增加龋齿、超重和肥胖等发生风险。因此许多国家都提出减少应用添加糖。

2. 生化指标 对碳水化合物营养状况评价,目前没有较好的评价方法,常常被关注的指标主要有血糖、糖化血红蛋白(HbA1c)以及酮体的水平。生理情况下空腹血浆葡萄糖维持在 3.9～6.0mmol/L 范围内;HbA1c 的浓度可有效反映过去一定时间内(一般是 8～12 周)平均血糖水平,一般成人的 HbA1c 合理控制目标为 <7%。酮体可作为特殊情况下碳水化合物缺乏的评价指标,酮体中 β-羟丁酸约占 78%、乙酰乙酸占 20%,丙酮仅占 2%,正常人血液中酮体浓度较低,健康成年人血清 β-羟丁酸为 0.03～0.3mmol/L。

3. 体格检查 长期摄入过多的碳水化合物可导致超重和肥胖,反之,则导致消瘦或偏瘦;因此,可通过体格检查来间接反映碳水化合物的营养状况。常用的成人评价指标有身高、体重、皮褶厚度及腰围等。

六、参考摄入量及食物来源

《中国居民膳食营养素参考摄入量》(2023 版)中建议成人的碳水化合物 EAR 为 120g/d,AMDR 为 50%E～65%E;膳食纤维 AI 为 25～30g/d。添加糖的推荐摄入水平不超过 50g/d,最好限制在 25g/d 以下,其提供的能量每日不超过总能量的 10%,最好不超过 5%;不喝或少喝含糖饮料,少食用高糖食品。碳水化合物来源应含有多种不同种类的谷物,尤其是全谷物,应限制纯能量食物如精制糖、淀粉、动植物油、酒或含酒饮料及添加糖饮料等的摄入量,以保障人体能量充足和营养素的需要。

碳水化合物主要来源于植物性食物,如谷物(面粉、大米及玉米)、土豆及红薯等食物。粮谷类一般含碳水化合物 60%～80%，薯类为 15%～29%，豆类为 40%～60%；蔬菜和水果含有一定量的膳食纤维和糖类；全谷类、蔬菜水果等膳食纤维的含量一般在 3% 以上。单糖和双糖的主要来源是白糖、糖果、甜食、糕点、水果、含糖饮料和蜂蜜等。

（肖　荣）

第五节　能　量

维持机体的各种生理功能和生命活动所需的能量（energy）来源于食物中的碳水化合物、脂肪和蛋白质经生物氧化代谢释放出的化学能。成年人每日能量消耗主要有基础代谢、身体活动和食物热效应三方面；机体能量需要量与年龄、性别、生理状态、体重、身体活动以及摄食有关。由能量摄入与能量消耗构成的能量平衡（energy balance）既受到外环境因素如摄食行为、温度变化、身体活动以及精神压力等因素的影响，也受到内环境因素如细胞因子、激素以及神经 - 体液系统等的影响。能量过剩与缺乏均可影响人体健康，包括超重与肥胖、糖尿病、高脂血症以及肿瘤等慢性疾病。

一、基本概念

（一）能量单位

国际通用的能量单位是焦耳（joule, J）、千焦耳（kilojoule, kJ）或兆焦耳（megajoule, MJ），1J 是指用 1 牛顿的力把 1kg 物体移动 1m 的距离所消耗的能量。营养学领域常使用的能量单位是卡（calorie, cal）和千卡（kilocalorie, kcal），1kcal 是指在 1 个标准大气压下，1kg 纯水由 15℃上升到 16℃时所需要的能量。能量单位换算关系：1kJ=0.239kcal，1kcal=4.184kJ。

（二）产能营养素

食物中的碳水化合物、脂肪和蛋白质经过生物氧化代谢，生成三磷酸腺苷（ATP）给机体提供能量，是人体能量的唯一来源；因此，三大营养素又称产能营养素（energy-yielding nutrients）。其中，约一半的能量是以高能磷酸键的形式储存在体内，用以维持机体代谢、呼吸、循环、神经传导以及肌肉收缩等；同时，产能过程中释放的能量用于维持体温。当能量长期摄入不足时，机体将动员组织和细胞中储存的能量以维持生理功能与生命活动中的能量消耗。当能量摄入量高于需求量时，剩余的能量则将以脂肪的形式储存在体内。

（三）能量系数

每克碳水化合物、脂肪和蛋白质在体内氧化分解（或在体外燃烧）时所产生的能量值称之为能量系数（energy coefficient）或食物热价（calorific value）。碳水化合物和脂肪在体内氧化分解与在体外燃烧的能量是相等的，最终产物均为 CO_2 和 H_2O，所以碳水化合物和脂肪的物理热价和生物热价相等。但蛋白质在体内不能完全氧化，除了生成 H_2O 和 CO_2 外，还产生一些不能继续被分解利用的含氮化合物（如尿素、尿酸、肌酐和氨），将每克蛋白质产生的这些含氮物质在体外可继续完全燃烧，还可产生 5.44kJ 的能量。如果采用体外测试热量试验来推算体内氧化产生的能量值，1g 碳水化合物、脂肪和蛋白质在体内氧化时平均产生的能量分别为 17.15kJ（4.1kcal）、39.54kJ（9.45kcal）和 23.65kJ（5.65kcal）。一般情况下，食物营养素并不能全部被机体消化吸收，且消化率也不相同。混合膳食中碳水化合物、脂肪和蛋白质的吸收率分别为 98%、95% 和 92%。因此，在实际应用中，将三大产能营养素产生的能量多少按照如下关系进行换算：1g 碳水化合物，17.15kJ×98%=16.81kJ（4.0kcal）；1g 脂肪，39.54kJ×95%=37.56kJ（9.0kcal）；1g 蛋白质，（23.64–5.44）kJ×92%=16.74kJ

（4.0kcal）。此外，1g 酒精在体内产生的能量约为 29kJ（7.0kcal）。

二、人体的能量消耗

成年人的能量消耗主要用于维持基础代谢、身体活动与食物热效应三方面。对于孕妇与乳母而言，能量消耗还用于胎儿生长发育、母体的子宫、胎盘和乳房等组织增长和体脂的储备以及合成分泌乳汁等。对于婴幼儿、儿童和青少年，能量消耗还应该包括生长发育所需要的能量。当能量摄入量与需求量达到平衡状态时，机体的能量需要等于其能量消耗。

（一）基础代谢

基础代谢（basal metabolism）又称基础能量消耗（basic energy expenditure，BEE），是指维持机体最基本的生命活动所需要的能量消耗，占人体总能量消耗的 60%～70%。FAO/WHO/UNU（2005）和美国膳食能量参考摄入量委员会（2023）对基础代谢和基础代谢率给出了明确的定义，基础代谢是人体经过禁食 10～12 小时和在良好的睡眠、保持清醒、仰卧姿势、恒温条件下（一般为 22～26℃），无任何身体活动和紧张的思维活动，精神和肌肉放松时的能量消耗。此时的能量消耗仅用于维持体温、呼吸、心脏搏动、血液循环及各种组织器官和细胞的基本生理活动的需要。基础代谢的水平用基础代谢率（basal metabolic rate，BMR）来表示，是指人体处于基础代谢状态下，单位时间内的能量代谢量。BMR 的常用单位有两种表示方法：一是单位时间内每千克体重（或每平方米体表面积）的能量消耗，用 $kJ/(kg \cdot h)$、$kJ/(m^2 \cdot h)$ 或 $kcal/(kg \cdot h)$、$kcal/(m^2 \cdot h)$ 表示；另一种是单位时间内个体的能量消耗，用 MJ/d 或 kcal/d 表示。

基础代谢率在个体间的差异大于个体内差异，其变异系数约为 8%，主要与机体的构成、内分泌和遗传等因素有关。影响人体基础代谢能量消耗的因素如下。

1. 体型与机体构成 基础代谢与体表面积的大小成正比，体表面积越大，向外环境散热越快，基础代谢能量消耗亦越高。人体瘦体组织由骨骼、肌肉、内脏器官、脑组织及血管等代谢活跃组织组成，其能量消耗占基础代谢能量消耗的 70%～80%；脂肪组织消耗的能量明显低于瘦体组织，因此，同等体重情况下，瘦高体型且肌肉发达者的基础能量消耗高于矮胖者。

2. 年龄与性别 婴儿、儿童和青少年生长发育旺盛，用于合成新组织及其储备所需要的能量增加，BMR 相对较高。成年后，基础代谢水平随年龄增长而逐渐降低，30 岁以后，每 10 年降低约 1%～2%。孕妇和乳母的基础代谢能量消耗也较高，主要包括要满足母体本身、胎儿发育及泌乳等方面的需要。男性瘦体重（lean body mass，LBM）占比例高于女性，而脂肪比例低于女性，其 BMR 比女性高约 5%～10%。

3. 病理与应激 内分泌紊乱（如甲状腺素、肾上腺素和去甲肾上腺素等分泌异常）、应激状态（发热、创伤、失眠及精神心理紧张）时，能量代谢增强，直接或间接影响人体的基础代谢能量消耗。

4. 生活和作业环境 寒冷、大量摄食以及身体活动过度消耗均可提高基础代谢水平；而禁食、饥饿或少食时，基础代谢能量消耗相应减少。

（二）身体活动

身体活动是指任何由骨骼肌收缩引起能量消耗的身体运动，约占人体总能量消耗的 15%～30%。身体活动主要包括职业、交通、家务和休闲活动。不同强度的身体活动水平（physical activity level，PAL）是导致人体能量需要量不同的一个重要因素，人体可通过调整身体活动水平来控制能量消耗、保持能量平衡和维持健康。影响身体活动能量消耗的因素包括：①肌肉越发达者，活动时消耗能量越多；②体重越重者，做相同的运动所消耗的能量也越多；③工作越不熟练者，消耗能量就越多。

国际上身体活动强度的通用单位是能量代谢当量（metabolic equivalence of energy，MET），1MET 相当于能量消耗为 1kcal/（kg·h）或消耗 3.5mL 的氧气/（kg·min）的活动强度。身体活动强度一般以 7～9MET 为高强度身体活动水平，3～6MET 为中等强度身体活动水平，1.1～2.9MET 为低强度身体活动水平。常见的身体活动强度和能量消耗见表 1-13。

表 1-13　常见身体活动强度和能量消耗

活动项目	类型	代谢当量（MET）	千步当量数	能量消耗/[kcal/（标准体重·10min）]	
				男（66kg）	女（56kg）
家务	收拾餐桌（走动）、做饭	2.5	4.5	27.5	23.3
	手洗衣服	3.3	6.9	36.3	30.8
	扫地、拖地板、吸尘	3.5	7.5	38.5	32.7
步行	慢速（3km/h）	2.5	4.5	27.5	23.3
	中速（5km/h）	3.5	7.5	38.5	32.7
	快速（5.5～6km/h）	4.0	9.0	44.0	37.3
跑步	走跑结合（慢跑少于 10min）	6.0	15.0	66.0	56.0
	慢跑（一般）	7.0	18.0	77.0	65.3
球类	乒乓球	4.0	9.0	44.0	37.3
	篮球（一般）	6.0	15.0	66.0	56.0
	排球（一般）	3.0	6.0	33.0	28.0
	羽毛球（一般）	4.5	10.5	49.5	42.0
	网球（一般）	5.0	12.0	55.0	46.7
	保龄球	3.0	6.0	33.0	28.0
游泳	爬泳（慢），自由泳，仰泳	8.0	21.0	88.0	74.7
	蛙泳（一般速度）	10.0	27.0	110.0	93.3
其他	俯卧撑、舞蹈（中速）	4.5	10.5	49.5	42.0
	健身操（轻或中等强度）	5.0	12.0	55.0	46.7
	太极拳	3.5	7.5	38.5	32.7
	跳绳中速（一般）	10.0	27.0	110.0	93.3

注：1MET=1kcal/（kg·h）；MET<3 低强度，MET 3～6 中等强度，MET 7～9 高强度，MET 10～11 极高强度；千步当量数：进行相应活动项目 1 小时相当的千步数。

资料来源：中国营养学会.中国居民膳食指南（2022）.北京：人民卫生出版社，2022.

（三）食物热效应

食物热效应（thermic effect of food，TEF）是指机体在摄食后对营养素所发生的一系列消化吸收、合成以及代谢转化过程中能量的消耗，又称食物特殊动力作用（specific dynamic action），是一种人体在摄食过程中额外增加能量消耗的现象。食物热效应受到食物营养成分、进食量和进食速度等因素的影响,如摄食量越多,能量消耗也越多;进食速度快者比进食慢者所产生的食物热效应高,这主要是由于进食快时中枢神经系统较活跃,激素和酶的分泌速度快且数量多,吸收和储存的速率较高,能量消耗也相对较多。

不同产能营养素的食物热效应不同,其中蛋白质的食物热效应最高,为本身产生能量的 20%～30%,而脂肪和碳水化合物分别为 0～5% 与 5%～10%。导致这种差异的主要原因是:①产能营养素 ATP 最高转化率不同,如脂肪和碳水化合物 ATP 的最高转化率为 38%～40%,而蛋白质为 32%～34%,其余部分转变为热能。②产能营养素消化吸收和代谢转化能量消耗不同,食物中的产能营养素转化为机体成分时所消耗的能量不同。如食物脂肪转变为体脂成分时,消耗能量最少;由食物碳水化合物消化吸收的葡萄糖转变为机体糖原或脂肪时,所消耗的能量较多;而食物蛋白质中的氨基酸合成机体蛋白质或代谢转化为脂肪时,其消耗能量最多。

（四）特殊生理阶段的能量消耗

特殊生理阶段包括孕期、哺乳期、婴幼儿期、儿童和青少年期等。孕期额外能量消耗的增加主要包括胎儿生长发育、孕妇子宫和乳房与胎盘的发育、母体脂肪的储存以及组织自身的代谢等。哺乳期乳母产生乳汁及乳汁自身含有的能量等也需要额外的能量消耗。婴幼儿、儿童和青少年时期生长发育额外能量的消耗,主要指生长发育中合成新组织所需的能量占总能量的比例,如 0～3 月龄约占总能量需要的 35%;1 岁时约为 3%;青少年期约为 1%。

三、能量消耗的测定

健康成年人的能量消耗和能量需要应是相等的,否则会给机体带来健康风险。因此,人体能量消耗量的测定成为制定人体能量需要量的重要前提。WHO/FAO/UNU 专家咨询委员会的报告指出,应用多种不同的方法进行实际人体能量消耗的测定,以获得人体能量消耗数据及相应的消耗模式方面的相关信息,是制定不同身体活动强度下人群能量需要量的关键和依据。目前,人体能量消耗常用的测定方法有直接测热法、间接测热法、心率检测法、运动感应器测量法以及膳食记录法等方法,其中,间接测热法中的双标水法是目前公认的"金标准"。

（一）直接测热法

直接测热法（direct calorimetry）是通过隔热装置,直接收集并测量机体一定时间内向环境散发的所有热量,直接获得的机体总能量消耗量（total energy expenditure,TEE）的方法,是测量能量消耗量最准确的方法。具体方法:将受试者居于特制的封闭隔热小室（呼吸室）中,保持安静状态,通过测定一定时间内进入和流出气体的流量及受试者身体的温度变化,即可计算出受试者单位时间内释放的总能量消耗。直接测热法测定原理简单,所得数据准确,但测定装置结构复杂且昂贵,操作较烦琐,不适合人群现场的实际检测。因此,该方法主要用于代谢性相关疾病的研究,实际应用受到一定的限制。

（二）间接测热法

间接测热法（indirect calorimetry）是通过测量安静状态下受试者在一定时间内 CO_2 产生量（VCO_2）和 O_2 消耗量（VO_2）,利用目前常用的 Weir 公式（1949）,计算获得人体能量消耗的方法。

经典 Weir 公式的建立主要是依据三大产能营养素在体内氧化反应时,VO_2 与 VCO_2 存在一定比例关系,且三大产能营养素在机体氧化代谢所释放的能量不同的特点,通过代入回归方程,计算出测量时间内能量消耗的情况。

在不便检测尿氮量时，Weir 简式：能量消耗（kcal）=3.941×VO$_2$（L）+1.106×VCO$_2$（L）

式中 VO$_2$ 为氧耗量（L/min）；VCO$_2$ 为二氧化碳产生量（L/min）

间接测热法通常主要有以下几种方法：

1. 呼吸室法　呼吸室法（respiration chamber）利用密闭小室，采用多系统分析测定装置（气体采集系统、流量控制系统、温度监测系统、氧气和二氧化碳分析仪等），监测小室内氧气和二氧化碳的浓度、通气流量、温度、气压等参数，可测量得到机体总能量消耗、基础能量消耗以及身体活动能量消耗。由于该方法仅适用于单人检测，且耗时长、成本高，尚未广泛应用。

2. 双标水法　双标水法（doubly labeled water, DLW）是采用稳定同位素的水测定人体一定时间内日常生活和工作环境中自由活动的总能量消耗量的方法。具体方法：给予受试者口服含有一定量氢（^{2}H）和氧（^{18}O）的稳定同位素的水（^{2}H$_2$^{18}O），收集一定时间内（一般为 7～15 天）受试者的尿液或唾液样本，测定这两种同位素浓度的变化，获得同位素随时间的衰减率；通过比较 ^{18}O 和 ^{2}H 的消除速率的差别，计算出 VCO$_2$，然后依据呼吸商（respiratory quotient, RQ）以及 Weir 公式计算出 TEE。双标水法的原理和操作流程明确，有效且安全性好，样本收集容易、不限定受试者活动范围，已广泛应用于特殊人群、慢性病如肥胖和住院患者；另外，该方法常用于成人能量需要量的制定。国际原子能机构有关人体健康系列报告中也指出 DLW 是准确测量一个人在正常的日常生活条件下每日能量消耗的唯一办法。然而，DLW 检测费用较高，仪器复杂且精度要求较高，其应用受到一定的限制。

3. 气体代谢法　气体代谢法（gaseous metabolism）是采用特定装置分析受试者一段时间内的 VO$_2$ 和 VCO$_2$，再根据 Weir 公式计算能量消耗的一种方法；该方法包括多氏袋（douglas bag）法和每次呼吸测试法（如便携式气体代谢测量系统、固定式气体代谢测量系统），用于测量 BMR、静息代谢率（RMR）及身体活动的能量消耗。

中国营养学会在修订《中国居民膳食营养素参考摄入量》（2023 版）时，采用了整合后的双标水法和气体代谢法测量的基础代谢能量消耗数据。

（三）心率监测与运动感应器法

心率与人体能量代谢及机能活动状态密切相关。因心率和 VCO$_2$ 之间存在显著的线性关系，可以通过连续（3～7 天）监测实际生活中的心率变化，估算出总能量消耗；心率监测法可用于中等规模的人群研究，用来评估研究对象的身体活动能量消耗和总能量消耗。以运动感应器（如计步器和加速度计）测量的结果来验证心率改变反映能量代谢及身体活动强度的改变，则可提高估算总能量消耗的准确性，可应用于预测自由活动个体和人群的 TEE 和身体活动强度。采用该方法时，应注意控制心理和环境等因素干扰作用。

（四）行为记录法

行为记录法可分为身体活动记录法和身体活动强度的 MET 值等方法。身体活动记录法主要是对受试者进行 24 小时专人跟踪观察，连续（3～7 天）详细记录受试者生活和工作中各种强度的身体活动及持续的时间，根据受试者身体活动水平、持续活动的时间以及体重变化，估算出一日总能量消耗量。身体活动强度是指单位时间内，受试者参与某项身体活动时，单位体重所消耗的能量。通过查阅身体活动强度的 MET 值，结合身体活动持续的时间和体重改变情况，计算出受试者的总能量消耗。该方法可估计群体水平的总能量消耗情况，但存在一定主观性、回忆偏倚导致的记录误差、影响身体活动的因素导致的估算误差等问题。

四、人体能量需要量的确定

目前，相关的国际组织和各国对于能量的 DRIs 的修订依据虽有所不同，但理念相同。常采用要因加算法来估算成人 TEE，公式为：TEE（kcal/d）=BEE（kcal/d）×PAL，其中 BEE 为 24 小时的 BMR；进而推算出成人的能量需要量。

制定能量需要量是膳食营养素参考摄入量的重要组成部分，各国依据社会发展、饮食模式变迁以及疾病流行病学变化的特征，定期对能量需要量进行修正。能量需要量（estimated energy requirement，EER）是指能长期保持良好的健康状态、维持适宜的体型、机体构成以及理想活动水平的个体或群体，达到能量平衡时所需要的膳食能量摄入量。因此，与其他营养素不同，对体重较为恒定的成年人，能量推荐摄入量以平均需要量为基础，无须增加安全量，高于或低于该值均可给机体带来健康风险。基于 TEE 数据来推算 EER 时，还需要考虑受试者的年龄、性别和身体活动水平等因素。本部分以成人 EER 的确定为例进行描述。

（一）基础能量消耗

目前，公认作为推算 BEE 的公式主要是来自 FAO/WHO/UNO 推荐的 Schofield 公式（表 1-14）和欧盟推荐的 Henry 公式。采用 Henry 公式计算的 BMR 值比 Schofield 公式的值低一些，但对亚洲人群仍然存在高估 BMR 值的问题。因此，《中国居民膳食营养素参考摄入量》（2023 版）是参考国际组织和国家/地区计算公式，依据中国人群实测值，经回归拟合，纳入性别和体重，得出 BEE。

表 1-14　国际组织和国家/地区按照体重计算成人基础能量消耗的公式

年龄/岁	男		女	
	kcal/d	MJ/d	kcal/d	MJ/d
18～30	15.057W+692.2	0.063W+2.896	14.818W+486.6	0.062W+2.036
30～60	11.472W+873.1	0.048W+3.653	8.126W+845.6	0.034W+3.538
>60	11.711W+587.7	0.049W+2.459	9.082W+658.5	0.038W+2.755

注：W=体重（kg）；1kcal=4.18kJ；1 000kcal=4.18MJ。

（二）身体活动水平

身体活动水平或从事职业强度直接影响着人体能量需要量。身体活动水平（PAL）值是每日的 TEE 与 BEE 的比值，即 PAL=TEE/BEE，该值涵盖了职业和工作强度及工作以外的身体活动强度。中国营养学会在修订《中国居民膳食营养素参考摄入量》（2023 版）时，继续沿用将中国人群成人的身体活动水平（PAL）分为三级，即低强度活动水平（PAL 1.40）、中等强度活动水平（PAL 1.70）和高强度活动水平（PAL 2.00），见表 1-15；65 岁及以上人群无高强度活动水平的设定。

参照中国成人慢性病与营养监测数据中的性别年龄区间人群身高的中位数，即 18～49 岁人群按照 BMI 为 22.5kg/m^2，50 岁及以上人群则按照 BMI 为 23kg/m^2 来推算目标参考体重值。应用各年龄人群的目标参考体重值、BEE 和 PAL 值，仍采用公式计算法，即以 BEE 为基础，乘以 PAL，计算总的 TEE，再依据成人（体重稳定）总能量消耗与能量需要相等原则，即可得到成人的 EER。由于基础代谢能量消耗随着年龄增长而降低，50～64 岁人群的 BMR 较 18～49 岁人群下调 5%。中国成年人膳食 EER 见表 1-16。

表 1-15　中国成年人生活方式或职业与 PAL

PAL	生活方式	从事的职业或人群
1.20	休息,主要是坐位或卧位	不能自理的老年人或残疾人
1.40～1.50	静态生活方式/坐位工作,很少或没有高强度的休闲活动	办公室职员、精密仪器机械师
1.60～1.70	静态生活方式/坐位工作,有时需走动或站立,但很少有高强度的休闲活动	实验室助理、司机、学生装配线工人
1.80～1.90	主要是站着或走着工作,很少有高强度的休闲活动	家庭主妇、销售人员、侍应生机械师、交易员
2.00～2.40	高强度的职业工作或高强度的休闲活动方式	建筑工人、农民、林业工人矿工、运动员

注:每周增加 1 小时的中等强度身体活动,PAL 增加 0.025;每周增加 1 小时的高强度身体活动,PAL 增加 0.05。
资料来源:中国营养学会. 中国居民膳食营养素参考摄入量(2023 版). 北京:人民卫生出版社,2023.

表 1-16　中国 18～64 岁成人膳食能量需要量(EER)

性别	年龄/岁	目标参考体重/kg	基础能量消耗		EER/(kcal/d)		
			kcal/d	kcal/(kg·d)	PAL=1.40	PAL=1.70	PAL=2.00
男性	18～29	65.0	1 510	23.2	2 150	2 550	3 000
	30～49	63.0	1 481	23.5	2 050	2 500	2 950
	50～64	63.0	1 407	22.3	1 950	2 400	2 800
女性	18～29	56.0	1 223	22.0	1 700	2 100	2 450
	30～49	56.0	1 209	21.6	1 700	2 050	2 400
	50～64	55.0	1 148	20.9	1 600	1 950	2 300

资料来源:中国营养学会. 中国居民膳食营养素参考摄入量(2023 版). 北京:人民卫生出版社,2023.

（三）膳食调查

一般健康者在食物供应充足、体重不发生明显变化时,其能量摄入量基本上可反映出能量需要量。一般情况下,可通过连续 5～7 天的膳食调查,借助《食物成分表》和食物成分分析软件等工具计算出平均每日膳食中碳水化合物、脂肪和蛋白质摄入量,结合调查对象的营养状况,间接估算出人体每日的能量需要量。

五、能量摄入的调节

人体主要是通过调节能量摄入和能量消耗来维持能量平衡。当机体长期处于能量摄入大于能量消耗时,过剩的碳水化合物则以糖原的形式储存在肝脏和肌肉或转化为脂肪,过剩的脂肪则以甘油三酯的形式储存于脂肪组织中;但当摄入能量低于消耗能量时,机体将动员储存的糖原或脂肪。目前认为,食欲和摄食行为与能量平衡的调节因素主要包括生理因素和非生理因素。

（一）生理因素的调节

1. 下丘脑对摄食行为的调节　当人体感觉器官受到食物色香味的感觉刺激时，摄食信号迅速传递到下丘脑摄食中枢，启动消化过程（包括唾液、胃酸、胆汁和胰岛素等的分泌及胃肠蠕动增加），从而引起饥饿感和食欲。当食物通过食管和胃肠壁上的机械性刺激感受器和化学感受器，通过传入神经和激素将信号传递给下丘脑饱食中枢，产生饱腹感，终止摄食过程。一般情况下，摄食中枢（feeding center）和饱食中枢（satiety center）的功能活动主要受到血糖水平的影响，当血糖低于某一阈值时，可致饥饿感和食欲增加，并激发摄食行为；而高血糖水平又可产生饱腹信号，则摄食停止。

2. 摄食和能量消耗信号因子的调节　机体可通过摄食过程释放一些促进/抑制摄食和产生/抑制能量消耗的信号因子，调整摄食与能量消耗。如抑制食欲和增加能量消耗因子，如瘦素（leptin）、胆囊收缩素（cholecystokinin）及解偶联蛋白（uncoupling protein）；促进食欲和抑制能量消耗因子，如神经肽 Y（neuropeptide Y）、胃生长激素释放素（ghrelin）和促食欲素（orexin）。

3. 激素对三大产能营养素代谢的调节　食物在体内的消化、吸收和代谢过程受到多种激素的调节，如三大营养素代谢均要受到胰岛素、糖皮质激素和生长激素的调节；糖代谢受胰高血糖素和肾上腺素的调节；脂肪和蛋白质代谢受甲状腺激素和性激素的调节；对能量代谢的影响最为显著的是甲状腺激素，可提高绝大多数组织的耗氧量和产热量。

（二）非生理因素对能量摄入的影响

摄食行为部分也依赖于非生理和生物因素的作用，如进食环境和食物特性（食物品种、包装和体积）、饮食习惯、食物信念和态度、身体活动以及社会文化因素等。

所以，维持机体能量平衡是通过调节有关的各种生理信号、环境与社会因素之间相互作用和协调膳食摄取和能量消耗来实现的。

六、膳食能量需要量及食物来源

人体能量需要量主要受到机体基础代谢、身体活动水平、年龄、性别、生理特点等因素的影响。能量摄入量与能量消耗量之间的平衡状态是保持健康的基本要素。不同年龄、性别及身体活动水平人群的 EER 见《中国居民膳食营养素参考摄入量》（2023 版）。

根据中国人的膳食模式变迁、膳食结构和饮食习惯的改变以及慢性病流行病学特征，为预防慢性非传染性疾病（NCD），我国 65 岁以下成人膳食中碳水化合物、脂肪和蛋白质的 AMDR 分别为 50%E～65%E、20%E～30%E 和 10%E～20%E。

能量主要来源于膳食中的碳水化合物、脂肪和蛋白质。谷薯类及杂豆类含有丰富的碳水化合物，是最经济、最直接的膳食能量来源；油脂类食物富含脂肪，可提供高能量；畜肉类含脂肪较多而禽肉类脂肪含量相对较低，鱼虾类富含蛋白质且脂肪含量较低；果蔬类脂肪含量极低；此外，酒精性饮料中的乙醇也能给机体提供能量，其量仅次于脂肪。

（肖 荣）

第六节　矿物质

一、概述

矿物质（mineral）是人体内除碳、氢、氧、氮以外的所有化学元素的统称，是地壳中自然存在的化合物或天然元素,又称无机盐。人体组织中含有自然界各种元素(element),目前在地壳中发现的 92 种天然元素在人体内几乎都能检测到,其元素的种类和含量与其生存的地理环境表层元素的组成及膳食摄入量有关。按照化学元素在机体内的含量多少,通常将矿物质元素分为常量元素和微量元素两类。常量元素又称宏量元素(macroelement),是构成有机体的必需元素,在有机体内所占比例较大,一般指在有机体内含量占体重 0.01% 以上的元素,包括钙、磷、钠、钾、硫、氯以及镁。微量元素(microelement 或 trace element)是指在有机体内含量占体重 0.01% 以下的元素。

1996 年 FAO/IAEA/WHO 联合组织了人体营养专家委员会,提出了必需微量元素(essential trace element)的定义:当该元素摄入量低于某一限值,会导致重要生理功能损伤,或其是构成机体内生物活性物质有机结构的组成成分。共分为三类:第一类为人体必需微量元素有 8 种,包括碘(I)、铁(Fe)、锌(Zn)、硒(Se)、铜(Cu)、钼(Mo)、铬(Cr)、钴(Co);第二类为人体可能必需微量元素有 5 种,包括锰(Mn)、硅(Si)、镍(Ni)、硼(B)、钒(V);第三类为具有潜在毒性但低剂量可能具有功能作用的微量元素,有 8 种,包括氟(F)、铅(Pb)、镉(Cd)、汞(Hg)、砷(As)、铝(Al)、锂(Li)、锡(Sn)。当然把其划分为必需或者有毒并不恰当,因为任何一种元素都有潜在的毒性,关键在于人体所暴露的剂量。其他微量元素为功能未知元素或偶然进入人体的非必需元素。

(一)矿物质的营养学特点

1. 矿物质在体内不能合成 与蛋白质、脂肪和碳水化合物等营养素不同,矿物质在体内不能合成,且每天都有一定量的矿物质随尿、粪便、汗液、毛发、指甲、上皮细胞脱落以及月经、哺乳等过程排出体外。为满足机体的需要,必须不断从饮食中得到补充矿物质,除了食物,饮用天然水也是重要的矿物质摄入来源。但长期饮用矿物质含量超标的水,容易增加疾病风险,如我国氟中毒高发地区,其中饮水氟中毒是最主要类型,患病人数也最多,主要分布在华北、西北、东北地区。

2. 矿物质构成机体的主要成分,并发挥重要生理功能 矿物质不提供能量,但在调节心率、肌肉收缩、酶的分泌等生理功能和信息传递中发挥重要作用,是构成骨骼、牙齿、血液以及肌肉等组织的重要原料,是维持机体酸碱平衡和正常渗透压的必要条件。

3. 矿物质具有稳定性 与碳水化合物、蛋白质、脂肪及维生素不同,矿物质在消化和机体利用过程中不发生改变;矿物质不会被光、热,以及在碱性条件分解。

4. 矿物质之间存在协同或拮抗作用 一种矿物质元素可影响另一种的吸收或改变其在体内的分布。例如,摄入过量铁或铜可以抑制锌的吸收和利用,而摄入过量的锌也可以抑制铁的吸收,而铁可以促进氟的吸收。

5. 某些矿物质元素在体内的生理剂量与中毒剂量范围较窄,摄入过多易产生毒性作用 如我国居民氟的 AI 为 1.5mg/d,而其 UL 仅为 3.5mg/d。

(二)人体矿物质缺乏与过量的原因

1. 地球环境因素 地壳中矿物质元素的分布不平衡,致使某些地区表层土壤中某种矿物质含量过低或过高,导致人群因长期饮用该地区的水和/或长期摄入在这种环境中生长的食物,引起亚临床症状甚至疾病。以我国为例,占我国国土面积 72% 地区(包括东北、中部和西部等地区)的土壤中硒含量仅为 0.25~0.95mg/kg,为缺硒或低硒地区。流行病学调查发现硒缺乏与克山病的分布一致,硒缺乏可能是当地居民克山病高发的重要因素之一。而我国湖北恩施地区土壤表层硒含量高达 50~7 150mg/kg,20 世纪 60 年代发现该地区居民因长期摄入含高硒食物而导致慢性硒中毒。

2. 食物成分及加工因素 谷类、蔬菜等植物性食物中含有的较多的草酸、植酸、磷酸可与金属离子形成难溶的化合物而影响其吸收;膳食纤维中的糖醛酸残基可与金属离子结合和吸附而影响其吸收；未被消化的脂肪酸与金属离子形成钙皂影响其吸收；咖啡因和酒精的摄入可以在一定程度上降低矿物质的吸收；蛋白质消化过程中释放的某些氨基酸，如赖氨酸、色氨酸、组氨酸、精氨酸、亮氨酸等可与矿物质形成可溶性盐而促进矿物质吸收；乳糖经肠道菌发酵产酸，降低肠内 pH，与矿物质形成复合物可增强其吸收。

食物加工过程中造成矿物质的损失，如粮谷皮层富含的矿物质常因碾磨过于精细而丢失；蔬菜浸泡于水中或蔬菜水煮后把水倒掉会损失大量矿物质。谷物类经过发酵能够降低植酸的含量，促进金属元素吸收。尼罗河三角地区居民因习惯食用未发酵面包，导致面粉中植酸与锌结合成不溶性物质，抑制锌的吸收利用，从而导致儿童出现锌缺乏疾病。食品加工过程所使用的金属机械、管道、容器或食品添加剂品质不纯或存在矿物质杂质，均可污染食品。

3. 人体自身因素　由于摄入不足、消耗增加导致矿物质缺乏，如厌食、挑食、疾病状态导致食物摄入不足或摄入食物品种单调，使矿物质供给量达不到机体需求量；生理需求增加可引起钙、锌及铁等矿物质缺乏，如儿童、青少年、孕妇及乳母阶段对营养素需求的增加导致矿物质缺乏。当机体长期排泄功能障碍时有可能造成矿物质在体内蓄积，引起急性或慢性毒性作用。

二、钙、磷

钙（calcium，Ca）、磷（phosphorus，P）是体内含量最丰富的 2 种矿物质，99% 的钙和 85% 的磷以羟磷灰石（磷酸钙的一种复杂结晶）形式存在于骨骼和牙齿中；其余以混溶钙池（miscible calcium pool）、混溶磷池（miscible phosphorus pool）形式分布于组织和体液中。血浆中离子化钙是生理活性形式，对维持体内细胞正常生理状态、调节机体生理功能发挥重要的作用。

机体通过钙/磷的摄入、吸收和排泄之间的相对平衡，使其血中钙/磷浓度水平保持稳定，主要受甲状旁腺（parathyroid hormone，PTH）-肾脏-骨骼轴的调节。钙也受到降钙素（calcitonin，CT）及活性维生素 D[1,25-(OH)$_2$-D$_3$] 的调节，使混溶钙池的钙与骨骼钙保持着动态平衡。在细胞膜和细胞器的各种钙/磷离子通道和转运机制参与下，细胞内自由钙/磷离子浓度和分布保持动态平衡的状态。这种动态平衡状态的维持是细胞各种生命活动的基本前提之一，又称为钙/磷稳态（homeostasis），稳态的维持是机体各种生理功能活动的基础。

（一）生理功能

1. 构成骨骼和牙齿的成分　钙和磷共同参与骨骼和牙齿的形成，人体骨骼和牙齿中无机物的主要成分是钙的磷酸盐，多以羟磷灰石 [Ca$_{10}$(PO$_4$)$_6$(OH)$_2$] 或磷酸钙 [Ca$_3$(PO$_4$)$_2$] 的形式存在，是机体 Ca^{2+} 与 PO$_4^{3-}$ 进行生物钙化的结果。在骨的形成过程中 2g 钙需要 1g 磷。体内骨骼中的钙与混溶钙池保持着相对的动态平衡，骨骼中的钙不断从破骨细胞中释放进入混溶钙池，混溶钙池中的钙又不断沉积于成骨细胞中，由此使骨骼不断更新。

2. 维持机体重要生理活动　Ca^{2+} 与细胞膜的蛋白和各种阴离子基团结合，维持神经肌肉的正常生理功能，包括神经肌肉的兴奋性、神经冲动的传导及心脏的搏动等。当血浆 Ca^{2+} 浓度明显下降时可引起手足抽搐和惊厥；而血浆 Ca^{2+} 浓度过高则可引起心力衰竭和呼吸衰竭。磷以化合物腺苷三磷酸（ATP）和磷酸肌酸（CP）等形式直接参与能量的储存和释放。糖的有氧氧化、无氧酵解、磷酸戊糖通路，以及脂肪氧化、脂肪合成、卵磷脂和脑磷脂代谢中都离不开含磷化合物，如 6-磷酸葡萄糖、6-磷酸果糖及 1,6-二磷酸果糖等。

3. 参与信号和酶的调节　Ca^{2+} 作为细胞内最重要的"第二信使"之一，广泛调控组织和细胞间的反应，如基因的表达和调控，腺体的分泌，细胞的增殖、分化和骨架的形成，中间代谢反应，视觉形成过程,神经末梢递质的释放等。Ca^{2+}对许多参与细胞代谢的酶具有重要的调节作用,如腺苷酸环化酶、鸟苷酸环化酶、磷酸二酯酶、酪氨酸羟化酶等。磷是环磷酸腺苷酸(cAMP)、环磷酸鸟苷酸(cGMP)和肌醇三磷酸(inositol triphosphate,IP3)等的成分,组成细胞内第二信使。磷酸基团是组成体内许多辅酶或辅基的成分。

4. 构成生物膜和遗传物质的重要成分　磷脂是一类含有磷酸基团的脂类,是细胞膜和其他生物膜的重要成分。磷是遗传物质核糖核酸(RNA)和脱氧核糖核酸(DNA)的组成成分。Ca^{2+}参与维持细胞膜的稳定性。

5. 其他功能　钙、磷可维持体液酸碱平衡及调节细胞的正常生理功能,钙离子参与血液凝固,凝血因子Ⅳ就是Ca^{2+},能够促使活化的凝血因子在磷脂表面形成复合物而促进血液凝固。

（二）吸收与排泄

1. 吸收　钙、磷的主要吸收器官是十二指肠和小肠,包括主动吸收与被动扩散两种吸收机制。当机体对钙和磷的需要量高或摄入量较低时,肠道对钙和磷的吸收为主动吸收,这是一个逆浓度梯度的转运过程,所以需要能量,常需要 1, 25-(OH)$_2$-D$_3$ 作为调节剂。当钙和磷摄入量较高时,大部分由被动的离子扩散方式吸收。在膳食消化过程中,钙通常由复合物中游离出来,被释放成为一种可溶性的离子化状态,以利于吸收,但是低分子量的复合物,如碳酸钙可直接通过细胞旁路或胞饮作用吸收。

影响钙、磷吸收的因素:

（1）机体因素:年龄是影响钙、磷吸收的重要因素,随年龄增长吸收率降低,如婴儿的钙吸收率大于 50%,儿童约为 40%,成年人约为 20%,老年人仅为 15% 左右。在特殊生理期,钙的主动和被动吸收均增加,如在孕期和哺乳期,钙的吸收率达到 30%～60%。当机体钙和磷摄入不足,可反馈性促进活性维生素 D 水平的升高,促进小肠对钙、磷的吸收。

（2）膳食和食品加工因素:食物中的有机酸、膳食纤维等影响钙、磷的吸收,食品加工等因素也会对钙和磷吸收产生影响。合理的钙磷比例有利于钙和磷的吸收,钙磷适宜比值为 2∶1。

2. 排泄　成年人在钙平衡时,体内钙含量 1 000～1 200g,磷含量为 600～900g。钙和磷主要经肠道和泌尿系统排出,少量经皮肤排出,女性在特殊生理状态下,乳汁分泌也有一定量排出。人体每日摄入的钙 10%～20% 从肾脏排出,80%～90% 经肠道排出;每日摄入的磷 70% 从肾脏排出,30% 经肠道排出。排出量随食物含量及吸收状况的不同而有较大的波动。钙的代谢见图 1-5。

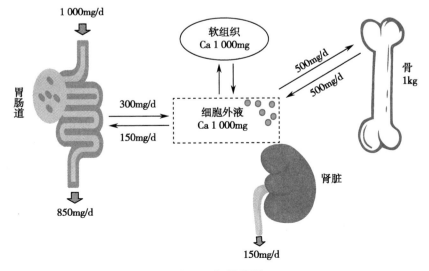

图 1-5　钙的代谢

影响钙、磷排泄的因素：

（1）机体因素：血钙和血磷浓度可调节其排出量，当血钙、磷浓度低时，其重吸收率增加，尿钙、磷显著减少；当严重低血钙、磷时，甚至无尿钙、磷排出。若血钙、磷浓度升高时，则尿中排出增加。婴儿尿钙很低，随年龄增加尿钙排出增多。绝经期尿钙排泄量增加，反映骨钙动员加快。补液、酸中毒及甲状腺素和肾上腺皮质激素等均可使钙排出增加。

（2）膳食因素：钙的摄入量对尿钙的排泄量影响不大，主要影响粪钙的排泄。钠和蛋白质的摄入量影响尿钙的排泄，由于钠和钙在肾小管重吸收过程中存在竞争，当钠摄入增加，可相应减少钙的重吸收，而增加尿钙排泄。咖啡因的摄入会在一定程度上增加钙的排泄。膳食蛋白质能够增加尿钙的排出，这与膳食蛋白质促进钙吸收相抵，故蛋白质不可降低净钙潴留。适量的钙摄入有助于维持血钙和血磷的平衡，促进磷的排泄。

（三）缺乏与过量

1. 缺乏　婴幼儿及儿童长期钙缺乏和维生素 D 不足可导致生长发育迟缓，骨软化、骨骼变形，严重缺乏者可导致佝偻病，出现"O"形或"X"形腿、肋骨串珠、鸡胸等症状。钙摄入不足者易患龋齿，影响牙齿质量。中老年人随年龄增加，骨骼逐渐脱钙，尤其绝经妇女因雌激素分泌减少，钙丢失加快，易引起骨质疏松症。骨质疏松症是一种复杂的退行性疾病，除与钙的摄入有关外，还受到其他因素的影响，目前关于绝经期妇女的大样本人群补充试验以及荟萃分析表明，单纯增加钙的摄入对预防和控制中老年人骨质疏松和骨折的发生作用较小。几乎所有的食物均含有磷，所以磷缺乏较少见，只有在一些特殊情况下才会出现。

2. 过量　过量摄入钙也可能产生不良作用，如高钙血症、高钙尿、血管和软组织钙化、增加肾结石的风险等。也有研究表明绝经期妇女大量补充钙剂后，致细胞外钙水平升高，由于雌激素水平降低，对心脑血管的保护性下降，从而增加了绝经期妇女心脑血管疾病的发生风险。过量的磷在体内可能会对骨产生不良影响，还可引起非骨组织的钙化。过量的磷也可引起低血钙症，导致神经兴奋性增强、手足抽搐和惊厥。

（四）营养状况评价

由于钙在体内有一个巨大的骨骼储备库，且循环中钙水平受到体内灵敏的钙稳态调控机制的调节，目前尚缺乏评价人体钙营养水平的理想方法。一般通过膳食调查，结合生化指标、临床体征、骨密度和骨盐含量测定等了解机体钙的水平及其满足程度，来判定钙的营养状况。膳食磷的摄入量直接影响血清无机磷的水平，测定血清无机磷水平，是评价磷营养状况的合理指标。

钙的营养状况评价：

1. 膳食调查　能够掌握在一定时间内调查对象所摄取膳食钙的水平。尽管膳食调查存在记忆偏倚或选择偏倚，使调查结果存在一定偏倚，但目前仍然是比较广泛用于研究钙与健康和疾病关系的手段之一。

2. 生化指标　机体具有保持血清钙稳态的精密调控机制，总钙和离子钙浓度不能够反映机体钙营养状况，血清碱性磷酸酶虽能反映缺钙状态，但不具有特异性。生化指标正常值范围仅供参考。

（1）血清总钙浓度：$2.25 \sim 2.75\text{mmol/L}$（$90 \sim 110\text{mg/L}$）。

（2）血清离子钙浓度：$1.10 \sim 1.37\text{mmol/L}$（$45 \sim 55\text{mg/L}$）。

（3）血清［Ca］×［P］>30，低于此限为不足。

（4）血清碱性磷酸酶：$40 \sim 150\text{U/L}$。

（5）24小时尿羟脯氨酸/肌酐比值：正常值为10～33。

3.**钙平衡** 是身体钙储存的平衡。它是通过测量总钙摄入和全身总钙损失之间的差异来评估的，并假设身体保留了所需的钙。理论上当钙的摄入量与排出量（粪钙＋尿钙＋汗液）的差值为零时为钙平衡，负值为负平衡，正值为正平衡。实际上钙平衡试验很难用于人群钙状态评估，首先，是由于其缺乏可行性，钙平衡试验需要大量的资金、人力、时间、设备、材料等的投入，是高度资源密集型的试验，且缺乏特定年龄或特定生理阶段的标准，对于人群调查很难实施；其次，由于维生素D状态和其他饮食因素的混杂影响，目前还没有明确的证据表明钙摄入量和成人骨重塑之间存在正相关。

4.**骨质的测量** 测量骨质可直接反映机体钙长期的营养状况，但其具有滞后性，对于近期钙缺乏反应不灵敏，当钙缺乏超过6个月后才能通过骨矿物质或骨密度情况反映出来。

（1）骨矿物质含量：单位长度骨段所含骨内矿物质的含量称骨矿物质含量（bone mineral content，BMC），例如股骨颈、腰椎或全身，单位为g/cm。

（2）骨矿物质密度：单位面积或单位体积内的骨矿物质含量，常称为骨矿物质密度（bone mineral density，BMD），以 g/cm^2 或 g/cm^3 表示，是衡量骨量的指标，反映骨质疏松的程度，是预测骨折风险的依据之一。

BMC是评价生长发育期儿童钙水平的常用指标，比BMD更适用。成人因骨骼已稳定，BMC和BMD同样适用。测量BMC和BMD，可采用单光子吸收法和双光子吸收法、单能X线吸收法和双能X线吸收法、以及定量计算机层面扫描法等。

（五）参考摄入量及食物来源

我国居民膳食以谷类食物为主，蔬菜摄入也较多，由于植物性食物中草酸、植酸及膳食纤维等含量较多，影响钙的吸收。中国居民DRIs（2023版）推荐成人钙的RNI为800mg/d，UL为2 000mg/d。理论上，膳食中的钙磷比例维持2∶1为宜，不宜低于0.5。推荐18～29岁成人膳食磷的RNI为720mg/d，UL为3 500mg/d。

不同食物钙的含量差异较大，含钙较多的动物性食物包含奶及奶制品、沙丁鱼、三文鱼、虾皮等，含钙较多的植物性食物包含菠菜、小白菜、杏仁、芝麻、燕麦等。钙源应当按其钙含量和生物利用率进行综合评价，例如奶及奶制品不仅钙含量高，其吸收率也高，因此生物利用率高，而菠菜虽然钙含量很高，但吸收率低，导致其生物利用率低，见表1-17。

表1-17 可吸收钙的食物来源比较

食物	钙含量/（mg/100g）	钙吸收率/%	食物	钙含量/（mg/100g）	钙吸收率/%
奶	110	32.1	豆（红豆）	23.5	24.4
奶酪	721	32.1	甘薯	26.8	22.2
酸奶	160	32.1	甘蓝	70	49.3
豆（斑豆）	51.8	26.7	小白菜	90	53.8
豆（白豆）	103	21.8	菠菜	135	5.1

磷广泛分布于各种食物中，瘦肉、禽、蛋、鱼、坚果、海带、紫菜、油料种子以及豆类等均是磷的良好来源。谷类食物中的磷主要以植酸磷形式存在，其与钙结合不易吸收。

三、钾

钾（potassium，K）在正常成人体内约为 1 955mg/（kg·bw），成年男性略高于女性，女性约为 1 642mg/（kg·bw），儿童约为 1 564mg/（kg·bw）。人体内钾的分布与器官大小及其细胞的数量和质量有关，其中约 70% 储存于肌肉，10% 在皮肤，红细胞内占 6%～7%，骨内占约 6%，脑内占 4.5%，肝内占 4.0%。正常人血清钾浓度为 136.8～215.0mg/L，约为细胞内钾浓度的 1/25。

（一）生理功能

1. **参与糖和蛋白质代谢**　葡萄糖和氨基酸经过细胞膜进入细胞合成糖原和蛋白质时，必须有适量的钾离子参与。

2. **维持细胞正常的渗透压和酸碱平衡**　钾主要存在于细胞内，维持细胞内渗透压。钾离子能通过细胞膜与细胞外的 H^+-Na^+ 交换，起到调节酸碱平衡的作用。

3. **维持神经肌肉的应激性**　细胞内的钾离子和细胞外的钠离子联合作用，可激活钠钾 ATP 酶而产生能量，维持细胞内外钾钠离子浓度梯度，产生膜电位。当膜去极化时，在轴突产生动作电位，激活肌肉纤维收缩并引起突触释放神经递质。

4. **维持心肌的正常功能**　心肌细胞内外的钾浓度与心肌的自律性、传导性和兴奋性有密切关系。钾缺乏与钾过高均可引起心律失常。

5. **降低血压的作用**　补钾对高血压及正常血压者均具有降低血压的作用。

（二）吸收与排泄

1. **吸收**　人体的钾主要来自食物。摄入的钾大部分由小肠吸收，吸收率约为 85%。

2. **排泄**　钾主要由肾脏、肠道和皮肤排出体外。其中 80%～90% 由肾脏排出，12% 由粪便排出，但当肾功能衰竭时，自肠道排出的钾可达 35%；由汗液排出钾的比例很少，在 3% 左右。但是在高温环境中从事体力活动导致大量出汗时，每日从汗液排出的钾的比例明显增加。钾的排泄量与膳食钾的摄入量密切相关，尿钾含量变化可反映膳食钾的摄入情况。

（三）缺乏与过量

1. **缺乏**　钾摄入不足常见于长期禁食、少食、偏食或厌食者。由于肾脏的保钾功能较差，钾摄入减少可引起体内钾缺乏。体内钾总量减少可引起神经肌肉、消化、心血管、泌尿或中枢神经等系统发生功能性或病理性改变。轻度钾缺乏无明显症状。钾缺乏超过 10% 表现为肌肉无力、瘫痪、心律失常、横纹肌溶解综合征或肾功能障碍等。长期缺钾可出现肾功能障碍，表现为多尿、夜尿、口渴、多饮等，尿量多而比重低。

2. **过量**　钾摄入过量可引起血钾浓度升高，血钾浓度高于 5.5mmol/L 时，可出现毒性反应，称高钾血症。一般摄入富含钾的食物不会导致钾过量，体内钾和血钾浓度增高的原因主要是非食物来源的摄入过多和 / 或排出困难。钾过多可使细胞外 K^+ 上升，静息电位下降，心肌自律性、传导性和兴奋性受到抑制以及细胞内碱中毒和细胞外酸中毒等。钾摄入过量表现为极度疲乏和四肢无力，下肢较重，严重时可因呼吸麻痹而猝死。心血管系统表现可见心率缓慢、心音减轻及心律失常等。

（四）营养状况评价

膳食摄入量和生化指标是评价钾营养状况的主要手段。测定血清钾浓度和 24 小时尿钾的排出量是判断机体是否存在钾缺乏或过量的重要方法。

1. **膳食调查**　膳食调查得到的食物消费量数据与食物中钾含量数据相结合，可以推算膳食钾摄入量，依据膳食钾参考摄入量可以评价群体或个体的营养状况。

2. 生化指标 正常血清钾的浓度为 3.5~5.5mmol/L，如果低于 3.5mmol/L，表明机体钾缺乏。当血清钾超过 5.5mmol/L 时，可出现高钾血症，当血清钾升至 7.0~8.0mmol/L 时，可出现明显钾过量症状，心肌内传导受抑制，导致心电图明显改变。

3. 尿钾 尿钾排出量可反映体内钾平衡状态。正常情况下 24 小时尿钾排出量约为 1 955mg，24 小时排出量低于 977mg，可能钾缺乏，24 小时排出量低于 390mg，则为钾缺乏。

（五）参考摄入量及食物来源

有关人体对钾的需要量的研究不多，确定 EAR 的研究资料尚不充分，因此不能制定 RNI。中国居民 DRIs（2023 版）推荐成人钾的 AI 为 2 000mg/d，成年人预防非传染性慢性病的建议摄入量（PI-NCD）为 3 600mg/d。由于资料不足，目前尚未设定 UL。紫菜、菠菜、土豆、香蕉、牛油果、哈密瓜、黄豆、黑豆、绿豆等食物均含钾丰富。

四、钠

钠（sodium，Na）是人体必需的常量元素之一，是机体的一种重要电解质。正常成人体内钠的浓度约为 60mmol/（kg·bw），其中 50% 分布于细胞外液，10% 在细胞内液，40% 在骨骼中。体内钠可分为可交换钠和非交换钠，前者约占总钠量的 70%，非交换钠主要存在于骨骼中，吸附在致密长骨中的羟磷灰石晶体表面。可交换钠与血浆中的钠进行着弥散平衡。

（一）生理功能

1. 调节细胞外液的容量与渗透压 钠主要存在于细胞外液，约占细胞外液中阳离子含量的 90%，与其相对应的阴离子一起构成的渗透压也占细胞外液渗透压的 90%，因此，钠对细胞外液的容量和渗透压的维持具有重要的作用。同样，细胞内液的钾也构成渗透压，以维持细胞内水分的稳定。人体细胞外液中的钠与细胞内液中钾含量的平衡，是细胞内外水分恒定的根本条件。

2. 维持酸碱平衡 血浆中的碳酸氢钠缓冲系统占全血缓冲能力的 35%，而体内钠离子的含量可以影响碳酸氢钠的消长；钠在肾脏重吸收时与氢离子交换，以排出体内的酸性代谢产物，从而保持体液酸碱度的恒定。

3. 维持正常血压 钠通过调节细胞外液的容量维持正常血压。

4. 其他功能 钠离子的正常浓度是维持神经肌肉应激性的重要因素。钠与能量代谢、ATP 的生成和利用有关。

（二）吸收与排泄

1. 吸收 人体摄入的钠在小肠几乎完全被吸收。在空肠中，钠通过三种形式被吸收：①钠与葡萄糖、氨基酸一起被吸收，是一个主动耗能过程；②通过钠钾 ATP 酶的作用，Na^+ 与 H^+ 交换而进入空肠黏膜。钠在回肠和结肠也是通过 Na^+，K^+-ATP 酶被主动吸收；③钠通过空肠黏膜紧密结合处，与水及 Cl^- 一起进入细胞间液。钠进入肠黏膜后，经细胞的底侧膜，通过钠钾 ATP 酶的作用，被泵入间质液而进入血管内。目前已知的影响钠在肠道吸收的因素较少，促进因素有葡萄糖、血管紧张素Ⅱ，抑制因素有促胰液素、胰高血糖素及胆固醇等。正常血浆钠浓度为 140mmol/L，细胞间液中钠的浓度为 145mmol/L。

2. 排泄 正常情况下，每日摄入的钠只有少部分是机体所需，大部分则通过尿液、粪便、皮肤排出，如果出汗不多，也无腹泻，98% 以上摄入的钠从尿中排出。每日从粪便中排出的钠不足 10mg。钠还可从汗中排出，不同个体汗中钠的浓度变化较大，平均含钠盐（NaCl）2.5g/L，最高可达 3.7g/L。在热环境下，中等强度劳动 4 小时，可使人体丢失钠盐 7~12g。

体内钠的稳态平衡主要是通过肾素-血管紧张素-醛固酮系统、心房尿钠肽（心钠素）等调节，即通过调节肾小球对钠的滤过率、肾小管的重吸收、远曲小管的离子交换作用和激素的分泌来调节钠的排泄量，以保持体内钠平衡。肾脏可接受的钠量范围很宽，肾小球的过滤作用与肾小管的重吸收保持平衡，钠摄取量增加，其排泄量也增加，反之排泄量也会减少，因此，人体对钠摄入水平的适应性较大。

（三）缺乏与过量

1. **缺乏**　一般情况下，机体缺钠的现象较少。当血浆钠轻度减少并伴有渗透压的降低时，即可抑制抗利尿激素（antidiuretic hormone，ADH）的分泌，使肾脏对水的重吸收减少，排出低渗尿，直至血浆钠恢复正常。但在某些情况下，例如禁食、少食、膳食中钠盐限制过严，钠的摄入量极低时，由于高温、重体力劳动而过量出汗时，胃肠道疾患、反复呕吐、腹泻使钠过量丢失时，因慢性肾脏疾病、原发性慢性肾上腺皮质功能减退症（Addison disease，又称艾迪生病）、抗利尿激素分泌失调综合征、糖尿病酮症酸中毒、利尿剂的应用等而导致肾性失钠等，均可引起机体缺钠。血浆钠浓度＜135mmol/L 时，即为低钠血症。若体内钠元素的含量低于健康人的正常含量，则细胞的水分、渗透压、应激性、分泌以及排泄等都将受到影响。此外，缺钠还可影响细胞对氨基酸和葡萄糖的吸收，减少胃液的分泌。

2. **过量**　正常情况下，钠摄入过多并不会在体内蓄积，但某些疾病可引起体内钠过多，如心源性水肿、肝硬化腹水期、肾病综合征、肾上腺皮质功能亢进、蛛网膜下腔出血、脑肿瘤等都可能引发高钠血症。临床表现除原有的症状外，还可出现水肿、体重增加、血容量增大、血压偏高、脉搏加快、心音增强等。急性过量食用食盐（35～40g）可引起急性中毒，出现水肿、血压上升、血浆胆固醇升高、脂肪清除率下降以及胃黏膜上皮细胞破裂等。长期摄入过量的钠（食盐），可增加高血压、心脑血管疾病和胃癌等疾病的发生风险，也可增加全因死亡的风险。

（四）营养状况评价

钠的营养状况一般可通过膳食调查和 24 小时尿钠的测定予以评价。

1. **膳食摄入量**　采用膳食调查方法获得人体日均钠摄入量，与适宜摄入量比较进行评价。

2. **生化指标**　可用平衡试验或测定 24 小时尿钠排出量来评价机体的钠营养状况。正常成年人 24 小时尿钠排出量为 87～260mmol（2 000～6 000mg）。儿童与成年人血清钠浓度正常值均在 136～146mmol/L。

（五）参考摄入量及食物来源

暂未制定钠的 RNI 与 UL。中国居民 DRIs（2023 版）推荐我国成年人的 AI 为 1 500mg/d，PI-NCD 为≤2 000mg/d。精盐、味精、酱油等调味品和调料，腊肉、咸菜等腌制食品，火腿、香肠等加工肉类中含钠较丰富。

五、镁

正常成人体内含镁（magnesium，Mg）约 20～38g，其中 60%～65% 存在于骨骼，27% 存在于肌肉、肝脏、心脏、胰腺等组织。镁主要分布在细胞内，细胞外液的镁不超过 1%。红细胞含镁约 2.2～3.1mmol/L（53～74mg/L），血清镁含量为 0.75～0.95mmol/L（18～23mg/L）。

（一）生理功能

1. **多种酶的激活剂**　镁作为多种酶的激活剂，参与体内 300 多种酶促反应。

2. **对离子通道的作用**　镁可封闭不同钾通道的外向性电流，阻止钾的外流。另外，镁作为钙阻断剂,具有抑制钙通道的作用。

3. **促进骨骼生长和神经肌肉的兴奋性**　镁是骨细胞结构和功能所必需的元素,具有维持和促进骨骼生长的作用。

4. **影响胃肠道功能**　硫酸镁溶液可使奥狄括约肌松弛,促使胆囊排空,具有利胆作用。碱性镁盐可中和胃酸。镁离子在肠道中吸收缓慢,促使水分滞留,具有导泻作用。

5. **调节激素作用**　血浆镁的变化可直接影响甲状旁腺激素的分泌。

（二）吸收与排泄

人体摄入的镁30%～50%在小肠吸收。镁的摄入水平及食物中钙、磷、乳糖含量等均可影响机体对镁的吸收。正常人通过肠道的吸收与肾脏的排泄来调节镁在机体内的稳态平衡。肾脏是镁排泄的主要途径,肾上腺皮质分泌的醛固醇,可调节肾脏排泄镁的速率。饮酒、服用利尿剂能明显增加镁从尿中的排出。镁的排泄途径还有汗和粪便,但量甚微。

（三）缺乏与过量

1. **缺乏**　由于饥饿、蛋白质-能量营养不良及长期肠外营养等因素可引起镁的摄入不足,胃肠道感染、肾病及慢性酒精中毒等也可造成机体镁的不足。镁缺乏可引起神经肌肉兴奋性亢进,常见肌肉震颤、手足搐搦、反射亢进、共济失调等临床症状,严重时出现谵妄、精神错乱甚至惊厥、昏迷。机体镁的缺乏引起的镁代谢异常还会对其他电解质及体内酶活性产生影响,如出现低钾血症、低钙血症及心脑血管疾病等。镁的缺乏也可增加2型糖尿病、神经系统疾病、代谢综合征及慢性肾脏病的风险。

2. **过量**　一般情况下不易发生镁中毒,但肾功能不全者或接受镁剂治疗者,常因体内镁过量而易引起镁中毒。过量的镁可引起腹泻、恶心、胃肠痉挛等胃肠道反应,重者可出现嗜睡、肌无力、膝腱反射弱、肌麻痹等临床症状。

（四）营养状况评价

1. **血清镁**　血清镁低于0.7mmol/L时,即诊断为低镁血症。

2. **尿镁**　采用半定量尿负荷实验,即注射一定量镁盐后测定尿镁,24小时尿镁排出量低于1.5mmol可诊断为镁缺乏症。

3. **血液单核细胞中镁浓度**　单核细胞中的镁浓度可反映体内镁的营养状况。

4. **静脉内镁负荷试验**　在12小时内滴注500mL葡萄糖液（其中含有30mmol硫酸镁）,收集24小时尿液,测定尿镁排出量,若输入的镁>50%保留在体内为缺镁,<30%保留可排除缺镁。此试验不能应用在有肾功能不全、心脏传导障碍或呼吸功能不全的病人。

（五）参考摄入量及食物来源

中国居民DRIs（2023版）推荐18～29岁成人膳食镁的RNI为330mg/d,30～64岁成人膳食镁的RNI为320mg/d,目前尚未设定UL。

绿叶蔬菜、大麦、黑米、荞麦、麸皮、苋菜、口蘑、木耳、香菇等食物含镁较丰富。糙粮、坚果也含有丰富的镁,肉类、淀粉类、奶类食物镁含量属中等。

六、铁

铁（iron,Fe）是人体重要的必需微量元素之一。人体内铁的水平随年龄、性别、营养状况和健康状况的不同而异,人体铁缺乏仍然是世界性的主要营养问题之一。此外,铁过多的危害也越来越受到重视。由于铁既是细胞的必需元素,又对细胞有潜在的毒性作用,因此需要有高度精细的复杂调节机制,保证细胞对铁的需求同时防止发生铁过量。正常人体内含铁总量约为 $30\sim40$ mg/(kg·bw),其中 $65\%\sim70\%$ 的铁存在于血红蛋白,3% 在肌红蛋白,1% 在含铁酶类(如细胞色素、细胞色素氧化酶、过氧化物酶、过氧化氢酶等)、辅助因子及运铁载体中,此类铁称之为功能性铁。剩余 $25\%\sim30\%$ 为储存铁,主要以铁蛋白(ferritin)和含铁血黄素(hemosiderin)形式存在于肝、脾和骨髓的网状内皮系统中。

(一)生理功能

1. 参与体内氧的运送和组织呼吸过程　铁是血红蛋白、肌红蛋白、细胞色素、细胞色素氧化酶及触媒(铁的氧化物,起催化作用)的组成成分,还可激活琥珀脱氢酶、黄嘌呤氧化酶等酶的活性。

2. 维持正常的造血功能　机体中的铁大多存在于红细胞中。铁在骨髓造血组织中与卟啉结合形成高铁血红素,再与珠蛋白合成血红蛋白。缺铁可影响血红蛋白的合成,甚至影响 DNA 的合成及幼红细胞的增殖。

3. 参与其他重要功能　铁参与维持正常的免疫功能,缺铁可导致机体易感染性增加,白细胞的杀菌能力降低,淋巴细胞功能受损。但过量铁可促进细菌的生长,对抵抗感染不利。另外,铁可催化 β-胡萝卜素转化为维生素 A、参与嘌呤与胶原蛋白的合成,脂类在血液中转运以及药物在肝脏解毒等方面均需铁的参与。同时铁与抗脂质过氧化有关。

(二)吸收与排泄

1. 吸收　食物中的铁主要在十二指肠和空肠上端吸收,胃和小肠的其余部分也吸收少量的铁。食物中的铁分为血红素铁(heme iron)和非血红素铁(nonheme iron)两种,其吸收形式有所不同。血红素铁主要来自动物性食物,以含铁卟啉复合物的形式被吸收进入小肠黏膜上皮细胞,在胞质内血红素加氧酶的作用下血红素的卟啉环打开,释放出游离 Fe^{2+}。血红素铁的吸收率受膳食因素影响较小。非血红素铁主要存在于植物性食物中,常以 Fe^{3+} 形式存在,膳食中的 Fe^{3+} 需由细胞色素 B 还原为 Fe^{2+} 形式被吸收,吸收过程是由存在于小肠微绒毛的下层和腺窝部分的二价金属离子转运蛋白 1(divalent metal transporter 1,DMT-1)介导完成。非血红素铁受膳食因素影响较大。

铁吸收入肠黏膜层细胞后,不能以离子形式通过细胞,因为这样会导致自由基的生成,从而破坏膜结构,进而导致组织损伤。因此,铁从刷状缘向基底膜的转运以及在细胞内的暂时储存必须要有细胞内蛋白的参与。运铁蛋白(transferrin,Tf)又称"转铁蛋白",是一种主要存在于脊椎动物血清中的糖蛋白(约 80kDa),可以与食物中摄取的三价铁离子高亲和力结合,并通过胞吞作用转运进入细胞内。Tf 主要功能是从小肠、肝脏和网状细胞等处,转运铁到需铁的组织。铁摄入量高的组织,如红细胞前体、肝脏、胎盘等含有大量的运铁蛋白受体(transferrin receptor,TfR),是细胞表面上可与 Tf 结合的蛋白质受体,协助将铁运入细胞。结合铁的 Tf 与细胞表面 TfR 结合进入细胞后,铁从 Tf 中释放出来,参与物质的合成,而过量的铁则可储存在铁蛋白(ferritin)中。失去铁的 Tf 从受体上解离下来进入再循环。

影响铁吸收的因素:

(1)机体因素:机体铁营养状况、生理与病理改变都可以影响铁的吸收,如贫血、怀孕、生长发育可使铁的需要增加;月经过多、钩虫感染、痢疾及血吸虫病等因铁丢失增加,促进机体增加铁的吸收。胃肠道 pH 对铁复合物的形成及溶解有一定作用,影响铁的吸收。患某些疾病如萎缩性胃炎、胃酸缺乏或过多服用抗酸药物时,抑制铁离子释放。

(2)膳食因素:膳食铁的存在形式是影响铁吸收的重要因素,混合膳食铁的吸收率为 $10\%\sim$

20%，血红素铁的生物利用高，有效吸收率为 15%～40%；而非血红素铁则需先被还原成二价铁才能被吸收，其有效吸收率仅为 2%～20%。其他膳食成分主要影响非血红素铁的吸收。蛋白质、氨基酸、维生素、有机酸等食物成分促进铁的吸收。植酸、丹宁、多酚物质及其他二价金属过多摄入阻碍机体对铁的吸收。

（3）其他：肠道微生物的某些分解产物可抑制铁的吸收。

2. 储存 机体可对吸收的铁进行储存和再利用。体内剩余的铁以铁蛋白和含铁血黄素形式储存。铁蛋白中的铁被脱铁铁蛋白包围，脱铁铁蛋白可摄取 Fe^{2+}，并将其氧化为 Fe^{3+} 沉淀在蛋白质外壳内。铁蛋白可被溶酶体吞噬并分解为含铁血黄素，含铁血黄素为蛋白质、脂类和铁的非特异性结合物。一般女性储存性铁含量为 0.3～1.0g，男性则可达 0.5～1.5g。

3. 排泄 正常成人粪便铁排泄量依赖于摄入量，但大多数为食物中未吸收的铁，尿中铁的含量直接受膳食铁的影响。女性由于生理原因失铁多，每天铁的流失大约为 1.5mg，而体内铁的储存又较少，容易发生贫血。

（三）缺乏与过量

1. 缺乏 长期膳食铁供给不足，可引起体内铁缺乏或导致缺铁性贫血，多见于婴幼儿、孕妇及乳母。体内缺铁可分三个阶段，第一阶段为铁减少期，该阶段体内储存铁减少，血清铁蛋白浓度下降，无临床症状；第二阶段为红细胞生成缺铁期，此时除血清铁蛋白下降外，血清铁降低，铁结合力上升，游离原卟啉浓度上升；第三阶段为缺铁性贫血期，血红蛋白和血细胞比容比下降。体内铁缺乏使细胞呼吸障碍，从而影响组织器官功能，出现食欲降低。铁缺乏儿童易烦躁，对周围事物不感兴趣，成人则表现为冷漠呆板，当血红蛋白继续降低，则出现面色苍白、口唇黏膜和眼结膜苍白、疲劳乏力、头晕、心悸、指甲脆薄及反甲等。儿童青少年缺铁表现为身体发育受阻、体力下降、注意力与记忆力调节过程障碍、学习能力降低。铁缺乏可导致免疫功能障碍，中性粒细胞对细菌的杀伤能力降低，淋巴细胞转化能力下降。缺铁可导致神经末梢功能障碍，至少 25% 的多动综合征病人的血铁浓度降低，补铁后症状消失。缺铁可导致消化系统疾病、慢性肾脏疾病、心力衰竭及心血管疾病的死亡率增加，可影响肿瘤患者的预后。

2. 过量 机体可以通过调节铁的吸收、转运、利用、储存及丢失以保持铁在机体内的平衡。然而，铁含量主要是通过吸收机制来调控，缺乏将过多的铁排出体外的调节机制，一旦因某种原因导致铁吸收的机制受损，使转入血中的铁增加，从而导致体内铁过量。铁过量的主要原因有原发性铁过量，如遗传性血色素沉积症，以及铁剂治疗、反复输血等继发性铁过量。铁过量损伤的主要靶器官是肝脏，可引起肝纤维化和肝细胞癌。铁过量可产生过量的活性氧基团和自由基，这种过氧化能够引起线粒体 DNA 的损伤，诱发突变，与肝脏、结肠、直肠、肺脏、食管、膀胱等多种器官的肿瘤有关。铁具有催化自由基生成和促进脂质过氧化的作用，当铁过量时可增加糖尿病、代谢综合征、神经退行性疾病及心血管病的风险。

（四）营养状况评价

1. 常见实验室指标

（1）血清铁蛋白：血清铁蛋白（serum ferritin, SF）是血清中与 Fe^{3+} 结合的脱铁铁蛋白，人体重要的铁贮存蛋白，是反映人体内铁储存的指标（表 1-18）。对 SF 的测定是诊断隐性缺铁性贫血最好、最可靠的方法。

（2）血清运铁蛋白受体：血清运铁蛋白受体（serum transferrin receptor, sTfR）反映了未成熟红细胞中受体的数量和红细胞生成水平。由于 sTfR 不受感染或炎症的影响，sTfR 浓度成为精确反映铁

表 1-18 基于血清铁蛋白浓度的相对铁储备程度

相对铁储备程度	血清铁蛋白/（μg/L）			
	5岁以下儿童		5岁及5岁以上人群	
	男性	女性	男性	女性
铁储备耗竭	＜12	＜12	＜15	＜15
铁储备耗竭（感染时）	＜30	＜30	—	—
铁负荷过度（成人）	—	—	＞200	＞150

营养状态的指标。该指标灵敏度高，早期缺铁即可诊断，缺铁性贫血时比正常值高 3～4 倍，正常值为 0.9～2.3mg/L。

（3）红细胞游离原卟啉：因为缺铁使得大量原卟啉不能与铁结合成血红蛋白，以游离形式积聚在红细胞内的原卟啉，称红细胞游离原卟啉（free erythrocyte protoporphyrin, FEP）。FEP＞0.9μmol/L（全血）或原卟啉＞0.96μmol/L（全血）或 FEP/Hb＞4.5μg/gHb 即诊断为贫血，用于评估人群铁缺乏的患病率。

（4）血红蛋白：血红蛋白是缺铁的晚期指标，在正常参考范围内，也不排除缺铁的可能性，血红蛋白低于正常参考值可诊断为贫血。正常值范围男性为 120～160g/L，女性为 110～150g/L。

（5）平均红细胞容量和血细胞分布宽度：平均红细胞容量（mean red cell volume, MCV）反映整体红细胞体积的大小，血细胞分布宽度（blood cell distribution width, RDW）是反映周围红细胞大小异质性的参数。缺铁性贫血的特征性改变为低 MCV 和高 RDW，一般 MCV＜80fL、RDW＞15% 时提示铁缺乏。这两项指标在缺铁性贫血的筛查及鉴别诊断上具有实用价值。

以上五个指标是 WHO 推荐的评价指标，另还有以下两个指标可以评价铁。

（6）血清铁：血清中游离的铁，不能全面反映体内铁储存与代谢情况，且易受进食状况、生理情况、溶血及环境中铁的影响，难以准确测量，临床价值有限。

（7）运铁蛋白饱和度：运铁蛋白饱和度（transferrin satuation, TS）是指结合了两个铁离子的运铁蛋白所占全部运铁蛋白的比例，运铁蛋白饱和度容易随着血清铁的变化而变化。一般成年人运铁蛋白饱和度小于 16% 认为是铁缺乏，判断婴儿和儿童铁缺乏的界值分别为 12% 和 14%。

2. 临床表现　皮肤黏膜逐渐苍白，以唇、口腔黏膜最明显。头发枯黄、倦怠乏力、不爱活动或烦躁、注意力不集中，记忆力减退、智商多较同龄儿低。常有食欲缺乏、少数有异食癖（pica），如喜吃泥土、煤渣。重者出现口腔炎、舌乳头萎缩、吸收不良综合征、反甲、心脏扩大或心力衰竭等。患儿易患呼吸道感染、中耳炎等。

（五）参考摄入量及食物来源

健康的成年女性，月经期间每日损失约 2mg 铁，故每日铁的参考摄入量应高于健康的成年男性。中国居民 DRIs（2023 版）推荐成人膳食铁的 RNI 男性为 12mg/d、有月经女性为 18mg/d、无月经女性为 10mg/d，UL 为 42mg/d。含铁高的动物性食物包含猪肝、鸡肝、猪血、鸭血及瘦牛肉等；含铁较高的植物性食物包含黄豆、绿豆、扁豆及豆腐、豆浆等豆制品。

七、锌

成人体内锌（zinc, Zn）的含量男性约为 2.5g，女性约为 1.5g，锌分布于人体所有的组织、器官、体液及分泌物。约 60% 存在于肌肉中,30% 存在于骨骼中。在细胞中,30%～40% 的锌存在于细胞核中,50% 存在于细胞质中,其余的存在于细胞膜中。锌对生长发育、免疫功能、物质代谢和生殖功能等均具有重要的作用。

（一）生理功能

1. 金属酶的组成成分或酶的激活剂　人体内有 300 多种含锌酶,这些酶在参与组织呼吸、能量代谢及抗氧化过程中发挥重要作用。锌也是维持 RNA 多聚酶、DNA 聚合酶及反转录酶等活性所必需的微量元素。

2. 促进生长发育　锌参与蛋白质合成,细胞生长、分裂和分化等过程。锌的缺乏可引起RNA、DNA 及蛋白质的合成障碍,细胞分裂减少,导致生长停止。锌参与促黄体激素、促卵泡激素、促性腺激素等有关内分泌激素的代谢,对胎儿生长发育、性器官和性机能发育均具有重要调节作用。

3. 促进机体免疫功能　锌可促进淋巴细胞有丝分裂,增加 T 细胞的数量和活力。锌可控制外周血单核细胞合成干扰素 -γ、白细胞介素 -1 和白细胞介素 -6、肿瘤坏死因子 -α 和白细胞介素 -2 受体等。缺锌可引起胸腺萎缩、胸腺激素减少、T 细胞功能受损及细胞介导免疫功能改变。

4. 维持细胞膜结构　锌可与细胞膜上各种基团、受体等作用,增强膜稳定性和抗氧自由基。缺锌可造成细胞膜的氧化损伤、结构变形、膜内载体和运载蛋白的功能改变。锌对膜功能的影响还表现在对屏障功能、转运功能和受体结合方面。缺锌可降低大脑皮质中突触膜 N- 甲基 -D- 天冬氨酸受体（NMDA)/钙通道受体的数目和活性。

此外,锌与唾液蛋白结合成味觉素可增进食欲,缺锌可影响味觉和食欲,甚至发生异食癖;锌对皮肤和视力具有保护作用,缺锌可引起皮肤粗糙和上皮角化。

（二）吸收与排泄

锌的吸收主要在十二指肠和空肠,回肠也有部分吸收,吸收率为 30% 左右。从肠道吸收的锌开始集中于肝脏,然后分布到其他组织。血中的锌除与白蛋白、运铁蛋白、α-2 巨球蛋白和免疫球蛋白 G 结合外,有一小部分锌与氨基酸及其他配价基结合,随血液进入门静脉循环分布于各器官组织。锌与白蛋白形成的复合物很易被组织吸收。肝脏对锌的富集作用受内源性白细胞调节剂的影响,也受促肾上腺皮质激素和甲状旁腺激素的影响。

（三）缺乏与过量

1. 缺乏　锌缺乏可影响细胞核酸蛋白的合成、味蕾细胞更新,可导致黏膜增生、角化不全、唾液中磷酸酶分泌减少,从而导致食欲减退、异食癖、生长发育停滞等症状。儿童长期缺乏锌可导致侏儒症（dwarfism）,成人长期缺锌可导致性功能减退、精子数减少、胎儿畸形、皮肤粗糙、免疫力降低等症状。

2. 过量　盲目过量补锌或食用因镀锌罐头污染的食物和饮料可引起锌过量或锌中毒。过量的锌可干扰铜、铁和其他微量元素的吸收和利用,影响中性粒细胞和巨噬细胞活力,抑制细胞杀伤能力,损害免疫功能。成人摄入 4～8g 以上锌可观察到中毒症状,引起发热、腹泻、恶心、呕吐和嗜睡等临床症状。

（四）营养状况评价

边缘性或者轻度锌缺乏常常被忽视,主要原因是没有明显的临床症状,而且在流行病学调查和临床诊断中,缺乏敏感、特异的锌营养状况评价指标。目前锌的营养状况评价主要通过生化指标和功能指标结合膳食状况调查进行。

1. 临床症状　人体锌缺乏的常见临床症状为生长缓慢、皮肤伤口愈合不良、味觉减退、胃肠道疾患发病率增加、免疫功能降低等。

2. 生化指标

（1）血浆锌：机体血浆含量相对稳定，且可受多种生理病理状态影响，只有当严重锌缺乏时才具有诊断意义；边缘性或轻、中度锌缺乏时不建议作为个体的诊断指标。血浆锌可作为锌缺乏的生物标志物来评价群体锌营养状况。

（2）尿锌：尿锌含量与人体锌营养状况相关性好，且灵敏度高于血浆锌。但受尿量和近期饮食的影响，且尚无测定的标准方法，因此只作为参考指标。

（3）唾液锌：味觉敏感度降低是锌缺乏早期症状，唾液锌和味觉敏感度的相关性很好，且唾液采样方便，可作为判断个体锌营养状况的参考指标。

3. 功能指标　通过含锌酶活性、味觉、暗适应能力等的变化对锌功能进行评价。如血浆碱性磷酸酶是评价锌营养状况常用指标，但由于其缺乏特异性而使应用受到限制。目前国内外越来越多的实验证明单核细胞金属硫蛋白 mRNA 可靠性较好，是反映边缘性锌缺乏的良好指标，被认为是评价锌营养状况的相对"金标准"。

4. 膳食调查　通过科学、合理的膳食营养状况调查，了解饮食习惯及食物锌摄入量，有助于锌营养状况的评价，但要考虑食物锌受地域水土影响很大，食物成分表的应用要谨慎。

（五）参考摄入量及食物来源

中国居民 DRIs（2023 版）推荐膳食锌的 RNI 成年男性为 12mg/d、女性为 8.5mg/d，UL 为 40mg/d。

锌的来源较广泛，贝壳类海产品（如牡蛎、蛏干、扇贝）、红色肉类及内脏均为锌的良好来源。蛋类、豆类、谷类胚芽、燕麦、花生等也富含锌。蔬菜及水果类锌含量较低。

八、硒

1957 年，我国学者首先提出克山病与缺硒（selenium，Se）有关的报告，并进一步验证和肯定了硒是人体必需的微量元素。人体硒总量约为 14～21mg。硒存在于所有细胞与组织器官中，在肝脏、肾脏、胰腺、心脏、脾脏、牙釉质和指甲中浓度较高，肌肉、骨骼和血液中次之，脂肪组织中最低。体内大部分硒主要以两种形式存在，一种是来自膳食的硒甲硫氨酸，其在体内不能合成，作为一种非调节性储存形式存在，当膳食中硒供给中断时，硒甲硫氨酸可向机体提供硒；另一种形式是硒蛋白中的硒半胱氨酸，为具有生物活性的化合物。

（一）生理功能

1. 抗氧化功能　硒是谷胱甘肽过氧化物酶（glutathione peroxidase，GSH-Px）的组成成分，GSH-Px 具有抗氧化功能，可清除体内脂质过氧化物，阻断活性氧和其他自由基对机体的损伤作用。

2. 保护心血管和心肌的健康　调查发现机体缺硒可引起以心肌损害为特征的克山病，硒缺乏还可引起脂质过氧化反应增强，导致心肌纤维坏死、心肌小动脉和毛细血管损伤，同时高硒地区人群中的心血管病发病率较低。

3. 增强免疫功能　硒可通过上调白细胞介素 -2（interleukin-2，IL-2）受体表达，使淋巴细胞、NK 细胞、淋巴因子激活杀伤细胞（lymphokine-activated killer cells，LAK cell）的活性增加，从而提高免疫功能。

4. 有毒重金属的解毒作用　硒与金属有较强的亲和力，能与体内重金属如汞、镉、铅等结合成金属 - 硒 - 蛋白质复合物而起到解毒作用，并促进有毒金属排出体外。

5. 其他　硒还具有促进生长、抗肿瘤的作用。

（二）吸收与排泄

1. 吸收　硒主要在小肠吸收，人体对食物中硒的吸收良好。硒的吸收程度与硒的化学结构和溶解度有关，硒甲硫氨酸较无机形式硒更易吸收，溶解度大的硒化合物比溶解度小的更易吸收。

2. 排泄　体内的硒经代谢后大部分经尿排出，少量从肠道排出，粪中排出的硒大多为未被吸收的硒。硒摄入量高时可在肝内甲基化生成挥发性二甲基硒化合物由肺部呼气排出。此外，少量硒也可从汗液、毛发排出。

（三）缺乏与过量

1. 缺乏　我国科学家首先证实，缺硒是发生克山病的重要原因，认为人群中缺硒现象与其生存地理环境土壤中硒元素含量偏低及膳食中硒摄入量不足有关。据流行病学调查，克山病分布于我国 14 个省、自治区的贫困地区，大多发生在山区和丘陵。调查发现病区人群血、尿、头发及粮食中的硒含量均明显低于非病区。硒对心脏有保护作用，用亚硒酸钠在低硒地区进行干预能取得较好的预防效果。硒的缺乏还可引起 GSH-Px 的活性下降，直接影响机体抗氧化系统的功能。调查发现病区人群血中 GSH-Px 的活性明显低于非病区人群。

另外，缺硒被认为是发生大骨节病（Kashin-Beck disease）的重要原因，该病主要是发生在青少年期。缺硒还可影响机体的免疫功能，包括细胞免疫和体液免疫。补硒可提高宿主抗体和补体的应答能力。

2. 过量　过量的硒可引起中毒，其中毒症状为头发和指甲脱落、皮肤损伤、神经系统功能异常、肢端麻木、抽搐等，严重者可致死亡。

（四）营养状况评价

1. 生化检测　通过测定全血、血浆、红细胞、发、尿、指（趾）甲等组织的硒含量，评价硒的营养状况。杨光圻等通过对中国不同硒水平地区膳食硒摄入量、血浆硒和发硒等的测定，提出适用于中国的以谷类为主食的膳食硒摄入量对数回归方程：

$$Log 膳食硒摄入量（\mu g/d）=1.304Log 全血硒（mg/L）+2.931$$
$$Log 膳食硒摄入量（\mu g/d）=1.624Log 血浆硒（mg/L）+3.389$$
$$Log 膳食硒摄入量（\mu g/d）=1.141Log 发硒（mg/kg）+1.968$$

根据以上公式，可用全血、血浆或发硒测定值来推算膳食硒摄入量。由于不同地区土壤中硒含量不同，不同地区同品种食物中硒含量也不同，因而，膳食硒摄入量不宜使用食物成分表中的数值来计算，只能用当地各种食物硒含量实际测定值来计算。

2. 谷胱甘肽过氧化物酶活性测定　谷胱甘肽过氧化物酶（GSH-Px）是含硒酶，代表硒在体内的活性形式。因此，通过测定红细胞中的 GSH-Px 活力，可直接反映硒营养状况。随着硒含量增加，GSH-Px 活性也增高，但当血硒达到 $1.27\mu mol/L$（0.1mg/L）时，GSH-Px 活性达到饱和而不再升高，因此，以 GSH-Px 活性作为评价指标时，仅适用于低于正常硒水平人群。

3. 其他　血浆硒蛋白酶-P（Sel-P）、某些组织中的抗氧化酶（TR）活性和硒蛋白酶-W（Sel-W）可作为硒的营养评价指标。

（五）参考摄入量及食物来源

中国居民 DRIs（2023 版）推荐 12 岁以上儿童、成年人及老年人膳食硒的 RNI 为 60μg/d，UL 为 400μg/d。

海产品和动物内脏是硒的良好食物来源,如鱼子酱、海参、牡蛎、蛤蜊和猪肾等。食物中的含硒量随地域不同而异,特别是植物性食物的硒含量与地表土壤层中硒元素的水平有关。

九、铬

铬(chromium, Cr)在体内分布广泛,主要以三价铬的形式存在。人体含铬总量约 5～10mg,骨、大脑、肌肉、皮肤和肾上腺中的铬浓度相对较高。一般组织中铬浓度随年龄增长而下降,新生儿铬含量高于儿童,3 岁前铬含量高于成人,3 岁后逐渐降至成人水平,成年人随年龄的增长含铬量逐渐减少,老年人易出现缺铬现象。

(一)生理功能

1. 增强胰岛素作用　铬是体内葡萄糖耐量因子(glucose tolerance factor, GTF)的重要组成成分,在糖代谢中铬作为一个辅助因子,具有增强胰岛素作用。

2. 参与脂代谢　铬与脂肪代谢密切相关,铬可提高 HDL 和载脂蛋白 A 水平及降低血清胆固醇水平,具有预防动脉粥样硬化的作用。

3. 参与核酸代谢　三价铬(Cr^{3+})与 DNA 结合,可增加转录起始位点的数目,增强 RNA 和 DNA 的合成,提示铬在核酸的代谢或结构中发挥作用。

4. 其他　促进脂肪和蛋白质的合成,进而促进生长发育。

(二)吸收与排泄

铬与有机物结合成具有生物活性的复合物并提高吸收率,如啤酒酵母中以葡萄糖耐量因子形式存在的铬,其吸收率达 10%～25%。草酸盐和植酸盐可干扰铬的吸收。铬在小肠中被吸收,进入血液的铬主要与运铁蛋白结合,部分与白蛋白结合,并转运至全身组织器官。机体摄入的铬约 95%以上从尿中排出,少量从胆汁、毛发和皮肤排出。

(三)缺乏与过量

1. 缺乏　铬缺乏多见于老年人、糖尿病病人、蛋白质 - 能量营养不良的婴儿及完全肠外营养的病人。长期铬摄入不足可出现生长停滞、神经病变、呼吸熵降低、血脂增高、葡萄糖耐量异常,并伴有高血糖及尿糖等症状。

2. 过量　铬的毒性与其价态有关,三价铬主要存在于天然食品和生物体中,属于低毒物质,尚未见膳食摄入过量铬而引起中毒的报道。六价铬的毒性大,主要来源于工业生产,职业性接触六价铬能够导致急性中毒、慢性中毒和肿瘤。

(四)营养状况评价

对于铬的营养状况评价尚缺乏可靠的指标。血铬浓度太低,极难检测。尿铬浓度一般波动较大,常收集 24 小时尿液测定其含铬总量,尿铬仅适宜对接受补铬者的营养评价。发铬易于测定且样品容易获得,但用发铬水平作为机体铬状况的评价指标尚需研究。目前,对铬的营养评价较为困难,主要是参考铬的摄入量的调查、病史及临床表现。

(五)参考摄入量及食物来源

目前资料尚不足以制定 UL,中国居民 DRIs(2023 版)推荐 18～49 岁成人膳食铬的 AI 男性为 35μg/d,女性为 30μg/d;50 岁以上成人男性膳食铬的 AI 为 30μg/d,女性 AI 为 25μg/d。

铬广泛分布在食物中,动物性食物以肉类和海产品(牡蛎、海参、鱿鱼、鳗鱼等)含铬较丰富。植物性食物如谷物、豆类、坚果类、黑木耳、紫菜等含铬也较丰富。啤酒酵母和动物肝脏中的铬以具有生物活性的糖耐量因子形式存在,其吸收利用率较高。

十、碘

成人体内含碘（iodine，I）15～20mg，其中70%～80%存在于甲状腺组织内，其余分布在骨骼肌、肺脏、卵巢、肾脏、淋巴结、肝脏、睾丸和脑组织中。甲状腺组织含碘量随年龄、摄入量及腺体的活动性不同而有所差异，健康成人甲状腺组织内含碘8～15mg，其中包括甲状腺素（tetraiodothyronine，T_4）、三碘甲腺原氨酸（triiodothyronine，T_3）、一碘酪氨酸（monoiodotyrosine，MIT）、二碘酪氨酸（diiodotyrosine，DIT），以及其他碘化物。血液中含碘30～60μg/L，主要为蛋白结合碘（protein-bound iodine，PBI）。

（一）生理功能

碘在体内主要参与甲状腺素的合成，其生理功能主要通过甲状腺素的生理作用显示出来，迄今尚未发现碘除参与甲状腺素合成以外的其他生理作用。甲状腺素是人体重要的激素，该激素的生理功能主要有以下几个方面：①促进生物氧化，参与氧化磷酸化过程，调节能量转换；②促进蛋白质合成和神经系统发育，对胚胎发育期和出生后早期生长发育，特别是智力发育尤为重要；③促进糖和脂肪代谢，包括促进三羧酸循环和生物氧化，促进肝糖原分解和组织对糖的利用，促进脂肪分解及调节血清中胆固醇和磷脂的浓度；④激活体内许多重要的酶，包括细胞色素酶系、琥珀酸氧化酶系等一百多种酶；⑤调节组织中的水盐代谢，甲状腺素缺乏可引起组织水盐潴留并发黏液性水肿；⑥促进维生素的吸收和利用，包括促进烟酸的吸收利用及β-胡萝卜素向维生素A的转化。

（二）吸收与排泄

碘有两种存在形式：无机碘（碘化物）在胃和小肠几乎100%被迅速吸收；有机碘在消化道被消化、脱碘后，以无机碘形式被吸收。此外，与氨基酸结合的碘可直接被吸收。进入血液中的碘分布于各组织器官中，如甲状腺、肾脏、唾液腺、乳腺及卵巢等，但只有甲状腺组织能利用碘合成甲状腺素。在促甲状腺素（thyrotropic stimulating hormone，TSH）的刺激下，碘离子生成一碘酪氨酸（MIT）和二碘酪氨酸（DIT），两分子的DIT偶联生成四碘甲腺原氨酸（T_4），一分子的MIT与一分子的DIT偶联生成三碘甲腺原氨酸（T_3）。甲状腺素T_3、T_4以甲状腺球蛋白的形式储存在甲状腺滤泡腔胶质中，甲状腺球蛋白通过胞饮作用进入甲状腺细胞内，被内涵体和溶酶体内的蛋白酶分解后，T_3、T_4释放入血。碘化酪氨酸残基上的碘经脱碘酶作用后与酪氨酸残基脱离，释放后可被甲状腺再利用。

在碘供应稳定和充足的条件下，人体排出的碘几乎等于摄入的碘。体内的碘主要经肾脏排泄，10%由粪便排出，极少通过肺脏和皮肤排出。此外，哺乳期妇女还通过乳汁排出碘，以满足婴幼儿对碘的需要。

（三）缺乏与过量

1. **缺乏**　人群中缺碘可引起甲状腺肿的流行，且低碘时，碘摄入越少甲状腺肿患病率越高。由于长期碘摄入不足，或者长期大量摄入含抗甲状腺素因子的食物（如十字花科植物中的萝卜、甘蓝、花菜中含有β-硫代葡萄糖苷等），可干扰甲状腺对碘的吸收利用，均可引起碘缺乏。碘缺乏的典型症状为甲状腺肿大。由于缺碘造成甲状腺素合成分泌不足，引起垂体大量分泌TSH，导致甲状腺组织代偿性增生而发生腺体肿大。孕妇严重缺碘可影响胎儿神经、肌肉的发育及引起胚胎期和围生期死亡率上升；胎儿与婴幼儿缺碘可引起生长发育迟缓、智力低下，严重者发生呆小症（cretinism），又称克汀病。

2. **过量**　长期高碘摄入可导致高碘性甲状腺肿。在河北、山东、山西等11个省市的部分地区，约3 000万居民生活在高水碘地区。部分居民因饮用高碘水，或食用高碘食物造成高碘性甲状腺肿，部分地区患病率高达20%～40%。此外，碘过量摄入还可引起碘性甲状腺功能亢进、甲状腺功能减退、桥本甲状腺炎等。为降低高水碘地区居民碘过量的风险，2012 年已全部停止高水碘地区碘盐供给，同时一些高水碘地区已采取改水措施来降低居民的碘暴露水平，保障居民健康。但是水源性高碘地区多呈局灶性分布，且与非高碘地区甚至碘缺乏地区交织并存；同时随着社会经济和物流的发展，缺碘地区居民食物来源的多样化也改变了居民碘营养状况，这些情况给碘营养干预策略带来了新的挑战，同时也为公共卫生干预政策从粗放走向精准提供了发展机遇。

（四）营养状况评价

1. 垂体 - 甲状腺轴系　激素 T_3 及 T_4 或 FT_4（游离四碘甲腺原氨酸）分泌下降，TSH 升高等甲状腺功能异常，提示碘缺乏或碘过量。其中 TSH 可作为筛查评估婴幼儿碘营养状况的敏感指标。

2. 尿碘　尿碘是评价碘摄入量的良好指标，摄入碘越多，尿碘排出量越高。因此，用 24 小时尿碘排出量来评价个体的近期碘营养效果较好。对于一次性随机尿则常以尿碘与尿肌酐比值来表示，以提升对于个体碘营养评价的可靠性。

3. 甲状腺肿大率　甲状腺肿大是长期碘营养不良的主要症状。长期碘缺乏和碘过量均可以使甲状腺肿大的患病率升高。甲状腺肿大率＞5%，提示该人群碘营养不良。

4. 其他　儿童生长发育指标如身高、体重、性发育及骨龄等，可反映过去与现在的甲状腺功能。通过检测智商及其他神经系统功能，可了解碘缺乏对脑发育的影响。

（五）参考摄入量及食物来源

中国居民 DRIs（2023 版）推荐我国成年人膳食碘的 RNI 为 120μg/d，UL 为 600μg/d。孕妇和乳母的碘 RNI 分别为 230μg/d 和 240μg/d，其 UL 为 500μg/d。

食物中碘含量随地球化学环境变化会出现较大差异，也受食物烹调加工方式的影响。海产品中的碘含量高于陆地食物，陆地动物性食物的碘含量高于植物性食物。海带、海藻、鱼虾及贝类食品都是常见的富碘食物。

十一、其他

铜、锰、氟、钴、镍、钼等其他矿物质的主要生理功能、吸收与排泄、缺乏与过量、营养状况评价，以及参考摄入量与食物来源见表 1-19。

表 1-19　其他矿物质

矿物质	主要生理功能	吸收与排泄	缺乏与过量	营养状况评价	参考摄入量与食物来源
铜	维持正常的造血功能，维护中枢神经系统的完整性，促进骨骼、血管和皮肤的健康，抗氧化作用，参与黑色素形成及维护毛发正常结构	铜主要在小肠的十二指肠吸收，小肠末端和胃也可以吸收铜；铜很少在体内储存，主要通过排泄起调节作用，其中 80% 铜经胆汁由肠道粪便排出，经尿、皮肤、头发和指甲的排出量较少	缺乏：可引起贫血、白细胞减少、血浆铜蓝蛋白和红细胞 Cu/Zn-SOD 下降；过量：可引起急、慢性中毒，多为饮用与铜容器或铜管道长时间接触的酸性饮料或误服大量铜盐引起的急性中毒	正常人血清铜水平约为 10.0～24.6μmol/（640～1 560μg/L）；正常人血清铜蓝蛋白水平约为 180～400mg/L	成人铜的 RNI 为 0.8mg/d，UL 为 8mg/d。海蛎、生蚝等贝类食物中铜含量较高，动物肝、肾，坚果类，谷类胚芽，豆类等含铜也较丰富。植物性食物含铜量取决于生长土壤中铜的水平

矿物质	主要生理功能	吸收与排泄	缺乏与过量	营养状况评价	参考摄入量与食物来源
锰	酶的组成成分或激活剂，维持骨骼正常发育，促进糖和脂肪代谢及抗氧化功能	摄入体内的锰主要在小肠吸收，其吸收率较低（2%~15%）；体内的锰除少量被吸收利用外，90%以上由肠道排出，少量从尿中排出，也有微量从汗液、头发和指甲中排出	缺乏：正常膳食即可满足体内锰的需要量，一般不会缺乏；过量：可引起中毒，主要损害中枢神经系统及引起生殖内分泌功能紊乱	目前对于评价锰营养状况尚无可靠的生物学指标	成人锰的AI值，男性为4.5mg/d，女性为4.0mg/d，UL为11mg/d。坚果类、糙米、米糠、麦芽、麦麸、河蚌，以及茶叶和咖啡中锰含量丰富
氟	维持骨骼和牙齿结构稳定性，防治龋齿	从膳食摄入的氟约有75%~90%由胃肠道迅速吸收进入血液，以离子形式分布到全身；肾脏为无机氟的主要排泄途径，每天摄入的氟约有50%从肾脏中排出，少量经粪便、毛发、汗液排出	缺乏：可能影响骨的形成。在水源性低氟地区，龋齿的发病率增高；过量：可引起急性中毒，多见于特殊职业环境。慢性中毒主要为高氟地区居民长期摄入含氟高的饮水而引起。氟中毒的危害主要是氟骨症和氟斑牙。此外，氟过量可能会引起神经系统的损害，儿童摄入过量的氟可能会出现智力发育障碍等情况	氟的膳食摄入量一般约在1~3mg/d，高于此值可能氟过量，低于此值可诱发龋齿；我国制定了尿氟水平的正常值，儿童群体尿氟水平小于1.4mg/L，成人群体尿氟水平小于1.6mg/L	成人氟的AI为1.5mg/d，UL为3.5mg/d；除茶叶、海鱼、海带、紫菜等少数食物中氟含量较高外，一般食物中含氟量较低；饮水是氟的主要来源，饮水中氟含量取决于地理环境中氟元素水平
钴	作为维生素B_{12}的组成成分，其功能通过维生素B_{12}的作用来体现，主要促进红细胞的成熟。可能通过拮抗碘缺乏，产生类似甲状腺的功能作用	在小肠内被吸收，主要经肾脏排出，少量从粪便和汗液排出	缺乏：可影响红细胞成熟，引起巨幼红细胞性贫血及影响甲状腺对碘的吸收；过量：表现为食欲减退、体重下降、贫血甚至死亡	目前对于评价钴营养状况尚无可靠的生物学指标	我国未制定钴的参考摄入量。活性型钴在海产品食物中如蟹肉、沙丁鱼、海带、紫菜、鱿鱼等含量最高；动物性食品如肝、肾等中钴含量较高
镍	调节某些内分泌功能、增强胰岛素作用及刺激造血功能的作用	在小肠内被吸收，一般吸收率低于10%；体内大部分镍从粪便排出体外，少部分从尿以及汗液中排出	缺乏：可引起生长缓慢、生殖功能和造血功能减弱；过量：可产生毒性反应	目前对于评价镍营养状况尚无可靠的生物学指标	目前，我国尚未制定其参考摄入量
钼	作为酶的辅助因子而发挥作用，是黄素依赖酶（如黄嘌呤氧化/脱氢酶、醛氧化酶及亚硫酸氧化酶）的组成成分	食物中的钼很容易被人体吸收，吸收率达57%~98%；人体吸收的钼大部分很快更新并以钼酸盐形式从尿中排出	缺乏：一般情况下人体不会发生，临床长期肠外营养的病人可引起钼缺乏；过量：多发生于高钼地区人群	常采用尿负荷试验测定含钼酶水平，即给受试者一定剂量的一磷酸腺苷，根据尿中的代谢产物量推测黄嘌呤氧化酶的活性	成人RNI为25μg/d，UL为900μg/d。广泛存在于各种食物中。动物肝、肾中含量最丰富，奶及奶制品、干豆和谷类含钼也较丰富

（李 颖）

第七节　维生素

一、概述

维生素（vitamin）是维持机体生命活动过程所必需的一类微量的低分子有机化合物。维生素属于微量营养素，其种类很多，化学结构各不相同，在机体物质和能量代谢过程中发挥重要作用。

（一）维生素命名

维生素的命名有三种方式。一是按其发现顺序，以英文字母命名，如维生素 A、维生素 B、维生素 C、维生素 D 和维生素 E 等；二是按其生理功能命名，如抗坏血酸、抗眼干燥症因子和凝血维生素等；三是按其化学结构命名，如视黄醇、硫胺素和核黄素等。

（二）维生素分类

根据维生素的溶解性可将其分为两大类，即脂溶性维生素和水溶性维生素。

1. 脂溶性维生素　脂溶性维生素（fat-soluble vitamins）是指不溶于水而溶于脂肪及有机溶剂的维生素，包括维生素 A、维生素 D、维生素 E 和维生素 K。在食物中它们常与脂类共存；其吸收与肠道中的脂类密切相关；易储存于体内（主要在肝脏），不易排出体外（维生素 K 除外）；脂溶性维生素摄取过多，易在体内蓄积而导致毒性作用，如长期摄入大剂量维生素 A 和维生素 D，易出现中毒症状；若摄入过少，则缓慢出现缺乏症状。

2. 水溶性维生素　水溶性维生素（water-soluble vitamins）是指可溶于水的维生素，包括 B 族维生素（维生素 B_1、维生素 B_2、烟酸、维生素 B_6、叶酸、维生素 B_{12}、泛酸及生物素）和维生素 C。水溶性维生素在体内较易自尿中排出，但维生素 B_{12} 例外；大多数水溶性维生素以辅酶的形式参与机体的物质与能量代谢；水溶性维生素在体内没有非功能性的单纯储存形式，当机体需要量饱和后，多摄入的维生素从尿中排出；反之，若组织中水溶性维生素耗竭，则摄入的维生素将大量被组织摄取利用，故从尿中排出量减少，因此可利用尿负荷试验（urinary load test）对水溶性维生素的营养水平进行鉴定；水溶性维生素一般无毒性，但过量摄入时也可能出现毒性；若摄入过少，可较快出现缺乏症状。

（三）维生素的营养学特点

1. 维生素一般以本体形式或以能被机体利用的前体形式存在于天然食物中。

2. 大多数的维生素在机体内不能合成，必须由食物提供。少部分的维生素，如烟酸和维生素 D 可在机体内合成，维生素 K_2 和生物素可由肠道细菌合成，维生素 A 可在体内由维生素 A 原合成，但这些维生素合成的量并不能完全满足机体的需要，因而不能替代饮食获取途径。

3. 维生素既不是构成各种组织的主要原料，也不是体内的能量来源。常以辅酶或辅基的形式影响酶的功能。

4. 维生素之间有着密切的关系。如维生素 B_1、维生素 B_2 和烟酸等都与能量代谢密切相关，它们的需要量一般是随着对能量的需要量增加而增加。维生素 E 能促进维生素 A 在肝内的储存。维生素 E 的抗氧化作用依赖 GSH-Px 和维生素 C 等抗氧化物质的协同作用。各种维生素之间，维生素与其他营养素之间保持平衡非常重要，如果某一种营养素的摄入量与其他营养素的摄入量不平衡，可能会引起或加剧其他营养素的代谢紊乱，如摄入高剂量维生素 E（$>1g/d$）可干扰维生素 K 的吸收。

（四）维生素缺乏

1. 维生素缺乏的原因 在营养素缺乏中以维生素缺乏比较多见。

（1）摄入不足：食物短缺，或由于营养知识缺乏，选择食物不当；也可由于食物运输、加工、烹调、储藏不当使食物中的维生素丢失或被破坏。

（2）吸收利用降低：老年人胃肠道功能降低，对维生素的吸收利用降低，肝、胆疾病病人由于胆汁分泌减少可影响脂溶性维生素的吸收。

（3）维生素需要量相对增高：由于维生素的需要量增多，或丢失增加，使体内维生素需要量相对增高。如妊娠和哺乳期妇女、生长发育期儿童、特殊生活及工作环境的人群和疾病恢复期病人对维生素的需要量都相对增高。

2. 维生素缺乏的分类 按缺乏原因可分为原发性维生素缺乏和继发性维生素缺乏两种。原发性维生素缺乏是由于膳食中维生素供给不足或其生物利用率过低引起；继发性维生素缺乏是由于生理或病理原因妨碍了维生素的消化、吸收和利用，或因需要量增加、排泄或破坏增多而引起的条件性维生素缺乏。

按缺乏程度可分为维生素临床缺乏和维生素亚临床缺乏两种。人体维生素不足或缺乏是一个渐进的过程。当膳食中长期缺乏某种维生素时，最初表现为组织中维生素的储存减少，继而出现生化指标和生理功能异常，进一步发展则引起组织的病理改变，并出现临床体征。维生素的轻度缺乏常不出现临床症状，但一般可降低劳动效率及对疾病的抵抗力，这称为维生素亚临床缺乏或不足，也称维生素边缘缺乏（vitamin marginal deficiency）。维生素缺乏出现临床症状，称为维生素临床缺乏。维生素临床缺乏类疾病已不多见，而维生素亚临床缺乏则是营养缺乏中的主要问题。维生素亚临床缺乏引起的临床症状不明显且不特异，易被忽视，故应高度重视。

二、维生素 A

（一）理化性质

维生素 A 类是指含有视黄醇（retinol）结构，并具有其生物活性的一大类物质，它包括已形成的维生素 A（preformed vitamin A）和维生素 A 原（provitamin A）以及其代谢产物。机体内的维生素 A 主要活性形式有三种：视黄醇（retinol）、视黄醛（retinal）和视黄酸（retinoic acid），主要以棕榈酸视黄酯的形式储存。视黄醇是淡黄色的晶体，由 β-紫罗兰酮环和类异戊二烯链组成，其尾部有顺式（cis）或反式（trans）结构，这种变构影响视黄醇的功能。

植物中不含已形成的维生素 A。某些有色植物（黄、橙和红色）中含有类胡萝卜素（carotenoids），其中一小部分可在小肠和肝细胞内转变成视黄醇和视黄醛的类胡萝卜素称为维生素 A 原，如 α-胡萝卜素（alpha-carotene）、β-胡萝卜素（beta-carotene）、β-隐黄素（beta-cryptoxanthin）和 γ-胡萝卜素（gamma-carotene）等。维生素 A 原中最重要的是 β-胡萝卜素。但相当一部分的类胡萝卜素，例如玉米黄素（zeaxanthin）、辣椒红素（capsanthin）、叶黄素（xanthophyll）以及番茄红素（lycopene），不具有维生素 A 的活性。

大多数天然维生素 A 溶于脂肪或有机溶剂，对异构、氧化和聚合作用敏感，因而应避免高温及与氧或光接触。维生素 A 和类胡萝卜素在酸和碱中稳定，一般烹调和罐头加工不易破坏；当食物中含有磷脂、维生素 E、维生素 C 和其他抗氧化剂时，视黄醇和类胡萝卜素较为稳定；密封、低温和冷冻组织中的维生素 A 可以稳定存在数年；脂肪酸败可引起其严重破坏。

（二）吸收与代谢

动物中的视黄醇以其与脂肪酸结合成的视黄酯（retinyl esters）的形式存在。视黄酯和类胡萝卜素又常与蛋白质结合形成复合物，经蛋白酶水解从食物中释出，然后在小肠中胆汁和酯酶的共同作用下，释放出脂肪酸和游离的视黄醇以及类胡萝卜素，释放出的物质与其他脂溶性食物成分形成胶团（micelles），通过小肠绒毛的糖蛋白层进入肠黏膜细胞。膳食中约 70%～90% 的视黄醇和 20%～50% 的类胡萝卜素可被机体吸收，类胡萝卜素的吸收率随其摄入量的增加而降低，有时甚至低于 5%。

在小肠黏膜细胞内，β-胡萝卜素转化成两分子视黄醛，与细胞视黄醇结合蛋白 II（cellular retinol binding protein type II，CRBP-II）结合，在视黄醛还原酶的作用下转变成视黄醇。目前，研究表明大约 12mg 的膳食 β-胡萝卜素可产生 1mg 视黄醇的活性，而 24mg 的其他膳食维生素 A 原类胡萝卜素才能产生 1mg 视黄醇的活性。

视黄醇在细胞内被氧化成视黄醛，再进一步被氧化成视黄酸。在小肠黏膜细胞内视黄醛和视黄醇可以相互转化，但视黄醛转变成视黄酸的反应却不可逆。与视黄醇不同的是，视黄酸经门静脉吸收，并与血浆白蛋白紧密结合在血液中运输。

在小肠黏膜细胞中结合的视黄醇重新酯化成棕榈酸视黄酯，并与少量未酯化的视黄醇、类胡萝卜素、磷脂、甘油三酯和胆固醇酯一同掺入乳糜微粒进入淋巴，经胸导管进入体循环（图 1-6）。

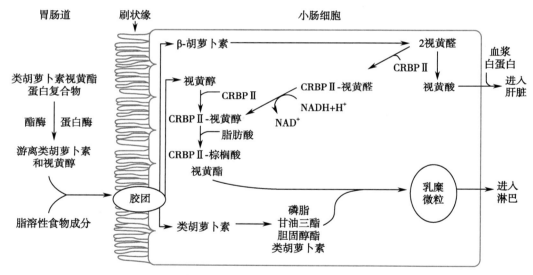

图 1-6　类胡萝卜素和维生素 A 在小肠的吸收过程
CRBP II：细胞视黄醇结合蛋白 II；NADH：还原型辅酶 I；NAD⁺：辅酶 I。

肝脏储存类胡萝卜素的能力有限，过多的类胡萝卜素由血浆脂蛋白运至脂肪组织中储存。血浆中类胡萝卜素的水平一般反映近期类胡萝卜素摄入的情况，而不反映体内储存水平。

肝脏是储存维生素 A 的主要器官，视黄醇主要以棕榈酸视黄酯的形式储存在肝星状细胞（80%～95%）和肝实质细胞。肾脏中视黄醇储存量约为肝脏的 1%，眼色素上皮细胞也有少量的视黄醇储存。

视黄醇由视黄醇结合蛋白（retinol-binding protein，RBP）从肝脏运至靶器官。视黄醇与 RBP 按 1∶1 比例结合成视黄醇-RBP 复合体（holo-RBP 复合体），后者在血浆中再与转甲状腺素蛋白（transthyretin，TTR）形成视黄醇-RBP-TTR 复合体。该复合体是循环中维生素 A 的主要形式。靶细胞膜上的特异性受体识别 RBP，复合体释放视黄醇，经细胞内化（internalization）作用，视黄醇进入细胞内（图 1-7）。

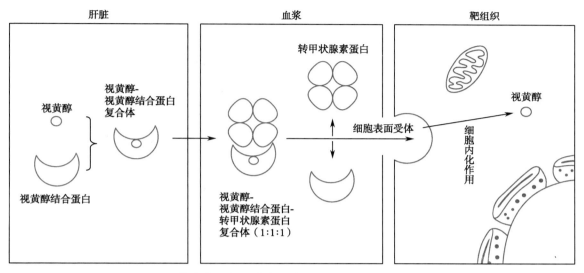

图 1-7　维生素 A 在肝脏的代谢、血浆的转运和靶组织的摄取

维生素 A 在体内被氧化成一系列的代谢产物，后者与葡萄糖醛酸结合后随粪便排泄，大约 70% 的维生素 A 经此途径排泄，其中一部分经肠肝循环再吸收入肝脏；大约 30% 由肾脏排泄。类胡萝卜素主要由胆汁排泄。

（三）生理功能

1. 视觉　维生素 A 构成视觉细胞内感光物质的成分。人视网膜的杆状细胞内含有感光物质——视紫红质（rhodopsin），其是由 11-顺式视黄醛和视蛋白形成，对暗视觉十分重要。当视紫红质被光照射时可引起一系列的变化，11-顺式视黄醛转变成全反式视黄醛，并与视蛋白分离。与视蛋白分离的全反式视黄醛在一系列酶的作用下，又转变成 11-顺式视黄醛，再与视蛋白结合形成视紫红质供下一次循环使用。

人在亮处视紫红质消失，一旦进入暗处，最初看不清楚任何物体，经过一段时间待视紫红质再生到一定水平才逐渐恢复视觉，这一过程称为暗适应（dark adaptation）。暗适应的快慢取决于照射光的波长、强度和照射时间，同时也与体内维生素 A 的营养状况有关，并且不是所有与视蛋白分离的视黄醛都可反复使用形成视紫红质，因此必须持续补充维生素 A 以满足需求。当维生素 A 不足时，暗适应时间会延长。

2. 细胞生长和分化　视黄酸受体（retinoic acid receptor, RAR）和类视黄醇 X 受体（retinoid X receptor, RXR）是核受体家族的重要成员，属于转录因子，RAR 和 RXR 还可组成异源二聚体（RAR-RXR）。细胞内全反式视黄酸和 9-顺式视黄酸是 RAR/RXR 和 RAR-RXR 的配体，可以与这些核受体特异性结合，并与 DNA 上的视黄酸特异反应元件（retinoic acid response element, RARE）结合，从而激活靶基因的转录和特异性蛋白质的合成（图 1-8）。此外，RXR 还可以与其他核受体（如过氧化物酶体增殖物激活受体、肝脏 X 受体等）形成异源二聚体，视黄酸作为配体，与这些核受体结合影响DNA 的转录，参与多种基因的表达，继而影响蛋白的表达，调节机体多种组织细胞的生长和分化，包括神经系统、心血管系统、眼睛、骨骼和上皮组织等。缺乏维生素 A 的儿童可出现生长停滞、发育迟缓和骨骼发育不良。

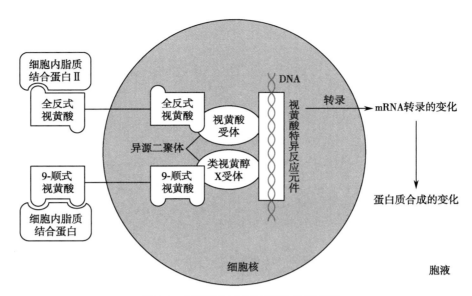

图 1-8　视黄酸调节基因表达的模式图

3. **维护上皮组织细胞的健康**　维生素 A 对上皮的正常形成、发育与维护十分重要。维生素 A 充足时，皮肤和体内器官（如呼吸道、肠道、阴道、泌尿道、膀胱）的上皮细胞才能发挥正常的抗感染和抵御外来侵袭的天然屏障作用。维生素 A 不足或缺乏可导致糖蛋白合成异常，上皮基底层增生变厚，表层角化、干燥等，削弱了机体的屏障作用，增加感染的风险，如儿童长期缺乏维生素 A 极易合并呼吸道感染及腹泻。有的肾结石也与泌尿道角质化有关。

4. **提高免疫功能**　维生素 A 通过调节细胞和体液免疫提高免疫功能，该作用可能与增强巨噬细胞和自然杀伤细胞的活力以及改变淋巴细胞的生长或分化有关。因此，维生素 A 又被称为"抗感染"维生素。

5. **抗氧化作用和抑制肿瘤生长**　类胡萝卜素能捕捉自由基，猝灭单线态氧（single oxygen，$^1O_2$），提高抗氧化防御能力。维生素 A 抑制肿瘤的作用可能与其调节细胞的分化、增殖和凋亡有关，也可能与其解毒和抗氧化功能有关。

（四）缺乏与过量

1. **缺乏**　维生素 A 缺乏仍是许多发展中国家的主要公共卫生问题，维生素 A 缺乏的发生率相当高。婴幼儿和儿童维生素 A 缺乏的发生率远高于成人。一些疾病，如消耗性疾病（麻疹、肺结核、肺炎及猩红热等）、消化道疾病（胆囊炎、胰腺炎、肝硬化、胆管阻塞及慢性腹泻等）以及血吸虫病等，皆可影响维生素 A 的吸收和代谢，故这些疾病极易伴发维生素 A 缺乏。

（1）眼部症状和视觉表现：维生素 A 缺乏最早的症状是暗适应能力下降，进一步发展为夜盲症，严重者可致眼干燥症，甚至失明；儿童维生素 A 缺乏最重要的临床诊断体征是比奥斑（Bitot spots），俗称毕脱氏斑，角膜两侧和结膜外侧因干燥而出现皱褶，角膜上皮堆积，形成大小不等的形状似泡沫的白斑。

（2）生长和发育异常：人类缺乏维生素 A 时较少出现形态异常，但可见肺功能受损。维生素 A 缺乏时，血红蛋白合成代谢障碍，免疫功能低下，儿童生长发育迟缓。

（3）上皮功能异常：维生素 A 缺乏还可引起机体组织上皮干燥、增生及角化，出现各种症状，如皮脂腺及汗腺角化、皮肤干燥、毛囊过度角化、毛囊丘疹与毛发脱落、食欲降低、易感染。特别是儿童、老年人容易引起呼吸道炎症,严重时可引起死亡。

(4)免疫功能受损:维生素 A 摄入不足时,可观察到白细胞数下降,T 细胞功能受损和对免疫原性肿瘤抵抗力降低。

2. 过量 摄入日常食物一般不会引起维生素 A 过量,绝大多数是过多摄入维生素 A 浓缩制剂引起,也有过量食用动物肝脏引起中毒的报道。过量摄入维生素 A 可引起急性中毒、慢性中毒及致畸毒性。

(1)急性中毒:一次或多次连续摄入大量的维生素 A(成人大于 RNI 约 100 倍,儿童大于 RNI 约 20 倍)可引起急性中毒,其早期症状为恶心、呕吐、头痛、眩晕、视觉模糊、肌肉失调、婴儿囟门突起。当剂量更大时,可出现嗜睡、厌食、少动、反复呕吐。停止服用后,症状可消失。然而,极大剂量(12g,约成人 RNI 的 15 500 倍)的维生素 A 可以致命。

(2)慢性中毒:维生素 A 摄入量为其 RNI 的 10 倍以上时可发生慢性中毒,常见症状是头痛、食欲降低、脱发、肝大、长骨末端外周部分疼痛、肌肉疼痛和僵硬、皮肤干燥瘙痒、复视、出血、呕吐和昏迷等。

(3)致畸毒性:孕妇在妊娠早期每天大剂量摄入维生素 A,娩出畸形儿的相对危险度增加。过量的维生素 A 可引起细胞膜的不稳定和某些基因表达的改变。动物实验证明,维生素 A 摄入过量,可导致胚胎吸收、流产及先天畸形。

大量摄入类胡萝卜素一般不引起毒性作用,其原因是类胡萝卜素在体内形成视黄醇的速率慢;另外,随着类胡萝卜素摄入增加,其吸收减少。大剂量的类胡萝卜素摄入可导致高胡萝卜素血症(hyper-carotenemia),出现类似黄疸的皮肤症状,但停止食用类胡萝卜素后,症状慢慢消失。

(五)营养状况评价

维生素 A 营养状况可分为缺乏、较少(边缘性缺乏)、充足、过多和中毒。充足状态是指无临床体征,生化指标正常,生理功能完好,体内总储存量足以应付各种各样的应激状态和短期的低膳食摄入。

维生素 A 营养状况应根据生化指标、临床表现,结合生理情况、膳食摄入情况综合予以判定。常用的评价方法有:

1. 血清维生素 A 水平 用血清维生素 A 含量评定维生素 A 的营养水平并非绝对可靠,但血清维生素 A 含量低于一定界值,可以用来判断维生素 A 缺乏及边缘性缺乏;血清(浆)维生素 A 常用的测定方法是液相色谱法或质谱法。中国《人群维生素 A 缺乏筛查方法》(WS/T 553—2017)推荐成人维生素 A 缺乏的血清视黄醇含量的判定界值为:<0.70μmol/L 为缺乏,0.70~1.05μmol/L 为边缘性缺乏。维生素 A 储存降低者血清水平也可能正常,此时不能认为维生素 A 营养充足。

2. 相对剂量反应试验 相对剂量反应(relative dose response,RDR)试验是一种间接估计肝脏维生素 A 储备相对充足程度的方法。受试者口服视黄酯(450~1 000μg),测定口服前和口服 5 小时后血浆视黄醇浓度,按公式计算 RDR,判断维生素 A 营养状况。

$$RDR(\%)=(5h 视黄醇浓度 - 基础视黄醇浓度)/5h 视黄醇浓度 \times 100\%$$

根据 WHO 建议标准,RDR≥20%,可判断为维生素 A 缺乏。

3. 视觉暗适应功能 暗适应测定适用于人群现场调查。维生素 A 缺乏者,暗适应时间延长。有眼部疾患、血糖水平过低或睡眠不足者暗适应功能也降低,所以此法不能特异性反映维生素 A 营养缺乏。

4. 血浆视黄醇结合蛋白 血浆视黄醇结合蛋白含量与血浆视黄醇水平呈良好的相关关系,可较好反映人体的维生素 A 营养水平。

5. 稳定同位素测定 测定稳定同位素标记的视黄醇可以了解机体维生素 A 的储存状况及

动态平衡。

6. 眼结膜印迹细胞学法　维生素 A 缺乏使眼结膜杯状细胞消失，上皮细胞变大且角化。

7. 眼部症状检查　WHO 将维生素 A 缺乏引起的眼干燥症予以分级，其中角膜干燥、溃疡、角化定为诊断维生素 A 缺乏有效的体征。依据既往史了解夜盲症发生情况，结膜表面改变及比奥斑成为最主要的评估体征。特别是比奥斑常作为儿童维生素 A 缺乏的有效诊断体征。

（六）参考摄入量及食物来源

维生素 A 的单位包括国际单位（international units，IU）和视黄醇活性当量（retinol activity equivalence，RAE）。1IU 维生素 A=0.3μg 全反式视黄醇 =0.6μg 全反式 β- 胡萝卜素。但 IU 体系没有考虑一般膳食中 β- 胡萝卜素和其他维生素 A 原类胡萝卜素的低吸收和转化率影响。

膳食或食物中总视黄醇活性当量（μg RAE）=全反式视黄醇（μg）+1/2 纯品全反式 β- 胡萝卜素（μg）+

1/12 膳食全反式 β- 胡萝卜素（μg）+1/24 其他膳食维生素 A 原类胡萝卜素（μg）

中国居民 DRIs（2023 版）推荐成人维生素 A 的 RNI，男性为 770μg RAE/d，女性为 660μg RAE/d，UL 为 3 000μg/d。

维生素 A 良好的食物来源是各种动物肝脏、鱼肝油、鱼卵、全奶、奶油、禽蛋等；植物性食物只能提供类胡萝卜素，类胡萝卜素主要存在于深绿色或红黄橙色的蔬菜和水果中，如青花菜（即西蓝花）、菠菜、苜蓿、空心菜、莴笋叶、芹菜叶、胡萝卜、豌豆苗、红心红薯、辣椒、芒果、杏及柿子等。

三、维生素 D

（一）理化性质

维生素 D 是指含环戊氢烯菲环结构、并具有钙化醇生物活性的一大类物质，以维生素 D_2（ergocalciferol，麦角钙化醇）及维生素 D_3（cholecalciferol，胆钙化醇）最为常见。

维生素 D_2 是由酵母菌或麦角中的麦角固醇（ergosterol）经日光或紫外光照射后形成的产物，并且能被人体吸收。维生素 D_3 是由储存于皮下的 7- 脱氢胆固醇在紫外光照射下转变而成。

由于维生素 D_3 在皮肤中产生，但要运往靶器官才能发挥生理作用，故认为维生素 D_3 是一种激素。在某些特定条件下，如工作或居住在日照不足、空气污染（阻碍紫外光照射）的地区，维生素 D 必须由膳食或营养补充剂供给。

维生素 D_2 和维生素 D_3 皆为白色晶体，溶于脂肪和有机溶剂，其化学性质比较稳定，在中性和碱性溶液中耐热，不易被氧化，但在酸性溶液中则逐渐分解，故通常的烹调加工不会引起维生素 D 的损失，但脂肪酸败可破坏维生素 D。过量辐射照射，可形成具有毒性的化合物。

（二）吸收与代谢

食物中的维生素 D 进入小肠后，在胆汁的作用下与其他脂溶性物质一起形成胶团，被动吸收入小肠黏膜细胞。食物中大约 50%～80% 的维生素 D 在小肠吸收，吸收后的维生素 D 掺入乳糜微粒经淋巴入血。在血液中，部分维生素 D 与一种特异载体蛋白——维生素 D 结合蛋白（vitamin D-binding protein，DBP）结合，由 DBP 携带运输。

在皮肤中产生的维生素 D_3 缓慢扩散入血液，血浆中约 60% 的维生素 D_3 与 DBP 结合运输。相当部分与 DBP 结合的维生素 D_3 首先进入肌肉和脂肪，随后被肝脏摄取。

由乳糜微粒或由 DBP 携带进入肝脏的维生素 D_3（或 D_2）均被肝脏内 D_3-25- 羟化酶催化生成 25-（OH）-D_3，后者由肝脏分泌入血，并由 DBP 携载运输至肾脏，在 25-（OH）-D_3-1α- 羟化酶和

25-（OH）-D₃-24-羟化酶的催化下,进一步被氧化成1,25-（OH）₂-D₃和24,25-（OH）₂-D₃。一旦1,25-（OH）₂-D₃合成后,由肾脏释放入血,大部分与DBP松散式结合,部分与白蛋白结合,少量以游离的形式运输至各个靶器官,发挥生物学效应。

维生素D的激活取决于肝脏和肾脏的D₃-25-羟化酶和25-（OH）-D₃-1α-羟化酶的活性。D₃-25-羟化酶较少受到其他因素的调节,而25-（OH）-D₃-1α-羟化酶易受到多种因素的影响,主要包括甲状旁腺激素（PTH）、血钙浓度、1,25-（OH）₂-D₃浓度和食物中磷的含量。PTH、低钙、低1,25-（OH）₂-D₃浓度和低磷膳食摄入增强25-（OH）-D₃-1α-羟化酶的活性,反之则抑制其活性。

（三）生理功能

1,25-（OH）₂-D₃（或D₂）是维生素D的主要活性形式,在全身发挥广泛而重要的激素调节作用。这种活性分子不仅在维持血清钙磷水平稳定中发挥重要作用,也对骨骼矿化、肌肉收缩、神经传导以及细胞生长、分化和增殖等多个生理过程起关键调控作用。

维生素D与维生素D受体（vitamin D receptor,VDR）结合后发挥作用。VDR属于核激素超家族受体的一员,分布于多种器官,包括肠、肾脏、骨、心脏、胰、垂体、乳房、胎盘、造血组织、皮肤及各种来源的癌细胞等。

1. 维持机体钙、磷平衡　维生素D主要以1,25-（OH）₂-D₃的形式在小肠、骨、肾脏等靶器官起作用,维持细胞内外钙浓度,调节钙、磷代谢。1,25-（OH）₂-D₃、PTH和降钙素共同作用维持血钙水平稳定。

2. 参与维持机体免疫功能　维生素D有助于维持正常的先天性免疫和获得性免疫功能。许多免疫细胞如巨噬细胞、树突状细胞等都存在VDR,1,25-（OH）₂-D₃与VDR结合调节T细胞发育和B细胞的分化。因此,维生素D缺乏可能与类风湿性关节炎、1型糖尿病、哮喘和多发性硬化症等免疫相关疾病的发生有关。

3. 参与机体多种机能的调节　维生素D具有激素的功能,通过VDR调节生长发育、细胞分化、炎性反应等。近年来大量研究发现,机体低维生素D水平与高血压、部分肿瘤、糖尿病、心脑血管疾病、脂肪肝、低水平的炎性反应等相关,也可能与传染病（如结核和流感）的发病有关。

（四）缺乏与过量

1. 缺乏　维生素D缺乏可导致肠道吸收钙、磷减少,肾小管对钙和磷的重吸收减少,影响骨钙化,造成骨骼和牙齿的矿物质代谢异常。

（1）佝偻病:维生素D缺乏时,由于骨骼不能正常钙化,易引起骨骼变软和弯曲变形,称佝偻病（rickets）,如幼儿骨骼发育过程中,身体重量使下肢骨弯曲,形成"X"形或"O"形腿。胸骨外凸（"鸡胸"）,肋骨与肋软骨连接处形成"肋骨串珠"。囟门闭合延迟、骨盆变窄和脊柱弯曲等。由于腹部肌肉发育不良,易使腹部膨出。牙齿方面,出牙延迟,恒齿稀疏、凹陷、容易发生龋齿。

（2）骨质软化症:成人（尤其是孕妇、乳母）在缺乏维生素D和钙、磷时容易发生骨质软化症（osteomalacia）。主要表现为骨质软化,容易变形,孕妇骨盆变形可致难产。

（3）骨质疏松症:老年人由于肝肾功能降低、胃肠吸收欠佳、户外活动减少,体内维生素D水平常常低于年轻人,易导致骨质疏松症（osteoporosis）。

（4）手足痉挛症:缺乏维生素D导致钙吸收不足,可引起手足痉挛症。表现为肌肉痉挛、小腿抽筋及惊厥等。

2. 过量　过量摄入维生素D可引起维生素D过多症。维生素D的中毒症状包括食欲缺乏、体重减轻、恶心、呕吐、腹泻、头痛、多尿、烦渴、发热、血清钙磷增高,以至发展成动脉、心肌、肺、肾以及气管等组织转移性钙化和肾结石,严重的维生素 D 中毒可导致死亡。预防维生素 D 中毒最有效的方法是避免滥用营养补充剂。

(五)营养状况评价

25-(OH)-D$_3$ 是维生素 D 在血液中的主要存在形式,主要依赖于皮肤产生和膳食摄入,其半衰期是 3 周,可特异性反映人体几周到几个月内维生素 D 的储存情况;此外,血液 25-(OH)-D$_3$ 受机体调节影响较小,因而作为评价机体维生素 D 营养状况的首选指标。中国《人群维生素 D 缺乏筛查方法》(WS/T 677—2020)推荐评价维生素 D 营养状况的血 25-(OH)-D$_3$ 含量的判定界值为:25-(OH)-D$_3$<30nmol/L 为缺乏,30nmol/L≤25-(OH)-D$_3$<50nmol/L 为不足,≥50nmol/L 为正常。

(六)参考摄入量及食物来源

维生素 D 既可来源于膳食,又可由皮肤合成,因而较难估计膳食维生素 D 的供给量。中国居民 DRIs(2023 版)推荐在钙、磷供给充足的条件下,成人维生素 D 的 RNI 为 10μg/d;UL 为 50μg/d。

维生素 D 的单位可用 IU 或 μg 表示,1μg 维生素 D=40IU 维生素 D。

经常晒太阳是人体廉价获得充足有效的维生素 D 的良好来源。维生素 D 主要存在于海水鱼(如沙丁鱼)、肝脏、蛋黄等动物性食品及鱼肝油制剂中。人乳和牛奶是维生素 D 较差的来源,蔬菜、谷类及其制品和水果中只含有少量的维生素 D 或几乎没有维生素 D。

四、维生素 E

(一)理化性质

维生素 E 类是指含苯并二氢吡喃结构、具有 α-生育酚生物活性的一类物质,包括 8 种化合物:4 种生育酚(tocopherols,T)即 α-T、β-T、γ-T、δ-T 和 4 种生育三烯酚(tocotrienols,TT)即 α-TT、β-TT、γ-TT、δ-TT,其中 α-生育酚的生物活性最高。α-生育酚有两个来源,即天然的生育酚(d-α-生育酚)和人工合成生育酚(dl-α-生育酚)。

α-生育酚是黄色油状液体,溶于脂肪和有机溶剂,对热及酸稳定,对碱不稳定,对氧极为敏感,脂肪酸败加速维生素 E 的破坏。食物中维生素 E 在一般烹调时损失不大,但在油炸时活性明显降低。

(二)吸收与代谢

生育酚在食物中以游离的形式存在,而生育三烯酚则以酯化的形式存在,它必须经胰酯酶和肠黏膜酯酶水解后才能被吸收。游离的生育酚或生育三烯酚与其他脂类消化产物,在胆汁的作用下以胶团的形式被动扩散吸收,后掺入乳糜微粒,经淋巴导管进入血液循环。血液中的维生素 E 可从乳糜微粒转移到其他的脂蛋白进行运输,如 HDL-C、LDL-C 和 VLDL-C,以及转移到红细胞膜。维生素 E 的吸收率一般在 20%～50% 左右,最高可达 80%。随着维生素 E 的摄入量增加,其吸收率降低。

大部分维生素 E 以非酯化的形式储存在脂肪细胞,少量储存在肝脏、肺、心脏、肌肉、肾上腺和大脑。

(三)生理功能

1. 抗氧化作用　维生素 E 是氧自由基的清除剂,与其他抗氧化物质以及抗氧化酶包括超氧化物歧化酶(superoxide dismutase,SOD)、GSH-Px 等一起构成体内抗氧化系统,保护生物膜及其他蛋白质免受自由基攻击。

在非酶抗氧化系统中维生素 E 是重要的抗氧化剂,生育酚分子与自由基发生反应后,自己本身被氧化成生育酚羟自由基（tocopheroxyl radical），即氧化型维生素 E。氧化型维生素 E 在维生素 C、谷胱甘肽和 NADPH 的参与下重新还原成还原型生育酚。

2. **维持生育功能**　维生素 E 是哺乳动物维持生育必不可少的营养物质。常用维生素 E 治疗先兆流产和习惯性流产。当血浆 α-生育酚浓度低于 12μmol/L 时，母亲发生不良妊娠结局以及婴儿生长迟缓的风险增加。

3. **调节血小板的黏附力和聚集作用**　维生素 E 缺乏时血小板聚集和凝血作用增强，增加心肌梗死及脑卒中的危险性。这是由于维生素 E 可抑制磷脂酶 A_2 的活性，减少血小板血栓素 A_2 的释放，从而抑制血小板的聚集。

4. **维持免疫功能**　维生素 E 对维持正常免疫功能，特别是 T 淋巴细胞的功能具有重要作用。维生素 E 对不同抗原介导的体液免疫有选择性影响，这种影响具有剂量依赖性。

5. **其他**　维生素 E 可抑制体内胆固醇合成限速酶的活性，从而降低血浆胆固醇水平；维生素 E 还抑制肿瘤细胞的生长和增殖，其作用机制可能与抑制细胞分化、生长密切相关的蛋白激酶的活性有关。

（四）缺乏与过量

1. **缺乏**　维生素 E 缺乏较为少见，但可出现在低体重的早产儿、血 β-脂蛋白缺乏症、脂肪吸收障碍的患者中。缺乏维生素 E 时，可出现视网膜退行性病变、蜡样质色素积聚、溶血性贫血、肌无力、神经退行性病变、小脑共济失调等。

2. **过量**　在脂溶性维生素中，维生素 E 的毒性相对较小。但摄入大剂量维生素 E（每日摄入 0.8～3.2g）有可能出现中毒症状，如肌无力、视觉模糊、复视、恶心、腹泻以及维生素 K 的吸收和利用障碍。

（五）营养状况评价

1. **血清（浆）维生素 E 水平**　用血清（浆）α-生育酚浓度可直接反映人体维生素 E 的营养状况。健康成人若其血脂正常，则血浆 α-生育酚的范围为 11.6～46.4μmol/L（5～20mg/L）。由于血浆生育酚浓度与血浆总脂浓度密切相关，因此建议用每克总血脂中的 α-生育酚水平来评价维生素 E 的营养状况。

2. **红细胞溶血试验**　红细胞与 2.0%～2.4% H_2O_2 溶液温育后出现溶血，测得的血红蛋白量（H_1）占红细胞与蒸馏水保温后测得的血红蛋白量（H_2）的百分比可反映维生素 E 的营养状况。维生素 E 水平正常者比值<10%，偏低者为 10%～20%，缺乏者>20%。当维生素 E 缺乏时，红细胞膜上的部分脂质失去抗氧化剂的保护作用，红细胞膜的完整性受到破坏，对 H_2O_2 溶血作用的耐受能力下降。

（六）参考摄入量及食物来源

维生素 E 的活性可用 α-生育酚当量（α-tocopherol equivalence，TE）表示，规定 1mg α-TE 相当于 1mg 天然生育酚（d-α-生育酚）的活性。人工合成生育酚（dl-α-生育酚）的活性相当于天然生育酚活性的 74%。维生素 E 补充剂常为含有 α-生育酚的各种酯，酯类结构能防止维生素 E 的氧化并延长其保质期。维生素 E 的活性又可用国际单位（IU）来表示，各种维生素 E 的换算关系如下：

1IU 维生素 E=1mg dl-α-生育酚乙酸酯 =0.91mg dl-α-生育酚

=0.67mg d-α-生育酚 =0.74mg d-α-生育酚乙酸酯

中国居民 DRIs（2023 版）推荐成人维生素 E 的 AI 为 14mg α-TE/d，UL 为 700mg α-TE/d。有专家建议制定维生素 E 的参考摄入量时需要考虑膳食能量或膳食多不饱和脂肪酸的摄入量，每摄入 1g

多不饱和脂肪酸,应摄入 0.4～0.6mg α-TE。

维生素 E 在自然界中分布甚广,一般情况下不会缺乏。维生素 E 含量丰富的食品有植物油、麦胚、坚果、种子类、豆类及其他谷类胚芽;蛋类、肉类、鱼类、水果及蔬菜中含量甚少;在食物加工、储存和制备过程中可损失部分维生素 E。

五、维生素 K

(一)理化性质

维生素 K 又称凝血维生素,天然维生素 K 是黄色油状物,包括 K_1(叶绿醌)和 K_2(甲基萘醌),为脂溶性,对热稳定,但易遭酸、碱、氧化剂和光(特别是紫外线)的破坏。在正常的烹调过程中只损失很少部分。然而,某些人工合成的维生素 K(K_3 和 K_4)为水溶性。维生素 K_2 以 MK-n 表示,n 为异戊二烯基的个数,维生素 K_2 除从饮食中获得外,还可在肠道内由细菌合成。

(二)吸收与代谢

维生素 K 从小肠吸收进入淋巴系统(哺乳类),机体吸收的维生素 K 既可来源于食物,也可由肠道细菌合成。维生素 K 的吸收需要胆汁和胰液参与,并与乳糜微粒相结合,由淋巴系统运输。其吸收效率变化范围很广(10%～80%),维生素 K 从乳糜微粒转运到 β 脂蛋白,运输至肝内,与 VLDL-C 相结合,并通过 LDL-C 转运至骨骼等组织。

肝脏是体内维生素 K 浓度最高的器官,但储存能力有限。在人体,维生素 K 的代谢物与葡糖苷酸结合,存在于肠肝循环中,或从尿中排出。人体仅能保留维生素 K_1 摄入剂量的 30%～40%,其余部分约 20% 通过尿液排出,40%～50% 通过胆汁由粪便排出。

(三)生理功能

尽管维生素 K_1 和维生素 K_2 在结构上相似,但在功能作用上区别较大。

1. 调节凝血蛋白质合成　维生素 K_1 的主要功能是发挥凝血功能,目前维生素 K 能够在至少 12 种蛋白质中的特异性谷氨酸残基上添加羧酸官能团,使其羧化为 γ-羧基谷氨酸(Gla),因此称其为维生素 K 依赖蛋白质。其中有 4 种是维生素 K 依赖性凝血因子,分别为凝血因子Ⅱ、Ⅶ、Ⅸ和Ⅹ。

2. 促进骨组织钙化　研究表明来源于发酵豆类的维生素 K_2(MK-7)能够促进成骨细胞并抑制破骨细胞,从而促进骨骼钙化。

3. 抑制血管钙化　维生素 K_2 通过羧化激活基质 Gla 蛋白发挥抑制血管钙化作用。

4. 其他　维生素 K 可通过激活蛋白激酶 A,相对安全地抑制人肝癌细胞的生长和侵袭,并对肿瘤复发有一定的抑制作用。另外,有研究发现维生素 K_2 对代谢综合征、2 型糖尿病、认知功能障碍等疾病的发生与发展也有积极的影响。

(四)缺乏与过量

1. 缺乏　维生素 K_1 的每日需要量约为 1μg/(kg·bw)。维生素 K_1 缺乏引起低凝血酶原血症,且其他维生素 K 依赖凝血因子浓度下降,表现为凝血缺陷和出血。

新生儿是对维生素 K_1 营养需求的一个特殊群体,母乳维生素 K_1 的含量较牛乳低,因此有许多纯母乳喂养的婴儿容易发生新生儿出血病(hemorrhagic disease of newborn, HDN),除此以外还可导致迟发性出血。如果母亲曾摄取乙内酰脲抗惊厥剂、头孢菌素抗生素或香豆素抗凝剂,婴儿这两种类型的出血性疾病的危险性均会增加。

2. 过量　天然形式的维生素 K_1 和维生素 K_2 不产生毒性,甚至大量服用也无毒。食物来源的维生素 K_2 毒性很低,动物摄入相当于每日需要量的 1 000 倍剂量时未见不良反应。

（五）营养状况评价

评价个体维生素营养状况需充分了解患者病史、体格检查和生化指标结果。

1. **病史**　病史应包括有关的出血可临床表现在如口腔、鼻腔、胃肠道（呕血、黑粪）、肾脏（血尿）和皮下出血（瘀斑）。维生素 K 缺乏的危险人群包括新生儿、绿叶蔬菜和动物性食物摄入量极少者或吸收不良者、骨质疏松者、受伤者和肾脏病者。病史还应记录香豆素抗凝剂、抗生素和抗惊厥药物的使用情况等。此外，膳食史应包括常吃食物的清单、24 小时膳食回顾，偶尔可用 3 天食物记录。

2. **体格检查**　维生素 K 缺乏症最重要的体征即出血倾向。可有鼻腔或口腔出血；腹股沟或腿部瘀斑；指甲下或结膜内小出血、黑便（肉眼可见或隐血）、血尿和呕血、面色苍白可以是出血的特征，毛囊周围出血也是坏血病的皮肤特征，应注意与维生素 K 缺乏鉴别。

3. **生化指标**　目前尚无公认的评价维生素 K 营养状况的理想指标，已应用的评价指标主要包括：

（1）血清维生素 K 浓度：血清维生素 K 的主要形式是维生素 K_1，其主要通过脂蛋白运输。由于血浆维生素 K_1 与摄入量呈正相关，被认为可用于评价维生素 K 的营养状况。

（2）凝血试验：检查包括凝血酶原时间和促凝血酶原时间，其中凝血酶原时间延长并非评价维生素 K_1 缺乏的特异性指标，因此不能单独作为维生素 K_1 缺乏的诊断。

（3）脱羧性血清维生素 K 依赖蛋白：维生素 K 作为维生素 K 依赖羧化酶辅因子，可以将特定蛋白质（如凝血酶原和骨钙素）中的谷氨酸残基转化为 γ- 羧基谷氨酸，使其能够发挥正常生理功能。脱羧骨钙素被广泛应用于骨维生素 K_2 储存的替代性标志物，可间接反映骨骼内维生素 K_2 储存水平。

（4）尿 γ- 羧基谷氨酸：尿 γ- 羧基谷氨酸水平可反映凝血酶原和羧化骨钙蛋白的代谢状况，进而反映机体维生素 K 营养状况，当维生素 K 供应不足时，其水平降低。

（六）参考摄入量及食物来源

中国居民 DRIs（2023 版）推荐成人维生素 K 的 AI 为 80μg/d。

维生素 K 含量丰富的食物包括豆类、麦麸、绿色蔬菜、动物肝脏、鱼类等。绿色十字花科蔬菜（西蓝花、卷心菜和羽衣甘蓝等）、菠菜、甜菜和各种类型的生菜是维生素 K_1 的丰富来源，蔬菜叶中的维生素 K_1 比茎中的含量高，而且绿色叶子的颜色越深，维生素 K_1 含量也越高。维生素 K_2 主要源自发酵食品、肉类和乳制品，也可通过肠内细菌合成。

六、维生素 B_1

（一）理化性质

维生素 B_1（也称抗脚气病因子和抗神经炎因子）由含氨基的嘧啶环和含硫的噻唑环通过亚甲基桥相连而成，分子式为 $C_{12}H_{17}N_4OS^+$，因分子中含有"硫"和"氨"，故又称硫胺素（thiamin）。纯品为白色粉末状结晶，微带酵母气味，口感呈咸味，易溶于水，微溶于乙醇。酸性环境下较稳定，加热 120℃仍不分解；中性和碱性环境中不稳定，易被氧化和受热破坏。硫胺素被氧化后转变为硫色素（脱氢硫胺素），硫色素在紫外光下呈现蓝色荧光，利用这一特性可测定硫胺素的含量。

（二）吸收与代谢

维生素 B_1 在小肠吸收，浓度高时由被动扩散吸收，浓度低于 2μmol/L 时主要由主动转运吸收，吸收过程中需要 Na^+ 存在，并且消耗 ATP。吸收后的硫胺素在空肠黏膜细胞内经磷酸化作用转变成焦磷酸酯，通过门静脉输送到肝脏，然后经血液转运到组织中。

成人体内维生素 B_1 总量约为 25～30mg，主要分布在肌肉中，约占 50%，其次分布在心脏、大脑、肝脏和肾脏中。维生素 B_1 在体内以不同的焦磷酸化形式存在，其中大约 80% 为焦磷酸硫胺素（thiamine pyrophosphate，TPP），10% 为三磷酸硫胺素，其他为单磷酸硫胺素，三种形式的维生素 B_1 在体内可以相互转化。体内维生素 B_1 生物半衰期为 9～18 天，如膳食中缺乏维生素 B_1，1～2 周后人体组织中的含量就下降。

维生素 B_1 在肝脏代谢，代谢产物主要由肾脏随尿排出体外，排出量与摄入量有关。少量由汗液排出。

（三）生理功能

1. 辅酶功能　TPP 是维生素 B_1 的主要活性形式，在体内的能量代谢中具有重要作用，参与两个重要的反应，即 α- 酮酸的氧化脱羧反应和磷酸戊糖途径的转酮醇反应（transketolation）。

TPP 是碳水化合物代谢中氧化脱羧酶的辅酶，即作为丙酮酸和 α- 酮戊二酸脱羧反应的辅酶。丙酮酸和 α- 酮戊二酸需经氧化脱羧反应产生乙酰辅酶 A 和琥珀酰辅酶 A，才能使来自碳水化合物和氨基酸的 α- 酮酸进入三羧酸循环，氧化产生 ATP。乙酰辅酶 A 和琥珀酰辅酶 A 是三大宏量营养素分解代谢和产生能量的关键酶。因此，当维生素 B_1 严重缺乏时，ATP 生成障碍，丙酮酸和乳酸在机体内堆积，对机体造成损伤。TPP 也可作为转酮醇酶的辅酶参与转酮醇反应，这是磷酸戊糖通路中的重要反应。转酮醇酶在磷酸戊糖途径中催化 5-磷酸木酮糖生成 3-磷酸甘油醛以及 5-磷酸核糖生成 7-磷酸景天庚酮糖。转酮醇反应不是碳水化合物氧化供能的主要途径，但它是核酸合成中戊糖以及脂肪酸合成中还原型辅酶Ⅱ的重要来源。

2. 非辅酶功能　维生素 B_1 在神经组织中可能具有一种特殊的非酶作用，当维生素 B_1 缺乏时，乙酰辅酶 A 活性减少，影响乙酰胆碱的合成。乙酰胆碱有促进胃肠蠕动和腺体分泌作用，其可被胆碱酯酶水解而失去活性。维生素 B_1 是胆碱酯酶的抑制剂，当维生素 B_1 缺乏时，胆碱酯酶的活性增强，使乙酰胆碱分解加速，导致胃肠蠕动变慢，消化液分泌减少，出现消化不良，所以临床上常将维生素 B_1 作为辅助消化药使用。

此外，TPP 可能具有调控某些离子通道的功能，其作用机制与维生素 B_1 磷酸化有关。

（四）缺乏与过量

1. 缺乏　硫胺素缺乏症又称脚气病（beriberi），主要损害神经 - 血管系统，多发生在以加工精细的米面为主食的人群。临床上根据年龄差异将脚气病分为成人脚气病和婴儿脚气病。

（1）成人脚气病：早期症状较轻，主要表现有疲乏、淡漠、食欲差、恶心、忧郁、急躁、沮丧、腿沉重麻木以及心电图异常。症状特点和严重程度与维生素 B_1 缺乏程度、发病急缓等有关，一般将其分成三型：①干性脚气病：以多发性周围神经炎症为主，出现上行性周围神经炎，表现为指（趾）端麻木、肌肉酸痛、压痛，尤以腓肠肌为甚，跟腱及膝反射异常；②湿性脚气病：多以水肿和心脏症状为主。由于心血管系统功能障碍，出现水肿，右心室可扩大，出现心悸、气短、心动过速，如处理不及时，常致心力衰竭；③混合型脚气病：其特征是既有神经炎又有心力衰竭和水肿。

此外，长期酗酒的人群还极易由于酒精中毒而引起维生素 B_1 缺乏，导致 Wernicke-Korsakoff 综合征，发病呈急性或亚急性，临床表现包括精神错乱、共济失调、眼肌麻痹、假记忆和逆行性健忘甚至昏迷，是一种神经脑病综合征，也称脑型脚气病。

（2）婴儿脚气病：多发生于 2～5 月龄的婴儿，多是由于乳母维生素 B_1 缺乏所致。其发病突然，病情急，初期食欲缺乏、呕吐、兴奋和心跳快，呼吸急促和困难；晚期有发绀、水肿、心脏扩大、心力衰竭以及强直性痉挛，常在症状出现 1～2 天后突然死亡。

婴儿先天性脚气病发病原因通常是母亲孕期缺乏维生素 B_1，主要症状有口唇青紫、吮吸无力和嗜睡。

2. 过量　维生素 B_1 一般不会引起过量中毒，只有短时间摄入 RNI 100 倍以上的剂量时有可能出现头痛、惊厥和心律失常等。

（五）营养状况评价

生化指标的变化常先于临床症状和体征出现，且客观、明显。

1. 尿负荷试验　清晨给被测者口服 5mg 维生素 B_1，然后收集 4 小时内排出的尿液，测定其中维生素 B_1 含量。一般认为，4 小时尿液中排出的维生素 B_1 < 100μg（相当于摄入量的 2%）为缺乏，100~199μg 为不足，≥200μg 为正常，≥400μg 为充足；还可测定 24 小时尿液中维生素 B_1 含量，< 40μg 为缺乏，40~150μg 为不足。

2. 尿维生素 B_1 和肌酐含量比值　取清晨空腹尿样，测定其中维生素 B_1 和肌酐含量，计算维生素 B_1（μg）/肌酐（g）比值，以评定维生素 B_1 的营养状况。人体每日由尿中排出肌酐量比较恒定，因此该比值能较好反映机体维生素 B_1 的营养水平。其评定标准是：维生素 B_1 和肌酐含量比值 < 27 为缺乏，27~65 为不足，66~129 为正常，≥130 为充足。

3. 红细胞转酮醇酶活性系数或红细胞转酮醇酶焦磷酸硫胺素效应　血液中维生素 B_1 以 TPP 形式作为转酮醇酶的辅酶发挥作用，该酶活力的大小与血液中维生素 B_1 的浓度密切相关，可通过体外试验测定加入 TPP 前后红细胞中转酮醇酶活性的变化来反映机体维生素 B_1 的营养状态。红细胞转酮醇酶活性系数（erythrocyte transketolase-action coefficient，ETK-AC）或红细胞转酮醇酶焦磷酸硫胺素效应（erythrocyte transketolase thiamin pyrophosphate effect，ETK-TPP）越高，说明维生素 B_1 缺乏越严重。如 ETK-TPP 效应通常用两者活性之差占基础活性的百分率来表示，一般认为 > 25% 为缺乏，15%~25% 为不足，< 15% 为正常。

（六）参考摄入量及食物来源

人体对维生素 B_1 的需要量与体内能量代谢密切相关，一般维生素 B_1 的参考摄入量应按照总能量需要量进行推算，中国居民 DRIs（2023 版）推荐成人维生素 B_1 的 RNI 男性为 1.4mg/d，女性为 1.2mg/d。

维生素 B_1 广泛存在于天然食物中，含量丰富的食物有谷类、豆类及干果类。动物内脏（肝、心、肾）、瘦肉、禽蛋中含量也较多。日常膳食中维生素 B_1 主要来自谷类食物，多存在于表皮和胚芽中，米、面碾磨过于精细可造成维生素 B_1 大量损失。

七、维生素 B_2

（一）理化性质

维生素 B_2（又称核黄素，riboflavin）是具有一个核糖醇侧链的异咯嗪类衍生物。核黄素为黄色粉末状结晶，味苦，熔点高，为 275~282℃；水中的溶解度较低，常温下每 100mL 水可溶解 12mg 核黄素，核黄素水溶液呈现黄绿色。在酸性及中性环境中对热稳定，在碱性环境中易被热和紫外线破坏。维生素 B_2 分为游离型及结合型两种，游离型容易发生光裂解，结合型比较稳定。

（二）吸收与代谢

维生素 B_2 主要在胃肠道上部吸收，是一个主动转运过程，需要 Na^+ 和 ATP 参与。机体对维生素 B_2 的吸收量与摄入量成正比。一般来说，动物来源的维生素 B_2 比植物来源的维生素 B_2 更容易吸收。胃酸和胆盐可促进游离型维生素 B_2 的释放，有利于维生素 B_2 的吸收；抗酸制剂干扰食物中维

生素 B_2 的释放;酒精可干扰维生素 B_2 的消化和吸收;某些金属离子,如 Zn^{2+}、Cu^{2+}、Fe^{2+} 通过螯合可抑制维生素 B_2 的吸收。

在肠道黏膜上皮细胞中,维生素 B_2 被磷酸化为黄素单核苷酸(flavin mononucleotide,FMN),在浆膜面 FMN 再去磷酸化成为游离的维生素 B_2,并经门静脉运输到肝脏。在肝脏维生素 B_2 再转变成作为辅酶的 FMN 和黄素腺嘌呤二核苷酸(flavin adenine dinucleotide,FAD)。血浆中的白蛋白、免疫球蛋白和纤维蛋白原可作为维生素 B_2、FMN 和 FAD 的运输载体,其中白蛋白为主要运输载体。维生素 B_2 与血浆蛋白的结合能够减少肾小球滤过过程中维生素 B_2 的丢失。机体各组织均可发现少量的维生素 B_2,但肝脏、肾脏和心脏中含量最高。

成人体内维生素 B_2 可维持机体 2～6 周的代谢需要,视网膜、尿和乳汁中的维生素 B_2 主要为游离型,肝脏、肾脏和心脏中的维生素 B_2 主要为结合型。体内多余的维生素 B_2 主要随尿排出,汗液亦可排出少量维生素 B_2。

（三）生理功能

维生素 B_2 以 FMN 和 FAD 辅酶形式参与许多代谢的氧化还原反应。

1. 参与体内生物氧化与能量代谢　维生素 B_2 在体内以 FMN 和 FAD 的形式与特定蛋白结合形成黄素蛋白(flavoprotein),黄素蛋白是机体中许多酶系统中重要辅基的组成成分,通过呼吸链参与体内氧化还原反应与能量代谢,重要的含黄素蛋白的酶有氨基酸氧化酶、细胞色素 C 还原酶、丙酮酸脱氢酶、脂肪酰辅酶 A 脱氢酶、谷胱甘肽还原酶、黄嘌呤氧化酶和单胺氧化酶等。这些酶在氨基酸的氧化脱氨基作用及嘌呤核苷酸的代谢中起重要作用,从而维持能量营养素的正常代谢,促进正常的生长发育,维护皮肤和黏膜的完整性。若体内维生素 B_2 不足,则物质和能量代谢发生紊乱,将出现生长发育迟缓和物质代谢障碍。

2. 参与烟酸和维生素 B_6 的代谢　FAD 和 FMN 分别作为辅酶参与色氨酸转变为烟酸和维生素 B_6 转变为磷酸吡哆醛的反应。

3. 其他　维生素 B_2 还参与体内其他一些生化反应过程,如 FAD 作为谷胱甘肽还原酶的辅酶,参与体内抗氧化防御系统,维持还原型谷胱甘肽(reduced glutathione)的浓度;FAD 与细胞色素 P450 结合,参与药物代谢;提高机体对环境应激适应能力;维生素 B_2 与维生素 B_6、维生素 B_{12} 等 B 族维生素在代谢过程中存在协同作用,维生素 B_2 缺乏通过干扰甲基化过程、酶促反应以及与其他 B 族维生素的协同作用,显著影响同型半胱氨酸的代谢。

（四）缺乏与过量

1. 缺乏　维生素 B_2 缺乏主要临床表现为眼、口腔和皮肤的炎症反应。缺乏早期表现为疲倦、乏力、口腔疼痛,眼睛出现瘙痒、烧灼感,继而出现口腔和阴囊病变,称为“口腔生殖系统综合征(oral-genital syndrome)”,包括唇炎、口角炎、舌炎、皮炎、阴囊皮炎以及角膜血管增生等。

（1）眼:眼球结膜充血,角膜周围血管增生,角膜与结膜相连处有时发生水泡。表现为睑缘炎、畏光、视物模糊和流泪等,严重时角膜下部有溃疡。

（2）口腔:口角湿白、裂隙、疼痛和溃疡(口角炎);嘴唇疼痛、肿胀、裂隙、溃疡以及色素沉着(唇炎);舌疼痛、肿胀、红斑及舌乳头萎缩(舌炎),典型者全舌呈紫红色或红紫相间,出现中央红斑、边缘界线清楚的地图样变化(地图舌)。

（3）皮肤:脂溢性皮炎,常见于皮脂分泌旺盛部位,如鼻唇沟、下颌、眼外及耳后、乳房下、腋下、腹股沟等处。患处皮肤皮脂增多,轻度红斑,有脂状黄色鳞片。

维生素 B_2 缺乏常伴有其他营养素缺乏,如烟酸和维生素 B_6 缺乏;干扰体内铁的吸收、储存及动员,致使储存铁量下降,严重时可造成缺铁性贫血。维生素 B_2 缺乏还影响生长发育,妊娠期缺乏维生素 B_2 可导致胎儿骨骼畸形。

2. 过量　一般维生素 B_2 不会引起过量中毒。

（五）营养状况评价

1. 红细胞谷胱甘肽还原酶活性系数　测定红细胞谷胱甘肽还原酶活性是评价维生素 B_2 营养状况的一个灵敏指标。该酶的活性系数为加入和未加入 FAD 的谷胱甘肽还原酶活性比值,>1.4 为缺乏,1.2~1.4 为不足,<1.2 为正常。

2. 尿负荷试验　清晨口服 5mg 维生素 B_2,4 小时尿中排出量<400μg 为缺乏,400~799μg 为不足,800~1 300μg 为正常,>1 300μg 为充足。

3. 尿维生素 B_2 和肌酐含量比值　测任意一次尿中维生素 B_2 与尿肌酐比值,<27 为缺乏,27~79 为不足,80~269 为正常,≥270 为充足。

4. 红细胞维生素 B_2 含量　红细胞维生素 B_2 含量可以反映体内维生素 B_2 的储存情况。目前认为,红细胞维生素 B_2 含量<270nmol/L 或 100μg/L 为缺乏,>400nmol/L 或 150μg/L 为正常。

（六）参考摄入量及食物来源

维生素 B_2 的需要量与机体能量代谢及蛋白质的摄入量有关,所以能量需要量增加、生长加速和创伤修复期,维生素 B_2 的摄入量均应相应增加。中国居民 DRIs（2023 版）推荐成人维生素 B_2 的 RNI 男性为 1.4mg/d,女性为 1.2mg/d。

维生素 B_2 广泛存在于动植物食品中,动物性食品较植物性食品含量高。动物肝脏、肾脏、心脏、乳汁及蛋类含量尤为丰富;植物性食品以绿色蔬菜、豆类含量较高,而谷类含量较少。

八、烟酸

（一）理化性质

烟酸（又称维生素 B_3、尼克酸、抗癞皮病因子）在体内以烟酰胺（尼克酰胺）形式存在,两者总称为维生素 PP,它们在体内具有相同的生理活性。烟酸（niacin）和烟酰胺是氮杂环吡啶的衍生物。烟酸为吡啶 -3-羧酸,很容易转变为烟酰胺。烟酸为稳定的白色针状结晶,易溶于沸水和沸乙醇,不溶于乙醚,在酸、碱、光、氧或加热条件下不易被破坏,高压、高温 120℃,20 分钟也不会被破坏,是维生素中最稳定的一种,一般烹调加工损失极小,但可随水流失。烟酰胺为白色结晶,易溶于水,不溶于乙醚。

（二）吸收与代谢

膳食中的烟酸主要以辅酶Ⅰ（nicotinamide adenine dinucleotide,NAD）和辅酶Ⅱ（nicotinamide adenine dinucleotide phosphate,NADP）的形式存在,经消化后于胃及小肠吸收。吸收后以烟酸的形式经门静脉进入肝脏,在肝内转化为辅酶Ⅰ和辅酶Ⅱ。在肝内未经代谢的烟酸和烟酰胺随血液进入其他组织,再形成含有烟酸的辅酶。肾脏也可直接将烟酰胺转变为辅酶Ⅰ。

未被利用的烟酸可被甲基化,以 N-甲基烟酰胺和 2-吡啶酮的形式由尿中排出。成人体内的烟酸可由色氨酸转化而来,但色氨酸转化为烟酸需要维生素 B_1、维生素 B_2 和维生素 B_6 的参与。

（三）生理功能

1. 参与能量代谢　烟酸参与体内能量代谢的关键酶系统,在体内以烟酰胺的形式构成辅酶Ⅰ和辅酶Ⅱ,这两种辅酶结构中的烟酰胺部分具有可逆的加氢和脱氢特性,在细胞生物氧化过程中起着传递氢的作用,促进能量代谢。

2. 参与核酸的合成　葡萄糖通过磷酸戊糖代谢途径可产生 5-磷酸核糖,这是体内产生核糖的主要途径,核糖是合成核酸的重要原料,而烟酸构成的辅酶Ⅰ和辅酶Ⅱ是葡萄糖磷酸戊糖代谢途径第一步生化反应中氢的传递者。

3. 降低血胆固醇水平　每日摄入 1~2g 烟酸,可降低血胆固醇水平。其原理可能是烟酸干扰胆固醇或脂蛋白的合成,或者是烟酸能促进脂蛋白酶的合成。

4. 调节糖代谢　烟酸、三价铬和谷胱甘肽组成葡萄糖耐量因子(glucose tolerance factor, GTF),该因子可促进葡萄糖的利用及葡萄糖转化为脂肪的作用。

（四）缺乏与过量

1. 缺乏　当烟酸缺乏时,体内辅酶Ⅰ和辅酶Ⅱ合成受阻,导致某些生物氧化过程发生障碍,即出现烟酸缺乏症——癫皮病(pellagra),其典型症状是皮炎(dermatitis)、腹泻(diarrhea)和痴呆(dementia),即所谓"三 D"症状。皮炎多发生在身体暴露部位,如面颊、手背和足背,呈对称性。患处皮肤与健康皮肤有明显界线,多呈日晒斑样改变,皮肤变为红棕色,表皮粗糙、脱屑、色素沉着,颈部皮炎较常见。消化道症状主要表现为食欲减退、消化不良、腹泻;同时可出现口腔黏膜、舌部糜烂以及猩红舌。神经精神症状表现有抑郁、忧虑、记忆力减退、情感淡漠和痴呆,有的可出现躁狂和幻觉;同时伴有肌肉震颤、腱反射消失。烟酸缺乏常与维生素 B_1、维生素 B_2 缺乏同时存在。

2. 过量　过量摄入烟酸的副作用主要表现为皮肤发红、眼部不适、恶心、呕吐、高尿酸血症和糖耐量异常等,长期大量摄入烟酸,日服用量超过 3~9g 可对肝脏造成损害。

（五）营养状况评价

1. 尿 2-吡啶酮/N-甲基烟酰胺比值　烟酸从尿中排出的代谢产物主要有 2-吡啶酮和 N-甲基烟酰胺,烟酸摄入不足时,在缺乏症出现之前,2-吡啶酮便消失,2-吡啶酮/N-甲基烟酰胺的比值可反映机体的烟酸营养状况。一般认为该比值＜1.3 表示有潜在性缺乏,1.3~4.0 为正常。该指标受蛋白质摄入水平的影响较大,对烟酸边缘性缺乏不敏感。

2. 尿负荷试验　给予受试者口服 50mg 烟酸,4 小时尿中排出量＜2.0mg 为缺乏,2.0~2.9mg 为不足,3.0~3.9mg 为正常。

3. 尿 N-甲基烟酰胺与肌酐比值　一次尿中 N-甲基烟酰胺(mg)与肌酐(g)比值＜0.5 为缺乏,0.5~1.59 为不足,1.6~4.2 为正常,≥4.3 为充足。

4. 红细胞 NAD 含量　红细胞 NAD 含量可作为烟酸缺乏的灵敏指标。红细胞 NAD/NADP 比值＜1.0 时表示有烟酸缺乏的危险。

（六）参考摄入量及食物来源

烟酸的参考摄入量应考虑能量的消耗和蛋白质的摄入情况。烟酸除了直接从食物中摄取外,还可在体内由色氨酸转化而来,平均约 60mg 色氨酸可转化为 1mg 烟酸。因此,膳食中烟酸的参考摄入量应以烟酸当量(niacin equivalence, NE)表示。

$$烟酸当量(mg NE)=烟酸(mg)+1/60 色氨酸(mg)$$

中国居民 DRIs(2023 版)推荐成人烟酸的 RNI 男性为 15mg NE/d,女性为 12mg NE/d, UL 为 35mg NE/d。

烟酸广泛存在于各种动植物性食物中。植物性食物中存在的主要是烟酸,动物性食物中存在的主要是烟酰胺。烟酸和烟酰胺在肝、肾、瘦禽肉、鱼、全谷以及坚果类中含量丰富,乳和蛋中的烟酸含量虽低,但色氨酸含量较高,在体内可转化为烟酸。

九、维生素 B_6

（一）理化性质

维生素 B_6 包括三种天然存在形式，即吡哆醇（pyridoxine，PN）、吡哆醛（pyridoxal，PL）和吡哆胺（pyridoxamine，PM），这三种形式化学结构和理化性质相近，且均具有维生素 B_6 活性。维生素 B_6 基本结构为 2-甲基-3-羟基-5-甲基吡啶，易溶于水及乙醇，在空气和酸性条件下稳定，在碱性条件下易被破坏，各种形式对光均较敏感。

维生素 B_6 广泛分布于自然界中，在植物体内多以吡哆醇形式存在，在动物组织中多以吡哆醛和吡哆胺形式存在。在肝脏、红细胞及其他组织中吡哆醇、吡哆醛、吡哆胺的活性辅基形式为 5′-磷酸吡哆醇（PNP）、5′-磷酸吡哆醛（PLP）和 5′-磷酸吡哆胺（PMP），其中 PLP 是维生素 B_6 在体内的主要活性形式。

（二）吸收与代谢

维生素 B_6 主要通过被动扩散在空肠吸收，经磷酸化生成 PLP 和 PMP。大部分吸收的非磷酸化维生素 B_6 被运送到肝脏。组织中维生素 B_6 以 PLP 形式与多种蛋白结合、蓄积和储存，主要储存于肌肉组织，占储存量的 75%～80%。

肝脏中，维生素 B_6 的三种非磷酸化形式通过吡哆醇激酶转化为各自的磷酸化形式，并参与多种酶的反应，血循环中 PLP 约占 60%。PLP 分解代谢为 4-吡哆酸后主要从尿中排出，少量从粪便排泄。

（三）生理功能

维生素 B_6 以 PLP 辅酶形式参与许多酶系反应，其主要作用表现在以下几个方面。

1. **参与氨基酸、糖原和脂肪酸代谢** 维生素 B_6 参与氨基酸代谢，如转氨、脱氨、脱羟、转硫和色氨酸转化等作用。维生素 B_6 参与葡萄糖代谢，是糖原磷酸化酶的辅助因子，催化肌肉与肝脏组织中的糖原转化；与维生素 C 协同作用，参与不饱和脂肪酸的代谢。

2. **参与某些微量营养素的转化与吸收** 维生素 B_6 促进体内烟酸合成，还可促进维生素 B_{12}、铁和锌的吸收。

3. **维持免疫功能** 维生素 B_6 促进体内抗体的合成，缺乏维生素 B_6 时抗体的合成减少，机体抵抗力下降。

4. **参与造血和促进神经递质的合成** PLP 参与琥珀酰辅酶 A 和甘氨酸合成血红素的过程，同时参与 5-羟色胺、多巴胺、去甲肾上腺素等神经递质的合成。

5. **参与一碳单位和同型半胱氨酸代谢** 维生素 B_6 作为丝氨酸羟甲基转氨酶的辅酶参与一碳单位代谢，在 DNA 合成中发挥作用。维生素 B_6 也参与同型半胱氨酸（homocysteine，HCY）代谢，高同型半胱氨酸血症近年来已被认为是心血管疾病的一种危险因素，维生素 B_6 的干预可通过影响 HCY 水平而防治心血管疾病。

（四）缺乏与过量

1. **缺乏** 维生素 B_6 缺乏通常与其他 B 族维生素缺乏同时存在，除了膳食摄入不足可导致维生素 B_6 缺乏，某些药物如异烟肼、环丝氨酸等均能与 PLP 形成复合物而导致其缺乏。

人体维生素 B_6 缺乏可致眼、鼻与口腔周围皮肤脂溢性皮炎，并可扩展至面部、前额、耳后、阴囊及会阴等处。临床症状包括口炎、唇干裂、舌炎，个别有神经精神症状，如易受刺激、神志错乱以及抑郁等。维生素 B_6 缺乏还可引起体液和细胞介导的免疫功能受损，出现高半胱氨酸血症和黄尿酸血症,偶见低色素小细胞性贫血和血清铁水平增高。

维生素 B_6 缺乏对幼儿的影响更明显,缺乏时表现为烦躁、肌肉抽搐和癫痫样惊厥、呕吐、腹痛、体重下降及脑电图异常等临床症状或体征。补充维生素 B_6 后这些症状或体征即可消失。

2. 过量　维生素 B_6 的毒性相对较低,经食物来源摄入大量维生素 B_6 无不良反应,服用大剂量维生素 B_6 达到 500mg/d 时可引起严重不良反应,出现神经毒性和光敏感性反应。

(五)营养状况评价

1. 色氨酸负荷试验　维生素 B_6 缺乏时,色氨酸的代谢产物及衍生物生成增加,其中尿中黄尿酸能反映维生素 B_6 的营养状况。给予受试者口服色氨酸 0.1g/kg,测定 24 小时尿中黄尿酸排出量,计算黄尿酸指数(xanthurenic acid index, XI),即 XI=24 小时尿中黄尿酸排出量(mg)/色氨酸给予量(mg)。维生素 B_6 不足时,XI 可>12,XI 值在 0~1.5 表示维生素 B_6 的营养状况良好。

2. 血浆 PLP 含量　血浆 PLP 反映组织中的储存量。血浆 PLP 含量>30nmol/L 说明成人体内维生素 B_6 达到适宜水平,在 20~30nmol/L 之间属于边缘性缺乏,<20nmol/L 为维生素 B_6 缺乏。蛋白质摄入增加,碱性磷酸酶升高,吸烟、年龄增长都可导致该指标降低,所以在评价时应考虑以上因素的影响。

3. 尿 4-吡哆酸含量　4-吡哆酸是维生素 B_6 代谢的最终产物,可反映近期膳食维生素 B_6 摄入量的水平。尿 4-吡哆酸≤3μmol/d 说明体内维生素 B_6 不足。

其他指标还有红细胞转氨酶指数,如谷草转氨酶指数、谷丙转氨酶指数,以及血浆同型半胱氨酸含量等。

(六)参考摄入量及食物来源

人体对维生素 B_6 的需要受膳食蛋白质水平、肠道菌合成维生素 B_6 的量和人体利用程度、生理状况以及服用药物的情况等因素影响。正常情况下,维生素 B_6 不易缺乏。中国居民 DRIs(2023 版)推荐成人维生素 B_6 的 RNI 为 1.4mg/d。口服避孕药或异烟肼药物时,应增加维生素 B_6 的摄入量。

维生素 B_6 广泛存在于各种食物中,含量最高的食物为白色肉类(如鸡肉和鱼肉),其次为肝脏、豆类、坚果类和蛋黄等。水果和蔬菜中维生素 B_6 含量也较多,其中香蕉、卷心菜、菠菜的含量丰富,但在柠檬类水果、奶类等食品中含量较少。

十、叶酸

(一)理化性质

天然叶酸(folate)最初是从菠菜叶中分离提取出来的,因故得名,也被称为维生素 B_9、维生素 Bc 和维生素 M,其化学名称是蝶酰谷氨酸(pteroylglutamic acid),由蝶啶、对氨基苯甲酸和谷氨酸结合而成。合成叶酸(folic acid)为氧化型单谷氨酸叶酸,天然食物中不存在该种类型叶酸。叶酸为淡黄色结晶状粉末,不溶于冷水,稍溶于热水,其钠盐易溶于水,不溶于乙醇、乙醚及其他有机溶剂。在水中易被光破坏,在酸性溶液中不稳定,pH<4 可被破坏,在酸性溶液中温度超过 100℃即分解,在中性和碱性溶液中对热稳定。

(二)吸收与代谢

叶酸与多个谷氨酸结合是膳食中叶酸的主要存在形式,其不易被小肠吸收,需经空肠黏膜刷状缘上的 γ-谷氨酸酰基水解酶水解为单谷氨酸叶酸才能被小肠吸收。叶酸在肠道的转运是主动转运过程,受 pH、能量等因素影响,最适 pH 为 5.0~6.0,以单谷氨酸盐形式大量摄入时吸收以简单扩散为主。

叶酸生物利用率在不同食物中相差较大,例如莴苣仅为25%,而豆类高达96%。这种差异可能与食物中叶酸的存在形式有关。一般来说,还原型叶酸吸收率高,叶酸结构中谷氨酸分子越少吸收率越高。膳食中的抗坏血酸和葡萄糖可促进叶酸的吸收;缺乏锌可引起叶酸结合酶活性降低,从而降低机体对叶酸的吸收;酒精及某些药物(如避孕药和抗惊厥药物)可抑制叶酸的吸收。叶酸代谢酶基因多态性可影响机体叶酸的吸收率,如携带亚甲基四氢叶酸还原酶基因(5,10-methylenetetrahydrofolate reductase,MTHFR)C677T位点T等位基因的人,叶酸吸收率降低。

正常成人体内叶酸储存量为5~10mg,约50%储存于肝脏。血浆中的叶酸大多以5-甲基四氢叶酸形式存在,转移到细胞内时又重新变为多谷氨酸型。胎儿可通过脐带从母体获得叶酸。叶酸可经胆汁、粪便和尿排泄,少量可随汗液与唾液排出,排泄量与血浆浓度成正比。成人叶酸的排出量平均为60μg/d。

（三）生理功能

天然存在的叶酸大多是还原形式的叶酸,即二氢叶酸(dihydrofolate)和四氢叶酸(tetrahydrofolate),但只有四氢叶酸才具有生理功能。叶酸的重要生理功能是一碳单位转移酶的辅酶,作为一碳单位的载体参与代谢。因此,叶酸为许多生物和微生物生长所必需。

1. **一碳单位转移酶的辅酶**　四氢叶酸携带"一碳基团"(甲酰基、亚甲基及甲基等)参与嘌呤和嘧啶核苷酸的合成,在细胞分裂和增殖中发挥作用;参与血红蛋白及重要的甲基化合物合成,如肾上腺素、胆碱、肌酸等的合成均需要一碳单位。

2. **参与氨基酸代谢**　丝氨酸与甘氨酸的互换、组氨酸转化为谷氨酸和HCY与甲硫氨酸之间的转化都需要叶酸。

3. **参与神经递质的合成**　叶酸通过参与DNA甲基化,维持脑内维生素B_{12}、甲硫氨酸、L-酪氨酸和乙酰胆碱的代谢反应,促进脑内重要神经递质的正常合成。

4. **预防巨幼红细胞贫血**　叶酸可以和维生素B_{12}一起促进骨髓红细胞生成,预防巨幼红细胞贫血。

5. **提高免疫力**　动物实验和人淋巴细胞体外实验研究发现,叶酸具有维持免疫系统正常功能的作用,提高动物和人的抗菌能力,促进淋巴细胞正常功能的发挥及抗体的合成。

（四）缺乏与过量

1. **缺乏**　叶酸缺乏常表现为叶酸与其他B族维生素的联合缺乏。叶酸缺乏主要表现如下:

（1）巨幼红细胞贫血:叶酸缺乏时,骨髓内幼红细胞分裂增殖速度减慢,停留在幼红细胞阶段以致成熟受阻,细胞体积增大,核内染色质疏松,形成巨幼红细胞(megaloblast),骨髓中大的、不成熟的红细胞增多。叶酸缺乏同时也引起血红蛋白合成减少,形成巨幼红细胞贫血。患者红细胞发育障碍,伴有红细胞和白细胞减少,还可能引起智力减退。

（2）不良妊娠结局:叶酸缺乏可使孕妇先兆子痫和胎盘早剥的发生率增高,胎盘发育不良导致自发性流产,叶酸缺乏尤其是患有巨幼红细胞贫血的孕妇,易出现胎儿宫内发育迟缓、早产和新生儿低出生体重。孕早期叶酸缺乏可引起胎儿神经管畸形(neural tube defect,NTD),主要表现为脊柱裂和无脑畸形等中枢神经系统发育异常。

（3）高同型半胱氨酸血症:膳食中缺乏叶酸使HCY向胱氨酸转化受阻,从而使血中HCY水平升高,形成高同型半胱氨酸血症。高浓度HCY是动脉硬化和心血管疾病的独立危险因素。

（4）慢性病风险增加:人类患结肠癌、前列腺癌及宫颈癌与膳食中叶酸的摄入不足有关。适量补充叶酸可降低结直肠癌的发病风险,在其他癌症中叶酸也被发现具有相似的作用。近年的研究表明低血清叶酸浓度与中国中老年人冠心病风险增加有关;血浆低叶酸水平可使老年人认知功能减退的风险增加;基于目前的证据,适量的叶酸摄入对降低多种慢性病发病风险具有一定作用,但是因果关系及剂量反应关系需要进一步研究确定。

2．过量　大剂量服用叶酸亦可产生副作用,表现为影响锌的吸收而导致锌缺乏;使胎儿发育迟缓,低出生体重儿增加;干扰抗惊厥药物的作用而诱发病人惊厥;掩盖维生素 B_{12} 缺乏的症状,干扰其诊断。长期大量补充叶酸是否可增加癌症的发病风险尚需要进一步研究。

（五）营养状况评价

1．血清和红细胞叶酸含量　血清叶酸含量可反映近期膳食叶酸摄入情况,《人群叶酸缺乏筛查方法》(WS/T 600—2018)中指出血清总叶酸含量<4ng/mL 为缺乏;红细胞叶酸含量反映机体组织细胞内叶酸的储存情况,是叶酸长期营养状况的重要评价指标。红细胞叶酸含量<151ng/mL 为缺乏。

2．血浆同型半胱氨酸含量　当受试者维生素 B_6 及维生素 B_{12} 营养状况适宜时,血浆同型半胱氨酸水平可作为反映叶酸营养状况的指标。

3．组氨酸负荷试验　受试者口服组氨酸 2～5g,测定 6 小时尿中亚胺甲基谷氨酸(formiminoglutamic acid, FIGLU)排出量。FIGLU 是组氨酸转化为谷氨酸过程中的中间产物。叶酸缺乏时,其不能转化为谷氨酸,从而使尿中 FIGLU 排出量增加。排出量在 5～20mg 为正常。但维生素 B_{12} 缺乏也可引起其排出量增加,故该指标特异性较差。

（六）参考摄入量及食物来源

叶酸摄入量以膳食叶酸当量(dietary folate equivalence, DFE)表示,食物叶酸生物利用率为50%,而叶酸补充剂与膳食混合时的生物利用率为 85%,比单纯来源于食物的叶酸的生物利用率高1.7 倍,所以膳食叶酸当量的计算公式为:

$$DFE(\mu g)=膳食叶酸(\mu g)+1.7\times 叶酸补充剂(\mu g)$$

中国居民 DRIs(2023 版)推荐成人叶酸的 RNI 为 400μg DFE/d, UL 为 1 000μg/d。

叶酸广泛存在于动植物食品中,其良好的食物来源有肝脏、肾脏、蛋、梨、蚕豆、芹菜、花椰菜、莴苣、柑橘、香蕉及其他坚果类。天然食物中的叶酸经过烹调加工可损失 50%～90%;合成叶酸的稳定性好,室温下保存 6 个月仅有少量分解。

十一、维生素 B_{12}

（一）理化性质

维生素 B_{12} 分子中含金属元素钴,因而又称钴胺素(cobalamin),是唯一含金属元素的维生素。钴可与氰基(—CN)、羟基(—OH)、甲基(—CH$_3$)、5-脱氧腺苷等基团相结合,分别称氰钴胺素、羟钴胺素、甲基钴胺素及 5-脱氧腺苷钴胺素,其中甲基钴胺素和 5-脱氧腺苷钴胺素是具有活性的维生素 B_{12},也是血液中的主要存在形式。

维生素 B_{12} 为红色结晶体,溶于水和乙醇,不溶于氯仿和乙醚,结构性质稳定,在弱酸条件下稳定,在强酸、碱环境中易被破坏,日光、氧化剂和还原剂均能使其破坏。

（二）吸收与代谢

维生素 B_{12} 在消化道内的吸收依赖于糖蛋白内因子(intrinsic factor, IF)。当食物通过胃时,维生素 B_{12} 从食物蛋白质复合物中释放出来,与 IF 结合,形成维生素 B_{12}-IF 复合物,其对胃蛋白酶较稳定,进入肠道后结合在回肠内壁黏膜细胞的受体上,在肠道酶的作用下,复合物释放出维生素 B_{12},由肠黏膜细胞吸收。

维生素 B_{12} 被吸收后,进入血液与血浆蛋白结合为维生素 B_{12} 传递蛋白复合物,然后被运输至肝脏、肾脏、骨髓等组织。当吸收量达到饱和后随膳食摄入量的增多而吸收率降低。吸收率因年龄增长、维生素 B_6 缺乏、铁缺乏和甲状腺机能减退而下降,而妊娠期吸收率升高。患胃炎、服用抗惊厥药和抗生素影响维生素 B_{12} 的吸收。

体内维生素 B_{12} 的储存量约 $2\sim3mg$,主要储存在肝脏。维生素 B_{12} 的肠肝循环对其重复利用和体内稳定十分重要,由肝脏通过胆汁排出的维生素 B_{12} 大部分可被重新吸收。

（三）生理功能

维生素 B_{12} 在体内以两种辅酶形式发挥生理作用,即甲基 B_{12}(甲基钴胺素)和辅酶 B_{12}(5-脱氧腺苷钴胺素)参与体内生化反应。

作为甲硫氨酸合成酶的辅酶,维生素 B_{12} 参与 HCY 甲基化转变为甲硫氨酸的反应。维生素 B_{12} 从 5-甲基四氢叶酸获得甲基后形成甲基 B_{12},后者又将甲基转移给 HCY,并在甲硫氨酸合成酶的作用下合成甲硫氨酸。维生素 B_{12} 缺乏时,5-甲基四氢叶酸上的甲基不能转移,甲硫氨酸的生成受阻,导致 HCY 堆积,形成高同型半胱氨酸血症;同时使组织中游离的四氢叶酸含量减少,不能被重新利用,影响嘌呤和嘧啶的合成,最终导致核酸合成障碍,影响细胞分裂,从而产生巨幼红细胞贫血即恶性贫血。

作为甲基丙二酰辅酶 A 异构酶的辅酶,参与甲基丙二酸-琥珀酸的异构化反应。维生素 B_{12} 缺乏时,甲基丙二酰辅酶 A 大量堆积,其结构与脂肪酸合成的中间产物丙二酰辅酶 A 相似,因此干扰脂肪酸的正常合成。脂肪酸的合成异常影响了髓鞘质的更新,髓鞘质变性退化,造成进行性脱髓鞘,导致维生素 B_{12} 缺乏引起的神经系统疾病。

（四）缺乏与过量

1. **缺乏**　膳食维生素 B_{12} 缺乏多见于素食者、母亲为素食者的婴幼儿以及老年人。膳食摄入不足、各种原因引起的胃酸过少、胰蛋白酶分泌不足、回肠疾病及血清全钴胺传递蛋白Ⅱ合成减少等均可导致维生素 B_{12} 吸收减少,进而导致维生素 B_{12} 缺乏。

（1）巨幼红细胞贫血:维生素 B_{12} 参与细胞的核酸代谢,为造血过程所必需。当其缺乏时,红细胞中 DNA 合成障碍,诱发巨幼红细胞贫血。

（2）神经系统损害:维生素 B_{12} 缺乏会抑制甲基化反应而引起神经系统损害,可引起斑状、弥漫性的神经脱髓鞘,此种进行性的神经病变始于末梢神经,逐渐向中心发展累及脊髓和大脑,形成亚急性复合变性,出现精神抑郁、记忆力下降及四肢震颤等神经系统症状。

（3）高同型半胱氨酸血症:维生素 B_{12} 缺乏可引起高同型半胱氨酸血症。高同型半胱氨酸血症不仅是心血管疾病的危险因素,还可对脑细胞产生毒性作用而造成神经系统损害。

2. **过量**　维生素 B_{12} 毒性相对较低,未见从食物或补充剂中摄入过量维生素 B_{12} 危害人体健康的报告。

（五）营养状况评价

1. **血清维生素 B_{12} 浓度**　是反映体内储存的指标,一般以血清维生素 B_{12} 浓度 $<111pmol/L$ 为缺乏。

2. **血清全钴胺传递蛋白Ⅱ**　血清全钴胺传递蛋白Ⅱ(holotranscobalamin Ⅱ, holo TC Ⅱ)是一种把维生素 B_{12} 释放到细胞的循环蛋白质,是反映维生素 B_{12} 负平衡的早期指标,其所含有的维生素

B_{12} 约占血清维生素 B_{12} 的 20%，一般以 holo TC Ⅱ 水平≤29.6pmol/L（40pg/mL）定义为维生素 B_{12} 负平衡。

3. **血清全结合咕啉（维生素 B_{12} 结合咕啉）**　结合咕啉是循环中维生素 B_{12} 的储存蛋白质，约含血清维生素 B_{12} 的 80%。当血清全结合咕啉≤110pmol/L（150pg/mL）时，表示肝脏储存维生素 B_{12} 缺乏。

4. **血清同型半胱氨酸及尿液甲基丙二酸**　当维生素 B_{12} 缺乏时两者含量增高。人体血清 HCY 正常值为 7～22μmol/L，正常尿液甲基丙二酸排出量很少，约为 0～3.5mg/d。

（六）参考摄入量及食物来源

人体对维生素 B_{12} 的需要量极少，中国居民 DRIs（2023 版）推荐成人维生素 B_{12} 的 RNI 为 2.4μg/d。

膳食中维生素 B_{12} 来源于动物性食物，主要为肉类、动物内脏、鱼、禽及蛋类，乳及乳制品含量较少。植物性食物基本不含维生素 B_{12}。

十二、维生素 C

（一）理化性质

维生素 C 又称抗坏血酸（ascorbic acid），是一种含有 6 个碳原子的酸性多羟基化合物。天然存在的维生素 C 有 L- 型和 D- 型两种形式，其中 L- 型有生物活性，D- 型无生物活性。维生素 C 为无色无臭的片状晶体，易溶于水，稍溶于丙酮与低级醇（含碳原子数较少），不溶于脂溶性溶剂，0.5% 的维生素 C 水溶液呈强酸性（pH＜3）。维生素 C 是一种强还原剂，有较强的抗氧化活性。结晶维生素 C 稳定，其水溶液极易氧化，空气、热、光、碱性物质、氧化酶及铜、铁等金属离子，可促进其氧化进程。

食物中维生素 C 有还原型与氧化型（脱氢型）之分，两者可通过氧化还原反应相互转变，均具生物活性。人体血浆中维生素 C 主要以还原形式存在，还原型和氧化型比为 15∶1，故测定还原型维生素 C 即可了解血中维生素 C 的水平。

（二）吸收与代谢

维生素 C 主要通过主动转运由小肠上段吸收进入血液循环。维生素 C 在吸收前被氧化成脱氢型抗坏血酸，后者通过细胞膜的速度更快。脱氢型抗坏血酸一旦进入小肠黏膜细胞或其他细胞，在其还原酶的作用下很快还原成维生素 C，在这种氧化还原反应中，谷胱甘肽氧化成氧化型谷胱甘肽（oxidized glutathione，GSSG）。胃酸缺乏时，维生素 C 的吸收减少。

与大多数水溶性维生素不同，维生素 C 在体内有一定量的储存，故摄入无维生素 C 膳食时，在一定时期内不会出现缺乏症状。维生素 C 被吸收后分布于体内所有的水溶性结构中，其总转换率为 45～60mg/d。正常成人体内可储存维生素 C 1.2～2.0g，最高 3.0g。维生素 C 含量最高的组织为垂体，其次为肾上腺、肾脏、脾脏和肝脏，胰腺和胸腺也存在一定量的维生素 C，血浆和唾液中含量最低。当组织中的维生素 C 达到饱和后，多余的维生素 C 将从组织中排出。维生素 C 主要随尿排出，其次为汗液和粪便。尿中排出量与体内储存量、摄入量和肾功能有关。

（三）生理功能

维生素 C 是一种生物活性很强的物质，在体内具有多种生理功能。

1. **抗氧化作用**　维生素 C 是机体内一种很强的抗氧化剂，可直接与氧化剂作用，使 GSSG 还原为还原型谷胱甘肽，从而发挥抗氧化作用。维生素 C 也可还原超氧化物、羟基、次氯酸以及其他活性氧化物。维生素 C 是一种重要的自由基清除剂，可通过逐级供给电子而变成三脱氢抗坏血酸和脱氢抗坏血酸,以清除 $O_2\cdot$ 和 OH· 等自由基,发挥抗衰老作用。

2. **羟化作用** 羟脯氨酸和羟赖氨酸是细胞间质胶原蛋白的重要组成成分,维生素 C 作为羟化过程底物和酶的辅助因子,参与机体羟化反应。体内维生素 C 不足时,脯氨酸和赖氨酸的羟基化过程不能正常进行,影响胶原蛋白的合成,导致创伤愈合缓慢,毛细血管壁脆性增加,引起不同程度出血;维生素 C 参与类固醇的羟基化反应,促进类固醇的代谢,如由胆固醇转变成胆酸、皮质激素及性激素,降低血清胆固醇,预防动脉粥样硬化的发生。

3. **改善铁、钙和叶酸的利用** 维生素 C 能使难以被吸收利用的三价铁还原成二价铁,促进肠道对铁的吸收,提高肝脏对铁的利用率,有助于治疗缺铁性贫血。维生素 C 可促进钙的吸收,在胃中形成一种酸性介质,防止不溶性钙络合物的生成及发生沉淀。维生素 C 可将叶酸还原成有生物活性的四氢叶酸,防止发生巨幼红细胞贫血。

4. **参与合成神经递质** 维生素 C 充足时大脑可促进去甲肾上腺素和 5-羟色胺神经递质的产生,如果维生素 C 缺乏,则神经递质的合成受阻。

5. **调节免疫功能** 维生素 C 参与机体免疫调节。白细胞的吞噬功能依赖于血浆维生素 C 水平;较高浓度的维生素 C 能使二硫键还原为巯基,使胱氨酸还原为半胱氨酸,促进抗体的形成,增加人体抵抗力。

6. **解毒作用** 维生素 C 对某些毒物,如重金属离子(Pb^{2+} 、 Hg^{2+} 、 As^{2+} 、 Cd^{2+})、苯、细菌毒素及某些药物具有解毒作用。维生素 C 可使体内氧化型谷胱甘肽还原为还原型谷胱甘肽,然后与重金属离子结合为复合物排出体外;维生素 C 能与金属离子结合经尿排出体外;维生素 C 还可增强混合功能氧化酶的活性,促进毒物和药物的解毒过程。

(四)缺乏与过量

1. **缺乏** 膳食摄入减少或机体需要增加又得不到及时补充时,可使体内维生素 C 储存减少,引起缺乏。若体内储存量低于 300mg,将出现缺乏症状,主要引起坏血病(scurvy)。临床表现如下:

(1)前驱症状:起病缓慢,一般 4~7 个月。病人多有全身乏力、食欲减退。成人早期还有齿龈肿胀,间或有感染发炎。婴幼儿会出现生长迟缓、烦躁和消化不良。

(2)出血:全身点状出血,起初局限于毛囊周围及齿龈等处,进一步发展可有皮下组织、肌肉、关节和腱鞘等处出血,甚至形成血肿或瘀斑。

(3)牙龈炎:牙龈可见出血、松肿,尤以牙龈尖端最为显著。

(4)骨质疏松:维生素 C 缺乏引起胶原蛋白合成障碍、骨有机质形成不良而导致骨质疏松。

2. **过量** 维生素 C 毒性很低。但是一次口服 2~3g 时可能会出现腹泻、腹胀;患有结石的病人,长期过量摄入可能增加尿中草酸盐的排泄,增加尿路结石的危险。

(五)营养状况评价

维生素 C 的营养状况,可根据膳食摄入水平、临床症状、尿和血中的含量等进行评价。

1. **尿负荷试验** 晨起空腹时被检者口服 500mg 维生素 C,然后收集 4 小时或 24 小时的尿,测定尿中维生素 C 含量,4 小时尿中维生素 C 含量<5mg 为不足,5~13mg 为正常,>13mg 为充足;24 小时尿中维生素 C 含量为口服量的 10% 以上为正常。

2. **血浆维生素 C 浓度** 血浆中的维生素 C 水平可反映近期维生素 C 摄入情况,不能反映体内的储备水平。血浆维生素 C 浓度<2.0mg/L 为缺乏,缺乏时可出现坏血病症状,2.0~3.9mg/L 为不足,≥4.0mg/L 为正常。

3. **白细胞中维生素 C 浓度** 可以反映组织中的储存水平,但不能反映近期维生素 C 的摄入量，一般认为 $<2\mu g/10^8$ 个白细胞为缺乏。

（六）参考摄入量及食物来源

中国居民 DRIs（2023 版）推荐成人维生素 C 的 RNI 为 100mg/d，PI-NCD 为 200mg/d，UL 为 2 000mg/d。在高温、寒冷和缺氧条件下劳动或生活，经常接触铅、苯和汞的有毒作业工种的人群，某些疾病患者以及孕妇和乳母均应增加维生素 C 的摄入量。

维生素 C 主要来源为新鲜蔬菜和水果，一般是叶菜类含量比根茎类多，酸味水果比无酸味水果含量多。含量较丰富的蔬菜有辣椒、番茄、油菜、卷心菜、菜花和芥菜等。蔬菜烹调方法以急火快炒为宜，可采用淀粉勾芡或加醋烹调以减少维生素 C 损失。维生素 C 含量较多的水果有樱桃、石榴、柑橘、柠檬、柚子和草莓等，而苹果和梨含量较少。某些野菜野果中维生素 C 含量尤为丰富，如苋菜、苜蓿、刺梨、沙棘、猕猴桃和酸枣等。特别是枣、刺梨等水果中含有生物类黄酮，对维生素 C 的稳定性具有保护作用。

（谢　林）

本章小结

　　本章主要介绍合理膳食、合理营养和膳食营养素参考摄入量的概念，重点介绍人体需要的各类营养素，包括宏量营养素（蛋白质、脂类和碳水化合物）和微量营养素（矿物质和维生素）的生理功能、消化、吸收、代谢、营养学及营养状况评价、缺乏或过量的危害、膳食参考摄入量及食物来源。同时介绍了人体的能量消耗、能量摄入的调节、能量需要量和食物来源。

思考题

1. 如何通过膳食营养素参考摄入量（DRIs）判断营养素缺乏和过量？其在防控慢性病风险中如何发挥作用？
2. 如何评价食物蛋白质的营养价值？
3. 短链脂肪酸的来源有哪些？有何生理意义？
4. 在维持肠道健康中膳食纤维发挥哪些功能作用？
5. 矿物质元素缺乏与过量之间阈值很窄，给我们哪些提示？
6. 与能量代谢有关的维生素有哪些？请简述它们是如何发挥作用的？

第二章
食物中的生物活性成分

食物中除了含有多种营养素外，还含有其他许多对人体有益的物质，过去被称为非营养素生物活性成分（non-nutrient bioactive substances），现在被称为食物的生物活性成分（bioactive food components）或其他膳食成分（other dietary components）。这类物质不是维持机体生长发育所必需的营养物质，但在调节生理功能、促进健康和预防疾病中发挥重要作用。

第一节　概　述

食物中的生物活性成分包括主要来自植物性食物的黄酮类化合物、酚酸、有机硫化物、萜类化合物和类胡萝卜素等，也包括主要来自动物性食物的辅酶 Q、γ- 氨基丁酸、褪黑素及左旋肉碱等。它们不仅给食物带来了不同颜色和特殊风味，还能够调节多种生理功能，因而成为现代营养学的一个研究热点。

来自植物性食物的生物活性成分，被称为植物化学物（phytochemicals），它是植物能量代谢过程中产生的多种中间或末端低分子量次级代谢产物（secondary metabolites），除个别是维生素的前体物（如 β- 胡萝卜素）外，其余均为非传统营养素成分。天然存在的植物化学物种类繁多，以混合膳食为例，每人每天摄入的植物化学物约为 1.5g，而素食者可能会更高一些。植物化学物对植物本身而言具有多种功能，如保护其不受杂草、昆虫及微生物侵害，作为植物激素调节生长发育，形成色素，吸引昆虫和动物前来传粉和传播种子，从而维系植物与生态环境之间的相互作用等。与植物中的蛋白质、脂肪、碳水化合物等初级代谢产物（primary metabolites）相比，这些次级代谢产物的含量微乎其微。当我们摄入植物性食品时，就会摄取到各种各样的植物化学物。早在 20 世纪 50 年代，Winter 等人就提出植物次级代谢产物对人类有药理学作用。近几十年来营养科学工作者系统研究了植物中这些生物活性成分对机体健康的促进作用。

一、植物化学物的分类

植物化学物可按照其化学结构或者功能特点进行分类。其中摄入量较高且功能相对比较明确的植物化学物见表 2-1。总体来说，包括多酚、类胡萝卜素、萜类化合物、有机硫化物、皂苷、植物雌激素、植酸及植物固醇等。此外，还有一些植物化学物没有归属到表 2-1 的分类中，如姜黄素、辣椒素、叶绿素及吲哚等。

二、植物化学物的生物学作用

植物化学物具有多种生物学作用，主要包括抗氧化作用、抗炎作用、免疫调节作用、抑制微生物作用、降胆固醇作用、抑制肿瘤作用。部分植物化学物还有一些特殊作用，如叶黄素在维持视网膜黄斑功能方面发挥重要作用，植酸与金属离子具有较强的螯合能力。此外，植物化学物也为食物感官上带来一系列的新特点，如辣椒中的辣椒素为食物带来辣味，洋葱和大蒜中的大蒜素具有辛辣风味，西红柿、菠菜、葡萄中的植物化学物为食物带来鲜艳诱人的色彩。

表 2-1　常见植物化学物的种类、食物来源及生物学作用

种类	代表化合物	食物来源	生物学作用
多酚	原儿茶酸、绿原酸、白藜芦醇、黄酮类	各类植物性食物,尤其是深色水果、蔬菜和谷物	抗氧化、抗炎、抑制肿瘤、调节毛细血管功能
类胡萝卜素	胡萝卜素、番茄红素、玉米黄素	玉米、绿叶菜、黄色蔬菜及水果	抗氧化、增强免疫功能、预防眼病
萜类化合物	单萜、倍半萜、二萜、三萜、四萜	柑橘类水果	杀菌、防腐、镇静、抑制肿瘤作用
有机硫化物	异硫氰酸盐、烯丙基硫化合物	十字花科和葱蒜类蔬菜	杀菌、抗炎、抑制肿瘤细胞生长
皂苷	甾体皂苷、三萜皂苷	酸枣、枇杷、豆类	抗菌及抗病毒作用、增强免疫功能
植物雌激素	异黄酮、木酚素	大豆、葛根、亚麻籽	雌激素样作用
植酸	肌醇六磷酸	各种可食植物种子	抗氧化作用、抑制淀粉及脂肪的消化吸收
植物固醇	β-谷固醇、豆固醇	豆类、坚果、植物油	抗炎和退热作用、抑制胆固醇吸收

三、植物化学物的吸收、代谢与排泄

总体来说,植物化学物的吸收率比较低,不同植物化学物的吸收率有差异。就黄酮类化合物而言,尿中排出的槲皮素为其摄入量的 20%～30%,花色苷的排出量小于其摄入量的 1%。但植物化学物在肠道的代谢产物,特别是被肠道细菌代谢的产物可大量被吸收,如大豆异黄酮的肠道细菌代谢产物雌马酚(equol)和花色苷的肠道细菌代谢产物原儿茶酸(protocatechuic acid),它们在体内被吸收后表现出与原型化合物相类似的生物活性。由于黄酮类物质存在生物活性形式的不同、吸收机制的多样性、在体内分布的广泛性以及代谢过程的复杂性等特点,要明确其生物利用率和发挥作用的物质形式有较大难度。目前关于植物化学物的资料多来源于动物实验、细胞或组织离体培养。在这些实验中,受试的植物化学物往往不是以其在膳食中的存在形式,而是以其非糖苷化或代谢产物的形式进行干预,并且给予的浓度远远高于血液中正常膳食所达到的浓度,这些因素均会影响实验结果外推至人类。另外,在实验模型系统上所展示出的代谢途径与其在人类体内相比还存在着差异。更为重要的是,由于代谢酶的多态性以及肠道菌群的变异,植物化学物的代谢存在明显个体差异。当植物化学物与其他复杂的成分混合时(如全食试验),膳食中的其他成分也会影响到其代谢过程。因此,了解植物化学物的代谢过程,能够为阐明植物化学物的生物学作用机制提供理论依据。

（一）吸收

植物化学物在小肠的吸收量相对较少,大部分会到达结肠,与结肠的微生物菌群相接触。肠道内微生物对植物化学物的代谢具有重要作用,两者可以说是互相依赖。微生物可利用植物化学物为自身提供能量,而植物化学物借助微生物的分解代谢成为小分子的物质。

（二）代谢

植物化学物的代谢贯穿整个消化过程,并受消化道微环境的影响,如口腔内微生物和唾液酶的

作用,胃内酸性环境的影响,小肠或大肠内胰酶或微生物酶类的作用,跨膜细胞转运过程中内源性 I、II相酶的作用,肝脏 I、II相酶的作用,肝外组织中 I、II相酶的作用。由此可见,不同的消化吸收场所对植物化学物的代谢有不同作用,而植物化学物本身的生物学特性也在发生变化。一般可将植物化学物的代谢过程分为活性基团的改变、化合物部分或完全解体、化合物与其他分子结合等几个步骤。

(三)排泄

植物化学物主要经尿液和胆汁排泄,通过各种结合反应得到的代谢物则主要经胆汁排泄,但结构较简单的代谢物优先经尿排泄。尿中排泄的代谢物的总量大致与血浆中代谢物的峰浓度相关。如尿中黄烷酮、异黄酮和儿茶素的排泄量约在 4%～30%,而黄酮醇的尿排泄量偏低,其他多酚类化合物的尿回收率则更低,如花色苷类只有摄入量的 1% 以下。由于植物化学物存在许多分子异构体且存在很多代谢产物,其代谢产物可能受分析技术的限制而未能被鉴定出来。植物化学物大部分以肠道代谢物的形式排出体外。

(夏　敏)

第二节　类胡萝卜素

类胡萝卜素(carotenoids)是广泛存在于微生物、植物、动物及人体内的一类黄色、橙色或红色的脂溶性色素,具有抗氧化、抑制肿瘤、增强免疫和保护视觉等多种生物学作用。

一、结构与分类

类胡萝卜素是由 8 个异戊二烯基本单位组成的多烯链通过共轭双键构成的一类化合物,目前已从自然界中鉴定出 700 多种。根据其分子的组成,类胡萝卜素可分为两类,一类为不含有氧原子的碳氢族类胡萝卜素,称为胡萝卜素类(carotene);另一类为含有氧原子的类胡萝卜素,称为叶黄素类(xanthophyll)。主要的类胡萝卜素包括 α-胡萝卜素、β-胡萝卜素、γ-胡萝卜素、叶黄素、玉米黄素、β-隐黄素、番茄红素等。在胡萝卜素三种异构体中,以 β-异构体含量最高,α-异构体含量次之,γ-异构体含量最少。α、β、γ-胡萝卜素及 β-隐黄素可分解形成维生素 A,属于维生素 A 原,而叶黄素、玉米黄素和番茄红素则不具有维生素 A 原的活性。

类胡萝卜素仅在植物和微生物中可自行合成,动物自身不能合成。类胡萝卜素在植物中主要存在于水果和新鲜蔬菜中,其中 β-胡萝卜素和 α-胡萝卜素主要来自黄橙色蔬菜和水果,β-隐黄素主要来自橙色水果,叶黄素主要来自深绿色蔬菜,番茄红素则主要来自番茄。人体每天摄入的类胡萝卜素大约为 6mg。中国居民 DRIs(2023)提出叶黄素特定建议值(SPL)为 10mg/d,可耐受最高摄入量(UL)为 60mg/d;番茄红素 SPL 为 15mg/d,UL 为 70mg/d。

二、生物学作用

(一)抗氧化作用

类胡萝卜素含有许多双键,具有显著的抗氧化活性,能抑制脂质过氧化,减少自由基对细胞 DNA、蛋白质和细胞膜的损伤,预防与氧化损伤相关的多种疾病,如衰老、心脑血管疾病、肿瘤和白内障等。其抗氧化作用的主要机制是淬灭单线态氧及清除自由基和氧化物。在类胡萝卜素中,番茄红素的抗氧化活性最强。流行病学研究表明,番茄红素、β-胡萝卜素和叶黄素与心血管疾病和一些癌症的患病风险之间存在负相关。β-胡萝卜素能阻止低密度脂蛋白胆固醇(low density lipoprotein cholesterol,LDL-C)氧化产物的形成,但过高剂量的β-胡萝卜素具有促氧化的作用,提示β-胡萝卜素对健康影响的双向调节作用。

(二)抑制肿瘤作用

摄入深绿色蔬菜、水果能降低癌症发生率,可能与蔬果中所含的类胡萝卜素有密切关系。抑制肿瘤作用研究较多的类胡萝卜素是番茄红素和β-胡萝卜素。番茄红素能有效地预防多种癌症的发生,血液中的番茄红素浓度与前列腺癌、食管癌、胰腺癌、胃肠癌、乳腺癌等发病率呈负相关。β-胡萝卜素可使致癌物质处理的细胞癌前病变发生逆转。

类胡萝卜素抑制肿瘤作用的可能机制与其抗氧化、诱导细胞间隙通信、调控细胞信号转导、抑制癌细胞增殖、诱导细胞分化及凋亡、抑制致癌物形成、调节药物代谢酶、增强免疫功能等有关。

(三)增强免疫功能

类胡萝卜素能增强机体的免疫功能。番茄红素和β-胡萝卜素能促进T、B淋巴细胞增殖,刺激特异性效应细胞功能,增强巨噬细胞、细胞毒性T细胞和自然杀伤(natural killer,NK)细胞杀伤肿瘤细胞的能力,减少免疫细胞的氧化损伤。类胡萝卜素还能促进某些白细胞介素(interleukin,IL)的产生而发挥免疫调节功能。

(四)保护视觉功能

叶黄素在黄斑区域(视觉最敏锐的区域)内高浓度聚集,是视网膜黄斑的主要色素。增加叶黄素摄入量具有明显的预防和改善老年性眼部退行性病变的作用,如视网膜色素变性、黄斑病变和白内障等。叶黄素的吸收峰与蓝光吸收光谱相对应,能吸收大量近于紫外光的蓝光,从而保护视网膜使其免于光损害。

(夏　敏)

第三节　黄酮类化合物

黄酮类化合物(flavonoids)又称生物类黄酮(bioflavonoids)或类黄酮,是一类广泛分布于植物界(主要存在于植物的叶、花、根、茎、果实中)的多酚类化合物。

一、结构与分类

黄酮类化合物在植物体内大部分与糖结合以苷类或碳糖基的形式存在,小部分以游离形式存在。黄酮类化合物以黄酮(2-苯基色原酮)为母核,其基本骨架由两个苯环(A环与B环)通过中央三碳连接而成,在母核上常含有羟基、甲氧基、烃氧基、异戊氧基等取代基。目前已知的黄酮类化合物已达数千种,按其结构可分为黄酮(flavones)和黄酮醇类(flavonols),如槲皮素、芦丁、黄芩素等,其中槲皮素为植物中含量最多的黄酮类化合物;二氢黄酮(flavanones,也称黄烷酮)和二氢黄酮醇类(flavanonols),如甘草素和小水飞蓟素;黄烷醇类(flavanols),如茶多酚中的儿茶素、表没食子儿茶素没食子酸酯(epigallocatechin gallate,EGCG)等;异黄酮(isoflavones)和二氢异黄酮类(isoflavanones),如大豆苷、染料木素和葛根素;双黄酮类(biflavonoids),如银杏黄酮、异银杏素;花青素类(anthocyanidins)等;查尔酮类(chalcones),如异甘草素、红花苷;其他,如黄烷类、山黄酮类等。

黄酮类化合物的生物活性(尤其是抗氧化活性)与其化学结构有密切关系。羟基基团总数和构型显著影响其清除自由基的活性。酚羟基数目越多,其结合自由基的能力越强;B 环上 3′,4′-邻苯二酚羟基结构、2-3 不饱和双键、4-羰基基团以及苷元基团等可明显增强抗氧化活性。

不同国家人群每日黄酮类化合物的膳食摄入量大约为 20~70mg。主要的食物来源有绿茶、各种有色水果及蔬菜、大豆、巧克力、药食两用植物等。中国居民 DRIs(2023)提出部分黄酮类化合物的 SPL 和 UL,如大豆异黄酮的 SPL 为 55mg/d(绝经前女性)或 75mg/d(围绝经期和绝经女性),UL 为 150mg/d(绝经女性);花色苷的 SPL 为 50mg/d;原花青素的 SPL 为 200mg/d。

二、生物学作用

黄酮类化合物具有许多生物学作用,包括抗氧化、抑制肿瘤、保护心血管、抑制炎症、抑制微生物等。

(一)抗氧化作用

黄酮类化合物结构中含有酚羟基,能与自由基反应生成较稳定的半醌式自由基,从而能直接清除自由基。此外,黄酮类化合物还可通过以下途径间接清除体内自由基:①抑制与自由基产生有关的氧化酶,如黄嘌呤氧化酶、细胞色素 P450 等;②螯合 Fe^{3+}、Cu^{2+} 等具有诱导氧化作用的过渡态金属离子,阻断 Fenton 系统中自由基的生成;③增强其他营养素的抗氧化能力,如大豆染料木素和儿茶素与维生素 C、维生素 E 同时存在时具有协同效应。

(二)抑制肿瘤作用

已有许多离体、动物及人群研究资料揭示了黄酮类化合物,尤其是茶多酚和大豆异黄酮的抑制肿瘤作用。黄酮类化合物抑制肿瘤的主要作用机制包括抗氧化和抗突变作用、阻断致癌物的合成及代谢活化、抑制蛋白激酶活性、抑制细胞信号转导通路、诱导肿瘤细胞周期阻滞和肿瘤细胞增殖从而诱导肿瘤细胞凋亡、抑制血管生成及提高机体免疫力等。大豆异黄酮还能与雌二醇竞争结合雌激素受体,对雌激素表现出拮抗作用,因而对激素依赖性的乳腺癌有抑制作用。

(三)保护心血管作用

摄入富含黄酮类化合物的食物可以减少冠心病、动脉粥样硬化的发生。黄酮类化合物对心血管系统保护作用的机制有:①降低血脂含量:银杏黄酮、大豆异黄酮和茶多酚等能降低高脂血症人群的血清总胆固醇(total cholesterol, TC)、甘油三酯(triglycerides, TG)、LDL-C 含量,并使高密度脂蛋白胆固醇(high density lipoprotein cholesterol, HDL-C)含量有一定程度的升高;②抑制 LDL-C 的氧化:槲皮素、芦丁、葛根素、大豆异黄酮和沙棘黄酮等能抑制 LDL-C 的氧化,减少 ox-LDL-C 的生成;③抑制血小板聚集:茶多酚、槲皮素、葛根素等能降低血液黏度、抑制血小板聚集,防止血栓形成;④促进血管内皮细胞一氧化氮的生成,引起血管舒张效应;⑤降低毛细血管的通透性和脆性;⑥抑制炎症反应;⑦抑制内皮细胞黏附分子表达,减少免疫细胞在动脉壁上的积聚,防止血栓形成。

一些黄酮类化合物如芦丁、葛根素、银杏黄酮和许多含有黄酮类化合物的药材(如银杏叶、山楂、葛根、丹参等)等目前已用于心血管疾病的治疗。

(四)抑制炎症反应

动物及人群研究均证实了黄酮类化合物的抗炎作用。槲皮素、山柰酚、锦葵色素、甲基花青素、染料木素等摄入量均与血清高敏 C 反应蛋白(high-sensitivity C-reactive protein, hs-CRP)水平呈负相关。黄酮类化合物的抗炎作用机制主要包括:①抑制花生四烯酸代谢酶,减少炎症反应递质的产生;②抑制基质金属蛋白酶 2(matrix metalloproteinase 2, MMP-2)和 MMP-9 的活性;③抑制活性氧,控制炎症反应;④抑制 NF-κB 的活化,阻止炎症相关蛋白的合成。

（五）抑制微生物作用

蜂胶中的多种黄酮类化合物具有抑菌活性。黄芩素对金黄色葡萄球菌、枯草杆菌、大肠埃希氏菌和铜绿假单胞菌具有抑制作用。黄酮类化合物通过破坏细胞壁及细胞膜的完整性、抑制核酸合成、抑制细菌能量代谢等而发挥抑菌作用。黄酮类化合物是许多抗病毒中药（如金银花、大青叶、黄连、黄芩、鱼腥草、板蓝根、牛蒡子、野菊花、柴胡等）的有效成分，可抑制病毒复制。

（六）其他作用

黄酮类化合物还具有抗突变、抗衰老、增强免疫、抗辐射以及雌激素样作用等。

（夏　敏）

第四节　皂苷类化合物

皂苷（saponin）又名皂素，是一类广泛存在于植物茎、叶和根中的化合物，具有调节脂质代谢、降低胆固醇、抑制微生物、抑制肿瘤、抗血栓、调节免疫、抗氧化等生物学作用。

一、结构与分类

皂苷由皂苷元（sapogenins）和糖、糖醛酸或其他有机酸组成。根据皂苷元化学结构不同，可将皂苷分为甾体皂苷和三萜皂苷两大类。甾体皂苷主要存在于薯蓣科和百合科植物中，而三萜皂苷则在豆科、石竹科、桔梗科、五加科等植物中较为常见。三萜皂苷又可分为四环三萜皂苷和五环三萜皂苷两类，尤以五环三萜皂苷最为多见，大豆皂苷即属于五环三萜皂苷。据统计，已研究发现来自一百多种植物的两百余种天然皂苷，如大豆皂苷、人参皂苷、三七皂苷、绞股蓝皂苷、薯蓣皂苷等。

二、生物学作用

（一）调节脂质代谢，降低胆固醇作用

大豆皂苷和绞股蓝皂苷能降低血中胆固醇和甘油三酯的水平。皂苷降低胆固醇的机制主要有：①阻止外源性胆固醇在胃肠道的吸收；②阻断肠肝循环，促进胆固醇的排泄；③与血清胆固醇结合形成不溶性复合物；④降低羟甲基戊二酸单酰辅酶 A（HMG-CoA）还原酶与提高胆固醇 7α- 羟化酶的活性；⑤促进非受体途径的胆固醇代谢降解。现已有多种皂苷提取物作为降血脂药物用于临床。

（二）抑制微生物作用

皂苷具有抗菌和抗病毒作用。积雪草中的皂苷可抑制引起腹泻的细菌生长。大豆皂苷具有广谱抗病毒的能力，对 DNA 病毒和 RNA 病毒均有明显作用，其主要机制是增强机体吞噬细胞和 NK 细胞对病毒的杀伤作用。

（三）抑制肿瘤作用

许多皂苷如大豆皂苷、葛根总皂苷、绞股蓝总皂苷、人参皂苷等都具有抑制肿瘤的作用，其中以大豆皂苷的研究居多。大豆皂苷可抑制肿瘤细胞的生长。人参皂苷能抑制肿瘤血管新生、侵袭和转移。皂苷抑制肿瘤的作用机制涉及抑制 DNA 合成、直接破坏细胞膜结构、阻滞细胞周期、诱导细胞凋亡、抑制血管新生、增强机体自身免疫力、抗氧化和抗突变等多个方面。

（四）抗血栓作用

皂苷类化合物具有溶血的特性，曾被视为抗营养因子，但是人群试验未证实其危害。大豆皂苷可激活纤溶系统，促进纤维蛋白溶解；抑制纤维蛋白原向纤维蛋白转化，增强抗凝作用；减少血栓素释放,抑制血小板聚集。

（五）调节免疫作用

绞股蓝皂苷具有明显升高白细胞数量及增强 NK 细胞活性的作用。大豆皂苷可增加 IL-2 的分泌、促进 T 淋巴细胞产生淋巴因子、提高 B 淋巴细胞的转化增殖并增强体液免疫功能,同时还可明显提高 NK 细胞活性。

（六）抗氧化作用

大豆皂苷和绞股蓝皂苷可抑制血清中脂质过氧化,增加超氧化物歧化酶（SOD）含量,从而减轻机体的氧化损伤。人参皂苷也可减少自由基的生成。

（七）其他作用

大豆皂苷还具有抗突变、保护肝损伤、改善糖尿病等作用。绞股蓝皂苷能够改善小鼠记忆力并延长果蝇寿命。人参皂苷具有调节神经兴奋与抗疲劳作用。

（夏　敏）

第五节　有机硫化物

有机硫化物主要包括两类,一类是存在于十字花科植物中的芥子油苷（glucosinolates, GS）及其水解产物异硫氰酸盐（isothiocyanates, ITCs）,另一类是主要存在于百合科植物中的烯丙基硫化物（diallyl disulfide, DADS）。

一、十字花科植物中的异硫氰酸盐类化合物

（一）结构与分类

十字花科植物中的有机硫化物主要是芥子油苷及其水解产物异硫氰酸盐。芥子油苷又称硫代葡萄糖苷或简称硫苷,是一类广泛存在于十字花科蔬菜（如花椰菜、甘蓝、包心菜、芥菜等）的重要次生代谢物,具有抑制肿瘤、调节氧化应激、抑制微生物、调节免疫等多种生物学作用。

芥子油苷为一类 β- 硫葡萄糖苷 N- 羟硫酸盐类化合物,由 β-D- 硫代葡萄糖基、磺酸肟和侧链 R 基组成,如图 2-1 所示,在有酶和无酶（如加温、加压）的条件下均能发生降解。芥子油苷的酶解依赖于十字花科植物中的硫葡糖苷酶——黑芥子酶的作用。在完整的植物中,黑芥子酶存在于蛋白体中,与胞质中的芥子油苷呈分离状态,当植物细胞破碎时,黑芥子酶释放出来,使

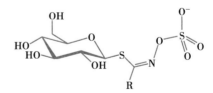

图 2-1　芥子油苷的基本结构

芥子油苷水解成异硫氰酸盐、硫氰酸盐和腈等产物。芥子油苷经非酶解后主要生成异硫氰酸盐和腈类化合物。肠道内的微生物也能发挥类似黑芥子酶的活性,使芥子油苷水解生成异硫氰酸盐。

完整的芥子油苷几乎没有生物活性,只有在水解成异硫氰酸盐才能体现出活性。目前已发现约 20 多种异硫氰酸盐具有不同程度的抗癌作用,如莱菔硫烷（sulforaphane, SFN）、苯乙基异硫氰酸盐（phenethylisothiocyanate, PEITC）、苯甲基异硫氰酸盐（benzyl isothiocyanate, BITC）、烯丙基异硫氰酸盐（allyl isothiocyanate, AITC）、吲哚 -3- 甲醇（indole-3-carbinol, IC）等。

目前已从数千种植物中发现了一百多种芥子油苷,其含量约占干重的 1% 以上。人体每日从膳食中约摄入 10～50mg 芥子油苷,素食者可高达 100mg 以上。生蔬菜中异硫氰酸盐的生物利用率较煮熟的蔬菜高。

（二）生物学作用

十字花科植物中的芥子油苷主要通过其降解产物异硫氰酸盐表现其生物学活性，包括抑制肿瘤、调节氧化应激、抑制微生物、调节免疫等作用。

1. 抑制肿瘤作用　异硫氰酸盐能有效防止多种致癌物所引起的肿瘤。流行病学研究表明，十字花科蔬菜能够降低多种癌症的患病风险。异硫氰酸盐预防和抑制肿瘤的主要机制是增强Ⅱ相代谢酶对致癌物的解毒作用，抑制Ⅰ相代谢酶对前致癌物的激活。此外，还可以通过抑制肿瘤细胞生长、影响细胞周期、促进凋亡、提高机体免疫功能等途径实现。

2. 对氧化应激的双向调节作用　异硫氰酸盐的生物学作用与其对氧化还原状态的调节有关。一方面，异硫氰酸盐能通过增加细胞内抗氧化蛋白水平发挥直接抗氧化作用；另一方面，异硫氰酸盐还可通过诱导Ⅱ相酶，呈现间接的抗氧化效应。同时，异硫氰酸盐还可引起细胞内谷胱甘肽的耗竭，诱导活性氧的产生，表现出促氧化作用。

3. 抑制微生物作用　异硫氰酸盐具有明显的抗菌作用。西兰花中的异硫氰酸盐对金黄色葡萄球菌、白葡萄球菌、枯草杆菌和大肠埃希氏菌有明显的抑菌作用。莱菔硫烷和日本辣根中的烯丙基异硫氰酸盐可抑制幽门螺杆菌的生长。

4. 其他作用　异硫氰酸盐还具有调节机体免疫功能、抗炎、抑制组蛋白去乙酰化和微管蛋白多聚化等作用。异硫氰酸盐是十字花科植物的主要风味物质，提取后还可用作食品添加剂。

二、百合科植物中的烯丙基硫化物

百合科植物大蒜、洋葱、葱等蔬菜中的有机硫化物主要是烯丙基硫化物，其中尤以大蒜中的含量最为丰富。

（一）结构与分类

大蒜中含有 30 余种含硫化合物，其含量可达大蒜总重的 0.4%。大蒜 90% 以上的活性物质都源于有机硫化物，主要为蒜氨酸和 γ- 谷氨酰 -S- 烯丙基半胱氨酸（γ-glutamyl-S-allylcysteine，GSAC）。

蒜氨酸是存在于完整大蒜中的一种重要的有机硫化物，组织破损如切割或挤压后，蒜氨酸在蒜氨酸酶的作用下迅速生成大蒜素，大蒜素在室温下极易转化为二烯丙基一硫化物（diallyl sulfide，DAS）、烯丙基硫化物（diallyl disulfide，DADS）、二烯丙基三硫化物（diallyl trisulfide，DATS）、二硫杂苯类（dithiins）和阿藿烯（ajoene）等产物。这些产物均为脂溶性物质，有特殊的刺激性臭味，也是大蒜油和大蒜浸油所含的主要有机硫化物。

γ- 谷氨酰 -S- 烯丙基半胱氨酸是完整大蒜中的另一种重要含硫化合物，在 γ- 谷氨酰转肽酶的催化下可转化为 S- 烯丙基半胱氨酸（S-allylcysteine，SAC），并进一步转化为 S- 烯丙基巯基半胱氨酸（S-allylmercaptocysteine，SAMC）和 S- 甲基半胱氨酸（S-methylcysteine，SMC）。SAC、SMC 和 SAMC 均为水溶性物质，是大蒜提取液的主要成分，没有特殊臭味。

市售大蒜制品有多种，包括大蒜粉、大蒜油、大蒜提取液等。不同制品由于制备工艺不同，其硫化物的组成和生物活性有很大的差异。

中国居民 DRIs（2023）介绍了大蒜的膳食摄入情况、过量危害和毒性，由于大蒜素相关的人体研究数量尚少且未能得到一致结论，暂未提出 SPL。

（二）生物学作用

大蒜素具有多种生物学作用。

1. 抑制微生物作用　大蒜素对多种革兰氏阴性菌和阳性菌有抑制或杀灭作用，其效果与抗生素相当。大蒜素可抑制细菌巯基蛋白酶的活性,达到抑菌的效果。DATS、DAS 和阿藿烯通过减少细菌的养分摄取,抑制蛋白质、核酸和脂质的合成,破坏细胞壁结构来抑制细菌生长。此外,大蒜还具有抗真菌、抗寄生虫和抗病毒等作用。

2. 抗氧化作用　大蒜素、DADS 和 DATS 均有较强的抗氧化活性。大蒜提取液能清除羟自由基、超氧阴离子自由基等活性氧,抑制低密度脂蛋白(LDL)氧化和脂质过氧化物的形成,并可增强 SOD、谷胱甘肽过氧化物酶及过氧化氢酶的活性,提高机体的抗氧化能力。大蒜素对化学性肝损伤具有保护效应,还可升高糖尿病和高血压大鼠体内的抗氧化物水平。

3. 调节脂质代谢作用　大蒜中的有机硫化物可显著降低高脂饲料喂养小鼠血清中总胆固醇(TC)、总甘油三酯(TG)、低密度脂蛋白(LDL)和极低密度脂蛋白(VLDL)的水平,升高高密度脂蛋白(HDL)水平。大蒜硫化物通过抑制肠道胆固醇的吸收、促进胆固醇转化为胆汁酸、加快胆固醇排泄来降低血清胆固醇水平;还可减少 LDL-C 的氧化,减轻血管壁胆固醇沉积和动脉粥样硬化斑块形成。

4. 抗血栓作用　大蒜素不仅可通过激活纤溶蛋白酶原、激活纤溶蛋白而促进血栓溶解,还可通过抑制凝血酶的生成和血小板聚集来阻止血栓形成。阿藿烯可调节血小板浆膜的黏滞度、阻断纤维蛋白原的促血小板黏附作用,从而抑制血小板聚集。阿藿烯和大蒜提取液对环加氧酶(COX)的活性具有抑制效应,进而抑制血栓素 A 的释放,发挥抗血小板聚集的作用。

5. 调节免疫　大蒜素可提高小鼠的细胞免疫、体液免疫和非特异性免疫功能,也可提高人体的细胞免疫功能。

6. 抑制肿瘤　大蒜中的有机硫化物,尤其是脂溶性成分,对肿瘤有较强的抑制作用。流行病学研究证实,富含大蒜素的膳食可以降低多种癌症的患病风险。大蒜能抑制胃液中的硝酸盐还原为亚硝酸盐,从而阻断致癌物亚硝胺的合成。大蒜硫化物对胃癌、食管癌、结肠癌、肝癌、肺癌等多种肿瘤均有明显的抑制作用,且多呈浓度依赖性。阿藿烯、DATS、DADS、DAS 和 SAC 等大蒜有机硫化物的抗肿瘤作用能通过其抗氧化、抗突变、提高机体免疫力、对外源性物质的解毒作用,影响细胞周期、抑制细胞增殖、诱导细胞凋亡、影响组蛋白乙酰化、抑制端粒酶活性、诱导细胞分化和抑制肿瘤转移等多方面实现。

7. 其他作用　大蒜素还具有抗突变、保护肝脏、降低血糖、降血压等其他生物学作用。

(夏　敏)

第六节　其他生物活性成分

一、植物固醇

植物固醇(phytosterols)是一类主要存在于各种植物油、坚果、种子中的植物性甾体化合物,具有降低胆固醇、抑制肿瘤、调节免疫及抗炎等生物学作用。

(一)结构与分类

植物固醇以环戊烷全氢菲为主架结构,主要包括 β-谷固醇(β-sitosterol)、豆固醇(stigmasterol)、菜油固醇(campesterol)等及其相应的烷醇(stanols)。固醇的双键被饱和后称为烷醇。植物固醇在结构上类似于胆固醇,其区别在于前者多了一个侧链。植物固醇主要来源于各种植物油、坚果、种子、豆类等,也少量存在于其他植物性食物如蔬菜、水果中。机体对植物固醇的吸收率很低,约为

5%。中国居民膳食中植物固醇的平均摄入量约为392.3mg/d。中国居民DRIs（2023）提出我国居民植物固醇的SPL为0.8g/d，UL为2.4g/d。

（二）生物学作用

1. **降低胆固醇作用**　植物固醇能将小肠腔内胆汁酸微团中的胆固醇替换出来，或抑制肠腔内游离胆固醇的酯化，抑制乳糜微粒的形成，还可以竞争性抑制肠胆固醇转运蛋白对胆固醇的转运，降低胆固醇的吸收；促进外排转运蛋白（ABCG5/8）的功能，增加胆固醇的排泄。

2. **抑制肿瘤作用**　人群研究表明，植物固醇能降低一些癌症如结肠癌、乳腺癌和前列腺癌等的发病风险。动物实验显示β-谷固醇能抑制人前列腺癌PC-3、人乳腺癌MCF-7（雌激素受体阳性）及MDA-MB-231（雌激素受体阴性）细胞移植瘤的生长，对亚硝基脲诱发的结肠癌也有明显的抑制作用。

3. **调节免疫作用**　植物固醇选择性促进辅助性T细胞1（T helper cells 1，Th1）的细胞免疫功能，抑制Th2细胞分泌IL-4、IL-6和IL-10，促进Th1细胞因子IL-2和干扰素（IFN-γ）的分泌，激活NK细胞活性，增加淋巴细胞、嗜酸性粒细胞和单核细胞数量。植物固醇可通过影响Th1-Th2平衡而对自身免疫性疾病及病毒感染产生作用。

4. **其他作用**　植物固醇可降低体内C反应蛋白水平，具有抗炎作用。

二、蛋白酶抑制剂

蛋白酶抑制剂（protease inhibitors，PI）是一类普遍存在于植物、动物和微生物体内的化合物，通过抑制各种蛋白酶的活性和功能，发挥抗病虫害、免疫调节、抗炎、抗氧化、抗肿瘤和保护心血管等作用。

（一）结构与分类

蛋白酶抑制剂包括蛋白质类和其他天然小分子类两大类别。根据作用于靶酶的活性基团不同及其氨基酸序列的同源性，蛋白质类蛋白酶抑制剂又被分为四类：丝氨酸蛋白酶抑制剂、半胱氨酸蛋白酶抑制剂、金属蛋白酶抑制剂和酸性蛋白酶抑制剂。目前已发现的植物来源的蛋白质类蛋白酶抑制剂主要属于前三种类型。丝氨酸蛋白酶抑制剂具有抗胰蛋白酶和胰凝乳蛋白酶等多种蛋白酶的作用；半胱氨酸蛋白酶抑制剂能抑制木瓜蛋白酶、组织蛋白酶和天冬酰胺内肽酶等活性；金属蛋白酶抑制剂可抑制多种含有金属离子活性中心的蛋白酶活性。植物蛋白质类蛋白酶抑制剂广泛存在于植物中，尤以豆类、谷类等植物种子中含量丰富，其中研究较多的是大豆胰蛋白酶抑制剂、豇豆胰蛋白酶抑制剂、马铃薯蛋白酶抑制剂、番茄蛋白酶抑制剂、水稻半胱氨酸蛋白酶抑制剂等。

人体平均每日从膳食中摄入的胰蛋白酶抑制剂约为300mg。

（二）生物学作用

1. **调节免疫作用**　蛋白酶抑制剂具有免疫调节特性。半胱氨酸蛋白酶抑制剂能抑制免疫相关蛋白酶，干预抗原提呈细胞（antigen-presenting cell，APC）内抗原的处理，阻止抗原肽与组织相容性复合体Ⅱ（major histocompatibility complex Ⅱ，MHC-Ⅱ）分子的结合，减少APC的抗原提呈，从而干预抗原特异的T细胞应答。半胱氨酸蛋白酶抑制剂还能上调外周血单核细胞分泌抑制性细胞因子IL-10，抑制Th1型细胞因子的合成及细胞生长分化，从而下调T细胞的增生性反应和巨噬细胞的功能。蛋白酶抑制剂能阻断病毒复制周期的关键酶，可抑制人类免疫缺陷病毒、乙肝病毒等。蛋白酶抑制剂也可抑制与炎症有关的蛋白酶如组织蛋白酶G和弹性蛋白酶等而发挥抗炎作用。

2. **抗氧化作用**　蛋白酶抑制剂能通过抑制炎症反应而降低自由基的产生。多酚类化合物还具有直接和间接清除自由基的能力,表现出广泛的抗氧化作用。

3. 抑制肿瘤作用　蛋白酶抑制剂能抑制蛋白质的水解,从而限制肿瘤生长所需的过量氨基酸;同时,它还能抑制多种 MMP 及尿激酶型纤溶酶原激活物(urokinase plasminogen activator, uPA),阻断其对细胞外基质和基底膜的降解,阻止癌细胞的侵袭和转移;此外,蛋白酶抑制剂还能抑制肿瘤的血管新生,影响肿瘤细胞的生长,并诱导肿瘤细胞凋亡。

蛋白酶抑制剂如大豆胰蛋白酶抑制剂对多种肿瘤具有抑制作用,能阻止肿瘤细胞的增殖及扩散。此外,大豆胰蛋白酶抑制剂等能减少化学致癌物诱发的结肠癌、肝癌、口腔上皮癌、肺癌及食管癌等的发生。

4. 保护心血管作用　蛋白酶抑制剂能促进一氧化氮的释放,从而对心血管系统起保护作用。此外,蛋白酶抑制剂还能通过抑制炎症因子的产生、降低炎症相关蛋白酶的活性、参与血液凝固及溶解、抗氧化等机制发挥保护心血管作用。

三、单萜类

萜类化合物(terpenes)是广泛存在于植物中,以异戊二烯为基本结构单位的一大类化合物,分子通式为$(C_5H_8)_n$。结构中含有两个异戊二烯单位的为单萜类(monoterpenes),含有三、四、五、六、八及更多个异戊二烯单位的则分别为倍半萜(sesquiterpenes)、二萜(diterpenes)、二倍半萜(sesterterpenes)、三萜(triterpenes)、四萜(tetraterpenes)及多萜类(polyterpenes)化合物。

(一)结构与分类

单萜是最常见的萜类化合物,根据单萜分子中碳环的数目,可分为:①无环(链状)单萜:又可分为萜烯类(如柠檬烯、月桂烯)、醇类(如香茅醇、香叶醇)、醛类(如香茅醛、柠檬醛)、酮类等;②单环单萜:由链状单萜环合作用衍变而来,也可分为萜烯类、醇类和醛酮类,代表物有薄荷醇、松油醇、紫苏醇、薄荷酮、香芹酚等;③双环单萜:双环单萜的结构类型较多,以蒎烷型(如芍药苷)和坎烷型(如樟脑、龙脑)最稳定。此外,还有一类特殊的单萜——环烯醚萜,如梓醇、山栀苷。

(二)生物学作用

1. 抑制肿瘤作用　紫苏醇能抑制结肠癌细胞 HT116 生长,通过阻滞细胞周期于 G_1 期并增加凋亡蛋白的表达来发挥作用;它还能抑制乳腺癌细胞的增生和局部淋巴结转移,诱导肿瘤细胞凋亡;此外,对 N-亚硝胺基甲苄胺(NMBA)诱导的食管癌也有抑制作用。柠檬烯能减少致癌物诱导的乳腺癌的发生。香叶醇在体内、外均能抑制前列腺癌细胞 PC-3 的生长,并且还能抑制二甲肼诱导的结肠癌。

2. 抑制微生物与抗炎作用　单萜类化合物具有抗细菌和抗真菌的生物学活性,如艾蒿精油中的单萜醇类。龙脑和 1,8-桉树脑均能减轻三硝基苯磺酸(TNBS)诱导的结肠炎病理损伤,抑制炎症因子 IL-1β 和 IL-6 的表达。

3. 抗氧化作用　一些单萜类化合物还具有抗氧化作用。香茅醛有较强的抗氧化能力,能清除超氧化物和一氧化氮。香芹酚能降低 D-半乳糖胺致肝毒性大鼠血清和组织中的脂质过氧化物含量,增加 SOD、过氧化氢酶(CAT)和谷胱甘肽过氧化物酶(GSH-Px)等抗氧化酶的活性,并提高非酶性抗氧化物如维生素 C、维生素 E 和还原型谷胱甘肽的水平。梓醇、芍药苷、紫苏醇等也具有抗氧化作用。

4. 对神经损伤的保护作用　梓醇对缺血诱导的星形胶质细胞以及炎症和氧化应激诱导的多巴胺神经元损伤有保护作用,能改善模型动物的学习与记忆能力。此外,芍药苷和香芹酚对多种原因引起的神经损伤也有保护效应。其作用可能通过抗氧化、抗炎、抗凋亡、稳定线粒体膜、防止细胞内钙超载、调节神经递质等机制实现。

5. 镇痛作用　α-松油醇可明显抑制醋酸、甲醛溶液、辣椒素、热板等模型导致的疼痛反应。薄荷醇、杨梅苷、龙脑、香茅醛、香芹酚等单萜类物质也有良好的镇痛作用。其作用机制与拮抗钙离子、抑制蛋白激酶 C（protein kinase C，PKC）通路、激活阿片受体、抗炎等有关。

6. 其他作用　单萜类化合物种类繁多，还具有其他方面的生物学活性，如香茅醛能延长睡眠时间，具有镇静、安眠的作用；薄荷醇、柠檬烯、香芹酮等可显著促进透皮吸收效率，常添加于皮肤外用制剂中。

四、植物雌激素

植物雌激素（phytoestrogens）是一类来源于植物、具有类似于雌激素结构和功能的化合物，可发挥预防骨质疏松、抗氧化、保护心血管、抑制肿瘤及保护神经损伤等多种生物学作用。

（一）结构与分类

植物雌激素结构与雌激素相似，故可与雌激素受体（estrogen receptors，ER）结合，发挥类雌激素或抗雌激素效应，在哺乳动物体内产生双向调节作用。植物雌激素的雌激素活性明显低于 17-β 雌二醇。羟基取代的位置和数目决定了其结构与 17-β 雌二醇的同源性和与雌激素受体的亲和力。

植物雌激素主要属于多酚类化合物，依据其分子结构可分为异黄酮类（isoflavones）、木酚素类（lignans）、香豆素类（coumestans）和芪类（stilbenes）等四大类。异黄酮类包括染料木黄酮、大豆苷元、大豆苷等，主要存在于豆科植物中，如大豆中异黄酮含量为 0.1%～0.5%；木酚素类中最常见的是开环异落叶松树脂酚和穗罗汉松树脂酚，广泛分布于油籽、谷物、蔬菜、茶叶中，在亚麻籽中含量可达 370mg/100g；香豆素类包括香豆雌醇和 4-甲氧基香豆雌醇等，主要存在于处于发芽阶段的植物如黄豆芽、绿豆芽、苜蓿等；芪类代表物为白藜芦醇，在葡萄、葡萄酒、花生等食物中含量较多，如葡萄中白藜芦醇含量可达 1mg/100g。其他植物化学物（如植物固醇）也具有一定的雌激素效应。中国居民 DRIs（2023）中大豆异黄酮的推荐摄入量如下：绝经前女性的适宜摄入量为 55mg/d；绝经女性的适宜摄入量为 75mg/d，最高摄入量为 150mg/d。

（二）生物学作用

植物雌激素为人类和其他哺乳动物的外源性激素，具有一定的雌激素活性，发挥与体内 17-β 雌二醇相似的作用。许多植物雌激素对 ER-β 的亲和力高于 ER-α。植物雌激素与 ER 结合形成 ER 复合物，阻止了内源性雌激素分子与受体的结合，减弱了靶细胞对雌激素的应答，因而可产生抗雌激素作用。植物雌激素发挥类雌激素样作用或抗雌激素作用与植物雌激素的浓度、靶组织的内源性雌激素水平、受体类型和性别等有关。

1. 预防骨质疏松　大豆异黄酮具有预防骨质疏松症的功能，其通过与骨组织中的雌激素受体结合，抑制破骨细胞的骨吸收作用而起到预防骨质疏松的效果。在去卵巢动物模型实验中，大豆异黄酮、葛根异黄酮或红车轴草异黄酮能提高骨密度，预防雌激素缺乏引起的骨质疏松。大量进食豆制品能够提高人体的骨矿物质含量和骨密度。植物雌激素对于绝经后女性骨骼的影响较为显著，对围绝经期女性并无显著作用，这可能和围绝经期雌二醇水平仍然较高有关。

2. 抗氧化作用　植物雌激素具有较多的酚羟基，因此具有较强的抗氧化性，能够清除机体内的自由基,防止其对细胞的氧化损伤作用。

3. 保护心血管作用 植物雌激素具有降血脂、抗脂质过氧化、抑制血小板聚集、改善血管内皮细胞功能、抗动脉粥样硬化和舒张冠状动脉等作用,从而保护心血管系统。

4. 抑制肿瘤作用 食物中的大豆异黄酮、木酚素、白藜芦醇等植物雌激素能降低人群中乳腺癌、前列腺癌、子宫内膜癌等肿瘤的发病风险。其抗肿瘤效应可能与其摄入量、种类、个体雌激素水平和雌激素受体表达水平等多种因素有关。植物雌激素可通过 ER 途径(抗雌激素作用)和非 ER 途径(抑制其他肿瘤信号通路如 MAPK、NF-κB 等)发挥抗肿瘤作用。植物雌激素有抑制癌基因表达、抑制酪氨酸激酶活性、诱导肿瘤细胞凋亡、抑制癌细胞转移、抗氧化作用等多种活性,对乳腺癌、前列腺癌、子宫癌、结肠癌、卵巢癌等具有预防和抑制作用。

5. 对神经损伤的保护作用 植物雌激素对中枢神经系统损伤具有保护作用,涉及增强胆碱能神经细胞功能、拮抗 β- 淀粉样蛋白毒性、改善老年性痴呆患者认知功能、减轻脑细胞氧化损伤、抑制脑细胞凋亡、保护脑缺血损伤等多个方面。

植物雌激素存在着潜在的健康风险问题,如可能影响女性生殖系统和内分泌系统,对男性生殖系统可能产生不良效应、对治疗雌激素依赖性乳腺癌的药物可能产生干扰等。目前对于长期食用不同剂量植物雌激素的潜在不良作用尚不确定。

五、植酸

植酸(phytic acid)又名肌醇六磷酸(inositol hexaphosphate, IP6),是一种广泛存在于植物体,含有六分子磷酸的肌醇酯,具有螯合、抗氧化、调节免疫、抑制肿瘤等多种生物学作用。

(一)结构与分类

植酸主要分布于种子胚层和谷皮中,在谷类和豆类中含量可达 1%~6%。植酸进入消化道后即被水解为终产物肌醇和无机磷酸,当水解不完全时其产物则包括五、四、三、二和单磷酸肌醇的系列混合物($IP_{1\sim5}$)。肌醇在肠道细胞内被磷酸化形成 IP_6,然后去磷酸化形成低磷酸化形式 $IP_{1\sim5}$。哺乳动物细胞内几乎均含有 IP_6 及其低磷酸化形式,其中绝大部分分布于胞质中,参与调节细胞的重要功能。

(二)生物学作用

1. 螯合作用 植酸具有较强的螯合能力。当植酸完全解离时带有较强的负电性,可与食物中的多种矿物质离子如 Ca^{2+}、Mg^{2+}、Fe^{3+}、Zn^{2+}、Cu^{2+} 等螯合形成不溶性盐,抑制小肠对矿物质的吸收,导致其生物利用率降低,故植酸曾被称为抗营养因子。

2. 抗氧化作用 植酸的抗氧化效应主要基于其对 Fe^{3+}、Cu^{2+} 等过渡态金属离子的螯合作用。植酸通过对铁、铜等离子的螯合作用,阻止 Fenton 反应,抑制活性氧的形成,从而保护细胞免受氧化损伤。

3. 调节免疫作用 植酸能增加 T、B 淋巴细胞和 NK 细胞的活性,从而增强机体的免疫功能。植酸可增强小鼠胸腺指数、脾指数、脾细胞抗体生成能力和 NK 细胞活性。

4. 抑制肿瘤作用 植酸具有广谱的抗肿瘤作用,对结肠癌、前列腺癌、胃癌、乳腺癌、黑色素瘤、白血病等具有抑制作用。植酸还可降低由紫外线诱发的皮肤癌的发生率及数量。

植酸抑制肿瘤细胞生长的作用机制是多方面的,包括抗氧化功能、增强免疫功能、影响细胞信号转导通路、细胞周期调节因子、癌基因、抑癌基因、DNA 修复基因等途径抑制癌细胞增殖,诱导细胞凋亡,促进细胞分化,抑制血管形成。

六、动物性来源的食物活性成分

除了前述植物化学物以外，还有一些动物性来源的食物活性成分对机体具有重要的生物学作用。

（一）辅酶 Q

1. 结构与食物来源　辅酶 Q（coenzyme Q，CoQ）又称泛醌（ubiquinone，UQ），是一种脂溶性醌类化合物。CoQ 分子中含有一个由多个异戊二烯单位组成的、与对苯醌母核相连的侧链，该侧链的长度根据泛醌的来源而不同，一般含有 n=6～10 个异戊二烯单位，在哺乳动物中，n=10，因此又称辅酶 Q_{10}。CoQ 在自然界中分布广泛，主要存在于动物的心、肝、肾细胞中以及酵母、植物叶片、种子等。中国居民 DRIs（2023）提出 CoQ 降低心血管代谢性疾病风险的 SPL 为100mg/d。

2. 生物学作用

（1）参与 ATP 合成：CoQ 是呼吸链的组分之一，在黄素蛋白和细胞色素之间作为一种电子传递体，参与细胞的氧化磷酸化过程，在 ATP 合成中具有重要作用。

（2）抗氧化作用：CoQ 分子中的醌式结构使泛醌具有还原型（泛酚）与氧化型（泛醌）两种形式。还原型 CoQ 可脱去电子被氧化成氧化型 CoQ，因而具有清除自由基的作用；而氧化型则无抗氧化活性。CoQ 也可通过与维生素 E 的协同作用清除自由基，还能在不同氧化应激条件下抑制脂质过氧化，增加抗氧化酶的活性。

（3）保护心血管：CoQ 在心肌细胞中含量丰富，能促进缺血心肌的氧化磷酸化、降低线粒体耗氧量、提高细胞内 ATP 产生效率，从而改善缺血状态下心肌细胞的能量代谢及功能，有助于缺血后心肌的恢复。CoQ 抑制 LDL-C 氧化，降低动脉粥样硬化斑块中过氧化脂质含量，发挥抗动脉粥样硬化的作用。CoQ 还能降低单核细胞 β_2-整合素的表达，抑制单核细胞和内皮细胞的黏附，并促进内皮细胞释放一氧化氮来调节内皮细胞的功能。CoQ 已在临床上用于缺血性心脏病、心肌病、高血压及充血性心力衰竭等心血管疾病的防治。

（4）提高运动能力：CoQ 能延长力竭运动时间，提高最大摄氧量，降低运动引起的氧化损伤及肌肉损伤，并有助于运动后磷酸肌酸的恢复。CoQ 改善运动能力的机制包括抗氧化、改善内皮细胞功能、提高线粒体合成 ATP 能力、调节自主神经活性等。

（5）调节免疫：CoQ 还具有免疫调节作用，能升高白细胞数量、促进淋巴细胞增殖和转化、增加抗体生成、增强吞噬细胞的杀菌功能。

（6）抗炎：CoQ 可通过抑制 NF-κB 而减少前列腺素 2、IL-1、MMP1、C 反应蛋白等炎症介质的表达，发挥抗炎作用。

（二）硫辛酸

1. 结构与食物来源　硫辛酸（lipoic acid，LA）又称 α-硫辛酸，是一种天然的二硫化合物，化学名称为 1,2-二硫戊环-3-戊酸，分子式为 $C_8H_{14}O_2S_2$。硫辛酸作为丙酮酸脱氢酶、α-酮戊二酸脱氢酶等多酶复合体中的辅因子，在三羧酸循环过程中起重要作用。硫辛酸主要来源于肉类和动物内脏（心、肾、肝），水果和蔬菜也能提供少量硫辛酸。

2. 生物学作用

（1）抗氧化作用

1）直接清除自由基：LA 在体内可以转变成二氢硫辛酸（DHLA），两者在体内相互转化，具有很强的抗氧化活性。LA 的抗氧化作用与其二硫环有关。

2）螯合金属离子：LA 和 DHLA 能螯合多种金属离子如铁、铜，从而抑制金属离子催化的自由基反应。

3）再生其他内源性抗氧化物：DHLA 能通过再生其他抗氧化物如辅酶 Q、维生素 C、维生素 E 和谷胱甘肽等，间接发挥抗氧化作用。LA 还能促进维生素 C 的吸收，并通过调节 Nrf2 信号通路促进谷胱甘肽的合成。

（2）抗炎作用：LA 能降低内毒素诱导的急性炎症反应，还可降低支气管哮喘、胶原诱导性关节炎、多发性硬化症等动物模型的慢性炎症反应。LA 发挥抗炎作用的可能途径有：抑制 NF-κB 的活化，降低炎症因子 TNF-α、IL-1、IL-6 的表达，抑制黏附蛋白表达及细胞间的黏附。

（3）调节糖代谢、改善糖尿病并发症的作用：LA 能促进葡萄糖的运输及利用，增加胰岛素的敏感性。LA 通过调节胰岛素受体/磷脂酰肌醇 -3- 激酶/蛋白激酶 B（IR/PI3K/Akt）信号通路和非 PI3K 途径，促进葡萄糖摄取和转运。LA 还能减少自由基对血管、神经的损伤，从而减轻糖尿病多发性神经病变及其他并发症的症状。

（4）对心血管的作用：LA 作为一种强抗氧化剂，能减轻心血管疾病中的氧化应激损伤。LA 可促进一氧化氮合成，引起血管舒张。LA 还可通过抑制钙离子通道巯基变化及血管内皮素 -1 的表达，从而发挥降低血压的作用。

（5）对神经损伤的保护作用：LA 对兴奋性神经毒性及衰老、氧化损伤所致认知功能障碍及神经退行性变具有保护作用。机制涉及强抗氧化性、抑制 β- 淀粉或过氧化氢所致的神经元细胞毒性、增强脑组织内胆碱酯酶和 Na^+-K^+-ATP 酶活性、减少脂褐质水平、抑制细胞凋亡、改善线粒体功能、调节细胞内钙平衡、减轻谷氨酸兴奋性神经毒性等。

（三）褪黑素

1. 结构与食物来源　褪黑素（melatonin）又称黑素细胞凝集素，是一种主要由哺乳动物和人类松果体产生的胺类激素，化学名为 N- 乙酰基 -5 甲氧基色胺，分子式为 $C_{13}H_{16}N_2O_2$。褪黑素在自然界分布广泛，动物性食物是褪黑素的良好来源。植物性食物如玉米、百合、苹果和萝卜等也含有褪黑素。

2. 生物学作用

（1）调节生物节律：褪黑素在调节昼夜节律、季节节律及人体睡眠 - 觉醒节律方面具有重要作用，可延长睡眠时间，改善睡眠质量。

（2）抗氧化作用：褪黑素可直接清除自由基，并终止自由基链反应，阻止自由基的产生。褪黑素还能增强抗氧化酶的活性，抑制一氧化氮合酶的活性，减少一氧化氮的生成。褪黑素还能与维生素 E、维生素 C 和谷胱甘肽协同作用抑制自由基的形成。

（3）调节免疫作用：褪黑素是一种神经免疫调节剂，可提高机体免疫功能。褪黑素能增强淋巴细胞的增殖及其活性，促进细胞因子的产生，还可通过内源性阿片肽系统调节免疫。

（4）调节能量代谢作用：随年龄增长，人体的褪黑素分泌下降，腹腔脂肪含量增加，两者间存在显著相关性。褪黑素不仅可减少高脂饮食诱导的实验动物腹部脂肪积累，还可降低血糖、血脂，改善血清胰岛素、脂联素和瘦素水平。但是，褪黑素对人体脂肪代谢的影响目前还不明确。褪黑素调节能量代谢的可能机制包括：直接作用于棕色脂肪组织，通过自主神经间接作用于脂肪组织，调节与能量代谢关系密切的激素如瘦素、胰岛素、甲状腺素等的分泌。

（5）延缓衰老：在衰老过程中，尤其是神经退行性病变患者，褪黑素的分泌下降更为明显。褪黑素延缓衰老的可能机制包括：调节睡眠和免疫功能、抗氧化、抑制神经元过度兴奋等。褪黑素可提高老年人的生存质量，但是褪黑素与延长寿命的关系尚不明确。

（夏　敏）

本章小结

　　食物中的生物活性成分主要包括来源于植物性食物的多酚、有机硫化物、类胡萝卜素、皂苷、植物固醇、萜类化合物等植物化学物和主要来源于动物性食物的辅酶Q、硫辛酸、褪黑素等。植物化学物在促进健康和防治慢性病中发挥重要的作用，包括抑制肿瘤、抗氧化、抗炎、改善糖脂代谢以及免疫调节等。

思考题

1. 食物中的生物活性成分与经典营养素的作用有何差异？
2. 食物中的生物活性成分代谢有哪些特点？
3. 类胡萝卜素的分类及常见化合物，它们的主要生物学作用有哪些？
4. 某实验室正在进行黄酮类化合物保护心血管作用的相关研究，请谈谈可以从哪些方面开展研究工作？

第三章
食物的营养价值

　　食物是人类赖以生存的物质基础,是各种营养素和生物活性物质的主要来源。根据食物来源可分为两大类,即植物性食物及其制品和动物性食物及其制品。依据食物的营养价值可将食物分为五大类。第一类为谷薯类,包括谷类(如大米、小麦、小米等)、薯类(如马铃薯、甘薯、木薯等)和杂豆(如红小豆、绿豆、芸豆、花豆等)。谷薯类主要提供碳水化合物、蛋白质、膳食纤维、矿物质及B族维生素。第二类为蔬菜和水果类,主要提供膳食纤维、矿物质、维生素及有益健康的生物活性物质。第三类为动物性食物,包括畜、禽、鱼、奶和蛋等,主要提供蛋白质、脂肪、矿物质、维生素A、维生素D和B族维生素。第四类为大豆类和坚果类,大豆类指黄豆、青豆和黑豆;坚果类包括花生、核桃、杏仁及葵花籽等,主要提供蛋白质、脂肪、膳食纤维、矿物质、B族维生素和维生素E。第五类为纯能量食物,包括动植物油、淀粉、食用糖和酒类,主要提供能量。从上述分类可知,不同食物的营养价值不同。

　　食物营养学(food nutrition)是指研究食物中营养素和其他膳食成分在维持机体正常生命活动和健康方面的作用,以及提高食物营养价值的措施。食物的营养价值(nutritional value)是指某种食物所含营养成分和能量能满足人体营养需要的程度。食物营养价值的高低不仅取决于其所含营养素的种类是否齐全、数量是否足够,也取决于各种营养素间的相互比例是否适宜以及被人体消化吸收和利用的程度。每一种食物都有其独特的营养价值,除母乳对于4～6个月以内婴儿属于营养全面的食物外,没有哪一种食物能够满足人体对所有营养素的需要。实际工作中,食物的产地、品种、加工工艺和烹调方法等多因素均影响食物的营养价值。因此食物多样、平衡膳食对满足机体的营养需求非常重要。

第一节　食物营养价值的评价及意义

　　不同种类食物在等质量的前提下,所含能量以及营养素的种类和数量各不相同,其营养价值有所差异。即使相同的食物,在生产、加工和烹饪过程中也会引起营养素含量变化,进而导致营养价值的改变。因此,了解食物营养价值并进行评价对平衡膳食具有重要意义。

一、食物营养价值的评价及常用指标

　　食物营养价值的评价是指对某种食物所含能量和营养成分能满足人体营养需要程度的评价,取决于食物中营养素的种类、数量、比例、营养素质量、烹调加工以及影响人体消化吸收和利用程度。此外,随着对食物中营养素以外活性成分研究的深入,其他有益成分对健康的复合作用也可以作为食物营养价值评价的依据,如食物抗氧化能力和食物的抗炎能力等。

(一)营养素的种类及含量

　　食物中所含营养素的种类和含量是衡量其营养价值的关键指标。若食物中的营养素不全面,或者某些营养素的含量偏低,均会降低食物的营养价值。另外,食物品种、部位、产地及成熟程度都会影响食物中营养素的种类和含量。所以当评定食物的营养价值时,应对其所含营养素的种类及

含量进行分析确定,首先确定食物可食用部分,即可食部比例,它是指食物中可食用部分所占总重量的百分比,其次分析每100克食物所提供的营养素含量。

(二)营养素间的相互比例

评价食物的营养价值时,除了关注单一营养素的含量外,更重要的是考虑各种营养素之间的相互比例。不同营养素之间存在着协同和拮抗作用,合理的比例有助于提高营养素的吸收和利用效率。例如,蛋白质、碳水化合物和脂肪三种营养素之间需要保持一定的比例,才能确保人体的正常生理功能。过量的膳食纤维可能会干扰某些矿物质如铁、锌和钙的吸收。因此,在设计平衡膳食时,需要综合考虑这些营养素的相互比例,以确保它们能够发挥协同作用,达到最佳营养效果,促进人体健康。

(三)营养素质量

在评价某种食物的营养价值时,其所含营养素质量同样重要。营养素质量的优劣主要体现在营养素被人体消化吸收利用的程度。消化吸收率和利用率越高,其营养价值就越高。如同等重量的蛋白质,因其所含必需氨基酸的种类、数量和比值不同,其促进机体生长发育的效果就会有差别,食物蛋白质氨基酸模式越接近人体,该食物蛋白质的营养价值就越高。

营养质量指数(index of nutrition quality, INQ)是指某食物中营养素能满足人体营养需要的程度(营养素密度)与该食物能满足人体能量需要的程度(能量密度)的比值。INQ是常用的评价食物营养价值的指标,是在营养素密度的基础上提出来的。

$$INQ = \frac{营养素密度}{能量密度} = \frac{某食物中所含营养素的量/该种营养素推荐摄入量}{某食物所产生的能量/能量推荐摄入量}$$

若INQ=1,表示所测量食品中该营养素供给与能量供给达到平衡。当人们摄入该种食物时,既能满足能量需要,又能满足营养素的需要。若INQ>1,表示所测量食品中该营养素的供给量高于能量的供给量,当人们摄入该种食物时,满足营养素需要的程度大于满足能量需要的程度。若INQ<1表示所测量食品中该营养素供给量少于能量的供给量,长期食用这种食物,可能会发生该营养素的不足或能量过剩。一般认为INQ>1和INQ=1的食物营养价值高,INQ<1的食物营养价值低。不同人群的营养需求存在差异,其能量和/或营养素参考摄入量不同。同一种食品对不同人群的INQ也会有所变化。因此,INQ的优点在于它可以根据不同人群的需求来分别进行计算。以成年男子低强度身体活动的营养素与能量的DRIs计算出鸡蛋、大米、大豆中蛋白质、视黄醇、硫胺素和核黄素的INQ值,见表3-1。

表3-1 鸡蛋、大米、大豆中几种营养素的INQ

项目	能量/ (kcal·d⁻¹)	蛋白质/ (g·d⁻¹)	视黄醇/ (μgRAE·d⁻¹)	硫胺素/ (mg·d⁻¹)	核黄素/ (mg·d⁻¹)
成年男子低强度身体活动水平的膳食能量和营养素参考摄入量	2 150	65	770	1.4	1.4
鸡蛋100g	139	13.1	216	0.09	0.20
INQ		3.12	4.34	0.99	2.20
大米100g	347	8.0	—	0.22	0.05
INQ		0.76	—	0.97	0.22
大豆100g	390	35.0	—	0.41	0.20
INQ		2.97	—	1.61	0.79

（四）食物抗氧化能力

食物抗氧化能力是指食物中所含的抗氧化物质能够清除自由基、抑制氧化反应的能力。食物的抗氧化特性已成为衡量其营养价值的关键因素之一。活性氧（ROS），包括超氧阴离子（$O_2^{\cdot-}$）、羟基自由基（$\cdot OH$）、过氧自由基（$ROO\cdot$）、烷氧基自由基（$RO\cdot$）以及过氧化氢（H_2O_2），有可能攻击体内的生物大分子，导致蛋白质、脂质和 DNA 的损伤。这种损伤可能会加速细胞衰老并引发氧化应激，从而导致一系列健康问题。抗氧化剂能够抵御由活性氧引起的损害，它们通过中和自由基或分子氧的反应，能够延缓或阻止在分子氧或活性氧作用下发生的氧化过程。食物中抗氧化的成分包括食物中存在的抗氧化营养素和植物化学物，前者如维生素 A、维生素 E、维生素 C、硒等，后者如类胡萝卜素、番茄红素、多酚类化合物及花青素等其他植物化学物，这些物质进入人体后具有清除自由基的能力，可以防止体内自由基产生过多，从而预防自由基水平过高，有助于增强机体抵抗力和预防营养相关慢性病。

食物抗氧化能力的测定主要包括基于电子转移（ET）的测定和基于氢原子转移（HAT）的测定。

（五）膳食炎症指数

膳食炎症指数（dietary inflammatory index，DII）是一个评估食物及其营养成分对人体炎症水平产生影响的指标，基于饮食对 6 种炎症标志物（包括 C 反应蛋白、白细胞介素 -1β、白细胞介素 -4、白细胞介素 -6、白细胞介素 -10 和肿瘤坏死因子 α）的影响数据制定。正值代表膳食具有促炎倾向，负值代表膳食具有抗炎倾向，0 则代表膳食不具有炎症效应。步骤总结如下。

1. 数据收集　通过 24 小时膳食回顾收集数据。
2. 数据处理　标准化食物成分并计算 DII 分数。
3. 标准化方法　根据炎症效应指数调整中心比例。
4. 分数分布　将 DII 分数分为四分位数。
5. 计算公式　涉及对炎症生物标志物的影响和特定公式计算 DII 分数。

通过使用 DII，研究人员和临床医生可以更好地评估个体的饮食习惯对炎症的影响，并据此提出个性化的饮食建议。

（六）营养素在加工烹调过程中的变化

多数情况下，过度加工会引起某些营养素损失，但某些食物如大豆通过加工制作可提高蛋白质的利用率。因此，食物加工处理应选用适当的加工技术，尽量减少食物中营养素的损失。

二、评价食物营养价值的意义

1. 全面了解各种食物的天然组成成分，包括所含营养素种类、植物化学物和生物活性成分等；发现各种食物的主要缺陷，为改造或开发新食品提供依据，以充分利用食物资源。
2. 了解在食物加工过程中食物营养素的变化和损失，采取相应的有效措施，最大限度保存食物中的营养素。
3. 指导人们科学选购食物及合理配制平衡膳食，以达到促进健康、增强体质、预防疾病的目的。

（杨建军）

第二节　各类食物的营养价值

各类食物的营养价值是选择食物并搭配出平衡膳食的关键。通过了解每种食物的营养特点，合理搭配膳食中的食物种类和比例，才能满足个体的营养需要。

一、谷类、薯类及杂豆类

谷类食物主要包括大米、小麦、玉米、大麦、小米、燕麦、荞麦及高粱等，薯类包括马铃薯（土豆）、甘薯（红薯、山芋）、芋头、山药和木薯，杂豆类包括赤豆、绿豆、鹰嘴豆、蚕豆、芸豆和花豆等。我国居民膳食以大米和面粉为主，称之为主食，我国居民所称的杂粮通常包括除米面以外的谷类和杂豆类。

我国居民膳食中，谷类食物占膳食的构成比例较大。根据《中国居民营养与慢性病状况报告（2020 年）》显示，2015—2017 年我国居民谷类食物占总食物来源的 43.4%，来自谷类的能量占总能量平均为 51.5%，大城市居民的谷类供能比仅为 47%。与 1992 年相比，谷类食物的供能比例下降约15%。但谷类食物仍然是我国居民膳食蛋白质和一些矿物质及 B 族维生素的重要来源。

（一）谷类

1. **谷类结构和营养素分布**　谷粒由谷皮、糊粉层、胚乳和胚四个部分构成。实际谷皮外面还有种皮和谷壳，但进食前会先脱壳食用。尽管各种谷类种子形态大小不一，但结构相似，最外层为谷皮（有内颖、外颖、护颖、芒和小穗轴结构），起保护谷粒的作用，谷皮内为糊粉层（aleurone layer），再内为胚乳和位于一端的胚。以稻谷为例，结构图见图 3-1。各种营养成分在谷粒中的分布不均匀。

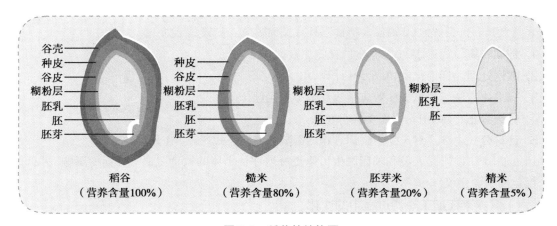

图 3-1　稻谷的结构图

（1）谷皮：为谷粒外面的多层被膜，约占谷粒重量的 6%，主要由纤维素、半纤维素等组成，含较高的矿物质和脂肪。在谷物加工过程中通常被去除。

（2）糊粉层：糊粉层介于谷皮与胚乳之间，占谷粒重量的 6%～7%，含丰富蛋白质、脂肪、矿物质和 B 族维生素，但在碾磨加工时，易与谷皮同时混入糠麸中丢失，使营养价值降低。

（3）胚乳：胚乳是谷类的主要部分，占谷粒总重的 83%～87%，含大量淀粉和一定量蛋白质，还含有少量的脂肪、矿物质和维生素。

（4）胚：位于谷粒一端，包括子叶、胚芽、胚轴和胚根四部分。胚芽富含脂肪，所以胚芽可以用于加工胚芽油。胚芽还富含蛋白质、矿物质、B 族维生素和维生素 E。胚芽柔软且韧性强，不易粉碎，在加工过程中易与胚乳脱离，与糊粉层一起混入糠麸，所以精加工谷类常因缺失胚芽造成营养价值降低。

2. **谷类的营养成分及特点**　谷类食物中的营养素种类和含量因谷物的种类、品种、产地、施肥以及加工方法的不同而有差异。

（1）蛋白质：谷类蛋白质含量一般在 7.5%～15%，根据溶解度不同，可将谷类蛋白分为四类：即清蛋白（albumin，溶于水或稀盐缓冲液）、球蛋白（globulin，溶于稀盐溶液）、醇溶蛋白（prolamin，溶于 70%~80% 的乙醇中）、谷蛋白（glutelin，溶于稀酸和稀碱溶液），其中醇溶蛋白和谷蛋白是谷类丰富的蛋白质。小麦的谷蛋白和醇溶蛋白具有吸水膨胀性，可形成具有可塑性和延展性的面筋质网状结构，适宜于制作成各种面点。但是，谷类蛋白质的必需氨基酸组成比例不合理，蛋白质营养价值低于动物性食物。为了提高谷类蛋白质的营养价值，可以利用蛋白质互补作用，将赖氨酸含量较少的谷类与富含赖氨酸的豆类食品进行混合食用，这种方式可以有效弥补谷类食物中赖氨酸的不足，从而提升其整体的营养价值。此外，还可以采用赖氨酸强化的方法，直接增加谷类食品中赖氨酸的含量，以此提升谷类蛋白质的营养价值。

（2）碳水化合物：谷类是碳水化合物最经济的来源，主要为淀粉（starch），其他为糊精、戊聚糖、葡萄糖和果糖等。目前，不同品种的谷类在直链淀粉与支链淀粉的构成比例上存在差异，可直接影响谷类食物的风味及其营养价值。如普通玉米淀粉约含 26% 的直链淀粉，而糯玉米、黏高粱和糯米淀粉几乎全为支链淀粉。另外，谷皮中含有丰富的膳食纤维，加工越精细膳食纤维丢失越多，故全谷类食物是膳食纤维的重要来源。

（3）脂肪：谷类脂肪含量普遍较低，约为 1%~4%，但莜麦面脂肪为 8.6%。主要集中在糊粉层和胚芽，在谷类加工中，易转入糠麸中。

（4）矿物质：含量约为 1.5%~3%。主要是磷和钙，多以植酸盐形式存在，消化吸收较差。主要存在于谷皮和糊粉层中，加工容易损失。

（5）维生素：谷类是 B 族维生素摄入重要来源，如维生素 B_1、维生素 B_2、烟酸、泛酸和维生素 B_6 等，但玉米中的烟酸为结合型，不易被人体利用，经加碱加工后可转化为游离型烟酸。谷类的维生素主要存在于糊粉层和胚芽中，精加工的谷物可造成维生素大量损失。玉米和小米含少量胡萝卜素，玉米和小麦胚芽中含有较多的维生素 E。

3. **谷类食物中的植物化学物** 谷类含有多种植物化学物，主要存在于谷皮部位，包括黄酮类化合物、酚酸类物质、植物固醇、类胡萝卜素、植酸、蛋白酶抑制剂等，含量因不同品种有较大差异，在一些杂粮中含量较高。

黄酮类化合物在谷类中大部分与糖结合成苷类以配基的形式存在，少部分以游离形式存在。在所有谷类食物中，荞麦中黄酮类化合物最高，芦丁约占其总黄酮的 70%。花色苷广泛存在于黑米、黑玉米等黑色谷物中，具有抗氧化、抗癌、抗突变、改善近视、保护肝脏等作用。

酚酸类物质约占植物性食物中酚类化合物的 1/3，多为苯甲酸和肉桂酸的羟化衍生物，在谷物麸皮中酚酸的含量由高到低的顺序为玉米＞小麦＞荞麦＞燕麦。谷物麸皮中的酚酸绝大多数以束缚型酚酸的形式存在，主要作用于下消化道，经酶解释放出生物活性物质，可以预防结肠癌等慢性病。

玉米黄素属于类胡萝卜素，以黄玉米含量最高，主要以脂溶性天然色素的形式存在于玉米胚乳中，营养价值较高。植酸广泛存在于谷类植物中，是种子中磷酸盐和肌醇的主要储存形式，在麸皮中含量较高。

4. **谷类食品的营养价值** 谷粒经脱壳形成可食用的粮粒，如糙米、麦粒，然后经加工制成不同精度的大米和面粉。再经深加工可以生产出各种产品，如面包、饼干及各类点心等，其主要成分是碳水化合物。由于加工过程中选取的原料多数为精加工的面粉或米粉，微量营养素丢失较多。另外由谷物蛋白经水解形成的生物低聚肽也是近年来的研究热点，有研究表明玉米低聚肽具有降血压、降血脂等作用，小麦低聚肽具有血管紧张素转换酶（angiotensin-converting enzyme，ACE）抑制作用和免疫调节、抗氧化等多种生物活性。

（二）薯类

薯类包括马铃薯、芋头、山药、豆薯等，淀粉含量 8%~29%，蛋白质和脂肪含量较低，含一定量的维生素和矿物质,并富含各种植物化学物。马铃薯中酚类化合物含量较高,多为酚酸物质,包括水溶性的绿原酸、咖啡酸、没食子酸和原儿茶酸。山药块茎主要含山药多糖(包括黏液质及糖蛋白)、胆甾醇、麦角甾醇、油菜甾醇、β-谷甾醇、多酚氧化酶、植酸及皂苷等多种活性成分,这些化学成分是山药营养价值和生物活性作用的物质基础。

(三)杂豆类

杂豆类主要有豌豆、蚕豆、绿豆、红豆、豇豆、小豆和芸豆等。其碳水化合物占 50%~60%,主要以淀粉形式存在;蛋白质仅占 20% 左右,含量低于大豆;脂肪含量也极少,为 1%~2%,其营养素含量与谷类更接近。《中国居民膳食指南(2022)》把杂豆类归到谷薯类。尽管杂豆类的蛋白质氨基酸模式比谷类好,但杂豆类中富含淀粉,这一特性使得它们能够被加工成多种食品形式,如粉条、粉皮、凉皮等。然而,在这些加工产品的制作过程中,大部分蛋白质成分被去除,故其营养成分以碳水化合物为主。

二、大豆类及其制品

大豆(soybean)按种皮的颜色可分为黄、黑、青豆;豆制品是以大豆类作为原料制作的发酵或非发酵食品如豆酱、豆浆、豆腐、豆腐干等,是膳食中优质蛋白质的重要来源。

(一)大豆的营养价值

1. 大豆的营养素种类及特点 大豆的蛋白质含量高达 35%~40%。大豆蛋白质由球蛋白、清蛋白、谷蛋白和醇溶蛋白组成,其中球蛋白含量最多。大豆蛋白质赖氨酸含量较多,氨基酸模式较好,具有较高的营养价值,属于优质蛋白质。大豆与谷类食物混合食用,可较好发挥蛋白质的互补作用。

大豆脂肪含量约为 16%,以黄豆和黑豆较高。大豆油不饱和脂肪酸约占 85%,其中油酸含量约 32%~36%,亚油酸为 52%~57%,亚麻酸 2%~10%,还含有 1.64% 的磷脂。

大豆含碳水化合物 35% 左右,其中一半为可供利用的阿拉伯糖、半乳聚糖和蔗糖,淀粉含量较少;另一半为人体不能消化吸收的寡糖,存在于大豆细胞壁中,如棉子糖和水苏糖。

大豆含有丰富的钙、铁、维生素 B_1 和维生素 B_2,还富含维生素 E。

2. 大豆中的其他成分 大豆中的其他成分主要包括植物化学物类。

(1)大豆异黄酮:大豆异黄酮主要分布于大豆种子的子叶和胚轴中,含量为 0.1%~0.3%,分为游离型的苷元和结合型的糖苷两大类,目前发现的大豆异黄酮共有 12 种。大豆异黄酮具有多种生物学作用。

(2)大豆皂苷:大豆皂苷在大豆中的含量为 0.62%~6.12%,具有广泛的生物学作用。

(3)大豆甾醇:大豆甾醇在大豆油脂中含量约为 0.1%~0.8%。其在体内的吸收方式与胆固醇相同,但是吸收率低,仅为胆固醇的 5%~10%。大豆甾醇的摄入能够阻碍胆固醇的吸收,抑制血清胆固醇的上升,因此有降血脂作用,还有预防和治疗高血压、冠心病等心血管系统疾病的作用。

(4)大豆卵磷脂:大豆卵磷脂是豆油精炼过程中获取的一种淡黄色至棕色、无异嗅或略带有气味的黏稠状或粉末状物质,不溶于水,易溶于多种有机溶剂。大豆卵磷脂对营养相关慢性病如高脂血症和冠心病等具有一定的预防作用。

(5)大豆低聚糖:因人体缺乏 α-D-半乳糖苷酶和 β-D-果糖苷酶,不能将大豆中的水苏糖和棉子糖消化吸收,在肠道细菌作用下可产酸产气,引起胀气。但近年来发现大豆低聚糖可被肠道益生菌所利用,具有维持肠道微生态平衡、提高免疫力、降血脂、降血压等作用,故被称为"益生元",目前已利用大豆低聚糖作为功能性食品基料,部分代替蔗糖应用于清凉饮料、酸乳、面包等多种食品生产中。

(6)植酸:大豆中约含植酸 1%~3%,是很强的金属离子螯合剂,在肠道内可与锌、钙、镁、铁等矿物质螯合,影响其吸收利用。将大豆浸泡在 pH 4.5~5.5 的溶液中,植酸可溶解 35%~75%,而对蛋白质质量影响不大,通过此方法可除去大部分植酸。但近年来发现植酸也有有益的生物学作用,如具有防止脂质过氧化损伤和抗血小板凝集作用。

（7）蛋白酶抑制剂:大豆中的蛋白酶抑制剂以胰蛋白酶抑制剂为主,它可以降低大豆的营养价值。但经常压蒸气加热30分钟或1kg压力加热10～25分钟,胰蛋白酶抑制剂即可被破坏。因大豆中脲酶的抗热能力较蛋白酶抑制剂强,且测定方法简单,故常用脲酶试验来判定大豆中蛋白酶抑制剂是否已经被破坏。我国婴儿配方代乳粉标准中明确规定,含有豆粉的婴幼儿代乳品,脲酶试验必须是阴性。但近来发现蛋白酶抑制剂也具有有益的生物学作用,如抗人类免疫缺陷病毒作用。

（8）豆腥味:生食大豆有豆腥味和苦涩味,是由豆类中的不饱和脂肪酸经脂肪氧化酶氧化降解,产生醇、酮、醛等小分子挥发性物质所致。日常生活中将豆类加热、煮熟及烧透后即可破坏脂肪氧化酶和去除豆腥味。

（9）植物红细胞凝血素:是能凝集人和动物红细胞的一种蛋白质,集中在子叶和胚乳的蛋白体中,含量随成熟的程度而增加,发芽时含量迅速下降。大量食用数小时后可引起头晕、头痛、恶心、呕吐、腹痛、腹泻等症状。可影响动物的生长发育,加热即被破坏。

综上所述,大豆的营养价值很高,大豆中的诸多植物化学物有良好的保健功能,这使得大豆成为健康膳食模式不可缺少的膳食种类之一。

（二）豆制品的营养价值

豆制品包括非发酵性豆制品和发酵豆制品两类,前者包括豆浆、豆腐、豆腐干、干燥豆制品(如腐竹等),后者包括腐乳、豆豉及臭豆腐等。

1. **豆腐**　豆腐是大豆经过浸泡、磨浆、过滤、煮浆等工序而加工成的产品,加工中去除了大量的粗纤维和植酸,胰蛋白酶抑制剂和植物血细胞凝集素被破坏,营养素的利用率有所提高。豆腐蛋白质含量6.6%,脂肪5.3%,碳水化合物3.4%。

2. **豆腐干**　由于加工中去除了大量水分,使得营养成分得以浓缩;其加工产品豆腐丝、豆腐皮、百叶的水分含量更低,蛋白质含量可达20%～45%。

3. **豆浆**　豆浆是将大豆用水泡后磨碎、过滤、煮沸而成,其营养成分的含量因制作过程中加入水的量不同而不同,易于消化吸收。

4. **发酵豆制品**　豆豉、豆瓣酱、腐乳、酱油等是由大豆发酵制作而成的发酵豆制品。发酵使蛋白质部分降解,消化率提高;可产生游离氨基酸,增加豆制品的鲜美口味;还可使豆制品维生素 B_2、维生素 B_6 及维生素 B_{12} 的含量增高,是素食人群补充维生素 B_{12} 的重要食物。经过发酵,大豆的棉子糖、水苏糖被发酵用微生物(如曲霉、毛霉和根霉等)分解,故发酵豆制品不引起胀气。

5. **大豆蛋白制品**　以大豆为原料制成的蛋白质制品主要有四种:①大豆分离蛋白,蛋白质含量约为90%,可用以强化和制成多种食品;②大豆浓缩蛋白,蛋白质含量65%以上,其余为纤维素等不溶成分;③大豆组织蛋白,将油粕、分离蛋白质和浓缩蛋白质除去纤维,加入各种调料或添加剂,经高温高压膨化而成;④油料粕粉,用大豆或脱脂豆粕碾碎而成,有粒度大小不一、脂肪含量不同的各种产品。以上四种大豆蛋白制品其氨基酸组成和蛋白质功效比值较好,目前已广泛应用于肉制品、烘焙食品、奶类制品等食品加工业中。

三、蔬菜、水果类

蔬菜(vegetable)和水果(fruit)种类繁多,富含人体所必需的维生素、矿物质,含水分和酶类较多,含有一定量的碳水化合物,膳食纤维丰富,蛋白质和脂肪含量很少。蔬菜、水果中含有的多种有机酸、芳香物质和色素等成分,使蔬菜、水果具有良好的感官性质,对增进食欲、促进消化、赋予食物多样化具有重要意义。此外,蔬菜和水果富含多种植物化学物,具有多种对人体健康有益的生物学作用。

（一）蔬菜及其制品的营养价值

蔬菜按其结构和可食部位不同,分为叶菜类、根茎类、瓜茄类、鲜豆类、花芽类和菌藻类,不同种类蔬菜其营养素含量差异较大。

1. 蔬菜的营养素种类与特点

（1）蛋白质:大部分蔬菜蛋白质含量很低,一般为1%～2%,鲜豆类平均可达4%。菌藻类中发菜、干香菇和蘑菇的蛋白质含量可达20%以上,必需氨基酸含量较高且组成均衡,因此,其营养价值较高。

（2）脂肪:蔬菜脂肪含量极低,大多数蔬菜脂肪含量不超过1%。

（3）碳水化合物:不同种类蔬菜碳水化合物含量差异较大,一般为4%左右,但藕、南瓜等含量较高。蔬菜所含碳水化合物包括单糖、双糖、淀粉及膳食纤维。含单糖和双糖较多的蔬菜有胡萝卜、西红柿、南瓜等。蔬菜所含纤维素、半纤维素等是膳食纤维的主要来源,其含量在1%～3%,叶菜类和茎类蔬菜中含有较多的纤维素和半纤维素,而南瓜、胡萝卜、番茄等则含有一定量的果胶。膳食纤维对人体健康的有益作用近年来已经得到广泛认可,另外蘑菇、香菇和银耳等菌藻类中的多糖物质,具有提高人体免疫和辅助抗肿瘤作用。

（4）矿物质:蔬菜中含量丰富的矿物质有钙、磷、铁、钾、钠、镁和铜等,其中以钾含量最多,其次为钙和镁,是我国居民膳食中矿物质的重要来源。绿叶蔬菜一般含钙、铁比较丰富,如菠菜、雪里蕻、油菜、苋菜等;但蔬菜中的草酸不仅影响本身所含钙和铁的吸收,还影响其他同食食物中钙和铁的吸收。草酸是一种有机酸,能溶于水,加热易挥发,水焯和爆炒均可以将其破坏。含草酸较高的蔬菜有菠菜、苋菜及鲜竹笋等。

（5）维生素:蔬菜中的维生素含量与品种、鲜嫩程度和颜色有关,一般叶部含量较根茎部高,嫩叶比枯老叶高,深色菜叶比浅色菜叶高。嫩茎、叶、花菜类蔬菜(如油菜、菠菜、青花菜)富含 β-胡萝卜素、维生素 C、维生素 B_2 和矿物质;胡萝卜素在绿色、黄色或红色蔬菜如胡萝卜、南瓜和苋菜中含量较多。维生素 B_2 和叶酸在绿叶菜中含量较多。总体来说深色蔬菜中维生素的含量高于浅色蔬菜,建议日常摄入蔬菜深色蔬菜应占一半。

2. 蔬菜中的植物化学物　蔬菜的植物化学物主要有类胡萝卜素、植物固醇、皂苷、芥子油苷、多酚、蛋白酶抑制剂、单萜类、有机硫化物、植酸等。

萝卜、胡萝卜、根芥菜(大头菜)等根茎类蔬菜的类胡萝卜素、硫代葡萄糖苷含量相对较高,胡萝卜中类胡萝卜素含量丰富,平均含量为4.82mg/100g,卷心菜中含有硫代葡萄糖苷,经水解后能产生挥发性芥子油,具有促进消化吸收的作用。

白菜(如大白菜、小白菜)、甘蓝类(如结球甘蓝、球茎甘蓝、花椰菜、抱子甘蓝、青花菜)以及芥菜类(如榨菜、雪里蕻、结球芥菜)等,均含有芥子油苷。

绿叶蔬菜如莴苣、芹菜、菠菜、茼蒿、芫荽、苋菜、蕹菜、落葵等含有丰富的类胡萝卜素和皂苷。

葱蒜类如洋葱、大蒜、大葱、香葱、韭菜等含有丰富的含硫化合物及一定量的类黄酮、洋葱油树脂、苯丙素酚类和甾体皂苷类等;紫皮洋葱的黄酮类化合物含量最高,大蒜中主要的活性物质为二丙烯基二硫化物,亦称大蒜素(allicin)。

茄果类中的番茄含有丰富的番茄红素和β-胡萝卜素,辣椒中含辣椒素和辣椒红色素,其中辣椒红色素是一种存在于成熟红辣椒果实中的四萜类橙红色色素,其含量一般为其干重的 0.2%～0.5%,茄子中含有芦丁等黄酮类物质。

瓜类蔬菜含有皂苷、类胡萝卜素和黄酮类,冬瓜中皂苷类物质主要为β-谷甾醇,苦瓜中含有多种活性成分,如苷类、甾醇类和黄酮类,但主要是苦瓜皂苷。南瓜中含有丰富的类胡萝卜素,同时还含有丰富的南瓜多糖。

水生蔬菜如藕、茭白、慈姑、荸荠、水芹和菱等含有的植物化学物主要为萜类、黄酮类物质。藕节中含有一定量的三萜类成分。

食用菌类含有丰富的多糖,如香菇多糖、金针菇多糖和木耳多糖等。香菇中还有一定量的硫化物、三萜类化合物,其中硫化物是其风味的重要组成成分。

3. 蔬菜制品的营养价值 常见的蔬菜制品有酱腌菜,在加工过程中可造成营养素的损失,尤其维生素 C、叶酸的损失较大,但对矿物质及部分植物化学物的影响不大。另外,近年来冷冻保藏的蔬菜得到发展,如冷冻豌豆、胡萝卜粒、茭白、各类蔬菜拼盘等,既较好地保留了原有的感官性状和营养价值,又给居民提供了方便。

（二）水果的营养价值

根据果实的形态和生理特征,水果可分为仁果类、核果类、浆果类、柑橘类和瓜果类等。新鲜水果的营养价值和新鲜蔬菜相似,是人体矿物质、维生素和膳食纤维的重要来源。

1. 水果的营养素种类与特点 新鲜水果水分含量多,营养素含量相对较低,蛋白质及脂肪含量均不超过 1%。

（1）碳水化合物:水果中所含碳水化合物在 6%～28%,水果含糖较蔬菜多而具甜味,主要是果糖、葡萄糖和蔗糖,不同种类和品种有较大差异,还富含纤维素、半纤维素和果胶。仁果类如苹果和梨以含果糖为主,核果类如桃、李、柑橘以含蔗糖为主,浆果类如葡萄、草莓则以含葡萄糖和果糖为主。水果在成熟过程中,淀粉逐渐转化为可溶性糖,甜度增加。

（2）矿物质:水果含有人体所需的各种矿物质如钾、钠、钙、镁、磷、铁、锌及铜等,以钾、钙、镁和磷含量较多。

（3）维生素:新鲜水果中含维生素 C 和胡萝卜素较多,而维生素 B_1 和维生素 B_2 含量较少。鲜枣、草莓、橘、猕猴桃中维生素 C 含量较多,芒果、柑橘和杏等含胡萝卜素较多。

2. 水果中的其他成分

（1）有机酸:水果因含有多种有机酸而呈酸味,其中柠檬酸、苹果酸、酒石酸相对较多,还有少量的苯甲酸、水杨酸、琥珀酸和草酸等。柠檬酸为柑橘类水果所含的主要有机酸,仁果类及核果类含苹果酸较多,而葡萄的有机酸主要为酒石酸。在同一种果实中,往往是数种有机酸同时存在,如苹果中主要为苹果酸,同时含有少量的柠檬酸和草酸。

（2）植物化学物:水果中富含各类植物化学物,不同种类的水果含有的植物化学物不同。

浆果类如草莓、桑葚、蓝莓、猕猴桃等富含花青素、类胡萝卜素和多酚类化合物;柑橘类如橘子、金橘、柠檬、葡萄柚等富含类胡萝卜素和黄酮类物质;核果类如樱桃、桃、杏、李、梅、枣、橄榄、龙眼、荔枝等主要含有多酚类化合物;樱桃、蓝莓、黑莓等富含花青素、各种花色苷、槲皮素、异槲皮素等;橄榄的苦涩以及许多药理作用均与其含多酚类化合物有关;仁果类如苹果、梨、山楂等主要含有黄酮类物质;瓜果类如西瓜、香瓜、哈密瓜等主要含有类胡萝卜素,其中西瓜主要含番茄红素,哈密瓜主要含胡萝卜素。石榴、山楂、红提中类黄酮物质含量丰富。

四、畜、禽、水产品

畜肉、禽肉和水产品属于动物性食物,能为人体提供优质蛋白质、脂肪、矿物质和部分维生素,还可加工成各种制品和菜肴,是人类重要的食物资源,构成人类膳食的重要组成部分。随着我国居民膳食结构的变化,该类食物的摄入量逐渐增加。

(一)畜禽肉类的营养素种类及特点

畜肉是指猪、牛、羊、马等牲畜的肌肉、内脏及其制品;禽肉则包括鸡、鸭、鹅等的肌肉、内脏及其制品。畜禽肉类主要提供优质蛋白质、脂肪、矿物质和维生素。畜禽肉类中营养素的分布与含量因动物的种类、年龄、肥瘦程度及部位的不同而差异较大。

1. 蛋白质　畜禽肉蛋白质大部分存在于肌肉组织中,含量约为 10%～20%,属于优质蛋白质。动物的品种、年龄、肥瘦程度及部位不同,蛋白质含量有较大差异。

畜禽内脏如肝、心、禽胗等蛋白质含量较高;皮肤和筋腱多为结缔组织,主要含胶原蛋白和弹性蛋白,由于缺乏色氨酸、甲硫氨酸等必需氨基酸,因此蛋白质的利用率低,其营养价值也低。

畜禽肉中含有能溶于水的含氮浸出物,包括肌凝蛋白原、肌肽、肌酸、肌酐、嘌呤、尿素和游离氨基酸等非蛋白含氮浸出物以及无氮浸出物,使肉汤具有鲜味,成年动物含氮浸出物含量高于幼年动物。禽肉的质地较畜肉细嫩且含氮浸出物多,故禽肉炖汤的味道较畜肉更鲜美。

2. 脂肪　畜禽肉中脂肪含量同样因牲畜的品种、年龄、肥瘦程度以及部位不同有较大差异。畜肉中脂肪含量以猪肉最高,其次是牛肉,羊肉和兔肉较低;在禽类中鸭和鹅肉的脂肪含量较高,鸡和鸽子次之。畜禽内脏中脑组织的脂肪含量最高。畜肉类脂肪以饱和脂肪酸为主,主要为甘油三酯,还含有少量卵磷脂、胆固醇和游离脂肪酸。

3. 碳水化合物　畜禽肉中的碳水化合物以糖原形式存在于肌肉和肝脏中,含量极少。

4. 矿物质　畜禽肉矿物质含量为 0.8%～1.2%,瘦肉中的含量高于肥肉,内脏高于瘦肉。畜禽肉和动物血中铁含量丰富,且主要以血红素铁的形式存在,生物吸收利用率高,是膳食铁的良好来源。牛肾和猪肾中硒的含量较高,是其他一般食物的数十倍。此外,畜肉还含有较多的磷、硫、钾、钠、铜等。禽肉中也含钾、钙、钠、镁、磷、铁、锰、硒及硫等,其中硒的含量高于畜肉。

5. 维生素　畜禽肉可提供多种维生素,其中以 B 族维生素和维生素 A 为主,尤其内脏含量较高,其中肝脏的维生素 A 和核黄素的含量特别丰富。维生素 A 的含量以牛肝和羊肝最高,维生素 B_2 则以猪肝含量最高。

(二)畜禽肉类制品的营养价值

肉类制品是以畜禽肉为原料,经加工而成,包括腌腊制品、酱卤制品、熏烧烤制品、干制品、油炸制品、香肠、火腿和肉类罐头等。腌腊制品、干制品因水分减少,蛋白质、脂肪和矿物质的含量升高,但易出现脂肪氧化以及 B 族维生素的损失。酱卤制品饱和脂肪酸的含量降低,B 族维生素也有所损失,但游离脂肪酸的含量升高。制作熏烤制品时,含硫氨基酸、色氨酸和谷氨酸等因高温而分解,营养价值降低。香肠因品种不同营养价值也各异,肉类罐头的加工过程使含硫氨基酸、B 族维生素分解破坏。

香肠、火腿、罐头等作为方便食品有其独特的风味,有特定的市场需求,但有的肉类制品可能含有危害人体健康的因素,如腌腊、熏烤、油炸等制品亚硝胺类或多环芳烃类物质的含量增加,应控制其摄入量。

（三）水产品的营养素含量和特点

水产品可分为鱼类、甲壳类和软体类。鱼类有海水鱼和淡水鱼之分,海水鱼又分为深海鱼和浅海鱼。

1. **蛋白质**　鱼类中蛋白质含量因鱼的种类、年龄、肥瘦程度及捕获季节等不同而有区别,一般为15%~25%。含有人体必需的各种氨基酸,尤其富含亮氨酸和赖氨酸,属于优质蛋白质。鱼类肌肉组织中肌纤维细短,间质蛋白少,水分含量多,组织柔软细嫩,较畜、禽肉更易消化,其营养价值与畜禽肉相近。鱼类结缔组织和软骨蛋白质中的胶原蛋白和黏蛋白丰富,煮沸后呈溶胶状,是鱼汤冷却后形成凝胶的主要物质。鱼类还含有较多的其他含氮物质,如游离氨基酸、肽、胺类、嘌呤等化合物,是鱼汤的呈味物质。

2. **脂肪**　鱼类脂肪含量低,不同种类的鱼脂肪含量差别较大,一般为1%~10%,主要分布在皮下和内脏周围,肌肉组织中含量很少。

3. **碳水化合物**　鱼类碳水化合物的含量低,仅为1.5%左右,主要以糖原形式存在。有些鱼不含碳水化合物,如草鱼、青鱼、鳜鱼、鲈鱼等。其他水产品中海蜇、牡蛎和螺蛳等含量较高,可达6%~7%。

4. **矿物质**　鱼类矿物质含量为1%~2%,含量最高的是磷,占总灰分的40%,钙、钠、氯、钾及镁含量也较丰富。钙的含量较畜禽肉高,为钙的良好来源。海水鱼类含碘丰富。此外,鱼类含锌、铁、硒也较丰富,如白条鱼、鲤鱼、泥鳅、鲑鱼、鲈鱼、带鱼、鳗鱼和鳟鱼中锌含量均超过2.0mg/100g。

5. **维生素**　鱼类肝脏是维生素A和维生素D的重要来源,也是维生素B_2的良好来源,维生素E、维生素B_1和烟酸的含量也较高,但几乎不含维生素C。一些生鱼中含有硫胺素酶,当生鱼存放时间较长或生吃时可破坏维生素B_1,此酶在加热时可被破坏。

软体动物维生素的含量与鱼类相似,但维生素B_1较低。另外贝类食物中维生素E含量较高。

五、乳及乳制品

乳(milk)包括牛乳、羊乳和马乳等,其中人们食用最多的是牛乳。乳能满足初生幼仔迅速生长发育的全部需要,是营养素齐全、容易消化吸收的一种优质食品,也是各年龄组健康人群及特殊人群(如婴幼儿、老年人、病人等)的理想食品。乳制品(milk products)是以乳为原料经浓缩、发酵等工艺制成的产品,如乳粉、酸乳及炼乳等。

（一）乳的营养价值

鲜乳主要是由水、脂肪、蛋白质、乳糖、矿物质、维生素等组成的一种复杂乳胶体,水分含量占86%~90%,因此,其营养素含量与其他食物比较相对较低。牛乳的比重一般为1.028~1.034,比重大小与乳中固体物质含量有关,乳的各种成分除脂肪含量变动相对较大外,其他成分基本上稳定。故比重可作为评定鲜乳质量的简易指标。乳味温和,稍有甜味,具有特有的乳香味,其特有的香味是由低分子化合物如丙酮、乙醛、二甲硫、短链脂肪酸和内酯形成的。

1. **乳的营养素种类和特点**

（1）蛋白质:牛乳蛋白质含量约为2.8%~3.3%,主要由酪蛋白(79.6%)、乳清蛋白(11.5%)和乳球蛋白(3.3%)组成。酪蛋白属于结合蛋白,与钙、磷等结合,形成酪蛋白胶粒,以胶体悬浮液的状态存在于牛乳中。乳清蛋白可分为热稳定和热不稳定乳清蛋白两部分,加热时发生凝固并沉淀的属于不稳定乳清蛋白。乳球蛋白与机体免疫有关。乳的蛋白质消化吸收率为87%~89%,属优质蛋白质。

牛乳、羊乳与人乳的营养成分比较见表3-2,人乳较牛乳蛋白质含量低,且酪蛋白比例低于牛乳,以乳清蛋白为主。利用乳清蛋白改变牛乳中酪蛋白与乳清蛋白的构成比,使之近似母乳的蛋白质构成,可生产出适合婴幼儿生长发育需要的配方乳粉。

表3-2 不同乳中主要营养素含量比较(每100g)

营养成分	人乳	牛乳	羊乳
水分/g	87.6	87.6	88.9
蛋白质/g	1.30	3.30	1.50
脂肪/g	3.40	3.60	3.50
碳水化合物/g	7.40	4.90	5.40
能量/kJ	274	271	247
钙/mg	30	107	82
磷/mg	13	90	98
铁/mg	0.10	0.30	0.50
视黄醇当量/μgRAE	11	54	84
硫胺素/mg	0.01	0.03	0.04
核黄素/mg	0.05	0.12	0.12
烟酸/mg	0.20	0.11	2.10
抗坏血酸/mg	5.0	1.0	—

(2)脂类:乳中脂肪含量一般为3%~5%,主要为甘油三酯,少量磷脂和胆固醇。乳脂肪呈高度乳化状态,以微粒分散在乳浆中,吸收率高达97%。乳脂肪中脂肪酸组成复杂,油酸、亚油酸和亚麻酸分别占30%、5.3%和2.1%,短链脂肪酸(如丁酸、己酸、辛酸)含量也较高,这是乳脂肪风味良好且易于消化的原因。

(3)碳水化合物:乳中碳水化合物主要为乳糖,含量为3.4%~7.4%,人乳中含乳糖最高,羊乳居中,牛乳最少。乳糖有调节胃酸、促进胃肠蠕动和促进消化液分泌作用,还能促进钙的吸收和促进肠道乳酸杆菌繁殖,对肠道健康具有重要意义。

(4)矿物质:乳中矿物质含量丰富,富含钙、磷、钾、镁、钠、硫、锌、锰等,其中牛乳中钙含量107mg/100ml,且吸收率高,是钙的良好来源。乳中铁含量很低,喂养婴儿时应注意铁的补充。

(5)维生素:牛乳中维生素含量与饲养方式和季节有关,如放牧期牛乳中维生素 A、维生素 D、胡萝卜素和维生素 C 含量较冬春季在棚内饲养明显增多。牛乳中维生素 D 含量较低,但夏季日照多时,其含量有一定的增加。牛乳是 B 族维生素的良好来源,特别是维生素 B_2。

2. 乳中其他成分

(1)酶类:牛乳中含多种酶类,主要是氧化还原酶、转移酶和水解酶。水解酶包括淀粉酶、蛋白酶和脂肪酶等,可促进营养物质的消化。牛乳还含有具有抗菌作用的成分如溶菌酶和过氧化物酶。牛乳中的转移酶主要有 γ-谷氨酰转移酶和黄素单核苷酸腺苷转移酶。

(2)有机酸:主要是柠檬酸及微量乳酸、丙酮酸及马尿酸等。乳中柠檬酸的含量约为0.18%,除以酪蛋白胶粒的形式存在外,还存在离子态及分子态的柠檬酸盐,主要是柠檬酸钙。乳类腐败变质时,乳酸的含量会增高。

（3）生理活性物质：较为重要的有生物活性肽、乳铁蛋白（lactoferrin）、免疫球蛋白、激素和生长因子等。生物活性肽类是乳蛋白质在消化过程中经蛋白酶水解产生的，包括镇静安神肽、抗高血压肽、免疫调节肽和抗菌肽等。牛乳中乳铁蛋白的含量为 20～200μg/ml，具有调节铁代谢、促生长和抗氧化等作用，经蛋白酶水解形成的肽片段具有一定的免疫调节作用。

（4）细胞成分：乳类含有白细胞、红细胞和上皮细胞等，属于来自乳牛的体细胞。牛乳的体细胞数是衡量牛乳卫生品质的指标之一，体细胞数越低，生鲜乳质量越高；体细胞数越高，对生鲜乳的质量影响越大，并对下游其他乳制品如酸乳、奶酪等的产量、质量、风味等产生较大的不利影响。

（二）乳制品的营养价值

乳制品因加工工艺的不同营养素含量有很大差异。

1. **巴氏杀菌乳、灭菌乳和调制乳** 巴氏杀菌乳（pasteurized milk）是指仅以生乳为原料，经巴氏杀菌等工艺制成的液态乳。灭菌乳（sterilized milk）又分为超高温灭菌乳（ultra hightemperature sterilized milk）和保持灭菌乳（retort sterilized milk）。超高温灭菌乳定义为以生乳或复原乳为原料，加热到至少132℃并保持很短时间的灭菌，再经无菌灌装等工艺制成的液态乳；保持灭菌乳则是被加热到110℃，放在密闭容器中保持15～40分钟的液体乳。调制乳（modified milk）以不低于80%的生乳或复原乳为主要原料，添加其他原料或食品添加剂或营养强化剂，采用适当的杀菌或灭菌等工艺制成的液体产品。这三种形式的产品是目前我国市场上流通的主要液态乳，除维生素 B_1 和维生素 C 有损失外，营养价值与新鲜生牛乳差别不大，但调制乳因其是否进行营养强化而差异较大。

2. **发酵乳** 发酵乳（fermented milk）指以生乳或乳粉为原料，经杀菌、发酵后制成的凝乳产品。其中以生乳或乳粉为原料，经杀菌、接种嗜热链球菌和保加利亚乳杆菌（德氏乳杆菌保加利亚亚种）发酵制成的产品称为酸乳（yoghurt）。

风味发酵乳（flavored fermented milk）是指以 80% 以上生乳或乳粉为原料，添加其他原料，经杀菌、发酵后 pH 降低，发酵前或后添加或不添加食品添加剂、营养强化剂、果蔬、谷物等制成的产品。其中以 80% 以上生乳或乳粉为原料，添加其他原料，经杀菌、接种嗜热链球菌和保加利亚乳杆菌（德氏乳杆菌保加利亚亚种）发酵前或后添加或不添加食品添加剂、营养强化剂、果蔬、谷物等制成的产品称为风味酸乳（flavored yoghurt）。

发酵乳经过乳酸菌发酵后，乳糖变为乳酸，蛋白质凝固，游离氨基酸和肽增加，脂肪不同程度水解，形成独特的风味，营养价值更高，如蛋白质的生物价提高、叶酸含量增加 1 倍。酸乳更容易消化吸收，还可刺激胃酸分泌。发酵乳中的益生菌可抑制肠道腐败菌的生长繁殖，防止腐败胺类产生，对维护人体的健康有重要作用，尤其对乳糖不耐受的人更适合。

3. **炼乳** 炼乳（condensed milk）是一种浓缩乳，有三种不同类型。

（1）淡炼乳（evaporated milk）：是以生乳和/或乳制品为原料，添加或不添加食品添加剂和营养强化剂，经加工制成的黏稠状产品。

（2）加糖炼乳（sweetened condensed milk）：是以生乳和/或乳制品、食糖为原料，添加或不添加食品添加剂和营养强化剂，经加工制成的黏稠状产品。成品中蔗糖含量为 40%～45%，渗透压增大。利用其渗透压的作用抑制微生物的繁殖，因此成品保质期较长。因糖分过高，食前需加大量水分冲淡，造成蛋白质等营养素含量相对较低，故不宜用于喂养婴儿。

（3）调制炼乳（formulated condensed milk）：是以生乳和/或乳制品为主料，添加或不添加食糖、食品添加剂和营养强化剂，添加辅料，经加工制成的黏稠状产品，也有加糖调制炼乳和淡调制炼乳之分。

淡炼乳经高温灭菌后,维生素受到一定的破坏,因此常用维生素加以强化,按适当的比例冲稀后,其营养价值基本与鲜乳相同。

4. 乳粉　乳粉(milk powder)由原料乳经杀菌、浓缩、干燥等工艺过程制成的粉末状制品。以生乳或及其加工制品为主要原料,添加其他原料,添加或不添加食品添加剂和营养强化剂,经加工制成的乳固体含量不低于 70% 的粉状产品称为调制乳粉(modified milk powder)。目前市场上的产品多为调制乳粉。

根据鲜乳是否脱脂又可分为全脂乳粉(whole milk powder)和脱脂乳粉(skimmed milk powder)。全脂乳粉加工将鲜乳消毒后除去 70%～80% 的水分,采用喷雾干燥法,将乳喷成雾状微粒而成,一般全脂乳粉的营养素含量约为鲜乳的 8 倍。脱脂乳粉脂肪含量仅为 1.3%,损失较多的脂溶性维生素,其他营养成分变化不大,适合于腹泻的婴儿及要求低脂膳食的病人食用。

调制乳粉一般是以牛乳为基础,根据不同人群的营养需要特点,对牛乳的营养组成成分加以适当调整和改善调制而成,使各种营养素的含量、种类和比例接近母乳,更适合婴幼儿的生理特点和营养需要。如改变牛乳中酪蛋白的含量和酪蛋白与乳清蛋白的比例,补充乳糖的不足,以适当比例强化维生素 A、维生素 D、维生素 B_1、维生素 B_2、维生素 C、叶酸和铁、铜、锌及锰等矿物质。除婴幼儿配方乳粉外,还有孕妇乳粉、儿童乳粉、中老年乳粉等。

5. 奶油　有三种类型,主要用于佐餐和面包、糕点等的制作。

(1)稀奶油:以乳为原料,分离出的含脂肪的部分,添加或不添加其他原料、食品添加剂和营养强化剂,经加工制成的脂肪含量 10%～80% 的产品。

(2)奶油(黄油):以乳和/或稀奶油(经发酵或不发酵)为原料,添加或不添加其他原料、食品添加剂和营养强化剂,经加工制成的脂肪含量不小于 80% 产品。

(3)无水奶油(无水黄油):以乳和/或奶油或稀奶油(经发酵或不发酵)为原料,添加或不添加食品添加剂和营养强化剂,经加工制成的脂肪含量不小于 99.8% 的产品。

6. 奶酪　是一种营养价值较高的发酵乳制品,是在原料奶中加入适量的乳酸菌发酵剂或凝乳酶,使蛋白质发生凝固,并加盐、压榨排除乳清之后的产品。

六、蛋类及其制品

蛋类主要包括鸡蛋、鸭蛋、鹅蛋、鹌鹑蛋和鸽蛋等,食用最普遍、销量最大的是鸡蛋。蛋制品是以蛋类为原料加工制成的产品,如皮蛋、咸蛋、糟蛋、冰蛋、干全蛋粉、干蛋清粉及干蛋黄粉等。

(一)蛋的结构

各种蛋类大小不一,但结构相似,由蛋壳、蛋清、蛋黄三部分组成。蛋壳在最外层,占全蛋重量的 11%～13%,壳上布满细孔,主要由碳酸钙构成。蛋壳表面附着形似霜状的水溶性胶状黏蛋白,对微生物进入蛋内和蛋内水分及二氧化碳过度向外蒸发起保护作用。蛋壳的颜色从白色到棕色,颜色不同由蛋壳中的原卟啉色素决定,该色素的合成能力因鸡蛋的品种而异,与蛋的营养价值关系不大;蛋清为白色、半透明黏性胶状物质;蛋黄为浓稠、不透明、半流动黏稠物,表面包围有蛋黄膜,由两条韧带将蛋黄固定在蛋中央。蛋黄的颜色受禽类饲料成分的影响,如饲料中添加 β-胡萝卜素可以增加蛋黄中的 β-胡萝卜素水平,而使蛋黄呈现黄色至橙色的鲜艳颜色。

(二)蛋的营养价值

蛋类的宏量营养素含量稳定,微量营养素含量受品种、饲料、季节等多方面的影响。蛋类各部分的主要营养素含量见表 3-3。

表 3-3　蛋类各部分的主要营养素含量

营养成分	全蛋	蛋清	蛋黄
水分/（g/100g）	75.2	84.4	51.5
蛋白质/（g/100g）	13.1	11.6	15.2
脂类/（g/100g）	8.60	0.10	28.2
碳水化合物/（g/100g）	2.40	3.10	3.40
钙/（mg/100g）	56	9	112
铁/（mg/100g）	1.60	1.60	6.50
锌/（mg/100g）	0.89	0.02	3.79
硒/（μg/100g）	13.96	6.97	27.01
视黄醇当量/μgRAE/100g	216	—	438
硫胺素/（mg/100g）	0.09	0.04	0.33
核黄素/（mg/100g）	0.20	0.31	0.29
烟酸/（mg/100g）	0.20	0.20	0.10

1. **蛋白质**　蛋类含蛋白质一般在 10% 以上。蛋清中较低，蛋黄中较高，加工成咸蛋或皮蛋后，蛋白质含量变化不大。蛋清中主要含卵清蛋白、卵伴清蛋白、卵黏蛋白、卵胶黏蛋白、卵类黏蛋白、卵球蛋白等。蛋黄中蛋白质主要是卵黄磷蛋白和卵黄球蛋白。鸡蛋蛋白的必需氨基酸组成与人体接近，是蛋白质生物学价值最高的食物，常被用作参考蛋白。

2. **脂肪**　蛋清中含脂肪极少，98% 的脂肪集中在蛋黄中，呈乳化状，分散成细小颗粒，故易消化吸收。甘油三酯占蛋黄中脂肪的 62%～65%（所含脂肪中油酸约占 50%，亚油酸约占 10%），磷脂占 30%～33%，固醇占 4%～5%，还有微量脑苷脂类。蛋黄是磷脂的良好食物来源，蛋黄中的磷脂主要是卵磷脂和脑磷脂，除此之外还有神经鞘磷脂。卵磷脂具有降低血胆固醇的作用，并能促进脂溶性维生素的吸收。蛋类胆固醇含量较高，主要集中在蛋黄，如鸡蛋中胆固醇含量为 648mg/100g，而鸡蛋黄中胆固醇含量为 1 510mg/100g。但适量摄入鸡蛋并不明显影响血清胆固醇水平。

3. **碳水化合物**　蛋类含碳水化合物较少，蛋清中主要是甘露糖和半乳糖，蛋黄中主要是葡萄糖，多与蛋白质结合形式存在。

4. **矿物质**　蛋类的矿物质主要存在于蛋黄内，蛋清中含量极低。蛋黄中以磷、钙、钾、钠含量较多。此外还含有丰富的铁、镁、锌、硒等矿物质。蛋黄中的铁含量虽然较高，但由于是非血红素铁，并与卵黄高磷蛋白结合，生物利用率仅为 3% 左右。

5. **维生素**　蛋类维生素含量较为丰富，主要集中于蛋黄。蛋类的维生素含量受到品种、季节和饲料的影响，以维生素 A、维生素 E、维生素 B_2、维生素 B_6 和泛酸为主，也含有一定量的维生素 D、维生素 K 等，维生素种类相对齐全。

（三）蛋制品的营养价值

新鲜蛋类经特殊加工制成风味特异的蛋制品，宏量营养素与鲜蛋相似，但不同加工方法对一些微量营养素的含量产生影响，如皮蛋在加工过程中加碱和盐，使矿物质含量增加，但造成 B 族维生素较大损失，且会增加铅的含量，对维生素 A、维生素 D 的含量影响不大；咸蛋主要是钠含量的增加；糟蛋在加工过程中蛋壳中的钙盐可以渗入蛋内，钙含量比鲜蛋高 10 倍左右。

七、坚果类

坚果（nut）是指多种富含油脂的种子类食物，如花生、瓜子、核桃、腰果、松子、杏仁、开心果等，其特点是高热量高脂肪，所含脂肪中不饱和脂肪酸的含量较高，同时富含维生素 E，对预防营养相关慢性病有益。

1. 蛋白质　坚果的蛋白质含量约为 12%～25%，但坚果中有些必需氨基酸相对较低，从而影响蛋白质的生物学价值，如核桃蛋白质甲硫氨酸和赖氨酸含量不足。

2. 脂肪　坚果中油脂含量可高达 44%～70%，以不饱和脂肪酸为主。

3. 碳水化合物　坚果的碳水化合物含量依不同种类而异。

4. 微量营养素　坚果中的矿物质比较丰富，含有大量的维生素 E 和硒等具有抗氧化作用的营养成分。如核桃、榛子、栗子等富含维生素 E、B 族维生素，以及钾、钙、锌和铁等矿物元素，榛子的钾、钙、铁和锌等矿物质元素含量高于核桃、花生等，为矿物质的极佳膳食来源。

（杨建军）

第三节　食物营养价值的影响因素

食物的营养价值除了受到食物种类的影响外，在很大程度上还受到食物的加工、烹调以及保藏的影响。食物经过烹调、加工可改善其感官性状，增加风味，去除或破坏食物中的一些抗营养因子，提高其消化吸收率，延长保质期，但同时也可使部分营养素受到破坏和损失，从而降低食物的营养价值。因此应采用合理的加工、烹调、储藏方法，最大限度保存食物中的营养素，以提高食物的营养价值。

一、加工对食物营养价值的影响

（一）谷类加工

谷类加工主要有制米、制粉两种。由于谷类结构的特点，其所含的各种营养素分布极不均匀。加工精度越高，糊粉层和胚芽损失越多，营养素损失也越多，尤以 B 族维生素损失显著。不同出粉率小麦粉中的营养成分变化见表 3-4。

表 3-4　不同出粉率小麦粉的营养成分变化

出粉率 /%	粗蛋白 /%	粗脂肪 /%	碳水化合物 /%	粗纤维 /%	灰分 /%	B 族维生素 /（mg/100g）	维生素 E/（mg/100g）
100	9.7	1.9	84.8	2.0	1.6	5.7	3.5
93	9.5	1.8	86.0	1.4	1.3	2.5	3.3
88	9.2	1.7	87.2	0.8	1.1	1.8	3.1
80	8.8	1.4	88.6	0.5	0.7	1.1	2.5
70	8.3	1.2	89.8	0.3	0.5	1.0	1.9

谷类加工粗糙时，虽然出粉（米）率高、营养素损失减少，但感观性状差，而且消化吸收率也相应降低。此外，因植酸和纤维素含量较多，还会影响矿物质的吸收。我国于 20 世纪 50 年代初加工生产的标准米（九五米）和标准粉（八五粉），既保留了较多的 B 族维生素、纤维素和矿物质，又能保

持较好的感官性状和消化吸收率,在节约粮食和预防某些营养缺乏病方面起到了积极作用。但标准米和标准面的概念近年来不再沿用,在国家标准《大米》(GB 1354—2018)中,根据大米的食用品质分为大米和优质大米,加工精度是确定大米等级的重要指标之一,用加工后米胚残留以及米粒表面和背沟残留皮层的程度来判断。除国家标准《小麦粉》(GB/T 1355—2021)外,尚有10个专用小麦粉的行业标准,包括面包用小麦粉、饺子用小麦粉、面条用小麦粉、馒头用小麦粉、糕点用小麦粉、自发小麦粉、蛋糕用小麦粉、酥性饼干小麦粉、发酵饼干用小麦粉、小麦胚(胚片、胚粉),对其水分、灰分、粗细度等进行了规定。近年来随着经济的发展和人民生活水平的不断提高,人们更倾向于选择精白米、面,为保障人民的健康,应采取对米面的营养强化措施、改良谷类加工工艺、提倡粗细粮搭配等方法来克服精白米、面在营养方面的缺陷。

(二)豆类加工

多数大豆制品的加工需经浸泡、磨浆、加热、凝固等多道工序,去除了纤维素、抗营养因子,还使蛋白质的结构从致密变成疏松状态,蛋白质的消化率提高。如干炒大豆蛋白质消化率只有50%左右,整粒煮熟大豆的蛋白质消化率为65%,加工成豆浆后为85%~90%,制成豆腐后可提高到92%~96%。

大豆经发酵可制成豆腐乳、豆瓣酱、豆豉等,发酵过程中酶的水解作用可提高营养素的消化吸收和利用率,并且某些营养素和有益成分含量也会增加,如豆豉在发酵过程中,由于微生物的作用可合成维生素 B_2,豆豉中维生素 B_2 含量可达0.61mg/100g;活性较低的糖苷型异黄酮中的糖苷被水解,成为抗氧化活性更强的游离态异黄酮。另外豆类在发酵过程中可以使谷氨酸游离,增加发酵豆制品的鲜味口感。

大豆经浸泡和保温发芽后长成为豆芽,在发芽的过程中维生素C从0增至5~10mg/100g左右,豆芽中维生素 B_{12} 的含量为大豆的10倍。同时,由于酶的作用还促使大豆中的植酸降解,更多的钙、磷、铁等矿物元素被释放出来,增加了矿物质的消化率和利用率。

(三)蔬菜、水果类加工

蔬菜、水果的加工首先需要清洗和整理,如摘去老叶及去皮等,可造成不同程度的营养素丢失。深加工制成罐头食品、果脯、菜干等过程中受损失的主要是维生素和矿物质,特别是维生素C;若加入过多的油盐糖,还会导致健康风险,增加肥胖和慢性病的发生。

(四)畜、禽、鱼类加工

畜、禽、鱼类食物可加工制成罐头食品、熏制食品、干制品、熟食制品等,与新鲜食物比较更易保藏且具有独特风味。在加工过程中对蛋白质、脂肪、矿物质影响不大,但高温制作时会损失部分B族维生素。

二、烹调对食物营养价值的影响

食物经过烹调处理,起到杀菌及增进食物色、香、味的作用,使之味美且容易消化吸收,提高人体对食物营养素的利用率;但烹调过程中食物也会发生一系列的物理化学变化,使某些营养素遭到破坏。因此,在烹饪过程中一方面要尽量利用其有利因素,提高营养价值,促进消化吸收,另一方面要控制不利因素,尽量减少营养素的损失。

(一)谷类烹调

米类食物在烹调前一般需要淘洗,在淘洗过程中一些营养素特别是水溶性维生素和矿物质有部分丢失,淘洗次数越多,水温越高,浸泡时间越长,营养素的损失就越多。

　　谷类的烹调方法有煮、焖、蒸、烙、烤、炸及炒等，不同的烹调方法引起营养素损失的程度不同，主要是对 B 族维生素的影响。如制作米饭，采用蒸的方法 B 族维生素的保存率比弃汤捞蒸的方法要高；米饭在电饭煲中保温时，随时间延长维生素 B_1 的损失增加，可损失所余部分的 50%～90%。制作面食，一般用蒸、烤、烙的方法，B 族维生素损失较少，但用高温油炸时损失较大。如油条制作时因加碱及高温油炸会使维生素 B_1 全部损失，维生素 B_2 和烟酸仅保留一半。

（二）畜、禽、鱼、蛋类烹调

　　畜、禽、鱼等肉类的烹调方法多种多样，常用有炒、焖、蒸、炖、煮、煎炸、熏烤等。在烹调过程中，肉类蛋白质含量变化不大，但蛋白质变性更有利于消化吸收。无机盐和维生素在用炖、煮方法时，损失不大；在高温制作过程中，B 族维生素损失较多。上浆挂糊、急火快炒可使肉类外部蛋白质迅速凝固，减少营养素的外溢损失。蛋类烹调除 B 族维生素损失外，其他营养素损失不大。

（三）蔬菜烹调

　　在烹调过程中应注意水溶性维生素及矿物质的损失和破坏，特别是维生素 C。烹调对蔬菜中维生素的影响与其洗涤方式、切碎程度、用水量、pH、加热的温度及时间等因素有关。如蔬菜煮 5～10 分钟，维生素 C 损失可达 70%～90%。使用合理的烹调方法，如先洗后切、急火快炒、现做现吃是降低蔬菜中维生素损失的有效措施。

三、保藏对食物营养价值的影响

　　食物在保藏过程中营养素含量可以发生变化，这种变化与保藏条件如温度、湿度、氧气、光照、保藏方法及时间长短有关。

（一）谷类保藏对营养价值的影响

　　谷物保藏期间，由于呼吸、氧化、酶的作用可发生许多物理化学变化，其程度大小、快慢与储存条件有关。在正常的保藏条件下，谷物蛋白质、维生素、矿物质含量变化不大。当保藏条件不当，谷粒发生霉变，感官性状及营养价值均降低，严重时完全失去食用价值。由于粮谷保藏条件和水分含量不同，各类维生素在保存过程中变化不尽相同，如谷粒水分为 17% 时，储存 5 个月，维生素 B_1 损失 30%；水分为 12% 时，损失减少至 12%；谷类不去壳储存 2 年，维生素 B_1 几乎无损失。

（二）蔬菜、水果保藏对营养价值的影响

　　蔬菜、水果在采收后仍会不断发生生理、生化、物理和化学变化。当保藏条件不当时，蔬菜、水果的鲜度和品质会发生改变，使其营养价值和食用价值降低。

　　蔬菜、水果采摘后会发生三种作用：①水果中的酶参与的呼吸作用，尤其在有氧存在下加速水果中的碳水化合物、有机酸、糖苷、鞣质等有机物分解，从而降低蔬菜、水果的风味和营养价值。②蔬菜的春化作用（vernalization），即蔬菜打破休眠而发生发芽或抽薹变化，如马铃薯发芽、洋葱大蒜的抽薹等，这会大量消耗蔬菜体内的养分，使其营养价值降低。③水果的后熟作用，即水果脱离果树后的成熟过程，大多数水果采摘后可以直接食用，但有些水果刚采摘时不能直接食用，需要经过后熟过程才能食用。水果经过后熟进一步增加芳香和风味，使水果变软、变甜适合食用，对改善水果质量有重要意义。

　　蔬菜、水果常用的保藏方法有：

　　（1）低温保藏法：以不使蔬菜、水果受冻为原则，根据其不同特性进行保藏。如热带或亚热带水果对低温耐受性差，绿色香蕉（未完全成熟）应储藏在 12℃ 以上，柑橘在 2～7℃，而秋苹果可在 −1～1℃ 保藏。近年来速冻蔬菜在市场上越来越多，大多数蔬菜在冷冻前进行漂烫预处理，在漂

烫过程中会造成维生素和矿物质的丢失,在预冻、冻藏及解冻过程中水溶性维生素将进一步受到损失。

（2）气调保藏法:是指改良环境气体成分的冷藏方法,利用一定浓度的二氧化碳(或其他气体如氮气等)使蔬菜、水果呼吸变慢,延缓其后熟过程,以达到保鲜的目的,是目前国际上公认的最有效的果蔬储藏保鲜方法之一。

（3）辐照保藏法:辐照保藏是利用 γ 射线或高能(低于10kGy)电子束辐照食品以达到抑制生长(如蘑菇)、防止发芽(如马铃薯、洋葱)、杀虫(如干果)、杀菌,便于长期保藏的目的。在辐照剂量适当的情况下,食物的感官性状及营养成分很少发生改变。大剂量照射可使营养成分尤其是维生素 C 造成一定的损失,但低剂量下再结合低温、低氧条件,能够较好地保存食物的外观和营养素。

（三）动物性食物保藏对营养价值的影响

畜、禽、鱼等动物性食物的储藏以低温为主,包括冷藏法和冷冻法。

冷藏温度通常在 0～4℃,能有效减缓食品代谢,保持其新鲜风味与部分营养价值;而冷冻则采用更低的温度,通常在 -18℃以下,以显著延长保质期并更好地保持动物性食物的营养价值。冷冻肉质的质量受冻结速度、储藏时间和解冻方式的影响。"快速冷冻,缓慢融化"是减少营养损失的重要措施。

（杨　敏）

本章小结

本章介绍了食物营养价值的评价指标及意义;谷类、薯类及杂豆类,大豆类及其制品,蔬菜、水果类,畜、禽、水产品,乳及乳制品,蛋类及其制品等各类食品不同的营养特点;影响食物营养价值的因素,包括加工、烹调和保藏。

思考题

1. 食物营养价值评价指标在指导个体化营养中的意义。
2. 举例说明如何通过食物搭配提高膳食的整体营养价值,并解释其科学原理。
3. 探讨不同加工、烹调和保藏方法对食物营养价值的影响,并提出在实际操作中应如何优化这些过程以最大程度保留食物中的营养素。

第四章
特殊人群的营养

生命特殊阶段人群、特殊生活和工作环境及特殊职业人群的生理代谢特点、营养需要不同于一般正常人群,是营养研究重点关注的目标人群。特殊人群的营养主要研究这些人群的生理代谢特点、营养需要和膳食保障。

第一节　孕妇和乳母的营养与膳食

妊娠期和哺乳期妇女不仅要提供胎儿生长发育和乳汁分泌需要的能量和营养素,还要满足自身的营养需要。妊娠期和哺乳期妇女的合理营养可以预防母体、胎儿以及婴幼儿出现营养缺乏或某些并发症,对于新生儿和母体的远期健康效应亦有长期持续性影响。生命早期 1 000 天,即胎儿期到宝宝出生后 2 岁,为人体生长发育的"机遇窗口期"。生命早期营养不仅直接影响婴幼儿的体格和大脑发育,还持续影响到青春期乃至成年期的健康,对于预防成年慢性疾病至关重要。

一、孕妇的营养与膳食

(一)妊娠期的生理特点

妊娠期间,在胎盘产生激素以及母体神经内分泌的共同影响下,母体各系统和器官会发生一系列的生理变化,以适应胎儿生长发育的需要并为分娩做准备,主要表现在以下几个方面。

1. 内分泌系统

(1)人绒毛膜促性腺激素:是由胎盘分泌至母体的一种糖蛋白,刺激黄体由月经黄体转换为妊娠黄体,有利于雌激素和黄体酮持续分泌、子宫蜕膜形成和胎盘生长成熟,还可保护滋养层细胞免受母体淋巴细胞的攻击。

(2)人绒毛膜生长素:生物学作用与生长激素相似,可调节母体与胎儿的能量代谢、促进细胞增殖和胎儿生长,其功能包括:①降低母体对葡萄糖的利用,让较多的葡萄糖供应胎儿,作为胎儿生长的主要能量来源;②促进母体脂肪组织分解,释放的游离脂肪酸可作为母体的能量来源;③促进蛋白质的合成,有利于胎儿的生长发育;④促进胎儿的心、肝、肾、脑、胃肠以及骨骼肌等器官的发育;⑤促进母体乳腺细胞增殖。

(3)雌激素:妊娠期间,胎儿-胎盘复合体是雌激素的重要合成器官。雌激素增加子宫的血流量,为维持妊娠提供必需的营养;上调孕酮的合成和子宫蜕膜上皮细胞孕酮受体的表达,有助于孕酮对妊娠的维持作用。

(4)孕酮:通过拮抗雌激素抑制子宫内膜增生,防止子宫平滑肌收缩,发挥保胎作用。孕酮还促进乳腺小叶和腺泡的发育,为产后哺乳做准备。

2. 血液系统

(1)血容量:妊娠期间血液系统的主要变化是血容量的增加,以适应子宫胎盘及各组织器官增加的血流量。血容量于妊娠第 6～8 周开始增加,至妊娠 32～34 周达高峰,增幅为 40%～45%,平均增加约 1 450mL,维持该水平直至分娩。其中,血浆平均增加 1 000mL,红细胞平均增加 450mL,血浆增加量多于红细胞增加量,出现生理性血液稀释。有些孕妇由于血液稀释,血红蛋白水平降低,如果低于110g/L即可诊断为妊娠合并贫血。这种现象虽是妊娠期生理性改变引起的,但仍需进一步明确原因,及时加以营养干预或药物治疗,以避免对母婴造成不良影响。

（2）血细胞:妊娠期间母体骨髓造血增加,网织红细胞轻度增多。妊娠期白细胞计数轻度增加,临产和产褥期白细胞计数显著增加,一般为$(14\sim16)\times10^9$/L,有时可达25×10^9/L,主要为中性粒细胞增加,淋巴细胞增加不明显,单核细胞及嗜酸性粒细胞几乎无改变。产后$1\sim2$周内白细胞水平恢复正常。妊娠期由于血小板破坏增加、血液稀释或免疫因素等,导致妊娠期血小板减少,部分孕妇在妊娠晚期会进展为妊娠期血小板减少症。虽然血小板数量下降,但是血小板功能增强,能够维持止血。血小板计数多在产后$1\sim2$周恢复正常。

（3）血浆蛋白:由于血液稀释,血浆蛋白自妊娠早期开始降低,至妊娠晚期血浆总蛋白降到约70g/L,白蛋白降到约35g/L。妊娠期血液处于高凝状态,多种凝血因子的水平增加,以利于防止围产期出血。产后2周凝血因子水平恢复正常。

3. **肾脏**　妊娠期间,为维持母体健康和胎儿发育的需要,肾脏发生一系列变化。如肾脏体积显著增加,而且由于循环血量的变化,妊娠早期肾血浆流量(renal plasma flow, RPF)及肾小球滤过率(glomerular filtrationrate, GFR)均增加,并在整个妊娠期维持高水平。与非妊娠时相比,肾血管舒张,RPF约增加35%,GFR约增加50%,导致代谢产物尿素和肌酐等排泄增多,其血清浓度低于非妊娠期。妊娠期GFR增加,而肾小管对葡萄糖重吸收能力未相应增加,约15%的孕妇餐后出现生理性糖尿,应注意与糖尿病相区别。

4. **消化系统**　受雌激素影响,孕妇齿龈肥厚,容易充血、水肿和出血。孕酮水平升高导致全身平滑肌松弛,引起胃肠道的运动减慢、食管括约肌压力降低、胃蠕动减慢和胃排空延迟。由于胃贲门括约肌松弛,胃内酸性内容物逆流至食管下部产生胃烧灼感,导致胃食管反流症状增加,使得孕妇在妊娠早期容易出现恶心、呕吐。有的孕妇可能发生妊娠剧吐,导致体重减轻(较孕前体重下降5%或以上)、脱水和电解质紊乱,症状严重者需住院治疗。由于孕酮的作用,胆囊排空时间延长,胆汁变黏稠、淤积,孕妇易发胆囊炎及胆石症。孕酮水平增高导致结肠平滑肌肠蠕动减弱,粪便在大肠停留时间延长,孕妇容易发生便秘。

5. **体重**　妊娠前体重和妊娠期体重增加对母婴健康至关重要。妊娠前BMI关系子代的出生结局,过高或过低的妊娠前BMI都与不良妊娠结局明显相关。妊娠期间,体重增加是母体最显著的变化之一,主要来源于胎儿、羊水、胎盘、血液、细胞外液的增加以及子宫、乳腺和母体脂肪组织的贮存。通常,妊娠13周前孕妇体重增长较慢,之后增长迅速。妊娠期良好增重有利于母婴健康和良好妊娠结局,妊娠期总增重以12kg为适宜。妊娠期增重不足会使胎儿生长受限、低出生体重及成年期慢性病发生的风险升高;增重过多则会增加母体妊娠期糖尿病、剖宫产、产后体重滞留和远期慢性病发病风险,以及子代巨大胎儿、儿童期及成年期肥胖的风险。因此,国内外均建议根据妊娠前BMI,确定妊娠期间适宜的体重增加范围。

我国制定了卫生行业标准《妊娠期妇女体重增长推荐值标准》(WS/T 801—2022),按中国成人BMI切点,制定了不同妊娠前BMI情况下,单胎妊娠妇女体重增长范围及妊娠中期和妊娠晚期每周体重增长推荐值,用来指导孕妇体重合理增长(表4-1)。

（二）妊娠期的营养需要

1. **能量**　孕妇除了维持自身所需能量外,还要供给胎儿的生长发育以及胎盘和母体组织增长所需要的能量,因此能量需要量(EER)高于妊娠前。妊娠早期母体的基础代谢率并无明显变化,妊

表 4-1　妊娠期妇女体重增长范围及妊娠中期和妊娠晚期每周体重增长推荐值

妊娠前 BMI 分类/（kg/m²）	总增长值范围/kg	妊娠早期增长值范围/kg	妊娠中期和妊娠晚期每周体重增长值及范围/（kg/w）
低体重（＜18.5）	11.0～16.0	0～2.0	0.46（0.37～0.56）
正常体重（18.5≤BMI＜24.0）	8.0～14.0	0～2.0	0.37（0.26～0.48）
超重（24.0≤BMI＜28.0）	7.0～11.0	0～2.0	0.30（0.22～0.37）
肥胖（≥28.0）	5.0～9.0	0～2.0	0.22（0.15～0.30）

数据来源：卫生行业标准《妊娠期妇女体重增长推荐值标准》（WS/T 801—2022）。

娠中期时逐渐升高，妊娠晚期基础代谢率约增加 15%～20%。中国居民 DRIs（2023 版）建议，低强度身体活动水平的孕妇，在妊娠早期 EER 不增加，妊娠中、晚期每日分别增加 1.05MJ（250kcal）和 1.67MJ（400kcal）。一般通过定期测量孕妇的体重来判定能量摄入是否适宜。

2. 蛋白质　妊娠期间母体需贮存约 900g 蛋白质，以满足胎儿生长（足月胎儿体内含蛋白质 400g）、胎盘、羊水及母体乳腺和子宫增长的需要。孕期蛋白质摄入不足，直接影响胎儿体格和神经系统的发育，还影响母体产后的泌乳量。妊娠中、晚期蛋白质的 RNI 分别增加 15g/d 和 30g/d。

3. 脂类　脂类是胎儿器官发育尤其是脑组织和神经系统发育的重要物质基础，胎儿储存的脂肪可为体重的 5%～15%，孕妇还需积累约 3～4kg 脂肪为产后泌乳做准备。但是，孕妇血脂水平较平时升高，故而脂肪摄入总量不宜过多。孕妇膳食中应有适量脂肪，包括饱和脂肪酸、n-3 和 n-6 系列多不饱和脂肪酸以保证胎儿和自身的需要。妊娠期 EPA+DHA 的 AI 为 250mg/d，其中 200mg/d 为 DHA。

4. 矿物质

（1）钙：妊娠期间胎儿从母体摄取大量的钙以供生长发育的需要，妊娠中期和晚期胎儿平均每天储留约 100mg 和 200mg 钙，为此妊娠中期和晚期母体适应性上调了钙的吸收率，分别达到 50% 和 60% 以上（孕前为 40% 左右）。研究证实，妊娠期间母体骨密度降低为暂时性生理反应，妊娠期补钙并不改善母体和新生儿的骨密度。妊娠期间不需要额外增加钙需要量。

（2）铁：妊娠期对铁的需要量显著增加：①妊娠期母体生理性贫血，需额外补充铁；②母体需储存相当数量的铁，以补偿分娩时由于失血造成铁的损失；③胎儿制造血液和肌肉组织需要铁以及胎盘和脐带的生长需要铁；④胎儿肝脏内也需储存一部分铁，以供出生后 6 个月之内婴儿对铁的需要。妊娠期膳食铁摄入量不足，易导致孕妇缺铁性贫血，妊娠早期缺铁还与早产及低出生体重有关；还会减少胎儿铁储备，使婴儿较早出现缺铁。因此，妊娠期应适量摄入肝脏、动物血、瘦肉等富含铁的食物，必要时可在医生指导下加服铁剂。妊娠中、晚期铁的 RNI 分别增加 7mg/d 和 11mg/d。

（3）锌：妊娠期妇女锌摄入量充足有利于胎儿发育和预防先天性缺陷。妊娠末期胎儿对锌的需要最高，胎盘主动转运锌量达 0.6～0.8mg/d。血浆锌水平一般在妊娠早期就开始下降，妊娠结束时比非妊娠妇女低约 35%，故在妊娠期应增加锌的摄入量。流行病学调查表明，胎儿畸形与妊娠期母体锌营养不良、血清锌浓度降低有关。建议整个妊娠期锌的 RNI 增加 2mg/d。

（4）碘：妊娠期妇女新陈代谢加快，甲状腺功能活跃，对碘的需要量增加。甲状腺素对于胎儿生长尤其是大脑的发育至关重要，妊娠早期碘缺乏可能导致母体甲状腺肿及胎儿克汀病的发生风险增加。所以，建议整个妊娠期碘的 RNI 增加 110μg/d。

5. 维生素

（1）维生素A：妊娠期妇女缺乏维生素A与胎儿宫内发育迟缓、低出生体重及早产有关。但是，妊娠早期摄入大剂量维生素A可能导致自发性流产和胎儿先天畸形。中国居民DRIs（2023版）建议妊娠中期和晚期维生素A的RNI较孕前增加70μg RAE/d。

（2）维生素D：维生素D可促进钙的吸收和钙在骨骼中的沉积。但是，研究显示妊娠期妇女维生素D摄入与25-（OH）-D$_3$水平之间的关系与非妊娠期无明显差异，因此妊娠期无须增加维生素D摄入量。

（3）B族维生素：维生素B$_1$与能量代谢有关。妊娠期缺乏或亚临床缺乏维生素B$_1$时，孕妇可能不出现明显的脚气病症状，但是新生儿可有明显脚气病表现。维生素B$_1$缺乏也会影响胃肠道功能，早孕反应使食物摄入减少，易引起维生素B$_1$缺乏，从而导致胃肠功能下降，进一步加重早孕反应。妊娠中、晚期维生素B$_1$的RNI分别较孕前增加0.2mg/d和0.3mg/d。

维生素B$_2$也与能量代谢有关。妊娠期维生素B$_2$缺乏与胎儿生长发育迟缓、缺铁性贫血有关。妊娠中、晚期维生素B$_2$的RNI分别较孕前增加0.1mg/d和0.2mg/d。

临床上常用维生素B$_6$辅助治疗早孕反应；维生素B$_6$与叶酸、维生素B$_{12}$联用可预防妊娠高血压。妊娠各期维生素B$_6$的RNI较孕前增加0.8mg/d。

叶酸缺乏影响胚胎细胞增殖、分化，增加神经管畸形及流产的风险，推荐从备孕开始至整个妊娠期结束叶酸的RNI较孕前增加200μg DFE/d。由于补充剂形式的叶酸比食物中的叶酸在体内的吸收利用率高，故而建议备孕妇女从备孕（如怀孕前3个月）开始，多摄入富含叶酸的食物如深绿色蔬菜等，并每天补充400μg叶酸，持续整个妊娠期。

（三）妊娠期营养对母体和胎儿的影响

1. 妊娠期营养不良对母体的影响

（1）贫血：包括缺铁性贫血和缺乏叶酸、维生素B$_{12}$引起的巨幼红细胞贫血。妊娠期缺铁性贫血发生率较高，主要是由于来源于植物性食物的非血红素铁吸收利用率差，并且母体和胎儿对铁的需要量增加所致。轻度贫血对孕妇影响不大，重度贫血（红细胞<$1.5×10^{12}$/L，Hb<50g/L，红细胞比容<0.13）会引起心肌缺氧导致孕妇贫血性心脏病，胎盘缺氧引起局部氧化应激反应可影响母体循环系统增加妊娠期高血压发生风险；孕妇由于贫血抵抗力降低，易并发产褥感染，甚至危及生命。

（2）营养不良性水肿：妊娠期蛋白质严重摄入不足会导致营养不良性水肿。蛋白质缺乏轻者仅出现下肢水肿，严重者可出现全身水肿。此外，维生素B$_1$严重缺乏亦可引起水肿。

（3）妊娠期高血压疾病：是妊娠和血压升高并存的一组疾病，包括妊娠期高血压、子痫前期、子痫、高血压并发子痫前期、妊娠合并高血压；妊娠前超重或肥胖，妊娠期低蛋白血症和缺乏钙、镁、锌、硒等营养素与其发生与发展有关。

（4）妊娠期糖尿病：指妊娠期发生的不同程度的葡萄糖耐量异常，但不包括妊娠前已存在的糖尿病。妊娠期糖尿病对母亲和胎儿造成潜在的近期和远期健康危害，妊娠前超重或肥胖、妊娠期间营养过剩和运动不足均为其危险因素。

2. 妊娠期营养不良对胎儿健康的影响

（1）胎儿生长发育迟缓：妊娠期（尤其是中、晚期）能量、蛋白质和其他营养素摄入不足，易造成胎儿生长发育迟缓，生产出低体重儿。胎儿生长发育迟缓还会增加成年期心脑血管疾病、高脂血症和糖尿病等多种慢性病发生风险。

（2）先天性畸形：妊娠早期某些营养素摄入不足或摄入过量,可导致先天畸形的发生。例如叶酸缺乏可能导致神经管畸形(neural tube defect),主要表现为无脑儿和脊柱裂;维生素 A 缺乏或过多可能导致无眼、小头等先天畸形。

（3）脑发育受损：胎儿脑细胞的数量快速增殖期为妊娠期到出生后 1 年左右。妊娠期母体蛋白质和能量摄入是否充足,直接影响胎儿的大脑发育。

（4）低出生体重：新生儿出生体重小于 2 500g 为低出生体重,低出生体重儿围产期死亡率为正常婴儿的 4～6 倍。低出生体重不仅影响婴幼儿期的生长发育,还可影响儿童期和青春期的体能与智力发育,并与成年后慢性病(如心血管疾病、糖尿病等)的发生率增加有关。

（5）巨大胎儿：新生儿出生体重大于 4 000g 为巨大胎儿。我国一些大中城市巨大胎儿发生率呈逐渐上升趋势,有些地区已达 8% 左右。妊娠期盲目进食或进补,增重过多,可导致胎儿生长过度。有研究表明妊娠后期血糖升高可引起巨大胎儿。巨大胎儿易造成母体分娩时产伤,还与婴儿成年后慢性病(如肥胖、高血压和糖尿病)的发生密切相关。

（四）备孕和孕期妇女膳食指南

妊娠期膳食应依据妊娠期妇女的生理变化和胎儿生长发育的状况而进行合理调配。《中国居民膳食指南(2022)》根据备孕期和孕期妇女的营养需要,专门制定了《备孕和孕期妇女膳食指南》,在一般人群膳食指南基础上增加 6 条核心推荐:①调整孕前体重至正常范围,保证孕期体重适宜增长;②常吃含铁丰富的食物,选用碘盐,合理补充叶酸和维生素 D;③孕吐严重者,可少量多餐,保证摄入含必需量碳水化合物的食物;④孕中晚期适量增加奶、鱼、禽、蛋、瘦肉的摄入;⑤经常户外活动,禁烟酒,保持健康生活方式;⑥愉快孕育新生命,积极准备母乳喂养。

二、乳母的营养与膳食

胎儿娩出后,产妇便进入哺乳期。乳母的平衡营养有利于母体自身健康的恢复,也有利于保证乳母有充足的乳汁喂养婴儿。因此,大力提倡母乳喂养及母婴同室对母婴健康均有益处。

（一）哺乳期的生理特点

泌乳是一种复杂的神经反射过程,受神经内分泌因素的影响。在妊娠晚期乳腺主要受雌激素和孕酮的影响,前者作用于乳腺的导管系统,而后者作用于乳腺腺泡。分娩后孕酮消退,催乳素升高,导致乳汁的分泌。乳汁的分泌受两个反射的控制,其一是产奶反射,婴儿吸吮乳头可刺激乳母垂体产生催乳素,引起乳腺腺泡分泌乳汁,并存留在乳腺导管内;其二是下奶反射,吸吮乳头可引起乳母垂体后叶释放催产素,后者引起乳腺周围肌肉收缩而出现泌乳。

母乳分为三期:①产后第 1 周以内分泌的乳汁为初乳,含较多的类胡萝卜素而呈淡黄色,质地黏稠;富含免疫蛋白,尤其是分泌型 IgA 和乳铁蛋白等;乳糖和脂肪较成熟乳少;人乳中含大量免疫活性细胞,初乳中含量更多。②产后第 2 周分泌的乳汁为过渡乳,其中乳糖和脂肪含量逐渐增加。③产后 14 天以后分泌的乳汁为成熟乳,呈乳白色,富含蛋白质、乳糖和脂肪等多种营养素。产后第 1 天的泌乳量约为 50mL,第 2 天约为 100mL,到第 2 周增加到 500mL/d 左右,正常乳汁分泌量约为 700～800mL/d。

（二）哺乳对母亲健康的影响

1. 近期影响

（1）促进产后子宫恢复：由于哺乳过程中婴儿对乳头的不断吸吮,刺激母体催产素的分泌而引起子宫收缩,有助于促进子宫恢复到妊娠前状态。

（2）促进乳汁排空：哺乳可以促进母体乳房中乳汁的排空，避免发生乳房肿胀和乳腺炎。

（3）延长恢复排卵的时间间隔：母乳喂养能够延长分娩后至恢复排卵的时间间隔，延迟生育。目前认为婴儿吸吮乳汁的过程抑制了下丘脑促性腺激素释放激素的规律性释放，而促性腺激素释放激素对垂体黄体生成素的规律释放是必需的。黄体生成素下降抑制卵泡的成熟以及排卵。

2. 远期影响

（1）哺乳与肥胖的关系：乳母在哺乳期分泌乳汁要消耗大量的能量，这将促使妊娠期所储存的脂肪被消耗，有利于乳母体重尽快复原，预防产后肥胖。

（2）哺乳与乳腺癌的关系：大量研究结果表明，哺乳可降低乳母远期发生乳腺癌和卵巢癌的风险。

（三）哺乳期的营养需求

乳母对营养的需求主要体现在两个方面，除满足母体恢复健康的需要外，更重要的是为泌乳提供物质基础。

1. 能量　哺乳期的营养摄入有满足产妇自身的营养摄入需求、补偿分娩过程中的营养消耗、促进泌乳三个重要作用。自身能量需要、乳汁消耗能量和供给乳汁的能量，这三个方面的原因使得乳母的能量需求大于妊娠期。每日泌乳 700～800mL 需能量 2 800kJ（590kcal），妊娠期母体储存的脂肪可为泌乳补充部分能量。故而，推荐每日膳食 EER 增加 1.67MJ（400kcal）。

泌乳量与母亲体重变化是衡量乳母摄入能量是否充足的重要依据。乳母能量摄入充足时，乳汁分泌量和质量能够满足婴儿需要，婴儿喂哺后可安静睡眠 3～4 小时无烦躁，且生长发育和体重增长速度良好；若母体较妊娠前消瘦，表示能量摄入不足。

2. 蛋白质　乳母膳食蛋白质摄入量对乳汁分泌量的影响最为明显。乳母膳食中蛋白质质量差且摄入量少时，乳汁分泌量显著减少，并动用乳母自身组织蛋白以维持乳汁中蛋白质含量的恒定；乳母膳食蛋白质质量差且摄入量严重不足时，将会影响乳汁中蛋白质的含量和组成。正常情况下，每天从乳汁中排出的蛋白质约为 10g，母亲摄入的蛋白质变成乳汁中蛋白质的转换率约为 70%，蛋白质质量较差时，转换率降低。因此，推荐乳母每日蛋白质 RNI 增加 25g。建议乳母多吃蛋类、乳类、瘦肉类、肝、肾、豆类及其制品。

3. 脂类　乳汁中脂肪酸、磷脂含量受乳母膳食营养素摄入量的影响。婴儿的生长发育需要乳汁中有充足的脂类，因为必需脂肪酸能促进乳汁分泌，对婴儿中枢神经系统发育以及脂溶性维生素的吸收有促进作用，而且脂类的产能效率最高。所以，乳母膳食中必须有适量脂类，尤其是多不饱和脂肪酸。每日总脂肪的 AMDR 仍以 20%E～30%E 为宜。

4. 矿物质　人乳中主要矿物质（钙、磷、镁、钾、钠）的浓度一般不受膳食的影响。但膳食碘和锌的摄入量增加，乳汁中含量也会相应增加。

（1）钙：人乳中钙的含量较为稳定，每天从乳汁中排出钙的量约为 160～250mg。当乳母的钙供给不足时，会动用自身骨骼中的钙来满足乳汁中钙含量。但是研究显示，哺乳期骨钙流失是可恢复性的生理性变化，且不受膳食钙的影响，断奶后 6～12 个月骨密度可完全恢复。故乳母无须额外增加钙摄入。

（2）铁：乳母增加膳食铁的摄入，以利于补充分娩时的铁消耗，预防或纠正乳母缺铁性贫血。由于铁不能通过乳腺输送到乳汁，即使乳母增加膳食铁摄入，乳汁中铁含量仍较低，因此婴儿补充铁更依赖于辅食。乳母铁的 RNI 在孕前 18mg/d 基础上增加 6mg/d。

（3）碘和锌：乳汁中碘和锌的含量受乳母膳食的影响，且这两种微量元素与婴儿神经系统的生长发育及免疫功能关系较为密切。乳母碘的 RNI 在孕前 120μg/d 基础上增加 120μg/d。锌的 RNI 在非妊娠期 8.5mg/d 基础上增加 4.5mg/d。需要注意的是，乳母碘的 UL 为 500μg/d，低于非妊娠妇女（600μg/d）。

5. **维生素**　母体维生素 A 能部分通过乳腺进入乳汁，初乳富含维生素 A，随着成熟乳汁的产生，维生素 A 含量逐渐下降，平均为 60μg/100mL。维生素 D 几乎不能通过乳腺，母乳中维生素 D 含量很低。维生素 E 具有促进乳汁分泌的作用。维生素 B$_1$、维生素 B$_2$、烟酸与能量代谢密切相关，摄入量因母体能量需要量的增加而增加，维生素 B$_1$ 还有促进食欲和乳汁分泌的作用，缺乏可引起婴儿脚气病。水溶性维生素大多可通过乳腺，但乳腺可调控其进入乳汁的含量，达一定水平时不再增高，以维生素 B$_1$ 为例，膳食维生素 B$_1$ 转化为乳汁的效率仅为 50%。维生素 D 的 RNI 与非妊娠妇女相同。维生素 A、维生素 E、维生素 B$_1$、维生素 B$_2$、烟酸和维生素 C 的 RNI 均较非妊娠妇女有所增加。

（四）哺乳期妇女膳食指南

《中国居民膳食指南（2022）》专门制定哺乳期妇女膳食指南，提出以下合理膳食建议：①产褥期食物多样但不过量，坚持整个哺乳期营养均衡；②适量增加富含优质蛋白质及维生素 A 的动物性食物和海产品，选用富含碘和维生素 D 的食物；③家庭支持，愉悦心情充足睡眠，坚持母乳喂养；④增加身体活动，促进产后恢复健康体重；⑤多喝汤和水，限制浓茶和咖啡摄入，忌烟酒。

（张晓宏）

第二节　特殊年龄人群的营养与膳食

人类生命周期按时间顺序可分为婴幼儿期、儿童期、成年期、老年期，不同年龄、性别人群其生理特点及营养需要不同，膳食供应也应相应地调整，以满足其营养需要，促进健康，防止营养相关疾病的发生。

一、婴幼儿的营养与膳食

婴幼儿（0~3 岁）生长发育迅速，该时期是人体生长发育的重要时期，该阶段的营养对体格生长、智力发育、免疫功能等近期及成年后的远期健康均有至关重要的影响。

（一）婴幼儿的生理特点

1. **生长发育**　婴幼儿的生长发育是机体各组织器官增长和功能成熟的过程，这一过程由遗传因素和环境因素的共同作用决定，其中营养因素是十分重要的一个方面。

婴儿（infant）期指从出生到 1 周岁的这段时期。婴儿期是人体生长发育的第一高峰期，尤其是出生后前 6 个月的生长速度最快。婴幼儿的生长发育首先表现为体重的增加，婴儿平均出生体重为 3.3kg（2.5~4.0kg），至半岁时约为出生体重的 2 倍，1 岁时约是出生体重的 3 倍。身高（身长）是反映骨骼系统生长的指标，短期营养不良对身高（身长）影响不明显，但长期营养不良可导致身高（身长）生长缓慢甚至停滞。儿童身高（身长）增长的速度随着年龄的增加逐渐减缓。头围反映了脑及颅骨的生长状态，如小于同年龄、同性别婴儿头围的中位数减 2 个标准差提示脑发育不良可能，如小于中位数减 3 个标准差提示脑发育不良；相反，如头围增加速度过快则提示脑积水。胸围反映胸廓和胸背肌肉的发育,出生时比头围略小,1 岁时与头围基本相等,之后开始超过头围。上臂围代表上臂肌肉、骨骼、皮下脂肪的发育情况。1～3 周岁为幼儿期,该阶段生长发育虽不及婴儿期迅猛,但与成人比较亦非常旺盛;这一时期智力发育较快,语言、思维能力增强。

2. 消化和吸收 婴幼儿消化系统尚处于发育阶段,功能不够完善,食物的消化、吸收和利用能力有限。

(1)口腔:婴幼儿口腔黏膜相当柔嫩,且血管丰富,易受损伤,应特别注意保持口腔清洁,避免损伤口腔黏膜。新生儿的唾液腺发育尚不完善,唾液分泌量少,唾液中淀粉酶的含量低,不利于淀粉消化。

(2)牙齿:6～8 月龄乳牙开始萌出,因牙齿的生长影响婴儿的咀嚼功能,故婴儿咀嚼食物的能力较差。

(3)食管和胃:婴儿食管和胃壁的黏膜和肌层都较薄,弹性组织发育不完善,易受损伤。婴儿食管较成人细且短,胃呈水平位,胃容量小;胃幽门括约肌发育良好,贲门括约肌发育不良,自主神经调节功能较差,易引起幽门痉挛而出现溢乳和呕吐。

(4)肠道:婴儿肠壁黏膜细嫩,血管和淋巴结丰富,通透性强,有利于营养物质的吸收。但是肠壁肌肉较薄弱,肠蠕动较成人差,食物在肠腔内时间较长,一方面有利于食物的消化吸收,另一方面如果大肠蠕动功能不协调,可发生粪便滞留或功能性肠梗阻。婴儿出生时已有乳糖酶和蔗糖酶,有利于乳糖和蔗糖的吸收。肠壁刷状缘已能产生肠激酶和肽酶,有助于蛋白质的消化和吸收。

(5)胰腺:婴儿的胰腺发育尚不成熟,所分泌的消化酶活力低。5～6 个月以下婴儿只分泌少量胰淀粉酶,因此 3～4 个月以前婴儿不宜添加淀粉类辅食。胰脂酶出生时量少,第 1 周内增加 5 倍,1～9 个月增加 20 倍,故婴儿脂肪消化能力较弱,但胰蛋白酶和胰凝乳酶在出生时已很充足。

(6)肝脏:婴儿肝脏相对较大,血管丰富,但肝细胞分化不全,肝功能较差,胆汁分泌较少,影响脂肪的消化吸收。

(二)婴幼儿的营养需要

全面均衡的营养是满足婴幼儿正常生长发育、促进体格生长和神经心理发育,以及预防疾病的先决条件,并为个体一生的健康奠定坚实基础。

1. 能量 婴幼儿的能量消耗除了用于基础代谢、身体活动、食物热效应和排泄耗能外,还用于满足快速生长发育的能量需求,维持能量摄入与消耗的正平衡是婴幼儿健康成长的基础。

(1)基础代谢:婴幼儿基础代谢率高,足月儿基础代谢率为 43～60kcal/(kg·d),是成人的 2～3 倍,消耗的能量约占总能量消耗的 50%～60%,以后随着年龄增长逐渐减少。

(2)食物热效应:婴儿食物热效应消耗的能量约占总能量消耗的 7%～8%,幼儿为 5% 左右。

(3)身体活动:婴儿活动较少,故用于肌肉活动的能量需要量相对较低,约为 62.8～82.7kJ/(kg·d)[15～20kcal/(kg·d)]。

(4)生长发育耗能:这是婴幼儿特有的能量消耗途径,每增加 1g 新组织需要能量 18.4～23.8kJ(4.4～5.7kcal),与生长速率成正比。0～1 岁婴儿生长发育所需能量约占总能量消耗的 30%～50%,1～3 岁的幼儿占 15%～16%。

(5)排泄耗能:约占总能量消耗的 10%,为部分未经消化吸收的食物排出体外所丢失的能量。

能量摄入长期不足,可使生长迟缓或停滞;而能量摄入过多可导致肥胖。通常按婴儿的健康状况、是否出现饥饿的症状以及婴幼儿的体重增加情况判断能量供给量是否适宜。

2. **蛋白质**　婴幼儿是人体生长发育最快速的阶段,按每千克体重计算,婴儿对必需氨基酸的平均需要量高于成人。同时,婴儿还需要足够的非必需氨基酸来合成蛋白质。膳食蛋白质供给不足时,婴幼儿可表现出生长发育迟缓或停滞、消化吸收障碍、肝功能障碍、抵抗力下降、消瘦、腹泻、水肿、贫血等症状。此外,婴幼儿的肾脏及消化器官尚未发育完全,过高的蛋白质摄入也会对机体产生不利影响。

人乳中蛋白质的氨基酸模式是婴儿最理想的氨基酸需要模式,母乳喂养有利于满足儿童对蛋白质和必需氨基酸的需要量,并减少肝脏和肾脏负担。牛奶中蛋白质约为人乳的 2 倍,但是牛乳中酪蛋白分子大,不利于婴儿的吸收,因此不适宜 1 岁以内的婴儿直接饮用。婴幼儿膳食中要保证优质蛋白质占蛋白质总摄入量的 1/2,如牛奶、鸡蛋、肉末、豆腐等均是优质蛋白质的来源。

婴儿的蛋白质需要量是以营养状态良好的母乳喂养婴儿的需要量为标准来衡量。在纯母乳喂养时,0~6 月龄婴儿蛋白质的摄入量相当于 1.6g/(kg·d)。故推荐 0~6 月龄婴儿的蛋白质 AI 为 9g/d,7~12 月龄 AI 为 17g/d,1~2 岁 RNI 为 25g/d,3 岁 RNI 为 30g/d。

3. **脂类**　脂肪是机体能量和必需脂肪酸的重要来源,也是重要的机体成分和能量储存形式,婴儿对脂肪的需要量按每千克体重计算高于成人。0~6 月龄婴儿按每日摄入母乳 750mL 计,可获得脂肪 36.5g/L,占总能量的 48.3%。故推荐 0~6 月龄婴儿的总脂肪 AI 为 48%E,7~12 月龄为40%E,1~3 岁降至 35%E。

婴幼儿对必需脂肪酸缺乏较敏感,膳食中缺乏必需脂肪酸易导致婴幼儿皮肤干燥和脂溶性维生素缺乏,而且必需脂肪酸对婴幼儿神经髓鞘的形成和大脑及视网膜光感受器的发育和成熟具有非常重要的作用。0~6 月龄婴儿亚油酸和 α- 亚麻酸 AI 最高,分别为总能量的 8.0%E和 0.9%E,之后逐渐降低,1~3 岁降至 4.0%E 和 0.6%E。鉴于 DHA 对大脑和视觉发育的关键作用,推荐 0~3 岁婴幼儿 DHA 的 AI 为 0.1g/d。早产儿大脑中 DHA 含量低,体内介导 α- 亚麻酸转变为 DHA 的去饱和酶活力较低,而且生长较快,对 DHA 需要量相对大,需特别注意 DHA营养。

4. **碳水化合物**　碳水化合物是主要的供能营养素,有促进脂肪完全氧化和节约蛋白质作用,还是大脑能量供应的主要物质。婴儿的乳糖酶活性比成年人高,所以对于婴儿,尤其 0~6 月龄婴儿,乳糖是其主要的能量来源。2~3 岁儿童乳糖酶活性开始下降,对乳糖的消化能力开始减弱;不喝牛奶的儿童,乳糖酶的活性下降尤为明显。婴儿胰淀粉酶活性较差,3 个月后活性逐渐增高,2 岁达成人水平,故淀粉类辅食不宜过早添加。

5. **矿物质**　钙、铁、锌是婴儿必需且容易缺乏的矿物质。

(1)钙:婴儿出生时体内钙含量占体重的 0.8%,到成年时增加为体重的 1.5%~2.0%,这表明在生长过程中需要储存大量的钙。母乳喂养的婴儿一般不会有明显的钙缺乏。人乳中含钙量约为242mg/L,以一天 750mL 乳汁计,母乳喂养婴儿可摄入钙 182mg/d。虽然人乳中的钙含量比牛乳中的低,但是其钙磷比例(≥2∶1)较牛乳(约 1.3∶1)适宜,钙吸收率高,纯母乳喂养的 0~6 月龄婴儿不易缺钙。

(2)铁:正常新生儿体内总铁量约有 300mg,基本上可满足出生后 4 个月内婴儿对铁的需求。母乳中铁含量低(约 0.45mg/L),但其吸收率高,亦能满足婴儿对铁的需求。婴儿在 4~5 个月后铁储备逐渐消耗,且随着生长铁的需求量也在增加,母乳中的铁不能满足婴幼儿对铁的需求,6 个月~2岁最易发生缺铁性贫血,急需从膳食中或通过补充剂摄入铁。强化铁的配方奶、动物性食物如肝泥、肉末、血制品等都是铁的良好来源。

（3）锌:锌对机体免疫功能、激素调节、细胞分化以及味觉形成等过程有重要影响。婴幼儿缺锌可表现为食欲减退、生长停滞、脑发育受损、味觉异常或异食癖、认知行为改变等。正常新生儿体内有一定量的锌储备,4~5月龄后储存的锌逐渐消耗,母乳中锌含量相对较低,母乳喂养的婴儿需要从膳食中补充。婴儿配方食品、肝泥、蛋黄等是锌的良好来源。

（4）碘:碘在促进体格发育、脑发育和调节新陈代谢过程中发挥着重要的作用。婴儿期碘缺乏可引起以智力低下（不可逆性神经损害）、体格发育迟缓为主要特征的克汀病。

除上述的微量元素,其他矿物质,如钾、钠、镁、铜、氯、硫等也为机体生长发育所必需,但母乳及配方奶喂养的健康婴儿均不易缺乏。

6. **维生素**　母乳中的维生素尤其是水溶性维生素含量受乳母的膳食和营养状态的影响。膳食均衡的乳母,其乳汁中维生素一般能满足婴儿的需要。用非婴儿配方奶喂养婴儿时,则应注意补充各种维生素。几乎所有的维生素在缺乏时都会影响婴幼儿的生长发育,其中关系最为密切的有以下几种:

（1）维生素A:婴幼儿维生素A摄入不足可以影响体重的增长,并可出现上皮组织角化、眼干燥症和夜盲症等缺乏症状;但维生素A过量摄入也可引起中毒,表现出呕吐、昏睡、头痛、皮疹等症状。母乳中含有较丰富的维生素A,母乳喂养的婴儿一般不需额外补充。

（2）维生素D:维生素D对于婴幼儿的生长发育十分重要,在维持血中钙、磷稳态中发挥重要作用,与骨钙和牙齿的形成发育有关。婴幼儿佝偻病发生的主要原因是维生素D的缺乏。母乳中维生素D水平较低,因此婴幼儿应补充含有维生素D的鱼肝油制剂,婴儿出生后数日应开始补充维生素D 10μg/d,并且应多晒太阳。但应该注意的是鱼肝油过量摄入会导致维生素A、维生素D中毒。

（3）维生素E:主要在妊娠晚期经胎盘转运给胎儿,早产儿和低出生体重儿容易发生维生素E缺乏,细胞膜脆性增加,容易引起溶血性贫血。母乳中维生素E含量约为3.3~4.5mg α-TE/L,初乳中含量更丰富,因而婴儿可通过母乳获得需要的维生素E。牛乳中维生素E含量远低于人乳,因此牛乳喂养的婴幼儿需注意补充维生素E。

（4）维生素K:胎盘屏障导致胎儿期从母体获得的维生素K_1有限,母乳中维生素K_1含量低（人乳中含量约为2~10μg/L,牛乳及婴儿配方奶中含量约为人乳的4倍）,新生儿尤其是纯母乳喂养儿易出现维生素K_1缺乏引起的新生儿溶血病（haemorrhagic disease of newborn, HDN）。新生儿出生时,预防性肌内注射维生素K_1可有效降低新生儿HDN发生率。

（5）维生素C:有抗氧化、提高机体免疫力、促进铁吸收等作用。一般情况下,母乳喂养的婴儿不易缺乏维生素C。人工喂养的婴儿应及时补充维生素C,随着月龄的增大,可补充富含维生素C的新鲜蔬果,如深绿色蔬菜的菜汁、橙汁等。

（6）维生素B_1:维生素B_1是糖类代谢酶的重要组成部分,每产生1 000kcal能量需要消耗0.5mg维生素B_1。当乳母膳食维生素B_1供应充足时,母乳中维生素B_1完全能满足婴儿的需要。当乳母经常食用精制米面又未补充维生素B_1时,婴幼儿维生素B_1摄入不足,可引起婴儿脚气病。

（7）维生素B_2:参与人体内生物氧化与能量生成,并参与维生素B_6和烟酸代谢。婴儿维生素B_2缺乏症状与成人相似。乳汁维生素B_2比较稳定,是婴儿维生素B_2的充足来源。

（8）维生素B_{12}:维生素B_{12}缺乏与诱发巨幼红细胞贫血、同型半胱氨酸血症、神经损害有关。

只要乳母血清中维生素 B_{12} 浓度正常,婴儿就可以通过母乳获得充足的维生素 B_{12}。膳食中维生素 B_{12} 来源于动物性食物,而植物性食物中基本上不含维生素 B_{12}。如果乳母为素食主义者,应注意给婴儿补充维生素 B_{12} 0.1μg/d,以预防维生素 B_{12} 缺乏。

（9）叶酸:叶酸与氨基酸代谢、核酸合成和 DNA 甲基化有关,缺乏时诱发婴幼儿巨幼红细胞贫血、高同型半胱氨酸血症。

（三）婴幼儿喂养

婴幼儿生长发育所需要的能量和营养素必须通过合理的喂养来获得,应该结合母亲的生理状态、婴幼儿生长发育特点以及胃肠道功能尚未完善的特点,确定科学的喂养方式。

1. 婴儿喂养方式　婴儿喂养方式可分为三种:母乳喂养(breast feeding)、混合喂养(mixture feeding)、人工喂养(artificial feeding)。

（1）母乳喂养:母乳是婴儿最理想的食物,纯母乳喂养能满足 6 月龄以内婴儿所需要的全部液体、能量和营养素。母乳喂养的优点包括:

1）母乳营养成分最适合婴儿的需要,消化吸收利用率高:母乳蛋白质含量低于牛乳,但利用率高,母乳以乳清蛋白为主,乳清蛋白在胃酸作用下形成的乳凝块细小而柔软,容易被婴儿消化吸收。母乳中必需氨基酸比例适当,牛磺酸含量较高,是牛乳的 10 倍。母乳中含有的脂肪颗粒小,并且含有乳脂酶,比牛乳中的脂肪更易被消化吸收,且含丰富的必需脂肪酸、长链多不饱和脂肪酸及卵磷脂和鞘磷脂等,有利于智力发育;母乳中富含乳糖,不仅促进乳酸杆菌生长,有效抑制大肠埃希氏菌等的生长,还有助于铁、钙、锌等吸收;母乳中的矿物质含量明显低于牛乳,可保护尚未发育完善的肾功能,钙磷比例适宜,钙的吸收率高,母乳铁和锌的生物利用率都高于牛乳。

2）母乳含有大量免疫物质,有助于增强婴儿抗感染的能力:母乳中的免疫物质有:①各种免疫球蛋白,包括 IgA、IgG、IgM、IgD,其中 IgA 占总量的 90%,多为分泌型 IgA,具有拮抗肠道微生物和异物的作用;②乳铁蛋白:是一种能与三价铁离子结合的乳清蛋白,通过与病原微生物竞争铁,抑制病原微生物的代谢和繁殖;③溶菌酶:是一种由上皮细胞、中性粒细胞和单核巨噬细胞产生的低分子单链蛋白,其在母乳中的含量比牛乳中高 300 倍以上,可通过水解细胞壁中的乙酰氨基多糖而使细菌溶解,发挥杀菌抗炎作用;④双歧杆菌因子:是一种含氮多糖,能促进双歧杆菌生长,降低肠道 pH,抑制腐败菌生长。母乳中的多种免疫物质在婴儿体内构成了有效的防御系统,保护婴儿免受感染。

3）不容易发生过敏:牛乳中的蛋白质与人乳中的蛋白质之间存在一定差异,且婴儿肠道发育尚不完善,牛乳蛋白经肠黏膜吸收后可作为过敏原引起婴儿过敏反应。约 2% 的婴儿对牛乳蛋白过敏,表现为湿疹、支气管哮喘及胃肠道症状,如呕吐及腹泻等。而母乳喂养儿极少发生过敏。

4）增进母婴交流,降低成年疾病发生风险:哺乳过程中母亲与婴儿的皮肤接触、眼神交流、微笑和语言以及爱抚等动作,增强母婴间的情感交流,有助于婴儿的心理和智力发育。母乳喂养还具有积极的远期效应,如母乳喂养的儿童,其成年后肥胖、糖尿病等疾病的发病率较低。

5）经济、方便、卫生:母乳自然产生,无须购买,更为经济;乳母直接喂哺婴儿,方便而且卫生。

（2）混合喂养:母乳不足时,可用婴儿配方奶粉或其他乳品、代乳品补充进行混合喂养,其原则是采用补授法,即先喂母乳,不足时再喂以其他乳品;每天应哺乳 3 次以上。让婴儿按时吮吸乳头,刺激乳汁分泌,防止母乳分泌量的进一步减少。

（3）人工喂养：因疾病或其他原因不能进行母乳喂养时，则可采用婴儿配方奶粉或其他代乳品喂养婴儿。对于一些患有先天缺陷而无法耐受母乳喂养的婴儿（如乳糖不耐受、乳类蛋白过敏、苯丙酮尿症等），需要在医生指导下选择特殊婴儿配方食品。乳糖不耐受患儿要选用去乳糖的配方奶粉；对乳类蛋白质过敏的患儿则可选用以大豆为蛋白质来源的配方奶粉；苯丙酮尿症患儿要选用限制苯丙氨酸的奶粉。

2. **婴幼儿喂养指南**　母乳是婴儿最理想的食物，中国营养学会建议坚持母乳喂养到 2 岁或以上。不能母乳喂养或母乳不足的婴幼儿，应选择配方奶作为母乳的补充。婴儿生长至 6 个月时，母乳的量和质都无法满足需要，同时婴儿的消化吸收功能日趋完善，乳牙萌出，咀嚼能力增强，逐渐适应半固体和固体食物，所以婴儿满 6 月龄必须添加辅食，以补充营养需要，但是辅食添加一定不要早于 4 月龄。

《中国居民膳食指南（2022）》专门制定了《0~6 月龄婴儿母乳喂养指南》和《7~24 月龄婴幼儿喂养指南》，分别在一般人群膳食指南基础上，增加 6 条核心推荐。

（1）0~6 月龄婴儿母乳喂养指南：①母乳是婴儿最理想的食物，坚持 6 月龄内纯母乳喂养；②生后 1 小时内开奶，重视尽早吸吮；③回应式喂养，建立良好的生活规律；④适当补充维生素 D，母乳喂养无须补钙；⑤任何动摇母乳喂养的想法和举动，都必须咨询医生或其他专业人员，并由他们帮助作出决定；⑥定期监测婴儿体格指标，保持健康生长。

（2）7~24 月龄婴幼儿喂养指南：①继续母乳喂养，满 6 月龄起必须添加辅食，从富含铁的泥糊状食物开始；②及时引入多样化食物，重视动物性食物的添加；③尽量少加糖盐，油脂适当，保持食物原味；④提倡回应式喂养，鼓励但不强迫进食；⑤注重饮食卫生和进食安全；⑥定期监测体格指标，追求健康生长。

3. **婴儿辅食添加**

辅助食品（complementary foods）：婴幼儿在满 6 月龄后，继续母乳喂养的同时，为了满足营养需要而添加的其他各种性状的食物，包括家庭配制的和工厂生产的，简称为辅食。

（1）辅食添加的原则：①应在婴儿健康、消化功能正常时添加辅食；②每次只添加一种新的食物，适应 2~3 天后再添加新的食物；③由少到多，由稀到稠，由细到粗，次数和数量逐渐增加，循序渐进引导婴儿逐步适应；④保持食物原味，不加或少加盐、糖及调味品，应含有适量油脂。1 岁以后逐渐尝试淡口味的家庭膳食。

（2）辅食添加的顺序：先添加菜泥、果泥、蛋黄泥和铁强化的米粉，再添加肝泥、肉泥以及鱼泥；先单一食物后混合食物；先泥糊状，逐渐过渡到半固体或固体食物。

二、儿童的营养与膳食

儿童期包括学龄前儿童和学龄儿童两个阶段。学龄前儿童（pre-school children）指 3~6 岁的儿童，学龄儿童（school children）指从 6 岁到不满 18 岁的未成年人，包括童年期和青春期。

（一）儿童的生理特点

1. **体格发育**　体格生长发育是循序渐进的过程，与婴幼儿相比，学龄前儿童的体格发育速度相对减慢，但仍保持稳步增长，体重增长约 2kg/年，身高增长 5~7cm/年。童年期体重约增加 2~3kg/年，身高增高 4~7cm/年，该阶段的后期身高增长较快。青春期是人体身高和体重的第二次突增期，女生开始于 10~12 岁，男生开始于 12~15 岁。青春期体重增加 2~5kg/年，个别可达 8~10kg/年；身高增加 2~8cm/年，个别可达 10~12cm/年。儿童的生长发育状况影响成人期肥胖等疾病的发生风险。

2. 消化系统　3岁时乳牙出齐,但是咀嚼及消化能力仍远低于成人,对固体食物需要较长时间适应。因此,学龄前儿童的食物尚需特别加工,不能给予成人膳食。而且,学龄前儿童胃容量小,一次性过量进食,容易造成消化功能紊乱。童年期的消化功能已逐渐接近成人水平,可以接受成人的大部分饮食。

3. 神经系统　3岁时神经系统的发育已基本完成,但是脑细胞体积的增大和神经纤维的髓鞘化仍在继续,神经冲动的传导速度明显快于婴幼儿期。童年期脑的形态发育已逐渐接近成人水平。

4. 体成分　童年期肌肉组织加速发育,肌肉占体重的比例增至约19%,体脂肪含量约为15%。进入青春期后,女生体脂肪含量增加到22%,男性仍为15%。青春期男生增加的瘦体质约为女生的2倍。

5. 生殖系统　青春期阶段,在卵泡刺激素、黄体生成素和性激素等激素的作用下,生殖器官发育、生殖功能逐渐成熟,第二性征发育并最终达到成人水平。

6. 心理特点　学龄前儿童模仿能力极强,是饮食习惯形成的关键时期。此阶段儿童偏爱熟悉的食物而不喜爱新食物,注意力分散,往往无法专心进食。通过营造愉快的进食环境,培养儿童自主进食,可以帮助儿童建立不挑食、不偏食的良好饮食习惯。童年期求知欲强烈,容易受环境影响,产生从众的食物喜好。青春期对社会生活中的很多现象感兴趣,自我发展的社会性突出,容易受同龄人、社会审美思潮和饮食风尚的影响,出现如盲目节食等不良饮食行为。应培养学龄儿童正确的饮食观,吃好三顿正餐,少吃零食。

（二）儿童的营养需要

1. 能量与宏量营养素　伴随着身体活动的增加,儿童的能量需要量增加,其中男童每日能量需要量高于女童。在生长发育速度快的时间段,儿童的能量需要量甚至高于成人。建议儿童每日所需能量的50%~65%由碳水化合物提供,以粮谷类食物为主要来源,避免过多摄入甜食。3~4岁儿童总脂肪AMDR为35%E,4岁以后为20%E~30%E。蛋白质对于生长发育十分重要,4~6岁儿童蛋白质AMDR为8%E~20%E,6岁以后为10%E~20%E。

2. 微量营养素　儿童旺盛的生长发育和活跃的身体活动,使得能量代谢相关维生素如维生素B_1、维生素B_{12}和烟酸以及维生素A的需要量增加。但是我国儿童维生素A缺乏和边缘缺乏率高。儿童的骨骼生长需要充足的钙、镁和维生素D供给。另外,青春期男生肌肉快速增长,女生开始从月经丢失大量铁,对铁的需要量高;肌肉组织的迅速增长以及性器官的发育成熟,对锌的需要量升高。同时,青春期对碘的需要量增加。保障微量营养素供给充足对儿童生长发育十分重要。

（三）儿童合理膳食

《中国居民膳食指南（2022）》专门制定了《学龄前儿童膳食指南》和《学龄儿童膳食指南》,在一般人群膳食指南基础上,分别增加5条核心推荐,以指导儿童合理膳食。

1. 学龄前儿童膳食指南　①食物多样,规律就餐,自主进食,培养健康饮食行为;②每天饮奶,足量饮水,合理选择零食;③合理烹调,少调料少油炸;④参与食物选择与制作,增进对食物的认知和喜爱;⑤经常户外活动,定期体格测量,保障健康成长。

2. 学龄儿童膳食指南　①主动参与食物选择和制作,提高营养素养;②吃好早餐,合理选择零食,培养健康饮食行为;③天天喝奶,足量饮水,不喝含糖饮料,禁止饮酒;④多户外活动,少视屏时间,每天60分钟以上的中高强度身体活动;⑤定期监测体格发育,保持体重适宜增长。

三、老年人的营养与膳食

随着社会经济和医疗保健事业的发展，人类寿命将逐渐延长，老年人口比例不断增大。老年人合理营养有助于延缓衰老进程、促进健康和预防慢性退行性疾病，提高生命质量。《中国居民膳食指南（2022）》将65岁至79岁人群定义为一般老年人，80岁及以上的人群定义为高龄老人。

（一）老年人的生理特点

1. 基础代谢率下降 基础代谢率降低是老年人的生理特点之一，进程快慢因人而异，再加上老年人身体活动减少，所以老年人能量消耗随增龄而减少。40岁以后每增加10岁，能量消耗量减少5%。因此，老年人应适当减少能量摄入量。

2. 消化系统功能减退 老年人消化器官的功能随着衰老而逐渐减退。由于牙齿的脱落和咽喉部肌肉力量的下降，咀嚼和吞咽功能减退。高龄老人由于咀嚼和吞咽障碍，容易发生营养不良、吸入性肺炎甚至窒息。老年人由于味蕾、舌乳头和味觉神经的萎缩，以及神经系统的衰退，味觉和嗅觉功能减退，其中对咸味的感知退化最为严重。胃酸和胃蛋白酶分泌减少使矿物质、维生素和蛋白质的生物利用率下降；胃肠蠕动减慢，胃排空时间延长，容易引起食物在胃内发酵，导致胃肠胀气。胆汁分泌减少，对脂肪的消化能力下降。此外，肝脏功能下降也影响老年人的消化和吸收功能。由于肠蠕动减弱和膳食纤维食物摄入不足等因素，老年人容易发生肠道菌群构成的改变，如出现兼性厌氧菌增加、益生菌丰度降低，使得一些维生素合成障碍，影响肠道以及肠外器官的功能，增加疾病的发病风险。

3. 代谢功能降低 蛋白质分解代谢超过合成代谢易出现负氮平衡。随着年龄增高，胰岛素分泌能力减弱，组织对胰岛素的敏感性下降，葡萄糖耐量下降。同时老年人对脂肪的分解和利用能力降低，易出现血甘油三酯、总胆固醇和低密度脂蛋白胆固醇升高，高密度脂蛋白胆固醇下降的现象。

4. 体成分改变 随着年龄的增长，人体瘦体质逐渐减少，脂肪组织逐渐增加，而且体脂肪的堆积容易呈向心性分布特征，即由肢体逐渐转向躯干。老年人体成分改变的具体表现为：①肌肉干细胞数量减少，肌肉组织的重量减少易出现肌肉萎缩；②体水分减少，主要为细胞内液减少；③骨矿物质减少、易发生骨质疏松，40~49岁人群骨质疏松发生率为3%，65岁以上可达19.2%。

5. 体内氧化损伤加重 老年人抗氧化体系活力降低，自由基清除能力下降，容易发生氧化应激，进而造成细胞膜和线粒体、微粒体及溶酶体等细胞器膜损伤。细胞器膜磷脂中多不饱和脂肪酸易在自由基的作用下，形成脂质过氧化产物，主要有丙二醛（malondialdehyde，MDA）和脂褐素（lipofuscin）。老年人皮肤组织、心肌和脑组织中脂褐素沉着率明显高于青年人，若脂褐素沉积于脑及脊髓神经细胞则会引起神经功能障碍。自由基还会导致酶蛋白质变性，引起酶的活性降低或丧失。

6. 免疫功能下降 老年人胸腺萎缩，重量减轻，T淋巴细胞数目明显减少，因此免疫功能下降，容易罹患各种疾病。

（二）老年人的营养需要

1. 能量 体重是衡量能量摄入与消耗平衡的重要指标。虽然老年人对能量的需要降低，但是体重过低对于老年人是不利的。老年人的BMI与全因死亡率之间呈U形关系，BMI在24.0~29.9kg/m^{2}时，死亡风险比最低。高龄老人更容易发生慢性病共病，器官功能衰退更明显，营养不良发生率更高。营养不良是老年人发生衰弱的重要因素。衰弱在高龄老年人尤为常见,会增加老年人发生跌倒、失能和死亡的风险。所以,从降低营养不良风险和死亡风险的角度考虑,老年人不应过度苛求减重。推荐老年人适宜体重应略高于成年人,一般老年人适宜 BMI 范围为 $20.0\sim26.9kg/m^2$,高龄老人适宜 BMI 范围为 $22.0\sim26.9kg/m^2$。

2. 蛋白质　老年人容易出现负氮平衡,罹患肌肉衰减症,应适当增加蛋白质摄入量,但是老年人肝脏和肾脏功能降低,摄入过多的蛋白质可增加肝脏和肾脏的负担。因此,推荐老年人膳食蛋白质 RNI 为 72g/d(男性)和 62g/d(女性),蛋白质的 AMDR 为 15%E~20%E,优质蛋白应占每日蛋白质摄入总量的 50%。

3. 脂类　老年人胆汁分泌减少,酯酶活性降低,导致对脂类的消化功能下降。因此,脂类的摄入量不宜过多。

4. 碳水化合物　老年人的糖耐量降低,血糖的调节作用减弱,容易发生血糖升高;过多的糖在体内转变为脂肪,增加发生肥胖、高脂血症的风险。老年人应特别注意控制富含单糖、双糖的甜食摄入量,增加膳食纤维的摄入,以促进胃肠道蠕动和改善肠道菌群。

5. 矿物质

(1)钙:由于胃酸分泌减少、胃肠功能减退,老年人的钙吸收率低,一般小于 20%;对钙的利用和储存能力低,容易发生负钙平衡。随着年龄增长,常发生骨质疏松症。老年人日常应注意摄入含钙丰富的食物,并经常晒太阳或者从事户外活动。

(2)铁:老年人对铁的吸收利用率下降且造血功能减退,容易发生缺铁性贫血。同时,铁摄入过多对老年人的健康也是不利的。老年男性铁 RNI 与成年人相同,老年女性下调至 10mg/d。

(3)钠:老年人容易罹患高血压、心脏病等疾病,食盐摄入以每天不超过 5g 为宜。同时,为了降低慢性病的发病风险,65 岁以上老年人钠的 PI 为 ≤1 900mg/d,75 岁以上老年人为 ≤1 800mg/d。

此外,微量元素硒、锌、铜和铬在每天膳食中亦须有一定的供给量以满足机体的需要。

6. 维生素　维生素在调节老年人代谢、延缓机体功能衰退、增强抗病能力中发挥重要作用。例如,叶酸和维生素 B_{12} 能促进红细胞的生成,预防贫血。叶酸、维生素 B_6 及维生素 B_{12} 能降低血中同型半胱氨酸水平,有防治动脉粥样硬化的作用。叶酸有利于胃肠黏膜正常生长和预防消化道肿瘤。维生素 B_6 和维生素 C 对保护血管壁的完整性、改善脂质代谢和预防动脉粥样硬化方面有良好的作用。维生素 E 作为一种天然的脂溶性抗氧化剂,有延缓衰老的作用;维生素 D 则有防止骨质疏松症的作用。老年人容易出现维生素 A、维生素 B_2、叶酸及维生素 B_{12} 等缺乏。由于对维生素 D 的吸收下降,户外活动减少使皮肤合成维生素 D 的功能下降,加之肝脏和肾脏功能衰退导致活性维生素 D 生成减少,老年人还容易出现维生素 D 缺乏。因此,应保证老年人各种维生素的摄入量充足。

(三)老年人的合理膳食

《中国居民膳食指南(2022)》针对一般老年人和高龄老年人的生理特点和营养需要,专门制定了《一般老年人膳食指南》和《高龄老年人膳食指南》,在一般人群膳食指南的基础上,分别提出相应的核心推荐。

1. 一般老年人的膳食指南　①食物品种丰富,动物性食物充足,常吃大豆制品;②鼓励共同进餐,保持良好食欲,享受食物美味;③积极户外活动,延缓肌肉衰减,保持适宜体重;④定期健康体检,评测营养状况,预防营养缺乏。

2. 高龄老年人膳食指南　①食物多样,鼓励多种方式进食;②选择质地细软,能量和营养素密度高的食物；③多吃鱼禽肉蛋奶和豆，适量蔬菜配水果；④关注体重丢失，定期营养筛查评估，预防营养不良；⑤适时合理补充营养，提高生活质量；⑥坚持健身与益智活动，促进身心健康。

（张晓宏）

第三节　运动员的营养与膳食

运动员有特殊的营养需求。运动员营养（athletic nutrition）是研究运动员在不同训练或比赛情况下的营养需要、营养素与机体机能、运动能力、体力适应和恢复以及运动性疾病等的关系。合理营养与平衡膳食可以提供充足的能源，提高血红蛋白水平及携氧能力，调节组织和细胞的代谢和功能，提高运动效率和促进运动后机体的恢复。同时运动激活了许多微量营养素参与的代谢途径，训练促进肌肉的生化适应，从而增加对某些微量营养素的需求。

一、运动员的生理特点

在竞技训练和比赛时，运动员处于高度的生理应激和负荷极限状态，机体发生一系列的生理生化改变，继而引起机体营养素代谢和营养素需要量的改变。

1. **心血管系统**　血容量明显增大，以满足机体氧气和能量的需要以及代谢产物排出的需求。剧烈运动时，由于肌肉组织局部血管舒张，血流阻力下降，交感神经兴奋性增强，运动员心输出量可以达到最大输出量的85%。

2. **神经系统**　超负荷运动可引起运动员大脑皮质兴奋和抑制不协调，神经-体液调节紊乱，出现交感神经过度兴奋，迷走神经相对抑制，导致身体各系统功能下降，甚至出现病理性改变。

3. **消化系统**　剧烈运动时机体血液重新分配，皮肤和肌肉血流量增多，胃肠道和消化腺血流量减少，营养素消化吸收能力随之减弱。

4. **免疫系统**　在强化训练期间、减重期间或长距离比赛后，运动员可能出现暂时性的免疫功能低下。随着运动时间的延长，机体免疫功能进一步下降，疲劳感增强，呼吸道感染率增加。然而，中小强度的运动、日常的周期性训练以及有氧运动均能提高机体免疫力，减少呼吸道感染的风险。

5. **内分泌系统**　日常周期性训练对内分泌影响不大。长期高强度大运动量训练能影响激素的合成与分泌或调节功能，从而引起运动性内分泌失衡，最常见的是女性运动员体内激素（雌二醇、睾酮、孕激素、生长激素和胰岛素样生长因子-1等）水平的改变，从而影响女性正常生理状态，出现月经不调、闭经等。

二、运动员的营养需要

（一）能量

在训练或比赛中，运动员的运动强度大、能量消耗率高以及运动后恢复期过量氧消耗，即机体在短时间内氧气消耗量超过了实际供应量，造成氧债（oxygen debt）。除了年龄、性别、体表面积、精神状态和气候环境等因素，运动能量消耗受运动项目和训练水平、运动强度和持续时间、体内能源储备、骨骼肌纤维类型、营养素摄入以及膳食结构等因素的影响。常见运动项目的运动员能量需要量在14.64～18.41MJ/d（3 500～4 400kcal/d）范围内，按体重计算在210～280kJ/kg（50～67kcal/kg）范围，蛋白质、脂肪和碳水化合物供能比为1:（0.7～0.8）:4。

（二）蛋白质

充足的蛋白质供应有利于运动后恢复、肌肉蛋白质合成、刺激肌肉生长或优化身体成分。国际运动营养学会建议运动员应摄取富含所有必需氨基酸的蛋白质类食物，含有高比例必需氨基酸和充足亮氨酸的蛋白质在刺激肌肉蛋白质合成方面最有效。运动中机体蛋白质分解代谢增强，尿及汗液中氮的排出增加，甚至出现负氮平衡。运动还可加速缬氨酸、亮氨酸和异亮氨酸等支链氨基酸的氧化供能，以致组织和血液支链氨基酸的浓度下降，对色氨酸通过血脑屏障的竞争性抑制作用减弱，脑内 5-羟色胺水平增加，引起运动性中枢疲劳（exercise induced center fatigue）。另外，运动后恢复期适应性蛋白质的合成代谢增强，蛋白质分解率持续增强。因此，膳食蛋白质供给不足，影响运动性损伤的修复和运动能力的提高，甚至引起运动性贫血（exercise anaemia）。然而，蛋白质摄入过多可加重肝脏、肾脏的负担，机体易脱水并影响水盐代谢，提前出现疲劳现象。运动员蛋白质需要量比一般成人要高，我国推荐运动员蛋白质的适宜摄入量占总能量的 12%～15%，约为 1.2～2.0g/（kg·d），优质蛋白质至少占 1/3。

（三）脂肪

脂肪符合运动员对膳食的体积小、能量密度高及产能高的要求。然而，长期摄入过量脂肪会增加氧化供能时的耗氧量，导致酸性代谢产物蓄积，降低运动员耐力和体力恢复速度，且可引起血脂和血液黏稠度增高，血流缓慢，影响 O_2 和 CO_2 的运输，另外还影响蛋白质、铁等其他营养素的吸收。因此，应根据实际情况合理调整运动员膳食脂肪的摄入量。我国推荐运动员脂肪供能占总能量的 25%～30%；登山运动员常处于缺氧状态，脂肪供能比可降至 20%；游泳、滑雪和滑冰可增加，但以不超过 35% 为宜。应注意适当限制饱和脂肪酸的摄入量。

（四）碳水化合物

碳水化合物是运动中重要的能量来源，具有产能迅速、耗氧量低、代谢完全及终产物不增加酸度等特点。高强度短时间运动的能量来源主要是碳水化合物，长时间低强度或中等强度运动的初期阶段，机体也是以碳水化合物供能为主，只有在糖原储备下降后，脂肪或蛋白质的供能比才会逐渐增高。机体的糖原储备是影响运动员耐力的重要因素。我国推荐一般运动员（中等强度运动）膳食碳水化合物供能占总能量的 50%～60%，高强度、高耐力和缺氧运动项目可增至 70%。应根据运动强度和持续时间、运动训练程度等因素，在运动前、中和后合理补充碳水化合物，但要注意其类型、摄入量、间隔时间以及口感等。

糖原填充法（carbohydrate loading）是一种专业运动员在赛前常用的方法，目的是增加体内糖原储备，从而提高机体耐力，获得更好的运动成绩。经典的糖原填充法是赛前一周进行一次耗竭性的耐力训练，随后 3 天以低碳水化合物为主，消耗体内的糖原，最后 3 天以高碳水化合物为主，同时减少训练量。为了减少副作用，新的糖原填充法用 50% 碳水化合物代替耗空阶段的低碳水化合物饮食，赛前 3 天碳水化合物增加到 70%。

（五）水和矿物质

1. 水　在高强度的运动训练和比赛中，运动员大量出汗、尿量减少、电解质丢失增加，易引起运动性脱水。水供给量应依据运动员个体情况、运动特点、训练和比赛的环境等因素制定。大量出汗后，补水要少量多次，不可一次性暴饮；同时也要注意避免加重电解质丢失及心脏、肾脏和胃肠道的负担。注意补充适量的矿物质（尤其是钠离子和钾离子）和水溶性维生素。补液总量应大于失水的总量，正确选择运动饮料。在运动前、中和后进行合理补液，使运动员机体水分和电解质达到生理平衡状态。

2. 钠　运动员进行大运动量训练或比赛(尤其是高温环境下),经汗液丢失大量盐分,如不及时补充,可发生钠缺乏,轻者出现肌肉无力、食欲减退以及消化不良等表现;重者可出现恶心、呕吐、头疼、腹痛、腿痛以及肌肉抽搐等症状。我国推荐运动员钠的适宜摄入量为<5g/d,高温环境下训练者为<8g/d。运动员可通过菜汤、含钠盐且口感好的运动饮料等进行补充。

3. 钾　大运动量训练(尤其处于高温环境)时,通过汗液丢失大量的钾,若不及时补充,可发生钾缺乏。缺钾可抑制体内碳水化合物的利用,减少 ATP 合成,同时降低肌肉兴奋性,导致肌肉无力和心脏节律紊乱等。我国推荐运动员钾的适宜摄入量为 3~4g/d。运动员可以通过增加蔬菜、水果以及适量补充钾盐等方式进行补充。

4. 镁　在大强度训练后,镁随大量汗液丢失,如不及时补充镁,可诱发运动员情绪激动和肌肉抽搐。我国推荐运动员镁的适宜摄入量为 400~500mg/d。

5. 钙　钙摄入不足和汗液钙(尤其在高温环境下)大量丢失容易造成钙缺乏。长期钙营养不良的运动员(尤其是女性)可出现肌肉抽搐、骨密度下降,易患骨质疏松症和应力性骨折。我国推荐运动员钙的适宜摄入量为 1 000~1 500mg/d。运动员可以通过增加富含钙的食物进行补充。

6. 铁　运动训练引起运动员铁需要量增加。在机体铁的丢失增加、组织储备减少、摄入不足以及膳食铁吸收率低的情况下,大运动量训练易导致缺铁性贫血。女运动员和需要控制体重的运动员更易出现缺铁性贫血,影响运动员的耐氧能力、耐力以及运动能力。我国推荐运动员铁的适宜摄入量为 20mg/d,在大运动量项目或高温环境下训练者为 25mg/d。运动员可增加动物性食物、新鲜蔬菜和水果以及强化铁食物的摄入。

7. 锌　长期大运动量训练可使机体锌代谢加快、排出增多,肠道吸收率下降,引起血清锌水平低下,出现肌肉生长发育缓慢和重量减轻,严重时可引起低锌血症。我国运动员锌的适宜推荐量为 20mg/d,在大运动量项目或高温环境下训练者为 25mg/d。运动员可以通过选择富含锌的动物性食物来满足机体锌的需要量。

8. 硒　缺硒影响运动员食欲以及机体的免疫力。我国运动员硒的适宜摄入量为 50~150μg/d。运动员可以增加坚果、肉类(特别是牛肉和鸡肉)及海鲜的摄入。

9. 碘　碘缺乏可能会导致甲状腺功能减退,进而影响运动员的耐力、力量和运动表现。我国运动员碘的适宜摄入量为 150μg/d。可通过增加海产品(如海带、紫菜、海藻)的摄入来满足机体对碘的需求。

建议运动员有针对性地摄取富含矿物质的食物,必要时可选用钙、铁、锌或硒补充剂。需要注意的是,要在专职运动营养师的指导下服用补充剂,以免因摄入过量导致中毒。

(六)维生素

适量补充维生素对增强运动竞技能力、延缓疲劳和加速体能恢复有着重要的意义。运动训练与比赛会增加机体对维生素的需要量。运动员维生素适宜摄入量应高于普通人群,且因运动项目不同,对维生素的需要也不尽相同。

1. 维生素 B$_1$ 和 B$_2$　维生素 B$_1$ 长期缺乏引起丙酮酸堆积,损害神经系统功能,而大量丙酮酸转化成乳酸后,造成乳酸堆积,容易导致疲劳,损害有氧运动能力。因此,从事神经系统紧张项目的运动员应适当增加维生素 B$_1$ 摄入量。维生素 B$_2$ 缺乏直接损害有氧运动和无氧运动能力,对于年龄较小、耗能大、需要控制体重和素食运动员都应注意补充维生素 B$_2$。我国推荐运动员维生素 B$_1$ 的适宜摄入量为 3~5mg/d,维生素 B$_2$ 的适宜摄入量则为 2~2.5mg/d。由于两者在体内主要是以辅酶的形式发挥作用,应在赛前 2~3 周增加富含维生素 B_1 和维生素 B_2 的膳食摄入纠正其缺乏状态,必要时可采用维生素 B 制剂。

2. **其他 B 族维生素** 烟酸与维生素 B_1 和维生素 B_2 共同参与机体代谢过程,促进能量生成。维生素 B_6 则在氨基酸代谢中发挥作用,并且促进蛋白质的合成。维生素 B_{12} 与叶酸则对生成红细胞及维护神经系统健康至关重要,能够改善精细运动控制和目标射击。由于维生素 B_{12} 主要存在于动物性食物中,因此素食运动员更容易受维生素 B_{12} 缺乏的影响。我国推荐运动员烟酸、维生素 B_6、维生素 B_{12} 及叶酸的适宜摄入量为 20~30mg/d、2.5~3.0mg/d、2μg/d 及 400μg/d。

3. **维生素 C** 维生素 C 参与胶原蛋白的合成,与运动中组织细胞损伤的修复关系密切。维生素 C 可使小肠对非血红素铁的吸收率提高 2~3 倍。我国推荐的运动员维生素 C 的适宜摄入量在训练期为 140mg/d,比赛期为 200mg/d。补充维生素 C 应以增加新鲜蔬菜和水果为主。

4. **维生素 A** 维生素 A 与视觉功能有关,所以对于视力要求较高的运动项目如射击、击剑和乒乓球等,运动员对维生素 A 的需要量比较高。我国推荐的一般运动员维生素 A 的适宜摄入量为 1 500μg RAE/d,视力活动紧张的项目运动员为 1 800μg RAE/d。

5. **维生素 D** 维生素 D 缺乏直接影响骨骼肌的功能和运动表现,增加运动伤害与应力性骨折的风险,影响免疫系统的调节作用,增加运动员的患病风险。我国推荐运动员维生素 D 适宜摄入量为 10~12.5μg/d。

6. **维生素 E** 维生素 E 可增加高原训练运动员的最大吸氧量,减少氧债和降低血乳酸浓度,与运动能力提高有关。我国推荐的运动员维生素 E 的适宜摄入量为 15~20mg α-TE/d,高原训练增加为 30~50mg α-TE/d。因过量摄入脂溶性维生素可引起体内蓄积,发生中毒反应,运动员要在运动营养师的指导下适量补充维生素 E 制剂。

三、不同运动项目的营养需要

在运动员合理营养和平衡膳食的基础上,应考虑不同运动项目在力量、耐力、协调力、爆发力、反应力以及特殊用途等方面对营养需要的特点,从而针对性地制定个体化的膳食方案,确保运动员在训练和比赛时处于最佳健康状态和运动能力。

(一)速度力量型运动项目

短跑、跳高、举重、投掷、摔跤以及武术等项目要求较大的力量和较好的神经-肌肉系统的协调性,并且要在短时间内产生爆发力。这类运动强度较大,氧债大,以无氧供能为主。

速度力量型运动项目的运动员每日蛋白质推荐摄入量可达到 2.0g/(kg·bw),其中优质蛋白应占 1/3,同时要适当增加支链氨基酸、肌酸以及谷氨酰胺等的摄入。膳食中应含较多易吸收的碳水化合物,来自蔬菜和水果类食物的碳水化合物应占总能量的 15%~20%。同时,还应注意维持适当体重,预防运动性脱水等问题。

(二)耐力型运动项目

中长跑、马拉松、滑雪、摩托车、竞走、长距离游泳以及自行车等项目具有运动时间长、运动中无间歇、强度较小、耐力要求高、能量消耗较大、出汗量大等特点,是一种以有氧代谢为主的运动。

膳食首先要满足运动员能量的需要,提供丰富的产能食物或血糖生成指数高的食物,推荐每日碳水化合物摄入量为 8~10g/(kg·bw),大负荷训练或比赛供能比可以增加到 70%;要保证摄入丰富的蛋白质、铁、钙、维生素 B_1、维生素 B_2 和维生素 B_6 等;适当增加食物脂肪的摄入,以缩小食物体积,减轻胃肠负担。还应供给富含甲硫氨酸的食物,以促进肝脏中的脂肪代谢。同时,应该特别注意适量补水,以运动饮料和菜汤等补充形式为宜。

(三)技巧型运动项目

击剑、射击、体操、跳水、花样滑冰和乒乓球等项目要求较高的灵敏性、技巧性、协调性、反应性和快速适应性,运动员神经活动紧张,动作多变,但能量消耗增加不大。

为控制体重和体脂,运动员膳食要严格控制总能量的摄入,保证优质蛋白质的摄入。在减体重期,蛋白质供能应占总能量的 15%～20%。维生素、钙和磷等矿物质供给应当充足,但要注意减重的速度。对视力要求较高的运动员,应提供富含维生素 A 或 β- 胡萝卜素的食物,且以动物性食物为主,必要时服用适量维生素 A 补充剂。

(四)棋牌类运动项目

棋牌类是以脑力活动为主的项目,对糖类有着特殊的需要,可在下棋、打牌时随时补充。此外,神经系统紧张项目需要适当增加膳食中蛋白质和维生素 B_1、维生素 E、维生素 C、维生素 A 的供给,提高卵磷脂、钙、磷、铁的含量。膳食中应减少脂肪摄入,以降低机体耗氧,保证脑组织的氧供应。抗氧化剂与 ω-3 脂肪酸(EPA 和 DHA)可以帮助减少氧化应激,保护大脑免受损伤。

(五)团队型运动项目

篮球、足球、排球、橄榄球和冰球等项目要求集灵敏性、反应性、技巧和力量等多方面的素质为一体,运动强度较大,应变性强,运动持续时间长,团队协作要求高,能量消耗较大。此类项目能量供应是有氧与无氧供能系统的综合作用。每日碳水化合物建议摄入 6～10g/(kg·bw),在赛季前或长时间的高强度训练期间可增至 12g/(kg·bw),注意选择高血糖生成指数的食物。蛋白质在修复高强度运动带来的肌肉损伤中至关重要,建议每日摄入 1.2～2.0g/(kg·bw)。在高强度间歇性运动中,脂肪作为能量来源的作用有限,建议摄入量不超过总能量摄入的 25%～30%。确保摄入充足的维生素 C,适量补充 B 族维生素、维生素 E 和维生素 D。运动员应在运动前、中、后阶段适时适量补充水分和电解质。

四、运动员膳食

(一)运动员的膳食指南

在平衡膳食的基础上,根据运动员训练和比赛情况下的生理代谢和营养需要特点,我国学者提出运动员膳食指南:①食物多样,谷类为主,营养平衡;②食量和运动量平衡,保持适宜体重和体脂;③多吃蔬菜、水果、豆类及其制品;④常吃适量的鱼、禽、蛋和瘦肉;⑤注重早餐和必要的加餐,各餐分配要合理,注意食物摄入时间;⑥重视补液、补充碳水化合物和电解质,合理选择饮料;⑦吃新鲜安全的食物,避免食源性违禁成分;⑧在医学指导下,合理食用营养素补充品。

(二)合理膳食原则

在遵循运动项目的营养需求特点的基础上,依然要重视合理膳食营养。运动员合理营养的主要目标是保证运动员良好的健康状态,取得最佳的训练效果和竞技能力,最终取得优异的成绩。

1. **食物多样化**　每日食物种类全、品种多,包括谷薯类、蔬菜水果、动物性食物、大豆和坚果,烹调油以植物油为主。

2. **保证营养素数量和质量的需要**　一般训练情况下,运动员膳食碳水化合物提供的能量占总能量的 55%～65%,脂肪占总能量的 25%～30%,蛋白质占总能量的 12%～15%(优质蛋白至少占1/3),充足的各类矿物质和维生素。

3. **选择浓缩、体积小、易消化的食物**　运动员用餐应选择重量轻、能量密度高且易消化吸收的食物。应以谷类食物为主、动物性食物为辅,运动后可以适量增加蔬菜与水果的摄入。一般情况下,运动员食物的总重量不宜超过 2 500g/d。

4. 合理饮食制度　运动员应有规律的进餐时间和餐次,定时进餐可提高大脑皮质兴奋性的规律性,促进食物的消化、吸收与利用。运动员早晚餐分配比建议为早餐能量不低于 25%、晚餐不超过 30%,其余根据训练情况,在中餐和加餐中合理分配。训练中如需加餐,可为一日总能量的 5%,应注意添加营养全面、能量密度高的食物,并切忌暴饮暴食。进餐后应间隔 1.5～2 小时后再运动,运动后需休息 40 分钟后再进食。

(三)营养补充剂的合理使用

为提高运动员的运动能力,可以针对不同的运动项目有选择性地使用一些营养补充剂。2018年国际奥委会共识声明中,评价了几种常用营养补充剂的作用。①肌酸:研究较多,安全数据充足。能增加瘦体重与力量,促进高强度运动后的恢复。②β-羟基-β-丁酸甲酯:是亮氨酸的代谢产物,减少肌肉分解,减轻肌肉损伤程度,但相关数据仍不足。③维生素 D:能提高运动适应性,降低上呼吸道感染和应力性骨折发生率。建议在医生或运动营养师的指导下使用。④铁:改善体能、免疫力和注意力,运动员缺铁可通过膳食和口服铁剂补充,并进行临床随访。⑤ω-3 多不饱和脂肪酸:提升认知水平,减轻肌肉损伤,加快损伤修复。但在运动营养领域还需进一步的证据。⑥益生菌:减轻胃肠道症状,补充应该在赛前开始。

(秦立强)

第四节　特殊环境人群的营养与膳食

特殊环境人群是指长期生活或作业于某种特殊环境(如高温、低温、高原及辐射等)或接触有害因素(如铅、汞、砷和苯等)的人群。当人体受到这些环境因素影响时,在生理、生化和营养素代谢和需要上发生不同程度的损害甚至导致病理性改变或疾病。处于特殊环境下的人群需要通过生理上的适应性改变,来维持机体的生活或作业状态,这些改变形成了机体对膳食营养的特殊要求,合理营养与平衡膳食可增强机体对特殊环境的适应能力和对有毒物质的抵抗力。

一、高温环境人群的营养与膳食

高温环境作业(work in hot environment)是指生产劳动过程中,工作地点平均湿球黑球温度指数(wet-bulb globe temperature index,WBGT)≥25℃的作业。WBGT 考虑了温度、风速、空气湿度和辐射热等因素,是综合评价人体接触作业环境热强度/热负荷的指数。

$$室外 WBGT=湿球温度(℃)×0.7+黑球温度(℃)×0.2+干球温度(℃)×0.1$$
$$室内 WBGT=湿球温度(℃)×0.7+黑球温度(℃)×0.3$$

高温环境作业包括夏季野外作业(如集训、行军)、高温强辐射作业(如炼钢、炼铁、炼焦、铸造)及高温高湿作业(如印染、造纸、电镀)等。高温环境作业时,机体在生理、生化以及代谢等方面均出现明显的改变,直接影响营养素代谢及营养素需要量。

(一)生理和代谢特点

1. 皮肤汗腺　自主神经调节皮肤汗腺排汗,出汗量多少与热辐射强度和劳动强度高低以及湿度有关。出汗量可达 3～8L/d。汗液中矿物质占 0.3%～0.8%,出汗多时,随汗丢失的氯化钠可达 20～25g/d 或更多,钾、钙和镁等丢失次之。

2. 心血管系统　随着大量汗液排出,体液丢失增多,引起血液浓缩,有效血流量减少,外周血管扩张血流量增大,肌肉血流量增加,心率加快,但心搏出量减少。同时,高温可升高体温,皮肤血管扩张,末梢阻力下降,出现血压降低。

3. **消化系统**　高温下人体摄食中枢兴奋性降低,食欲减退。此外,由于机体散热作用增强,血液重新分配,体表血管血流量增多,内脏血流量减少,引起消化道血液不足,胃肠道运动功能减弱。同时,消化腺功能减退,胃液、胰液和肠液等分泌减少,消化液成分改变,引起营养素的消化、吸收与利用降低。

4. **神经系统**　高温抑制大脑神经细胞,中枢运动神经细胞的兴奋性降低,肌肉收缩能力和协调能力下降,表现为注意力下降、反应迟钝、容易发生疲劳。

5. **其他系统**　高温引起肾血流量、肾小球滤过率以及尿量显著减少,严重时可引起水电解质平衡失调;机体合成抗体减少,抵抗力减弱,拮抗和排泄作业环境毒性物质的能力亦随之降低。机体神经内分泌反应增强,参与调节生理功能的激素分泌也出现相应改变。

（二）对能量和营养素代谢的影响

1. **能量**　当环境温度超过30℃时,循环系统负荷增加、汗腺活动加强、体温升高和汗液蒸发等使机体能量消耗明显增加。

2. **蛋白质**　高温环境中人体基础代谢率增加,蛋白质分解代谢增强,尿中代谢产物肌酐、氮等排出增多,通过汗液可溶性含氮物质(如尿素、氨、氨基酸、肌酸、肌酐和尿酸等)的丢失也增多,造成蛋白质的需要量增加。对热环境产生适应后,汗液氮的丢失量减少,肾脏氮排出也代偿性减少。

3. **脂肪和碳水化合物**　高温降低食欲,从而影响脂肪和碳水化合物的摄入。碳水化合物有促进热习服和提高热耐力的作用,应选择富含碳水化合物而脂肪量较少的食物。

4. **水和矿物质**　高温环境中机体大量排汗散热,水和矿物质丢失明显,严重者导致中暑。汗液中除含有钠、钾、钙、镁和氯等外,还有一定量的铁、锌、铜、锰和硒等多种矿物质,大量出汗时需要及时补充。

5. **维生素**　由于高温环境中能量消耗增加,能量代谢相关的维生素 B_1、维生素 B_2 和烟酸等需要相应增加,机体对维生素 C 不仅消耗增多而且需要量增加,其他水溶性维生素也随汗液丢失增加。此外,高温环境加快了维生素 A 代谢,消耗量增加,最终导致机体对维生素 A 需要量的增加。

（三）膳食营养需要

根据《高温作业人员膳食指导》(WS/T 577—2017),高温环境中的膳食营养重点是合理补充水分、多吃蔬菜水果、增加优质蛋白摄入、合理搭配班中餐。

1. **满足产能营养素需要**　当湿球黑球温度超过25℃时,环境温度每升高1℃,能量摄入应比一般人群增加0.5%,班中餐能量应达到总能量的30%。碳水化合物供能占总能量的55%～65%,脂肪占总能量的20%～30%,蛋白质推荐摄入量为72～79g/d,适量多吃鱼虾、蛋、奶、大豆和瘦肉等优质蛋白质食物。建议每日奶类摄入不低于300g,每日摄入相当于50g大豆的豆制品。

2. **保证充足的维生素**　水溶性维生素的摄入量与能量需要的增加以及汗液丢失多少有关,可根据作业人员实际劳动强度来调整。如维生素 B_1 的推荐摄入量为1.8～2.4mg/d,维生素 B_2 为1.7～2.3mg/d,维生素 C 为130～180mg/d。因此,应供给高温作业人员谷类、瘦肉类、新鲜蔬菜与水果等富含以上维生素的食物。必要时,适当给予维生素补充剂或强化剂。

3. **补充水和盐**　按作业温度和强度适量饮水,也可按出汗量补充。宜选择淡盐水进行补充,出汗量＞3L/d 时，宜补充电解质 - 碳水化合物饮品（推荐饮品的主要成分为每 100g 中含钠 25～70mg，钾 9～25mg，碳水化合物 5～9g）。水或饮品温度 10℃ 左右为佳。推荐少量多次饮用，每次 200～300mL。

4. **合理搭配班中餐** 宜减少油脂的摄入。食物适当调味，并脱离高温环境用餐，以促进食欲和消化吸收。

二、低温环境人群的营养与膳食

低温环境（cold environment）主要是指温度在 10℃ 以下的外界环境。一般可以分为低温生活环境（我国北方地区冬季较长，平均温度一般在 –20～–10℃）和低温作业环境（如冬季野外、冷库和冰库作业、冬季游泳以及南北极考察等）。与高温环境因素一样，低温环境也可引起机体生理机能和营养代谢的改变。

（一）生理与代谢特点

1. **消化系统** 低温环境下，人体胃酸分泌亢进，胃排空减慢，食物在胃内消化较充分。寒冷环境可增加食欲和体重。

2. **心血管系统** 低温刺激交感神经系统兴奋，引起细小动脉收缩，外周血管阻力增大。同时，血液黏稠度增加，血液流动缓慢，易出现血液循环障碍等。另外，血中儿茶酚胺浓度增高，引起心输出量增多、血压上升、心率加快等改变。

3. **呼吸系统** 低温直接刺激呼吸道上皮组织，引起气道阻力增加，加大哮喘病发病风险；因肺实质静脉收缩，引发进行性肺动脉高压，增加死亡风险。

4. **神经系统** 低温环境影响中枢和外周神经系统的功能，出现皮肤感觉异常、肌肉收缩力减弱、神经 - 肌肉的协调性以及灵活性等降低，机体容易疲劳。

5. **内分泌系统** 低温刺激甲状腺素分泌，促进体内物质氧化所释放的能量以热的形式向体外发散，增加机体能量消耗。去甲肾上腺素和肾上腺素分泌也增强。

6. **体温调节系统** 低温引起局部体温调节和血液循环障碍，影响体温的自稳态。长时间寒冷可引起局部性损伤（冻伤、冻疮）和全身性损伤（冻僵、冻亡）。

（二）对能量和营养素代谢的影响

1. **能量** 低温可引起能量消耗的增加。一般情况下，总能量增加 5%～25%，这一现象与基础代谢率增高、甲状腺素分泌亢进、寒战、御寒服装以及体格有关。

2. **蛋白质** 低温可引起机体对支链氨基酸（缬氨酸、亮氨酸和异亮氨酸）的利用增强。研究显示，甲硫氨酸、酪氨酸可提高机体耐寒的能力。

3. **碳水化合物和脂肪** 低温环境下，体内供能方式先是以碳水化合物为主，逐渐转变为以脂肪和蛋白质供能为主，这一变化与低温引起体内相关酶谱结构发生适应性改变有关。低温暴露初期肝脏和肌肉中糖原迅速减少，血糖上升；持续的寒冷刺激可引起糖异生和糖原合成增强，血中碳水化合物代谢相关酶活性降低，脂肪代谢酶活性增加，机体组织摄取与利用脂肪的速率增加。

4. **维生素** 寒冷引起能量代谢加快及能量消耗增加，与能量相关的维生素 B_1、维生素 B_2 和烟酸消耗量明显增加，维生素 C 和维生素 A 消耗增加。

5. **水和矿物质** 低温环境下，肾脏泌尿作用增强，血锌、镁、钙和钠含量下降，体内钙和钠营养水平则明显不足。低温引起机体对水的需要量增加，以保持体液平衡。

（三）膳食营养需要

1. **保证充足的能量**　能量需要量提高 10%~15%，在保证碳水化合物需要的基础上，增加脂肪摄入来满足机体对能量的需要，提高耐寒力。我国推荐供能营养素比例分别是碳水化合物约为 45%~50%，脂肪约为 35%~40%，蛋白质约为 13%~15%。

2. **提供优质蛋白质**　注意增加肉类、蛋类、鱼类以及豆制品的摄入。

3. **选择富含维生素的食物**　与常温下比较，低温环境中人体维生素的需要量约高 30%~50%。在提高耐寒力方面，抗氧化维生素（如维生素 C、维生素 E 和胡萝卜素）同膳食脂肪具有协同作用。

4. **补充矿物质**　注意补充钙、钾、锌、镁及钠等矿物质，增加新鲜蔬菜水果和奶制品的摄入。

5. **保证水的供应**　为防止水与电解质失衡所致的等渗或高渗性脱水现象，应保证充足的水分摄入。

三、高原环境人群的营养与膳食

高原（altiplano）是指海拔高于 3 000m 以上的地区，具有大气压和氧分压低、寒冷且风大、湿度低、太阳辐射强度高、宇宙射线量增加等特点，这些独特的地理自然环境因素可引起机体发生多种生理调节、营养物质代谢和需要量的改变。

（一）生理与代谢特点

1. **中枢神经系统**　脑组织具有耗氧量大、代谢率高、氧和 ATP 储存少，以及对低氧耐受性差等特点。急性低氧使机体有氧代谢降低，能量产生障碍，导致脑组织能量供应不足，诱发脑功能障碍。低氧性钠泵功能紊乱引起钠和水进入脑细胞，易引发脑水肿、自主神经功能紊乱等。

2. **呼吸系统**　高原低氧环境下动脉血氧分压降低可刺激周边化学感受器，反射性地引起呼吸加深加快，肺活量、肺通气量和肺泡内氧分压增高。低氧可使肺血管收缩，造成肺动脉高压和肺源性心脏病。

3. **心血管系统**　高原低氧引起心肌收缩力下降，易导致心肌功能衰竭和猝死。毛细血管损伤，形成局部血栓。长期缺氧可刺激红细胞和血红蛋白增多、血浆黏度增加、心脏负担加重，易诱发高原心脏病。

4. **消化系统**　高原低氧时，人体胃肠黏膜缺氧，胃肠功能紊乱，消化液分泌减少，胃蠕动减弱，胃排空时间延长，引起恶心、呕吐、腹泻及食欲下降等症状。同时，肠黏膜屏障功能下降导致肠道菌群紊乱。

5. **内分泌系统**　高原低氧诱发机体应激反应，导致交感-肾上腺髓质系统功能增强，血儿茶酚胺水平升高。低氧激活下丘脑-垂体-肾上腺皮质系统，促使肾上腺皮质激素和皮质醇分泌增加。

6. **其他**　高原低氧对视功能也有损伤作用，海拔 4 000m 以上，视觉灵敏度会明显降低，视网膜水肿、渗出、出血、视乳头充血的发生率显著增加。

（二）对能量和营养素代谢的影响

1. **产能营养素**　低氧时，能量需要量增加。蛋白质和氨基酸分解代谢增强，尿氮排出增加。脂肪动员增加，分解代谢加强，脂肪储存量减少，但低氧导致脂肪氧化不全，血甘油三酯、胆固醇和游离脂肪酸水平升高，严重者可引发酮血症。碳水化合物的有氧代谢受阻，无氧酵解增强，出现血糖降低、血乳酸和丙酮酸含量增加，糖异生受阻，糖原储备量减少。

2. **矿物质与维生素**　急性低氧时，机体出现水和电解质代谢紊乱，出现细胞外液转移入细胞内，导致细胞水肿，机体内锌、铜、硒、铁、钠、氯等元素出现变化。随着高度的增加，机体内维生素 B_1 和维生素 B_2 出现不足或缺乏，血清维生素 C 和维生素 E 水平也出现下降趋势。

（三）膳食营养需要

1. 满足产能营养素的需要　其能量供给在非高原作业基础上增加 10%。初入高原且处于急性缺氧期人群应遵循"高碳水化合物、低脂肪、适量蛋白质"的膳食原则，建议以上物质分别占总能量的 65%～75%、20%～25% 和 10%～15%，主要原因是脂肪氧化需要更多的氧气，而高碳水化合物有助于肺泡氧张力的增加和脑功能的改善。对于慢性低氧暴露或高原习服者，三大产能营养素适宜比例可与非高原居民相同。可充分利用高原特有的青稞、牦牛奶等特有食品摄取能量与营养素。

2. 补充水分与矿物质　高原地区需增加水的摄入量，以补充机体从皮肤和呼吸道等途径所散失的水分。每日的生理需水量一般为 2.5～4.0L。初到高原者不宜过量饮水，以防高原肺水肿的发生。另外，在夜间睡觉前应减少饮水量，以免增加心脏负担。机体对一些矿物质（尤其是铁与锌）的需要量也有所增加。

3. 供给充足维生素　高原环境下，机体对维生素 B_2 与维生素 C 的需要量显著增加，补充维生素 E 具有减轻体内氧化应激反应的作用。

四、接触化学毒物人群的营养与膳食

外源性化学毒物侵入并作用机体后，大多数经过肝脏微粒体混合功能氧化酶代谢，减毒并排出体外，部分则可直接作用于神经、血液和消化等系统并使其发生暂时或持久性的病理学改变。然而，许多膳食营养素具有促进毒物代谢转化、捕捉和清除自由基以及抑制脂质过氧化等解毒作用，合理营养、平衡膳食及良好的机体营养状况可以提高人体对有毒物质的解毒能力和抵抗力。本部分主要介绍铅和苯作业人员的营养与膳食。

（一）铅作业人员

接触铅的工作主要有从事铅矿的开采与冶炼、熔铅、油漆、印刷、陶瓷、染料以及蓄电池制造等行业。

1. 铅在体内代谢特点和对营养素代谢的影响

（1）铅在体内的代谢和毒性：血循环中的铅大部分与红细胞膜和血浆蛋白结合，少部分则形成可溶性的磷酸氢铅和甘油磷酸铅随尿排出，也可通过粪便、唾液及乳汁等排出。铅与蛋白质、脂质和核酸等大分子形成共价结合，诱发氧化损伤、细胞钙稳态失调，表现出一系列的毒性作用，如血液和造血系统出现红细胞溶血、低血红蛋白性贫血等；神经系统出现神经衰弱综合征、多发性周围神经炎和中毒性脑病等；消化系统则出现食欲缺乏、腹痛和中毒性肝炎；泌尿系统出现肾衰竭等；还可出现生育功能和发育障碍。

（2）铅对营养素代谢的影响：铅通过抑制巯基酶活性，减少血红蛋白合成。由于在肠道吸收过程中，铅与锌、铁和钙等矿物质的转运蛋白相同，相互间存在竞争性抑制作用，血铅增高会直接降低锌、铁和钙等的吸收率。铅可促进维生素 C 不可逆的氧化过程，使其失去生理功能。铅使 1,25-$(OH)_2D_3$ 的分解代谢加强，活性型维生素 D_3 减少，影响钙的吸收和利用。

2. 膳食营养需要　在接触少量铅时，应选择富含磷和硫的肉类和谷类等食物为主，使沉积于骨骼中的铅转入血液，形成可溶性磷酸氢铅，经尿排出。急性铅中毒时，以富含钠、钾和钙等的水果、蔬菜以及奶类等食物为主，使血中高浓度的磷酸氢铅转变为磷酸铅沉积骨骼中，缓解铅的急性毒性，随后采取富含磷和硫的食物，以及富含钠、钾和钙的食物交替使用的方法，促进体内铅逐步排出。

（1）保证足量优质蛋白质的摄入：铅作业人员的蛋白质供能应占总能量的15%，应以动物性蛋白质（首选牛奶）为主，增加富含巯基氨基酸（甲硫氨酸和胱氨酸）的优质蛋白质的摄入，提高谷胱甘肽铅复合物排铅解毒的作用，降低体内铅贮留，降低机体对铅毒的敏感性。

（2）保证充足的碳水化合物，限制脂肪的摄入：碳水化合物可提供解毒反应过程中需要的能量和结合反应所需的葡萄糖醛酸，提高机体对毒物的抵抗力。碳水化合物供能占总能量的65%以上。脂肪可促进铅在小肠的吸收，加重铅的毒性作用，应限制脂肪的摄入量，建议脂肪供能小于总能量20%。

（3）适量的矿物质：膳食钙影响铅的毒性，应避免因食物钙不足导致血钙降低，大量骨铅随骨钙溶出入血所引起的毒性作用。建议摄入钙800~1 000mg/d。另外，注意补充铁、锌和铜，增加与铅在肠黏膜受体的竞争力，减少铅吸收；同时，可降低铁结合蛋白对铅毒性的敏感性，减轻贫血和生长发育障碍的程度。

（4）充足的维生素：补充维生素C可维持巯基酶活性，促使还原型谷胱甘肽与铅离子结合排出而解毒；还能与铅结合形成难溶的抗坏血酸铅盐，经粪便排出；建议铅接触者维生素C的推荐摄入量为150~200mg/d。适量补充维生素 B_{12} 和叶酸，以促进红细胞的生成和血红蛋白的合成；此外，维生素 B_1、维生素 B_2 和维生素 B_6 均有神经系统的保护作用，对防治铅中毒也有着重要的意义。

（5）适量的膳食纤维：果胶、植酸等膳食纤维可沉淀肠道内的铅，降低铅吸收并加速排出。因此，应保证一定量蔬菜、水果、谷类和豆类的摄入。

（二）苯作业人员

接触苯的工作主要有苯、含苯化工原料、含苯有机溶剂的生产等。

1. 苯对机体的毒作用和营养素代谢的影响

（1）苯对机体的毒作用：苯可直接吸附到细胞表面，抑制细胞氧化还原反应，降低细胞活性，减少ATP合成；还可以与谷胱甘肽和其他含巯基的活性物质结合，使巯基酶失去活性。苯在体内发挥毒作用靶器官是神经系统和造血系统，急性中毒主要麻醉中枢神经系统，慢性中毒则以损害造血系统为主，严重者可以发展为再生障碍性贫血或白血病。

（2）苯对营养素代谢的影响：苯可增加蛋白质的损失和减少铁的吸收，增加维生素C的消耗。另外，苯可导致胃肠功能紊乱，食欲减退，使得机体维生素和矿物质摄入不足，吸收与利用障碍。

2. 膳食营养需要

（1）增加优质蛋白质的摄入：富含巯基氨基酸的蛋白质对苯中毒有预防作用。

（2）保证充足的碳水化合物：碳水化合物代谢过程中可以提供解毒物质葡萄糖醛酸和解毒过程所需要的能量，提高机体对苯的耐受性。

（3）限制脂肪摄入：因苯具有强的亲脂性，膳食脂肪含量过高可促进苯在体内的吸收和蓄积。

（4）增加维生素和矿物质的摄入：维生素C参与谷胱甘肽氧化还原反应、增加混合功能氧化酶的活性，可提高机体的解毒能力；建议维生素C摄入量150mg/d；补充一定量的维生素 B_6、维生素 B_{12} 及叶酸；适量增加富含维生素A和维生素E的食物，保护神经系统，增加机体对苯的拮抗作用。适当增加铁的摄入量，预防苯中毒所致的贫血。

五、接触电离辐射人群的营养与膳食

电离辐射（ionizing radiation）是由引起物质电离的粒子（如 α 粒子、β 粒子、质子和中子）或电磁（X 射线和 γ 射线）构成的辐射。常见的电离辐射有 X 射线和 γ 射线。辐射工作场所主要包括核电厂、医院里的放射科、使用放射性物质的工业场所以及载人航天等。人体接触电离辐射方式可分为外照射和内照射两种：外照射是指发生于外环境的电离辐射，如宇宙射线、太阳热辐射、核试验、核动力生产、医疗 X 射线等；内照射是指进入体内的放射性核素持续产生电离作用形成的辐射。

（一）电离辐射对人体生理、营养代谢的影响

电离辐射可直接作用于生物活性物质如 DNA、RNA 和蛋白质等，通过电离和激发使其受损，也可以通过产生自由基，间接使活性物质受损。这些作用最终将引起组织的结构损伤或导致基因突变，对机体产生严重的影响，如降低免疫能力、增加癌症的发生风险等。

1. **对产能营养素代谢的影响**　机体能量代谢情况与辐射敏感性有关，能量代谢率高者，辐射损伤严重。辐射后，由于 DNA 损伤导致 mRNA 转录不足，蛋白质合成受阻，如血清白蛋白、球蛋白、胶原蛋白及抗体等合成减少，而氨基酸分解代谢增强，尿氮排出量增加，出现负氮平衡。大剂量的辐射可加快脂质合成，血清甘油三酯、胆固醇等水平升高，发生高脂血症等。同时，辐射作用于机体所产生的自由基及机体本身自由基失衡可引发脂质过氧化反应，影响生物膜的结构和功能。辐射还可加强氨基酸糖异生作用，减弱糖酵解作用，机体对糖的利用能力异常。

2. **对矿物质代谢的影响**　大剂量照射会引起细胞损伤和组织分解，出现高钾血症，尿钾、钠和氯离子排出增多。放射损伤时常伴有呕吐和腹泻，进而引起钠、氯离子丢失增加，导致电解质紊乱。照射后血清铁、锌、铬、硒、铜等的含量也发生改变。

3. **对维生素代谢的影响**　由于辐射引起机体产生大量的活性氧自由基，促进了抗氧化维生素（如维生素 C、维生素 E 和 β- 胡萝卜素等）的消耗；另外，血中 B 族维生素含量减少，尿中 B 族维生素尤其是维生素 B_1 排出量增加，组织对维生素的利用率下降。

（二）膳食营养需要

1. **保证充足的产能营养素供给**　能量、蛋白质和必需氨基酸摄入不足增加机体对辐射的敏感性，从而加重组织损伤和延缓机体恢复。一般建议蛋白质供能占总能量的 12%～18%，以补充优质蛋白质为主；碳水化合物占 60%～65%；注意适量增加必需脂肪酸和 ω-3 多不饱和脂肪酸的摄入，控制血脂水平，不建议增加脂肪占总能量的比例。

2. **选择富含抗氧化营养素的蔬菜和水果**　保证足量的维生素 C 和适量脂溶性维生素的摄入，以减少辐射介导的活性氧对机体的损伤。同时，选择富含 B 族维生素（如烟酸、辅酶 Q10）的食物，增加机体抗辐射效果。

3. **补充适量的矿物质**　在保持水盐代谢平衡的基础上，适量增加微量元素和常量元素的摄入量，可选择瘦肉、动物内脏、鱼类、紫菜、蘑菇、土豆等含矿物质丰富的食物，但需注意矿物质之间的平衡。

4. **适当补充植物化学物**　某些植物天然成分或植物化学物具有抗辐射、抗氧化的作用，如黄酮类、多酚类、皂苷类、多糖、黄芪、姜黄、红景天等。

（秦立强）

本章小结

　　本章包括特殊生理时期（生命早期、孕妇和乳母、婴幼儿、学龄前儿童和学龄儿童、青少年和老年人）、运动员及特殊环境人群（高低温与高原环境、接触化学毒物和电离辐射人群）营养与膳食等内容。每节阐述了特殊人群的人体生理特点，并重点阐述了不同生理时期及环境下机体的营养需求特点及膳食原则，其中特殊生理特点及特殊的工作环境是制定特殊人群膳食原则的理论基础和依据。

思考题

1. 为什么孕妇对铁的需要量明显增加？
2. 婴儿如何合理添加辅食？
3. 蛋白质营养对老年人健康的重要意义是什么？
4. 如何制定不同运动项目运动员的膳食方案？

第五章
公共营养

公共营养以社会群体为研究对象,运用营养学的相关研究方法,阐述人群膳食、营养与健康的关系,并制定相关的营养政策和改善措施,引导公众形成合理膳食行为。目前公共营养形成了一套较为完整的理论、政策和技术体系,并且不断引入新的理论、技术和方法。

第一节　公共营养的定义与特点

1997 年第十六届国际营养大会决定使用公共营养的概念,并提出:与临床营养相比,公共营养的工作重点转向群体水平和宏观营养研究。公共营养的研究领域主要包括:营养调查、营养监测、膳食模式与膳食指南、食物营养规划与营养改善、营养教育与健康促进、社区营养、营养政策法规与标准、食物保障与食品安全等。

一、公共营养的定义

公共营养(public nutrition)是以营养监测、营养调查等主要技术手段,研究膳食、营养和健康的现状和动态变化,发现人群中存在的营养问题及其影响因素,在此基础上有针对性地提出营养改善措施,以提高人群营养健康水平的科学。公共营养曾被称为公共卫生营养(public health nutrition)和社会营养(society nutrition)。

二、公共营养的特点

公共营养重点关注人群的营养和健康,以及影响人群营养状况的各种因素,涉及多个学科领域和社会多个部门,具有鲜明的特点。

1. 实践性　公共营养的突出特点是实践性。公共营养注重将营养学基础理论知识和技能运用于实践中,开展调查研究和营养干预,将营养学的研究成果转化为提高人群营养与健康的社会措施,并分析其效果。

2. 宏观性　公共营养从一个国家或一个地区的视角,分析影响整个人群健康状况的主要营养问题及其影响因素,提出针对性的宏观改善策略和措施,并在解决人群营养问题的实践中,综合考虑营养与经济购买力、食物可及性、经济发展趋势、国家或地区的营养政策、食品经济政策之间的关系。

3. 社会性　人们的饮食行为受社会经济、法律、政策、制度、文化、行为习惯、政治背景和宗教信仰等的影响。因此,在研究和解决人群营养问题时,必须将社会因素作为重要的影响或决定因素考虑,还需要政府各部门紧密协作和全社会共同参与,才能保证公共营养目标的顺利实现。

4. 政策性　要改善一个国家或地区居民的营养状况,必须将基于科学方法分析的研究成果(营养问题、影响因素,以及营养科普指导)转化为相应的公共卫生或健康政策,甚至法律法规,使研究成果通过政策法规途径促进全社会的营养行动,发挥最大的社会效益和经济效益,这就是公共营养的政策性特点。

5. **多学科性**　公共营养的研究和实践已超出传统营养学科范畴。当前,公共营养专业人员所从事的膳食模式研究、社会环境影响因素分析、食品安全保障、食物营养政策和营养标准制定等工作,涉及自然科学和社会科学的多学科理论,如基础医学、临床医学和预防医学等自然科学,以及人类学、社会与行为科学、经济学和政治学等社会科学。

（王舒然）

第二节　膳食营养素参考摄入量的制定

膳食营养素参考摄入量(dietary reference intakes, DRIs)为指导居民合理营养、预防营养缺乏和过量提供重要的参考标准。DRIs 的制定依据是营养科学的核心理论和关键技术。2000 年制定了《中国居民膳食营养素参考摄入量》,2013 年和 2023 年进行了修订。

一、制定膳食营养素参考摄入量的基本证据

制定 DRIs 的基本证据是营养素需要量(nutritional requirement)。营养素需要量是指机体为维持适宜的营养状况、生理功能、生长发育以及日常生活和身体活动所需,在一定时期内平均每日必须获得的某营养素的最低量。营养素必需性理论、营养平衡学说、物质代谢等基础理论为营养素需要量研究奠定了坚实基础。人体营养素需要量有三个层次:①营养素基本需要量:是指维持身体正常生理功能、生长发育和身体活动等所需要的营养素最低量,只有满足这种需要,机体才能够正常生长和发育。由于营养素在组织内储备很少或没有储备,故短期内膳食供给不足即可造成缺乏。②营养素储备需要量:是指除满足机体的所需外,维持组织中储存一定水平的该营养素需要量,这种储备可在必要时用来满足机体的基本需要,避免在短期内造成临床上可观察到的功能损害。③预防出现明显临床缺乏症的营养素需要量:是比基本需要量更低水平的需要量,低于这个需要量就会出现明显的临床缺乏症。

营养素需要量受年龄、性别、生理特点、劳动状况或运动消耗等多种因素的影响。因此,不可能提出一个适用于群体中所有个体的营养素需要量,只能用群体中个体营养素需要量的分布状态概率曲线来表示。

营养素需要量研究方法有多种,如通过检测摄入量与排出量的平衡关系来确定蛋白质的需要量;通过耗竭、补充、平台饱和方法来确定水溶性维生素的需要量;通过测定人体能量消耗量来确定能量需要量等。这些方法主要采用动物实验、人体代谢试验、人群观察试验和随机对照试验进行研究,每种研究都有其优势和缺陷。因此,应综合考虑各种研究证据,并审核评估研究资料的质量。

二、制定膳食营养素参考摄入量的原则

DRIs 的制定和修订必须收集充分的、系统的营养科学研究资料,对资料进行比较、分析和筛选,并应用循证营养学与风险评估的原则。

1. **循证营养学的原则**　国际组织和各国专家强调合理选择证据和遵循一定原则。2014 年WHO 制定的第二版《指南制定手册》规定了对健康相关指南的申请、制定和批准程序,以及科学证据的检索、评价和选择过程的方法。在循证医学基础上发展起来的循证营养学要求有效利用现有的资料,系统收集最佳证据。国际食品法典委员会营养与特殊膳食食品法典委员会(CCNFSDU)始终强调循证营养学的基本原则,要求使用"公认的或充分的、有说服力的科学证据",并优先考虑经

系统评估证实已有充分证据的数据资源。

循证营养学中常用科学证据按照强度从强到弱，依次为：①系统综述和荟萃分析；②随机对照研究（RCT）；③队列研究或前瞻性研究；④病例 - 对照研究；⑤专家的观点、评论、意见；⑥动物实验；⑦体外实验。

2003 年 WHO/FAO 联合专家委员会将膳食、营养和慢性病关系的科学证据划分为：确信的证据（convincing evidence）、很可能的证据（probable evidence）、可能的证据（possible evidence）和不充足的证据（insufficient evidence）四个不同的等级。

2. 风险评估的原则　风险评估用来评估人体暴露于某些危险因素后出现不良健康作用或反应的可能性和严重程度。CCNFSDU 提出了营养素风险评估的原则。预防营养素摄入不足和摄入过量都是 DRIs 的基本内容，因此风险评估是 DRIs 制定和修订需要遵循的主要原则。近年来，系统毒理学和循证毒理学等新兴学科的兴起，为风险评估提供了新的策略和方法。

三、膳食营养素参考摄入量的制定方法

制定 DRIs 的方法很多，一般包括人体代谢研究、人群观察研究和动物实验研究等，也常用经验公式推算或计算参考数值。

1. 平均需要量的制定方法　平均需要量（EAR）的制定常用营养素平衡研究法，营养素耗竭、补充、饱和平台法，以及要因加算法等。成人 EAR 的制定采用平均值计算法，即根据某目标群体测定的营养素需要量分布，估计其总体营养素需要量的平均值。研究显示，即使是相同年龄和性别的个体，他们的营养素需要量也不同。但是当样本量足够大时，人群的营养素需要量为正态分布，其平均值就是 EAR。儿童青少年的 EAR 可以参考其体重和其生长需要，由成人 EAR 推算。

2. 推荐摄入量的制定方法　推荐摄入量（RNI）通常由 EAR 计算获得。

（1）当人群营养素需要量的分布为近似正态分布时，可计算出该营养素需要量的标准差（SD），EAR 值加 2 倍 SD 可计算出 RNI。

$$RNI=EAR+2SD$$

如果资料不充分、不能计算标准差，则用变异系数（coefficient of variation，CV）（一般设定为 10%，成人蛋白质常用 12.5%）代替 SD 进行计算。

$$SD=10\%EAR=0.1EAR$$
$$RNI=EAR+2\times0.1EAR=1.2EAR$$

（2）当人群营养素需要量呈偏态分布时，可以将数据转换成正态分布，利用转换后的数据计算，用百分位数 P_{50} 来估算 EAR，用百分位数 $P_{97.5}$ 来估算 RNI，然后再将这 2 个百分位数换算回原始单位，即得到营养素的 EAR 和 RNI。

（3）能量的 RNI 等于人群能量的 EAR，即估计能量需要量（EER），不需要增加安全量。EER 的制定需考虑性别、年龄、体重、身高和身体活动的不同。对于体重正常的健康成人来说，EER 应与总能量消耗量（TEE）相等。目前直接测定成人 TEE 的方法有要因加算法和双标水法（"金标准"）。要因加算法是基础代谢率（BMR）乘以身体活动水平（PAL），双标水法可对要因加算法计算获得的 TEE 进行验证。此外，儿童、孕妇和乳母的 EER 还应包括组织生长、胎儿和母体组织生长、乳汁分泌所需要的能量。

3. **适宜摄入量的制定方法**　成人适宜摄入量（AI）是以健康人群（无明显营养缺乏表现）为观察对象，通过营养素摄入量的调查得出。一般采用膳食调查中营养素摄入量的中位数值，也可以是通过实验研究或人群观察确定的估算值。儿童青少年的 AI 可以参考其体重和其生长需要，由成人 AI 推算得到。

4. **可耐受最高摄入量的制定方法**　可耐受最高摄入量（UL）制定的依据是未观察到有害作用剂量（NOAEL），即每日口服此剂量并维持相当长时间，而未观察到不良作用（人体器官功能或组织结构发生改变，或重要生理、生化功能损伤）发生的最高摄入量。如无足够适宜的数据，也可以使用最小观察到有害作用剂量（LOAEL）。评估过程中一般存在资料（人体研究、动物实验）不充分和推论不确定的问题，需要对获得的 NOAEL 进行调整。不确定性的大小用不确定性系数（UF）定量表达。不确定因素需要考虑：①个体间敏感性的差异；②由动物实验数据外推到人；③用 LOAEL 代替 NOAEL；④用亚慢性不良反应的 NOAEL 推导慢性不良反应的 NOAEL。当数据资料质量较高、不良作用相对较轻而且可逆时，UF 可适当小些。制定成人 UL 的步骤包括：①危害确认，主要方法是证据权重法；②剂量 - 反应评估，包括资料选择、确定临界点、评估不确定性；③UL 计算，成人 UL 的计算公式为 UL=NOAEL（或 LOAEL）/UF。如果缺乏相关数据，儿童和青少年的 UL 可从成人的 UL 外推计算。

5. **降低慢性病风险 DRIs 的制定**　降低慢性病风险的 DRIs 包括 PI-NCD、AMDR 和 SPL。它们的制定有共同指导原则：①慢性病有明确公认的诊断标准，所采用证据资料来源于 RCT 和人群队列研究；②采用"营养科学证据评价方法"或其他方法，对膳食成分与慢性病之间因果关系相关证据进行评估和分级；③要求膳食成分摄入量和降低慢性病风险之间的因果关系，以及摄入量 - 反应关系的证据等级至少为 B 级（很可能的证据）；④应避免用大于 UL 的膳食成分摄入量来降低慢性病风险；⑤膳食成分与慢性病的关系可能存在"多对一"或"一对多"的关联。

（王舒然）

第三节　膳食模式与膳食指南

世界各国和地区基于食物资源、生产力发展水平、宗教信仰等因素在不同历史时期形成了独特的膳食模式。为了满足当地居民的营养健康需求，教育和指导民众养成好的膳食习惯，大部分国家和地区提出了膳食指南。

一、膳食模式

膳食模式（dietary pattern）是指一个国家（和地区）或者特定人群日常生活中长期形成的饮食习惯，及摄入各类食物的构成和频率。膳食模式的形成受到当地人口、农业生产、食品加工、饮食文化等多种因素的影响，需要一个中长期的过程，有相对的稳定性和传承性。膳食模式不仅反映当地居民的营养摄入状况，还与健康和疾病的发生呈现相关性。

1. **膳食模式的研究方法**　近些年膳食模式研究进展迅速，研究方法主要包括先验法和后验法等。相对于传统单一食物或营养素的研究，膳食模式综合评估了各种食物和营养素之间的相互作用，从整体上研究膳食与健康结局的关系。

（1）先验法：先验法（priori analysis）是基于现有膳食指南或其他合理膳食模式预先建立指数或评分标准，将待评价膳食的各类营养素或食物摄入量与之比较并进行评分，常被称为"指数法"或

"评分法"。先验法具有简便客观等优势,但其评分标准常依赖研究者的主观评定,并且不能发现新的膳食模式。先验法常见的合理膳食模式包括 DASH、MIND、地中海膳食模式,以及各国膳食指南的推荐模式。

（2）后验法:后验法(posteriori analysis)是基于现有人群膳食调查数据,运用统计方法(因子分析法、聚类分析法和潜类别分析等)提取真实存在的膳食模式,并分析该人群的营养状况,属于数据驱动法。后验法适合对膳食状况未知的人群进行探索性数据分析,但可能无法保证膳食模式与人群健康结局的相关性。

（3）其他方法:降秩回归法和 LASSO 回归法是综合利用疾病和健康信息大数据分析膳食模式的新方法,其特点是将先验知识和现有膳食数据相结合,是未来的发展趋势。

2. 几种主要的膳食模式

（1）发达国家(西方)膳食模式:该膳食模式以动物性食物为主,是多数欧美发达国家如美国、西欧、北欧诸国的典型膳食模式,属于营养过剩型膳食。该膳食模式为粮谷类食物消费量小,动物性食物及食糖的消费量大。人均每日摄入肉类 300g 左右,食糖甚至高达 100g,奶和奶制品 300g,蛋类 50g。人均每日摄入能量高达 3 300～3 500kcal,蛋白质 100g 以上,脂肪 130～150g,以高能量、高脂肪、高蛋白质、低膳食纤维为主要特点。该膳食模式会增加当地居民慢性非传染性疾病的患病风险。

（2）地中海膳食模式:地中海膳食模式(mediterranean dietary pattern)以 20 世纪 50—60 年代地中海沿岸的传统膳食为代表,其特点是富含植物性食物、橄榄油和葡萄酒。由于当地居民心脑血管疾病、2 型糖尿病等疾病的患病率低,地中海膳食被认为是理想膳食模式,经济发达国家纷纷参照地中海膳食模式改进本国的膳食指南。1993 年营养学家提出地中海膳食金字塔,推荐摄入大量的植物性食物,如谷类、蔬菜、水果、豆类等;每日食用适量的鱼、禽,以及少量蛋、奶酪和酸奶;每月食用畜肉的次数不多;脂肪提供能量占膳食总能量的 25%～35%,脂肪主要来自橄榄油。2010 年修订的地中海膳食金字塔新增了食物多样性、体育活动、饮用水、健康调料,以及少食甜食和适度饮酒等内容。

（3）DASH 膳食模式:1994 年美国国家心肺和血液研究所(NHLBI)提出有显著降压效果的 DASH(dietary approaches to stop hypertension)膳食模式。该膳食模式中水果、蔬菜、坚果和豆类、全谷物、低脂乳制品比例高,钠(6g/d 钠盐)、红肉和加工肉类、含糖饮料的摄入量低;营养特点是高钙、高钾、高膳食纤维,低饱和脂肪酸和低钠。1997 年 NHLBI 又提出了低钠 DASH 膳食模式(3g/d 钠盐)。随后,各国(和地区)结合当地民族饮食文化特点,对食物组分进行调整,提出许多改良的DASH 膳食模式。

（4）MIND 膳食模式:2015 年提出一种显著延缓老年人神经退变的 MIND(Mediterranean-DASH diet intervention for neurodegenerative delay)膳食模式,该膳食模式主要通过抗氧化、抗炎作用,以及降低大脑中 β- 淀粉样蛋白和 tau 蛋白的水平,从而延缓认知衰退和预防老年痴呆。该膳食模式综合考虑了地中海膳食模式和 DASH 膳食模式,不仅强调天然植物性食物的摄入,限制高脂肪、高糖、高盐等食物的摄入,还增加了浆果和绿叶蔬菜的摄入量。MIND 膳食模式鼓励选择绿叶蔬菜、其他蔬菜、坚果、浆果、豆类、全谷物、海鲜、家禽、橄榄油和葡萄酒 10 种大脑健康食物,同时限制红肉及其制品、奶油和人造黄油、奶酪、糕点和甜食,以及油炸食物 5 种不健康食物的摄入。目前,MIND 膳食模式用于预防阿尔茨海默病等认知衰退性疾病。

3. 中国居民膳食的变迁　20 世纪 80 年代以前,中国的传统膳食模式以植物性食物为主,谷类食物消费量大,所提供的能量占总能量70%以上,动物性食物消费量小,动物脂肪的供能比一般在10%以下,且奶类和水果缺乏。该膳食模式特点是高碳水化合物、高膳食纤维、低动物脂肪,居民容易出现营养不良。

随着经济发展和生活水平的提高,中国居民膳食模式从"以植物性食物为主、动物性食品为辅"的传统膳食模式,逐渐向发达国家膳食模式转变。膳食模式存在的主要问题是畜肉类食物、烹调油和食盐摄入过多;粗杂粮、薯类食物消费锐减;蔬菜、水果、水产品、奶及奶制品、大豆及坚果类摄入过少。人群调查发现,影响居民健康前三位的营养问题是高钠、低全谷物和低水果摄入。因此,中国居民膳食指南基于以上问题提出了适应我国居民的平衡膳食模式,其特点是食物多样、植物性食物为主、动物性食物为辅,以及少油、少盐、少糖。

全国营养调查结果显示,浙江、上海、江苏、广东、福建等东南沿海地区居民膳食营养状况较好,当地居民发生肥胖、2型糖尿病、代谢综合征和脑卒中等疾病的风险均较低,居民平均期望寿命较高。2022年中国营养学会首次提出了代表我国膳食的"东方健康膳食模式",其主要特点是清淡少盐,食物多样,谷物为主,蔬菜水果充足,鱼虾等水产品和奶类豆类丰富,并具有较高的身体活动量。

二、膳食指南

膳食指南(dietary guidelines)是由政府或科学团体根据营养科学的原则和人体的营养需要,结合当地食物生产供应情况及人群生活实践,专门针对食物选择和身体活动提出的指导意见。膳食指南通常涵盖日常食物种类的推荐摄入量、各类食物的合理搭配、饮食频率等内容,并提供针对不同年龄、性别、生活方式和健康状况的人群的具体建议。膳食指南主要是通过一系列公众可以直接应用和实施的建议及合理膳食方案来满足人类的营养需求。

《中国居民膳食指南》以我国居民营养健康需求为根本,以营养科学原理、食物和健康关系最新科学证据为依据,参考WHO指南制定原则和其他国家膳食指南的经验,引导食物消费,促进平衡膳食模式,提倡健康饮食新时尚。《中国居民膳食指南(2022)》由一般人群膳食指南、特定人群膳食指南和膳食指南的可视化图示三个部分组成。

1. **一般人群膳食指南**　一般人群膳食指南适用于2岁以上健康人群,共有8条指导准则,每条准则设有提要、核心推荐、实践应用、科学依据、知识链接5个部分。准则内容:①食物多样,合理搭配;②吃动平衡,健康体重;③多吃蔬果、奶类、全谷、大豆;④适量吃鱼、禽、蛋、瘦肉;⑤少盐少油,控糖限酒;⑥规律进餐,足量饮水;⑦会烹会选,会看标签;⑧公筷分餐,杜绝浪费。

2. **特定人群膳食指南**　考虑到特定人群生理及营养需要的特殊性,我国制定了孕妇、乳母、6月龄内婴儿、7~24月龄婴幼儿、学龄前儿童、学龄儿童、一般老年人、高龄老年人及素食人群共9个特定人群膳食指南。其中,对于0~24月龄婴幼儿,喂养指南全面给出了膳食准则和喂养指导。特定人群(2岁以上)膳食指南是在一般人群膳食指南基础上给予的补充指导,因此,应将特定人群膳食指南结合一般人群膳食指南一起应用。

3. **膳食指南的可视化图示**　为了阐释平衡膳食的主旨思想和食物组成结构,且方便记忆和理解,制作了膳食指南的可视化宣传图示。

(1)中国居民平衡膳食宝塔:是根据《中国居民膳食指南(2022)》的准则和核心推荐,把平衡膳食原则转化为各类食物的数量和所占比例的图形化表示。宝塔共分5层,各层面积大小不同,分别展现了5大类食物和食物量的多少。食物量根据不同能量需要量水平设计,宝塔旁边的文字注释,标明了在 1 600～2 400kcal 能量需要量水平时,一段时间内成人每人每天各类食物摄入量的建议值范围。身体活动和水的图示强调了增加身体活动(快步走 6 000 步)和足量饮水(1 500～1 700mL)对于健康的重要性。

(2)中国居民平衡膳食餐盘:是按照平衡膳食原则,描述了一人一餐中膳食的食物组成和大致比例。餐盘旁的一杯牛奶提示饮奶的重要性。

(3)中国儿童平衡膳食算盘:是应用儿童膳食指南时,根据平衡膳食原则转化各类食物份量的图示。跑步的儿童身挎水壶,表达了鼓励喝白水、不忘天天运动、积极活跃的生活和学习。

(王舒然)

第四节　营养调查与评价

营养调查(nutrition survey)是指运用各种手段准确了解某人群或特定个体各种营养指标的水平,以判断其营养和健康状况。我国曾于 1959 年、1982 年和 1992 年分别进行了三次全国营养调查。2002 年第四次全国营养调查与慢性病调查一起开展,即"第一次中国居民营养与健康状况调查"。2010 年卫生部将十年一次的"中国居民营养与健康状况调查"改为五年一个周期的常规性"中国居民营养与健康状况监测"工作。

一、营养调查的目的、内容与设计

1. 营养调查的目的　目的包括:①了解不同地区、年龄和性别人群的能量和营养素摄入情况;②对于能量和营养素摄入不足和过剩,了解与其有关的营养问题和严重程度;③分析营养相关疾病的病因和影响因素;④监测膳食模式变迁及其发展趋势;⑤提供居民营养与健康状况数据;⑥为国家或地区制定干预策略和政策提供信息。如果营养调查能够与健康检查同步进行,可以综合分析人群营养与健康的关系,提高营养干预的针对性和有效性。

2. 营养调查的内容　内容由五部分组成,即:①一般情况调查;②膳食调查;③体格测量;④人体营养水平的实验室检测;⑤营养相关疾病的临床检查。上述五部分内容互相联系、相互验证,同时进行。

3. 营养调查的设计　必须通过伦理委员会审查批准,调查对象及其监护人知情同意后方可开展调查。营养调查的设计要尽可能减少随机误差和系统误差,提高研究的精确性和真实性。营养调查的设计方案主要包括:①根据调查目的确定调查对象和人群;②根据人口学资料特点采用恰当的抽样方法,获得总体代表性好的调查样本;③做好调查全过程的质量控制,并建立内、外监督机制;④确定好调查问卷检查、数据核查、数据传输、建数据库等数据收集方式。

二、营养调查方法

营养调查是评估个体或人群的营养状况、膳食摄入和相关健康指标的重要手段。营养调查方法多种多样,应根据研究目的、对象和资源选择合适的方法。

(一)膳食调查

了解被调查对象在一定时间内通过膳食摄取的能量、各种营养素的数量和质量,据此来评价被调查对象的营养需求获得满足的程度。常用的膳食调查方法分为膳食记录法和膳食询问法两类。根据研究目的与目标人群的特点,选择适宜的膳食调查方法,两种及以上方法结合能提供更准确的结果。2002年以来，全国营养调查使用的膳食调查方法是称重记账法（3天）、连续三天24小时回顾法和食物频率问卷法。

1. **膳食记录法**　膳食记录法是要求被调查对象详细记录调查期间内所有摄入食物的种类、数量以及烹饪方法等信息，以获得食物和营养素摄入情况的调查方法。一般适用于个人、家庭或小的人群开展短期的膳食调查和营养监测。其特点：①膳食摄入的同时进行膳食记录，回忆偏倚小；②信息丰富，计量数据较为准确；③被调查对象负担较重；④可能影响被调查对象的正常饮食行为。膳食记录法包括称重法、记账法和化学分析法等。

（1）称重法：是使用各种测量工具对某一饮食单位（食堂或家庭）或个人一天中消费的各种食物量进行称重，从而了解其食物消费情况的方法。调查期间需要对被调查对象每餐主、副食的生重、熟重、剩余食物进行称重，算出平均每人用餐的食物量。优点是能准确称量得到食物的摄入量，是个体膳食调查的理想方法。缺点是反复称重会干扰被调查对象正常的饮食习惯，增加被调查对象的负担，并且比较耗费人力和物力。

（2）记账法：是由被调查对象或调查员记录一定时期内某一集体就餐单位（如学校、部队食堂）或家庭的食物消费总量，通过查食物消费量记录，并根据同一时期进餐人数，计算平均每人每日各种食物的摄入量，进而推算营养素摄入量。优点在于操作简单，费用低，人力少，能定期自行开展调查，可用于大样本调查。缺点是仅适用于有详细账目的集体单位，调查结果只能得到人均食物和营养素摄入量。

（3）化学分析法：收集调查对象一日膳食中所摄入的全部食物，通过实验室化学分析法来测定其营养素含量。根据样品的收集方法不同，分为双份饭法和双份原料法。优点是能够最可靠地得出食物中各种营养素的实际摄入量。缺点是操作复杂，费用高，仅适于较小规模调查，除非特殊情况需要精确测定，一般不使用。

2. **膳食询问法**　膳食询问法是通过询问调查对象的膳食情况，对其食物摄入量进行计算和评价的方法，其特点是简单快捷，适用于大规模人群调查，但依赖受访者的记忆，可能存在遗漏。膳食询问法通常包括膳食回顾法、食物频率问卷法和膳食史法等。

（1）膳食回顾法：膳食回顾法（dietary recall）最常用的是24小时膳食回顾法，该法采用面对面询问、电话、录音机或计算机程序等方式，借助家用量具、食物模型、食物图谱、调查表等工具，要求每个被调查对象回顾和描述过去24小时内所摄入的所有食物的种类和数量。优点是简便易行，在较短时间对所消费的食物进行量化估计，并且对被调查者的饮食行为影响小，应答率较高。缺点是不适用于7岁以下儿童和75岁及以上老年人，膳食回顾依赖于短期记忆，所得结果比较粗略。

（2）食物频率问卷法：食物频率问卷法（food frequency questionnaire, FFQ）收集被调查对象过去一段时间（数周、数月）内各种食物消费频率及典型摄入量，从而获得个人长期食物和营养素平均摄入量。分为定性、定量和半定量的FFQ。优点是能够迅速得到通常食物摄入种类和摄入量，反映长期膳食行为，其结果适用于评估长期膳食模式，可作为研究慢性病与膳食模式关系的依据，也可用于膳食咨询指导。缺点是对食物份额大小的量化估计精确性较低，新编制的FFQ调查表需要验证，且不能提供每日之间的变异信息。

（二）体格测量

体格测量是指对人体有关部位长度、宽度、厚度和围度的测量。常用指标包括身高、体重、体成分、上臂围、头围、皮褶厚度、腰围、臀围、坐高、胸围、膝高、小腿围、大腿围和血压等。利用体格测量数据建立常用指标的评价指数或标准化方法,综合分析被调查对象的营养状况。

1. 理想体重　理想体重(或标准体重)一般用来衡量成人实测体重是否在适宜范围内。可用 Broca 改良公式和平田公式进行计算。

$$Broca 改良公式:理想体重(kg)=身高(cm)-105$$
$$平田公式:理想体重(kg)=[身高(cm)-100]×0.9$$

2. 体质指数　体质指数(BMI)是一种计算身高别体重的指数,是目前评价成人营养状况最常用指标。

$$BMI=体重(kg)/[身高(m)]^2$$

成人 BMI 的分类标准有 WHO 标准、亚太地区标准和我国标准。

3. 年龄别体重、年龄别身高和身高别体重　这组指标主要用于评价儿童生长发育与营养状况。年龄别体重用于评价儿童低体重;年龄别身高反映长期营养状况及其造成的影响;身高别体重反映近期营养状况。

4. 腰围　腰围是评价人体营养状况的重要指标。根据《成人体重判定》(WS/T 428—2013),男性腰围≥90cm、女性腰围≥85cm 判定为中心型肥胖。

5. 皮褶厚度　皮褶厚度是使用皮褶厚度计测量特定部位(如三头肌、肩胛下区和脐旁)的皮下脂肪厚度,估算全身脂肪含量的方法。皮褶厚度一般不单独作为肥胖的标准,通常与 BMI 或理想体重结合起来判定。

6. 身体成分　利用生物电阻抗分析仪(BIA)、双能 X 线吸收法(DXA)等仪器测量身体成分,提供全身体脂、肌肉、骨量等数据,如体脂率、瘦体质等。

(三)营养水平的实验室检测

人体营养水平的实验室检测是借助生化、生理实验方法,尽早发现人体营养储备水平低下、营养不足或营养过剩等状况,以预防营养相关疾病的发生。常检测的样品为血液和尿液等,常用指标见表 5-1。

表 5-1　人体营养水平实验室检测的常用指标

营养素	检测指标
铁	全血血红蛋白浓度、血清运铁蛋白饱和度、血清铁、血清铁蛋白、血液红细胞比容(HCT 或 PCV)、红细胞游离原卟啉、平均红细胞体积(MCV)、平均红细胞血红蛋白量(MCH)、平均红细胞血红蛋白浓度(MCHC)等
血脂	总脂、甘油三酯、α 脂蛋白、β 脂蛋白、胆固醇(包括胆固醇酯)、游离脂肪酸、血酮等
碘	三碘甲腺原氨酸(TT_3)、游离 T_3(FT_3)、总甲状腺素(TT_4)、游离 T(FT)、促甲状腺激素(TSH)
蛋白质	血清总蛋白、血清白蛋白(A)、血清球蛋白(G)、白/球(A/G)、空腹血中氨基酸总量/必需氨基酸、尿羟脯氨酸系数、游离氨基酸、必要的氮损失等
维生素类	维生素 A:血清视黄醇、血清胡萝卜素。维生素 B_1:红细胞转酮醇酶活力系数、5mg 负荷尿试验。维生素 B_2:红细胞谷胱甘肽还原酶活性系数、5mg 负荷试验。烟酸:50mg 负荷尿试验。维生素 C:血浆维生素 C 含量、500mg 负荷尿试验。叶酸:血浆叶酸、红细胞叶酸等
钙、磷及维生素 D	血清钙(包括游离钙)、血清无机磷、血清钙磷乘积、血清碱性磷酸酶、血浆 $25\text{-}OH\text{-}D_3$、血浆 $1,25\text{-}(OH)_2\text{-}D_3$ 等
锌	发锌、血浆锌、红细胞锌、血清碱性磷酸酶活性
其他	尿糖、尿蛋白、尿肌酐、尿肌酐系数、全血丙酮酸等

（四）营养相关疾病的临床检查

营养相关疾病的临床检查是通过观察机体皮肤、头发、口腔、眼睛等部位的变化，识别出营养相关疾病（营养缺乏病和营养相关慢性病）的临床症状，其特点是快速初步评估，但不具特异性，需结合其他方法。常见的营养缺乏病包括蛋白质-能量营养不良、维生素 A 缺乏病、维生素 D 缺乏病、维生素 C 缺乏病、各 B 族维生素缺乏病（如脚气病、口腔生殖系综合征）等。常见临床体征与可能缺乏的营养素如下表 5-2 所示。

表5-2　常见临床体征与可能缺乏的营养素

部位	体征	可能缺乏的营养素
全身	消瘦或水肿，发育不良	能量、蛋白质、锌
	贫血	蛋白质、铁、叶酸、维生素 B_{12}、维生素 B_6、维生素 B_2、维生素 C
皮肤	干燥，毛囊角化	维生素 A
	毛囊四周出血点	维生素 C
	癞皮病皮炎	烟酸
	阴囊炎，脂溢性皮炎	维生素 B_2
头发	稀少，失去光泽	蛋白质、维生素 A
眼睛	比奥斑，角膜干燥，夜盲	维生素 A
唇	口角炎，唇炎	维生素 B_2
口腔	齿龈炎，齿龈出血，齿龈松肿	维生素 C
	舌炎，舌猩红，舌肉红	维生素 B_2、烟酸
	地图舌	维生素 B_2、烟酸、锌
指甲	舟状甲	铁
骨骼	颅骨软化，方颅，鸡胸，串珠肋，"O"形腿，"X"形腿	维生素 D
	骨膜下出血	维生素 C
神经	肌肉无力，四肢末端蚁行感，下肢肌肉疼痛	维生素 B_1

三、营养调查结果的分析与评价

营养调查结果的分析与评价是利用收集到的膳食和营养数据，评价人群（或个体）的营养状况、膳食质量和潜在健康风险。在开始分析与评价前，首先要进行调查数据的准备与处理，如数据录入、食物分类编码、营养素摄入量的统计等。

1. 人群膳食评价　根据研究目的和需要对食物分类，一般以"中国居民平衡膳食宝塔"为依据，对被调查人群的食物种类和摄入量进行评价。将人群膳食能量和各种营养素的摄入量与 DRIs 比较，以评价其满足程度，如宏量营养素的供能比、优质蛋白质的占比、必需脂肪酸的占比、添加糖的占比等。

近些年，膳食模式的评价方法发展迅速，在公共营养领域常用膳食指数法评价人群膳食，膳食指数法分为三类：①以食物和食物种类为基础的膳食指数，如期望膳食模式（DDP）、中国膳食平衡指数（DBI）、修订的中国膳食平衡指数（DBI-07）等；②以营养素为基础的膳食指数，如营养质量指数（NQI）等；③包含营养素和食物种类等的混合膳食指数，如膳食质量指数（DQI）、修订的膳食质量指数（DQI-R）、国际膳食质量指数（DQI-I）、中国膳食质量指数（INFH-UNC-CH DQI），以及健康饮食指数（HEI）等。

2. **人群营养状况评价**　分析体格测量学指标、生化指标以及临床体征等检测结果，评估人群或个体的营养状况，如肥胖、消瘦、贫血、维生素缺乏、碘缺乏等。值得注意的是，学龄前儿童的体格测量结果常被用于评价一个地区人群的营养状况。

3. **人群潜在的健康风险评价**　将人群膳食评价与营养状况评价进行综合分析，采用统计学方法评估人群潜在的健康风险，并结合当地相关的膳食影响因素（如食物来源、饮食习惯、烹调加工方法和就餐方式等），制订干预措施和行动计划。

总之，营养调查结果的分析与评价是一个系统性和科学性的过程，应充分对调查结果进行全面深入的解读。营养调查结果还可以进行其他评价，如营养知识、态度和行为（KAP）调查评价等。同时，应结合社会、经济、文化等背景，通过对营养调查结果的科学评价，提出建议与对策，为公共卫生政策的制定及营养干预措施的实施，提供坚实的基础。

（王舒然）

第五节　营养监测

营养监测（nutrition surveillance）是指长期动态监测人群的营养状况，同时收集影响人群营养状况的有关环境和社会经济条件等方面的资料，探讨从政策上、社会措施上改善营养状况和条件的途径。营养监测还收集与食物生产、食物消费、食物分配有关的信息，因此营养监测又称食物营养监测（food and nutrition surveillance，FNS）。

一、营养监测概述

（一）营养监测的目的

1. 及时了解和掌握社会发展过程中居民食物消费及营养状况的变化和趋势。

2. 为决策者提供信息，有针对性地调整食物生产、流通政策，有的放矢地解决营养问题，预防疾病的发生。

3. 保证社会发展过程中食物生产、人群健康与环境的平衡发展和优化提高。

（二）营养监测的特点

1. **突出重点**　如以妇女和儿童等需要重点保护的人群为对象，分析影响其营养状况的社会因素，探讨能采取的社会性措施。

2. **动态监测**　以有限的人力物力尽可能搜集现成资料，分析掌握一个国家或地区的常年动态。将营养状况信息向上反馈，并为制定营养政策提供科学依据。

二、营养监测内容

1. 居民营养及相关健康状况的监测。

2. 居民食物、能量和营养素摄入情况的监测。

3. 居民营养知识、营养态度、饮食行为和生活方式的监测。

4. 食物成分和营养数据库变化的监测。

5. 食品供应情况及其影响决定因素的监测。

6. 社会经济发展水平的监测。

一项综合性营养监测的内容是对以上几个方面的营养监测活动进行数据收集、数据分析、信息发布以及利用，三者之间相互联系，便于数据交流及信息传递。

三、营养监测系统

营养监测系统需要建立组织机构，配备人员，提供所需物资和经费；制定政策，建立工作程序和工作制度，以保证数据的准确性；设置和完善监测质量的评价体系。营养监测系统的功能概括如下：①制定国家及部门的规划和政策；②项目监控与评价；③食物短缺的预警；④确定问题与宣传动员；⑤监测结构调整政策的效应。一般一个营养监测系统很难完成所有的功能。世界上许多国家都设立了营养监测系统，不同国家由于其营养问题、任务及目的不同，营养监测系统的设计与特征各异，其中美国营养监测系统比较完善。中国的营养监测系统始于 1988 年，2010—2012 年中国居民营养与健康状况监测是我国首次开展全国常规性营养监测，选取的监测人群具有良好的代表性，在内容上较以往的营养监测项目更为全面。

四、营养监测工作程序

在营养监测实践中，营养监测具体目的的确定、监测人群和监测点的选取以及监测指标的确定是开展营养监测的重要前期工作。营养监测工作的程序还包括营养监测的核心内容，即数据收集、数据分析、信息发布以及利用。

（一）营养监测目的确定

营养监测的目的决定营养监测的内容。营养监测的总目的是为政府有关部门决策、制定干预项目提供信息。营养监测常见的具体目的有以下几方面：①分析人群营养状况及人群、时间、地理位置的分布；②动态监测人群营养状况的变化趋势；③找出营养状况不良的易感人群；④确定影响人群营养状况的有关因素；⑤分析、评价营养干预措施的效果；⑥确定预防策略，制定工作重点。每次营养监测的重点都会有所不同，因此，营养监测的目的是选择监测方式和监测内容的前提。

（二）监测人群和监测点的选取

监测人群的确定和监测点的选择是开展营养监测的基本环节。根据营养监测的目的选择监测人群，既要保证样本有代表性，又要避免耗费过多的人力、物力和财力。通常有正式户口的散居人群为监测人群，不包括临时居住在这个地区的人口。

监测点的选择通常采用分层多阶段整群随机抽样，也可以是根据监测目的选择其他的抽样方法。如在我国，可考虑的分层因素有三大经济带划分（东、中、西部）、城市和农村划分、性别划分等。监测点可以是一个行政区（县），也可以是一个社区或一个学校、一个幼儿园或一个其他单位，这与监测系统的目的密切相关。

营养监测点的基本条件包括：①营养监测点要成立监测领导小组，负责营养监测工作的领导和协调；②有健全的监测工作网络；③有健全的工作制度、工作程序、工作质控和考核制度、资料管理制度；④具体监测工作有经过培训的专人负责；⑤能保质保量完成监测任务；⑥能分析利用当地的营养监测资料，为制定政策提供科学依据。选择监测点时要考虑监测点的基本条件，如果抽到的监测点不能胜任监测工作时，可以在同类地区进行调换。监测点选择后必须经过建设才能成为一个合格的监测点,建设内容包括工作制度的建立、必要设备的配备以及人员培训等。

（三）监测指标的确定

选择营养监测指标时应考虑其灵敏性、特异性与可行性。指标宜少不宜多,以便营养监测容易进行,并尽可能多地选择无损伤性的监测指标,如身高、体重、腰围、血压等。在实践中还要考虑到所需的人力、物力及调查对象接受的程度。监测食物营养现状时一般需要较大的样本,而在监测营养状况的变化趋势或作预测时,只采用一个有代表性的小样本即可,例如,当关注儿童缺铁性贫血的变化趋势时,可以从全部儿童中按照统计学原则抽取一定比例的研究对象并对其血红蛋白等营养相关指标进行监测和分析。

营养监测常用指标包括食物和营养素摄入指标、健康状况指标、社会经济指标,以及饮食行为与生活方式指标。

1. 食物和营养素摄入指标 膳食调查方法包括家庭食用油和调味品称重、3 天 24 小时膳食回顾调查和食物频率调查,获得食物及营养素摄入量、膳食结构及食物消费模式等指标。

（1）食物及营养素摄入量:包括不同人群食物摄入量、不同人群能量和三大营养素摄入量、主要维生素及矿物质摄入量等。

（2）膳食结构:包括能量的食物来源、蛋白质的食物来源、脂肪的食物来源和能量的营养素来源等。

（3）食物消费模式:包括不同人群饮料、乳及乳制品等各类食物的摄入频率,在外就餐情况等。

2. 健康状况指标 健康状况指标的选择随地区不同而不同,应根据可获得的资料和基线调查数据确定。WHO 推荐与健康状况有关的监测指标包括出生体重、年龄别体重、年龄别身高、身高别体重、特殊年龄（0～4 岁）死亡人数,喂养方式、某种营养缺乏病的病例、上臂围、毕脱斑伴有结膜干燥症、角膜瘢痕、血清维生素 A、血红蛋白、地方性甲状腺肿。在患有肥胖和退行性疾病的人群中应选择血清总胆固醇、甘油三酯、血压、三头肌皮褶厚度及冠心病死亡率等指标。

3. 社会经济指标 常用的指标为经济状况指标、环境指标和各种服务指标。

（1）经济状况指标:①再生产的物质财富如住房（房间、人数、电器、供水）、耐用消费品（电视机、机动车、家畜）、储蓄存款、设备（农具、经商用具）;②不再生产的自然财富如拥有土地面积、农业供水;③无形的财富如受教育年限、文化程度等。

在反映个人收入方面,常见的指标有恩格尔（Engel）指数、收入弹性和人均收入及人均收入增长率。这些调查资料主要来自国家发展和改革委员会和国家或地方统计局。

1）恩格尔指数（Engel index）:食物支出占家庭总收入的比重称作恩格尔指数,恩格尔指数=食品的开支/家庭总收入 ×100%,它是衡量一个国家或地区居民消费水平的标志,是反映贫困富裕的指标。该指数在 60% 以上者为贫困,50%～59% 为勉强度日,40%～49% 为小康水平,30%～39% 为富裕,30% 以下为最富裕。

2）收入弹性（income elasticity）:收入弹性=食物购买力增长（%）/收入增长（%）。收入弹性指标在贫困地区相当于 0.7～0.9,即如果收入增长 10%,用于购买食品的增长率增加 7%～9%。在富裕的地区收入弹性值减小。

3）人均收入及人均收入增长率

$$人均收入=实际收入/家庭人口数,人均收入增长率（\%）=[（第二年度人均收入$$
$$-第一年度人均收入）/第一年度人均收入]×100\%$$

（2）环境指标：包括供水、粪便及垃圾处理、拥挤情况。

（3）各种服务指标：包括卫生机构、农业推广、灌溉、信贷、生产投资（种子、化肥）。

4. **饮食行为与生活方式指标**　饮食行为和生活方式影响人们对食物的选择和营养素的摄入，因而与营养状况及许多慢性疾病的发生、发展密切相关。饮食行为与生活方式的常见监测指标为吸烟、饮酒、身体活动、锻炼、生活规律以及知识、态度和行为的改变等。

（四）营养监测的数据收集与分析

营养监测的数据收集有以下几种常见方式：①人口普查资料；②政府部门的统计资料；③国家卫生健康行政部门常规收集的资料；④社区资料；⑤监测过程中调查获得的家庭资料和个人资料，如食物消费和营养素摄入情况、体格检查和生化检测数据等。

在数据收集过程中，必须进行营养监测资料的质量控制，达到具有正确性、完整性、可靠性和可比性的控制标准。质量控制是全面、系统的工作，贯穿于整个监测工作的全过程。根据营养监测系统收集的资料性质、涉及人群、营养素摄入状况、相关的影响因素及其趋势、干预的效果评价等，可以从多方面对数据进行分析。分析方法一般有描述性分析、趋势性分析和干预性分析。

（五）营养监测资料的信息利用及发布

营养监测结果的利用包括：①发现高风险人群，制定或评价营养目标以及监测食物的生产和销售；②制定营养干预措施；③制定相关法律、政策和指南；④用于营养科学研究。此外，还可用于建立国家营养领域的信息系统，加强营养信息交流，促进营养信息资源共享。

营养监测的结果可以通过监测系统、正式简报、非正式报告（会议、专业讨论）、出版物等综合方式发布。

（刘爱东）

第六节　营养改善措施

营养改善措施是指通过系统、科学的手段和方法，改善人群的营养状况，以达到预防疾病、提高健康水平和生活质量的目的。涵盖从个体到社会层面的多种干预手段，包括膳食结构调整、营养宣教、制定政策法规和食品环境改善等。营养改善措施的核心是促进均衡饮食、合理营养摄入，帮助人们养成健康的饮食行为，以应对营养不足、营养过剩及营养相关的慢性疾病等健康问题。营养改善措施的方法从个体层面，包括营养教育、膳食指导、营养干预；从社区和机构层面，包括学校营养计划、工作场所营养改善、社区营养项目、改善食品环境；从政策层面，包括制定食品政策、法规、指南和标准。

一、营养教育

营养教育（nutrition education）是营养改善措施的一种有效手段，具有容易实施、成本低、效益高、受益面广等特点，对居民营养状况的改善和健康水平的提高具有重要作用。世界各国的经验证实，营养教育是最值得提倡的低投入、高收益的措施。

1. **定义及目的**　根据 WHO 的定义，营养教育是通过改变人们的饮食行为而达到改善营养目的的一种有计划活动。营养教育的目的是提高人群对营养与健康的认识，通过普及营养知识，倡导健康行为和生活方式，合理利用天然食物资源，纠正营养缺乏和不平衡，促进人群的营养健康状况改善，减少各种营养相关疾病患病的危险。

2．主要内容

（1）营养基础知识。

（2）健康生活方式。

（3）中国居民膳食指南、中国居民平衡膳食宝塔。

（4）我国人群的营养及存在的膳食营养相关疾病的状况和变化趋势。

（5）膳食营养相关慢性疾病的预防与控制。

（6）营养相关的标准、法律、法规和政策。

3．步骤和方法

（1）营养教育的步骤：首先确定存在的营养问题；根据营养需求，设定教育目标；然后制定营养教育内容和工作计划；根据存在营养问题的人群范围确定营养教育的对象；选择或制作营养教育和指导所需材料；实施营养教育计划；进行营养教育的效果评价。

（2）营养教育的方法：常见有讲授法，通过课堂、讲座、视频等方式；媒体传播法，通过报纸、电视、广播、互联网、新媒体等手段和宣传标语、宣传画、展板、专栏、宣传橱窗等形式传播和普及营养知识；示范法，通过演示、实际操作，让受众更直观地理解营养知识；情景模拟法，帮助受众在实际情境中练习健康决策；行为改变法，通过目标设定、反馈和激励机制，帮助受众逐步改变不健康的饮食行为。

营养教育是一个持续、动态的过程，通常需要综合运用多种方法，并结合评估与反馈来不断优化教育效果，以帮助人群建立健康的饮食习惯并改善营养状况。

二、营养配餐与食谱制定

1．营养配餐

（1）营养配餐的概念：营养配餐就是按人体的需要，根据食物中各种营养成分的含量，设计一天、一周或一段时间的食谱，使摄入的营养素充足并且比例合理，从而达到平衡膳食的要求。

（2）营养配餐的依据：营养配餐是与日常膳食和健康直接相关的实践性工作，要做到营养配餐科学合理，需要以营养科学知识为指导。营养配餐时需要以 DRIs 为依据确定能量需要量并结合各种营养素的 DRIs 评价食谱的合理性。

2．食谱制定原则

（1）按照《中国居民膳食指南》的要求，膳食应满足人体需要的能量、蛋白质、脂肪、碳水化合物以及各种矿物质和维生素。不仅食物品种要多样，而且数量要充足，膳食既要能满足就餐者需要又要防止过量。

（2）各营养素之间的比例要适宜。

（3）食物的搭配要合理。注意主食与副食、杂粮与精粮、荤与素等食物的平衡搭配。

（4）三餐要合理。膳食中能量来源及其在各餐中的分配比例要合理。

（5）注意饮食习惯和饭菜口味。

（6）考虑季节和市场供应情况，也要兼顾经济条件。

膳食指南是食谱设计的原则，营养食谱的制定需要根据膳食指南考虑食物种类、数量的合理搭配。平衡膳食宝塔还提出了实际应用时的具体建议，如同类食物互换的方法，对制定营养食谱具有实际指导作用。

三、营养干预

营养干预是指为改善或解决特定人群的营养健康问题,采取有针对性的膳食和生活方式调整措施,降低疾病的发生风险或改善疾病的状态,从而达到促进健康的目的。

营养干预的步骤包括:

1. **干预对象的选择** 营养相关的高危人群,如某种或某些营养素缺乏的人群、超重或肥胖的人群、血脂代谢异常的人群等;特殊人群,如孕妇、婴幼儿及老年人群等;某种疾病的患者,如患高血压、糖尿病等慢性疾病的人群。

2. **明确危险因素或病因** 通过循证医学方法,明确干预人群的危险因素或病因,并进行证据等级评价,从而明确需要干预的主要危险因素。

3. **制定干预方案** 通过循证医学和专家共识,选择最有效的干预方案,并采取符合实际、易操作的或智能干预技术,提高依从性,从而提高干预效果的有效性。

4. **干预效果的评价** 包括个体疾病改善效果评价和干预方案的效果评价。其中,个体疾病改善效果评价包括临床效果评价、生活质量改善评价等;干预方案的效果评价包括实施效果评价和卫生经济效果评价。

四、食品营养强化与新食品原料的开发

1. **食品营养强化(food fortification)** 是根据不同人群的营养需要,向食品中添加天然或人工合成的营养素和其他营养成分,以提高食品的营养价值,使之更适合人类营养需要的一种食品深加工。被强化的食品称为载体,所添加的营养素称为营养强化剂。营养强化剂常为必需氨基酸类、维生素类、矿物质类等。可强化食品类别的选择要求:①应选择目标人群普遍消费且容易获得的食品进行强化;②作为强化载体的食品消费量应相对比较稳定;③我国居民膳食指南中提倡减少食用的食品不宜作为强化的载体。常用的强化载体包括谷类及其制品、奶制品、饮料、豆制品、调味品和儿童食品。

营养强化的目的:①弥补食品在正常加工、储存时造成的营养素损失;②在一定的地域范围内,有相当规模的人群出现某些营养素摄入水平低或缺乏的问题时,通过营养强化可以改善因其摄入水平低或缺乏所导致的健康影响;③某些人群由于膳食习惯和/或其他原因可能出现某些营养素摄入量水平低或缺乏的问题时,通过营养强化可以改善其摄入水平低或缺乏所导致的健康影响;④补充和调整特殊膳食用食品中营养素和/或其他营养成分的含量。

使用营养强化剂的要求:①营养强化剂的使用不应导致人群食用后营养素及其他营养成分摄入过量或不均衡,不应导致任何营养素及其他营养成分的代谢异常;②营养强化剂的使用不应鼓励和引导与国家营养政策相悖的食品消费模式;③添加到食品中的营养强化剂应能在特定的储存、运输和食用条件下保持质量的稳定;④添加到食品中的营养强化剂不应导致食品一般特性如色泽、滋味、气味、烹调特性等发生明显不良改变;⑤不应通过使用营养强化剂夸大食品中某一营养成分的含量或作用,误导和欺骗消费者。

2. **新食品原料的开发** 按照《中华人民共和国食品安全法》规定,2013年国家卫生健康行政部门发布《新食品原料安全性审查管理办法》,将"新资源食品"修改为"新食品原料"。

新食品原料是指在我国无传统食用习惯的以下物品:动物、植物和微生物;从动物、植物和微生物中分离的成分;原有结构发生改变的食品成分;其他新研制的食品原料。新食品原料不包括转

基因食品、保健食品、食品添加剂新品种,上述物品的管理依照国家有关法律法规执行。新食品原料应当具有食品原料的特性,符合应当有的营养要求,且无毒、无害,对人体健康不造成任何急性、亚急性、慢性或者其他潜在性危害。

新食品原料应当经过安全性审查后,方可用于食品生产经营。国家卫生健康行政部门负责新食品原料安全性评估材料的审查工作。国家卫生健康行政部门相关单位负责承担新食品原料安全性评估材料的申报受理、组织开展安全性评估材料的审查等具体工作。拟从事新食品原料生产、使用或者进口的单位或者个人,应当提出申请。国家卫生健康行政部门受理新食品原料申请后,向社会公开征求意见。新食品原料安全性评估材料审查的具体程序按照《中华人民共和国行政许可法》《卫生行政许可管理办法》等有关法律法规执行。

五、食品营养标签

为指导和规范食品营养标签的标示,引导消费者合理选择食品,促进膳食营养平衡,保护消费者知情权和身体健康,2007 年卫生部组织制定了《食品营养标签管理规范》,2008 年 5 月 1 日起实施;2011 年发布了《食品安全国家标准 预包装食品营养标签通则》(GB 28050—2011),并于 2013 年 1 月 1 日起实施。

1. **定义** 营养标签是预包装食品标签上向消费者提供食品营养信息和特性的说明,包括营养成分表、营养声称和营养成分功能声称。营养标签是预包装食品标签的一部分。

2. **目的**

(1)指导消费者平衡膳食:当前,我国居民存在营养不足和营养过剩的双重问题,这些营养问题与每日的膳食营养素摄入状况密切相关,在食品标签中标注营养信息将有效预防和减少营养相关疾病。

(2)满足消费者知情权:越来越多的消费者将食品营养标签作为选购食品的重要参考和比较依据,食品营养标签也有助于向公众宣传和普及营养知识。

(3)促进食品贸易:规范我国食品企业的正确标注,促进我国食品经济的快速发展,有利于我国食品企业开展国际食品贸易。

3. **内容** 食品安全国家标准《预包装食品营养标签通则》(GB 28050—2011)对预包装食品营养标签的基本要求、标示内容、标示格式以及豁免强制标示等进行了规定。具体内容包括七条:①范围;②术语和定义;③基本要求;④强制标示内容;⑤可选择标示内容;⑥营养成分的表达方式;⑦豁免强制标示营养标签的预包装食品。同时提供了四个附录:①食品标签营养素参考值(nutrient reference values, NRV)及其使用方法;②营养标签格式;③能量和营养成分含量声称和比较声称的要求、条件和同义语;④能量和营养成分功能声称标准用语。

预包装食品营养标签的基本要求:①标示的营养信息应真实、客观;②应使用中文;③以一个"方框表"的形式表示;④食品营养成分含量应以具体数值标示;⑤选择适当的营养标签的格式;⑥最小销售单元的包装上应有营养标签。

预包装食品营养标签的强制标示内容:①能量、核心营养素的含量值及其占营养素参考值的百分比;②营养声称或营养成分功能声称的其他营养成分含量及其占营养素参考值的百分比;③营养强化后食品中该营养成分的含量值及其占营养素参考值的百分比;④使用了氢化油脂时,在营养成分表中还应标示出反式脂肪(酸)的含量。

预包装食品营养标签中能量和营养成分的含量应以每 100 克(g)和/或每 100 毫升(mL)和/或

每份食品可食部中的具体数值来标示。在产品保质期内,预包装食品营养标签的能量和营养成分含量的允许误差范围:①维生素 A 和维生素 D 要求为 80%～180% 标示值;②食品中的能量以及脂肪、饱和脂肪(酸)、反式脂肪(酸),胆固醇,钠,糖(除乳糖外)要求≤120% 标示值;③食品的蛋白质,多不饱和及单不饱和脂肪(酸),碳水化合物、糖(仅限乳糖),总的、可溶性或不溶性膳食纤维及其单体,维生素(不包括维生素 A 和维生素 D),矿物质(不包括钠),强化的其他营养成分要求≥80% 标示值。

豁免强制标示营养标签的预包装食品为:①生鲜食品,如包装的生肉、生鱼、生蔬菜和水果、禽蛋等;②乙醇含量≥0.5% 的饮料酒类;③包装总表面积≤100cm² 或最大表面面积≤20cm² 的食品;④现制现售的食品;⑤包装的饮用水;⑥每日食用量≤10g 或 10mL 的预包装食品;⑦其他法律法规标准规定可以不标示营养标签的预包装食品。

六、制定指南、标准和政策法规

1. 制定指南、标准　如中国营养学会制定的《中国居民膳食指南》和《中国居民膳食营养素参考摄入量》是改善中国居民营养和健康状况的重要指导文件,也是制定营养改善措施的科学依据。

2. 制定营养改善相关的政策、法规　如我国曾制定了《中华人民共和国营养管理条例》(1988)、《营养改善条例》(2006)、《营养改善工作管理办法》(2010)、《国民营养计划(2017—2030 年)》(2017)等,这些政策、法规的制定是营养改善措施顺利实施的根本保障。

七、其他改善措施

营养改善的措施还包括:①社区和社会支持,如建立社区食堂开展营养改善项目;②环境支持,如创建健康饮食环境、限制不健康食品的广告;③应对特殊情况的营养措施,如在灾害和紧急情况下,提供紧急食品援助和营养支持;④国际合作与援助,如发达国家和国际组织对发展中国家提供营养改善的支持。

总之,社会和经济的发展、科学和技术的进步是营养改善的基础。营养学研究表明,虽然营养的改善滞后于经济发展,但经济发展必然会推进营养改善。研究显示,经济的发展对宏量营养素的影响十分显著,而对微量营养素的影响较为滞后。一个常见的认识误区是,经济发展了,营养就改善了。事实是,虽然经济发展是满足食物供应的基础,但经济发展并不能在短期改变微量营养素的状况,特别是微量营养素缺乏的状况。实践证明,单独靠经济发展解决营养问题是一个长期过程,需要有其他营养改善措施的保障才能更好控制和预防营养不良问题。

(刘爱东)

本章小结

　　本章介绍了公共营养的概念、特点和研究领域,膳食营养素参考摄入量、膳食模式和膳食指南、营养调查、营养监测,以及人群营养改善措施(营养教育、营养配膳与食谱制定、营养干预、食品营养强化和新食品原料开发、食品营养标签以及制定指南、标准和政策法规),培养学生开展人群营养监测和人群营养干预的思维和技能。

思考题

1. 如何正确看待中国居民膳食营养素参考摄入量（DRIs）中的适宜摄入量（AI）?
2. 怎样理解《中国居民平衡膳食指南》（2022）增加了我国"东方健康膳食模式"?
3. 回顾法、称重法各自的优缺点是什么?
4. 比较营养监测与营养调查的不同之处。
5. 营养强化的目的是什么?

第六章
临床营养

临床营养（clinical nutrition）是对能量和营养缺乏或过量以及急、慢性疾病造成的营养需求和代谢变化进行预防、诊断和管理。它以患者个体为对象，研究营养与疾病之间的相互作用：①营养失衡（不足或过多）与机体功能、疾病的关系；②疾病对营养与代谢的影响；③营养治疗在疾病康复中的作用。其中，疾病的营养治疗是现代综合治疗的重要组成部分，它根据疾病的病理生理特点，在不同时期完成营养状况评价并制定符合其特征的营养治疗方案，以达到改善代谢、缩短病程并促进康复的目的。

目前，营养治疗已经成为临床治疗的重要手段之一，包括营养风险筛查与评估、营养治疗方案制定以及临床效果评估和相应并发症的防治。本章就有关临床营养的营养状况评价、膳食管理、围手术期营养以及肠内与肠外营养治疗等进行阐述。

第一节　患者的营养状况评价

患者的营养状况与临床结局密切相关，营养不良可导致并发症增多、住院时间延长以及病死率增加等。对存在营养风险的患者进行规范化的营养治疗可以显著改善临床结局和成本效果比。目前国内外指南推荐的营养治疗规范化流程包括营养风险筛查、营养风险评估、营养干预和监测4个步骤。

一、营养风险筛查与评估

（一）基本概念

1. **营养风险**　营养风险（nutritional risk）是指现存的或潜在的与营养因素相关的，对患者临床结局（如感染相关并发症、理想和实际住院日、质量调整生命年、生存期等）产生不利影响的风险。营养风险并非指发生"营养不良的风险"，而是与临床结局相关的风险。

2. **营养风险筛查**　营养风险筛查（nutritional risk screening）是指应用量表初步判断患者营养状态的过程，目的是发现个体是否存在营养风险和营养不良风险，即判定患者是否有营养支持治疗的适应证，对营养风险筛查阳性（即存在营养风险）的患者，应进行营养评估。

3. **营养评估**　营养评估（nutritional assessment）是指临床营养专业人员通过收集临床资料（如病史采集、一般状况、饮食情况、身体测量指标和生化指标等），利用评估工具确定患者的营养不良类型及程度，制定个体化营养支持治疗处方，并监测营养治疗的疗效。

（二）常用营养风险筛查与评估量表

1. **常用的营养风险筛查量表**　包括营养风险筛查2002（Nutritional Risk Screening 2002，NRS 2002）、营养不良通用筛查工具（Malnutrition Universal Screening Tools，MUST）、微型营养评定-简表（Mini-nutritional Assessment Short Form，MNA-SF）等。NRS 2002是以改善临床结局为目标的营养风险筛查工具（表6-1），适用对象为一般成年住院患者（包括肿瘤患者），并在国内进行了临床有效性验证，具有较强的循证医学基础。

表 6-1　营养风险筛查 2002（NRS 2002）

分值	标准
A 营养状态受损评分（取最高分）	
1 分（任一项）	近 3 个月体重下降>5%
	近 1 周内进食量减少>25%
2 分（任一项）	近 2 个月体重下降>5%
	近 1 周内进食量减少>50%
3 分（任一项）	近 1 个月体重下降>5% 或 3 个月下降>15%
	近 1 周内进食量减少>75%
	BMI<18.5kg/m² 且一般情况差
B 疾病严重程度评分（取最高分）	
1 分（任一项）	一般恶性肿瘤、髋部骨折、长期血液透析、糖尿病、慢性疾病（如肝硬化、慢性阻塞性肺疾病）
2 分（任一项）	血液恶性肿瘤、重症肺炎、腹部大型手术、脑卒中
3 分（任一项）	颅脑损伤、骨髓移植、重症监护
C 年龄评分	
1 分	年龄≥70 岁（<70 岁为 0 分）

注：NRS 2002 评分=A+B+C，NRS 2002 评分≥3 分，提示患者存在营养风险，应进行营养评估并制定和实施营养治疗方案。

2. **常用的营养综合评估量表**　包括主观综合评估（Subjective Globe Assessment，SGA）、患者主观全面综合评估（Patient-Generated Subjective Global Assessment，PG-SGA）、微型营养评估（Mini Nutritional Assessment，MNA）、全球营养组织的营养不良倡议（Global Leadership Initiative on Malnutrition，GLIM）等。SGA 的评估内容包括详细的病史与身体评估的参数，广泛应用于不同疾病、不同年龄的门诊和住院患者，其信度和效度得到充分检验，常常作为标准方法评价其他评估量表。PG-SGA 是在 SGA 基础上为肿瘤患者设计的营养评定方法，由患者自我评估（体重、摄食情况、症状、活动和身体功能）与医务人员评估（疾病和营养需求、代谢需要以及体格检查）两部分组成。MNA 更适合于 65 岁以上老年人，主要用于社区居民，也适用于住院患者及家庭照护患者。

GLIM 是 2019 年由全球多个营养组织倡导推出的一种新型通用型营养评估工具，其信度和效度正接受多人群的验证。GLIM 将营养不良诊断分为两个步骤（表 6-2）：第一步是营养筛查，特别强调应用经过临床有效性验证的营养筛查工具对患者进行营养筛查；第二步则是进行营养不良诊断和严重程度分级。GLIM 营养不良诊断的内容包括非自主体重丢失、低 BMI、肌肉量减少等表现型指标，以及膳食摄入或吸收利用下降、疾病炎症影响等病因型指标，在表现型指标与病因型指标中，至少各具有 1 项阳性者可诊断为营养不良。

表 6-2　GLIM 营养不良诊断

表型标准			病因标准	
非自主体重丢失	低 BMI/（kg/m²）	肌肉量减少	食物摄入或吸收下降	炎症
过去 6 个月内体重下降>5%，或超过 6 个月时间，体重下降>10%	年龄<70 岁，BMI<20；或年龄≥70 岁，BMI<22 亚洲标准：年龄<70 岁，BMI<18.5；或年龄≥70 岁，BMI<20	使用经过验证的人体成分测量方法进行相应测定	食物摄入减少≤50% 能量需要超过 1 周，或减少任意量超过 2 周，或具有影响食物消化吸收的慢性胃肠道症状	急性疾病/损伤或慢性疾病

二、营养评价

（一）膳食调查

膳食调查是了解个体在一定时期内膳食摄入、膳食结构和饮食习惯的重要方法。通过膳食调查可以判断患者在一定时间内膳食能量和营养素摄入的数量和质量，了解其营养需要的满足程度。膳食调查方法主要有回顾法和前瞻法。回顾法包括 24 小时膳食回顾法、食物频率问卷法等；前瞻法包括称重法、化学分析法等。

（二）疾病史调查

疾病史调查通过了解已患疾病及相关药物治疗对营养的影响及程度，判断采用何种营养调整以改善患者的营养状态。

（三）人体测量与实验室检查

人体测量包含患者身高、体重、腰围、臀围、皮褶厚度、小腿围等判断患者营养不良的指标。身体成分分析可提供全身体脂、肌肉、骨量等数据。通过血、尿、便等生物样本进行实验室检测，可发现人体营养储备、营养不足发生与否及程度，及早发现营养缺乏病，早期治疗。

三、营养不良诊断的实施与管理

目前，住院患者的营养不良检出率仍然较低，凸显临床营养（医）师或相关医务人员正确评估和诊断营养不良的重要性。临床营养（医）师或临床医师应在患者入院后 24～48 小时内采用经过验证的营养筛查工具识别营养风险，并在确定有营养风险后 24～48 小时内进行营养评估，以确定营养不良的临床特征和诊断，进一步明确营养不良的严重程度分级。一旦确定营养不良，就需要制订和实施营养诊疗计划，以改善患者的营养状况，见图 6-1。

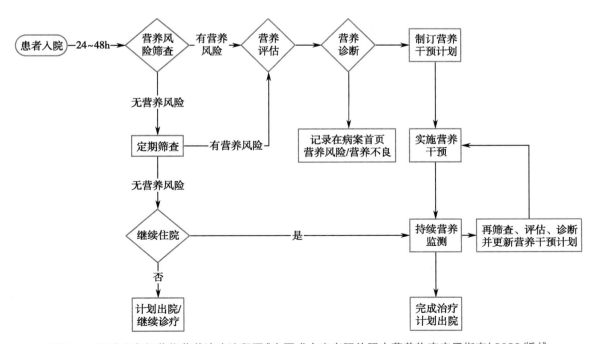

图 6-1　住院患者规范化营养诊疗流程图《中国成人患者肠外肠内营养临床应用指南（2023 版）》

（陈　伟）

第二节　患者的膳食管理

根据人体的基本营养需要和各种疾病的治疗需要而制订的医院患者膳食,可分为基本膳食、治疗膳食、诊断膳食和代谢膳食、特殊治疗膳食、儿科膳食等。

一、基本膳食

基本膳食与一般健康人日常膳食基本相同,膳食结构、能量与各种营养素和餐次均应遵守平衡膳食的原则,使能量及营养素数量和质量达到合理营养的要求。基本膳食包括普通膳食、软食、半流质膳食和流质膳食。

(一)普通膳食

普通膳食简称普食,膳食接近正常人饮食,膳食结构符合平衡膳食的原则,占住院患者膳食的50%～65%。每日供应早、午、晚三餐,每餐之间间隔4～6小时。

1. 适用范围　咀嚼或消化吸收功能正常、体温正常或接近正常、无特殊膳食要求,不需限制任何营养素的患者。

2. 膳食原则

(1)膳食构成:应以平衡膳食和接近正常膳食为原则,品种多样化、营养素种类齐全、数量充足、比例恰当。应进行科学加工烹调以增进食欲、促进消化。忌用刺激性、难消化的食物,如辛辣食物、油炸食物等。

(2)能量分配:一日三餐合理分配,能量分配比例为早餐25%～30%、午餐40%、晚餐30%～35%。

(3)营养素占比:蛋白质供能比占总能量的12%～15%,每日供给量为70～90g;脂肪供能比占总能量的20%～25%,不宜超过30%,脂肪总量应控制在60～70g以内;碳水化合物供能比占总能量的55%～65%,每日供给量约为300～450g。其他营养素供给量可参考DRIs供给。

(二)软食

与普通膳食比较,软食是具有质地软、易咀嚼、少渣、易消化的特点,介于普食与半流质膳食之间的膳食。每日供应3～5餐。

1. 适用范围　适用于低热、咀嚼困难、消化不良或吸收能力差的患者,以及老年人和婴幼儿患者,也可用于手术恢复期患者。

2. 膳食原则

(1)膳食构成合理:应符合平衡膳食原则。

(2)满足机体对能量和营养素的需要:能量和蛋白质略低于普通膳食,总能量1 800～2 400kcal/d,蛋白质为70～80g/d,其他营养素按照DRIs要求供给。长期采用软食的患者因蔬菜切碎、煮软流失较多维生素,应注意适当补充。

(3)食物要求:食物加工和烹制要细、软、烂,尽可能保证食物易消化、便于咀嚼。不选含膳食纤维和动物肌纤维多的食物,并多采用果菜汁或泥、肉泥的形式,且保证食物少辛辣、少油炸、少糖、少盐。烹调的适宜方法为蒸、拌和炖等。

(4)食物选择:主食以发酵类面食为主。米饭、面条应比普食更为软烂,包子、饺子等应选择含粗纤维较少的蔬菜作为馅料。肉类应选择细嫩的瘦肉,多选用禽肉和鱼虾肉等,也可制作成肉丸或切成肉末。多选用含膳食纤维少的蔬菜,如南瓜、冬瓜、薯类等,可煮烂制成菜泥。豆制品亦可食用。忌用油炸食物和强烈刺激性调味品,不宜食用凉拌蔬菜以及含膳食纤维较多的蔬菜如芹菜、韭菜、竹笋等,不宜食用坚果类等。

(三)半流质膳食

半流质膳食是一种比较稀软的、易咀嚼吞咽、易消化的膳食,介于软食与流质膳食的过渡膳食,外观呈半流体状态。

1. 适用范围　适用于食欲差、咀嚼、吞咽不便患者,发热、消化道疾病患者以及手术后恢复期患者。

2. 膳食原则

(1)符合平衡膳食原则:能量供给应适宜,尤其是术后早期或虚弱、高热者不宜供给过高的能量,能量摄入量为1 500~1 800kcal/d,蛋白质50~60g/d、脂肪40~50g/d、碳水化合物约250g/d。

(2)食物要求:呈半流体状态,细软,少膳食纤维,利于机体的消化吸收。各种食物皆应细、软、碎、无刺激性,易咀嚼,易吞咽。尽量减少辛辣、油腻、坚硬食物的摄入。

(3)限量多餐次:通常每日供应5~6餐,每餐之间间隔2~3小时,全天主食不超过300g。既能满足机体能量与营养素需求,又能减轻消化道负担。

(4)食物选择:可用稀饭、细面条、面包、蛋糕、藕粉、馄饨、芝麻糊、蛋花汤等。肉类可选择猪肉、鸡肉,应切碎、煮烂,也可制成肉泥。乳类、豆制品均可食用,蔬菜水果需制备成蔬果汁。不宜用蒸饺、烙饼、粗粮等不宜消化的食物,不宜食用油炸食品和膳食纤维较多的食物,忌用刺激性调味品。

(5)加餐食物的总容量为300mL左右。

(6)腹部手术后禁食胀气食物,如牛奶、过甜食物、豆类。

(四)流质膳食

常用流质膳食分为普通流质、浓流质、清流质、冷流质和不胀气流质。流质膳食极易消化、含渣很少,呈流体状态。

1. 适用范围　高热,食欲差,咀嚼、吞咽极度困难患者;急性炎性胃肠疾病、急性腹泻、恶心、呕吐患者;体质重度虚弱者;大手术后第1次进食的患者。

2. 膳食原则

(1)保证一定能量和营养素供给:能量供给量为800~1 600kcal/d,蛋白质20~40g/d、脂肪30g/d、碳水化合物130g/d,其中浓流质能量最高,清流质能量最低。在病情允许的情况下,可选择少量易消化的脂肪来源,如芝麻油、花生油、黄油和奶油等,以增加膳食中的能量。

(2)食物要求:流体状态或进入口腔后即溶化成液体的食物,具有易吞咽、易消化、少渣、少油腻、不胀气的特点,同时应避免过甜、过咸和过酸食物。

(3)少量多餐:每餐液体量200~250mL,每日6~7次餐为宜。

(4)食物选择:可选择牛奶、蒸蛋、米汤、米糊、土豆泥、浓汤、菜汁、果汁、藕粉、过箩肉汤、清排骨汤、豆浆等。不宜选用一切非流质的固体食物、多膳食纤维食物以及刺激性调味品。清流质等特殊流质应按照病情的需要特殊配制。

二、治疗膳食

治疗膳食(therapeutic diet)也称调整成分膳食(ingredient modified diet),是指根据患者不同的病理生理状况,调整膳食的营养成分和性状,从而达到治疗或辅助治疗疾病、促进患者康复目的的膳食。治疗膳食的基本原则是在平衡膳食的前提下,根据患者的消化、吸收和耐受力以及饮食习惯进行调整。

（一）低能量膳食

总能量摄入在800～1 200kcal/d,或在10～20kcal/（kg·d）之间,摄入量低于每日能量消耗,但必须提供能够满足机体营养素的基本需要。

1. 适用对象　单纯性肥胖等需要减轻体重的患者;需减少机体负担以控制病情的患者,如糖尿病、高血压、高脂血症、冠心病等。

2. 膳食原则

（1）限制能量供给,根据计算后的总能量设计膳食,成年患者每日摄入能量比平时减少500～1 000kcal,但总能量不应低于1 000kcal。

（2）营养素能满足机体需求,蛋白质供能比例适度提高,至少占总能量的15%～20%,保证优质蛋白质不低于1g/（kg·d）。脂肪和碳水化合物的供能比适度减少,其中碳水化合物占总能量的50%～60%,脂肪占20%～30%。

（3）采用低能量膳食期间,可服用维生素和矿物质制剂。活动量不宜减少,注意饮食与心理平衡,防止出现情绪性进食甚至厌食症。

（4）可用食物,如谷薯类、蔬菜、水果、奶及奶制品、大豆及豆制品、瘦肉、蛋等均可选择,但应注意限量。忌用精制糖制作的糖果、糕点、饮料等;忌用黄油、肥肉、炸薯条、油酥点心、炸豆腐、油面筋等高脂肪及油炸食品。

（二）低蛋白膳食

低蛋白膳食是指控制膳食中的蛋白质含量,以减少含氮的代谢产物,从而减轻肝脏、肾脏负担。在控制蛋白质摄入量的前提下,提供充足的能量、优质蛋白质和其他营养素,以改善患者的营养状况。根据患者的肾功能损伤情况,决定其蛋白质的摄入量,一般每日蛋白质总量应在40～50g。

1. 适用对象　肾脏疾病如急性肾炎、急性肾衰竭、慢性肾衰竭、肾病综合征、尿毒症及肾透析患者,肝性脑病患者。

2. 膳食原则　根据患者肝、肾功能情况,确定每日膳食中的蛋白质含量。

（1）每日膳食中的能量应供给充足,以节省蛋白质的消耗。碳水化合物供能不低于55%,必要时可采用纯淀粉食品或水果增加能量。

（2）调整蛋白质摄入量,一般建议40～50g/d,尽量选择富含必需氨基酸的优质蛋白质食物（如蛋、乳、鱼和瘦肉等）,提高蛋白质生物利用率,避免出现负氮平衡。

（3）肾功能不全者在蛋白质摄入范围内选用优质蛋白质,如鸡蛋、牛奶、瘦肉、鱼虾等。肝功能衰竭患者应选用以高支链氨基酸、低芳香族氨基酸的豆类蛋白为主的食物,减少肉类等动物蛋白质摄入。

（4）应充分供给维生素、矿物质等。

（5）增加膳食纤维摄入量,以减少氨类吸收或增加排出。

（三）低盐膳食

低盐膳食是通过调整膳食中的钠盐摄入量来纠正水钠潴留以维持机体水、电解质平衡。

1. 适用对象　高血压、心力衰竭、急性肾炎、妊娠高血压患者,以及各种原因引起的水钠潴留患者。

2. 膳食原则

（1）食盐量以克为单位计算,限制每日膳食中的含盐量在1～4g。忌用一切咸食,如咸蛋、咸肉、咸鱼、酱菜、面酱、火腿、腊肠等。

（2）根据具体病情确定每日膳食中的具体食盐量，如水肿明显者食盐量为 1g/d，一般高血压患者食盐量为 4g/d。

（3）此类膳食的用盐量在食物准备和烹调前应用天平称量后加入。

（4）合理烹调方法，提高患者食欲。

（四）低脂膳食

低脂膳食是指控制膳食中脂肪的摄入总量和饱和脂肪酸摄入量，以改善脂肪代谢和吸收不良引起的各种疾患。根据病情不同，脂肪摄入的控制量也有所不同，一般可以分为轻度限制、中度限制和严格限制。其中，饱和脂肪酸供能小于总能量的 10%。

1. 适用对象 急慢性肝炎、肝硬化、脂肪肝、胆囊疾病、胰腺炎、高脂血症、冠心病、肥胖症患者。

2. 膳食原则

（1）食物配制以清淡为原则，保持其他营养素间的平衡，可适当增加豆类及其制品、新鲜蔬菜和水果的摄入量。

（2）限制膳食中脂肪含量：脂肪限量可分为三种，轻度限制脂肪膳食，脂肪总量≤50g/d，供能不超过总能量的 25%；中度限制脂肪膳食，脂肪总量≤30g/d，供能占总能量的 20% 以下；严格限制脂肪膳食，脂肪总量≤15g/d，供能占总能量的 10% 以下。

（3）合理烹调方法：除减少烹调油用量外，宜选用蒸、煮、炖、拌、煲和烩等方法，忌用油炸、油煎或爆炒的方法加工食品。

（4）食物选择：根据患者的病情和脂肪限制程度选择食物。可选择谷类，非油炸的瘦肉、禽肉、鱼肉，脱脂乳制品，蛋类，豆类，薯类，以及蔬菜水果。忌用脂肪含量高的食物，如肥肉、全脂乳及其制品、蛋黄、坚果、松子、油酥点心等。建议忌用脂肪含量＞20g/100g 的食物，少用脂肪含量 15～20g/100g 的食物。

（五）低嘌呤膳食

低嘌呤膳食是通过限制嘌呤摄入量，降低血清尿酸水平、增加尿酸排泄的膳食。嘌呤参与遗传物质核酸的代谢，其最终产物是尿酸，当嘌呤代谢紊乱时，血清尿酸水平升高或尿酸经肾脏排出量减少，可引起高尿酸血症，严重时出现痛风症状，此类患者必须限制膳食嘌呤的含量。

1. 适用对象 痛风患者、无症状高尿酸血症患者、尿酸性结石患者。

2. 膳食原则

（1）限制嘌呤摄入量：一般限制嘌呤含量者可用嘌呤含量低于 150mg/100g 的食物；中等限制嘌呤含量者可用嘌呤含量为 25～150mg/100g 的食物；严格限制嘌呤者宜用嘌呤含量低于 25mg/100g 的食物。

（2）限制总能量和脂肪的摄入：能量摄入量应比正常人减少 10%～20%。若伴有高脂血症和肥胖症，体内脂肪堆积可减少尿酸排泄，故应适量限制脂肪的摄入量，脂肪供能占总能量的 20%～25%，约为 40～50g/d；饱和脂肪酸供能小于总能量的 10%。

（3）适量蛋白质摄入：蛋白质供能占总能量的 10%～15%，摄入量约为 50～70g/d，以嘌呤含量少的谷类、蔬菜类为主要蛋白质来源，也可选用含核蛋白较少的乳类、鸡蛋等动物蛋白。

（4）保证碳水化合物供给：碳水化合物供能占总能量的 55%～65%，尤其是增加全谷物类食物的摄入，以增强机体的抗生酮作用，并能促进尿酸的排出。由于果糖可促进核酸的分解，增加尿酸生成,因此应减少富含果糖类食物或加工食品的摄入。

（5）保证蔬菜的摄入：应保证新鲜蔬菜的摄入量,促进尿酸的排出。

（6）培养良好的饮食习惯,改进烹调方法：避免暴饮暴食或一次进食大量肉类及其内脏,以降低痛风急性发作的风险。建议一日三餐或少食多餐；在烹调加工时,应少用刺激性调味品,肉类煮后应弃汤后食用。

（7）水分：无肾功能不全时宜多喝水,每日饮水量保持2 000～3 000mL,以促进尿酸的排出。

（8）忌用食物：脑、肝、肾等动物内脏、凤尾鱼、沙丁鱼、肉汁、鸡汁等嘌呤含量高的食物。

三、诊断膳食和代谢膳食

诊断膳食是通过调整膳食成分的方法协助临床诊断的一种膳食,即在短期的试验期间,在患者膳食中限制或增添某种营养素,并结合临床检验和检查的结果,以达到明确诊断的目的。代谢膳食是临床上用于协助诊断疾病、观察疗效或研究机体代谢反应等情况的一种方法,是一种严格的称重膳食。

（一）糖耐量试验膳食

糖耐量试验膳食是通过摄入一定量碳水化合物膳食,并测定空腹和餐后血糖,用以观察机体摄入葡萄糖后的血糖调节能力。临床上主要用于协助诊断糖尿病和糖耐量异常。

1. **适用对象** 疑似糖尿病患者(如有糖尿病家族史,屡发疮、疖、痈等及40岁以上的肥胖症者等)；糖耐量异常和空腹血糖受损者。

2. **膳食要求** 试验前数日,可正常饮食；影响试验的药物应在3天前停用,如正在使用胰岛素治疗,必须在试验前3天停用胰岛素；试验前一天晚餐后禁食、忌喝咖啡和茶；试验当日早晨采空腹血,然后3～5分钟内口服75g葡萄糖(溶入200～400mL水中),于服后30、60、120和180分钟各采血一次,做血糖定量和胰岛素、C肽等测定。

（二）胆囊造影检查膳食

胆囊造影检查膳食是通过调整膳食脂肪量,观察胆囊收缩与排空的状况,主要用于辅助胆囊造影术检查胆囊和胆管病变。

1. **适用对象** 慢性胆囊炎、胆石症、疑有胆囊疾病者、需检查胆囊及胆管功能者。

2. **膳食要求** 检查前一天的午餐摄入高脂膳食,脂肪含量不少于50g,如油炒蛋或煎蛋2个、肥肉大于60g等,以促使胆囊排空蓄积的胆汁,便于新分泌的含造影剂的胆汁进入胆囊；晚餐则进食无脂肪高碳水化合物的少渣膳食,即除主食外,不食用烹调油和含蛋白质的食物,以免刺激胆汁分泌和排泄；晚餐后口服造影剂,随后禁食和禁吸烟。检查当日早晨禁食,服造影剂14小时后开始摄片。检查过程中按指定时间进食高脂膳食。

（三）氮平衡膳食

氮平衡试验膳食通过计算膳食蛋白质的摄入量和排出氮量,观察体内蛋白质营养状况。

1. **适用对象** 需要评定蛋白质营养状况者。

2. **膳食要求** 采用称重法,准确记录和计算5～7天食物摄入量、蛋白质和其他途径摄入的含氮营养素的实际摄入量,并同时测定尿中尿素氮量,计算氮排出量。可采用以下简要公式：

$$氮平衡(g/d)=蛋白质摄入量(g/d)/6.25-[尿中尿素氮(g/d)+3.5g]$$

（陈 伟）

第三节　围手术期营养

手术是一种创伤性治疗手段,手术创伤可以引起机体一系列内分泌和代谢变化,导致体内营养物质消耗增加、营养水平下降及免疫功能受损。患者手术后能否顺利康复,机体营养储备状况是重要因素之一。营养治疗是手术患者的基础治疗,也是一线治疗,是救治过程中不可缺少的治疗手段,一方面提供机体所需能量及营养素,供机体修复使用,促进合成代谢,另一方面通过抑制应激炎症反应,纠正代谢紊乱,发挥代谢调节作用,抑制分解代谢。

一、围手术期概念与代谢特征

围手术期(perioperation)是指从确定手术起到与手术有关的治疗基本结束为止,一般包括术前5～7天至术后7～12天。由于手术创伤等因素可引起机体高度消耗能量和营养素,手术前期体内足够的营养储备、手术期间患者对手术创伤和麻醉的耐受力以及手术后期营养素的适量补充都是影响患者术后恢复状况的决定性因素。围手术期良好的营养能够提高患者抵抗力,减少并发症,促进手术患者伤口愈合和痊愈,降低营养不良患者的术后死亡率和并发症发生率,缩短其住院时间。

在外科患者中,胃肠疾病、恶性肿瘤、高龄以及重症者的营养不良发生率可高达50%以上。围手术期患者发生营养不良的主要原因包括:各类急、慢性疾病引起的进食不足,围手术期禁食,手术应激反应,术后胃肠功能紊乱,术后疼痛与感染等并发症,以及其他治疗引起的机体炎症反应等。机体在应对应激和维持器官功能时,通常会发生一系列的代谢改变。

1. **能量代谢的变化**　严重的急性病和几乎所有的慢性消耗性疾病都有代谢增加或升高的特征。处于应激状态的患者由于儿茶酚胺、糖皮质激素、胰高血糖素以及炎性介质的大量释放,导致胰岛素抵抗,患者分解代谢增加,合成代谢减少,代谢率明显升高。择期手术能量消耗增加5%～10%,创伤后能量消耗增加10%～30%,伴感染增加30%～50%,严重烧伤患者的能量需求可达正常的1倍以上。

2. **碳水化合物代谢的变化**　术前患者可能处于饥饿或摄入不足状态,血糖水平下降。而麻醉、手术创伤、疼痛与感染等引发机体的应激状态及炎症反应,对术后血糖升高和胰岛素抵抗的发生具有重要作用。一方面,儿茶酚胺分泌增多,促进胰高血糖素、糖皮质激素水平升高以及抑制胰岛素的释放,导致肝糖原分解与糖异生作用加快;另一方面,骨骼肌、心肌、脂肪、结缔组织等外周组织对葡萄糖的利用减少,更进一步加剧血糖的升高。此外,IL-1、IL-6以及TNF-α等多种细胞因子也可以显著影响糖类的代谢。

3. **脂肪的代谢改变**　影响糖类代谢的激素也会不同程度地影响脂肪代谢,术后应激状态下脂肪分解增加,血浆游离脂肪酸升高是应激代谢的另一重要特征。由于胰岛素抵抗造成周围组织对葡萄糖的摄取和利用障碍,游离脂肪酸成为主要的供能物质,同时还会加速脂肪氧化以满足增加的能量需求。

4. **蛋白质代谢的改变**　应激状态下,皮质醇、肾上腺素分泌增加,胰岛素分泌减少,导致肌肉蛋白质分解增加,为糖异生提供了丰富的原料。手术创伤应激时机体大量消耗支链氨基酸,而其他氨基酸尤其是血中苯丙氨酸与丙氨酸增加,尿氮的排出量也相应增加,机体处于明显的负氮平衡状态。

二、围手术期患者的营养治疗

围手术期患者营养不良主要指由于蛋白质和能量摄入不足引起的蛋白质-能量营养不良（protein-energy malnutrition，PEM）的一系列临床表现，如负氮平衡、血浆渗透压异常、免疫功能降低以及肝功能异常等机体代谢紊乱。若患者长期处于营养不良状态，可能导致住院时间延长、手术并发症发生率及死亡率增加、医疗费用增加、不良临床结局发生率上升。在围手术期给予合理的营养治疗则可以明显改善临床结局。

通过各种营养支持途径，为围手术期患者提供充足的营养，能够增强机体免疫功能和抵抗力，更好地耐受麻醉和手术创伤过程，且有利于保护患者手术相关的组织、脏器和创面，促进伤口愈合和康复。加速康复外科（enhanced recovery after surgery，ERAS）是一种多模式的围手术期管理策略，强调减少术前禁食时间、术后早期恢复经口饮食等措施。同时，该策略通过减轻围手术期的创伤应激、缓解分解代谢、促进合成代谢等诸多环节促进患者的康复，减少手术创伤对营养、代谢和免疫功能的不利影响。一旦患者术后恢复经口进食，鼓励提供高能量、高蛋白的营养膳食或口服营养补充（oral nutritional supplements，ONS），鼓励尽早进行适量的体能锻炼，以促进合成代谢及机体功能的恢复。对术前存在营养不良的患者，可先根据个体情况进行选择性的营养支持治疗，待其营养不良纠正后再行择期手术治疗，可减少营养不良相关的多种并发症。患者围手术期的营养需要量如下。

1. **能量**　手术耐受性、伤口愈合、体重的稳定及手术康复直接受到能量摄入量的影响，但个体的能量需要量因人而异。

（1）手术前患者：推荐摄入量为 2 000～2 500kcal/d；安静卧床和发热者，体温每升高 1℃，增加基础代谢的 13% 左右；能在病床周围活动者，需增加基础代谢能量消耗的 10% 左右；能在室内外活动者，则增加基础代谢能量消耗的 20%～25%。

（2）手术后患者：对于无并发症者，能量需要略高于术前，一般增高 10%；如果伴有腹腔感染者，则能量需要量可增加 50%。应尽可能减少蛋白质作为供能物质，使机体尽快转入正氮平衡。

2. **碳水化合物**　为增加肝糖原的储存量，应供给充足且易消化的碳水化合物。

（1）手术前患者：以碳水化合物作为主要的能量来源，供能占总能量的 65%。

（2）手术后患者：足量的碳水化合物利于机体转入正氮平衡，建议碳水化合物摄入量为 250～350g/d，供能占总能量的 50%～60%。

3. **蛋白质**　由于术前蛋白质摄入不足或术后蛋白质丢失，可导致机体蛋白质严重缺乏而出现负氮平衡、血容量减少、血浆蛋白含量降低、免疫力减退、血氨升高以及水肿，影响机体对麻醉和手术的耐受力以及延迟伤口愈合。因此，应该保证优质蛋白质充足。

（1）手术前患者：蛋白质 1.5～2.0g/（kg·d），且优质蛋白质占 50% 以上，利于纠正负氮平衡；蛋白质供能应占总能量的 15%～20%。

（2）术后炎症反应期：应注意支链氨基酸如 L-亮氨酸、L-异亮氨酸、L-缬氨酸的供给，促进伤口愈合和全身康复。建议蛋白质摄入量 100～140g/d，有利于转入或维持正氮平衡。

4. **脂肪**　应保证一定量脂肪的摄入，有助于脂溶性维生素的吸收和利用，保证能量供给。

（1）手术前患者：一般脂肪供能应占总能量的 15%～20%，不宜高于普通人。

（2）手术后患者：应结合病情供给，如胃肠功能欠佳者应减少脂肪摄入量；肝胆病者除严格限制脂肪的摄入外，还要注意增加必需脂肪酸和适量中链脂肪酸的供给。中链脂肪酸具有易消化吸收的特点,主要存在于加工的棕榈油、椰子油等食物中。

5. 维生素　由于创伤后机体处于应激状态,各系统代谢旺盛,维生素的参考摄入量应适当增加。

(1)手术前患者:水溶性维生素以正常需要量的2~3倍供给为宜,如手术前7~10天供给维生素 C 100~200mg/d、维生素 B_1 5mg/d、烟酸 50mg/d 和维生素 B_6 6mg/d;为加速伤口愈合、促进凝血作用,还应注意补充适量的脂溶性维生素,如胡萝卜素 3mg/d、维生素 K 15mg/d。

(2)手术后患者:对于营养状况良好者,术后一般不用再额外补充脂溶性维生素,但仍要给予充足的水溶性维生素,如维生素 C 500~1 000mg/d、B 族维生素摄入量增加至正常量的2~3倍,可促进伤口愈合,提高对失血的耐受力。

6. 矿物质　手术患者由于渗出物流失等原因,常出现钠、钾、镁、锌和铁等矿物质的丢失或失调;同时手术创伤后,随着尿氮的丢失,铁、钾、镁、锌、硫和磷的排出量也增加。因此,需要根据生化检查结果随时调整矿物质的摄入量。

目前,围手术期患者营养治疗的方式主要有口服、肠内营养和肠外营养,其适用对象、使用方法和注意事项应严格遵照医嘱进行。

三、短肠综合征

短肠综合征(short bowel syndrome, SBS)是由各种原因造成的广泛小肠切除或旷置后,小肠有效吸收面积显著减少而引起的临床综合征。临床主要表现为腹泻,水、电解质紊乱和严重的营养不良,继而导致器官功能衰竭,甚至危及生命,许多患者需要终身依赖全肠外营养以维持生命。成人 SBS 的常见原因是肠扭转、肠系膜血管性疾病(栓塞或血栓形成)、腹部损伤、肠道原发或继发性肿瘤行广泛小肠切除、克罗恩病等严重的炎性肠病或放射性肠炎等。儿童期 SBS 的常见原因是坏死性小肠炎、先天性畸形等。

SBS 的严重程度主要取决于切除肠管的范围及部位,是否保留回盲瓣、残留肠管及其他消化器官(如胰和肝)的功能状态,剩余小肠长度,结肠的代偿适应能力等。在远端小肠切除时保留回盲瓣尤为重要,回盲瓣可以延长小肠运转时间,防止小肠细菌定殖,从而增加肠道对水、电解质的吸收。此外,保留结肠不但延长了肠管长度和食糜通过时间,增加了水和电解质的吸收,还提供了分解膳食纤维为短链脂肪酸的部位,因此完整的结肠对患者肠道功能的代偿十分必要。

1. 营养素的吸收改变

(1)碳水化合物:因小肠吸收面积减少和残存的二糖酶减少,使碳水化合物的吸收减少。此外,由于胃酸分泌增加,肠内容物的酸化也影响碳水化合物的吸收。

(2)氨基酸:正常情况下,食糜到达末段回肠时,氨基酸及多肽已被完全吸收。小肠被广泛切除后,不仅影响蛋白质的消化,氨基酸的吸收也受到明显影响。

(3)脂肪:空肠上段是脂肪吸收的主要场所,广泛切除小肠不仅缺失了消化、吸收脂肪的大部分场所,还常伴有肠-肝循环中断,肠道中胆盐缺乏,加之胃酸分泌亢进,小肠环境酸化,进一步影响脂肪的吸收。同时,脂溶性维生素(维生素 A、维生素 D、维生素 E 和维生素 K)及钙的吸收也受到影响。

2. 代谢紊乱特点

(1)急性期:通常发生在小肠广泛切除术后的3~4周,表现为大量腹泻导致液体和电解质丢失,酸碱平衡紊乱,出现进行性营养不良的症状,严重者危及生命。部分患者可能因为手术后应激导致胃酸过度分泌而造成严重的消化性溃疡和吸收不良。因缺乏钙、镁、钾等离子,可能出现肌肉兴奋性增强、手足搐搦等症状。

（2）功能代偿期:此阶段一般发生在术后 1 个月并可持续 1～2 年左右。临床表现为腹泻明显减轻,水及电解质失衡有所缓解。在此期间,肠道结构和功能出现适应性变化并逐步代偿,营养治疗是该阶段的重点。

（3）恢复期:剩余小肠的代偿能力增强,部分患者能从肠道获得足够的营养,不再需要肠外营养,但是也有部分患者不能达到这一阶段,需要长期或永久性依赖肠外营养。

3. 营养治疗

（1）肠外营养:几乎所有的 SBS 患者在急性期都需要肠外营养,此时残留的小肠短期内尚无法承担消化、吸收功能。任何进食甚至饮水,均可能造成腹泻或增加造口液丢失,进而加重内环境紊乱。此时的营养治疗应以维持内环境和稳定营养状态为主。

（2）肠内营养:患者每日腹泻量或造口液量减少并趋于稳定时,应尽早摆脱肠外营养,过渡到肠内营养甚至经口进食,以减少肠外营养并发症和医疗费用的支出。由于 SBS 患者剩余肠道过短,早期消化吸收功能差,肠内营养制剂应选用由短肽、单糖和脂肪酸为主要成分的产品,在肠道内几乎不需消化就能被小肠吸收。SBS 的最终治疗目标是恢复经口膳食,提供机体所需的能量和各类营养素,以维持机体日常代谢和活动。待 SBS 患者能很好适应肠内营养后,根据残留肠段的长度和代偿情况,可逐渐增加日常膳食量。由肠内营养过渡到日常膳食需要循序渐进,肠内营养制剂逐渐减量,经口膳食逐渐增加,直至完全过渡至普通膳食。合理膳食搭配,有利于机体康复,增强代偿过程,提高残存肠道吸收能力,促进小肠自主功能的恢复。

4. 肠康复与手术治疗　肠康复治疗可以促进 SBS 患者残留肠道的代偿和适应,增加水电解质和营养物质的吸收,以重新恢复肠道的功能,最终达到逐步减少甚至摆脱肠外营养的目的。目前,常用的肠康复治疗药物主要有生长激素、谷氨酰胺以及胰高血糖素样肽 -2（Glucagon like peptide-2,GLP-2）类似物等,应依据其临床适应证评估后使用。非移植手术是以肠康复治疗为目的的外科治疗技术,主要包括恢复肠道连续性的消化道重建手术、延长小肠长度为目的的缩窄肠管直径类手术和延长食物转运时间的手术。当 SBS 患者出现严重 PN 并发症,尤其肠外营养相关肝衰竭时,小肠移植是可选择的治疗方案。

四、再喂养综合征

再喂养综合征（refeeding syndrome,RFS）是长期饥饿后过度喂养（包括经口摄食、肠内肠外营养）引起的与代谢异常相关的一组综合征,包括以低磷血症、低钾血症、低镁血症为突出表现的严重水、电解质紊乱,葡萄糖耐受性下降和维生素缺乏等。RFS 通常在启动营养支持 1 周内发生,主要表现有心律失常、急性心力衰竭、心搏骤停、低血压、休克、呼吸肌无力、呼吸困难、呼吸衰竭、神经精神系统异常等。RFS 易发生于严重营养不良患者,尤其是数月内体重下降超过 10% 的患者;其他高危人群包括部分消化道术后、长期饥饿或禁食、酒精依赖、神经性厌食、吸收不良综合征、体重明显下降的病态肥胖患者,以及消耗性疾病如癌症、艾滋病患者等。

在长期饥饿的分解代谢状态下,组织细胞内的磷、镁和钾等电解质释放到细胞外,导致细胞内缺乏。一旦重新喂养,合成代谢增强,磷、镁和钾等向细胞内转移,若无外源性摄入或补充则导致细胞外（血浆）水平快速下降而不能维持机体正常的代谢所需,表现为严重水、电解质紊乱和代谢异常。

RFS 是营养治疗中潜在的致命性并发症,死亡率可高达 48%,尤其在应激、高代谢状况下更容易发生,且与不良预后、病死率增加密切相关。因此,对于有 RFS 高危因素的患者,启动营养治疗前应检查电解质、维生素水平,及时发现并纠正低磷、低钾和低镁血症,纠正液体失衡。对已存在明显水电解质紊乱者,在初步纠正前应延迟营养治疗 12~24 小时。肠内或肠外营养治疗时,除提供宏量营养素外,应优先补充电解质、微量元素和维生素。由于严重营养不良患者体内的磷酸盐易耗竭,即使血清磷水平处于正常范围,也应考虑以预防的方式进行补充。

(陈 伟)

第四节 肠内与肠外营养

营养支持治疗(nutrition support therapy)分为肠内营养(enteral nutrition,EN)和肠外营养(parenteral nutrition,PN)。肠内与肠外营养都是适应现代治疗学的需要而发展起来的。选择营养支持治疗方式的基本原则为:对于胃肠道具备一定消化吸收功能者,首选肠内营养的方式;当肠内营养无法满足机体营养需求时,可用肠外营养补足;如需要大量营养素的补充或希望在较短时间内改善营养状况,也可选用全肠外营养。

一、肠内营养

肠内营养是指具有胃肠道消化吸收功能的患者,因机体病理、生理改变或一些治疗的特殊要求,需利用 ONS 或管饲(tube feeding,TF)等方式给予肠内营养制剂,经胃肠道消化吸收,提供能量和营养素,以满足机体代谢需要的营养支持疗法。肠内营养在消化道尚有部分功能时可取得与肠外营养相似的效果,且更符合生理状态。此方法费用较低,使用较安全,监护较方便,并且由于膳食的机械性刺激与化学性刺激(刺激消化道激素的分泌),可加速胃肠道功能与形态的恢复。所以基本原则是"只要胃肠功能允许,应尽量采用肠内营养"。

(一)肠内营养适应证和禁忌证

1. 肠内营养适应证 当患者由于原发疾病或因治疗与诊断的需要而不能或不愿经口摄食,或摄食量不足以满足需要时,如胃肠道功能允许而又可耐受时,应优先考虑采用肠内营养。临床上有以下多种情况适合肠内营养。

(1)无法经口摄食、摄食不足或有摄食禁忌者,如口腔和咽喉炎症或食管肿瘤术后、烧伤、化学性损伤等造成咀嚼困难或吞咽困难;大面积烧伤、创伤、甲状腺功能亢进症、艾滋病等导致的营养素需要量增加且摄食不足者。

(2)胃肠道疾病:短肠综合征、炎性肠病、胃肠肿瘤及其手术者、胃肠道瘘患者等。

(3)胃肠道外疾病:术前术后营养支持、肿瘤化疗放疗的辅助治疗、肝肾衰竭、先天性氨基酸代谢缺陷病、神经性厌食症以及心、脑血管疾病患者等。

2. 肠内营养禁忌证 肠内营养的绝对禁忌证是完全性肠道梗阻。不宜使用肠内营养的情况还包括:①导致高流量的胃肠瘘患者;②严重应激状态、上消化道出血、应激性溃疡、顽固性呕吐或严重腹泻急性期、急性重症胰腺炎;③严重吸收不良综合征及长期禁食者;④小肠广泛切除后 4~6 周以内;⑤年龄小于 3 月龄的婴儿。

(二)肠内营养的途径与方法

1. 口服营养补充(ONS) ONS 是指在非自然饮食条件下,口服由极易吸收的中小分子营养素配制的营养液。口服是一种简单、有效而安全的给予方式,适用于意识清楚、吞咽功能和消化功能正常者。经口进食摄入的能量和/或蛋白质等重要营养素不足目标需求量的50%～75%,且预计无法迅速改善或达标时,应考虑实施ONS。

2. 管饲(TF) TF 是对不能经口摄入营养的患者通过导管将患者所需营养注入胃肠道而采取的肠内营养治疗方法。管饲的优点在于可以保证营养液的均匀输注,充分利用胃肠道的消化吸收功能。TF 的置管方式可按导管入口位置分为经鼻、经咽或食管造口、经胃造口及经空肠造口置管等,其中造口置管还分为外科手术和非外科手术两种方式;按营养管末端所在位置又可分为经胃和经肠管饲。

(三)肠内营养制剂种类

肠内营养配方与普通食物相比,化学成分明确;营养全面,搭配合理;更加易于消化,稍加消化或无须消化即可被吸收;无渣或残渣极少,粪便数量显著减少;通常不含乳糖,适用于乳糖不耐受者。根据组成不同分为整蛋白配方、短肽和氨基酸配方。根据用途不同分为通用型和疾病特异型、组件型。

整蛋白配方以大分子整蛋白作为主要氮源,临床中较为常用,味道相对可口,渗透压接近等渗,口服与管饲均可,适用于胃肠道功能基本正常的患者。短肽配方由蛋白水解成的双肽、三肽和一些游离氨基酸作为氮的来源,渗透压高于整蛋白配方,适用于吸收不良的患者。氨基酸配方由游离氨基酸、单糖和双糖,以及不同剂量的中链脂肪酸和/或必需脂肪酸组成。

(四)特殊医学用途配方食品

1. 特殊医学用途配方食品定义 特殊医学用途配方食品是指为了满足进食受限、消化吸收障碍、代谢紊乱或特定疾病状态人群对营养素或膳食的特殊需要,专门加工配制而成的配方食品。该类产品必须在医生或临床营养师指导下,单独食用或与其他食品配合食用。特殊医学用途配方食品按照《食品安全国家标准 特殊医学用途配方食品通则》(GB 29922—2013)和《食品安全国家标准 特殊医学用途配方食品良好生产规范》(GB 29923—2013)两项国家标准进行管理。

2. 特殊医学用途配方食品分类 特殊医学用途配方食品包括适用于0～12月龄的特殊医学用途婴儿配方食品和适用于1岁以上人群的特殊医学用途配方食品。适用于1岁以上人群的特殊医学用途配方食品包括全营养配方食品、特定全营养配方食品、非全营养配方食品3类。全营养特殊医学用途配方食品适用于需要全面营养补充和/或营养支持的人群,如体弱、长期营养不良、长期卧床等患者;特定全营养特殊医学用途配方食品适用于特定疾病或医学状况下需对营养素进行全面补充的人群;非全营养特殊医学用途配方食品适用于需要补充单一或部分营养素的人群,按照患者个体的医学状况或特殊需求使用。

(五)肠内营养常见并发症

EN 相关并发症的类型和发生率与 EN 制剂、EN 的实施以及疾病本身有关,包括机械性并发症、感染性并发症以及肠内营养耐受不良等。

1. 机械性并发症 主要包括导管周围皮肤或黏膜的损伤、营养管堵塞、营养管的移位和脱出、喂养管的渗漏和折断等。

2. 感染性并发症 主要包括吸入性肺炎、营养液配制或输注过程中出现的污染、营养液被污染导致的感染以及经皮胃肠造口导致的感染。

3. 肠内营养耐受不良 指 EN 过程中发生的一系列相关症状及体征,主要包括腹痛、腹胀、恶心、呕吐、腹泻、胃残留量增加和肠鸣音消失等常见并发症。

二、肠外营养

肠外营养是指通过肠道以外的通路即静脉途径输注各种产能营养素和微量营养素，以达到纠正或预防营养不良、维持营养平衡目的的营养补充方式。肠外营养使用完全新型的营养物质经中心静脉导管或周围静脉输入，多数情况下可满足患者的营养需求，有效改善并维持机体的营养状况，已成为危重患者救治工作中不可缺少的重要组成部分。肠外营养制剂要求 pH 在人体血液缓冲能力范围内，有适当的渗透压，无菌、无致热源、无毒性，微粒不能超过规定的范围。

（一）肠外营养适应证和禁忌证

1. **肠外营养适应证** 肠外营养的基本适应证是胃肠道功能障碍或衰竭的患者。患者存在营养不良，或预计 2 周内无法正常饮食者，都符合肠外营养治疗的指征。临床常见的适应证包括：①非外科疾病：营养不良伴胃肠功能紊乱或障碍、神经性厌食或顽固性呕吐、肠道疾病（局限性或溃疡性结肠炎、肠结核、放射性肠炎等）、化疗与放疗辅助治疗期间、肝肾衰竭、严重感染和败血症等；②外科疾病：胃肠道梗阻、胃大部切除及胃肠吻合术、大手术创伤及复合性外伤、消化道瘘、急性胰腺炎、脏器或骨髓移植后功能尚未恢复、大面积烧伤和重度感染。此外，对于营养不良、需进行大的胸腹部手术的患者应在术前给予肠外营养支持，对于存在感染并发症倾向的骨科与颅内手术等患者也可在术前加强肠外营养支持，以维持患者营养状况，降低手术死亡率。

2. **肠外营养禁忌证** 应用肠外营养的禁忌证有严重循环、呼吸功能衰竭，严重水、电解质平衡紊乱，肝肾衰竭等。需要慎用肠外营养的情况包括：①无明确治疗目的或已确定为不可治愈者；②胃肠道功能正常或有肠内营养适应证者；③水、电解质和酸碱平衡紊乱或心血管功能紊乱期间需控制或纠正者；④患者一般情况良好，不需要肠外营养治疗者；⑤预计发生肠外营养并发症的危险性大于其可能带来的益处者。

（二）肠外营养液的置管方式

根据患者的预期营养支持时间、疾病严重程度和机体状况，选择适合的肠外营养方式。目前，临床上常用中心静脉置管和外周静脉置管。

1. **中心静脉营养** 中心静脉营养（central parenteral nutrition，CPN）是指将全部营养素通过大静脉输入的方法。主要适用于长期无法由肠内营养途径提供机体所需营养物质，且外周静脉营养无法提供大量营养素的患者。中心静脉营养通过静脉穿刺术将导管置入体内，由外周静脉插入或由锁骨静脉、颈内静脉插入至上腔静脉。由于静脉管径大且血流速度快，可将输入的高浓度营养液输至全身以供利用。

2. **外周静脉营养** 外周静脉营养（peripheral parenteral nutrition，PPN）是指将营养物质由外周静脉输入的方法。PPN 采用的时间一般不应超过 2 周，主要是改善患者手术前后的营养状况，纠正疾病所致的营养不良。该方法操作简便，容易实施，对静脉损伤小，在普通病房内即可实施。

一般而言，输注高渗透压（≥900mOsm/L）肠外营养液和/或应用肠外营养超过 7 天的患者，推荐中心静脉血管通路装置；输注渗透压<900mOsm/L 的肠外营养液、短期内给予肠外营养的患者，可选择外周静脉导管，但建议不超过 14 天，且需每日检测、评估穿刺和输液部位血管情况。

（三）肠外营养制剂的组成

肠外营养制剂并没有统一配方，应根据患者的年龄、性别、体重或体表面积以及病情需要等配制。肠外营养制剂的组成成分包括蛋白质（氨基酸）、脂肪、糖类、维生素、微量元素、电解质和水等，要求无菌、无毒、无热源，具有适宜的渗透压和 pH，良好的相容性、稳定性。成人每日总液体需要量为 30～40mL/kg，减去额外临床用药等液体量后，确定肠外营养的液体量。

1. **氨基酸制剂**　氮源是 L-氨基酸溶液，其中 9 种必需氨基酸占总氮量的 40%，并含有充足的条件必需氨基酸；同时，也需要一定比例的支链氨基酸。良好的氨基酸制剂应符合以下要求：①生物利用率高，利于蛋白质合成，维持正氮平衡；②副作用小，使用安全；③必需氨基酸、条件必需氨基酸和支链氨基酸之间的比例合理。

2. **脂肪制剂**　主要以大豆油和红花油为原料，经过卵磷脂乳化制成，以脂肪乳剂形式经静脉输入机体，从而满足机体能量、必需脂肪酸和脂溶性维生素吸收的需要。脂肪制剂特点如下：①能量密度高，在输入液体总量不变的情况下可获得更多能量；②等渗，尤其适用于外周静脉营养，与高渗葡萄糖、电解质溶液同时输入，可减少对血管壁的损伤；③作为脂溶性维生素的载体。目前在临床应用较多的中长链脂肪酸脂肪乳剂是在长链脂肪酸脂肪乳剂中添加了中链脂肪酸，与长链脂肪酸相比具有氧化快速完全、较少引起脂肪浸润、对肝脏功能及胰岛素刺激小等特点，用法与长链脂肪酸脂肪乳剂基本相同，但是由于生酮作用强，不适于单独用于肝硬化、糖尿病等患者。需要注意的是，中长链脂肪酸脂肪乳剂提供的 EFA 仅为长链脂肪酸脂肪乳剂的一半左右。

3. **葡萄糖溶液**　高浓度的葡萄糖是肠外营养的主要能量来源，一般葡萄糖每日供给 200～300g，占总能量的 60%～70%；由于葡萄糖溶液渗透压较高，可选择中心静脉途径输入。但由于机体利用葡萄糖能力有限，输入太快可发生高血糖、糖尿和高渗性脱水，因此应控制输入速度。

4. **维生素制剂**　一般情况下，肠外营养只能提供维生素的生理需要量，如有特殊要求，则需要额外补充。对于短期肠外营养支持者，应常规补充水溶性维生素制剂；长期肠外营养支持者，还应补充脂溶性维生素制剂。

5. **微量元素制剂**　维持机体微量元素平衡也是长期肠外营养支持的重要环节。需要根据患者实际情况，进行微量元素需要量的调整，尤其要注意适量补充锌、铬、铁、硒等元素。

（四）肠外营养常见并发症

实施肠外营养时，由于提供的营养物质直接进入血液循环，营养底物的不足或过量、肠外营养配方不合理等因素容易引起或加重机体代谢紊乱和器官功能异常，从而产生一系列代谢相关并发症，如糖代谢紊乱，水、电解质紊乱，脂肪代谢紊乱，肝胆并发症和骨病等。

1. **糖代谢紊乱**　肠外营养将葡萄糖直接输入患者的循环系统，不同于胃肠道内葡萄糖刺激胰腺胰岛素的分泌，机体对肠外营养刺激引起的胰岛素分泌具有滞后性和强度降低现象。主要的糖代谢紊乱以高血糖较为常见，低血糖虽然比高血糖少见，但可直接导致死亡。

2. **肠外营养相关性肝病**　肠外营养相关性肝病（parenteral nutrition-associated liver disease，PNALD）是长期 TPN 的常见并发症，是一系列疾病的统称，范围从轻度转氨酶异常到肝脏脂肪变性，再到最终的肝脏纤维化或肝硬化，主要有三种类型：肝脏脂肪变性、胆汁淤积和胆囊淤积。

3. **机械性并发症**　主要指置管、导管护理、导管拔除等过程中发生的并发症。比较常见的有置管造成的气胸、周围组织损伤、空气栓塞、导管相关静脉血栓、导管堵塞（血栓性导管堵塞和非血栓性导管堵塞）。

4. **静脉导管相关感染**　静脉导管相关感染（catheter-related infection，CRI）指放置静脉导管期间及拔除导管后 48 小时内发生的原发性，且与机体其他确有病因的感染无关的感染，包括局部感染和全身感染。

5. **脂肪超载综合征**　脂肪超载综合征（fat overload syndrome，FOS）指因脂肪乳剂输注速度和/或剂量超过机体廓清能力出现的一系列综合征,是一种在应用全肠外营养尤其长期应用肠外营养时容易被忽视的并发症。

三、从肠外营养过渡到肠内营养

长期肠外营养可造成胃肠道功能衰退。因此,从肠外营养过渡到肠内营养必须逐渐进行,否则势必加重肠道的负担而不利于恢复。其过渡过程大致可分为四阶段:①肠外营养与管饲结合;②单纯管饲;③管饲与经口摄食结合;④完全经口摄食。根据患者临床情况,确定过渡程序与肠内营养选择。对于必须遵守上述步骤的患者(如短肠综合征),肠外营养不能骤然停止,宜逐渐经过肠内营养以使残余肠道细胞得到再生及适应。当患者能开始耐受肠内营养时,首先采用低浓度、缓速输注的要素肠内营养或非要素肠内营养,同时监测水、电解质平衡及营养素摄入量。随后逐渐增加肠内营养量,同时减少肠外营养的量,直至肠内营养能满足代谢需要时,方可完全停用肠外营养。之后,将管饲与经口摄食结合,最终恢复至完全经口摄食。

(陈 伟)

本章小结

本章介绍了营养筛查与评估及患者膳食营养评价;患者膳食管理中介绍了基本膳食、治疗膳食、诊断膳食和代谢膳食;围手术期患者的营养,尤其是短肠综合征和再喂养综合征的防治;肠内营养的分类、特殊医学用途配方食品及肠内营养适应证和禁忌证;肠外营养的输注方式、配制及制剂组成以及肠外营养适应证和禁忌证;肠外营养的过渡。

思考题

1. 如何为高尿酸血症患者设计低嘌呤膳食?
2. 临床上如何选择肠内营养和肠外营养?
3. 试论述特殊医学用途配方食品与保健食品有何区别。
4. 临床上如何从肠外营养过渡到肠内营养?

第七章
营养与营养相关疾病

合理营养是保证机体健康的重要前提之一,营养失衡与一系列营养相关疾病的发生密切相关。随着社会经济的发展与人们生活方式的改变,肥胖及其相关慢性病的发病率逐渐增加,这些营养相关疾病已经成为威胁人类健康的重要公共卫生问题。

第一节　营养与肥胖

肥胖(obesity)是一种由体内脂肪堆积过多和/或分布异常导致健康损害的慢性代谢性疾病。目前,肥胖在全球范围内快速增长和蔓延。随着居民膳食结构和生活方式的改变,我国肥胖率也在以惊人的速度增长。

一、概述

(一)肥胖的分类

肥胖按发生原因可分为三类:①遗传性肥胖:主要指遗传变异导致的一种极度肥胖,这种肥胖比较罕见,例如普拉德-威利综合征(Prader-Willi综合征)、leptin基因突变等;②继发性肥胖:主要指由于下丘脑-脑垂体-肾上腺轴病变、内分泌紊乱、其他疾病或外伤引起的内分泌障碍而导致的肥胖,例如甲状腺功能减退症、皮质醇增多症、胰岛素瘤性功能减退症、男性无睾综合征、女性更年期综合征及少数多囊卵巢综合征;③单纯性肥胖:主要是指排除遗传性肥胖、代谢性疾病、外伤或其他疾病所引起的继发性、病理性肥胖,而单纯由于营养过剩所造成的全身性脂肪过量积累,是一种由基因和环境因素相互作用导致的复杂性疾病,常表现为家族聚集倾向。单纯性肥胖是最主要的类型,占肥胖总人数的95%以上。

根据脂肪在身体分布的部位不同,肥胖可分为中心型肥胖和外周型肥胖。①中心型肥胖:脂肪主要堆积在腹壁和腹腔内,包括腹部皮下脂肪、脏器周围脂肪、网膜和系膜脂肪以及腹膜后脂肪,又称腹型肥胖或内脏型肥胖,俗称苹果型肥胖;②外周型肥胖:脂肪沉积基本上呈匀称性分布,臀部和肢体脂肪堆积明显多于腹部,俗称梨形肥胖。与外周型肥胖相比,中心型肥胖与肥胖相关性疾病有更强的关联,是许多慢性病的独立危险因素。

(二)肥胖的诊断方法与标准

1. 诊断方法　目前已建立的判定肥胖的方法有很多,常用的方法可分为三大类,分别为人体测量法(anthropometry)、物理测量法(physiometry)和化学测量法(chemometry)。

(1)人体测量法:人体测量法包括身高(body height)、体重(body weight)、胸围(chest circumference)、腰围(waist circumference,WC)、臀围(hip circumference)、肢体围度(limbs circumference)和皮褶厚度(skin-fold thickness)等参数的测量。

(2)物理测量法:物理测量法是指根据物理学原理测量人体成分,进而推算体脂含量的方法。这些方法包括全身电传导(total body electrical conductivity,TBEC)、生物电阻抗分析(bioelectrical impedance analysis,BIA)、双能X线吸收(dual-energy X-ray,DXA)、计算机断层扫描(computerized tomography, CT）和磁共振成像（magnetic resonance imaging, MRI）。

（3）化学测量法：化学测量方法的理论依据是中性脂肪不结合水和电解质，因此机体的组织成分可用无脂的成分为基础来计算。若人体去脂体质（fat free mass, FFM）或称之为瘦体质的组成恒定，通过分析其中一种组分（例如水、钾或钠）的含量就可以估计 FFM，然后用体重减去 FFM 的重量即为体脂量。化学测定法包括同位素稀释法、^{40}K 计数法、尿肌酐测定法。

2. 诊断标准　根据测量数据不同可以有不同的肥胖判定标准，常用的有体脂百分比（body fat percentage, BFP）、身高标准体重法（standard body weight determined by height, SBW）、体质指数（body mass index, BMI）、腰围（waist circumference, WC）和腰臀比（waist-to-hip ratio, WHR）和皮褶厚度（skin-fold thickness, SFT）等。

（1）体脂百分比：指人体脂肪组织重量占体重的百分比，是判断肥胖的直接指标，也是肥胖诊断的"金标准"。上述物理测量法可直接测量体脂肪量。WHO 标准规定成年男性体脂含量＞25% 可诊断为肥胖，成年女性＞30% 可诊断为肥胖。我国尚缺乏具有循证依据的体脂百分比评估肥胖及肥胖程度的标准。

（2）体质指数：近年来，国内外学者多数主张使用 BMI，认为 BMI 更能反映体脂增加的百分含量，可用于衡量肥胖程度。我国规定 BMI＜18.5 为体重过轻，18.5≤BMI＜24.0 为体重正常，24.0≤BMI＜28.0 为超重，BMI≥28.0 为肥胖。

（3）身高标准体重：这是 WHO 推荐的常用衡量肥胖的方法，公式为：

$$肥胖度（\%）=[实际体重（kg）-身高标准体重（kg）]/身高标准体重（kg）×100\%$$

判断标准是：肥胖度 10%～19% 为超重；20%～29% 为轻度肥胖；30%～49% 为中度肥胖；≥50% 为重度肥胖。然而，身高标准体重法和 BMI 法评价肥胖存在一定缺陷，如果肌肉组织和/或骨骼特别发达者，也可能超过理想体重或肥胖评价标准，这种情况可以结合腰围和腰臀比进行评价是否肥胖。

（4）腰围和腰臀比：相对于肥胖本身，身体脂肪分布类型是影响肥胖者患病率和死亡率更重要的危险因素。关于腹部脂肪分布的测定指标，WHO 建议采用 WC 和 WHR，并且规定 WC 男性≥102cm、女性≥88cm 作为中心型肥胖的标准；WHR 男性≥0.9、女性≥0.8 作为中心型肥胖的标准。我国提出男性 WC≥90cm、女性 WC≥85cm 为成人中心型肥胖。亚洲正常男性 WHR 应小于 0.9，女性应小于 0.85，超过该标准可考虑为中心型肥胖。

（5）皮褶厚度：用皮褶厚度测量仪（Harpenden 皮褶卡钳）测量肩胛下和上臂肱三头肌腹处皮褶厚度，两者相加即为皮褶厚度。另外还可测量髂前上棘和脐旁 1cm 处皮褶厚度。皮褶厚度一般不单独作为判定肥胖的标准，而是与身高标准体重结合起来判定。判定方法是：凡肥胖度≥20%，两处的皮褶厚度≥80% 分位数，或其中一处皮褶厚度≥90% 分位数者可判定为肥胖；凡肥胖度＜10%，无论两处的皮褶厚度如何，均判定为体重正常者。

（三）肥胖对健康的影响

肥胖与糖尿病、高血压、高脂血症、高尿酸血症、心脑血管疾病、癌症、变形性关节炎、骨端软骨症、月经异常、妊娠和分娩异常等多种疾病有明显的关系，而且肥胖可增加死亡风险。近年来，随着儿童肥胖率的增加，肥胖对儿童健康的影响也引起了人们的广泛关注与重视。

1. 肥胖对儿童健康的危害　肥胖不仅影响儿童的身体形态和功能，也会对他们的心理造成伤害。另外，儿童肥胖还会向成年期延续，包括肥胖体型的延续、与肥胖相关的行为和生活方式的延续及其健康危害的延续。

（1）对心血管系统的影响：肥胖可导致儿童全血黏度增高；血总胆固醇、低密度脂蛋白胆固醇和载脂蛋白等浓度显著增加；左室射血时间和心搏出量高于正常体重儿童；血压明显增高；部分儿童出现心电图 ST 段抬高和室性期前收缩、左心功能不全和动脉顺应性改变。这些变化提示儿童肥胖是导致心血管疾病的潜在危险。

（2）对呼吸系统的影响：肥胖儿童的肺活量和每分通气量明显低于正常体重儿童，说明肥胖能够导致混合型肺功能障碍。极限运动时肥胖儿童的最大耐受时间、最大摄氧量及代谢当量明显低于正常体重儿童。

（3）对内分泌系统与免疫系统的影响：肥胖与人体内分泌改变有关。肥胖儿童的生长激素和催乳素大都处于正常范围的下限；三碘甲腺原氨酸升高，四碘甲腺原氨酸大都正常。在性激素方面，肥胖男孩血清睾酮降低而血清雌二醇增加，可出现男性青春期乳房发育；肥胖女孩雌激素代谢亢进，可发生高雌激素血症。胰岛素增多是肥胖儿童发病机制中的重要因素，肥胖儿童常伴有糖代谢障碍，肥胖程度越严重，发生糖尿病的风险越高。肥胖儿童免疫功能有明显紊乱，细胞免疫功能低下最为突出。

（4）对生长发育的影响：肥胖儿童能量摄入往往超过参考摄入量，但常有钙和锌摄入不足的现象。肥胖儿童可出现骨龄和拇指内侧籽骨萌出率升高，肥胖女孩第二性征发育早于正常儿童。

（5）对儿童心理行为的不良影响：肥胖儿童由于运动能力受限，对外界的感知、注意和观察能力下降，学习能力降低，反应速度、阅读量、大脑工作能力指数等下降。肥胖儿童的自我意识受损，自我评价低，不合群，更容易焦虑，幸福感和满足感差。肥胖男生多倾向于抑郁和情绪不稳，肥胖女生则倾向于自卑和不协调。

2. **肥胖对成年人健康的危害** 国内外大量的流行病学调查表明，肥胖与死亡率之间有明显的关系，其主要原因是肥胖增加了许多慢性病的发病风险。

（1）代谢综合征：肥胖可引起脂类及糖代谢紊乱，表现为血脂（包括游离脂肪酸）升高和胰岛素敏感性降低；促进氧化应激、引起低度慢性炎症的发生，并可导致一些激素代谢紊乱和脂肪组织分泌的一些细胞因子紊乱。因此，肥胖者易患高脂血症、胰岛素抵抗和糖尿病、高尿酸血症及痛风。

（2）心脑血管疾病：肥胖是心脑血管疾病重要的独立危险因素，肥胖能够增加罹患高血压、冠心病、充血性心力衰竭、脑卒中以及静脉血栓的风险，肥胖者心脑血管疾病患病率和死亡率均显著增加。

（3）呼吸系统疾病：肥胖者胸壁和腹部脂肪组织堆积，使膈肌运动受限和胸腔顺应性下降，进而影响肺部的功能，表现为明显的贮备容积减少和动脉氧饱和度降低。肥胖者最严重的肺部问题是阻塞性睡眠呼吸暂停和肥胖性低通气量综合征，其原因可能与咽部脂肪增多有关。另外，肥胖还能增加哮喘的发病率、严重程度并导致难治性哮喘以及降低哮喘治疗的反应性。

（4）肿瘤：肥胖也是肿瘤的一个重要的危险因素，肥胖能够增加食管癌、直肠癌、结肠癌、肝癌、胆囊癌、胰腺癌、肾癌、白血病、多发性骨髓瘤和淋巴瘤等多种肿瘤的发病风险。在女性中，肥胖者子宫内膜癌、宫颈癌、卵巢癌以及绝经后的乳腺癌发病率增加；在男性中，肥胖者前列腺癌的发病率增加。

（5）骨关节疾病：肥胖是骨性关节炎的高危因素，且与骨性关节炎的严重程度相关。肥胖者躯体重量大，加重了脊柱、骨盆及下肢的承重，加之循环功能减退，对末梢循环供应不足，关节易出现各种退行性病变。尤其是膝关节承受的负荷更明显，运动系统的活动引起步态、姿势等发生改变，导致关节表面受力不均，关节功能紊乱，加速软骨磨损、老化、丢失以及骨赘形成，最终导致骨性关节炎的发生。

（6）消化系统疾病：肥胖者由于大量脂肪在肝脏组织内堆积，可发生非酒精性脂肪肝病（代谢相关脂肪性肝病）。肥胖者常伴有高胰岛素血症，可加剧脂肪肝的发生。肥胖还与胆囊疾病的发生有关，60 岁以上肥胖妇女中几乎有 1/3 发生胆囊病，其原因可能是由于肥胖者胆固醇合成增加，从而导致胆汁排出的胆固醇增加。肥胖还容易引起胃食管反流疾病及食管裂孔疝等。

（7）生殖系统疾病：肥胖可导致女性月经失调、不育症、女性多毛症以及多囊卵巢综合征等，增加孕妇妊娠糖尿病、子痫和先兆子痫的风险，引发流产、难产、巨大胎儿、新生儿窘迫综合征和畸胎等问题。

（8）其他疾病：除了上述疾病，肥胖还能引起一系列其他的健康问题，主要包括特发性颅内压增高、蛋白尿、皮肤感染、淋巴水肿、麻醉并发症和牙周病等。

（9）精神、心理问题和社会适应能力降低：肥胖往往容易导致自卑、焦虑和抑郁等精神和心理问题，人际关系敏感，社会适应性和活动能力降低，影响正常的工作和生活。

二、营养与肥胖的关系

肥胖的发生是遗传因素和环境因素共同作用的结果，其根本原因是机体的能量摄入大于机体的能量消耗，从而导致多余的能量以脂肪形式贮存。因此，膳食营养因素在肥胖发生的过程中发挥了非常重要的作用。

（一）生命早期营养对成年后肥胖发生的影响

生命早期是指胎儿期、哺乳期和断乳后的一段时间（一般指 2 岁以内，亦称"窗口期"）。此时期身体处于旺盛的细胞增殖、分化和组织器官形成阶段，对外界各种刺激非常敏感，并且会产生记忆（又称代谢程序化），这种记忆会持续到成年，对成年后的肥胖及相关慢性病的发生、发展有重要影响。而其中膳食营养因素是生命早期机体接触最早、刺激频率最高、刺激时间最长的外界因素。生命早期不良的膳食因素，包括妊娠期孕妇营养缺乏或过剩、完全人工喂养、过早断乳、过早添加辅食以及婴幼儿期营养过剩等，不仅可直接影响婴幼儿体重及健康，还会增加成年后肥胖及相关慢性病的发病风险。相反，母乳喂养（完全母乳喂养或喂养时间相对较长）则有益于预防成年后肥胖的发生。

（二）能量过剩对肥胖的影响

当机体摄食量过大、能量摄入过多，就会能量过剩引发肥胖。导致能量过剩的因素很多，主要包括以下几方面：①遗传因素：由于遗传因素的作用，摄食量高于正常人。②社会、环境及心理因素：经济发展水平高，食物不断丰富，食物的可及性及可供选择种类的多样化，每餐食物分量的增加，快餐食品、预包装食品、含能量饮料等，均有可能导致能量摄入过多。宗教信仰、受教育程度及文化习俗等也影响人们对食物的选择。③个人饮食习惯：进食速度过快，暴饮暴食，偏食，贪食，多食，进食时间过长（如边看电视边吃饭、饭店就餐），不合理零食，三餐分配不合理，过多摄入高能量密度食物、含糖饮料，在外就餐频率高等。

（三）宏量营养素对肥胖的影响

膳食中脂肪（尤其是动物脂肪）摄入增加是导致近年来世界各国肥胖率不断增加的重要原因，这主要是由于脂肪能够提高食物的能量密度，容易导致能量摄入过多。在控制总能量的情况下，高蛋白膳食能够增加饱腹感，降低能量摄入，短期内对肥胖者有减轻体重的作用，长期影响需进一步研究。近年来研究发现，伴随脂肪供能比的降低、碳水化合物供能比的上升，肥胖的发生率也在增加,如何分析膳食碳水化合物含量对肥胖的影响,目前学术界还存在较大的争议。大量研究证据表明,碳水化合物的类型以及质量对肥胖起决定性作用,如淀粉、糖、精制谷物更容易导致肥胖,因此应研究不同类型的碳水化合物与肥胖的关系,才能提出有针对性的措施。膳食纤维是不可消化的碳水化合物,具有减少体内脂肪、预防和治疗肥胖的作用。

（四）维生素和矿物质对肥胖的影响

目前关于维生素和矿物质与肥胖的因果关系不明确。有研究发现肥胖人群中存在多种维生素与矿物质的缺乏,但目前没有确切证据证明某种维生素或矿物质的营养状况能够导致肥胖的发生。

（五）生物活性成分对肥胖的影响

植物化学物的摄入有助于超重、肥胖人群的体重控制,其可能机制包括影响肠道菌群、调节炎症反应和增强抗氧化性。左旋肉碱可从动物性食物中获取,是中、长链脂肪酸从线粒体膜外转运到膜内进行 β- 氧化的载体,可能具有降解脂肪的作用。

三、食物与肥胖的关系

1. **全谷物**　全谷物是指未经精细加工或虽经碾磨、粉碎等处理仍保留了完整谷粒及天然营养成分的谷物。摄入全谷物有助于维持正常体重、减少体重增长,这可能与膳食纤维摄入增加、总脂肪和饱和脂肪摄入下降有关。但是对于超重/肥胖人群,目前的随机对照试验并未证明全谷物干预能够减轻体重。

2. **薯类**　薯类与肥胖的关系与烹调方式密切相关,其中油炸烹调方式的薯类摄入可增加超重和肥胖的发病风险,而普通烹调方式的薯类对肥胖的作用研究较少,研究结果也不一致。

3. **蔬菜和水果**　蔬菜和水果是膳食纤维、有机酸、部分矿物质和维生素、多种植物化学物和生物酶的重要来源,对维持健康具有重要的意义。目前蔬菜干预减肥的人群研究结论不一致,尚需要进一步的研究来检验。

4. **畜肉**　畜肉又称作红肉,是人体蛋白质、矿物质和维生素的重要来源之一。畜肉中脂类含量相对稳定,以饱和脂肪酸为主,过多摄入畜肉可能增加肥胖的发病风险。

5. **大豆及其制品**　大豆及其制品蛋白质含量丰富,是膳食中优质蛋白质的重要来源,同时大豆富含不饱和脂肪酸、钙、铁、B 族维生素和维生素 E,是营养价值非常高的一类食物。摄入大豆及其制品可以改善肥胖和超重人群的体重,摄入大豆异黄酮和大豆纤维也能够减轻体重。

6. **含糖饮料**　含糖饮料指在饮料中人工添加糖(包括单糖和双糖,但不包括多糖)、乙醇含量不超过 0.5% 的饮料,如果汁饮料、运动饮料、碳酸饮料等。过多摄入含糖饮料可增加超重或肥胖的发生风险。

7. **膳食结构**　合理的膳食结构是根据膳食营养素参考摄入量而确定食物摄入的种类、数量和比例,能够为机体提供所需的能量和各种营养素,不仅可维持机体正常营养和健康状态,而且还有助于预防和控制肥胖及相关慢性病的发生与发展。目前我国居民普遍存在着膳食结构不合理的问题,主要表现为成年人的植物性食物消费下降,而动物性食物呈明显上升趋势,油脂类消费亦呈明显增加趋势,导致了脂肪摄入的增加、脂肪供能比的升高。高脂肪膳食可增加肥胖发生的风险或诱导肥胖发生。

四、肥胖的营养防治

关于肥胖的营养防治措施,首要的任务是在公众中宣传肥胖对人类健康的危害,指导居民合理膳食。合理膳食既有利于控制体重和减肥，又能保持各营养素之间适宜的比例，从而使人体需要与膳食供应之间建立起平衡的关系，以避免供应不足导致营养不良或供应过量导致肥胖。

（一）控制总能量的摄入

能量摄入大于消耗是肥胖的根本成因，因此对于肥胖的营养防控首先是控制总能量的摄入，即膳食供给的能量必须低于机体实际消耗的能量，使机体造成能量的负平衡，促使机体长期储存的多余脂肪被代谢，直至机体恢复到正常水平。

肥胖的能量供给须尽可能根据肥胖程度来考虑每日供给的最低能量。推荐每日能量摄入平均降低 30%～50% 或降低 500～1 000kcal，或推荐每日能量摄入男性 1 200～1 500kcal、女性 1 000～1 200kcal 的限能量平衡膳食；另外也可根据不同个体基础代谢率和身体活动计算相应的实际能量需要量，分别给予超重和肥胖个体 85% 和 80% 的摄入标准，以达到能量负平衡，同时能满足能量摄入高于人体基础代谢率的基本需求，帮助减重减脂。临床上还可根据身高（cm）-105 计算出理想体重（kg），再乘以能量系数 15～35kcal/kg（一般卧床者 15kcal/kg、轻身体活动者 20～25kcal/kg、中身体活动者 30kcal/kg、重身体活动者 35kcal/kg），计算成人个体化的一日能量。以上方法可根据实际需要任选其一用来指导超重肥胖患者膳食，达到控制总能量摄入的目标。对于婴幼儿或儿童出现的轻中度肥胖，考虑到生长发育的需要，可不按照严格的膳食调整方案进行治疗，也不要求绝对限制能量摄入。但对于中重度肥胖儿童，其摄食量应该予以适当限制。

进行能量控制时，一定要循序渐进，逐步降低体重。能量减少过多或过快，不仅会影响或损害身体健康，而且难以坚持，依从性差。一般认为，在 6 个月内将体重降低 5%～10% 是可行且有利于维持健康状态的减重目标，对于重度肥胖者来说，体重在 6 个月内可降低 20%。

（二）调整膳食模式和营养素的摄入

在控制总能量摄入的基础上，进一步对膳食模式和各种营养素摄入的比例进行调整，不仅能够促进体重减少，有效预防肥胖，还能预防营养不良的发生。必要时补充复合营养素补充剂。

1. 调整宏量营养素的构成比和来源 建议三大宏量营养素的供能比分别为脂肪 20%～30%，蛋白质 15%～20%，碳水化合物 50%～60%。蛋白质的摄入建议多摄入优质蛋白，含嘌呤高的动物内脏应加以限制；脂肪的摄入可选用含单不饱和脂肪酸或多不饱和脂肪酸丰富的油脂和食物，少食富含饱和脂肪酸的动物油脂和食物；碳水化合物的摄入应选择谷薯类食物，多选择粗杂粮，如玉米面、燕麦、莜麦等，严格限制糖、含糖饮料及高糖零食。

2. 保证维生素和矿物质的供应 机体内很多维生素和矿物质都参与了能量和物质代谢的调节，在节食减肥时，保证充足的维生素和矿物质的摄入，不仅有助于减肥，还能改善代谢紊乱。新鲜蔬菜和水果能量很低，富含水溶性维生素，且饱腹感明显，所以在节食减肥时不宜过分限制。食盐能引起口渴并刺激食欲和增加体重，不利于肥胖治疗，故摄入 3～5g/d 为宜。

3. 增加膳食纤维的摄入 富含膳食纤维的食物有益于健康，尤其是对肥胖者，因此膳食纤维的摄入可不加限制，每日膳食纤维的供给量在 25～30g 为宜。高膳食纤维食物包括粗粮、蔬菜、水果等。

4. 补充某些植物化学物 异黄酮、皂苷等植物化学物在减肥和治疗代谢综合征方面具有一定的效果，因此可以适当补充这些植物化学物作为辅助减肥的手段。

5. 三餐合理分配及烹调 进食餐次因人而异，通常为三餐。在控制总能量摄入的基础上，保持每餐时间相对固定,避免因过度饥饿引起的饱食中枢反应迟缓而导致进食过量。推荐早、中、晚三餐供能比为3∶4∶3。重视早餐,不漏餐,晚餐勿过晚进食,建议在17∶00～19∶00进行,晚餐后避免再次进食,但可适量饮水。如饮水后仍饥饿难忍或有低血糖风险者,可以适当进食少许低能量、高膳食纤维食物。膳食的烹调方法宜采用蒸、煮、炖、氽等,避免使用油煎、油炸的方法,尽量减少烹调油、盐、糖的用量。

6. 肥胖治疗相关膳食模式　在总能量摄入一定的前提下,调整宏量营养素的摄入比例对机体的能量代谢及健康效应产生显著影响。肥胖患者可在医生或营养指导人员等专业人员指导下,选用高蛋白膳食、低碳水化合物膳食、间歇式断食膳食、营养代餐、低血糖指数膳食等膳食模式。

(1)高蛋白膳食:高蛋白膳食(high protein diet,HPD)包括相对数量(蛋白质供能比)和绝对数量(蛋白质摄入量)的界定,多数 HPD 指每日蛋白质摄入量超过每日总能量的 20% 或 1.5g/(kg·d),但一般不超过每日总能量的 30% 或 >2.0g/(kg·d)的膳食模式。

(2)低碳水化合物膳食:低碳水化合物膳食(low carbohydrate diets,LCDs)通常指膳食中碳水化合物供能比≤40%,脂肪供能比≥30%,蛋白质摄入量相对增加,限制或不限制总能量摄入的一类饮食。极低碳水化合物膳食(very low carbohydrate diets,VLCDs)以膳食中碳水化合物供能比≤20%为目标。生酮饮食是 VLCDs 的极特殊类型。

(3)间歇性能量限制:间歇性能量限制(intermittent energy restriction,IER)是按照一定规律在规定时期内禁食或给予有限能量摄入的膳食模式。目前常用的 IER 方式包括:隔日禁食法(每24小时轮流禁食)、4∶3 或 5∶2 IER(连续/非连续日每周禁食2～3日)等。在 IER 的禁食期,能量供给通常在正常需求的0～25%。

(4)代餐食品:代餐食品是为满足成人控制体重期间一餐或两餐的营养需要,代替部分膳食,专门加工配制而成的一种控制能量食品。由于代餐食品长期应用的有效性并不确定,许多指南并未提及或未建议将代餐食品用于超重/肥胖者的日常管理。

(三)增加身体活动

任何肥胖的膳食治疗方案都应配合运动,以便取得更好的减肥效果。

运动不仅能够增加能量消耗和减少脂肪,还有下列益处:①有助于维持体重,防止反弹;②改善代谢紊乱;③改善心情和健康状态;④预防多种慢性疾病,如心血管疾病、糖尿病、癌症等,甚至降低死亡风险;⑤增加对膳食治疗的依从性。因此,不论是否进行膳食减肥,都应该把运动作为任何减肥计划的一个有机组成部分。

增加身体活动包括减少久坐和增加运动量。规律的、中等强度的有氧运动是控制体重的有效方法。中国居民膳食指南建议,超重或肥胖的人每日累计达到60～90分钟中等强度有氧运动,每周5～7日;抗阻肌肉力量锻炼隔日进行,每次10～20分钟。减重速度以每月2～4kg为宜。

每日身体活动的量和时间应该按照减重目标计算,对于需要消耗的能量,一般多考虑采用增加身体活动和控制饮食相结合的方法,其中约50%应该由增加身体活动的能量消耗来解决,其他50%可由减少饮食总能量和减少脂肪的摄入量来实现。减重的速度因人而异,通常以每周减重0.5～1kg为宜。

(钱　旭)

第二节 营养与糖尿病

糖尿病(diabetes mellitus,DM)是由于机体胰岛素分泌缺陷和/或胰岛素作用缺陷所引起的,一组以慢性高血糖伴碳水化合物、脂肪和蛋白质的代谢障碍为特征的代谢性疾病。胰岛素抵抗(insulin resistance,IR)是指胰岛素作用的靶器官对胰岛素作用的敏感性下降,即正常剂量的胰岛素产生低于正常生物学效应的一种状态,被认为是 2 型糖尿病(T2DM)的发病基础。根据不同病因,糖尿病可分为:①1 型糖尿病(T1DM),因胰腺 β 细胞破坏,导致胰岛素分泌绝对缺乏所致;②2 型糖尿病(T2DM),可由以 IR 为主伴胰岛素分泌不足转为以胰岛素分泌不足为主伴 IR,占糖尿病患者的 90% 以上;③妊娠期糖尿病(gestational diabetes mellitus,GDM),是在妊娠期间发生的糖代谢异常,大部分患者分娩后血糖可恢复正常;④其他类型糖尿病,由某些内分泌疾病、胰腺疾病、感染、药物及化学制剂引起。

根据中国居民营养与慢性病状况报告,2018 年中国 18 岁及以上居民糖尿病患病率为 11.9%。2 型糖尿病的危险因素比较复杂,主要有以下 6 个方面的因素:①遗传因素:2 型糖尿病具有家族遗传易感性。研究发现,25%～50% 的患者有糖尿病家族史。②肥胖:超重或肥胖人群通常伴随胰岛素抵抗,糖尿病患病率均明显高于体重正常人群,且中国成人糖尿病患者中,超过 60% 的患者合并超重或肥胖。③身体活动缺乏:身体活动能增加能量消耗,减轻胰岛素抵抗;与缺乏身体活动的人相比,坚持中等强度身体活动的人发生糖尿病的风险明显降低。④生理因素:2 型糖尿病的发病率随年龄的增长而上升,大多数糖尿病患者的发病年龄在 50～70 岁。⑤社会环境因素:不良生活方式,如吸烟、过量饮酒,生活节奏加快、压力增大和应激增多等也成为糖尿病发生发展的危险因素。⑥营养因素:不合理的高脂、高糖和高能量膳食,可造成能量过剩和身体脂肪的过度堆积,机体胰岛素敏感性降低,碳水化合物利用障碍,由此出现血糖异常升高或发展为糖尿病。

1 型糖尿病患者的典型临床表现为"三多一少",即多饮、多食、多尿和消瘦。然而,半数以上的 2 型糖尿病患者在疾病的早期无明显临床表现,糖尿病筛查可使这些患者得以早发现早治疗;若不及时治疗和有效控制血糖,糖尿病患者会合并心血管系统、眼、肾、神经系统、皮肤等多组织损伤或疾病。糖尿病前期(prediabetes)是介于糖尿病和正常血糖之间的一种状态,被认为是糖尿病的必经阶段,是糖尿病的预警信号。《中国 2 型糖尿病防治指南》(2020 版)中关于我国糖代谢状态和 2 型糖尿病的诊断标准见表 7-1 和表 7-2。糖化血红蛋白(HbA1c)结果稳定,变异性小,且不受进食时间及短期生活方式改变的影响,因此 WHO、ADA 和部分国家均将 HbA1c≥6.5% 作为诊断糖尿病的一种方法。我国的 HbA1c 检测标准化程度也在逐步提高。为了与 WHO 诊断标准接轨,推荐在采用标准化检测方法且有严格质量控制(美国国家糖化血红蛋白标准化计划、中国糖化血红蛋白一致性研究计划)的医疗机构,可以将 HbA1c≥6.5% 作为糖尿病的补充诊断标准。

表 7-1 糖代谢状态分类(世界卫生组织 1999 年)

糖代谢状态	静脉血浆葡萄糖/(mmol/L)	
	空腹血糖	糖负荷后 2 小时血糖
正常血糖	<6.1	<7.8
空腹血糖受损	≥6.1,<7.0	<7.8
糖耐量减低	<7.0	≥7.8,<11.1
糖尿病	≥7.0	≥11.1

注:空腹血糖受损和糖耐量减低统称为糖调节受损,也称糖尿病前期;空腹血糖正常参考范围下限通常为 3.9mmol/L。

表 7-2　糖尿病的诊断标准

诊断标准	静脉血浆葡萄糖或 HbA1c 水平
典型糖尿病症状	
加上随机血糖	≥11.1mmol/L
或加上空腹血糖	≥7.0mmol/L
或加上 OGTT 2 小时血糖	≥11.1mmol/L
或加上 HbA1c	≥6.5%
无糖尿病典型症状者，需改日复查确认	

资料来源：中国 2 型糖尿病防治指南（2020 年版）。

注：OGTT 为口服葡萄糖耐量试验；HbA1c 为糖化血红蛋白。典型糖尿病症状包括烦渴多饮、多尿、多食、不明原因体重下降；随机血糖指不考虑上次用餐时间，一天中任意时间的血糖，不能用来诊断空腹血糖受损或糖耐量减低；空腹状态指至少 8 小时没有进食。

一、营养与糖尿病的关系

目前对于糖尿病发病的营养因素研究主要集中在营养物质代谢过程中对胰岛素分泌的影响，尤其是过量的碳水化合物和脂肪摄入造成的代谢紊乱，损伤胰岛 β 细胞的结构和功能，增加糖尿病风险。

1. 碳水化合物　糖尿病代谢紊乱的主要标志是高血糖，并可引起全身性的代谢紊乱。长期摄入来源于精制谷物的高碳水化合物膳食，使血糖水平长期处于较高状态，促使胰岛素分泌持续增加，最终损害胰岛 β 细胞的结构和功能，导致胰岛素分泌的绝对或相对不足，引发糖尿病。糖尿病患者碳水化合物代谢异常主要表现为肝脏中葡萄糖激酶和糖原合成酶活性下降，肝糖原合成减少，磷酸化酶活性加强，糖原分解增加；当摄入碳水化合物过多时，机体对血糖的调节失控，出现高血糖；当碳水化合物摄入不足时，体内需动员脂肪和蛋白质分解供能，易引起酮血症和负氮平衡。

与葡萄糖相比，果糖更易于人体吸收和利用，过多摄入果糖会导致脂肪肝和胰岛素抵抗，增加 T2DM 风险。低聚异麦芽糖具有一定甜度，可改善口感，在小肠内不被吸收，既不升高血糖，也不改变血胰岛素水平。不同的淀粉类型对血糖的影响也不同，抗性淀粉吸收缓慢，可使餐后血糖保持在较低水平；而支链淀粉与直链淀粉相比，具有更多的分支结构，容易被消化分解和吸收，更易引起血糖和胰岛素水平快速升高。膳食纤维可降低空腹血糖和延缓碳水化合物吸收、降低餐后血糖、改善葡萄糖耐量以及调节肠道菌群，是降低 T2DM 风险的重要膳食成分。

由此可见，食物中碳水化合物的分子量及结构不同，致餐后血糖升高的快慢及幅度也不同，其影响程度可用血糖生成指数（glycemic index, GI）来衡量。当然，血糖水平除了与食物 GI 值有关外，还与食物中碳水化合物含量密切相关，可以用血糖负荷（glycemic load, GL）来综合考虑。低 GI 和 GL 的食物可有效控制餐后血糖，有利于血糖的稳定。

2. 脂肪　膳食脂肪在消化道内可被分解为甘油和脂肪酸，其中脂肪酸被脂肪细胞摄取形成辅酶 A（CoA）衍生物，与 α-磷酸甘油结合生成内源性甘油三酯，储存于脂肪组织中。摄入高脂膳食时，脂肪的氧化分解消耗大量葡萄糖分解的中间产物（如 α-磷酸甘油），阻断了葡萄糖的彻底氧化分解，使血糖浓度上升，胰岛素分泌增加；游离脂肪酸的浓度升高，肌肉摄取脂肪酸进行氧化供能的作用则增强，从而使葡萄糖的利用减少，出现 IR；长期暴露于高浓度的游离脂肪酸，可使胰岛 β 细胞分泌胰岛素的功能受损，发生糖尿病的风险增加。

关于不同种类的脂肪酸对糖尿病的影响及机制是近年来医学及营养学界关注的热点问题之一。膳食饱和脂肪酸、反式脂肪酸是糖尿病的危险因素。相反，多不饱和脂肪酸（PUFA）特别是长链 n-3 系列 PUFA 能改善糖代谢和胰岛素敏感性，其机制可能与影响糖代谢相关的酶以及抗炎、抗氧化有关。

3. **蛋白质**　膳食蛋白质摄入与糖尿病发病的关系尚不明确。有研究表明，动物蛋白以及支链氨基酸（包括异亮氨酸、亮氨酸和缬氨酸）摄入与糖尿病的发生发展有关。同时，蛋白质代谢与碳水化合物和脂肪代谢密切相关。当碳水化合物和脂肪代谢出现紊乱时，蛋白质的代谢也必然处于不平衡状态，同样可以引起胰岛素分泌的变化，影响糖尿病的发生发展。

4. **矿物质和维生素**　铬作为葡萄糖耐量因子的主要组成成分，膳食补充三价铬可能对糖尿病有预防和辅助治疗作用。硒的生物学功能包括抗氧化、清除自由基，适当补硒可能改善胰岛细胞自由基防御系统和内分泌细胞的代谢功能，缓解糖尿病病情，预防糖尿病并发症，改善糖尿病预后。锌作为多种酶的重要成分和激活剂，参与胰岛素的合成、贮存和释放。锌缺乏可引起胰岛素分泌障碍，增加胰岛素抵抗。B 族维生素如维生素 B_1 和维生素 B_2 参与碳水化合物和能量代谢，维生素 C、维生素 E 具有抗氧化作用，如果膳食缺乏上述营养素可增加糖尿病发病风险或促进其慢性并发症的发生。

二、食物与糖尿病的关系

不同种类和数量的食物摄入及各种食物构成的膳食模式可影响 2 型糖尿病的发生发展，如全谷物、蔬菜、畜肉和含糖饮料等。

1. **全谷物**　常见的全谷物包括全麦、糙米、小米、玉米、燕麦和荞麦等。相比精加工谷物，全谷物含有较多的 B 族维生素、矿物质、膳食纤维和植物化学物。增加全谷物摄入有助于维持正常体重，降低 2 型糖尿病的发病风险。

2. **蔬菜水果**　目前研究发现，绿色叶菜的摄入与糖尿病的发病风险之间关系密切，摄入绿色叶菜可降低糖尿病的发病风险，且剂量反应关系显著。水果与蔬菜的营养价值相似，增加水果的摄入量对许多慢性病有一级预防的作用。然而综合目前的研究结果，水果摄入与 2 型糖尿病发生之间并无明显的相关性。

3. **畜肉**　大量摄入畜肉可升高血 TC 及 LDL-C 水平，促进胰岛素抵抗，与包括糖尿病在内的多种慢性疾病发生风险之间存在一定关联。

4. **含糖饮料**　与不饮用含糖饮料者相比，经常饮用者发生 2 型糖尿病的风险会显著增加。

5. **茶、咖啡**　茶叶富含儿茶素、茶多酚等植物化学物，具有抗癌、抗诱变剂和抗氧化的生物活性作用，与人类健康密切相关。咖啡中的咖啡因可以加速人体新陈代谢，使人保持头脑清醒；绿原酸具有抗氧化、抗炎、抗菌、抗病毒等生物特性，在慢性病防治中具有重要作用。研究发现，饮茶和咖啡有利于 2 型糖尿病风险人群的血糖控制，改善胰岛素敏感性、降低空腹血糖和糖化血红蛋白浓度。

6. **膳食模式**　有证据表明地中海膳食、DASH 膳食等膳食模式对糖尿病防治有益。素食是一种不包含动物性食物的膳食模式，与各类膳食模式相比，并没有更多证据证明其防治糖尿病的益处，且纯素食者具有营养缺乏的风险，并不常规推荐使用素食来防治糖尿病。中国营养学会发布的《中国居民膳食指南 2022》指出，以我国浙江、上海、江苏等地为代表的膳食模式可作为东方健康膳食模式的代表，但在防治 2 型糖尿病中的作用尚缺乏大规模流行病学研究的支持。因此，仍推荐采取平衡膳食为指导的糖尿病膳食模式，在保证宏量营养素的供能比适宜的前提下，根据代谢目标、合并症、饮食习惯、文化背景等进行个体化推荐。

三、糖尿病的营养防治

糖尿病是一种病因尚不十分明确的慢性代谢性疾病,糖尿病的防治应采取综合措施,主要包括健康教育、营养治疗、合理运动、药物治疗及自我监测等综合措施,其中营养治疗则是控制血糖最基本、最有效的治疗措施之一。

1.**健康教育**　目的是使糖尿病患者了解糖尿病的相关知识,学会治疗过程中所需的基本技能,掌握饮食、运动方案及血糖监测及自我管理能力,经常自我检测血糖、血压、体重,定期去医院检测眼底、尿常规、肾功能等,并能以乐观积极的心态接受治疗。

2.**营养治疗**　营养治疗的目标是帮助患者养成并维持健康饮食习惯,强调选择合适的食物,并改善整体健康,达到并维持合理体重,获得良好的血糖、血压、血脂的控制以及延缓糖尿病并发症的发生。合理地控制饮食有利于控制糖尿病的病情发展,尤其是轻型患者单纯采用营养治疗即可达到控制血糖的目的。中国营养学会发布的《中国糖尿病膳食指南(2017)》和国家卫生健康委员会发布的《成人糖尿病食养指南(2023年版)》可作为糖尿病患者日常膳食指导。糖尿病医学营养治疗是临床条件下对糖尿病或糖尿病前期患者的营养问题采取特殊干预措施,参与患者的全程管理,包括进行个体化营养评估、营养诊断、制订相应营养干预计划,并在一定时期内实施及监测。中华医学会糖尿病学分会等组织2010年首次制定糖尿病医学营养治疗指南并不断修订,2022年发布了最新版本,作为糖尿病营养预防、治疗、并发症防治、肠外肠内营养支持等的指导和规范。

(1)能量:合理控制总能量摄入是糖尿病营养治疗的首要原则。建议糖尿病患者应接受个体化能量平衡计划,目标是既达到或维持理想体重,又满足不同情况下的营养需求。对于正常体重的患者,能量摄入以维持或略低于理想体重为宜。肥胖者应减少能量摄入,使体重逐渐降低至理想体重5%左右的范围。营养不良及消瘦者、伴有消耗性疾病而体重低于标准体重者,能量摄入量可适当增加10%~20%。建议糖尿病患者能量摄入参考通用系数方法,按照105~126kJ(25~30kcal)kg^{-1}(标准体重)·d^{-1}计算能量摄入。再根据患者身高、体重、性别、年龄、活动量、应激状况等进行系数调整(表7-3)。

表7-3　成人糖尿病患者每日能量供给量　　　　　　　　　　　　　　单位:kJ(kcal)/kg

体型	休息状态 (如卧床)	轻体力活动 (如坐式工作)	中体力活动 (如电动安装)	重体力活动 (如搬运工)
体重过低	104~125 (25~30)	146(35)	167(40)	188~209 (45~50)
正常体重	84~104 (20~25)	104~125 (25~30)	125~146 (30~35)	167(40)
超重/肥胖	62~84(15~20)	84~104(20~25)	125(30)	146(35)

资料来源:《中国糖尿病医学营养治疗指南(2022)》。

注:标准体重参考世界卫生组织1999年计算方法:男性标准体重(kg)=[身高(cm)-100]×0.9;女性标准体重(kg)=[身高(cm)-100]×0.9-2.5。

根据我国提出体重指数(BMI)的评判标准,BMI≤18.5kg/m^2为体重过低,18.5kg/m^2<BMI<24.0kg/m^2为正常体重,24.0kg/m^2≤BMI<28kg/m^2为超重,BMI≥28.0kg/m^2为肥胖。

(2)碳水化合物:糖尿病患者碳水化合物供给量以占总能量的45%~60%为宜。不建议长期采用极低碳水化合物膳食。在控制碳水化合物总量的同时选择低GI的食物,可适当增加非淀粉类蔬菜、水果、全谷类食物,减少精加工谷物的摄入。全谷物应占总谷物的一半以上。碳水化合物摄入不足时，体内需分解脂肪和蛋白质供能，易引起酮症和负氮平衡；但碳水化合物过多也会使血糖升高，增加胰岛负担。应控制蔗糖、果糖制品（如玉米糖浆）等单糖、双糖类碳水化合物的摄入。碳水化合物的摄入量应根据患者个体差异、病情、血糖、糖化血红蛋白和用药情况进行计算并调整。

膳食纤维是不可消化吸收的碳水化合物，分为可溶性和不溶性两种。可溶性膳食纤维能吸水膨胀，吸附并延缓碳水化合物在消化道的吸收，使餐后血糖和胰岛素水平降低，还有降低胆固醇的作用。不溶性膳食纤维能促进肠蠕动，加快食物通过肠道，减少吸收，具有间接缓解餐后血糖升高和减肥的作用。建议成人膳食纤维摄入量为 $25\sim30g/d$ 或 $10\sim14g/1\,000kcal$。但是过多的膳食纤维可导致腹胀和影响其他营养素的消化吸收，对糖尿病患者不利。

（3）脂肪：长期摄入高脂膳食可损害糖耐量，促进肥胖、高血脂和心血管病的发生。为防止或延缓糖尿病患者的心脑血管并发症，必须限制膳食脂肪尤其是饱和脂肪酸摄入量。一般认为，膳食中脂肪提供的能量应占总能量的 20%～30%。如果是优质脂肪（如单不饱和脂肪酸和 n-3 多不饱和脂肪酸组成的脂肪），脂肪供能比可提高到 35%。对超重或肥胖者，脂肪供能比不应超过 30%。《中国糖尿病医学营养治疗指南（2022）》强调脂肪的质量重于比例，建议饱和脂肪酸提供的能量不超过总能量的 12%，反式脂肪酸不超过 2%。单不饱和脂肪酸和 n-3 多不饱和脂肪酸（如鱼油、部分坚果及种子）有助于改善血糖和血脂，可适当增加。胆固醇摄入量应低于 300mg/d。

（4）蛋白质：糖尿病患者机体糖异生作用增强，蛋白质消耗增加，易出现负氮平衡，为维持肌肉的质量和能量消耗的需要，应保证蛋白质的摄入量，约占总能量的 15%～20%，其中至少 30% 来自高生物价的蛋白质，如乳、蛋、瘦肉及大豆制品。但长期高蛋白饮食对糖尿病患者并无益处，对于糖尿病肾病患者，应根据肾功能损害程度限制蛋白质摄入量，一般为 $0.6\sim0.8g/(kg\cdot d)$。

（5）维生素和矿物质：糖尿病患者因主食和水果摄入量受限制，且体内分解代谢相对较高，较易发生维生素和矿物质缺乏。调节维生素和矿物质的平衡，有利于纠正糖尿病患者代谢紊乱、防治并发症。因此，供给足够的维生素也是糖尿病营养治疗的原则之一，其中比较重要的有维生素 C、维生素 E、β-胡萝卜素、部分 B 族维生素等。糖尿病患者容易缺乏铬、锌、硒、镁、铁、锰等多种矿物质，可根据营养评估结果适量补充。长期或大量服用二甲双胍的糖尿病患者应常规进行维生素 B_{12} 监测，预防维生素 B_{12} 缺乏。

（6）饮酒：酒精具有高能量，且喝酒的同时往往会摄入高油脂的食物，可导致能量摄入过多。酒精吸收和代谢较快，但不能较长时间维持血糖水平，饮酒还可使糖负荷后的胰岛素分泌增加，对接受胰岛素、降糖药治疗的患者容易发生低血糖。所以，不推荐糖尿病患者饮酒，血糖控制不佳的患者不应饮酒。对血糖控制良好的患者可适量饮酒，但需严格设计饮食计划。

（7）饮食分配及餐次安排：根据血糖升高时间、用药时间和病情是否稳定等情况，并结合患者的饮食习惯合理分配餐次，至少一日三餐，尽量定时、定量，早、中、晚餐能量按 25%～30%、35%～40%、30%～35% 的比例分配。口服降糖药或注射胰岛素后易出现低血糖的患者，可在三次正餐之间加餐 2～3 次。加餐量应从正餐的总量中扣除，做到加餐不加量。在总能量范围内，适当增加餐次有利于改善糖耐量并可预防低血糖的发生。

（8）益生菌和益生元：肠道菌群在糖尿病的发生、发展过程中发挥重要作用。研究发现，补充特定的益生菌、益生元或合生元等通过调节肠道菌群，可帮助糖尿病患者改善血糖控制、降低炎症水平，但临床应用的证据还不充分，属于弱推荐证据，还需要进一步研究。

3. 合理运动　合理的运动可促进肌肉组织对葡萄糖的摄取和利用，提高胰岛素与受体的结合力，从而降低血糖水平。另外，运动可降低血脂、减轻体重、改善血液循环，有助于防治糖尿病的血管并发症。运动处方的制定需遵循个体化原则。运动项目要与患者的年龄、病情、喜好及身体承受能力相适应,并定期评估,适时调整运动计划。推荐成年 T2DM 患者每周至少进行 150 分钟(如每周运动 5 天、每次 30 分钟)中等强度(达到 50%~70% 最大心率,运动时有点费力,心跳和呼吸加快但不急促)的有氧运动。同时,每周最好进行 2~3 次抗阻运动,锻炼肌肉力量和耐力。运动应遵循循序渐进的原则,运动量由小到大,时间由短到长,动作由易到难。

4. 糖尿病自我监测 增加患者对糖尿病知识的了解并进行自我监测,是实施糖尿病自我管理的重要手段。高血糖是引起糖尿病症状和导致并发症的主要原因,为了解血糖是否受到控制,必须经常监测血糖等项目,以便及时调整治疗方案,同时应监测血压、血脂、糖化血红蛋白、尿常规、肾功能、眼底及心电图等项目,以早期发现和防治糖尿病相关并发症。

(杨雪锋)

第三节 营养与动脉粥样硬化性心血管疾病

动脉粥样硬化(atherosclerosis)是一种炎症性、多阶段的退行性复合型病变。动脉粥样硬化病理变化复杂,主要包括四个阶段:动脉血管内膜功能紊乱期、血管内膜脂质条纹期、典型斑块期和斑块破裂期。动脉粥样硬化斑块由脂类、炎性细胞、平滑肌细胞和纤维组织组成,血管内皮损伤是发生动脉粥样硬化的始动因素,粥样斑块的形成是动脉对内膜损伤的反应结果。动脉粥样硬化性心血管疾病(atherosclerotic cardiovascular disease, ASCVD)是一类由于血管发生动脉粥样硬化引起管腔狭窄或堵塞所造成的疾病。根据动脉粥样硬化发生的部位,ASCVD 可主要分为冠状动脉粥样硬化性心脏病、脑卒中以及外周动脉粥样硬化性血管病,可导致心力衰竭、残疾、突发性猝死等严重不良临床结局,严重威胁人类健康。

动脉粥样硬化性心血管疾病在发达国家和发展中国家均具有较高的发病率和死亡率。心血管疾病负担报告显示,2022 年心血管疾病导致全球约 1 980 万人死亡。《中国心血管健康与疾病报告 2023》指出,我国心血管疾病现患人数 3.3 亿,18 岁以上居民发病率为 600.9/10 万。除了高血压,ASCVD 是心血管疾病最主要的类型。在我国城乡居民疾病死亡构成比中,心血管疾病占首位。2021 年,心血管疾病分别占农村、城市死因的 48.98% 和 47.35%。随着人口老龄化以及人们生活方式、饮食习惯的改变,心血管疾病危险因素广泛流行,ASCVD 发病率和死亡率仍将继续逐年上升。已经明确的 ASCVD 危险因素包括:吸烟、血脂紊乱(TC、TG 和 LDL-C 升高、HDL-C 降低)、超重和肥胖、高血压、糖尿病、精神压力、久坐少动的生活方式和不健康饮食等,通过膳食或行为改变可在一定程度上降低其发病风险。

一、营养与动脉粥样硬化性心血管疾病的关系

(一)脂类

1. 脂肪 过去曾认为膳食总脂肪的摄入与冠心病的发生密切相关,而膳食脂肪酸的组成与冠心病关系的研究结果表明,膳食脂肪的种类比脂肪摄入量更为重要。

(1)饱和脂肪酸:饱和脂肪酸是导致 TC 和 LDL-C 升高的主要脂肪酸,其中以豆蔻酸(myristic acid, C14:0)作用最强,其次为棕榈酸(palmitic acid, C16:0)和月桂酸(lauric acid, C12:0)。饱和脂肪酸可以通过抑制 LDL 受体活性、提高血浆 LDL-C 水平而增加动脉粥样硬化风险。

(2)单不饱和脂肪酸:摄入富含 MUFA 的橄榄油较多的地中海居民,尽管脂肪摄入总量较高,

但冠心病的病死率较低。以富含 MUFA 的油脂如橄榄油和茶油替代富含 SFA 的油脂，可以降低血 LDL-C 和 TG，而且不会降低 HDL-C 水平，有益于心血管健康。

（3）多不饱和脂肪酸：长链 PUFA 尤其是 n-6 与 n-3 系列 PUFA 在防治动脉粥样硬化方面起重要作用。n-6 系列 PUFA 如亚油酸能提高 LDL 受体活性，显著降低血清 LDL-C 并同时降低 HDL-C，从而降低血清 TC 水平。n-3 系列 PUFA 如 α- 亚麻酸、EPA 和 DHA 能抑制肝内脂质及脂蛋白合成，降低血 TC、TG、LDL-C、VLDL-C，增加 HDL-C，调节花生四烯酸代谢。花生四烯酸的代谢产物前列环素可舒张血管及抗血小板聚集、防止血栓形成，因此 EPA 和 DHA 具有舒张血管、抗血小板聚集和抗血栓作用。n-3 系列 PUFA 还具有预防心肌缺血导致的心律失常作用以及改善血管内膜的功能，如调节血管内膜一氧化氮的合成和释放。但是，PUFA 由于含有较多双键，易发生氧化，摄入过多可导致机体氧化应激水平升高，从而促进动脉粥样硬化的形成和发展，增加心血管疾病的风险。

（4）反式脂肪酸：增加 TFA 的摄入，可使 LDL-C 升高、HDL-C 降低以及 Lp（a）升高，明显增加冠心病的风险。TFA 导致动脉粥样硬化的作用甚至比 SFA 更强。

2. 胆固醇　人体内的胆固醇 30%～40% 为外源性的，直接来自食物摄取，其余在肝脏内源性合成，3- 羟基 -3- 甲基戊二酰辅酶 A（HMG-CoA）还原酶是肝脏合成胆固醇的限速酶。健康人群如果膳食胆固醇摄入增加，可降低肠道胆固醇的吸收率，并可反馈抑制肝脏 HMG-CoA 还原酶的活性，减少内源性胆固醇的合成，从而维持体内胆固醇的相对稳定。目前膳食胆固醇与血清胆固醇之间的关系尚不明确。但仍有研究报道 15%～25% 的人属于胆固醇敏感者，膳食摄入高胆固醇食物后会引起血胆固醇升高，乃至增加心血管疾病风险。近年来国际上很多国家包括美国在最新版的膳食指南已经去除了膳食胆固醇摄入量的限制，在限制总脂肪以及遵循平衡膳食模式的基础上，我国的膳食指南也去除了对胆固醇每日摄入量的限制。但是，这并不意味着大量摄入高胆固醇食物是安全的，对于存在血脂紊乱和其他心血管疾病风险的个体，应适当限制膳食胆固醇摄入。

3. 磷脂　磷脂是一种强乳化剂，可使血液中胆固醇颗粒变小，易于通过血管壁为组织利用，从而降低血胆固醇，避免胆固醇在血管壁的沉积，有利于防治动脉粥样硬化。

4. 植物固醇　植物固醇是一类结构与胆固醇高度相似的萜类植物化学物。植物固醇在肠道内可以与胆固醇竞争性形成 "胶粒"，竞争性抑制胆固醇的吸收，同时可降低内源性胆固醇合成以及促进胆固醇逆向转运和排泄，有效降低高脂血症患者血 TC 和 LDL-C，而不会降低 HDL-C。美国食品药品监督管理局、欧洲食品安全局等均批准了植物固醇能够降低血清胆固醇和心血管疾病风险的声明。

（二）碳水化合物

碳水化合物对血脂的影响比较复杂，这种影响除与碳水化合物的种类和数量有关外，还与人体的生理和病理状态有关。碳水化合物摄入过多时，多余的能量在体内转化成脂肪容易引起肥胖，并导致脂代谢异常，同时过量的碳水化合物（主要是单糖和双糖）本身又可以直接转化为内源性 TG，导致高脂血症特别是高 TG 血症的发生。膳食纤维的摄入量与心血管疾病的风险呈负相关。膳食纤维有降低血 TC 和 LDL-C 的作用，可溶性膳食纤维的作用强于不溶性膳食纤维。

（三）蛋白质

蛋白质与动脉粥样硬化的关系尚未阐明。动物实验显示，高动物蛋白（如酪蛋白）膳食可促进动脉粥样硬化的形成。人体试验发现，减少脂肪、增加蛋白质的摄入可减少冠状动脉的损伤。以大豆蛋白和其他植物蛋白代替高脂血症患者膳食中的动物性蛋白能够降低血胆固醇水平。一些氨基酸与动脉粥样硬化的形成有关，如目前认为高同型半胱氨酸血症是血管损伤或动脉粥样硬化的独立危险因子。牛磺酸能减少氧自由基的产生,提高还原型谷胱甘肽水平,有利于保护细胞膜的稳定性,同时可减少肝脏胆固醇合成,降低血胆固醇水平。

（四）维生素和矿物质

1. 维生素 E　作为具有抗氧化活性的脂溶性维生素,维生素 E 可抑制 LDL-C 的氧化、炎症因子的释放、血小板聚集和血管平滑肌的增殖,在防治动脉粥样硬化性心血管病中可能具有重要作用。

2. 维生素 C　维生素 C 具有多种重要生理功能,其中参与体内羟化反应和抗氧化功能在防治动脉粥样硬化方面起重要作用。维生素 C 作为羟化反应必需的辅助因子,能够促进胶原蛋白的合成,为保持血管的弹性发挥重要作用。维生素 C 作为肝脏胆固醇代谢的关键酶 7α-羟化酶的辅助因子参与胆固醇的代谢,有利于肝脏清除胆固醇。维生素 C 缺乏时,胆固醇转化为胆汁酸减少,导致肝脏胆固醇蓄积、血胆固醇水平升高。维生素 C 的抗氧化作用可抑制 LDL-C 的氧化,防止血管内皮及平滑肌细胞的氧化损伤。此外,维生素 C 还具有升高 HDL-C、抑制血小板聚集的作用,从而有助于防治 ASCVD。

3. B 族维生素　维生素 B$_{12}$、维生素 B$_6$、叶酸是同型半胱氨酸向甲硫氨酸、胱氨酸转化代谢过程中的辅酶。这些维生素缺乏时,可影响同型半胱氨酸代谢,导致高同型半胱氨酸血症。高同型半胱氨酸血症可损伤血管内皮细胞,促进血栓形成,促进血管平滑肌增生以及增加氧化应激,被认为是心血管疾病独立的危险因子。另外,维生素 B$_6$ 与构成动脉管壁的基质成分酸性糖胺聚糖的合成及脂蛋白酯酶的活性有关,缺乏时可引起脂质代谢紊乱和动脉粥样硬化。

4. 矿物质　饮水水质的硬度与冠心病发病呈负相关,增加钙的摄入有利于降血压。动物实验显示,钙可以抑制血小板聚集,而动物缺钙可引起血胆固醇和 TG 升高。镁具有降低血胆固醇、增加冠状动脉血流和保护心肌细胞完整性的功能。镁通过调节血管弹性调节血压,镁的摄入水平与心血管病发病率呈负相关。铜和锌是超氧化物歧化酶的组成成分,尽管铜缺乏不多见,但体内铜的水平处于临界低值时,可能会导致血胆固醇升高和动脉粥样硬化。锌具有抗氧化作用,摄入充足的锌有助于保持血管内皮细胞的完整性。铬是人体葡萄糖耐量因子的组成成分,缺乏可引起糖代谢和脂代谢紊乱、血胆固醇增加、动脉受损。硒是体内抗氧化酶—谷胱甘肽过氧化物酶的核心成分。缺硒可引起心肌损害,可通过减少前列腺素合成、促进血小板聚集和血管收缩,增加动脉粥样硬化发生的风险。

二、食物与动脉粥样硬化性心血管疾病的关系

食物摄入量、种类以及相关的膳食模式,与脂代谢关系密切,继而影响动脉粥样硬化的形成和发展。大量队列研究、临床病例对照研究以及人群干预试验,对多种食物、膳食模式与动脉粥样硬化性心血管疾病发生的风险进行了研究,提供了相关证据。

1. 全谷物　与精制谷物相比,全谷物保留了更多的膳食纤维、蛋白质、维生素和无机盐,能量密度也相对较低。增加全谷物（如燕麦、大麦、小麦全谷）摄入可通过降低血脂、血压等冠心病的危险因素,降低 CVD 的发病风险。

2. 蔬菜水果　蔬菜水果含有丰富的膳食纤维、维生素、矿物质以及植物化学物。人群研究显示,增加水果蔬菜的摄入可降低心脑血管疾病发病率和死亡率。大蒜和洋葱具有防治动脉粥样硬化的作用,他们含有的含硫化合物可抑制肝脏胆固醇的合成和 LDL-C 的氧化以及血小板聚集和血栓形成,发挥心血管保护作用。

3. **动物性食品** 畜、禽、蛋、奶、鱼、虾、贝类含有丰富的优质蛋白质,是非素食者膳食结构的重要组成部分。研究表明,禽肉、新鲜畜肉摄入量与心血管病风险无明确关系,但过多摄入加工畜肉(烟熏、腌渍等)可增加 CVD 风险。虽然蛋黄中富含胆固醇,但研究表明,每天吃一个鸡蛋,对一般人群发生 CVD 的风险无影响,对于糖尿病患者可能增加患冠心病的风险。鱼肉含有丰富的多不饱和脂肪酸、维生素和矿物质,增加鱼肉摄入可降低 CVD 和脑卒中的发病风险。PURE 等大型队列研究发现,奶和奶制品的摄入可显著降低心血管疾病死亡以及主要的心血管事件的发生风险。

4. **大豆及其制品** 大豆及其制品富含蛋白质、矿物质、大豆异黄酮等,其摄入量与脂代谢的关系研究较多,结果不完全一致。综合分析显示,增加大豆及其制品的摄入,有利于降低血 TC、LDL-C 和 TG 水平。而单独的大豆异黄酮对胆固醇的影响不明显。

5. **坚果** 坚果富含蛋白质、油脂(以多不饱和脂肪酸为主)、矿物质(尤其是钙、镁、钾)以及植物固醇。适量摄入坚果可改善血脂异常,降低血 TC 和 LDL-C 水平,降低 CVD 发病风险。

6. **钠盐** 高盐摄入是高血压的独立危险因素,可增加脑卒中、冠心病等心脑血管疾病的发病风险以及全因死亡风险。钠离子过多导致水钠潴留、血管壁水肿以及影响肾素-血管紧张素系统和血管平滑肌钙离子浓度,造成血管平滑肌收缩、血管阻力增加、血压升高等改变为可能的机制。

7. **酒** 多项研究表明,饮酒对心血管疾病的风险呈 J 形曲线关系,适量饮酒可对心血管疾病有保护作用,可能与增加血 HDL-C、降低血小板聚集性、促进纤维蛋白溶解有关。葡萄酒中的多酚类物质也具有抗氧化和抑制血小板聚集作用。但最新研究表明,适量饮酒的保护作用在很大程度上是非因果性的关联。同时,大量饮酒可导致肝脏损伤,脂代谢紊乱,升高血 TG 和 LDL-C 水平,增加 CVD 风险。

8. **添加糖、含糖饮料** 日常食用的添加糖主要为白糖、红糖、玉米糖浆、麦芽糖、枫树糖浆、蜂蜜、晶体葡萄糖等形式。过多糖/含糖饮料的摄入(尤其是果糖)可导致血脂异常和高血压,增加心血管疾病风险。

9. **茶、咖啡** 茶中富含儿茶素等植物化学物,其多酚类、绿原酸的含量远高于水果蔬菜,具有抗氧化、抗炎作用。流行病学资料及动物实验均显示,饮茶有减少胆固醇在动脉壁沉积、抑制血小板凝集、促进纤维蛋白溶解和清除自由基等作用。人群研究显示,增加饮茶有利于降低 CVD 患者的血压、血 TC 和 LDL-C 水平以及降低 CVD 和脑卒中的发病风险。咖啡含有咖啡因、绿原酸和单宁,在补充水分的同时,咖啡对健康有一定益处。适量饮用咖啡可降低 CVD 的风险。

10. **膳食模式** 合理的膳食模式是指食物多样、谷类为主、高膳食纤维、低糖低脂肪的平衡膳食模式。多项人群研究显示,合理膳食模式是 CVD 的保护因素,可降低脑卒中、CVD 的发病风险。2022 美国预防心脏病学会(ASPC)发布了《2022(ASPC)预防动脉粥样硬化性心血管疾病临床实践饮食声明》提出合理的膳食模式,如地中海膳食模式,被证实对 CVD 的一级和二级预防均有效,并可降低 CVD 发生和死亡风险。DASH 膳食也有类似作用,但不建议以高饱和脂肪和动物性食物为基础的生酮饮食作为 CVD 的一级预防。

三、动脉粥样硬化性心血管疾病的营养防治

ASCVD 的危险因素有高胆固醇血症(特别是高 LDL-C 血症)、高 TG 血症、高血压和糖尿病等,ASCVD 的预防涉及对所有可调控危险因素的控制,包括戒烟、控制体重、调节血脂、积极的生活方式等。膳食营养防治是重要的积极措施之一。

（一）膳食原则

总的膳食原则应在平衡膳食的基础上控制总能量和总脂肪的摄入，限制饮食中 SFA 和胆固醇的摄入，保证充足的膳食纤维和多种维生素、矿物质以及生物活性成分的摄入。

（二）营养措施

1. 限制总能量摄入，保持理想体重　能量摄入过多是肥胖的重要原因，而肥胖又是动脉粥样硬化的重要危险因素，故应该控制总能量的摄入，适当增加身体活动，保持理想体重。对于已经超重者应通过控制能量摄入来减重。

2. 限制脂肪和胆固醇摄入　限制总脂肪、SFA、胆固醇和 TFA 的摄入量是防治高胆固醇血症和 ASCVD 的重要措施。脂肪摄入以占总能量 20%～25% 为宜，SFA 摄入量应少于总能量的 10%，根据《中国居民膳食指南（2022）》，TFA 每天摄入量应不超过 2.0g。适当增加 MUFA 和 PUFA 的摄入。MUFA 摄入量宜不少于总能量的 10%，PUFA 摄入量占总能量的 10%。鱼类富含 n-3 系列 PUFA，对心血管有保护作用。少吃富含胆固醇的食物，如猪脑和动物内脏等，但吃鸡蛋时不必弃去蛋黄。高胆固醇血症者应进一步降低 SFA 摄入量，使其低于总能量的 7%，控制胆固醇的摄入量。TFA 摄入量应低于总能量的 1%。

3. 提高植物性蛋白质的摄入　蛋白质摄入量应占总能量的 15% 左右。应提高植物性蛋白质的摄入，如大豆及其制品。大豆蛋白富含异黄酮，大豆蛋白替代部分动物蛋白有利于调节血脂，从而达到防治动脉粥样硬化的目的。

4. 限制单糖和双糖摄入，少吃甜食　碳水化合物占总能量的 50%～65%，应以复合的碳水化合物为主，限制单糖和双糖的摄入，少吃甜食、控制含糖饮料的摄入。

5. 摄入充足的膳食纤维　膳食纤维在肠道与胆汁酸结合，可减少脂类的吸收，从而降低血胆固醇水平。同时，高纤维膳食可降低血胰岛素水平，提高人体胰岛素敏感性，利于脂代谢的调节。因此应提倡多摄入含膳食纤维丰富的食物，如燕麦、玉米、蔬菜等。

6. 保证充足的维生素和矿物质　维生素 E 和很多水溶性维生素及微量元素具有改善心血管功能的作用，应多食用新鲜蔬菜和水果，尽量从平衡膳食中摄取足够的维生素和矿物质，如果不存在缺乏，并不推荐使用膳食补充剂来防治 ASCVD。

7. 饮食清淡，少盐限酒　为预防高血压，每天食盐的摄入应限制在 5g 以下。可少量饮酒，但切勿酗酒。

8. 适当多吃富含植物化学物等生物活性成分的食物　花色苷、槲皮素、大蒜素、番茄红素等植物化学物以及辅酶 Q_{10} 等食物中的其他生物活性成分因具有抗炎、抗氧化以及调节糖脂代谢等作用，有利于心血管的健康，鼓励多吃富含这些成分的食物，如深色蔬菜水果、洋葱、大蒜等。

（杨雪锋）

第四节　营养与高血压

高血压（hypertension）是一种以体循环动脉收缩期和 / 或舒张期血压持续升高为主要特点的心血管疾病。发病率高，致死致残率高，属于全球范围内的常见病，也是需要特别关注的严重公共卫生问题。我国成人高血压患病率为 27.5%，现患人数约 2.45 亿。过去 60 年，我国高血压患病率总体呈增高的趋势，中青年人群成为我国高血压患病率持续升高和患者数剧增的主要来源。同时，农村地区居民的高血压患病率上升趋势比城市更加明显。

高血压分为原发性(以血压升高为特征,原因不明的独立疾病,占高血压的 95% 以上)和继发性(血压升高系某些疾病的一部分表现)。原发性高血压病因复杂,已知的发病相关因素有:遗传、肥胖、胰岛素抵抗、某些营养素的过量或不足、过量饮酒、人口老龄化等。高血压患病率随年龄增长而升高;女性在更年期前患病率略低于男性,但更年期后迅速升高,甚至高于男性;高纬度寒冷地区患病率高于低纬度温暖地区;食盐与饱和脂肪摄入越高,平均血压水平和患病率也越高。高血压是脑卒中、冠心病、心力衰竭、肾衰竭等疾病的危险因素。心脑血管病是我国人群的主要死亡原因,占总死亡人数的 45% 以上,其中高血压是首位危险因素,每年 300 万心脑血管病死亡中至少一半与高血压有关。

在未使用降压药物的情况下,非同日 3 次测量诊室血压,收缩压(SBP)≥140mmHg 和/或舒张压(DBP)≥90mmHg 可诊断高血压。患者既往有高血压史,目前正在使用降压药物,血压虽然低于 140/90mmHg,仍应诊断为高血压。基于诊室血压的血压分类和高血压分级标准,见表 7-4。

表 7-4　基于诊室血压的血压分类和高血压分级

类别	收缩压/mmHg	舒张压/mmHg
正常血压	<120 和	<80
正常高值	120~139 和/或	80~89
高血压	≥140 和/或	≥90
1 级高血压(轻度)	140~159 和/或	90~99
2 级高血压(中度)	160~179 和/或	100~109
3 级高血压(重度)	≥180 和/或	≥110
单纯收缩期高血压	≥140 和	<90
单纯舒张期高血压	<140 和	≥90

引自:《中国高血压防治指南(2024 年修订版)》。
注:当收缩压与舒张压属于不同级别时,以较高的分级为准。

一、营养与高血压的关系

高血压是一种遗传多基因与环境多危险因素相互作用而产生的慢性全身性疾病,通常认为遗传因素与环境因素分别占 40% 和 60%,而环境因素中,膳食营养因素起主要作用。

(一)能量

机体的能量摄入大于能量消耗时,多余的能量会以脂肪的形式贮存,从而导致超重或肥胖。超重或肥胖是血压升高的重要危险因素,尤其是中心型肥胖。高血压患者中 60% 为肥胖或超重者。肥胖者罹患高血压的概率明显高于体重正常者,即使在 BMI 正常的人群,随着 BMI 的增加,血压水平也相应增加。我国 24 万人群调查资料汇总分析结果显示,BMI≥24 者的高血压患病率是 BMI<24 者的 2.5 倍,BMI≥28 者的高血压患病率是 BMI<24 者的 3.3 倍。此外,肥胖儿童高血压的患病率是正常体重儿童的 2~3 倍。体脂含量与血压水平呈正相关;体脂的分布与高血压发生也有关,腹部脂肪聚集越多,血压水平越高。男性腰围≥90cm 或女性腰围≥85cm 者,发生高血压的风险是腰围正常者的 4 倍以上。人群干预试验表明减重有明显的降压效果。体重减轻 9.2kg 可使收缩压降低 6.3mmHg,舒张压降低 3.1mmHg。肥胖者易患高血压的可能机制有:①血容量增加;②心输出量增加而外周阻力没有相应下降;③胰岛素抵抗;④交感神经系统兴奋性增强等。

（二）矿物质

1. 钠　人群资料显示，钠的摄入量与血压水平和高血压患病率呈正相关，此相关性在成年人和儿童青少年中均存在。中国人群研究表明，与钠摄入<3.2g/d 相比，钠摄入≥7.6g/d 者患高血压的风险增加 84%。另外，将钠盐摄入从 9.4g/d 降低到 4.4g/d，可使研究人群的收缩压降低 4.18mmHg，舒张压降低 2.06mmHg。

钠盐摄入过多可使血容量增加而引起血压升高，其增加血容量可以通过两种方式：①提高体液渗透压，下丘脑饮水中枢产生渴觉而使人饮水增加；②体液渗透压增高，下丘脑视上核和室旁核释放抗利尿激素（antidiuretic hormone，ADH）增加，ADH 促进远曲小管和集合管对水的重吸收。

除提高血容量外，高钠摄入还可以：①提高交感神经兴奋性而提高心输出量和外周血管阻力；②抑制血管平滑肌 Na^+ 的转运；③增加细胞内钙；④干扰血管内皮细胞舒血管物质——一氧化氮的合成而使血管收缩性增强，外周阻力增加。

2. 钾　钾盐摄入量与血压水平呈负相关，这一关系在高钠盐摄食者中更为明显，高钠、低钾膳食是我国大多数高血压患者发病的主要危险因素之一。随机对照试验证实膳食补充钾对高钠引起的高血压降压效果明显，每日补充不超过 1.2g 钾能使收缩压降低 4.9mmHg。钾降低血压的机制可能与钾直接的扩血管作用、促进尿钠排泄、抑制血管紧张素肽原酶释放和拮抗血管紧张肽Ⅱ等作用有关。

3. 钙　膳食钙摄入不足可能与血压升高有关，其机制与钙促进钠从尿中排泄以及低钙摄入加强钠盐升高血压的作用有关。但膳食钙与血压的关系较复杂，目前尚缺乏明确的证据证实人群补钙的降压效果。部分类型的高血压（如肾素水平高者），由于对钙离子的反应性不同，补充钙可能具有一定的降压效果。

4. 镁　镁与高血压关系的研究资料有限，一般认为镁的摄入量与高血压发病风险呈负相关。提高膳食镁的摄入有助于降血压，其可能机制有：①降低交感神经系统兴奋性；②减少血管平滑肌细胞内钙含量；③促进血管舒张。

（三）其他

1. 脂类　大多数研究并未发现总脂肪摄入量和血压之间具有相关性。一些研究认为饱和脂肪酸摄入量和血压呈正相关，但其效应还需要更多的研究证实。人群研究显示补充鱼油可降低血压且呈剂量依赖性。n-3 系列多不饱和脂肪酸的降压作用可能与其改变前列腺素代谢、改变血管内皮细胞功能和抑制血管平滑肌细胞增殖有关。富含单不饱和脂肪酸的地中海膳食可降低血压；但单不饱和脂肪酸自身是否具有调节血压的特殊作用，尚缺乏大样本人群干预研究的报道。

2. 叶酸和维生素 B_6　由于高同型半胱氨酸血症可能增加高血压患者心血管事件的发生风险，而叶酸和维生素 B_6 是促进血同型半胱氨酸接收甲基再形成甲硫氨酸的重要辅助因子，因此对于伴有高同型半胱氨酸血症的高血压患者，服用高血压药物的同时补充叶酸或 / 和维生素 B_6，比单独服用抗高血压药物能更好地降低血同型半胱氨酸水平和血压水平。

3. 食物中的生物活性成分　植物化学物，如茶多酚、花色苷、槲皮素、葡萄籽提取物等，可能具有一定的降低血压作用。其可能机制为：①改善血管内皮功能，促进一氧化氮的释放；②抑制血管壁细胞的炎性反应；③抑制氧化应激；④促进血管平滑肌的舒张功能等。

二、食物与高血压的关系

1. 蔬菜和水果　增加蔬菜和水果（不包括果汁）的摄入量能显著降低高血压的发病率，其机制主要为：蔬菜水果富含钾、镁、钙等矿物质，以及膳食纤维、抗氧化物质、植物化学物，能明显改善血管舒张功能。

2. **牛奶**　适量摄入低脂牛奶/乳制品与较低的高血压风险相关，其机制可能与牛奶中富含的酪蛋白、多肽、钙、钾和镁，以及强化奶中的维生素 D 相关。

3. **含糖饮料**　过多摄入含糖饮料会增加高血压的发病风险。含糖饮料中的添加糖是其增加高血压发病风险的主要原因；添加糖摄入过多，机体胰岛素分泌负荷增加导致胰岛素抵抗，从而促使发生高血压。

4. **酒精**　饮酒会增加高血压风险，且血压水平与饮酒量呈正相关。长期（即使饮酒量少）和/或过量饮酒是高血压发病的独立危险因素，每周酒精摄入 280g，收缩压上升 4.8mmHg。限制饮酒可使血压降低。酒精导致高血压的可能机制有：①刺激交感神经系统；②抑制血管舒张物质；③钙、镁耗竭；④血管平滑肌中细胞内钙增加等。

5. **其他因素**　随机对照试验证实亚麻籽、芝麻等种子类食物，红茶、绿茶等饮料也具有降血压的作用。

三、高血压的营养防治

高血压的一级预防在于广泛的健康宣传教育，使大众对高血压有明确的认识，对与其密切相关的生活方式、膳食行为等有充分的了解。高血压患者则需进行治疗性生活方式干预，包括合理膳食、控制体重、戒烟限酒、合理运动、减轻精神压力和保持健康睡眠等。

高血压的营养防治措施主要包括以下几个方面。

1. **吃动平衡，健康体重**　正常高值血压者以及所有高血压患者均应积极控制体重，使体重维持在正常范围内。超重和肥胖者应减少能量摄入，将减重 5%～15% 及以上作为体重管理的首要目标，每日能量摄入比原来减少 300～500kcal，同时控制高能量密度食物（高脂肪食物、含糖饮料和酒类等）的摄入。规律运动对预防和治疗高血压都有益。高血压患者不仅要增加日常身体活动，更重要的是要进行积极的运动干预。但血压没有得到控制、收缩压＞160mmHg 者，不推荐进行高强度运动。

2. **适度减少钠盐，增加富含钾、钙、镁的食物摄入**　限制钠的摄入是膳食营养防治高血压的一项重要措施。对一般人群需倡导低盐饮食，对高血压患者则应倡导钠盐的限入促排，肾功能良好者可以选择低钠富钾替代盐。我国居民膳食中约 75% 的钠来自家庭食物烹饪用盐，其次为味精、酱油等高盐调味品，以及钠盐含量高的加工食品，如咸菜、火腿、各类炒货和腌制品等。随着饮食模式的改变，加工食品中的钠盐已成为重要的钠盐摄入途径，因此应加强钠盐含量标识及公众对其重视程度。

高血压患者宜多进食含钾丰富的食物。含钾的食物种类很多，其中蔬菜水果是最好的来源。含钾量超过 800mg/100g 的食物有赤豆、杏干、蚕豆、扁豆、冬菇、竹笋、紫菜等，中国营养学会提出成人钾的 PI-NCD 为 3 600mg/d。提倡多摄入富含钙的食品，如奶和奶制品，以及富含镁的食品，如各种干豆、鲜豆、蘑菇、桂圆、豆芽等。

3. **减少膳食脂肪摄入量，增加优质蛋白质的摄入**　脂肪供能控制在总能量的 30% 以下，保持良好的脂肪酸比例，减少 SFA 的摄入量，控制 PUFA 与 SFA 的比值在 1～1.5。蛋白质供能占总能量的 15%，肉类蛋白质以鱼类、禽类、牛肉等为主，多食大豆蛋白。

4. **提高碳水化合物质量，限制含糖饮料和高糖食品**　摄入适量的谷类、薯类，其中全谷物或杂豆占主食的 1/4～1/2；多吃含膳食纤维丰富的蔬菜水果。建议每日摄入添加糖提供的能量不超过总能量的 10%，最好不超过总能量的 5%，即成年人每日添加糖摄入量应控制在 50g 以内，最好不超过 25g。

5. **限制饮酒** 强烈建议高血压患者尽量少饮酒或不饮酒。儿童和孕妇则应避免饮酒。

6. **选择适宜的膳食模式** DASH 膳食和地中海膳食模式都具有良好的降低血压的作用，正常血压高值以及高血压患者推荐沿用。我国东南沿海地区居民高血压、脑卒中的风险较低，其代表性的东方健康膳食模式也值得借鉴。

（练雪梅）

第五节　营养与痛风

痛风（gout）是单钠尿酸盐沉积在关节所致的晶体性关节炎，其发病基础是嘌呤代谢中尿酸（uric acid）生成过多和/或尿酸排泄障碍导致的高尿酸血症（hyperuricemia，HUA）。我国 HUA 发病呈现逐年递增和年轻化趋势，总体患病率约为 17.4%，男性高于女性，青年男性（18～29 岁）患病率达 33.6%。HUA 存在地域差异性：南方高于北方，沿海高于内陆，经济发达地区高于经济欠发达地区。痛风患病率为 1%～3%，也呈逐年上升趋势，男女比为 15∶1，平均发病年龄约为 48 岁，女性患者大多出现在绝经以后。

正常膳食状态下，非同日 2 次空腹血尿酸水平超过 420μmol/L，诊断为高尿酸血症。尿酸为人体嘌呤代谢的最终产物，主要由细胞代谢分解的核酸和其他嘌呤类化合物以及食物中的嘌呤分解产生。嘌呤经过氧化代谢产生的尿酸主要是由肾脏和肠道排出，每日的尿酸产生量和排泄量应维持一定的平衡。正常人体尿酸池平均约为 1 200mg，每日产生 750mg，其中约 2/3 由肾脏排泄，1/3 由消化道排出。尿酸生成增多或排泄减少均可使体内尿酸聚集，发生高尿酸血症或痛风。

痛风的自然病程分为临床前期（无症状高尿酸血症及单钠尿酸盐沉积）和临床期（反复发作的急性关节炎、发作间期及慢性痛风石关节病期）。5%～12% 的高尿酸血症患者会发展为痛风。急性关节炎是由于尿酸盐结晶沉积到关节引起的炎症反应。长期尿酸盐结晶沉积导致中性粒细胞、单核细胞、上皮细胞和巨噬细胞浸润，形成异物结节，即痛风石。痛风根据高尿酸血症的病因分为原发性、继发性和特发性。原发性痛风占绝大多数，由遗传因素和环境因素共同促发，具有一定的家族易感性。饮食等环境因素在痛风的发病中发挥着重要的作用，限制过量嘌呤的摄入为主的营养防治措施可有效降低痛风患者血尿酸水平，减少痛风性急性关节炎反复发作的次数，缓解疼痛相应症状。

一、营养与痛风的关系

膳食营养与痛风的发生息息相关，食物中的嘌呤进入体内，绝大部分生成尿酸。影响嘌呤代谢的营养因素，也会直接影响人体的尿酸水平。

1. **宏量营养素** 肥胖是痛风发生的独立危险因素，由于大约 50% 痛风患者存在超重或肥胖，控制宏量营养素摄入量，有助于维持适宜体重并降低痛风的发病风险。蜂蜜、含糖饮料等含果糖较高的食物，会增加尿酸生成，诱发痛风发作。有研究显示，在不严格控制嘌呤摄入的情况下，仅减少碳水化合物摄入，就能降低血尿酸水平，减少痛风发作频率。摄入较多的脂肪也会引起血尿酸升高；无论男女，采用低脂饮食都与较低的痛风发作风险相关。痛风患者蛋白质的摄入应以植物性蛋白为主，其中大豆类蛋白是植物来源的优质蛋白。一方面，植物性食物来源的蛋白质摄入增加可以降低痛风发病风险;另一方面,植物性食物所含的嘌呤一般比动物性食物的低。

2. 维生素与矿物质 B 族维生素、维生素 C、维生素 E 缺乏时,容易导致尿酸排出减少,诱发痛风发作。而摄入大剂量维生素 B_1 和维生素 B_2 也会干扰尿酸的正常排泄,使尿酸排出减少;同时,维生素 C 的大剂量摄入可能降低治疗痛风的药物秋水仙素的镇痛效果。因此,应注意避免 B 族维生素和维生素 C 的大剂量摄入。钙、锌、碘、铁等矿物质缺乏可引起核酸代谢障碍,嘌呤生成增加,诱发痛风发作。但是铁摄入过量或铁在体内过多积蓄也可能影响尿酸合成与排泄,诱发痛风。

二、食物与痛风的关系

嘌呤是细胞核的组成元素,几乎所有的动植物细胞中都含有嘌呤成分。机体代谢产生的嘌呤与从食物中摄入的嘌呤在体内的转归差异较大。机体代谢产生的嘌呤在多种酶的作用下经过复杂的代谢过程大部分被用以合成核酸,被组织细胞重新利用,少部分可分解成尿酸;而食物来源的嘌呤绝大部分生成尿酸,很少被机体利用。因此,从食物中摄取嘌呤的多少,对机体尿酸的浓度影响较大;当嘌呤摄入过多时,可使肾脏功能减退及尿酸排泄障碍的患者血液中尿酸水平明显升高,诱发痛风的急性发作。

1. 动物性食物 动物性食物所含的嘌呤量一般高于植物性食物,摄入过多的畜肉、禽肉、海产品均与痛风发病风险增加有关。大量食用动物内脏也是痛风发病的危险因素。肉类对痛风发病风险的作用可能与动物性食物嘌呤含量有关。另外,动物性食物,特别是红肉,是饱和脂肪酸的主要来源;饱和脂肪酸摄入过多容易导致胰岛素抵抗,与痛风发作密切相关。奶制品有助于尿酸排出,可以降低血尿酸水平,从而降低痛风发病风险;同时奶制品中的嘌呤含量很低,不会增加人体嘌呤负荷,可作为痛风患者(尤其是急性发作期)优质蛋白的主要食物来源。

2. 植物性食物 大部分植物性食物的嘌呤含量低于动物性食物,但也有一些植物性食物富含嘌呤,如豆类、菠菜、石刁柏(芦笋)、菜花、龙须菜、蘑菇等。过去仅根据嘌呤含量来限制食物的摄入,但最近研究发现,植物性食物和动物性食物中的嘌呤对痛风发病风险的影响可能不同。比如豆类的嘌呤含量较高,但食用豆类并不增加痛风发病风险,反而可能降低痛风发病风险。

多摄入蔬菜与较低的痛风发病风险有关,经常性食用新鲜蔬菜是痛风发病的保护因素。这可能与蔬菜嘌呤含量低,同时富含叶酸、维生素 C、膳食纤维和植物化学物,对痛风有保护作用有关。

过多摄入果糖含量高的水果与较高的痛风发病风险有关。但水果中的维生素 C、黄酮、多酚、钾、膳食纤维等营养成分可改变果糖对尿酸的影响作用,因此水果与痛风发病风险的关系目前尚无定论。

3. 酒类 酒精摄入与痛风发病风险增加有关,且酒精摄入量与痛风发病风险呈现剂量-效应关系。经常饮酒者比偶尔饮酒者发生高尿酸血症/痛风的风险高 32%,偶尔饮酒者比几乎不饮酒者发生痛风/高尿酸血症的风险高 32%。同时,不同种类的酒均能增加痛风发病风险。血尿酸值与饮酒量密切相关,其可能机制为:①乙醇在代谢过程中快速消耗能量 ATP,使尿酸产生增加;②乙醇代谢产生的乳酸可抑制肾脏对尿酸的排泄,尤其是酒精度数高的白酒,容易使体内乳酸堆积,抑制尿酸排泄;③酒精性饮料大多含有嘌呤,在体内代谢生成尿酸。嘌呤含量依酒精饮料种类不同而各异,一般规律为:陈年黄酒＞啤酒＞普通黄酒＞白酒。

4. 饮水及饮料 有研究显示,饮水过少是高尿酸血症和痛风的危险因素。高尿酸血症和痛风患者应多饮水、规律饮水,以利于尿酸排出,这是饮食治疗中较为重要的一环。

含糖饮料，尤其是高果糖饮料会增加高尿酸血症和痛风的发病风险。过去曾认为咖啡中的咖啡因会引起交感神经兴奋，导致失眠、血压上升、心悸等，不利于高尿酸血症和痛风患者健康；但目前研究认为，咖啡可能通过降低血尿酸水平、增加胰岛素敏感性而降低痛风发病风险。每日饮用1～3杯咖啡者的痛风发病风险低于不饮用咖啡者。目前尚无证据证实增加茶摄入可以降低痛风发病风险。

三、痛风的营养防治

目前，痛风尚无根治的方法，但长期控制血尿酸至达标水平可明显减少痛风发作频率、预防痛风石形成、防止骨破坏、降低死亡风险及改善患者生活质量，是预防痛风及其相关合并症的关键措施。对于临床前期无症状高尿酸血症患者，预防痛风发作以膳食营养和身体活动干预为主，应建立合理的饮食行为及健康的生活方式。对于痛风临床期患者，还需长期甚至终身服用促进尿酸排泄和抑制尿酸生成的药物。

痛风的营养防治措施主要包括：

1. 吃动平衡，健康体重　超重/肥胖的高尿酸血症与痛风人群应在满足每日必需营养需要的基础上，通过改善膳食结构和增加规律运动，达到减重的目的。但减重过程中应避免饥饿性酮症的发生及剧烈运动，因为这些过程中产生的乳酸、β-羟丁酸和草酰乙酸等有机酸会竞争性抑制肾小管尿酸的排泄，使血尿酸水平增高。此外，高尿酸血症与痛风人群应养成规律进餐、规律作息、劳逸结合的习惯。暴饮暴食或一餐中进食大量肉类常是痛风性关节炎急性发作的诱因，作息不规律导致疲劳则会促使机体代谢产物堆积和内环境变化，增加痛风风险。

2. 避免高嘌呤食物　限制高嘌呤食物摄入，有助于控制血尿酸的水平及减少痛风的发生。但无论高尿酸血症还是痛风人群，均应在食物多样、均衡营养的基础上进行合理的膳食调整。常见食物嘌呤含量分类见表7-5，一般人群在正常嘌呤饮食状态下，每日摄入嘌呤总量约600～1 000mg。目前已不提倡长期采用严格的限制嘌呤的膳食，而是根据痛风是否急性发作调整膳食的嘌呤摄入总量。在痛风性关节炎急性发作期，只能任意选用牛奶、鸡蛋、精制谷类及嘌呤含量低的蔬菜和水果（表中第四类食物），大量饮水，禁饮酒和禁止食用一切肉类和嘌呤含量丰富的食物（表中第一、二、三类食物）。在痛风缓解期，除禁止食用第一类食物外，第二、三类食物限量食用（其中肉鱼禽类每日合计最多食用100g），也可采用水煮的方法，弃汤食肉以减少嘌呤的摄入，而第四类食物可任意选用，以维持理想体重和合理营养状况。

表 7-5　常用食物按嘌呤含量分类

嘌呤含量（每100g食物）	分类	食物举例
150～1 000mg	第一类（高嘌呤）	肝、脑、肾、胰脏；沙丁鱼、凤尾鱼、鱼子；浓肉汤
75～150mg	第二类（较高嘌呤）	牛肉、猪肉、羊肉；兔、鸭、鹅、鸽子、鹌鹑；鲤鱼、鳕鱼、鲈鱼、鳗鱼、贝壳类水产；扁豆等干豆类；鸡汤、肉汤
<75mg	第三类（较低嘌呤）	大米、燕麦、荞麦；豆角、菜花、龙须菜、金针菇、香菇、蘑菇；青鱼、鲱鱼、鲑鱼、金枪鱼、鳝鱼；龙虾、螃蟹；花生、麦片、麦麸面包
<30mg	第四类（低嘌呤）	奶类、奶酪、蛋类；水果、蔬菜类（除外第三类中的蔬菜）；可可、咖啡、茶、豆浆；精制谷类如富强粉、精磨稻米等

3. 低脂肪、低蛋白质饮食　建议每日脂肪供能占总能量的20%～25%；蛋白质摄入可按每千克体重0.8～1.0g计算，蛋白质供能占总能量的10%～12%，尽量多选择牛奶、鸡蛋及植物蛋白质。

4. 蔬菜充足，限制果糖　建议每日食用新鲜蔬菜不少于500g，深色蔬菜（如紫甘蓝、胡萝卜等）应当占一半以上，以增加机体多种微量元素、B族维生素、维生素C和膳食纤维的摄入，促进尿酸盐溶解和排泄。建议每日水果摄入量为200～350g。限制果糖含量较高的食品如含糖饮料、鲜榨果汁、果葡糖浆、果脯蜜饯等的摄入。

5. 足量饮水，限制饮酒　因尿酸的水溶性较低，肾脏排泄尿酸必须保证有足够的尿量；在心、肾功能正常情况下，建议每日饮水2 000～3 000mL，尽量维持每日尿量大于2 000mL以促进尿酸排泄，防止尿酸盐的形成和沉积。为防止尿液浓缩，可以在睡前或半夜适量饮水，确保尿量，有利于预防尿路结石的形成。强烈建议高尿酸血症/痛风患者少饮酒或不饮酒。急性痛风发作、药物控制不佳或慢性痛风性关节炎的患者则应禁酒。

（练雪梅）

第六节　营养与免疫性疾病

机体营养状况与免疫功能关系密切并相互影响，营养不良导致免疫功能减退，易发生感染甚至肿瘤，而严重的感染或长期慢性感染又会诱发或加重营养不良。合理营养是维持正常免疫功能的基本条件，多种营养素与免疫功能密切相关。

一、营养与免疫功能

1. 蛋白质　蛋白质是维持机体免疫功能的物质基础，蛋白质参与构成了上皮、黏膜等免疫组织及胸腺、肝脏、脾脏等免疫器官，也是抗体和补体等免疫分子的关键成分。蛋白质的质和量都影响着免疫功能。蛋白质缺乏导致免疫器官、免疫细胞、免疫球蛋白的萎缩和减少，降低机体抗感染能力。一些氨基酸对改善免疫功能具有重要作用。如精氨酸通过增加T淋巴细胞数量来促进免疫应答，改善免疫防御能力。谷氨酰胺作为重要的能量来源，为淋巴细胞和吞噬细胞提供支持，改善肠道免疫功能，发挥免疫调节作用。牛磺酸能够促进脾脏和胸腺的发育，增强巨噬细胞、T淋巴细胞、B淋巴细胞及自然杀伤细胞的增殖与活化，促进细胞因子如IL-6和TNF-α的分泌，参与调节炎症反应与免疫应答。

2. 脂类　脂类有调节免疫功能的作用，膳食脂肪摄入量及脂肪酸的种类对细胞膜，包括淋巴细胞膜正常功能的维持至关重要。受膳食脂类的影响，淋巴细胞膜脂肪酸的构成会发生改变，膜磷脂的变化可影响免疫球蛋白的分泌和转运、膜的流动性与通透性、细胞与抗原的结合、信息传递甚至细胞增殖。除了直接影响细胞膜外，脂类还可能通过影响细胞信号转导、基因表达和免疫细胞的代谢来调节免疫功能。PUFA与正常的体液免疫关系密切，当PUFA缺乏时，特别是必需脂肪酸缺乏，可导致体液免疫反应下降。富含n-3系列脂肪酸的摄入有利于抑制自身免疫性疾病。

3. 维生素　维生素与免疫功能的正常发挥密切相关，缺乏或过量均可导致异常。

（1）维生素A：维生素A对体液免疫和细胞免疫都起重要作用，能提高抗感染和抗肿瘤能力。维生素A缺乏可导致核酸和蛋白质合成减少而影响淋巴细胞分裂、分化和免疫球蛋白的合成，血清抗体水平降低。此外，维生素A缺乏还可能导致黏膜屏障功能下降，增加感染风险。β-胡萝卜素可以增强自然杀伤细胞与吞噬细胞的活性以及刺激多种细胞因子的生成。然而,过量补充维生素 A,反而会增加呼吸道感染的患病风险。

（2）维生素 C:维生素 C 对胸腺、脾脏、淋巴结等组织器官生成淋巴细胞有显著影响,可通过提高人体内其他抗氧化物的水平而增强机体免疫功能。补充维生素 C 对呼吸道感染有一定预防作用。维生素 C 能增强吞噬细胞的吞噬杀菌功能、促进免疫球蛋白 G(IgG)、免疫球蛋白 M(IgM)的产生。维生素 C 缺乏可以抑制淋巴组织的发育及功能、白细胞对细菌的反应、吞噬细胞的吞噬功能、异体移植的排斥反应。然而,过量摄入维生素 C 会使白细胞的抗病能力明显下降,不仅妨碍白细胞摧毁病菌,而且还会使病菌和癌细胞得到保护,从而降低人体免疫力。

（3）维生素 E:维生素 E 通过影响核酸和蛋白质的代谢,改变淋巴细胞膜结构及流动性,从而调节免疫功能。维生素 E 缺乏可损害体液和细胞免疫功能。但是,动物研究提示,维生素 E 的过量补充也可能增加肺癌的转移能力。

4. 微量元素　多种微量元素都参与免疫应答,缺乏或过量均可导致免疫功能异常。

（1）铁:铁缺乏导致多种免疫异常,降低免疫应答,包括减少胸腺、脾、肝脏蛋白质合成,影响抗体生成;抑制白细胞介素的释放,影响核糖核酸酶活性;降低中性粒细胞和吞噬细胞的杀菌能力、抑制淋巴细胞增殖、减少淋巴细胞数量;导致淋巴样组织萎缩。但过量的铁也会促进病原体生长。铁超载可介导铁死亡。铁死亡是滤泡辅助性 T(TfH)细胞的主要死亡方式,抑制铁死亡可增强抗体免疫应答。因此,需维持机体适宜的铁水平。

（2）锌:锌缺乏影响体液及细胞免疫,可引起免疫器官组织萎缩、T 细胞数量减少及活性下降、抑制迟发型过敏反应、影响胸腺素的产生、自然杀伤细胞活力下降、白细胞介素减少等。然而,过高的血锌会抑制白细胞的吞噬作用和杀菌作用。过量的锌摄入会导致低铜血症,表现为白细胞减少以及小细胞低色素性贫血。

（3）硒:硒有明确的免疫增强和抗肿瘤作用。硒缺乏会影响 T 淋巴细胞对有丝分裂原刺激的反应性而影响细胞增殖、降低吞噬细胞的趋化性和氧化还原状态、使血清 IgG 和 IgM 浓度下降、使中性粒细胞杀菌能力下降。动物和人群干预实验显示,日常饮食补硒可上调硒蛋白 GPX4,保护 TfH 细胞免于铁死亡,增强抗体免疫应答。

（4）铜:铜是许多酶的组成成分,如 SOD、细胞色素氧化酶、单胺氧化酶等。铜缺乏对免疫系统的影响广泛而深远,不仅导致中性粒细胞、巨噬细胞、淋巴细胞数量生成减少,还可能引发免疫细胞出现变性和坏死现象,造成免疫器官损伤。过量摄入铜可能会干扰硒的吸收,导致免疫功能异常。

二、营养与继发性免疫缺陷病

多数疾病和不良健康状态可伴发继发性免疫缺陷病,包括感染(风疹、麻疹、麻风、结核病、巨细胞病毒感染、球孢子菌感染等)、恶性肿瘤(霍奇金病、急性及慢性白血病、骨髓瘤等)、自身免疫性疾病(系统性红斑狼疮、类风湿关节炎等)、蛋白丢失(肾病综合征、蛋白丧失肠病)、免疫球蛋白合成不足、淋巴细胞丢失(因药物、系统感染等)以及其他疾病(如糖尿病、肝硬化、亚急性硬化性全脑炎)和免疫抑制治疗等。

艾滋病属于继发性免疫缺陷病,其发病原因是人类获得性免疫缺陷病毒(HIV)感染。获得性免疫缺陷综合征(AIDS)是 HIV 感染的最终阶段,此时免疫系统已经极度受损。AIDS 是一种慢性消耗性疾病,患者对营养的摄入和利用减少,消耗增加,需要更多能量应对机会性感染和应激性反应。AIDS 患者普遍存在营养不良的问题,特别是老年人、孕妇和婴幼儿等特殊人群更为严重,常加重病情,增加治疗难度。因此,对 HIV 感染者或 AIDS 患者进行科学、合理及有效的营养支持与管理,可有效改善患者整体营养状况,最终达到延缓疾病进程、改善其生活质量、延长患者生存时间的目的。

对 AIDS 患者的营养支持目的在于:促进体内蛋白质合成;提供适宜水平的各种营养素,防止营养素缺乏或过剩;将营养不良的症状及有关并发症降低到最低限度;改善生活质量。AIDS 患者需要高蛋白质和高能量的食物来维持体重和补充因疾病消耗的营养素。同时,也要避免蛋白质过高造成肾脏负担。富含优质蛋白质的食物包括鱼虾、家禽类、豆类和奶类等。AIDS 患者应坚持食用富含维生素和矿物质的食物,如新鲜水果、蔬菜及坚果,应特别补充的是 β-胡萝卜素、维生素 C、维生素 E、锌、硒等营养素以提高免疫功能。因患者的胃肠道功能减退,进餐量和餐次分配要科学合理,少量多餐,避免一次进餐量过大导致消化不良,每日可进餐 5～6 次。食物要多样,谷类为主,粗细搭配,烹调宜清淡,控制食盐摄入量。

(钱　旭)

第七节　营养与癌症

癌症(cancer)又称恶性肿瘤(malignant tumor),是指细胞异常增生并可侵犯身体其他部分而引起的疾病。在全球范围内,癌症是仅次于心脑血管疾病导致死亡的第二位原因。据国际癌症研究机构(International Agency for Research on Cancer, IARC)统计,2020 年全球近 1 000 万例(或近六分之一)死亡由癌症导致,并且预测 2050 年全球新发癌症人数和癌症死亡人数均将达到 1 800 万。2024 年国家癌症中心(National Cancer Center, NCC)统计报告,我国 2022 年新发癌症 482.47 万例,癌症死亡人数约 257.42 万,疾病负担呈持续上升态势。2000—2018 年,我国全癌种标化发病率平均每年增加 1.4%,标化死亡率平均每年下降 1.3%。其中,食管癌、胃癌和肝癌等与饮食密切相关的癌症年龄标准化发病率和死亡率均呈显著下降趋势。癌症的筛查、早诊早治和危险因素防控等综合防治工作对降低癌症死亡率和疾病负担具有重要意义。

世界卫生组织指出,30%～50% 的癌症可通过避免危险因素和落实已有循证预防策略而被预防。癌症预防措施包括控烟、养成健康的饮食习惯、增加身体活动、落实疫苗接种、减少职业危害以及环境污染等。在癌症发生发展过程中,膳食营养因素起着重要作用。

一、营养与癌症的关系

癌症形成与发展的原因尚未完全明了,属于多因素相互作用,包括遗传因素、环境因素和精神心理因素等。80% 的癌症发病是由不良的生活方式和环境因素所导致。其中,不良饮食习惯占癌症诱发因素的 35% 左右,居影响因素的首位,影响恶性肿瘤生成的启动、促进、进展的任一阶段。

(一)能量、营养素与癌症

1. 能量　能量过剩所致超重和肥胖者罹患乳腺癌、结肠癌、胰腺癌、子宫内膜癌和前列腺癌的风险高于体重正常者。动物实验发现,限制性进食的大鼠比自由进食的大鼠自发性肿瘤的发病率低且发生肿瘤的潜伏期延长。

2. 蛋白质　蛋白质摄入量和来源均会影响癌症的发生风险。流行病学资料显示,食管癌、胃癌患者发病前蛋白质摄入量比正常对照组低。动物性蛋白是优质蛋白质,但过多摄入会使结肠癌、乳腺癌和胰腺癌等癌症发生风险升高。而常摄入作为优质蛋白质的大豆蛋白,并未观察到增加癌症风险。

3. 脂肪　流行病学资料表明,脂肪的摄入量与结肠癌、直肠癌、乳腺癌、肺癌、前列腺癌的危险性呈正相关。但低脂肪膳食增加宫颈癌、食管癌和胃癌的发病风险。膳食脂肪的种类与癌症的发生也有关系,饱和脂肪酸和动物油脂的过量摄入与肺癌、乳腺癌、结肠癌、直肠癌、子宫内膜癌、前列腺癌危险性增加有关;不饱和脂肪酸和植物油脂的适量摄入则可能降低结直肠癌、胰腺癌、卵巢癌等发病风险。

4. 碳水化合物　高淀粉摄入人群胃癌和食管癌发病率较高,与这类膳食往往伴随低蛋白质的摄入有关。膳食纤维在防癌方面起很重要作用,通过其吸附肠道内有害物、增加肠内容物体积,稀释肠道内致癌物,调节肠道菌群和 pH,降低结直肠癌的发病危险。

5. 维生素

(1)维生素 A、类胡萝卜素:维生素 A 或 β-胡萝卜素对小鼠或大鼠的胃癌、口腔癌、结直肠癌、乳腺癌和膀胱癌有抑制作用。流行病学资料显示消化道肿瘤、乳腺癌、宫颈癌、前列腺癌患者血中维生素 A 和 β-胡萝卜素含量较低,摄入类胡萝卜素可降低肺癌的发病风险。队列研究和病例对照研究发现增加 β-胡萝卜素摄入量对食管癌、宫颈癌、乳腺癌、喉癌、卵巢癌、膀胱癌等患者有保护作用。然而,也有队列研究和临床干预实验发现单纯的维生素 A 类化合物补充剂并不能有效预防非小细胞肺癌或延长黑色素瘤患者的生存期,反而可能增加前列腺癌的发病风险。此外,维生素 A 或类胡萝卜素的过度使用可能会增加乳腺癌复发及死亡风险。

(2)维生素 C:维生素 C 可降低二乙基亚硝胺和二甲基肼诱导的大鼠肝癌和肠癌的诱癌率。多数流行病学资料也显示维生素 C 摄入量与多种癌症的死亡率呈负相关,高维生素 C 摄入量可降低胃癌、食管癌、肺癌、宫颈癌、胰腺癌等发病风险。但也有队列研究表明,生理浓度范围内血液维生素 C 水平与肺癌、乳腺癌、前列腺癌以及结直肠癌等多种高发病率癌症之间没有明确的因果关联。维生素 C 补充剂的过量补充还可能增加肿瘤血管形成,促进肿瘤的生长与转移。

(3)维生素 E:动物实验表明,维生素 E 可减少体内脂质过氧化物量,降低食管癌的发病率和减小肿瘤体积。与硒联合有抑制大鼠乳腺癌作用。流行病学资料显示,维生素 E 有可能降低肺癌、宫颈癌、肠癌、乳腺癌等的发病风险。但是,动物研究提示,维生素 E 的过量补充可能增加肺癌的转移能力。临床干预研究也发现,单独服用维生素 E 或与硒共同服用 5 年并不能降低前列腺癌的风险,甚至在 7 年后显著增加了前列腺癌发生风险。同维生素 C 补充剂一样,过量摄入维生素 E 补充剂,也可能促进肿瘤的血管形成。

(4)B 族维生素:人群资料及动物实验表明核黄素缺乏与食管癌、胃癌、肝癌发病率有关。叶酸缺乏增加食管癌的发病风险。然而,队列和临床干预研究表明,长期补充 B 族维生素可能会增加肺癌或结直肠癌的发病风险。

(5)维生素 D:人群研究资料表明,乳腺癌患者普遍存在维生素 D 缺乏现象,而阳光照射和饮食摄入的维生素 D 可能对乳腺癌具有预防作用。结肠癌死亡率与接收日光照射量呈负相关。人群干预结果也显示,维生素 D 和钙的摄入量与大肠癌发病率呈负相关。但是,也有队列研究提示,血清维生素 D 的水平与胰腺癌和前列腺癌的发生风险呈正相关。

(6)维生素 K:维生素 K_1 与癌症的发生风险无明确关联性,但是,人群研究资料表明,补充维生素 K_2 可降低肺癌和前列腺癌的发病风险。

6. 矿物质　高钙、高维生素 D 膳食与肠癌发病率呈负相关,而过量的钙摄入可能与前列腺癌发病风险增加相关。长期高钠(盐)摄入,可增加胃癌发病风险。血红素铁的过量摄入可增加食管癌、肠癌、肝癌的发病风险。然而,总铁或非血红素铁的摄入量增加对结直肠癌和食管癌则具有预防作用。高镁饮食可降低原发性肝癌及结直肠癌的发病风险。锌缺乏可导致机体免疫功能减退,摄入过量会影响硒的吸收。土壤和植物中的硒含量、人群中硒的摄入量、血清硒水平与肺癌、食管癌、胃癌、肝癌、肠癌、乳腺癌等多种癌症的死亡率呈负相关。实验研究表明,硒可抑制食管癌、胃癌、肝癌细胞的生长。

（二）食物与癌症

食物的种类与癌症发生发展存在密切联系。全谷物摄入可降低结直肠癌发病风险,而薯类摄入与结直肠癌发病无显著相关。增加蔬菜摄入总量有预防食管癌作用,但与胃癌、肺癌、乳腺癌发病及死亡风险无关;增加十字花科蔬菜和绿叶菜摄入可降低肺癌、胃癌、乳腺癌发病风险。增加水果摄入可以降低结直肠癌、食管癌、胃癌的发病风险。水果和蔬菜联合摄入可降低肺癌和乳腺癌发病风险。增加大豆及其制品的摄入可降低乳腺癌、胃癌的发病风险。食用坚果与整体癌症风险呈负相关,尤其是消化系统癌症。并且,坚果类食品摄入的增加可降低结肠癌复发和死亡的风险。较高的奶类及其制品摄入量与结直肠癌和胃癌的发病风险呈负相关。目前没有确切证据显示摄入牛奶及其制品与前列腺癌、乳腺癌发病风险有关。海洋鱼类和虾类等水产品富含不饱和脂肪酸,适量增加摄入可降低乳腺癌发病风险和整体癌症患者的死亡风险。饮茶可降低胃癌和乳腺癌的发病风险。饮用咖啡可降低肝癌、肠癌、乳腺癌和前列腺癌的发病风险。总脂肪和动物脂肪摄入与癌症的发病风险无关,而橄榄油的摄入可能降低乳腺癌的发病风险。畜肉摄入过多可增加结直肠癌发病风险,而禽肉摄入则与结直肠癌和前列腺癌的发病风险无关。摄入腌制的植物性食品可增加乳腺癌、胃癌、食管癌的发病风险,而腌制动物性食品的摄入与上述癌症发病风险无明显关系（中国人群）。摄入烟熏食品会增加乳腺癌、胃癌、食管癌的发病风险。摄入含糖饮料与整体癌症的发病风险呈现正相关。酒精摄入可显著增加结直肠癌与乳腺癌的发病风险。

二、营养与癌症防治

（一）营养与癌症预防

合理膳食是防治癌症的重要手段。目前认为膳食结构不合理、身体活动不足是导致癌症发病的重要原因。我国居民膳食结构正在发生一系列变化,食物越来越精细,饮食不科学、不合理的问题也逐渐突出。一个明显的趋势是:粮食吃得越来越少,动物性食物和油脂吃得越来越多。同时,我国居民存在身体活动不足和过量饮酒的问题。

健康膳食、积极参加体育活动并保持健康的体重,会大大减少癌症发病风险。继 1997 年和 2007 年,世界癌症研究基金会（World Cancer Research Fund,WCRF）和美国癌症研究所（American Institute of Cancer Research,AICR）的专家学者持续通过系统性文献分析方法,分析了 2008—2018 年十年间有关膳食、身体活动和癌症方面的研究证据,于 2018 年联合发表了"膳食、营养、身体活动和癌症预防:全球视野"的第三份报告。在此报告的基础上,提出了最新的 10 项预防癌症建议。这 10 项建议是:

（1）维持健康体重,避免成年后体重增加:肥胖与多种癌症之间存在着密切关联,并且这一证据在过去十年中被进一步加强。应尽量保持体重处于健康范围内（BMI18.5～24.9kg/m^2）,以维持最佳健康状态。确保儿童和青少年时期的体重朝着健康成年人 BMI 范围的下限发展,以促进其身体健康和发育,并实现健康体重全生命周期的维持。

（2）将体育锻炼纳入日常生活,增加步行,减少久坐:身体活动对预防结肠癌、乳腺癌和子宫内膜癌具有积极作用,并且有助于控制体重过重。根据世界卫生组织建议,成年人每日应进行身体活动,每周至少进行 150 分钟中等强度身体活动(快步走、骑行、家务、游泳等)或至少 75 分钟高强度身体活动(跑步、快速骑行、快速游泳、有氧操等)。改变长时间久坐的行为习惯。

(3)将全谷物、蔬菜、水果和豆类作为日常膳食中的主要组成部分:摄入全谷物、蔬菜和水果可以预防某些癌症,并且有助于控制体重,避免超重和肥胖。AICR 建议膳食中应增加全谷物类食物,多吃植物性食物,每日至少摄入 30g 膳食纤维和 400g 非淀粉类水果与蔬菜。

(4)限制摄入快餐食品和其他含高脂肪、高淀粉或高糖的加工食品:膳食中摄入更多快餐食品和其他高脂肪、高淀粉或高糖的加工食品,以及采用"西方型"膳食结构(以高糖、高脂肪、肉类较多为特征),会导致体重增加、超重和肥胖。更大的体脂量是许多癌症的发病原因。这类食品主要包括:薯片、薯条等马铃薯制品;由精制面粉制成面包、意大利面和比萨饼等产品;蛋糕、甜点、饼干和曲奇;糖果类。

(5)限制摄入红肉,避免摄入加工的肉制品:食用红肉或经过加工的肉制品均与结直肠癌发生相关。本建议不是要求完全不食用肉类。肉类是蛋白质、铁、锌和维生素 B_{12} 等重要营养素的来源。AICR 建议每周摄入红肉不应超过 500g。建议尽量减少或避免食用经过加工的肉制品。

(6)限制含糖饮料:含糖饮料的摄入是儿童和成人体重增加、超重和肥胖的一个原因,而肥胖是多种癌症的诱因。为保持摄入充足的水分,最好选择饮用水或不含糖的饮料,例如茶或不加糖的咖啡。尽管果汁不含添加糖,但是大量饮用也可能以类似含糖饮料的方式促进体重增加,因此不应该过量摄入。

(7)限制饮酒:酒精是已经明确的 1 类致癌物。AICR 建议限制摄入所有类型的酒精饮料,如啤酒、葡萄酒、烈酒以及其他任何含酒精的饮料或食品。

(8)尽量通过膳食来满足营养需求,不建议使用补充剂来预防癌症:目前,除钙补充剂能够预防结肠癌外,没有强有力的证据表明膳食补充剂可以降低患癌风险。因此,不推荐使用大剂量的膳食补充剂来预防癌症,而是应通过膳食本身来满足营养需求。

(9)如果条件允许,应当优先选择母乳喂养宝宝:母亲对婴儿最好进行 6 个月的完全母乳喂养,以后再添加其他液体和食物。母乳喂养对母子均有保护作用。对母亲来说,可预防乳腺癌的发生。对于儿童来说,具有增强免疫力、防止婴儿期的感染、降低哮喘和 2 型糖尿病的发病风险、预防超重和肥胖等益处。在某些特殊情况下,应谨慎或不建议母乳喂养,例如患有艾滋病的妇女。

(10)在确诊癌症后,患者应尽量遵循上述癌症预防的建议:所有癌症幸存者都应该接受专业人员提供的营养护理和体育锻炼指导。如无特殊要求,癌症患者在治疗急性期结束后,生活及膳食应该尽快遵循癌症预防的建议。

现有对食物、营养和身体活动等因素与癌症发生风险的研究证据,已基本证实癌症是一类可以预防的疾病。除上述建议外,戒烟并避免接触烟草和过度的阳光照射,避免与癌症发生有关的感染、性行为和职业、环境致癌因素暴露,保持心理平衡、精神愉快,加强卫生立法等,也是降低患癌风险的重要措施。

(二)营养与癌症治疗

营养治疗是肿瘤患者的基础治疗或一线疗法,是与手术、放疗、化疗等肿瘤基本治疗方法并重的一种独立的治疗方法,即肿瘤营养疗法(cancer nutrition therapy,CNT)。CNT 是通过计划、实施、评价营养干预,治疗肿瘤及其并发症或改善身体状况,从而改善肿瘤患者预后的过程,包括营养诊断、营养治疗、疗效评价 3 个阶段。CNT 作为一种治疗手段,贯穿于肿瘤治疗的全过程,融合于其他治疗方法之中。

1. **适应证与营养治疗目的** CNT的目的不仅限于提供能量及营养素、治疗营养不良，其更加重要的目标在于调节代谢、控制肿瘤。由于所有荷瘤患者均需接受代谢调节治疗，因此其适应证包括：①荷瘤患者；②营养不良的肿瘤患者。理想的肿瘤营养治疗应达到4个目标，即抗消耗、抗炎症、抗肿瘤及免疫增强。CNT的基本要求是满足肿瘤患者目标能量及营养素需求，最高目标是代谢调节、控制肿瘤、提高生活质量、延长生存时间。

2. **营养状况评估** 依据卫生行业标准《肿瘤患者主观整体营养评估》（WS/T 555—2017），癌症患者的营养状况应由受过培训的临床医师、临床营养师、护师与患者本人通过患者主观整体营养评估（PG-SGA）进行评价。PG-SGA由患者自我评估及医务人员评估两部分组成，具体内容包括体重、进食情况、症状、活动和身体功能、合并疾病、应激、体格检查7个方面，前4个方面由患者自我评估，后3个方面由医务人员评估。根据PG-SGA的得分，将患者的营养状况分为4类：营养良好（0～1分）、可疑或轻度营养不良（2～3分）、中度营养不良（4～8分）、重度营养不良（≥9分）。

3. **膳食指导与治疗策略** 我国制定的《恶性肿瘤患者膳食指导》（WS/T 559—2017）对恶性肿瘤患者的膳食指导原则为：①合理膳食，适当运动；②保持适宜的、相对稳定的体重；③食物的选择应多样化；④适当多摄入富含蛋白质的食物；⑤多吃蔬菜、水果和其他植物性食物；⑥多吃富含矿物质和维生素的食物；⑦限制精制糖摄入；⑧肿瘤患者抗肿瘤治疗期和康复期膳食摄入不足，在经膳食指导仍不能满足目标需要量时，建议给予肠内、肠外营养支持治疗。

肿瘤患者的营养治疗遵循三阶梯营养治疗策略：①营养风险筛查与评估、营养教育与膳食指导要贯穿于恶性肿瘤诊疗的全过程；②当饮食不足时，应联合肠内营养，首选口服营养补充，存在进食障碍的患者可考虑管饲；③若联合肠内营养后仍不能满足营养需求时，可再联合肠外营养。肠内营养不耐受的患者，推荐全肠外营养。

4. **疗效评价** 营养干预的疗效评价指标分为三类：①快速变化指标：为实验室参数，如血常规、电解质、肝功能、肾功能、炎症参数、血清营养指标（白蛋白、前白蛋白、运铁蛋白、视黄醇结合蛋白、游离脂肪酸）等，每周检测1～2次；②中速变化指标：人体测量参数、人体成分分析、生活质量评估、体能评估、肿瘤病灶评估（双径法）、PET/CT代谢活性，每4～12周评估1次；③慢速变化指标：生存时间，每年评估1次。

5. **癌症恶病质的治疗**

（1）恶病质的定义：是以持续性骨骼肌丢失（伴有或不伴有脂肪组织丢失）为特征，不能被常规营养支持完全缓解，逐步导致功能损伤的多因素消耗综合征。该定义指出恶病质的三个最重要的特点：①骨骼肌持续丢失；②常规营养支持不能完全缓解；③功能损伤。

（2）恶病质的治疗：①营养治疗：目前推荐使用高能量密度、高蛋白比例、高EPA的"三高"营养治疗模式。研究表明，高能量、小分量、多餐次等可增加营养摄入量。由于单纯增加能量摄入不能逆转恶病质进程，因此推荐使用富含优质蛋白质、高比例支链氨基酸、高 ω-3 PUFA、富含维生素和微量元素的特殊配方制剂。推荐在餐间补充特殊医学用途配方食品（Formula Foods for Special Medical Purposes，FSMP），但不推荐以FSMP代替日常食物。②其他治疗：肿瘤恶病质的治疗遵循多学科、多模式的治疗原则，除营养治疗外，恶病质的综合治疗还包括原发病治疗、症状管理、免疫调控、代谢调节、抑制炎症、氧化修饰及刺激食欲等。

（钱 旭）

本章小结

　　本章针对肥胖、糖尿病、动脉粥样硬化性心血管疾病、高血压、痛风、免疫性疾病以及癌症等营养相关疾病，从循证营养学的角度阐述了膳食营养因素与这些疾病的关系，并重点阐述了上述疾病的营养防治原则，强调了合理营养和平衡膳食在营养相关疾病预防和治疗中的重要作用。

思考题

1. 在肥胖的营养防治中，为什么控制总能量摄入是首要步骤？如何根据个体差异制定合理的能量供给量？
2. 碳水化合物与糖尿病的关系如何？2型糖尿病患者如何合理摄入碳水化合物？
3. 现实生活中，高血压患者如何做到钠盐的限入促排？

第八章
营养相关方法学

营养学作为一门综合性学科,涉及多种研究方法和技术。近年来,随着这些方法和技术在营养学中的不断应用,交叉产生了新的学科如分子营养学、营养流行病学和营养毒理学,虽然这些学科还处于发展阶段,但已经成为营养学研究必不可少的内容。

第一节 分子营养学

自 20 世纪 80 年代,分子生物学理论与实验技术在生命科学领域的各个学科不断渗透及应用,产生了许多新兴学科。分子营养学就是营养学与现代分子生物学原理和技术有机结合而产生的一门新兴学科。经过不断完善和发展,分子营养学已成为一门在理论和实践方面均具有重要指导意义的学科。

一、分子营养学概述

(一)分子营养学的定义

分子营养学(molecular nutrition)是主要研究营养素和食物中的生物活性成分与遗传因素之间的相互作用及其对机体健康影响的规律和机制,并据此提出促进健康和防治营养相关疾病措施的一门学科。分子营养学一方面研究膳食营养成分对基因表达的调控作用以及对表观遗传学的影响,进而对健康产生影响(营养基因组学,nutrigenomics);另一方面研究遗传因素对膳食营养成分消化、吸收、分布、代谢和排泄以及生理功能的决定作用(营养遗传学,nutrigenetics)。在此基础上,探讨两者相互作用对健康影响的规律及机制,从而针对不同基因型或针对膳食营养成分对基因表达的特异调节作用,制定出营养素需要量和膳食指南,或精准营养干预措施,为促进健康、预防和控制营养相关疾病提供真实、可靠的科学依据。

(二)分子营养学的研究对象

1. 营养素和膳食因素。
2. 基因表达、调控和表观遗传学。
3. 机体健康和疾病。

(三)分子营养学的研究内容

1. 筛选和鉴定机体对膳食营养成分作出应答反应的基因,明确受膳食因素调节的基因的功能。

2. 研究膳食营养成分对基因表达和基因组结构的影响及其作用机制,一方面可从基因水平深入理解营养素发挥已知生理功能的机制,另一方面有助于发现膳食营养成分的新功能。

3. 鉴定与营养相关疾病有关的基因,明确其在疾病进程中的作用,揭示膳食营养成分与基因相互作用导致营养相关疾病的过程及机制。

4. 利用膳食营养成分修饰基因表达或基因结构,促进有益健康基因的表达,抑制有害健康基因的表达。

5. 筛选和鉴定机体对膳食营养成分反应存在差异的基因多态性或变异,明确基因多态性或变异对膳食营养成分消化、吸收、分布、代谢和排泄、生理功能、营养素需要量、营养相关疾病发生发展和疾病严重程度等的影响。

6. 生命早期营养对基因表达程序化的影响。

7. 为促进健康和防治营养相关疾病,制定精准营养干预方案,并以膳食营养成分为母体开发治疗营养相关疾病的药物。

（四）分子营养学的研究方法

分子营养学主要利用分子生物学的研究方法,探索营养素和食物中的生物活性物质与遗传因素之间的相互作用规律及机制,以及对健康或疾病的影响。

1. 基因组学方法　包括基因组提取、基因克隆、mRNA 差异显示、基因敲除和转基因、RNA 干扰、生物信息、以凝胶电泳为基础的限制性片段长度多态性、单链构象多态性、变性梯度凝胶电泳等技术和方法,以及高通量的基因测序、基因芯片、变性高效液相色谱、质谱等技术和方法。微生物群落研究采用 16S/18S/ITS 等扩增子测序和宏基因组测序的技术和方法。

2. 表观遗传学方法　包括 DNA 序列分析、甲基化敏感的限制性内切酶技术、染色质免疫沉淀、甲基化芯片、质谱等技术和方法。

3. 蛋白质组学方法　包括双向凝胶电泳、荧光差异凝胶电泳、多维色谱 - 质谱、蛋白质芯片、生物信息、酵母双杂交系统、噬菌体展示和核素标记亲和标签等技术和方法。

4. 代谢组学方法　包括磁共振、气相色谱 - 质谱联用、液相色谱 - 质谱联用等技术和方法。

5. 多组学和大数据分析技术　结合基因组学、转录组学、蛋白质组学、代谢组学等多种高通量技术,以及现有大数据 / 数据库,获得更全面、深入的信息,并进一步通过数据分析、模型构建等方法,筛选出重要通路或生物标志物,揭示膳食营养成分与相关疾病的关联及作用机制。

二、膳食营养成分对基因表达的调控

在过去相当长的一段时间内,对营养素功能的认识一直停留在生物化学、酶学、内分泌学、生理学和细胞学水平上。虽然已认识到营养素可调控细胞的功能,但一直认为主要是通过调节激素的分泌和激素信号的传递而实现的。20 世纪 80 年代,人们才认识到营养素可直接和独立调节基因表达,从而对营养素功能的认识深入到了基因水平。因此,深入研究营养素和食物中的生物活性物质对基因表达的调控不仅对预防疾病、促进健康和长寿有重要意义,而且将重新、全面深入地认识膳食营养成分的功能。

（一）营养素对基因表达的调控

1. 营养素对基因表达的作用特点　几乎所有的营养素对基因的表达都有调节作用。其作用特点是:一种营养素可调节多种基因的表达;一种基因表达又受多种营养素的调节;一种营养素不仅可对其本身代谢途径所涉及的基因表达进行调节,还可影响其他营养素代谢途径所涉及的基因表达;营养素不仅可影响细胞增殖、分化及机体生长发育相关的基因表达,而且还可对致病基因的表达产生重要的调节作用。

2. 营养素对基因表达的调控水平　营养素可在基因表达的所有水平(转录前、转录、转录后、翻译和翻译后共五个水平)上对其进行调节,虽然不同营养素各有其重点或专一调节水平,但绝大多数营养素对基因表达的调节发生在转录水平上。

3. 营养素对基因表达的调控途径　营养素本身或其代谢产物可作为信号分子,作用于细胞表面受体或直接作用于细胞内受体,从而激活细胞信号转导系统,并与转录因子相互作用激活基因表达,或直接激活基因表达。

主要途径有:①cAMP 或 cGMP 蛋白激酶途径;②酪氨酸激酶系统;以上两个途径主要是通过对一些转录因子和/或辅助因子的磷酸化和去磷酸化作用,从而影响这些因子的激活基因转录的活性;③离子通道;④和/或磷酸肌苷酸介导的途径;⑤细胞内受体途径,细胞内受体可以是催化反应的酶,也可以是基因表达的调控蛋白。大多数营养素对基因表达的调控是通过细胞内受体途径实现的。实际上,营养素对基因表达的调控过程是相当复杂的,但可以简化为下列步骤(图 8-1)。

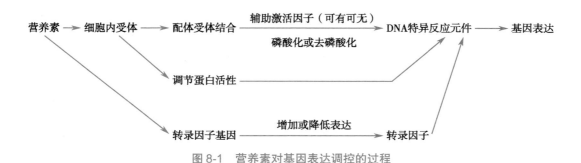

图 8-1　营养素对基因表达调控的过程

(二)几种营养素对基因表达的调控机制

1. 脂肪酸对基因表达的调节　实际上,膳食脂肪对基因表达的调控作用是膳食脂肪经水解变成脂肪酸而发挥作用的,尤其是 n-3 和 n-6 系列多不饱和脂肪酸(PUFA)与基因调节之间的关系最为密切。

早在 1969 年就发现 n-6 系列十八碳二烯酸(亚油酸)可抑制肝脏中的脂肪合成,但在相当长的一段时期内,一直认为脂肪酸对基因表达的调节是通过改变细胞膜磷脂中脂肪酸的构成,从而影响了细胞膜激素受体信号转导而发挥作用的。但后来研究发现,PUFA 在几分钟内就能调节基因转录。PUFA 发挥作用时间如此之快,因而不能只用膜成分的改变和改变激素释放或信号转导来解释。此后研究发现脂肪酸除可与细胞膜受体发生作用以外,还可通过与细胞内的转录因子相互作用以及改变非编码 RNA 的表达,从而调节基因表达。

(1)脂肪酸调节基因表达的机制:PUFA 能抑制生脂基因的转录,同时又能诱导编码脂质氧化和生热蛋白的基因进行转录。PUFA 抑制的生脂基因包括脂肪酸合成酶(fatty acid synthetase,FAS)、肝脏葡萄糖转移酶、丙酮酸激酶、丙酮酸脱氢酶、乙酰辅酶 A 羧化酶、硬脂酰辅酶 A 去饱和酶、S_{14} 蛋白,这些基因参与脂质的合成;PUFA 诱导的氧化和生热蛋白基因包括肉碱软脂酰转移酶、线粒体羟甲基戊二酸单酰辅酶 A(3-hydroxy-3-methylglutaryl-coenzyme A,HMG-CoA)合成酶、微粒体酰基辅酶 A 氧化酶、脂肪酸结合蛋白、脂肪酸转运蛋白、脂酰基辅酶 A 合成酶以及解偶联蛋白-3(uncoupling protein-3,UCP-3)等,这些基因编码的蛋白参与脂质氧化和能量生成反应。

1)G 蛋白偶联细胞表面受体途径:脂肪酸在线粒体和微粒体发生多步骤氧化反应,产生花生四烯酸、前列腺素、血栓素和白三烯等,这些生物活性物质可通过自分泌和旁分泌作用于细胞表面的 G 蛋白偶联受体,活化 G 蛋白使细胞内 cAMP 和钙离子浓度发生改变,作为第二信使活化信号机制,使转录因子功能上调。

2)PPAR 途径:1990 年,过氧化物酶体增殖物激活受体(peroxisome proliferator activated receptor,PPAR)被克隆;1992 年,发现脂肪酸可活化 PPAR,而 PPAR 作为核受体又是调节基因转录的转录因子。PPARs 的结构与类固醇—甲状腺超级基因核受体家族的成员相似。根据 PPARs

可读框推测出的氨基酸序列表明,其结构上有激素受体的特征,即一个配体结合区和一个锌指DNA 结合区。配体结合区是与脂肪酸等配体结合的部分,配体与受体的这种结合可活化受体(即PPARs);DNA 结合区是与基因上的 DNA 特异反应元件相结合的部分,通过这种特异性结合,调节基因转录。已发现编码许多酶(微粒体酰基辅酶 A 氧化酶、肉碱软脂酰转移酶、脂酰辅酶 A 合成酶、线粒体 HMG-CoA 合成酶、脂蛋白脂肪酶和脂肪酸结合蛋白)的基因上都存在 PPARs 反应元件(PPAR-REs)。PPAR-REs 的特征是 5′ 端侧翼区有一个同向重复序列 1(direct repeat-1, Dr-1),即AACTAGGNCAAAGGTCA。另外,PPARs 常与视黄醇 X 受体(retinoid X receptor, RXR)形成异源二聚体,共同作用于 PPAR-REs。当 PPARs 与 RXR 形成异源二聚体时,可增加 PPARs 与 PPAR-REs的结合能力。另外,PPARs 与 PPAR-REs 的结合,还需要类固醇受体辅助激活剂 -1(steroid receptor co-activator-1, SRC-1)和 PPAR- 结合蛋白(PPAR-binding protein, PBP)等辅助激活因子的共同参与。因此,脂肪酸调节基因转录的途径见图 8-2。

脂肪酸（或其代谢产物）$\longrightarrow$ PPARs $\xrightarrow{\text{RXR}}$ PPARs-RXR异源二聚体 $\xrightarrow[\text{PBP}]{\text{SRC-1}}$ PPAR-REs $\longrightarrow$ 基因表达

图 8-2　脂肪酸通过 PPARs 途径调控基因表达的过程

3）非编码 RNA 途径:非编码 RNA 是指不能翻译为蛋白的功能性 RNA 分子,包括微小 RNA(microRNA, miRNA)和长链非编码 RNA(long non-coding RNA, lncRNA)等。此前一直认为是"垃圾RNA",目前人们逐渐意识到,非编码 RNA 的研究对了解基因调控、基因敲除、人类疾病防治及生物进化探索等都具有重要意义。近几年发现,脂肪酸还能改变 miRNAs 的表达从而影响基因表达,例如,成人摄入富含 PUFA 的膳食后,血液中多种 miRNA 的表达发生变化(其中 miR-328、miR-330-3p、miR-221 和 miR-125a-5p 表达降低,miR-192、miR-486-5p、miR-19b、miR-106a 等表达增加),且这种变化与体内脂质代谢相关。n-3 系列多不饱和脂肪酸可调节人结直肠癌细胞中 miR-141-3p、miR-221-3p、miR-192、miR-30c 等 miRNAs 的表达,增加人胃癌细胞中 miR-15b 和 miR-16 的表达,诱导细胞凋亡,从而抑制癌细胞的侵袭和转移。RNA 测序发现,人肝细胞中近 1 万个基因的表达会受到PUFA 的影响,其中约 85% 为蛋白质编码基因,其余的基因中约 60% 为 lncRNA 转录本。

4）其他转录因子途径:继 PPAR 后,研究发现脂肪酸还可通过调节 HNF-4、核因子 κB(nuclear factor κB, NFκB)和固醇调节元件结合蛋白 -1c(sterol regulatory element binding protein-1c, SREBP-1c)等转录因子活性,从而调节基因表达。

(2)实际意义:通过研究脂肪酸对基因表达的调节,拓宽了对脂肪酸生理功能的认识。一方面从最初认识到脂肪酸是供能物质和生物膜的重要组成部分,到发现脂肪酸可通过细胞膜受体信号途径和转录因子活化途径而具有调节基因表达的功能;另一方面通过对脂肪酸特异调节的转录因子和非编码 RNA 的不断发现,又进一步认识到脂肪酸的其他重要功能,例如不饱和脂肪酸具有抑制脂类物质合成、降低血中甘油三酯和胆固醇、增加葡萄糖利用、增加胰岛素敏感性及改善胰岛素抵抗的作用;另外,不饱和脂肪酸还具有诱导细胞增殖和分化的作用,如抑制早幼粒细胞、白血病细胞的增殖。脂肪酸还可启动培养细胞分化为单核细胞和粒细胞,也可诱导细胞坏死和凋亡。n-3和 n-6 系列 PUFA 均能增加 T 淋巴细胞膜上一些抗原的表达,从而增强免疫功能。PUFA 对乳腺癌、结肠癌和前列腺癌有一定的抑制作用,但也有相反的报道,因此,尚需进一步证实。

此外,可模拟 PPARs 的配体—脂肪酸的结构,来合成一些 PPARs 的配体。一大类以脂肪酸结构为基础进行结构变化的化合物,如降脂药(WY14643、吉非诺齐、氯贝丁酯)、增塑剂邻苯二甲酸二(2-乙基己基)酯、类固醇、曲格列酮以及匹格列酮等均能活化 PPARs,并且其活化作用比脂肪酸还要强,可将这些化合物开发为调节血脂和血糖的药物。因此,进一步努力寻找能强有力地激活 PPARs 的天然和人工合成的化合物,将有助于开发预防和治疗高血脂、糖尿病、动脉粥样硬化、肥胖和癌症的药物。以细胞受体转录因子为靶目标来治疗某些疾病已成为现代医药工业的发展方向。

2. 维生素 D 对基因表达的调控　维生素 D 维持体内钙磷动态平衡、调节骨代谢和促进多种组织细胞生长、分化等功能,大部分是通过活化细胞核内受体即维生素 D 受体(vitamin D receptor, VDR)进而调节维生素 D 靶基因的转录水平来实现的。

(1)VDR 调节基因表达的机制

1)VDR 受体途径:VDR 是一种配体激活的转录因子。VDR 可自身形成同源二聚体,也可与视黄醇 X 受体(RXR)形成异源二聚体(VDR-RXR)。VDR 上有多个特异性功能结构域:A/B 结构域、C 结构域、D 结构域、E/F 结构域。此外,VDR 上还有两个丝氨酸磷酸化位点,通过酪蛋白激酶进行正向调节,或蛋白激酶 A 或蛋白激酶 C 对其自身功能进行负向调节。

当 VDR 与其配体 1, 25-(OH)$_2$-D$_3$ 结合后,引起 VDR 构象改变,并与未结合的配体 RXR 形成异源二聚体(VDR-RXR)。后者再作用于维生素 D 靶基因启动子区上的维生素 D 反应元件,并释放辅助抑制因子复合物,同时募集一些辅助激活因子及普通转录因子,从而共同形成活性转录复合体(图 8-3)。

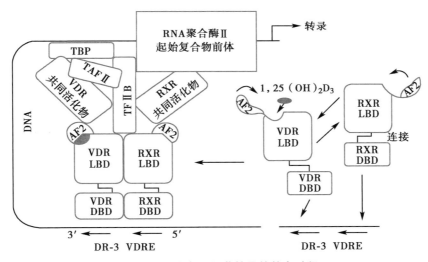

图 8-3　维生素 D 调节转录的整个过程

TBP:TATA box-binding protein,TATA 盒结合蛋白;TAF Ⅱ:TBP-associated factors Ⅱ,TBP 相关因子 Ⅱ;TF Ⅱ B:transcription factor Ⅱ B,转录因子 Ⅱ B;DBD:DNA binding domain:DNA 结合结构域;LBD:ligand-binding domain 配体结合结构域;AF2:activation function 2 活化功能区 2。

在未结合配体 1, 25-(OH)$_2$-D$_3$ 的情况下,辅助抑制因子可募集组蛋白-脱乙酰基酶,并与类固醇受体结合,使该受体处于失活状态,同时使染色质处于转录抑制状态。在核受体蛋白信号调节途径中,辅助激活因子和辅助抑制因子复合物之间的平衡决定了 DNA 的转录是开始还是关闭。

2)通过影响非编码 RNA 调控基因表达:通过 miRNA 信号途径调节 mRNAs 水平目前被认为是维生素 D 的一种潜在的作用机制。如 1, 25-(OH)$_2$-D$_3$ 干预能诱导结肠癌细胞系中 miR-22、miR-146a 和 miR-222 表达,下调 miR-203 的表达。而 miR-203 是已知的 JUN 原癌基因的抑制剂,因此,维生素 D 能抑制癌细胞系的增殖；用维生素 D 治疗前列腺癌细胞株能显著上调肿瘤抑制作用的 miRNA 如 miR-100 和 miR-125b；此外，通过对 miRNA 的调节，维生素 D 还能抑制细胞的应激（如饥饿、氧化应激、缺氧），引起的细胞死亡。如饥饿能使乳腺上皮细胞系 MCF12F 的多种 miRNA 表达显著上调（包括 miR-26b、miR-182、miR-200b/c 和 let-7 家族），但维生素 D 干预能逆转以上变化。

（2）实际意义：通过维生素 D 调节基因表达的研究，除了了解维生素 D 传统功能的机制外，还发现维生素 D 能调节许多基因表达，并具有许多新的功能。

1）在传统功能中，1, 25-$(OH)_2$-D_3 在小肠主要是促进钙磷吸收，在肾脏促进钙磷酸化及钙的重吸收，在骨组织参与骨代谢。这三种功能主要是由于小肠钙结合蛋白、肾脏钙结合蛋白 D28K、骨钙蛋白和骨桥蛋白等基因上有维生素 D 反应元件，维生素 D 可对上述基因的表达进行调控，从而发挥了上述功能。

2）在传统的靶组织中发现了一些新的维生素 D 调节基因，如发现了锁骨—颅骨发育障碍基因的转录因子 Osf2/Cbfa1，它主要调节间质细胞分化为成骨细胞，而 1, 25-$(OH)_2$-D_3 可在 mRNA 水平上明显抑制该过程。在对破骨细胞形成研究中，发现了两个新的维生素 D 调节基因，一个是破骨细胞分化因子/骨蛋白整合素配体基因，其表达的蛋白属于肿瘤坏死因子家族的膜相关成员；一个是破骨细胞形成抑制因子/骨蛋白整合素基因，其表达的蛋白属于肿瘤坏死因子家族的一种分泌型蛋白。前者促进破骨细胞形成，后者可抑制骨蛋白整合素配体的作用，阻止破骨细胞的形成，1, 25-$(OH)_2$-D_3 可抑制这些因子的作用。这些基因的发现，进一步拓展了维生素 D 的功能。

3）在非传统的靶组织中，也发现了维生素 D 调节的基因。如 1, 25-$(OH)_2$-D_3 抑制细胞因子 IL-2、IL-8 和 IL-12 的转录过程，而且 VDR 可直接抑制粒细胞—巨噬细胞克隆刺激因子的转录过程，从而具有抑制免疫作用，因此，维生素 D 及其衍生物可预防和治疗自身免疫性疾病。1, 25-$(OH)_2$-D_3 可启动细胞周期依赖激酶抑制因子 $P21^{WAF1}$ 和 $P27^{KIP1}$，使细胞阻滞在 G_1 期，抑制生长迅速的肿瘤细胞、角质细胞的生长。因此，临床上常用维生素 D 衍生物来治疗肿瘤和银屑病。

对维生素 D 调节基因表达机制的进一步研究不仅有助于理解维生素 D 生理功能的作用机制，还有利于发现维生素 D 新功能及其在预防和治疗疾病方面新的应用价值。

三、膳食营养成分对表观遗传学的影响

表观遗传学（epigenetics）是在基因核苷酸序列不改变的情况下研究基因表达的可遗传变化，表观遗传变化主要是来自 DNA 甲基化、组蛋白修饰、染色质重塑、RNA 编辑等。营养表观遗传学（nutriepigenetics）研究膳食营养成分引起的表观遗传变化，从而阐明其对健康的影响。

（一）膳食营养成分影响表观遗传学的机制

DNA 甲基化、组蛋白乙酰化都是通过影响染色质的构象来调节基因表达的。核小体中组蛋白乙酰化可增强基因的转录活性，去乙酰化可抑制转录过程；乙酰化和去乙酰化处于一个动态平衡状态，催化乙酰化的酶是组蛋白乙酰基转移酶（histone acetyltransferase, HAT），催化去乙酰化的酶是组蛋白去乙酰基酶（histone deacetylase, HDAC）。目前认为，具有 HAT 活性的蛋白是转录激活因子，具有 HDAC 活性的蛋白是转录抑制因子。研究表明短链脂肪酸丁酸盐可促进组蛋白乙酰化，从而促进基因表达。

哺乳动物 DNA CpG 岛甲基化参与了其发育过程中某些基因的长期沉寂。一般而言，基因调控区的高甲基化状态往往可以抑制甚至关闭基因的表达，而低甲基化或去甲基化则往往是基因表达的必要条件。例如，很多肿瘤的发生都涉及抑癌基因的高甲基化和原癌基因的低甲基化。参与体

内 DNA 甲基化的维生素包括叶酸和维生素 B_{12}，极度缺乏叶酸可导致 DNA 低甲基化。维生素 B_{12} 虽然也参与 DNA 甲基化，但是目前还没有维生素 B_{12} 缺乏引起人类基因组结构不稳定的报道。

（二）研究膳食营养成分对表观遗传学影响的实际意义

膳食营养成分对表观遗传学的影响是近些年来营养学领域提出的新观点，更有利于指导人们合理膳食。在研究膳食营养成分对基因表达的调控过程中，应考虑表观遗传修饰的影响。例如，叶酸、维生素 B_{12} 以及胆碱均能通过影响 DNA 甲基化、组蛋白乙酰化等过程来调节基因表达，从而影响营养素的功能和健康。

四、基因多态性对膳食营养成分吸收、代谢和利用的影响

DNA 结构在不同种类的生物体内存在很大差异，这种差异导致了生物物种的多样性及不同生物之间形态学特征和生物学特征的巨大差异。DNA 结构的差异实质是 DNA 序列某些碱基发生了突变。当碱基突变发生在基因序列时，可产生一个基因一种以上不同的形式（又称一个基因的不同基因型），且在人群中的发生率超过 1%，这种情况称为基因多态性（gene polymorphism）或遗传多态性。基因多态性决定了个体之间的差异，如果基因多态性存在于与营养有关的基因之中，就会导致不同个体对膳食营养成分吸收、代谢和利用存在很大差异，并最终导致个体对其需要量的不同。

（一）载脂蛋白 E 基因多态性对脂代谢的影响

ApoE 基因位点具有多态性，人群中具有 3 种主要的异构体 E2、E3、E4，形成 6 种不同的基因型即 3 种纯合子（E2/2、E3/3、E4/4）和 3 种杂合子（E2/3、E2/4、E3/4）。野生型 E3 等位基因的频率最高，平均为 70%～80%（其中 ApoE3/3 占 50% 以上）；E2 和 E4 是 E3 发生点突变的变异型。ApoE 各种基因型一方面可以影响脂蛋白代谢的速率，另一方面也可以影响机体对膳食脂类，特别是胆固醇的摄取和吸收，因此在调节血脂和脂蛋白代谢方面起着非常重要的作用。

血浆胆固醇 60% 的变异由遗传因素决定，其中约 14% 来自 ApoE 的多态性。E4 基因携带者常伴有高胆固醇血症，其 LDL-C 升高比 ApoE3 型出现早，持续时间长；而 E2 携带者则易出现Ⅲ型高脂蛋白血症和 CM、VLDL 堆积，但其胆固醇水平较低。ApoE 表型对血中胆固醇水平有着明显的影响，而这种影响不受环境和其他遗传背景的干扰。ApoE 不同等位基因型对低胆固醇膳食的反应也不相同，芬兰人中 E4 携带者对于摄入胆固醇的反应比 E2 携带者明显得多；在由高脂膳食向低脂膳食转变过程中，E4 携带者血清总胆固醇和 LDL-C 明显减少，其减少程度比 E3/3 基因型大得多；E2/3 型女性在摄入多不饱和脂肪酸后血脂异常并没有明显改善，而 E3/4 型男性却得到明显改善，表明 ApoE4 基因型携带者可从低脂膳食干预中获益最大。

E4 等位基因与冠心病发病密切相关，如芬兰人冠心病的发病率居世界首位，E4 等位基因频率也最高；亚洲人冠心病发病率低，E4 等位基因频率亦较低。与其他基因型比较，E4 携带者患冠心病的风险增加约 40%，并且极易发展为弥漫性冠状动脉病变。对丹麦和芬兰心肌梗死存活者随访 5 年，发现 E4 携带者死亡率明显高于非 E4 携带者；E4 携带者经口服辛伐他汀治疗后死亡风险降至 0.33，而非 E4 携带者仅降至 0.66，表明 E4 携带者对该药的反应更敏感。

ApoE 与血脂代谢密切相关，其基因的多态性变化可以引起人群个体间血脂代谢水平的差异，进而引起高脂血症及动脉粥样硬化发生发展的差异。了解不同种族、不同人群的 ApoE 基因型分布，有利于针对不同基因型人群采取不同的低脂肪或低胆固醇膳食干预计划，尤其发现 ApoE4 携带者将有助于通过膳食预防和控制脂代谢异常性疾病的发生率。根据 ApoE 基因多态性的特点筛选用药人群、品种、时长，评估药效，估计预后及选择其他干预措施，有助于个体化治疗脂代谢异常。

（二）亚甲基四氢叶酸还原酶基因多态性对叶酸需要量的影响

亚甲基四氢叶酸还原酶（methylenetetrahydrofolate reductase，MTHFR）催化生物性可逆的还原反应，将 5，10- 亚甲基四氢叶酸还原为 5- 甲基四氢叶酸，同时脱去一个甲基供体给同型半胱氨酸，从而合成甲硫氨酸。MTHFR 基因第 677 位碱基发生由 C→T 的突变时，产生三种等位基因多态性，即 C/C、C/T 和 T/T 三种基因型；其编码的氨基酸也发生了突变，由 Ala（丙氨酸）→Val（缬氨酸），由此可产生该酶的三个相应表型，即 Ala-Ala（野生型）、Ala-Val（杂合型）、Val-Val（突变纯合型）。上述这种突变增加了酶的热不稳定性，使其不能与 MTHFR 反应中的辅酶（FAD）结合，而使该酶活性降低。三种酶的活性由高到低的次序为 Ala-Ala、Ala-Val、Val-Val，致使同型半胱氨酸向甲硫氨酸的转化发生了障碍，导致血和尿中浓度增加。大量研究已经证实，血中同型半胱氨酸浓度增加是血管疾病的一个独立危险因素，可明显增加心肌梗死、脑卒中、外周血管疾病和静脉栓塞的发病风险。

对携带有 C/C、C/T 和 T/T 基因型的不同人群进行比较发现，携带 C/C 基因型者血中叶酸水平最高，同型半胱氨酸水平最低；携带 C/T 基因型者两者血中水平较高；携带 T/T 基因型者血中叶酸水平最低，同型半胱氨酸水平最高。叶酸摄入不足只对携带有 T/T 基因型人群的影响较大，使血中同型半胱氨酸水平升高，而对携带有 C/C 和 C/T 基因影响不大，而补充大剂量叶酸时可迅速使血浆中同型半胱氨酸水平恢复正常，其机制为高叶酸状态可增加不耐热基因型 MTHFR（val-val 型）的热稳定性，从而增加了该酶活性。因此，为使 T/T 基因型人群的同型半胱氨酸代谢正常，应比一般人群摄入更多的叶酸。

MTHFR 三种基因多态性在不同种族不同人群的分布频率不同：高加索人群中亚洲人群的 T/T 基因型约占 12%，C/T 基因型大于 50%；非洲 - 美洲人群 T/T 基因发生率较低，而欧洲高加索人群变异很大。一般认为不同种族不同人群的 T/T 基因型所占比例范围为 8%～18%（也有认为是 5%～15%），可见这种易出现叶酸缺乏的人群所占的比例还是相当大的，应引起高度重视。

目前所制定的叶酸 RNI，是针对一般人群并假设这些人群是正常的情况下制定的，而没有考虑 T/T 突变纯合型这部分个体的特殊需要，因此，为避免叶酸缺乏造成的危害，对这部分特殊人群应制定更高的叶酸供给量。

五、膳食营养成分与基因相互作用在疾病发生中的作用

早在古代，国内外的哲学家和医学家就认识到遗传因素和环境相互作用，共同影响着人类的健康和疾病的发生，其中营养素作为环境中的重要因素之一，它与遗传因素 - 基因相互作用导致疾病的证据，不仅可从整个人类社会进化过程中遗传因素进化落后于营养因素变化的矛盾中找到一些蛛丝马迹，还可从现代分子遗传学、分子流行病学和分子营养学中找到一些线索。

（一）营养因素变化与遗传因素进化之间的矛盾

在原始社会，人类主要靠采集、打猎、捕鱼为生，经常是饥一顿、饱一顿，在当时营养条件下，人类的遗传因素作出适应性变化，产生了所谓"节约基因型"，即在食物或能量供应充足的情况下能最大限度贮存能量，供缺少食物时使用，以便维持生存。随着人类社会的进步，食物逐渐丰富起来，大多数人适应了营养的这种变化，这些基因不再起作用了；而有一部分人这些基因并没有"关闭"，仍在起作用，暴露于食物充足的情况下，这些"节约基因"仍在大量贮存能量，从而导致人类肥胖、糖尿病、心脑血管疾病和高血压。这部分仍携带有"节约基因型"的人群对高脂肪、高能量特别敏感。

大约在旧石器时代晚期（即 4 万年以前），人类的基因型就已适应了当时的营养状况并确定下来。当时的营养状况与现代社会（尤其是西方社会）相比，摄入了较高的蛋白质、钙、钾和抗坏血酸，

而钠摄入量较低。现代社会的膳食结构发生了几个重要变化,其特征是能量摄入增加而消耗减少;饱和脂肪、n-6 系列脂肪酸和反式脂肪酸摄入增加,而 n-3 系列脂肪酸摄入减少,n-6 系列脂肪酸/n-3 系列脂肪酸的比例是 20∶1~14∶1,而不是对人体健康有益的 1∶1;复杂碳水化合物(主要是寡糖)和膳食纤维摄入减少。

在过去的 1 万年里,即从"农业革命"开始以来人类的膳食结构发生了巨大变化,而人类的基因却没有变化或变化甚微。营养因素变化快,而遗传因素变化慢,因此从遗传学角度讲,人类目前的基因型已不能适应目前的营养条件,膳食结构的快速变化(尤其是在过去的 150 年里)必然会导致一些慢性疾病,如动脉粥样硬化、高血压、肥胖、糖尿病和一些癌症(乳腺癌、结肠癌、前列腺癌)的发病率升高。

（二）膳食营养成分与基因相互作用的模式及在疾病发生中的作用

虽然许多疾病包括先天代谢性缺陷和慢性疾病的发生是由膳食营养成分(当然还包括其他环境因素)与基因相互作用的结果,但两者相互作用的方式不同,在疾病发生中所起的作用亦不相同。膳食营养成分、基因和疾病三者的关系可用 5 种模型进行描述(图 8-4):①模型 A:基因型决定了某种膳食营养成分是危险因素,然后导致疾病的发生;②模型 B:膳食营养成分可直接导致疾病,基因型不直接导致疾病,但可在膳食营养成分导致疾病过程中起促进或加重作用;③模型 C:基因型可直接导致疾病,膳食营养成分不直接导致疾病,但可在基因型导致疾病过程中起促进或加重作用;④模型 D:膳食营养成分与基因型相互作用,共同导致疾病,而且两者均是导致疾病风险升高所必需的;⑤模型 E:膳食营养成分和基因型均可单独影响疾病的发病风险,若两者同时存在,疾病风险会更加明显(与单一因素存在相比)。

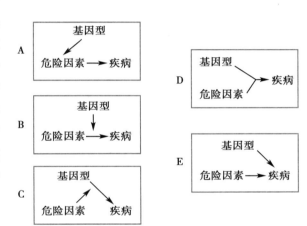

图 8-4 环境因素与基因相互作用的五种模式

这些模型可使我们更好地理解膳食营养成分与基因在疾病发生中的作用。例如苯丙酮尿症是符合模型 A 的典型例子。患有该病的个体,体内编码苯丙氨酸羟化酶的基因突变,导致该酶缺乏,不能将苯丙氨酸代谢为酪氨酸而造成苯丙氨酸在体内堆积,进而引起疾病。因此,该酶的基因突变决定了苯丙氨酸是危险因素,可直接导致疾病。

在单基因突变所导致的先天代谢性缺陷(亦称单基因疾病)过程中,膳食营养成分与基因相互作用的方式及分子机制已经非常清楚,并且是引起疾病的最典型例子。而在许多多基因疾病如肥胖、糖尿病、高血压、骨质疏松及冠心病等发病过程中,虽然已发现是膳食营养成分与基因相互作用的结果,但由于还没有发现与这些疾病有关的主要基因,因此,膳食营养成分与基因相互作用的机制还不十分清楚。以肥胖为例,许多研究已经证实高脂肪膳食是引起肥胖的主要营养因素,但高脂肪膳食引起的肥胖有家族倾向;另外,在高脂肪膳食诱导肥胖的过程中,总有易于发生肥胖或发生肥胖抵抗的现象存在,这说明在高脂肪膳食引起肥胖的过程当中有遗传因素的存在,遗传因素决定了这种差异。因此,在肥胖发生过程中脂肪与基因相互作用的方式应符合模型 D,即两者共同导致肥胖危险性增加,但营养素与基因之间如何相互作用导致肥胖的分子机制尚不十分清楚。虽然已发现与肥胖有关的基因或染色体区域超过 600 多个,但它们与营养素相互作用导致肥胖的证据不足,这些基因的多态性与肥胖的关系还不清楚。但发现了这些与肥胖有关的基因毕竟是令人鼓舞的,它标志着包括肥胖在内的对慢性疾病的研究已进入分子营养学时代。随着人类基因组、食物基因组计划完成之后,必将加快慢性病发病分子机制的研究步伐,并为最终利用分子营养学理论和技术预防和控制慢性疾病的发生提供重要科学依据。

(孙长颢)

第二节　营养流行病学

营养流行病学的形成和发展与人类对膳食与疾病关系的认识密切相关。18 世纪中叶,研究者就已经开始将基本的流行病学方法应用于多种必需营养素的研究中。例如 1747 年,英国医生 James Lind 开展了最早的临床对照试验,发现柠檬和橘子对于维生素 C 缺乏病(坏血病)具有治疗作用。目前慢性病已成为威胁人类健康的主要疾病,而膳食因素是影响慢性病发生发展的主要因素之一,营养流行病学是研究膳食因素与健康、膳食因素对慢性病发生发展作用的重要手段。

一、营养流行病学概述

(一)营养流行病学的定义和研究内容

营养流行病学(nutritional epidemiology)是流行病学的一个重要分支,是研究饮食与健康和疾病关系的重要方法,是研究人群营养以及营养与健康、疾病关系的科学,为营养科学提供特定的理论知识和方法学支撑。营养流行病学的具体研究包括饮食评估、营养暴露描述和饮食-疾病关系的统计建模。

(二)营养流行病学的应用

营养流行病学的应用范围主要包括以下几个方面。

1. 了解人群营养和健康状况　采用流行病学方法定期进行全国性或地区性的营养和健康调查及各类人群的营养和健康调查,可了解人群营养和健康现状及营养变化趋势。

2. 进行公共营养监测　长期动态监测人群的营养状况,以便发现影响人群营养状况的各种因素,包括社会经济、环境条件等;了解人群营养状况的变化趋势,并提出相应的改善措施。

3. 制订膳食指南　目前很多国家提出了自己的膳食指南,其中多项建议都是根据营养流行病学的研究结果提炼出来的。

4. 研究营养与疾病的关系　主要包括:①确定营养缺乏病的病因;②研究营养在慢性病中的作用;③人群营养的干预研究及对人群健康状况影响的评价;④研究营养相关疾病的分布情况。

(三)营养流行病学的优势和局限性

1. 营养流行病学的优势　营养流行病学最大的优势在于,它以人群为研究对象,所得出的结论常可直接应用于人群,而体外和动物实验的结论不能直接外推到人类。

2. 营养流行病学的局限性

(1)营养流行病学研究最大的局限性是缺乏实用的精确测量膳食暴露水平的方法。

(2)营养流行病学研究中混杂因素的影响:一般来讲,采用健康膳食结构的人群也会采用健康的生活方式,要完全消除生活方式这一混杂因素的影响是比较困难的;此外,当研究某种膳食因素与健康和疾病之间关系时,要排除某些膳食因素的影响有时也是比较困难的。

（四）营养流行病学的特点

1. 样本量大、随访或干预时间长 一般情况下，膳食因素与疾病的关系比较弱，要明确两者之间的关系，在研究中，所需的样本量较大，对于队列研究或实验性研究，所需的随访时间或干预时间较长。

2. 研究结论往往不一致 膳食因素与疾病之间的关系一般较弱，在不同的研究中，常出现结论不一致的情况，可考虑通过 meta 分析来进一步分析研究结果，或通过动物实验和细胞实验对研究结果进行进一步验证，从而给出证据性更强的结论。

3. 多因素联合作用 膳食因素与疾病的关系不仅弱，还经常是在有条件的情况下发挥作用，即几个因素联合起来，共同发挥作用，因此，在数据分析中，要注意分层分析、交互作用分析等；在进行实验性研究时，应注意设计多因素多水平人群干预实验；此外，还应注意应用动物实验和细胞实验来阐明多因素联合作用的机制。

二、膳食暴露的测量

（一）食物频率问卷

食物频率问卷调查（food frequency questionnaire，FFQ）是营养流行病学最常用的膳食暴露测量方法，它反映过去较长时间内的膳食摄入水平，可同时采用 24 小时膳食回顾法和记账法来检验它的真实性。24 小时膳食回顾法（24-hour dietary recall）和记账法（diet record）是反映短期膳食暴露水平的测量方法。估计膳食摄入量需要收集各种食物的摄入量，应用食物成分表计算出能量及营养素的摄入量。尽管这些方法还存在准确性的问题，但仍是目前常用的方法。在建立问卷时要注意食物种类的选择、问题的清晰性和答案的形式、问卷的可重复性和有效性。

（二）膳食生物标志物

膳食生物标志物（dietary biomarkers）可以定义为膳食摄入/营养状况的生物化学指示物，或者是营养代谢的指标，或者是膳食摄入结果的生物学标志。主要的优点为：膳食生物标志物是膳食摄入/营养状况客观的评价，可避免问卷调查方法产生偏倚和误差。一个理想的膳食生物标志物应该能够准确反映膳食摄入水平，而不受其他因素的影响。膳食生物标志物可以替代膳食摄入研究疾病发生、作为评估营养状态的指标、验证其他形式的膳食评估方法。现有的膳食生物标志物还不够理想，但很有作用，并广泛应用于现代营养流行病学研究。新的组学技术为膳食生物标志物提供了早期或者潜在的来源。

三、膳食模式的分析

（一）膳食模式概念

膳食模式（dietary pattern）是指膳食中各类食物的数量及其在膳食中所占的比重。膳食模式分析（dietary pattern analysis）是将所有食物、营养素作为整体进行研究，探讨膳食与健康或疾病之间关系。

传统的营养流行病学通常是对某一种或几种营养素或食物的摄入量与健康或疾病之间的关系进行研究，这种分析很有意义，但也存在一些缺陷。一方面，人们摄入的食物或营养素并不是孤立的，而是在摄入多种食物的同时也摄入了多种营养素，这些营养素之间可能会存在相互作用，单纯考虑某种营养素或食物与健康或疾病的关系可能就无法得到理想的研究结果；另一方面，单一营养素的作用可能比较弱，难以检测，而膳食模式中的多个营养素的积累效应就有可能被检测出来。近年来,膳食模式研究已经逐渐成为探讨膳食与健康或疾病之间关系研究的一个重要方法。

（二）膳食模式统计学分析方法

目前常用膳食模式统计学分析方法包括推理方法、归纳方法以及两者的综合运用。

1. 推理方法　也称先验法,主要指膳食指数法(dietary indices),是以现有的膳食指南或其他科学膳食建议为基础,通过将个体的膳食与之比较进行评分。

2. 归纳方法　也称后验法,是以膳食调查数据为基础,运用统计方法确定膳食模式种类,包括因子分析、聚类分析和潜在类别分析等。

因子分析(factor analysis)是一种多变量统计分析技术,其使用的报告信息是来自食物频率表或者膳食记录,依此确定共同且基本的食物消费维数(因子或模式)。它是依据几种食物项目数据之间彼此相关的程度来集中特殊的食物项目或者食物组,从而构成膳食模式。也就是说,因子分析是依赖食物间的相互联系,以减少进入膳食模式中的数据。经过计算每一膳食模式的总分值,并应用到相关和回归分析中,以检测各类膳食类型与健康或疾病之间的关系。

聚类分析(cluster analysis)也是一种多变量统计分析方法。与因子分析不同,聚类分析从食物使用频率、供能比、食物摄入量等角度将被调查者分为不同的亚组(类),之后再对不同亚组的特征进行分析。聚类分析是依赖个体平均食物摄入的差异,以减少进入膳食模式中的数据。当聚类过程完成后,一般可以得到2~8个膳食类别,此外,还需要作进一步分析,如比较各类膳食特点,以解释所划定的膳食模式。

潜在类别分析是以模型为基础的聚类方法,其目的在于利用潜在类别解释食物摄入变量之间的复杂关联。

3. 先验法与后验法的综合运用　综合运用先验法和后验法,主要包括降秩回归法和偏最小二乘回归法,既利用了先验信息,又基于当前的研究,综合了先验法和后验法的优点。

降秩回归是分析膳食模式的一种新方法,类似于因子分析。这种方法是通过建立食物摄入变量的线性函数解释反应变量(如营养素、生物标志物等)的变异,用降秩回归分析法得到的膳食模式可以更好阐述疾病病因中膳食的重要性。

偏最小二乘回归法是介于主成分分析和降秩回归之间的一个折中方法,通过建立有预测能力的回归模型解释营养素或生物标志物的变异。

四、营养与健康科学证据的收集及评价

营养与健康关系研究中所检索的证据需要进行质量评价,评价系统包括证据等级评价和证据体评价。膳食、营养与健康的证据等级评价是在世界卫生组织推荐的有关研究方法制定证据等级标准的基础上,对每一项研究的证据强度、效应量和结局变量的临床相关性进行评价,进而得出其证据的等级。膳食、营养与健康科学证据评价在综合考量各项研究的证据等级、一致性、健康影响、人群外推及实际应用的基础上,形成推荐意见强度。

五、营养流行病学研究方法

营养流行病学的研究方法主要包括流行病学研究方法、meta分析及生物统计学研究方法。流行病学研究方法可分为三大类,即描述性研究、分析性研究和实验性研究。描述性研究和分析性研究也称观察性研究,阐述人群营养以及营养与健康、疾病的关系,主要包括横断面调查、生态学研究、病例对照研究和队列研究;实验性研究则是通过实验方法验证特定的假设,以确定影响健康或

对某种疾病的发生有影响的膳食因素。meta 分析可以针对膳食因素与疾病关系研究常出现结论不一致的问题，进行系统、综合定量的分析，进一步阐述膳食因素与疾病间的关系；生物统计学研究方法如主成分分析等，在膳食与疾病关系的研究中发挥着重要作用。

（一）横断面调查在营养流行病学中的应用

横断面调查即横断面研究（cross-sectional study），又称现况调查（prevalence survey），主要调查特定时间内特定人群的营养、健康、疾病及相关因素，从而描述该疾病或健康状况的分布及其与相关因素的关系。

1. 目的与用途　了解一个国家或地区的营养状况、健康水平及变化趋势；描述疾病或健康分布和相关的膳食因素；评价疾病的营养防治和干预措施的效果。

2. 研究步骤　包括确定研究目的、研究方法、研究内容及设计调查表；资料收集；资料整理与分析。

（二）生态学研究在营养流行病学中的应用

生态学研究（ecologic study）是在群体水平上研究膳食因素与疾病或健康之间的关系，即以群体为观察单位、分析单位，描述不同人群中膳食特征与疾病或健康状态发生频率之间的关系。

1. 目的与用途　比较不同生态学群体的膳食因素与疾病或健康之间的关系；从群体角度提供膳食因素作为病因的线索；评价营养干预对群体疾病或健康状态的影响。

2. 营养生态学研究的特点　生态学研究中对食物摄入量的估计常根据全国或地区食物消费数据，计算人均食物消费量。因此，其具有以下几个优点：国家或地区间膳食摄入的差异较大，如美国大多数人脂肪摄入量占能量的百分比为 25%～45%，而发展中国家一般只有 11%～30%；在一段时间内，一个国家或地区人群的平均食物消费量要比个体食物消费量更稳定；研究的样本量通常都较大，随机误差小。生态学研究最大的缺点是产生"生态学错误"，即得出的结论可能不适于个体水平的情况。例如，可以观察到人均脂肪消费与乳腺癌发病率有相关性，但不能推论患乳腺癌妇女个体的脂肪摄入量与估计的人均摄入量相等。另外，生态学研究的潜在混杂因素难以控制。

（三）病例对照研究在营养流行病学中的应用

病例对照研究（case-control study）是将某种疾病患者与未患该病的对照组先前的膳食相关资料作比较，调查各组人群过去暴露于某种或某些可疑危险因素的比例或水平，通过比较各组之间暴露比例或水平的差异，判断暴露因素是否与研究的疾病有关联及其关联程度大小的一种分析性研究方法。

1. 病例对照研究的特点　病例对照研究是一种回顾性调查研究，研究者不能主动控制病例组和对照组对危险因素的暴露，因为暴露与否已为既成事实；病例对照研究是一种从果到因的调查，通过详尽的病历记录或对病例组和对照组进行询问、实验室检查或复查病史等调查，了解两组对象中有无与该病有联系的可疑因素的暴露史。研究对象按发病与否分成病例组与对照组，所需研究对象较少，无须进行随访。病例对照研究为病因学探索、防治策略制定和预后研究提供重要信息，但不能确切论证病因学因果关系。

2. 研究步骤　包括病例和对照的选择、样品含量的估计、资料的整理和数据的分析等。病例的选择应采用公认的诊断标准，如国际通用或国内统一的诊断标准，以便与其他人的研究进行比较，规定病例有关的其他特征，如性别、年龄、职业、民族等。对照的选择应有统一的排除和纳入标准，应具有代表性，与病例组具有可比性，除暴露因素外，其他因素在病例组与对照组间的分布应一致，如年龄、性别等。病例对照研究中的膳食摄入情况通常是运用食物频率法或膳食史的方法进行调查。

（四）队列研究在营养流行病学中的应用

队列研究（cohort study）是通过收集未患某种疾病人群的膳食资料，按是否暴露于某可疑因素或暴露程度分为不同的亚组，对其进行随访，追踪各组的结局并比较其差异，从而判定暴露因素与结局之间有无关联及关联程度大小的一种分析流行病学的研究方法。

1. 队列研究的特点　队列研究是由因到果的研究，研究人群在开始均是未患病的个体，但是每位进入研究的个体都有可能发生该研究的疾病。在研究膳食因素与疾病的因果关系中，由于收集的膳食信息在疾病诊断之前，论证因果关系的能力较强。队列研究只要基线调查时调查项目比较全面，就可以同时研究多种慢性病的病因，而不像最常用的病例对照研究，一般只能研究一种疾病。美国哈佛大学著名的内科医生队列和护士队列研究发表了大量高水平的学术论文，其中有些文章在膳食、营养和主要慢性病的关系方面提出了重要的证据，或对过去的学说进行了重要的更正，或提出新的病因学说。此外，如果有足够的人力和经费投入，能在基线调查后每隔若干年进行一次膳食因素的重复调查，则能使研究结果有更强的说服力。

2. 研究步骤　包括选择暴露人群和对照人群、确定样本的大小、基线资料的收集、随访和数据的分析等。随访内容应包括与研究结局有关内容的变化情况、与暴露有关内容的变化情况等。

（五）实验性研究在营养流行病学中的应用

实验性研究（epidemiological experiment）是指按随机分配的原则将研究对象分为实验组与对照组，将某种干预措施施予实验组，对照组常给以安慰剂，然后随访观察，并比较两组的结果，以判断干预措施的效果，也称干预实验（intervention trial）。

1. 实验性研究的特点　研究对象必须来自总体的随机抽样人群，并随机分配到实验组和对照组中；必须有平行的实验组和对照组，要求在开始实验时，两组在有关各方面必须相当近似或可比；需要对实验组施加由研究者所控制的干预措施；研究方向是前瞻性的，即是从"因"到"果"的研究；大多数的研究均采用盲法收集资料。

流行病学实验研究与描述性研究和分析性研究相比，由于设计严格，采取随机化分组、盲法收集资料等措施，检验假设的可靠性和真实性都较强。最大的用途是能强有力地检验各种类型的假设。但是整个实验设计和实施条件要求高、控制严、难度较大；如果所选择的研究对象代表性较差，可影响实验结果到总体的推论；随访时间长，因此依从性不易做得很好，影响实验效应的评价；有时会涉及医学伦理问题。

2. 研究步骤　包括确定实验目的、选择研究现场、确定研究对象、估计样本量、随机化分组、盲法的应用和评价效果指标等。

对一种膳食与疾病关系假设的最好的验证方法是随机双盲干预实验。随机化实验最大的优点是能使实验组和对照组间的已知的、未知的混淆因素的分布相同，增加了比较组间除暴露以外的其他因素的可比性，从而帮助控制了其他因素的可能混淆作用，提高研究的真实性。干预实验对评价膳食中的微量营养素（如矿物质或维生素）可以预防疾病的假说尤其可行，因为这些营养素可以制成药丸或胶囊形式，并采用同样形式的安慰剂。这类实验可为病因学研究提供比较确凿的依据。例如，中国医学科学院克山病小分队20世纪70年代成功地用亚硒酸钠预防急型和亚急型克山病的发生，连续干预两年，干预组发病率较对照组下降84%，为硒缺乏作为克山病的病因之一提供了强有力的证据，也为硒成为人类必需微量元素提供了直接的依据。

干预实验的一个新的趋势是在高危人群中采用生物标志物（biomarker）作为研究的中间结局终点。这是因为传统上的终点是疾病的发生，这往往需要很大的样本和很长的时间。预计随着作为中间终点的生物学标志物研究的发展,将使随机化人群干预研究的开展日益增加。

虽然随机干预实验对所有假设都是很理想的验证方法,但是有时出于可行性或伦理道德因素而不能被采用。

（六）meta 分析及生物统计学分析方法在营养流行病学中的应用

meta 分析是对多个具有相同研究目的且相互独立的研究结果进行系统、综合定量分析的一种研究方法,又称荟萃分析。分析的基本过程包括提出问题和制订研究计划,检索、纳入和评价相关文献,数据统计分析和敏感性分析,讨论和报告结果等。应用 meta 分析,可以提高统计学检验效能、解决单个研究间的矛盾、发现既往单项研究未明确的新问题。如 20 项队列研究的 meta 分析显示,蔬菜摄入量最高组脑卒中的风险是最低组的 0.84（95% CI: 0.79, 0.93）倍;每增加一份（约 80g）蔬菜摄入,冠心病发病风险的相对危险度值为 0.89（95% CI: 0.83, 0.95）。在应用 meta 分析时,需要注意识别和控制偏倚,从而选择适宜的效应指标和恰当的统计分析方法。此外,一些生物统计学分析方法在营养学研究中的应用日益受到重视,如主成分分析在膳食模式研究中的应用、残差法在调整能量摄入对营养素摄入影响中的应用、中介效应分析在膳食因素与慢性病发病关系机制研究中的应用。

（黄　涛）

第三节　营养毒理学

一、概述

营养毒理学（nutritional toxicology）是营养学和毒理学交叉融合形成的一门分支学科。尽管营养毒理学与食品毒理学有一些交叉,但两者并不等同。食品毒理学主要是研究食品中的有毒有害物质（包括污染物和天然有毒成分）对人体健康的影响及其作用机制,而营养毒理学则是以毒理学的基本原理和方法技术研究探索营养学领域的安全性问题。John Hathcock 在 1982 年出版的 *Nutritional Toxicology* 书中首次提出了营养毒理学的概念、研究范畴、基本原理等。此后经四十多年的发展,逐渐形成和不断完善了营养毒理学的学科体系,主要包括四方面的研究:①营养素过量对人体的不良作用及其可耐受最高摄入量（tolerable upper intake level, UL）的制定;②营养素对毒物代谢过程和毒作用的影响;③膳食来源的有毒有害物质对营养素吸收、代谢和功能的影响;④风险 - 收益评估。近年来,分子营养学的快速发展推动了营养毒理学的研究,在分子层面解析了营养素如何调控基因表达、影响遗传特性,以及在疾病发展中的作用。此外,营养毒理学的研究范畴亦拓展至食物成分与污染物对药物作用的影响,植物化学物和其他非传统营养素活性成分的生物学效应及其可能带来的健康风险等领域。

二、营养素的不良健康效应

（一）营养素的体内稳态

与外源化合物不同的是,由于营养素是正常人体所必需的,在轻度缺乏或轻度过量时机体具有一定的稳态调节能力,即营养素在边缘缺乏或边缘过量的情况下,正常机体可发挥一定的调控作用,从而维持机体内环境的相对稳定状态,故在一定的摄入量范围内并不表现出营养素缺乏 / 过量的不良效应。但如不采取一定的纠正措施,营养素缺乏 / 过量进一步发展超出了内环境的调控机制,即可打破营养素稳态,产生相应的不良健康效应,机体逐渐出现如下变化:①尚在稳态范围内,但不产生任何生化改变和不良效应;②超出稳态范围且出现生化改变,但未见其他不良效应;③超出稳态范围、出现相应的生化改变并引起潜在不良效应;④可观察到微小、可逆的不良效应;⑤出现明显、但可逆的临床表现;⑥出现明显的临床表现,但器官损害可逆;⑦不可逆的器官损害及其临床表现。一般而言,④~⑦类效应可认为是营养素的不良健康效应,而①~③类改变也可能作为有害效应的生物标志物加以研究。

（二）营养素健康风险的剂量-反应关系

营养素导致的健康风险具有双重特征,在营养素缺乏和营养素过量摄入的情况下,有两条不同的摄入量-反应关系曲线见图 8-5。这两条曲线是相互独立的,具有不同的机制和通路,而非简单的 U 形曲线。由于所评价营养素和目标人群不同,两条曲线的形状和"陡峭度"也可能有很大不同。两条曲线之间的区域即为"安全摄入量范围"或"可接受摄入量范围",在此范围内,机体可对营养素进行一定的稳态调节,但应注意这个范围并不一定代表推荐摄入量。

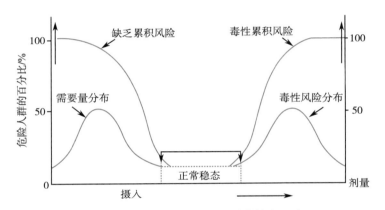

图 8-5　营养素缺乏/过量导致的健康风险

来源: WHO 2005. A model for establishing upper levels of intake.

由于不良健康效应的逐渐演变过程,通常难以获得较精确的营养素的剂量-反应关系。营养素过量的不良健康效应评价的复杂性还包括以下几方面:①双向性和机制的复杂性:因营养素摄入较高和摄入较低时均可能存在风险,即存在两条不同的摄入-反应曲线,且两者是相互独立的,具有不同的机制和通路,这与外源性物质低于安全限值的摄入一般不造成危害的 S 形剂量-反应曲线完全不同;②特异性:各种营养素具有特殊的代谢途径,且由于其化合物的差异和过量服用时间长短等而表现出不同的效应;③营养素之间的交互作用:某种营养素的过量摄入可能影响其他营养素的吸收、排泄和利用;④人群和个体的敏感性差异:由于不同人群年龄、性别、生理状态和生活方式的差异,可能存在对某些营养素作用敏感的亚人群(如孕妇、儿童、老年人等),且营养素的吸收、利用和排泄能力受个体本身的代谢特征以及营养和健康状况的影响。

（三）常见营养素（含生物活性物质）过量摄取的不良健康效应

随着全球范围内食物生产和供给能力不断增强,食物消费水平也随之升高。近年来,营养素补充剂和其他膳食补充剂、营养强化食品、保健食品的品种不断增加,加之消费者的保健意识不断提高,部分人群可能摄入过量的营养素和/或生物活性物质。营养素过量摄入产生的安全性问题也越来越受到关注。

蛋白质、脂肪和碳水化合物三大供能营养素摄入过多均可造成能量摄入过量。当能量摄入超过人体需要时,便可转化为脂肪贮存在体内,造成超重和肥胖,增加心脑血管疾病、癌症和 2 型糖尿病等慢性疾病的患病风险。正常人体内对矿物质平衡有一定的调节能力,但超过调节范围也可能造成危害,微量元素过量较常见的如硒、铁、锌、碘等。由于大多数矿物质之间存在相互作用,过量危害还体现在其对其他矿物质代谢和功能的影响。脂溶性维生素过量摄入可导致其在体内蓄积,从而产生相应的毒性。

植物化学物是指由植物产生的具有生物活性的化合物。这些化合物对人体健康的潜在保护作用主要体现在抗氧化、抗炎、调节代谢以及影响细胞信号转导等多个方面,可能对预防某些慢性疾病具有积极作用。然而,植物化学物的过量摄入也可能带来一些不良的健康风险。例如,大豆中的异黄酮在不同剂量摄入时可能会产生模拟或干扰人体内雌激素的作用;大蒜素的过量摄入可能导致胃肠不适等。此外,部分植物化学物需要通过肝脏进行代谢,长期大量摄入可能会增加肝脏的代谢负担,甚至可能引起肝损伤。

此外,纳米生物学的发展使人们对营养素剂量引发的不良健康效应有了新的认知。不同尺寸的纳米结构(1～100nm)具有不同的物理和生物学特性,可能导致纳米尺度存在的营养素有两个极端:即使营养素的剂量非常低也是有毒的,或者能够耐受高剂量的营养素。纳米尺度存在的营养素的健康效应主要受到纳米颗粒大小、颗粒的修饰和形状、反应性以及增强的生物利用度等因素的影响。

(四)营养素不良健康效应的毒理学试验研究

营养素不良健康效应的试验研究较一般化学物的同类研究更为困难。由于营养素通常毒性较低以及人与动物在代谢和敏感性等方面的差异,长期过量摄入导致的某些器官或组织的特异性表现,可能首先会在某些特殊人群中表现出来,而在常规的动物实验中却不易发现。而且,当机体处于某些特殊状态(如消耗性疾病)或与其他物质(如其他营养素或药物)同时摄入时,营养素过量的不良健康效应可能会发生改变。另外,某些营养素与植物化学物结构相似、功能重合,故当多种物质联合暴露时,可能发生拮抗或协同作用。近年来,替代毒理学方法以及系统毒理学、计算毒理学和循证毒理学等新兴学科的兴起,为营养素不良健康效应的毒理学评价提供了新的思路。毒作用模式(mode of action, MOA)和有害结局通路(adverse outcome pathway, AOP)的评价方法可有助于阐明营养素过量的毒作用机制,并可与同类化学物的毒性进行比较,起到较好的毒性预测作用,并可增加体外/动物实验结果外推到人类的准确性,故也是确定其安全摄入范围的有效手段。

三、营养素的可耐受最高摄入量及其制定

(一)营养素的可耐受最高摄入量

营养素可耐受最高摄入量(UL)是指特定人群平均每日摄入某种营养素的最高限量。美国食品营养委员会(Food Nutrition Board, FNB)对营养素的需要量和可耐受量进行大量评价后采用了"可耐受最高摄入量(UL)"这一术语,而英国维生素矿物质专家委员会(Expert group on Vitamins and Minerals, EVM)则对维生素和矿物质采用"最高安全限量(safe upper limit, SUL)"这一术语。我国目前采用的是美国和其他一些国家普遍使用的"可耐受最高摄入量(UL)"。

UL 是基于人群效应提出的一个限值,如大于这一限值,发生不良反应的风险逐渐增加。在大多数情况下,某营养素的 UL 应包括膳食、强化食物和添加剂等各种来源的摄入之和。如果营养素的毒副作用主要与摄入强化食品和营养补充剂等有关,则其 UL 值的制定还应着重考虑这些来源的具体情况。另外必须指出的是,由于许多营养素还缺乏足够的实验数据和相关研究支撑材料,目前

尚不能制定其 UL 值,故不能认为无 UL 值的营养素就不存在摄入过量的危害。

（二）营养素 UL 值的制定

以往常常将膳食营养素推荐供给量（recommended daily allowance, RDA）作为制定 UL 值的依据,即用简单的数学方法根据 RDA 的若干倍数来制定 UL。但目前营养学界已达成共识,RDA 和 UI 是基于营养素不同效应的评估指标,必须用两种不同的方法体系来制定。目前许多国家和国际组织都认为营养素 UL 值的制定应基于风险评估的原则和方法。2005 年 FAO/WHO 对制定营养物质的最高安全摄入限量提出了风险评估指南,阐述了在确定 UL 时应采用的模型。该模型以非致癌物风险评估模型为基础,经过 4 个公认的风险评估步骤（即危害识别、危害特征描述、暴露评估、风险特征描述）,推导出营养素安全摄入上限,并以此来对风险进行描述和评价,为风险管理者提供相关决策信息。但风险评估法不适用于尚未发现有不良健康效应的营养素,也不适用于现有资料表明导致不良健康效应的摄入量水平与人体所需（或对健康有益）的摄入量水平有重叠的营养素。

UL 值的制定应基于人体在不同暴露情况下发生健康效应的特定风险评估结果,其制定的关键步骤包括:①关键不良健康效应的描述（定性及定量）;②NOAEL/LOAEL 或基准剂量值的推导;③不确定系数的确定;④对特定年龄、性别和生理状况（如妊娠、哺乳）的人群制定 UL 值;⑤将 UL 值推导到其他人群。

其中,剂量 - 反应关系（摄入 - 反应关系 intake-response relationship）的评估是确定一定年龄、性别、生理状况人群 UL 值的关键步骤,也是营养毒理学研究的重点内容。与外源化学物的剂量 - 反应关系评估不同的是,人群流行病学研究资料和证据在营养素的摄入 - 剂量反应关系评估中常常有更重要的作用,并建议在可能的情况下进行循证营养学分析。其关键环节包括:收集获取导致不良健康效应的营养素摄入水平及发生时期、进展等人群研究与动物研究资料;重点关注所纳入研究人群的基本特征及样本量、营养素摄入的途径/频率、特定人群的膳食史及其相关信息;如果是动物实验研究,应注意收集动物的生命周期和生理特征、营养素的给予途径/频率、饲料中的营养素含量等重要信息;注意用于营养素摄入量评估方法的科学性和有效性;对于实验性研究,应尽可能采用总摄入量数据而不仅是干预剂量。

由于营养素的特殊性,在制定营养素 UL 值时应注意以下几点:关键不良健康效应的性质（严重性、可逆性、敏感人群）是否与营养素的形式相关,特定年龄、性别、生理状况人群的敏感性,其他风险人群（如营养不良者、特定药物服用者、特定疾病患者等）的确定及其风险特征等。

采用风险评估法制定 UL 值的前提是该营养素（或生物活性物质）具有已知的不良作用,能得出 LOAEL/NOAEL 或其他毒性参考值。有些营养素即使在最高的实际应用剂量下,都未观察到不良健康效应,但这并不表示此类营养素无论多高剂量长期摄入都不会产生健康风险。故 FAO/WHO 营养素风险评估专家组建议采用所观察到的最高摄入量（highest observed intake, HOI）作为参考值。现有充分资料表明,摄入量达到 HOI 都未观察到不良健康作用。HOI 适用于尚未发现不良健康作用的营养素以及某些植物化学物等"非传统营养素"。

四、营养素/营养过程与外源化学物的相互作用

（一）营养素/营养过程对外源化学物毒性的影响

食物/膳食成分以及人体的营养状况可显著影响外源化学物的代谢动力学（pharmacokinetics）和体内毒效应。营养素及其代谢过程可影响胃的 pH、胃排空时间、肠道蠕动、肠系膜和肝门静脉血流或胆汁流,并可影响肠道中某些消化酶的活性,从而影响外源化学物在体内的吸收与代谢。

基于作用环节和机制的不同,营养素对外源化学物的影响可大致分为 4 类:①营养素与外源化学物相互作用而影响其吸收和转运。通常涉及转运过程中的生物化学或物理反应过程(结合、水解、中和、氧化和沉淀等),如氨基酸、脂肪酸、膳食纤维等能与某些毒物形成络合 / 螯合物而降低其吸收率。②通过对生物转化酶的影响而影响外源化学物的毒性,如葡萄糖作为葡萄糖醛酸的前体,与Ⅱ相解毒反应相关;维生素 C 可影响细胞色素氧化酶的活性,从而影响外源化学物的活化或解毒过程。③营养素和其他生物活性成分对外源化学物导致损伤的保护作用,如抗氧化营养素对外源化学物导致氧化损伤的修复和拮抗作用。④机体营养状态对外源化学物毒性效应和易感性的影响,如营养不良(尤其是蛋白质和某些微量营养素缺乏)和肥胖等都可通过影响免疫系统和解毒系统功能改变机体内稳态,而使外源化学物的毒性效应和机体易感性显著增强。

(二)外源化学物对营养素代谢与功能的影响

基于作用环节和机制,外源化学物对营养素 / 营养的作用亦可大致分为 4 类:①外源化学物直接作用于营养素,使其在食物中的含量降低,如微生物污染产生的某些酶可分解食物中的蛋白质、碳水化合物和维生素,某些外源化学物也可促进此类分解反应。②外源化学物与营养素直接作用,影响其吸收,如某些有机酸和其他酸性物质能与钙、铁、锌等结合而影响其吸收利用。③外源化学物作用于营养素的生物转化 / 转运酶,影响营养素的代谢,如铅、镉可与钙、铁、锌等竞争相关受体和转运蛋白等而影响其吸收和代谢。④外源化学物造成人体器官功能和结构变化(如胃肠道、肝、肾损伤),进而影响营养素的吸收、代谢和毒性。

(三)营养素与药物的相互作用

1. 营养素 / 营养过程对药物代谢和药效的影响 膳食营养素水平与构成模式、体内营养素水平以及营养素的吸收等均可影响胃肠道功能,如影响胃内的 pH、胃排空时间、肠道蠕动、肠系膜和肝门静脉血流或胆汁流等,并可影响肠道中某些消化酶的活性,从而影响药物的吸收代谢。营养不良或营养过剩亦可通过影响相关组织器官的功能和结构而影响药物的吸收、分布及清除,最终可对药物疗效和毒副作用产生影响。如蛋白质 - 能量营养不良可能引起胃肠道消化吸收能力、机体内稳态、心输出量、肾小球滤过率、血浆蛋白浓度以及激素和代谢水平等多方面的不良变化,从而影响许多药物的药效和毒性。机体维生素 C、钙、镁、铜以及蛋白质和氨基酸的营养状态与细胞色素 P450 酶系统和其他药物代谢酶系统密切相关,故可影响药物体内代谢过程和药效 / 毒副作用。

2. 药物对营养素代谢和功能的影响 药物可通过与营养素的直接作用,或对人体有关器官组织结构和功能的影响而影响营养素的代谢和功能,如可影响消化功能。有胃肠道毒性的药物可降低大部分营养素的吸收利用,如秋水仙碱、对氨基水杨酸和某些抗生素等许多药物可损伤肠黏膜、破坏肠道绒毛和微绒毛、抑制刷状缘的运动、抑制消化酶活性和肠道运输系统,从而降低肠道吸收营养素的能力。可与胆汁盐结合的药物亦可影响必需脂肪酸、脂溶性维生素、叶酸,以及钙、铁、锌等营养素的吸收。某些药物可能影响胃肠道分泌或肝的胆汁分泌,如 H_2 拮抗剂和质子泵抑制剂可抑制胃酸的产生,长期使用此类药物可能减少维生素 B_{12} 的吸收利用。

五、风险 - 收益评估

欧洲食品安全局(Europe Food Safety Authority, EFSA)在 2006 年提出了营养素 / 食物 / 膳食的风险 - 收益评估的原则与方法。该方法目前主要应用于生理剂量曲线与毒性剂量曲线比较接近或有部分交叉重合的营养素,以及营养强化食品和营养素补充剂等。

风险 - 收益评估方法最早应用于金融投资等领域,然后将其应用于其他风险与收益矛盾较为突出的领域。如食用深海鱼类可提供人体必需的多种营养成分，尤其是 DHA 和 EPA 等多不饱和脂肪酸，但甲基汞等污染物含量也较高，故对这类食物进行风险-收益评估有重要意义。

风险-收益评估方法也越来越多地用于营养毒理学领域，如用于叶酸强化面包以及维生素 D 补充剂的评估等，可用于确定和评估营养强化或营养素补充的剂量，并有助于制定营养素补充剂的相关法规和限量标准等。

EFSA 推荐的风险-收益评估的方法主要包括以下几步：①确定风险-收益问题参考与对照"情景"以及目标人群等；②确定需要评估的有害与有益健康效应；③评估产生健康效应的暴露量；④建立每一个健康效应的剂量-反应关系模型；⑤评估引起有害效应的暴露量；⑥建立有害效应的剂量-反应关系模型；⑦选择统一的健康度量指标比较风险与收益；⑧定性或定量比较收益及风险（得出净风险或净收益）；⑨评价不确定性和变异性。

（王　慧）

本章小结

本章介绍了营养学的三个常用研究方法。分子营养学中主要介绍了分子营养学概述，营养素对基因表达的调控、对基因结构和稳定性的影响，基因多态性对营养素吸收、代谢和利用的影响，以及营养素与基因相互作用在疾病发生中的作用。营养流行病学中介绍了营养流行病学概述、膳食暴露的测量方法、膳食模式统计学分析方法、营养与健康科学证据的收集及评价、营养流行病学研究方法的应用。营养毒理学介绍了营养素过量对人体的不良作用及其可耐受最高摄入量的制定，营养素对毒物代谢过程和毒作用的影响，食源性有毒有害物质对营养素吸收、代谢和功能的影响，以及风险-收益评估。

思考题

1. 膳食营养成分与基因相互作用导致疾病的模式有哪些？
2. 请简要概述营养流行病学在公共卫生领域的应用。
3. 请简述营养流行病学有哪些优势和局限性。
4. 什么是营养素健康风险的剂量-反应关系？

第二篇
食品卫生学

　　"民以食为天,食以安为先",食品安全关系人民群众身体健康,关系社会健康稳定发展。食品是指各种供人食用或者饮用的成品和原料以及按照传统既是食品又是中药材的物品,但是不包括以治疗为目的的物品。食品从种植、养殖到生产、加工、贮存、运输、销售、烹调直至餐桌整个过程中的各个环节,都有可能受到某些有毒有害物质污染,降低食品卫生质量或对人体造成不同程度的危害。世界各个国家都制定了相关的法律,保证食品的安全。我国 1979 年颁布了《中华人民共和国食品卫生管理条例》,1982 年颁布了《中华人民共和国食品卫生法(试行)》,1995 年正式颁布了《中华人民共和国食品卫生法》;2009 年 6 月 1 日起实施《中华人民共和国食品安全法》,标志着从传统"食品卫生"的概念发展到全面的"食品安全",使我国的食品安全监督管理工作进入了一个新的发展时期。2015 年 10 月 1 日起实施修订后的《中华人民共和国食品安全法》(以下简称《食品安全法》),2018 年和 2021 年先后进行了两次修正。《食品安全法》规定,食品安全工作实行预防为主、风险管理、全程控制、社会共治,建立科学、严格的监督管理制度。食品安全包含了食品卫生和食品质量这两个方面。

　　1. 食品安全概念　　在食品安全(food safety)概念的理解上,国际社会已经基本形成共识,即食品的种植、养殖、加工、包装、储存、运输、销售、消费等活动符合国家强制标准和要求,不存在可能损害或威胁人体健康的有毒、有害物质致消费者病亡或者危及消费者及其后代的隐患。我国《食品安全法》中食品安全的定义是:指食品无毒、无害,符合应当有的营养要求,对人体健康不造成任何急性、亚急性或者慢性危害。

　　2. 食品卫生概念　　食品卫生(food hygiene)是为防止食品在生产、收获、加工、运输、储存、销售等各个环节被有害物质(包括物理、化学、微生物等方面)污染所采取的各项措施,从而保证人体健康不受损害。

　　3. 食品安全与食品卫生的区别　　在较早时期人们对食品安全的认识等同于食品卫生,两者没有严格的区别。WHO 发布的《加强国家级食品安全性计划指南》,把食品安全与食品卫生作为两个不同的概念加以区别,将食品安全解释为:对食品按其原定用途进行制作和食用时不会使消费者受害的一种担保；将食品卫生界定为：为确保食品安全性和适合性在食物链的所有阶段必须采取的一切条件和措施。食品安全和食品卫生的区别：

（1）范围不同：食品安全包括食品（食物）的种植、养殖、加工、包装、储存、运输、销售、消费等环节的安全，而食品卫生通常并不包含种植养殖环节的安全。

（2）侧重点不同：食品安全是结果安全和过程安全的完整统一，既强调过程安全，又强调结果安全，更为全面；食品卫生虽然也包含上述两项内容，但更侧重于过程安全。食品卫生具有针对性，食品安全更具有综合性。

食品安全只包含安全和不安全两种情况，没有等级之分；对于食品安全的要求要严格遵守国家食品安全的法律法规和规定，达到国家所规定的要求，不能有任何商量余地。食品安全是对食品的一个定论，而食品卫生则是食物生产过程中的一个措施。将原来的"食品卫生法"修改为"食品安全法"，扩大了法律管理范围，不仅对食品生产、经营阶段发生的食品卫生问题进行规定，而且还涵盖了"从农田到餐桌"的全过程，对涉及食品安全的相关问题（例如食品添加剂的生产经营）等都作出全面规定；并且在一个更为科学的体系下，可以用食品安全标准来统筹食品相关标准，避免之前食品卫生标准、食品质量标准、食品营养标准之间的交叉与重复。

总之，食品安全是一个大概念。从纵向上看，包括了食物的种植、养殖、加工、包装、储存、运输、销售、消费等各个环节；从横向上看，包括食品卫生、质量安全、营养安全、生物安全等。本教材仅涉及食品污染及其预防、食品添加剂及其管理、各类食品卫生及其管理、食源性疾病及其预防、食品安全风险分析、食品安全监督管理等内容。

（黄国伟）

第九章
食品污染及其预防

食品污染（food contamination）是指在各种条件下，因外源性有毒有害物质进入食品，或食物成分本身发生化学反应而产生有毒有害物质，从而造成食品安全性、营养性和/或感官性状发生改变的过程。食品从种植、养殖到生产、加工、储存、运输、销售、烹调直至餐桌整个过程中的各个环节，都有可能受到某些有毒有害物质或微生物的污染，以致降低食品卫生质量，对人体造成不同程度的危害。食品污染按其性质可分为三类。

1. 生物性污染　食品的生物性污染包括微生物、寄生虫和昆虫的污染。微生物污染主要有细菌与细菌毒素、真菌与真菌毒素以及病毒等的污染，其中细菌、真菌及其毒素对食品的污染最常见且最严重，如沙门氏菌、大肠埃希氏菌以及黄曲霉毒素等。近年来病毒污染食品事件也日益受到人们的关注，如轮状病毒、诺如病毒和甲型肝炎病毒等。寄生虫和虫卵污染主要是指病人、病畜的粪便通过水体或土壤间接污染食品或直接污染食品。昆虫污染主要有螨类、蛾类、谷象虫以及蝇、蛆等。

2. 化学性污染　食品的化学性污染涉及范围较广，来源种类多。主要包括：①农药、兽药不合理使用，残留在食品中；②工业"三废"（废水、废渣、废气）排放，造成有毒金属和有机物污染环境，继而转移至食品，如铅、砷、镉、汞等；③食品接触材料、运输工具等接触食品时转移到食品中的有害物质；④违反规定使用或滥用食品添加剂；⑤在食品加工、储存过程中产生的物质，如腌制、烟熏、烘烤类食物产生的亚硝胺、多环芳烃、杂环胺、丙烯酰胺等以及酒中有害的醇类、醛类等；⑥掺假、制假过程中加入的物质，如在乳粉中加入三聚氰胺；⑦与某些食品原料外观相似，误用进入食物中的物质。

3. 物理性污染　食品的物理性污染主要有：①食品的杂物污染，来自食品生产、加工、储藏、运输、销售等过程中的污染物，如粮食收割时混入的草籽、液体食品容器池中的杂物、食品运销过程中的灰尘等；②食品的放射性污染，主要来自放射性物质的开采、冶炼、生产、应用及意外事故造成的食品污染。

食品污染造成的危害，可以归结为：①影响食品的感官性状和营养价值，影响食品质量；②对机体健康的不良影响，包括急性中毒、慢性危害以及致畸、致突变和致癌作用等。

第一节　食品的微生物污染及其预防

污染食品的微生物按其对人体的致病能力，可分为三类：①致病性微生物，可直接对人体致病并造成危害，包括致病性细菌和细菌毒素、人畜共患传染病病原菌和病毒、产毒真菌和真菌毒素；②相对致病微生物，即通常条件下不致病，在一定条件下才有致病力的微生物；③非致病性微生物，在自然界分布非常广泛，其中有许多是引起食品腐败变质和卫生质量下降的主要原因。

一、食品中微生物生长的条件

（一）食品的成分

1. 水分　食品中的水分以游离水和结合水两种形式存在。结合水（bound water）是指食品中与非水成分通过氢键结合的水,这部分水与蛋白质、碳水化合物及一些可溶性物质(如氨基酸、糖、盐等)结合,故微生物无法利用结合水。游离水(free water)是指食品中与非水成分有较弱作用或基本没有作用的水,微生物能利用的水是游离水。食品中微生物生长繁殖所需要的水并非取决于食品的总含水量(%),而是取决于水分活度(water activity,a_w),通常使用 a_w 来表示食品中可被微生物利用的水。

在物理化学上,a_w 是指食品中水的蒸汽压 P 与相同温度下纯水的蒸汽压 P_0 的比值,即:$a_w = P/P_0$。由于物质溶于水后水的蒸汽压降低,所以 a_w 值介于 0～1。

食品 a_w 的高低不能根据其水分含量多少来判断。例如,金黄色葡萄球菌生长要求的最低 a_w 为 0.86,而相当于这个 a_w 的水分含量随不同的食品而异,如牛肉为 23%,乳粉为 16%,肉汁为 63%。

每一种微生物在食品中生长繁殖都有其最低的 a_w 要求。如果食品的 a_w 低于这一要求,微生物的生长繁殖就会受到抑制。a_w 低于 0.60 时,绝大多数微生物无法生长,故 a_w 小的食品较少出现腐败变质现象。一般说来,细菌生长所需的 $a_w > 0.9$,酵母菌为 >0.87,真菌为 >0.8。另外,同属不同种的微生物对 a_w 的要求也可不一样。细菌形成芽胞时需要的 a_w 值比它们生长需要的 a_w 值高。

2. 营养成分　食品中含有蛋白质、碳水化合物、脂肪、矿物质、维生素等,是微生物良好的培养基。

3. 抑菌成分　有些食品含有天然抑菌物质,如鲜乳中的乳铁蛋白、鸡蛋清中的溶菌酶、草莓和葡萄皮中存在的酚类化合物等,在一定时间内可起到某种程度的防腐保鲜作用。

(二)食品的理化性质

1. pH　食品 pH 的高低可改变微生物细胞膜的电离状况,影响其对营养物质的吸收;可改变微生物体内多种酶系的活动,影响其代谢,故可制约微生物生长。大多数细菌在 pH 为 7.0 左右生长最好,少数细菌在 pH 4.0 以下也能够生长。细菌对 pH 的要求比酵母菌和真菌高,故酸性食品的腐败变质主要是酵母菌和真菌引起的。

2. 渗透压　渗透压与微生物的生命活动有一定的关系。如将微生物置于低渗溶液中,菌体吸收水分发生膨胀,甚至破裂;若置于高渗溶液中,菌体则发生脱水,甚至死亡。

3. 生物结构　有些食品具有的外层结构可以抵御微生物的侵袭和破坏,如果实、种子、禽蛋等的外壳。而食品组织溃破和细胞膜碎裂则为微生物的侵入与作用提供了条件,如细碎的肉馅、解冻后的鱼和肉、籽粒不完整的粮豆,以及溃破的蔬菜、水果等,都易发生腐败变质。外观完好无损的食品,如没有破碎和伤口的马铃薯、苹果等,可以放置较长时间。

(三)环境因素

1. 温度　根据微生物对温度的适应性,可将微生物分为嗜冷、嗜温、嗜热三大类。嗜冷菌最适宜生长温度为 -10～20℃,嗜温菌为 20～45℃,嗜热菌一般在 ≥45℃条件下生长。但这三类微生物又都可以在 20～30℃生长繁殖。真菌生长温度范围较细菌广,酵母菌在嗜冷和嗜温条件下生长,但不能在嗜热环境中生长。

2. 氧气　微生物有需氧型、厌氧型和兼氧型三种类型。氧气是需氧型细菌生存所必需的,但对厌氧型细菌是其生长的抑制物质,兼氧型细菌在有氧和缺氧的条件下都能生存,但在有氧的情况下通常生长、繁殖更快些。

3. 湿度　环境相对湿度对食品 a_w 和食品表面微生物生长有较大的影响。例如把含水量少的脱水食品放在湿度大的地方,食品则易吸潮,表面水分迅速增加。长江流域梅雨季节,粮食、物品容易发霉,就是因为空气湿度太大(相对湿度常在 70% 以上)的缘故。

二、食品的细菌污染

食品中存活的细菌只是自然界细菌中的一部分，在食品卫生学上被称为食品细菌，其中绝大多数是非致病菌，它们往往与食品出现特异颜色、气味、荧光、磷光以及相对致病性有关，是评价食品卫生质量的重要指标，也是研究食品腐败变质原因、过程和控制方法的主要对象。

（一）常见的食品细菌及其食品卫生学意义

1. 常见的食品细菌　与食品安全密切相关的常见细菌主要包括假单胞菌属（*Pseudomonas*）、黄单胞杆菌属（*Xanthomonas*）、微球菌属（*Micrococcus*）、葡萄球菌属（*Staphylococcus*）、芽胞杆菌属（*Bacillus*）、梭状芽胞杆菌属（*Clostridium*）、肠杆菌科（*Enterobacteriaceae*）、弧菌属（*Vibrio*）、黄杆菌属（*Flavobacterium*）、嗜盐杆菌属（*Halobacterium*）、嗜盐球菌属（*Halococcus*）以及乳杆菌属（*Lactobacillus*）等。

（1）假单胞菌属：为革兰氏阴性无芽胞杆菌，需氧，嗜冷，兼或嗜盐，多具有分解蛋白质、碳水化合物和脂肪的能力，是重要的食品腐败性细菌。广泛分布于食品中，特别是蔬菜、肉、家禽和海产品中，是导致腐败的重要细菌。

（2）黄单胞杆菌属：与假单胞菌属的特点非常相似。为植物致病菌，是引起水果和蔬菜腐败的常见菌。

（3）微球菌属和葡萄球菌属：均为革兰氏阳性、过氧化氢酶阳性球菌，嗜中温，前者需氧，后者厌氧。它们因营养要求较低而成为食品中极为常见的菌属，可分解食品中的糖类并产生色素。

（4）芽胞杆菌属和梭状芽胞杆菌属：为革兰氏阳性菌，前者需氧或兼性厌氧，后者厌氧，均属嗜温菌，兼或有嗜热菌，是肉类及罐头食品中常见的腐败菌。

（5）肠杆菌科：为革兰氏阴性无芽胞杆菌，需氧或兼性厌氧，嗜温，多与水产品、肉及蛋的腐败有关。肠杆菌科中除志贺氏菌属及沙门氏菌属外，均是常见的食品腐败菌。大肠埃希氏菌是食品中常见的腐败菌，也是食品和饮用水的粪便污染指示菌之一；变形杆菌分解蛋白质能力非常强，是需氧腐败菌的代表；而沙雷菌可使食物发生表面变红、变黏等改变。

（6）弧菌属和黄杆菌属：均为革兰氏阴性菌，兼性厌氧，主要来自海水或淡水，可在低温和5%食盐中生长，故为鱼类及水产品中常见的腐败菌。后者还能产生色素。

（7）嗜盐杆菌属和嗜盐球菌属：均为革兰氏阴性需氧菌，嗜盐，能在含高浓度食盐（至少为12%）的食品中生长，且可产生橙红色素。多见于咸鱼、咸肉等盐腌制食品中。

（8）乳杆菌属：为革兰氏阳性菌，厌氧或微需氧，过氧化氢酶阴性杆菌，主要见于乳品中，可使其产酸酸败。该属中的许多菌可用于生产乳酸或发酵食品，污染食品后也可引起食品腐败变质。

2. 食品中的细菌菌相及其食品卫生学意义　将共存于食品中的细菌种类及其相对数量的构成称为食品的细菌菌相，其中相对数量较多的细菌称为优势菌。细菌菌相，特别是优势菌，决定了食品在细菌作用下发生腐败变质的程度与特征。

食品的细菌菌相可因污染细菌的来源、食品本身理化特性、所处环境条件和细菌之间的共生与抗生关系等因素的影响而不同，所以可根据食品的理化性质及其所处的环境条件预测食品的细菌菌相。如常温下放置的肉类，早期常以需氧的芽胞杆菌、微球菌和假单胞菌污染为主，随着腐败进程的发展，肠杆菌会逐渐增多，中后期变形杆菌会占有较大比例。而食品腐败变质引起的变化也会由于食品细菌菌相及其优势菌种的不同而出现相应的特征。因此，检验食品细菌菌相又可对食品腐败变质的程度及特征进行估计。如需氧的芽胞杆菌、假单胞菌、变形杆菌、厌氧的梭状芽胞杆菌主要分解蛋白质,分解脂肪的细菌主要为产碱杆菌等。

（二）评价食品卫生质量的细菌污染指标与食品卫生学意义

反映食品卫生质量的细菌污染指标有两个:一是大肠菌群(coliform),二是菌落总数(aerobic plate count)。

1. 大肠菌群及其食品卫生学意义 大肠菌群包括肠杆菌科的埃希氏菌属、柠檬酸杆菌属、肠杆菌属和克雷伯氏菌属。这些菌属中的细菌,均来自人和温血动物的肠道。大肠菌群指在一定培养条件下能发酵乳糖、产酸产气的需氧和兼性厌氧革兰氏阴性无芽胞杆菌。食品中大肠菌群的数量可用两种方式表示,当食品中大肠菌群含量较低时,采用相当于每 g(mL)食品中大肠菌群的最可能数(most probable number, MPN)来表示。MPN 法是基于泊松分布的一种间接计数方法,是按一定方案检验后应用统计学概论推算出的大肠菌群 MPN 值。当食品中大肠菌群含量较高时,采用平板计数培养后大肠菌群的菌落数,结果表示为每 g(mL)样品中大肠菌群的菌落数,即 CFU/g(mL)。大肠菌群的卫生学意义也包括两个方面:一是作为食品受到人与温血动物粪便污染的指示菌,因为大肠菌群都直接来自人与温血动物粪便;二是作为肠道致病菌污染食品的指示菌,因为大肠菌群与肠道致病菌来源相同,且在一般条件下大肠菌群在外界生存时间与主要肠道致病菌是一致的。

大肠菌群可以作为食品卫生质量的鉴定指标,但由于大肠菌群是嗜温菌,在 5℃ 以下基本不能生长,所以对低温菌占优势的水产品,特别是冷冻食品未必适用。因此,近年来也有用肠球菌作为粪便污染的指示菌。

2. 菌落总数及其食品卫生学意义 菌落总数是指在被检样品的单位质量(g)、容积(mL)内,在严格规定的条件下(培养基及其 pH、培育温度与时间、计数方法等)培养所形成的细菌菌落总数,以菌落形成单位(colony-forming unit, CFU)表示。菌落总数代表食品中细菌污染的数量,其对食品卫生质量的影响比细菌菌相更为明显。菌落总数的卫生学意义包括两方面:一是作为食品被细菌污染程度即清洁状态的标志。在许多国家的食品卫生标准中常采用这一指标,我国也在许多食品中制定了食品菌落总数指标。二是作为评定食品腐败变质程度(或新鲜度)的指标,可用于预测食品的耐保藏性。食品中细菌在繁殖过程中可分解食物成分,一般来讲,食品中细菌数量越多,食品腐败变质的速度就越快。例如,当鱼的菌落总数为 10^5 CFU/cm^2 时,在 0℃ 条件下可保存 6 天;而菌落总数为 10^3CFU/cm^2 时,同样条件下可保存至 12 天。

三、真菌与真菌毒素对食品的污染及其预防

（一）真菌与真菌毒素概述

1. 真菌和真菌毒素的定义 真菌(fungi)是一类不含叶绿素,无根、茎、叶分化,具有细胞壁的真核细胞型微生物。真菌广泛分布于自然界并可作为食品中正常菌相的一部分,某些真菌被用来加工食品,但在特定情况下又可造成食品的腐败变质。部分真菌本身可作为病原体引发人类疾病,并且其代谢产物真菌毒素(mycotoxins)对人及动物产生毒性。真菌毒素主要是指真菌在粮油、食品、中药材或饲料等基质里生长所产生的有毒代谢产物,多为小分子化合物。真菌毒素通常具有耐高温和主要侵害实质器官的特性。人和动物一次性摄入含大量真菌毒素的食物常会发生急性中毒,而低剂量长期摄入含真菌毒素的食物则可能导致慢性毒性。

2. 真菌产毒的特点

（1）真菌产毒只限于少数的产毒真菌,而产毒菌种中也只有一部分菌株产毒。同一菌种中不同

的菌株产毒能力不同,可能是取决于菌株本身的生物学特性、外界条件的不同,或两者兼有之。

(2)同一产毒菌株的产毒能力有可变性和易变性。如产毒菌株经过多次传代培养可完全失去产毒能力,而非产毒菌株在一定条件下可出现产毒能力。

(3)产毒菌种产生真菌毒素不具有严格的专一性,即一种菌种或菌株可以产生几种不同的毒素,而同一真菌毒素也可由几种真菌产生。如杂色曲霉毒素可由杂色曲霉、黄曲霉和构巢曲霉产生,又如岛青霉可以产生黄天精、红天精、岛青霉毒素以及环氯素等几种毒素。

(4)产毒真菌产生毒素需要一定的条件。真菌污染食品并在食品上繁殖是产毒的先决条件,而真菌是否能在食品上繁殖和产毒又与食品的种类和环境因素等有关。

3. 真菌产毒的条件

(1)基质:一般而言,营养丰富的食品其真菌生长的可能性大,真菌在天然食品上比在人工合成的培养基上更易繁殖。但不同的真菌菌种易在不同的食品中繁殖,即各种食品中出现的真菌以一定的菌种为主,如玉米与花生中黄曲霉及其毒素检出率高,镰刀菌及其毒素主要污染小麦和玉米,青霉及其毒素主要在大米中出现。

(2)水分:食品中的水分对真菌的繁殖与产毒具有重要的作用。以最易受真菌污染的粮食为例,粮食的安全储存水分为11%~16%。粮食 a_w 值降至0.7以下,一般真菌均不能生长。

(3)湿度:在不同的相对湿度中,易于繁殖的真菌不尽相同。例如,相对湿度在90%以上时,主要为湿生性真菌(毛霉、酵母菌属)繁殖;80%~90%时,主要是中生性真菌(大部分曲霉、青霉、镰刀菌属)繁殖;而在80%以下时,主要是干生性真菌(灰绿曲霉、局限青霉、白曲霉)繁殖。一般在非密闭状态下,粮食中水分与环境相对湿度可逐渐达到平衡,在相对湿度为70%时,真菌即不能产毒。

(4)温度:不同种类的真菌其最适温度不一样。大多数真菌繁殖最适宜的温度为25~30℃,在0℃以下或30℃以上时,产毒能力减弱或消失,但也有例外的情况,如雪腐镰刀菌,适宜的产毒温度为5~15℃;而毛霉、根霉、黑曲霉、烟曲霉繁殖的适宜温度为25~40℃。

(5)通风情况:大部分真菌繁殖和产毒需要有氧条件,但毛霉、庆绿曲霉是厌氧菌,并可耐受高浓度的 CO_2。

4. 主要产毒真菌及主要真菌毒素

(1)主要产毒真菌:目前已知的产毒真菌主要包括曲霉菌属(*Aspergillus*, *A*)、青霉菌属(*Penicillium*, *P*)和镰刀菌属(*Fusarium*, *F*)等。

1)曲霉菌属:曲霉在自然界分布极为广泛,对有机质分解能力很强,有些菌种如黑曲霉(*A.niger*)等被广泛用于食品工业。但是曲霉也是重要的食品污染真菌,有些菌种在一定条件下还产生毒素。曲霉菌属中可产生毒素的菌种有黄曲霉(*A.flavus*)、赭曲霉(*A.ochraceus*)和杂色曲霉(*A.versicolor*)等。

2)青霉菌属:青霉分布广泛,种类很多,经常存在于土壤、粮食和果蔬上。有些菌种能产生多种酶及有机酸,具有很高的经济价值。另外,青霉可引起果蔬、谷物及食品的腐败变质,有些菌还可产生毒素,包括岛青霉(*P.islandicum*)、桔青霉(*P.citrinum*)和黄绿青霉(*P.citreoviride*)等。

3)镰刀菌属:镰刀菌属包括的菌种很多,其中大部分是植物的病原菌,并能产生毒素,包括禾谷镰刀菌(*F.graminearum*)、拟枝孢镰刀菌(*F.sporotrichioides*)、雪腐镰刀菌(*F.nivale*)、粉红镰刀菌(*F.roseum*)等。

4)其他菌属:如绿色木霉(*Trichoderma viride*)、漆斑菌属(*Myrothecium toda*)、黑色葡萄状穗霉

（*Stachybotus corda*）等。

（2）主要真菌毒素：目前已知的真菌毒素大约为 200 种，一般按其产生毒素的主要真菌名称来命名。有的真菌毒素在粮食收获前已经产生，如镰刀菌在作物的生长期感染作物后，引起粮食作物的病害，并产生毒素。有些真菌毒素是在粮食作物收获后或储存期间产生的，如由于粮食中水分过高或受潮而使曲霉或青霉生长产毒。

比较重要的真菌毒素有黄曲霉毒素、赭曲霉素、杂色曲霉毒素、岛青霉素、黄天精、环氯素、展青霉素、桔青霉素、皱褶青霉素、青霉酸、单端孢霉烯族化合物、玉米赤霉烯酮、伏马菌素等。

5. **真菌污染的食品卫生学意义**　真菌污染食品后，在基质及环境条件适宜时，可使食品原料的加工品质下降，如出粉率、出米率、黏度等降低，甚至可引起食品的腐败变质，不仅可使食品呈现异样颜色、产生霉味等异味，还可导致食用价值降低，或完全不能食用。粮食类及其制品被真菌污染而造成的损失最为严重，据估算，每年全世界平均至少有 2% 的粮食因真菌污染发生霉变而不能食用。

真菌毒素是农产品的主要污染物之一，人畜进食被其污染的粮食和饲料可能会发生中毒。真菌的大量生长繁殖与产生毒素是真菌毒素中毒的前提，这需要一定的条件，特别是温度、湿度、易于引起中毒的食品在人群中被食用情况及饮食习惯等，所以真菌毒素中毒可表现出较为明显的地方性和季节性，甚至有些中毒可具有地方病的特征。如早在 18 世纪即有人类食用面粉引起麦角中毒的报道；在世界很多地方也都发生过赤霉病麦中毒；西伯利亚东部地区居民食用田间越冬小麦，其中含有三线镰刀菌产生的 T-2 毒素，发生食物中毒性白细胞缺乏症（alimentary toxic aleukia，ATA）。20 世纪 40 年代，日本的大米因受青霉菌污染而呈现黄色（黄变米），其中含有损害肝脏的毒素，结果食用后引起中毒。20 世纪 60 年代又发现被黄曲霉污染并含有黄曲霉毒素的饲料引起畜禽中毒。

（二）黄曲霉毒素

黄曲霉毒素（*aflatoxin*，AF）是黄曲霉和寄生曲霉产生的一类代谢产物。寄生曲霉的所有菌株都能产生 AF，而黄曲霉中的某些菌株产毒。在我国寄生曲霉罕见，黄曲霉是我国粮食和饲料中常见的真菌。20 世纪 60 年代英国发生十万只火鸡突发性死亡事件，经研究证实为黄曲霉污染饲料产生的 AF 引起。由于 AF 具有极强的毒性和致癌性，因而受到重视。

1. **化学结构及性质**　AF 是一类结构类似的化合物，相对分子量是 312～346，其基本结构都有二呋喃环和香豆素（氧杂萘邻酮），在紫外线下都发出荧光，根据荧光颜色及其结构分别命名为 B_1、B_2、G_1、G_2、M_1、M_2 等，B_1、B_2 呈蓝色，G_1 呈绿色，G_2 呈绿蓝色，M_1 呈蓝紫色，M_2 呈紫色，其化学结构式见图 9-1。AF 的毒性与其结构有关，凡二呋喃环末端有双键者毒性较强并有致癌性，AF 的毒性顺序如下：$B_1 > M_1 > G_1 > B_2 > M_2$。在粮油食品中以 AFB_1 污染最多见，而且其毒性和致癌性最强，因此，在食品卫生监测中常以 AFB_1 作为污染指标。

AF 耐热，在一般烹调加工温度下不易被破坏，在 280℃ 时发生化学键断裂。AF 在水中溶解度很低，几乎不溶于水，能溶于油脂和甲醇、丙酮、氯仿等多种有机溶剂，但不溶于石油醚、己烷和乙醚。

2. **代谢途径与代谢产物**　AFB_1 进入体内主要在肝脏进行代谢，在肝细胞微粒体混合功能氧化酶系的催化下，AFB_1 发生羟化、脱甲基和环氧化反应（图 9-2）。

AFM_1 是 AFB_1 在肝微粒体酶催化下的羟化产物，最初在牛乳、羊乳中发现。AFQ_1 是 AFB_1 羟化后的另一代谢产物，其羟基在环戊烷 β 碳原子上，AFB_1 转变为 AFQ_1 可能是一种解毒过程。AFB_1 在动物肝脏中经酶作用在末端环戊烷基形成的二级醇为黄曲霉毒醇，但此为可逆反应，故不能认为

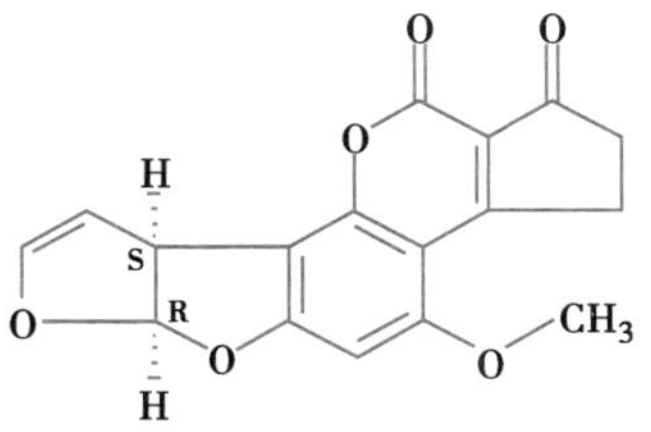

黄曲霉毒素B_1

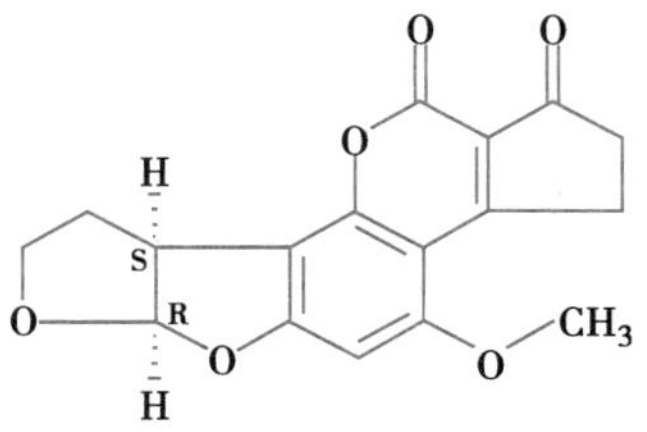

黄曲霉毒素B_2

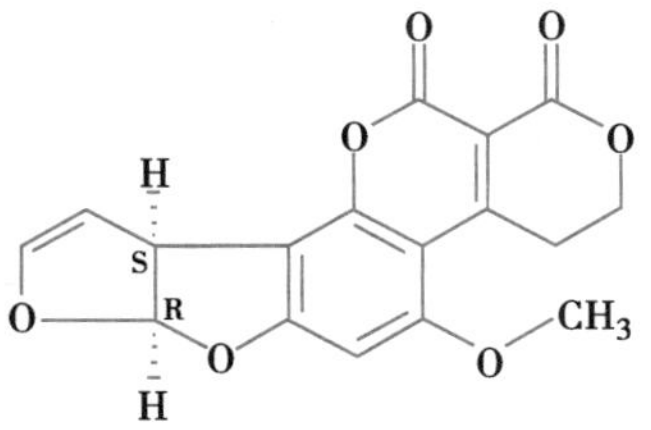

黄曲霉毒素G_1

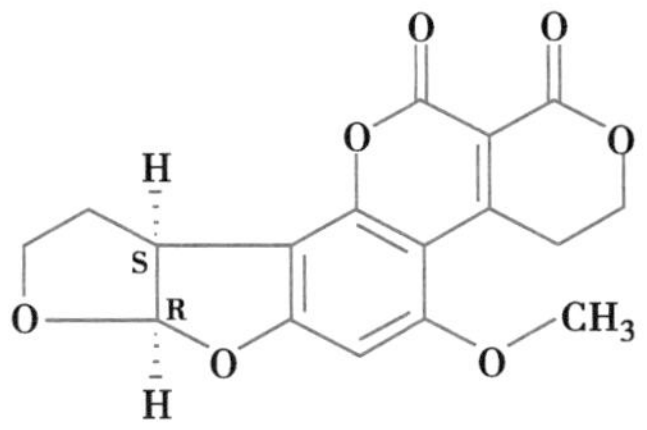

黄曲霉毒素G_2

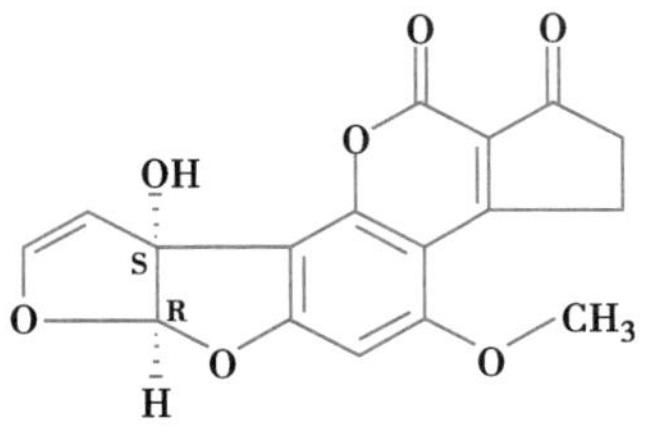

黄曲霉毒素M_1

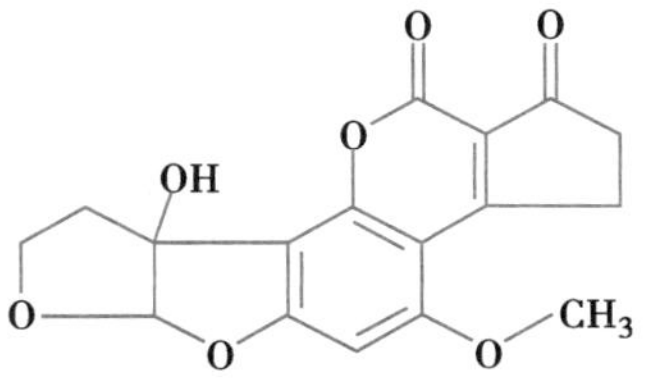

黄曲霉毒素M_2

图 9-1　几种黄曲霉毒素的结构式

该过程是一种解毒过程。AFH_1 是 AFQ_1 的还原产物，也可能是黄曲霉毒醇的羟化衍生物，黄曲霉毒醇转变为 AFH_1 可能是另一种解毒过程。AFB_1 形成的另一个主要代谢产物是 AFP_1，是 AFB_1 的 6-去甲基酚型产物。AFB_1-2，3 环氧化物是 AFB_1 二呋喃环末端双键的环氧化代谢产物。该环氧化物一部分可与谷胱甘肽硫转移酶、尿苷二磷酸 - 葡萄糖醛基转移酶或磺基转移酶结合形成大分子，经环氧化酶催化水解而被解毒；另一部分则与生物大分子 DNA、RNA 以及蛋白质结合发挥其毒性、致癌性和致突变作用。AFB_1、G_1、M_1 二呋喃环上的双键极易发生环氧化反应，因此毒性很强；而 AFB_2 和 G_2 因不具有二呋喃环双键而毒性较低。AFB_1 的代谢活化产物可与 DNA 形成加合物，与 AFB_1 致癌的敏感性密切相关，主要作用为激活原癌基因。近年来，定量分析 AFB_1-DNA 加合物已成为检测 AFB_1 毒性效应的一个指标。

AF 的代谢产物除 AFM_1 大部分从乳汁中排出外，其余可经尿、粪及呼出的 CO_2 排泄。一次摄入 AF 后，约经一周的时间大部分即可经呼吸、尿、粪等途径排出。

3. 产毒条件和对食品的污染　黄曲霉生长产毒的温度范围是 12～42℃，最适产毒温度为 25～33℃，最适 a_w 值为 0.93～0.98。黄曲霉在水分为 18.5% 的玉米、稻谷、小麦上生长时，第 3 天开始产生 AF，第 10 天产毒量达到最高峰，以后便逐渐减少。黄曲霉产毒的这种迟滞现象，意味着高水分粮食如在 2 天内及时干燥，将水分降至 13% 以下，即使污染黄曲霉也不会产生毒素。不同的黄曲霉菌株产毒能力差异很大。

AF 主要污染粮油及其制品，其中以玉米、花生和棉籽油最易受到污染，其次是稻谷、小麦、大麦、豆类等。除粮油食品外，我国还有干果类食品（如胡桃、杏仁、榛子）、动物性食品（如乳及乳制品、肝、干咸鱼等）以及干辣椒中有 AF 污染的报道。大规模工业生产的发酵制品，如酱、酱油中一

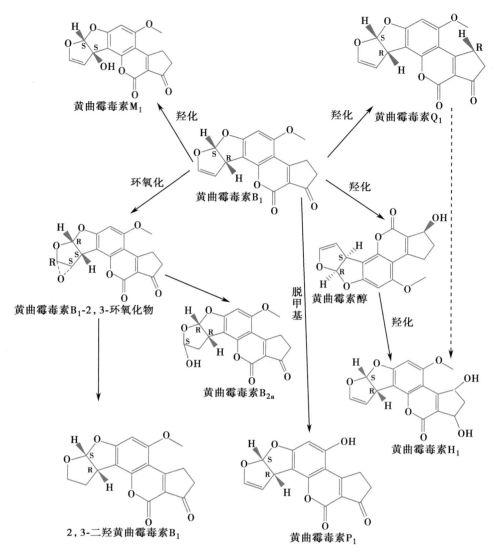

图 9-2　黄曲霉毒素 B$_1$ 的代谢途径

般无污染,但家庭自制发酵食品曾报告有 AF 产生。我国受黄曲霉毒素污染严重的地区是长江流域以及长江以南的广大高温高湿地区,华北、东北和西北地区只有个别样品受到污染。奶牛进食被 AFB$_1$ 污染的饲料后其牛乳中排出 AFB$_1$ 的羟基化代谢产物 AFM$_1$。牛乳及其制品中的 AFM$_1$ 相对稳定,巴氏消毒、奶酪及酸奶的加工过程均对 AFM$_1$ 的水平无影响。

4.毒性　AF 有很强的急性毒性,也有明显的慢性毒性与致癌性。AF 对肝脏有特殊亲和性,具有较强的肝脏毒性并有致癌作用。

(1)急性毒性:AF 是一种剧毒物质,对鱼、鸡、鸭、鼠类、兔、猫、猪、牛、猴及人均有极强的毒性。鸭雏和幼龄的鲑鱼对 AFB$_1$ 最敏感,其次是鼠类和其他动物。常见动物的 LD$_{50}$ 为:大鼠(雄)7.2mg/kg,大鼠(雌)17.9mg/kg,小鼠 9.0mg/kg,兔 0.30~0.50mg/kg,猫 0.55mg/kg,猴 2.2~3.0mg/kg。多数敏感动物在摄入毒素后的 3 天内死亡,在解剖中发现它们的肝脏均有明显损伤,可见肝实质细胞坏死、胆管上皮增生、肝脂肪浸润及肝出血等急性病变。AF 亦可引起人的急性中毒,最典型事例为 1974 年印度 200 个村庄居民因食用霉变玉米而暴发的 AF 中毒性肝炎。该次中毒发病人数近 400 人,中毒临床表现以黄疸为主,出现发热、呕吐和厌食,重者出现腹腔积液、下肢水肿、肝脾大及肝硬化，甚至死亡，在尸检中可见到肝胆管增生。检测发现这些霉变玉米中 AFB_1 的含量为 6.25～15.6mg/kg。推算每人平均摄入 AFB_1 的量大约为 2～6mg/d。

（2）慢性毒性：主要表现为动物生长障碍，肝脏出现亚急性或慢性损伤，肝功能降低，肝实质细胞坏死、变性，胆管上皮增生、形成结节，出现肝硬化。其他症状表现为体重减轻、生长发育迟缓、食物利用率下降、母畜不孕或产仔减少等。此外，AF 还可使肝中脂肪含量升高、肝糖原降低、血浆白蛋白降低、白蛋白与球蛋白（A/G）比值下降、肝内维生素 A 含量减少等。

（3）致癌性：AF 是目前公认的最强的化学致癌物质。国际癌症研究机构（IARC）将 AFB_1 列为人类致癌物。实验证明，猴、大鼠、禽类、鱼类等多种动物小剂量反复摄入或大剂量一次摄入 AF 皆能引起癌症，主要是肝癌。AF 致肝癌强度比二甲基亚硝胺诱发肝癌的能力大 75 倍。出现的肝癌多为肝细胞型，少数为胆管型或混合型。

AF 不仅可诱发肝癌，还可诱发其他部位肿瘤，如胃腺癌、肾癌、直肠癌，以及乳腺、卵巢、小肠、气管等部位的肿瘤。

亚非国家及我国肝癌流行病学调查结果发现，某些地区人群膳食中 AF 水平与原发性肝癌的发生率呈正相关。例如，非洲撒哈拉沙漠以南的高温高湿地区，AF 污染比较严重，当地居民肝癌发病较多。相反，埃及等干燥地区，AF 污染并不严重，肝癌发病较少。在菲律宾某些玉米和花生酱受 AF 污染较严重的地区，肝癌的发生率较一般地区高 7 倍以上。我国的情况也类似。尽管认为乙肝病毒感染是原发性肝癌的重要原因，但在原发性肝癌发病机制中 AF 接触水平比乙肝病毒的感染及流行更为重要。

5. 预防措施

（1）食物防霉：是预防食品被 AF 污染的最根本措施。要利用良好的农业生产工艺，从田间开始防霉。首先要防虫、防倒伏；在收获时要及时排除霉变玉米棒。在粮食收获后，必须迅速将水分含量降至安全水分以下。《粮食安全储存水分》（GB/T 43994—2024）规定，不同粮层平均温度最高值下，不同粮粒其安全储存水分不同，如粮层平均温度最高值为 25℃时，小麦、早籼稻、晚籼稻、玉米的粮食安全储存水分分别为 13.0%、14.0%、14.5% 和 14.0%。粮食入仓后，要保持粮库内干燥，注意通风。有些地区使用各种防霉剂来保存粮食，但要注意其在食品中的残留及其本身的毒性。选用和培育抗霉的粮豆新品种将是防霉工作的一个重要方面。

（2）去除毒素：常用的方法有：①挑选霉粒法：对花生、玉米去毒效果好。②碾轧加工法：受污染的大米加工成精米，可降低毒素含量。③加水搓洗法。④植物油加碱去毒法：碱炼本身就是油脂精炼的一种加工方法，AF 与 NaOH 反应，其结构中的内酯环被破坏形成香豆素钠盐，后者溶于水，故加碱后再用水洗可去除毒素。但此反应具有可逆性，香豆素钠盐遇盐酸可重新生成为 AF，故水洗液应妥善处理。⑤物理去除法：在含毒素的植物油中加入活性白陶土或活性炭等吸附剂，然后搅拌静置，毒素可被吸附而去除。⑥紫外光照射：利用 AF 在紫外光照射下不稳定的性质，可用紫外光照射去毒。此法对液体食品（如植物油）效果较好，而对固体食品效果不明显。⑦氨气处理法：在 18kg 氨压、72～82℃状态下，谷物和饲料中 98%～100% 的 AF 会被除去，并且使粮食中的含氮量增加，同时不会破坏赖氨酸。

（3）制定食品中 AF 限量标准：限定各种食品中 AF 含量是控制 AF 对人体危害的重要措施。《食品安全国家标准　食品中真菌毒素限量》（GB 2761—2017）中 AFB_1 限量标准如下：玉米、玉米油、花生、花生油不得超过 20μg/kg，玉米及花生制品（按原料折算）不得超过 20μg/kg，大米、其他食用油不得超过 10μg/kg，其他粮食、豆类、发酵食品不得超过 5μg/kg，特殊膳食用食品不得超过 0.5μg/kg。

我国还规定乳及乳制品,特殊膳食用食品中 AFM$_1$ 含量不得超过 0.5μg/kg。

(三)镰刀菌毒素

镰刀菌毒素是由镰刀菌产生的,按其化学结构可分为单端孢霉烯族化合物(trichothecenes)、玉米赤霉烯酮(zearelenone)、丁烯酸内酯(butenolide)和伏马菌素(fumonisin)等。

1. 单端孢霉烯族化合物　是由雪腐镰刀菌、禾谷镰刀菌、梨孢镰刀菌、拟枝孢镰刀菌等多种镰刀菌产生的一类有毒代谢产物,其基本结构是倍半萜烯,分为 A 和 B 两型。单端孢霉烯族化合物主要有 T-2 毒素、二醋酸藨草镰刀菌烯醇(diacetoxyscirpenol, DAS)、雪腐镰刀菌烯醇(nivalenol, NIV)和脱氧雪腐镰刀菌烯醇(deoxynivalenol, DON)。我国粮食受到污染的主要是后两种。该族化合物化学性质稳定,可溶于中等极性的有机溶剂,难溶于水。紫外光下不显荧光,耐热,在烹调过程中不易破坏;毒性作用的共同特点表现为较强的细胞毒性、免疫抑制及致畸作用,部分有较弱的致癌性,急性毒性强,可致人与动物呕吐。主要污染麦类、玉米及其制品。

(1)T-2 毒素:是三线镰刀菌和拟枝孢镰刀菌产生的代谢产物,为 A 型单端孢霉烯族化合物,是食物中毒性白细胞缺乏症的病原物质。T-2 毒素主要破坏分裂迅速、增殖活跃的组织器官,导致多系统、多器官的损伤。尤其是骨髓、胸腺组织受损严重,表现为白细胞减少、凝血时间延长、骨髓坏死。有报道其对小鼠有胚胎毒性和致癌性。

(2)二醋酸藨草镰刀菌烯醇:主要由藨草镰刀菌和木贼镰刀菌产生,为 A 型单端孢霉烯族化合物。其毒性与 T-2 毒素有相似之处,如损害动物骨髓等造血器官,引起白细胞持续减少。

(3)雪腐镰刀菌烯醇与镰刀菌烯酮-X:两者均为 B 型单端孢霉烯族化合物,可引起人的恶心、呕吐、头痛、疲倦等症状,也可引起小鼠体重下降、肌肉张力下降及腹泻等。

(4)脱氧雪腐镰刀菌烯醇:也称致呕毒素(vomitoxin),主要由禾谷镰刀菌、黄色镰刀菌及雪腐镰刀菌产生。它是人类赤霉病麦中毒的主要病原物质,其毒性作用主要是致呕吐。猪对 DON 的致吐作用最敏感。DON 具有很强的细胞毒性,对生长较快的细胞如胃肠道黏膜细胞、淋巴细胞、胸腺细胞、脾细胞和骨髓造血细胞等均有损伤作用。DON 既是一种免疫抑制剂,又是一种免疫促进剂,其作用与剂量、作用时间有关,可诱导并促进免疫细胞的凋亡,抑制其增殖;促进 IgA 分泌,抑制 IgM 和 IgG 的分泌。DON 有一定的致畸、致突变作用,但致癌作用不明确。

2. 玉米赤霉烯酮　又称 F-2 毒素,是一类结构相似的二羟基苯酸内酯化合物。产毒菌株为禾谷镰刀菌、粉红镰刀菌、尖孢镰刀菌、三线镰刀菌、串珠镰刀菌、黄色镰刀菌以及雪腐镰刀菌等。该毒素具有类雌激素样作用,可表现出生殖系统毒性作用。猪为敏感动物,雌性猪主要表现为外阴充血、乳房肿大,甚至不育;雄性猪主要表现为睾丸萎缩、乳腺肿大等雌性变化。玉米赤霉烯酮也有免疫毒性,对肿瘤发生也有一定影响。该毒素主要污染玉米,其次是小麦、大麦、大米等粮食作物。

3. 丁烯酸内酯　由三线镰刀菌、雪腐镰刀菌、拟枝孢镰刀菌和梨孢镰刀菌产生,在自然界发现于牧草中,而牛喂饲带毒素牧草会导致烂蹄病。在我国大骨节病区的玉米中发现有丁烯酸内酯存在。

4. 伏马菌素　是一类由不同的多氢醇和丙三烯酸形成的二酯类化合物,主要由串珠镰刀菌产生,可分伏马菌素 B$_1$(FB$_1$)和伏马菌素 B$_2$(FB$_2$)两类。食品中以 FB$_1$ 污染为主,主要污染玉米及其制品。目前已知伏马菌素主要的危害是神经毒性作用,可引起马的脑白质软化;此外伏马菌素还具有慢性肾脏毒性,可引起羊的肾脏病变;还可引起猪肺水肿、大鼠肝中毒及狒狒心脏血栓等。伏马菌素是促癌物,主要引起动物原发性肝癌。南非与中国某些食管癌高发区玉米中该毒素污染较严重。

5. 预防措施　包括防霉去毒、加强检测及制定食品中限量标准。防霉首先要注意田间管理,精耕细作，以及选择抗赤霉病的作物，以防治赤霉病。粮食储藏期间注意通风，对污染的粮食可采用比重分离法或碾磨去皮法等减少病麦或去除病麦的毒素。《食品安全国家标准 食品中真菌毒素限量》（GB 2761—2017）中规定小麦、大麦、玉米及其制品中 DON 的限量为 1 000μg/kg，小麦、玉米及其制品中玉米赤霉烯酮的限量为 60μg/kg。

（四）赭曲霉毒素

赭曲霉毒素（ochratoxin）包括赭曲霉毒素 A、B、C 和 D 等至少 7 种结构相似的真菌代谢产物。其中赭曲霉毒素 A（ochratoxin A，OTA）是已知的毒性较强的物质，可由赭曲霉、洋葱曲霉、鲜绿青霉、圆弧青霉、变幻青霉等产生。

OTA 的急性毒性很强，大鼠经口 LD_{50} 为 20～30mg/kg。动物中毒的靶器官主要为肾脏和肝脏，可见到肾曲管上皮细胞萎缩、间质细胞纤维化及肾小球透明性变等；肝脏可见脂肪变性及肝细胞透明样变、点状坏死及灶状坏死等。大鼠和仓鼠实验发现赭曲霉毒素还有胚胎毒性和致畸性，一些动物实验显示，OTA 还是一种肾脏致癌物。

赭曲霉毒素主要污染玉米、大豆、可可豆、大麦、柠檬类水果、腌制的火腿、花生、咖啡豆等，主要检出的是 OTA。《食品安全国家标准 食品中真菌毒素限量》（GB 2761—2017）中规定谷类、豆类及其制品、烘焙咖啡和咖啡豆中 OTA 的限量为 5.0μg/kg，速溶咖啡的限量为 10.0μg/kg，葡萄酒的限量为 2.0μg/kg。

（五）展青霉素

展青霉素（patulin）是一种由扩展青霉、荨麻青霉、细小青霉、棒曲霉、土曲霉和巨大曲霉以及丝衣霉等多种真菌产生的有毒代谢产物。展青霉素可存在于霉变的面包、香肠，以及香蕉、梨、菠萝、山楂、葡萄和桃子等水果、苹果汁、苹果酒中。

展青霉素对小鼠经口 LD_{50} 为 35mg/kg。小鼠中毒死亡的主要病变为肺水肿、出血，肝、脾、肾淤血，中枢神经系统亦有水肿和充血。鸡胚实验表明其有致畸作用。日本曾发生展青霉素污染饲料引起的奶牛中毒事件，主要表现为上行性神经麻痹、脑水肿和灶性出血。对展青霉素的致癌作用尚需进一步研究。

展青霉素预防的首要措施仍然是防霉。《食品安全国家标准 食品中真菌毒素限量》（GB 2761—2017）中规定山楂、苹果及其制品（果丹皮除外）、以山楂或苹果为原料制成的饮料和酒类中展青霉素的限量为 50μg/kg。

（六）其他真菌毒素

与食品污染关系密切的真菌毒素还有杂色曲霉毒素、烟曲霉震颤素、桔青霉素、黄绿青霉素、黄天精、红天精、皱褶青霉素、环氯素、青霉酸等。

1. 杂色曲霉毒素 杂色曲霉毒素（sterigmatocystin，ST）由杂色曲霉和构巢曲霉等产生，基本结构为一个双呋喃环和一个氧杂蒽酮，与黄曲霉毒素的结构相似。该毒素中目前已确定结构的有十几种。杂色曲霉毒素大鼠经口 LD_{50} 为 120～160mg/kg，急性中毒的病变特征是肝、肾坏死。其具有较强的致癌性，可以导致动物的肝癌、肾癌、皮肤癌和肺癌，其致癌性仅次于 AF。

2. 黄变米毒素 黄变米是 20 世纪 40 年代日本在大米中发现的。黄变米不但失去食用价值，而且含有岛青霉素、黄绿青霉素、桔青霉素、皱褶青霉素等多种毒素。岛青霉产生的毒素成分有黄天精（也叫黄变米毒素）、环氯素、红天精和岛青霉环肽毒素（也叫岛青霉素），前两种毒素都是肝脏毒，急性中毒可造成动物发生肝萎缩现象；慢性中毒发生肝纤维化、肝硬化或肝肿瘤，可导致大鼠肝癌。黄绿青霉毒素为一种神经毒，中毒特征为中枢神经麻痹、导致心脏及全身麻痹，最后因呼吸衰竭而死亡。桔青霉素是一种肾脏毒,可导致实验动物肾脏肿大,肾小管扩张和上皮细胞变性坏死。皱褶青霉素与黄天精一样,也可以诱发肝癌。

四、食品的腐败变质

食品腐败变质(food spoilage)是指食品在以微生物为主的各种因素作用下,其原有化学性质或物理性质发生变化,降低或失去其营养价值的过程。例如肉、鱼、禽、蛋的腐臭,粮食的霉变,蔬菜水果的溃烂,油脂的酸败等。

(一)食品腐败变质的原因和条件

食品腐败变质是以食品本身的组成和性质为基础,在环境因素影响下,主要由微生物的作用引起,是食品本身、环境因素和微生物三者互为条件、相互影响、综合作用的结果。

1. 微生物 是食品发生腐败变质的重要原因。在食品腐败变质过程中起重要作用的是细菌、酵母菌和真菌,但一般情况下细菌更占优势。

分解蛋白质而使食品变质的微生物,主要是细菌、真菌和酵母菌,它们多数是通过分泌胞外蛋白酶来完成的。绝大多数细菌都具有分解某些糖的能力,特别是利用单糖的能力极为普遍,某些细菌能利用有机酸或醇类;多数真菌都有分解简单碳水化合物的能力,能够分解纤维素的真菌并不多;大多数酵母菌有利用有机酸的能力。分解脂肪的微生物能分泌脂肪酶,使脂肪水解为甘油和脂肪酸。一般来讲,对蛋白质分解能力强的需氧性细菌,同时大多数也能分解脂肪。能分解脂肪的真菌比细菌多,在食品中常见的有曲霉属、白地霉、代氏根霉、娄地青霉和芽枝霉属等。酵母菌分解脂肪的菌种不多,主要是解脂假丝酵母菌,这种酵母菌不发酵糖类,但分解脂肪和蛋白质的能力却很强。

2. 食品本身的组成和性质

(1)食品中的酶:食品本身就是动植物组织的一部分,在宰杀或收获后一定时间内其所含酶类要继续进行一些生化过程,如新鲜的肉后熟以及粮食、蔬菜、水果的呼吸作用等,可引起食品组成成分的分解,加速食品的腐败变质。

(2)食品的营养成分和水分:食品含有丰富的营养成分,是微生物的良好培养基,不同的食品中,各种营养成分的比例差异很大,而各种微生物分解各类营养物质的能力不同,因此食品腐败变质的进程及特征也不同。如蛋白质腐败主要是富含蛋白质的动物性食品,而碳水化合物含量高的食品主要在细菌和酵母菌的作用下以产酸发酵为基本特征。食品中水分是微生物赖以生存和食品成分分解的基础,食品的 a_w 值越小,微生物越不易繁殖,食品越不易腐败变质。

(3)食品的理化性质:食品 pH 高低是制约微生物生长、影响食品腐败变质的重要因素之一。食品的渗透压与微生物的生命活动有一定的关系,低渗与高渗环境均可造成菌体死亡。在食品中加入不同量的糖或盐,可以形成不同的渗透压。同时,所加的糖或盐越多,渗透压越大,食品的 a_w 值就越小。

(4)食物的状态:食品外观完好无损,可抵御微生物的入侵;食品胶态体系的破坏以及不饱和脂肪酸、色素、芳香物质等的变化,均可引起食品色、香、味、形的改变。

3. 环境因素 食品所处环境的温度、湿度、氧气、阳光(紫外线)的照射等对食品的腐败变质均有直接作用,对食品的保藏有重要影响。

(二)食品腐败变质的化学过程

1. 食品中蛋白质的分解 畜、禽、鱼、蛋和大豆制品等富含蛋白质的食品,主要由于蛋白质分解而引起腐败变质。食物中的蛋白质在微生物的蛋白酶和肽链内切酶等作用下可分解形成氨基酸，氨基酸及其他含氮的低分子物质再通过脱羧基、脱氨基、脱硫作用，形成多种腐败产物。由于蛋白质的分解，食品组织失去原有的坚韧度，导致食品外形、结构或色泽都发生异常变化。蛋白质分解后产生的胺类具有挥发性和特异的臭味。在细菌脱羧酶的作用下，酪氨酸、组氨酸、赖氨酸和鸟氨酸分别生成酪胺、组胺、尸胺及腐胺，后两者均具有恶臭气味；在微生物脱氨基酶的作用下氨基酸脱去氨基而生成氨，脱下的氨基与甲基构成一甲胺、二甲胺和三甲胺；色氨酸脱羧基后形成色胺，又可脱掉氨基形成甲基吲哚而具有粪臭味；含硫的氨基酸在脱硫酶作用下可脱掉硫产生具有恶臭味的硫化氢。

2. 食品中脂肪的酸败 脂肪酸败的食品主要是食用油及含油脂高的食品，脂肪的腐败程度受脂肪酸的饱和程度、紫外线、氧、水分、天然抗氧化物质、食品中微生物的脂肪酶等多种因素的影响。此外，铜、铁、镍等金属离子及油料中的动植物残渣均有促进油脂酸败的作用。

油脂酸败的化学过程复杂，主要是经水解与氧化，产生相应的分解产物。中性脂肪分解为甘油和脂肪酸，随后进一步氧化为低级的醛、酮、酸等；不饱和脂肪酸的双键被氧化形成过氧化物，进一步分解为醛、酮、酸。在酸败过程中所形成的醛、酮和某些羧酸使油脂带有特殊的刺激性臭味，即所谓的"哈喇"气味。

不饱和脂肪酸含量越高的食品越容易氧化。脂类氧化形成的自由基与其他物质结合，生成过氧化物、交联过氧化物、环氧化物，并向食品体系释放出氧，不仅引起必需脂肪酸的破坏，还会造成维生素和色素的破坏。

在脂肪分解的早期，酸败尚不明显，由于产生过氧化物和氧化物而使脂肪的过氧化物值上升；其后则由于形成各种脂肪酸而使油脂酸价升高；当不同脂肪酸在不同条件下发生醛酸败与酮酸败时，可产生醛、酮等羰基化合物，羰基(醛酮)反应阳性。在油脂酸败过程中，脂肪酸的分解可使其固有的碘价、凝固点、比重、折光率、皂化价等发生变化。

3. 食品中碳水化合物的分解 含有较多碳水化合物的食品主要是粮食、蔬菜、水果和糖类及其制品，这类食品腐败变质时，主要是碳水化合物在微生物或动植物组织中酶的作用下，经过产生双糖、单糖、有机酸、醇、醛等一系列变化，最后分解成二氧化碳和水。这个过程的主要变化是食品的酸度升高，并带有甜味、醇类气味等。

(三)食品腐败变质的鉴定指标

食品腐败变质的鉴定一般采用感官、物理、化学和微生物四个方面的指标。

1. 感官鉴定 食品的感官鉴定是指通过视觉、嗅觉、触觉、味觉等人的感觉器官对食品的组织状态和外在的卫生质量进行鉴定。食品腐败初期产生腐败臭味，发生颜色的变化(褪色、变色、着色、失去光泽等)，出现组织变软、变黏等现象，都可以通过感官分辨出来，如通过嗅觉可以判定出食品极轻微的腐败变质。

2. 物理指标 食品的物理指标主要是根据蛋白质、脂肪分解时低分子物质增多的变化，可测定食品浸出物量、浸出液电导度、折光率、冰点、黏度等指标。

3. 化学鉴定 微生物的代谢可引起食品化学组成的变化，并产生多种腐败性产物，直接测定这些腐败产物就可作为判断食品质量的依据。

(1)挥发性盐基总氮：挥发性盐基总氮(total volatile basic nitrogen, TVBN)指食品水浸液在碱性条件下能与水蒸气一起蒸馏出来的总氮量，即在此种条件下能形成氨的含氮物。研究表明，TVBN与食品腐败变质程度之间有明确的对应关系。在我国食品安全标准中该指标已被列入鱼、肉类蛋白腐败鉴定的化学指标。

（2）三甲胺：三甲胺是季胺类含氮物经微生物还原产生的，新鲜鱼虾等水产品和肉中没有三甲胺。三甲胺主要用于测定鱼、虾等水产品的新鲜程度。

（3）组胺：食品腐败变质时，细菌分泌的组氨酸脱羧酶可使鱼贝类的组氨酸脱羧生成组胺。当鱼肉中的组胺超过 200mg/100g，就可引起人类过敏性食物中毒。

（4）K 值：K 值（K value）是指 ATP 分解的低级产物肌苷（HxR）和次黄嘌呤（Hx）占 ATP 系列分解产物 ATP+ADP+AMP+IMP+HxR+Hx 的百分比，主要适用于鉴定鱼类早期腐败。若 K≤20%，说明鱼体绝对新鲜；K≥40%，说明鱼体开始有腐败迹象。

（5）pH：一般食品中 pH 的变化是在腐败开始时略微降低，随后上升，因而多呈现 V 字形变动。先是由于微生物的作用或食品原料本身酶的消化作用，使食品中 pH 下降；而后由于微生物的作用，肌肉分解，所产生的氨促使 pH 上升。

（6）过氧化值和酸价：过氧化值是脂肪酸败最早期的指标，其次是酸价的上升。在脂肪分解的早期，酸败尚不明显，由于产生过氧化物和氧化物而使脂肪的过氧化值上升，其后则由于形成各种低级酮酸及脂肪酸而使油脂酸价升高。

4. 微生物检验　食品微生物学的常用检测指标为菌落总数和大肠菌群。对食品进行微生物数量测定是判定食品生产的一般卫生状况以及食品卫生质量的一项重要依据。一般来说，食品中的活菌数达 10^8 CFU/g 时，则可认为处于初期腐败阶段。

（四）食品腐败变质的卫生学意义与处理原则

食品腐败变质时，首先使感官性状发生改变，其次是食品营养成分分解，营养价值严重降低；再者，腐败变质食品必然是受到大量微生物的严重污染，可能存在致病菌和产毒真菌，可引起人体的不良反应，甚至中毒。如某些鱼类腐败产生的组胺与酪胺可引起过敏反应、血压升高；脂质过氧化分解产物刺激胃肠道而引起胃肠炎，食用酸败的油脂引起食物中毒；腐败的食品还可为亚硝胺类化合物的形成提供大量的胺类（如二甲胺）；有机酸类和硫化氢等一些产物虽然在体内可以进行代谢转化，但如果在短时间内大量摄入，也会对机体产生不良影响。

对食品的腐败变质要及时准确鉴定，并严加控制。这类食品的处理必须以确保人体健康为原则，也要考虑具体情况。如单纯感官性状发生变化的食品可以加工处理，部分腐烂的水果蔬菜可拣选分类处理，轻度腐败的肉、鱼类通过煮沸可以消除异常气味等，但明显发生腐败变质的食物应该坚决废弃。

五、防止食品腐败变质的措施

食品保藏的基本原理是改变食品的温度、水分、氢离子浓度、渗透压以及采用其他抑菌、杀菌的措施，将食品中的微生物杀灭或减弱其生长繁殖的能力，以达到防止食品腐败变质的目的。

（一）食品的化学保藏

1. 盐腌法和糖渍法　可提高渗透压。在高渗状态的介质中，微生物菌体原生质脱水、收缩、凝固并与细胞膜脱离，从而使微生物死亡。一般盐腌浓度达 10%，大多数细菌受到抑制，但不能杀灭微生物。糖渍食品糖含量必须达到 60%~65%。此类食品还应在密封和防湿条件下保存，否则容易吸水，降低防腐作用。

2. 酸渍法　大多数微生物不能在 pH 4.5 以下正常繁殖，故可利用提高氢离子浓度来防腐，此方法多用于各种蔬菜，如泡菜和渍酸菜等。

3. 食品添加剂保藏　常用于食品防腐的添加剂有防腐剂、抗氧化剂。防腐剂用于抑制或杀灭食品中引起腐败变质的微生物,如苯甲酸、山梨酸等;抗氧化剂可用于防止油脂酸败。防腐剂的使用,应该严格执行《食品安全国家标准 食品添加剂使用标准》(GB 2760—2024)的规定。

（二）食品的低温保藏

低温可以降低酶的活性和食品内化学反应的速度,延长微生物繁殖一代所需的时间,因此食品的低温保藏可以防止或减缓食品的变质,在一定的期限内,可较好保持食品的品质。低温保藏可分为冷藏和冷冻两种方式。

1. 食品的冷藏　冷藏是指在不冻结状态下的低温储藏,温度一般设定在 $-1\sim10℃$ 范围内。病原菌和腐败菌大多为嗜温菌,大多数在 $10℃$ 以下难以生长繁殖;此时食品内酶的活性也大大降低,因此冷藏可延缓食品的变质。

2. 食品的冷冻保藏　冷冻保藏是指在 $-18℃$ 以下保藏。此温度下几乎所有的微生物不再繁殖,因此,冷冻食品可以较长期地保藏。当食品中的微生物处于冰冻时,细胞内的游离水形成冰晶体,a_w 值降低,渗透压提高,细胞内细胞质因浓缩而增大黏性,引起 pH 和胶体状态的改变,从而使微生物的活动受到抑制,甚至死亡;同时,冰晶体对细胞也有机械性损伤作用,可直接导致部分微生物裂解死亡。在工艺上,快速冻结、缓慢解冻有利于保持食品(尤其是生鲜食品)的品质。因为当温度降至 $-5\sim-1℃$ 时,为冰晶生成带,如果冷冻缓慢,在此温度带停留时间长,则使食品中形成的冰晶核体积增大,使食品组织细胞膜破裂,释放出细胞质,当食品解冻时,就会引起汁液流失,食品的口感、风味及营养价值均受影响。反之,快速冻结,迅速通过冰晶生成带,形成的冰晶核数量多,体积小,就不会使食品组织细胞破裂。

（三）食品的加热杀菌保藏

高温可破坏微生物体内酶、脂质体和细胞膜,使蛋白质凝固,细胞内一切反应停止,从而达到保藏的目的。食品加热杀菌的方法主要有常压杀菌(巴氏消毒法)、加压杀菌、超高温瞬时杀菌和微波杀菌等。

1. 常压杀菌　常压杀菌即是热温度控制在 $100℃$ 及以下,达到杀灭所有致病菌和繁殖型微生物的杀菌方式,常用于液态食物消毒。其优点是能最大限度保持食品原有的性质。采用巴氏杀菌法的食品有牛乳、pH 4.0 以下的蔬菜和水果汁、啤酒、醋、葡萄酒等。以牛奶为例,低温巴氏杀菌法采用温度 $63\sim65℃$,30 分钟;高温短时巴氏杀菌法采用温度 $72\sim76℃$,15 秒。

2. 加压杀菌　通常温度为 $100\sim121℃$(绝对压力为 0.2MPa),常用于肉类制品及中酸性、低酸性罐头食品的杀菌,可杀灭繁殖型和芽胞型细菌。杀菌温度和时间随罐内物料、形态、罐形大小、灭菌要求和储藏时间而异。在罐头行业中,常用 D 值和 F 值来表示杀菌温度和时间。

3. 超高温瞬时杀菌　该杀菌法既可达到一定的杀菌要求,又能最大限度保持食品品质。根据温度对细菌及食品营养成分的影响规律,热处理敏感的食品可考虑采用超高温瞬时杀菌法(ultra high temperature for short times, UHT)杀菌,即在封闭的系统中加热到 $120℃$ 以上,持续几秒后迅速冷却至室温的一种杀菌方法。如牛乳在高温下保持较长时间,其所含蛋白质和乳糖易发生美拉德反应,使牛乳产生褐变现象;蛋白质分解产生的硫化氢有不良气味;糖类焦糖化产生异味;乳清蛋白质变性、沉淀等。而采用超高温瞬时杀菌法进行灭菌,既能方便工艺条件,满足灭菌要求,又能减少对牛乳品质的损害。

4. 微波杀菌　微波一般是指频率在 $300\sim30\ 000MHz$ 的电磁波,目前已广泛应用于微波加热的是 915MHz 和 2 450MHz 两个频率。915MHz 可以获得较大穿透厚度,适用于加热含水量高、厚度或体积较大的食品；而 2 450MHz 适用于含水量低的食品。微波杀菌保藏食品具有快速、节能、对食品的品质影响很小的特点，因此能保留更多的活性物质和营养成分。

（四）食品的干燥脱水保藏

食品干燥保藏的机制是降低食品水分至 15% 以下或 a_w 值在 0.00～0.60，以抑制腐败微生物的生长，使食品在常温下长期保藏。食品干燥、脱水方法主要有日晒、阴干、喷雾干燥、减压蒸发、冷冻干燥等。冷冻干燥是将食品先低温速冻，使食品中的水结成冰，然后再放在高真空条件下，冰直接变成气态而挥发。此种方法可保持食品的营养成分，而且在食用时加水复原可恢复其原有的形状和结构。

生鲜食品干燥和脱水保藏前，一般需破坏其酶的活性，最常用的方法是热烫（亦称杀青、漂烫）或硫黄熏蒸（主要用于水果）或添加抗坏血酸（0.05%～0.1%）及食盐（0.1%～1.0%）。肉类、鱼类及蛋中因含 0.5%～2.0% 肝糖原，干燥时常发生褐变，可添加酵母菌或葡萄糖氧化酶处理或除去肝糖原再干燥。

（五）食品的辐照保藏

食品的辐照保藏是 20 世纪 40 年代开始发展起来的，主要用于食品杀菌、灭虫、抑制蔬菜发芽、延迟果实后熟，以延长食品保藏期。目前使用的辐照源主要有 ^{60}Co 和 ^{137}Cs 产生的 γ 射线，以及电子加速器产生的低于 10MeV 的电子束。

食品辐照的优点：①穿透力强，如对某些果核深部的害虫，熏蒸剂往往无效，但可以被穿透力强的 γ 射线所杀灭。射线的穿透力较强，对包装材料及包装体积无特殊要求。②节省能源，加工效率高。食品辐照称为"冷加工"，在辐照过程中仅有轻微的升温。可在不解开包装的情况下照射，可成批处理，加工效率高。③在恰当的照射剂量下，食品的感官性状及营养成分很少改变。④没有非食品成分的残留。

评价辐照食品是否安全一般考虑的因素：①是否在食品中产生放射性；②对食品感官性状的影响；③对食品营养成分的影响；④可能产生的有害物质。1980 年 WHO、FAO 和国际原子能机构（IAEA）三个国际组织的联合专家委员会，经过对 10 年的研究结果和各国进行辐照食品安全性数据的审查，得出"任何食品总体平均剂量低于 10 千戈瑞（kGy）没有毒理学危险，用此剂量辐照的食品不再要求做毒理学实验，同时在营养和微生物学上也是安全的"的结论。我国辐照技术已被应用于粮食、蔬菜、水果、肉类、干果、调味品 6 大类食品的杀菌保藏。

辐照食品的管理涉及辐照设施安全性管理、食品卫生管理以及有关辐照工艺和剂量管理三个方面。我国《食品标识管理规定》（2009 年）和《食品安全国家标准　预包装食品标签通则》（GB 7718—2011）规定，经过电离辐射或者电离能量处理过的食品，应当在其标识上标注中文说明。《食品安全国家标准　食品辐照加工卫生规范》（GB 18524—2016）对辐照装置的选址、设计及建造提出了要求，规定了辐照剂量应准确可靠，尽量采用该工艺所需的最低剂量。

（何更生）

第二节　食品的化学性污染及其预防

食品的化学性污染是指由各种有毒有害的有机和无机化学物质对食品造成的污染。其特点是：①污染途径复杂、多样，涉及的范围广，不易控制；②受污染的食品外观一般无明显的改变，不易鉴别；③污染物性质稳定，在食品中不易消除；④污染物的蓄积性强，通过食物链的生物富集作用可在人体内达到很高的浓度,易对健康造成多方面的危害,特别是致癌、致畸、致突变作用。有些化学性污染物化学性质稳定,在自然条件下难以降解,可通过大气、水等远距离迁移并长期存在于环境中,通过食物链的生物富集作用危害人类的健康,这些化学污染物被称为持久性有机污染物(persistent organic pollutants, POPs),已有 34 种 POPs 被列入《关于持久性有机污染物的斯德哥尔摩公约》受控清单,在全球范围内禁用或严格限用。

一、农药和兽药的残留及其预防

虽然使用农药和兽药增加食用农产品产量的效果显著,但有些品种易长期残留在食用农产品和食品中,若不加以控制,则会对人体健康产生诸多不良影响。农药助剂带来的危害也日益受到重视。

(一)概述

1. 农药的概念　农药(pesticides)是指用于预防和控制危害农业、林业的病、虫、草、鼠和其他有害生物,以及有目的地调节植物、昆虫生长的化学合成或者来源于生物、其他天然物质的一种物质或者几种物质的混合物及其制剂。

2. 农药的分类

(1)按用途可分为杀虫剂、杀菌剂、杀螨剂、杀线虫剂、杀鼠剂、除草剂、植物生长调节剂等。

(2)按化学组成及结构可分为有机氯类、有机磷类、氨基甲酸酯类、拟除虫菊酯类、有机砷类、有机汞类、有机硫类、有机锡类。

(3)按成分和来源可分为无机、有机和生物农药。

(4)按急性毒性大小可分为剧毒、高毒、中等毒、低毒农药。

(5)按残留特性可分为高残留、中等残留、低残留农药。

3. 农药残留物　农药残留物(pesticide residues)是指由于使用农药而在食品、农产品和动物饲料中出现的任何特定物质,包括被认为具有毒理学意义的农药衍生物,如农药转化物、代谢物、反应产物及杂质等。最大残留限量(maximum residue limits, MRLs)是指在食品或农产品内部或表面法定允许的农药最大浓度,以每千克食品或农产品中农药残留的毫克数(mg/kg)表示。一些持久性农药虽已禁用,但还长期存在环境中,从而再次在食品中形成残留。为控制这类农药残留物对食品的污染,我国还规定了其在食品中的再残留限量(extraneous maximum residue limits, EMRLs)。农药的 MRLs 或 EMRLs 除要测定其母体外,还应包括其有毒理学意义的代谢产物等。例如,《食品安全国家标准　食品中农药最大残留限量》(GB 2763—2021)不但规定了持久性残留的滴滴涕(dichloro-diphenyl-trichloroethane, DDT)在各类食品中的 EMRLs,而且规定其残留物为母体 p, p'-DDT、异构体 o, p'-DDT 及代谢产物 p, p'-DDE 与 p, p'-DDD 之和。

4. 兽药的概念　兽药(veterinary drugs)是指用于预防、治疗、诊断动物疾病或者有目的地调节动物生理功能的物质(含药物饲料添加剂)。主要包括:血清制品、疫苗、诊断制品、微生态制品、中药材、中成药、化学药品、抗生素、生化药品、放射性药品及外用杀虫剂、消毒剂等。有些农药也是我国允许使用的兽药。

5. 兽药残留　兽药残留(residues of veterinary drugs)指食品动物用药后,动物产品的任何食用部分中与所有药物有关的物质的残留,包括原型药物和/或其代谢产物。兽药残留主要有抗微生物药物(抗生素类、磺胺类、呋喃类)、抗寄生虫药物(苯并咪唑类),甚至有违禁药物激素类、β-肾上腺素受体激动剂及其他促生长剂的残留。

（二）食品中农药和兽药残留的来源及其影响因素

1. 食品中农药残留的来源及其影响因素

（1）对农作物的直接污染：大多数农药都是因直接喷洒或通过灌溉被农作物吸收而残留，使其受到污染。污染的程度主要与下列因素有关。

1）农药的性质：内吸性农药（如内吸磷、对硫磷、甲基对硫磷、甲胺硫磷、克百威）易造成内吸性污染，残留多，而触杀性农药（如拟除虫菊酯类）主要残留在农作物的外表，形成表面黏附污染，残留较少。稳定的品种（如有机氯、有机汞）比易降解的品种（如有机磷）残留的时间长。

2）农药的剂型及施用方法：油剂比粉剂的穿透力强，更易残留。喷洒农药的残留比拌土施用更多，而灌溉水中施用农药会加剧对农作物根部的污染。

3）施药的浓度、时间和次数：施药浓度越高，次数越多，距收获期越短，残留越多。

4）气象条件：气温、降雨、风速、日照等，均可影响农药的清除和降解。

5）农作物的特性：农作物的种类、生长发育阶段及食用部分不同，农药的残留量也不相同。

（2）农作物从污染的环境中吸收农药：农作物主要通过土壤和灌溉水吸收农药，吸收量取决于农作物的种类、根系特征、农药的剂型、施用方式与施用量，以及土壤的类型、结构、酸碱度和其所含的有机物及微生物种类等因素。

（3）对食品动物的污染：在畜禽、水产动物养殖过程中，为了杀灭寄生虫，将农药用于动物体内外和养殖环境中，造成对食品动物的污染。

（4）通过食物链污染食品：饲料被农药污染而使肉、奶、蛋受到污染；含农药的工业废水污染江河湖海进而污染水产品；较稳定的农药、与特殊组织器官有高度亲和力的农药、可长期储存于脂肪组织的农药（如有机氯、有机汞、有机锡等），通过食物链的生物富集作用可逐级浓缩。

（5）其他来源的污染：粮库内使用熏蒸剂可使粮食受到污染；食品在储存、加工、运输、销售过程中混装、混放可受到容器及车船的污染。

2. 动物性食物中兽药残留的来源及其影响因素

（1）滥用药物：治疗和预防动物疾病时不按规定用药，如品种、剂型、剂量、部位不符合规定；非医疗目的长期用药，如在集约化饲养条件下为了降低仔猪的应激反应，长期使用镇静剂氯丙嗪；不遵守休药期的规定，甚至在屠宰前仍用药，或刚用过药的动物产的蛋、乳即上市出售。

（2）使用违禁或淘汰的药物：如在防治动物疾病时使用禁用的氯霉素、氨苯砜、呋喃它酮、呋喃唑酮；为增加肉品的瘦肉率、减少脂肪含量而在动物饲料中加入违禁的盐酸克伦特罗；为使甲鱼和鳗鱼长得肥壮而在水中使用违禁的己烯雌酚；为防治鱼病而在水中使用违禁的孔雀石绿；用禁用的抗生素菌丝体及其残渣作为饲料添加剂饲养食用动物；使用国家明令淘汰的兽药。

（3）不按规定在饲料中添加药物或滥用饲料药物添加剂：如使用《禁止在饲料和动物饮用水中使用的药物品种目录》（中华人民共和国农业部公告　第176号）中或有关规定以外的饲料添加剂；虽然在饲料中加入的金霉素等抗生素是允许使用的，但不按规定的用法与用量或不按注意事项使用，靠长期使用抗生素来减少因饲养条件简陋、管理混乱导致的动物患病增加造成的损失。

（三）食品中常见的农药和兽药残留及其危害

1. 有机氯农药　有机氯农药（organochlorine pesticides，OCPs）是组成成分中含有氯元素的有机化合物，是最早使用的化学合成农药，主要作为杀虫剂使用，有些品种是杀螨剂（如三氯杀螨砜、三氯杀螨醇等）和杀菌剂（如五氯硝基苯、百菌清等）。使用最早、应用最广的是杀虫剂滴滴涕（DDT）和六六六，化学结构分别见图9-3和图9-4。

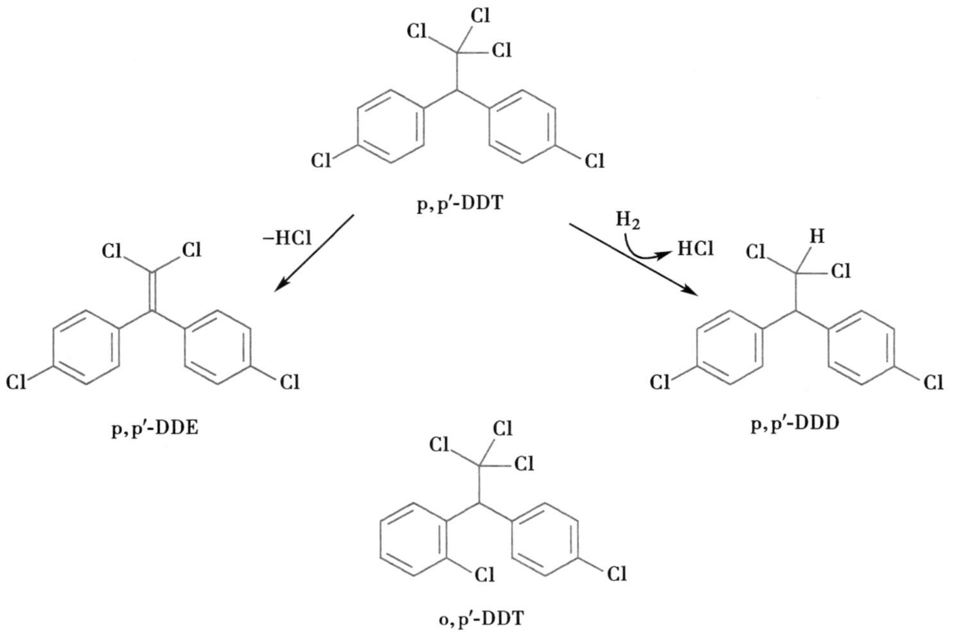

图 9-3 DDT 的化学结构式

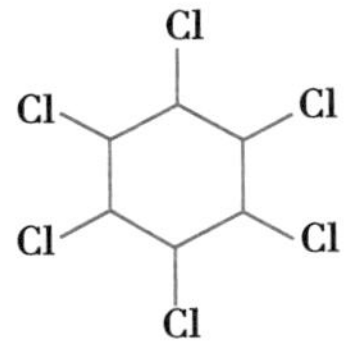

1945 年 DDT 实现了产业化,被认为是现代农药发展的起点。DDT 主要包括 p, p'-DDT 及其异构体 o, p'-DDT,还有 p, p'-DDT 的代谢产物,如 p, p'-DDE 和 p, p'-DDD 等。六六六(六氯环己烷)有 8 种同分异构体,杀虫效力以 γ 异构体为最高,α 异构体次之,δ 异构体又次之,而 β 异构体极低。含 99% 以上 γ 异构体的产品称为林丹。

图 9-4 六六六的化学结构式

有机氯农药持效期长、广谱、高效、价廉、急性毒性小,但具有高度的物理、化学、生物学稳定性,属于高残留农药。如 DDT 在土壤中的半衰期长达 3～10 年,降解 95% 需 16～33 年。该类农药的脂溶性强,主要蓄积在脂肪组织,且生物富集作用强。有些品种如 DDT、氯丹、灭蚁灵、艾氏剂、狄氏剂、异狄氏剂、七氯、毒杀芬、六氯苯属于禁用或严格限用的持久性有机污染物。

该类农药的急性毒性主要是损害神经系统和肝、肾,慢性中毒主要表现为肝脏病变、血液和神经系统受到损害。某些品种可扰乱激素的分泌,具有一定的雌激素活性,尤其是 p, p'-DDT、p, p'-DDD、p, p'-DDE。DDT 可致精子数目减少。部分品种及代谢产物如 β-六六六、p, p'-DDE 可通过胎盘屏障进入胎儿体内,有一定的致畸性。DDT 可使小鼠、兔和豚鼠等实验动物的肝癌发生率明显增加。

虽然我国于 1983 年停止生产、1984 年停止使用 DDT 和六六六,但由于该类农药具有高残留性,《食品安全国家标准 食品中农药最大残留限量》(GB 2763—2021)仍然规定了艾氏剂、滴滴涕、狄氏剂、毒杀芬、林丹、六六六、氯丹、灭蚁灵、七氯、异狄氏剂的再残留限量。

2. 有机磷农药 有机磷农药(organophosphorus pesticides, OPPs)是一类具有抑制胆碱酯酶活性、化学结构相似的有机化合物,多为磷酸酯类或硫代磷酸酯类,结构通式见图 9-5。该类农药已有 80 多年的使用历史,其使用范围广、使用量大,主要用作杀虫剂,约占杀虫剂总量的 50%。部分品种可用作杀菌剂、杀线虫剂、除草剂、植物生长调节剂、昆虫不育剂等。大部分品种易光解、碱解、水解和酶解,生物半衰期短,在土壤中仅存数天,在农作物、动物和人体内的蓄积性也较低,但个别品种例外，如二嗪磷。由于长期使用，害虫和杂草普遍对该类农药产生了抗药性，迫使用量越来越大，并且反复多次使用，使其成为污染最为严重的农药。

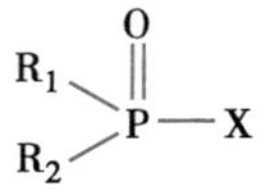

图 9-5　有机磷农药的结构通式

R_1、R_2 通常为甲氧基（$CH_3O—$）或乙氧基（$C_2H_5O—$），X 烷氧基、芳氧基或其他酸性基团，O 也可为 S。

总体看，有机磷农药是目前常用农药中毒性最大的一类农药，其毒性也有强弱之分。根据毒性的强弱，有机磷农药可分为 3 类：①高毒类：有甲拌磷、治螟磷、对硫磷、甲基对硫磷、内吸磷、杀螟威、久效磷、磷胺、甲胺磷、异丙磷、氧化乐果等；②中等毒类：有杀螟硫磷、乐果、甲基乙酯磷、乙硫磷、亚胺硫磷、皮蝇磷、倍硫磷等；③低毒类：有马拉硫磷、乙酰甲胺磷、辛硫磷等。我国从 2007 年 1 月 1 日起，全面禁止在国内销售和使用甲胺磷、对硫磷、甲基对硫磷、久效磷、磷胺 5 种高毒有机磷农药。

该类农药的急性毒性主要是抑制胆碱酯酶的活性，因乙酰胆碱蓄积，导致胆碱能神经功能紊乱而出现一系列神经系统中毒症状。有些品种有迟发性神经毒性（delayed neurotoxicity），即在急性中毒后第 2 周出现神经系统症状。慢性毒性主要是神经系统、血液系统和视觉损伤的表现。多数有机磷农药无明显的致突变、致癌、致畸作用，但敌百虫、敌敌畏联合使用可使小鼠精子畸形率、骨髓细胞微核率增加，有生殖毒性和致突变作用。

3. 氨基甲酸酯类　氨基甲酸酯类农药（carbamate pesticides）都有氨基甲酸骨架（图 9-6），可视为氨基甲酸的衍生物，主要用作杀虫剂、除草剂，某些品种还可杀菌、杀螨、杀线虫。大规模使用的氨基甲酸酯类农药仅十几种，常用的主要有异丙威（叶蝉散）、硫双威、抗蚜威、仲丁威（巴沙）、甲萘威、涕灭威、克百威（呋喃丹）、灭多威（万灵）、丁硫克百威等。

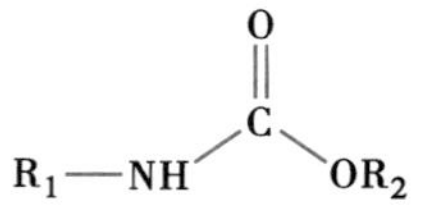

图 9-6　氨基甲酸酯类农药的化学结构通式

R_1 为烷基，R_2 为芳香基。

这类农药的优点是高效，选择性较强，对温血动物、鱼类和人的毒性较低，易被土壤微生物分解，且不易在生物体内蓄积。但个别品种的毒性较大，如克百威、涕灭威等。

氨基甲酸酯类也是胆碱酯酶抑制剂，但与胆碱酯酶的结合是可逆的，且在体内很快被水解，故其毒性作用较有机磷小，且无迟发性神经毒性。有些品种如甲萘威的代谢产物可使染色体断裂，有致突变、致癌、致畸的可能。在弱酸条件下该类农药可与亚硝酸盐生成有致癌作用的亚硝胺。

4. 拟除虫菊酯类　拟除虫菊酯类农药（pyrethroid pesticides）是一类模拟除虫菊所含的天然除虫菊素的化学结构合成的仿生农药，主要用作杀虫剂和杀螨剂，其化学结构通式见图 9-7。该类农药自 20 世纪 80 年代初开始在我国使用，品种已达 80 多种，与有机磷、氨基甲酸酯类一起，成为三大类农药。常用的有溴氰菊酯、氯氰菊酯、三氟氯氰菊酯、氟氯氰菊酯、胺菊酯、醚菊酯、苯醚菊酯、甲醚菊酯、乙氰菊酯、氟丙菊酯、氰戊菊酯、联苯菊酯等。

该类农药具有高效、杀虫谱广、持效期长、毒性低、半衰期短、低残留、对人畜较安全的特点，但

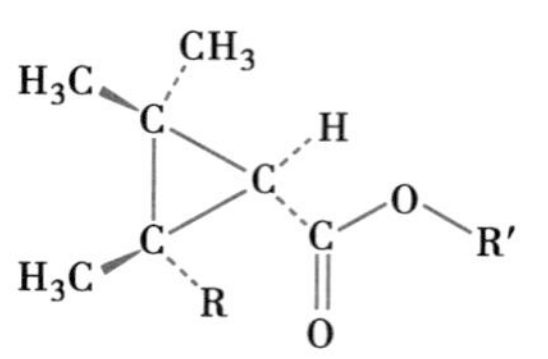

拟除虫菊酯类农药的化学结构通式 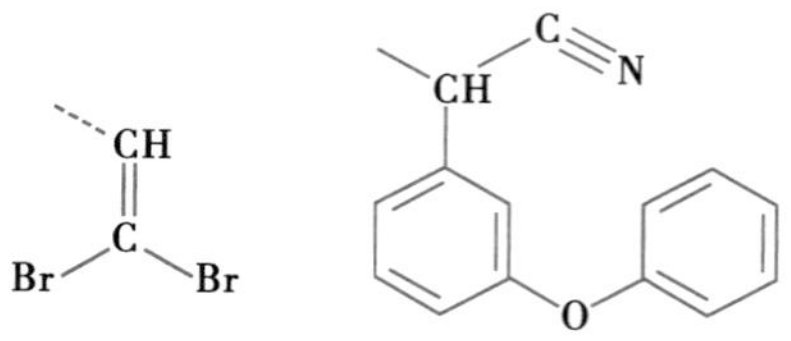　　　　溴氰菊酯的 R 和 R′

图 9-7　拟除虫菊酯类农药的化学结构式

易使害虫产生抗药性。不同的品种混配使用可延缓抗药性的产生。

该类农药多为中等毒或低毒,急性中毒主要由含氰基的溴氰菊酯、戊氰菊酯、氯氰菊酯等引起,主要作用于神经系统,通过影响神经轴突的传导而导致肌肉痉挛等。因蓄积性及残留量低,慢性中毒较少见。有的品种如溴氰菊酯、氯氰菊酯和氰戊菊酯对皮肤有刺激和致敏作用,引起感觉异常(麻木、瘙痒)和迟发性变态反应。个别品种(如氰戊菊酯)大剂量使用时有一定的致突变性和胚胎毒性。

5. 杀菌剂　杀菌剂(germicides)是一类用于防治由各种病原微生物引起的农作物病害的农药,一般是指杀真菌剂(fungicides)。但通常又作为处理农作物及其生长环境,以减少或消灭各类病原微生物,或改变作物的代谢过程,提高农作物抗病能力,达到预防或阻止病害发生和发展的农药的总称,包括杀细菌剂和杀病毒剂。主要包括有机汞、有机砷、有机硫、有机锡、苯并咪唑、有机磷、抗生素类杀菌剂等,其中有机汞、有机砷类农药不易降解,有蓄积作用,且毒性较大,我国已停止使用。

有机硫杀菌剂即二硫代氨基甲酸酯(盐)类农药,主要包括乙撑双二硫代氨基甲酸盐类(代森类)、甲基乙撑双二硫代氨基甲酸盐类(甲基代森类)、二甲基二硫代氨基甲酸酯(盐)类(福美类)等。代森类本身对哺乳动物的皮肤和呼吸器官有刺激作用,对甲状腺功能有不良影响,其代谢产物乙撑硫脲、在代谢过程中与亚硝酸盐生成的亚硝胺均是致癌物,降解产物二硫化碳是神经毒素,代森锰锌还可引起乳腺癌、肝癌、胰腺癌、甲状腺癌,并可通过胎盘屏障使胚胎细胞的 DNA 产生损伤。

有机锡类用于杀菌和杀螨,属于毒性大的神经毒物,且有的品种有致癌性,在许多国家已被禁用。

苯丙咪唑类的多菌灵、噻菌灵,以及可在植物体内可转变为多菌灵的硫菌灵(托布津)和甲基硫菌灵(甲基托布津)等,在高剂量下可致大鼠生殖功能异常,并有一定的致畸、致癌作用。多菌灵在哺乳动物胃内可发生亚硝化反应,形成亚硝基化合物,而硫菌灵和甲基硫菌灵也可代谢为乙撑硫脲。苯丙咪唑类的降解产物 2-氨基苯并咪唑对皮肤和眼睛有刺激作用。

6. 除草剂　除草剂(herbicides)是指用以消灭或控制杂草生长的农药,又称除莠剂。从 20 世纪 50 年代后期开始,我国使用的除草剂种类和化学除草面积迅速扩大,先后有 100 多个品种投入使用。按照化学结构分类,常见的有苯氧羧酸类,如 2,4-D 和 2,4-D 钠盐、2,4-D 丁酯、禾草灵;磺酰脲类,如甲磺隆、氯磺隆;均三氮苯类,如草净津、莠去津;取代脲类,如绿麦隆、敌草隆;酰胺类,如敌稗、丁草胺;吡啶酮类,如百草枯、敌草快;氨基甲酸酯类,如野麦畏、禾草丹;有机磷类,如草甘膦、莎稗磷;硝基苯胺类,如氟乐灵、仲丁灵等。

大多数品种的除菌剂毒性较低,且多在农作物的生长早期使用,故收获后残留量通常很低,危害性相对较小。但部分品种有不同程度的致畸、致突变和致癌作用,如莠去津有一定的致突变、致癌作用;2,4,5-三氯苯氧乙酸(2,4,5-T)所含的杂质 2,3,7,8-四氯代二苯并-对-二噁英(2,3,7,8-tetrachlorinated dibenzo-p-dioxin, TCDD)除有致畸、致癌作用外,还有较强的急性毒性。

7. 农药混配制剂　农药混配制剂(mixed pesticide preparation)是将两种以上农药有效成分和各种助剂等按一定的比例混配在一起加工而成的物理性状稳定的某种剂型,可供直接使用。多种农药混配使用可提高药效,并可延缓昆虫和杂草产生抗药性,但有时可使毒性增强(包括相加及协同作用),如有机磷类可增强拟除虫菊酯类农药的毒性,氨基甲酸酯类和有机磷类农药混配使用则对胆碱酯酶的抑制作用显著增强,有些有机磷农药混配使用也可使毒性增强。

8. 常见兽药残留的毒性

(1)急性毒性:有些兽药的毒性较大,过量使用,或者非法使用禁用品种可致急性中毒,如红霉素等大环内酯类可引起急性肝损伤;β-肾上腺素受体激动剂盐酸克伦特罗(瘦肉精)可引起人的心跳加快、心律失常、肌肉震颤、代谢紊乱。

（2）慢性毒性和"三致"作用：食用残留雌激素类的动物性食品可干扰人体内源性激素的正常代谢与功能；磺胺类可破坏人体的造血功能，引起肾损害，特别是乙酰化磺胺，在尿中的溶解度很低，析出的结晶对肾脏的损害更大；氯霉素可引起再生障碍性贫血；四环素类可与钙结合，抑制骨和牙的发育；庆大霉素和卡那霉素等氨基糖苷类可损害前庭和耳蜗神经，导致眩晕和听力减退；雌激素类、硝基呋喃类、砷制剂等有致癌作用；某些喹诺酮类有致突变作用；苯并咪唑类抗蠕虫药有潜在的致突变性和致畸性；连续长期在饲料中使用违禁的呋喃唑酮，残留在鸡肝、猪肝、鸡肉中，不但可使食用者出现出血综合征，还有致癌作用；为促进畜禽生长而在饲料中使用喹乙醇，其潜在的危害是对人有"三致"作用。

（3）过敏反应：某些抗菌药物（青霉素类、四环素类、氨基糖苷类、磺胺类和呋喃类）可引起过敏反应，其中以青霉素类引起的过敏反应最为常见，也最为严重。

（4）激素样作用：甲睾酮、丙酸睾酮、苯丙酸诺龙、苯甲酸雌二醇、雌二醇、戊酸雌二醇等性激素可产生一系列激素样作用，引起儿童性早熟、女性男性化或男性女性化，并可诱发乳腺癌、卵巢癌。这些性激素在鳝鱼、鳗鱼等水产的养殖过程中常作为促生长剂使用。

（5）产生耐药菌株和破坏肠道菌群的平衡：抗生素类的大量使用可使动物体内的金黄色葡萄球菌和大肠埃希氏菌等产生耐药菌株，其抗药性 R 质粒可在细菌中互相传播，从而发展为多重耐药。人经常食用抗生素类残留量高的动物性食品，同样会产生耐药菌株，从而影响肠道菌群的平衡，肠内的敏感菌受到抑制或大量死亡，而某些耐药菌和机会致病菌大量繁殖，导致肠道感染、腹泻和维生素缺乏。

（四）预防控制措施

为了减少农药和兽药残留对人体健康的影响，必须采取综合措施，而建立和完善与农药兽药有关的法律法规体系是预防控制其危害的根本措施。

1. 登记注册管理 农药生产企业、向中国出口农药的企业应当依照《农药管理条例》的规定申请农药登记，新农药研制者可以依照该条例的规定申请农药登记。申请农药登记的，应当进行登记试验。具体工作由农业农村部所属的负责农药检定工作的机构承担。符合条件的，由国务院农业主管部门核发农药登记证。兽药的注册机构为国务院兽医行政管理部门。

2. 生产许可管理 农药生产企业应当按照国务院农业主管部门的规定向省、自治区、直辖市人民政府农业主管部门申请农药生产许可证。农药生产企业应当严格按照产品质量标准进行生产，确保农药产品与登记农药一致。用于食用农产品的农药的标签应当标注安全间隔期。设立兽药生产企业，应向省级兽医行政管理部门提出申请，取得兽药生产许可证。

3. 经营管理 农药经营者应当按照国务院农业主管部门的规定向县级以上地方人民政府农业主管部门申请农药经营许可证。经营限制使用农药的，还应当配备相应的用药指导和病虫害防治专业技术人员，并按照所在地省、自治区、直辖市人民政府农业主管部门的规定实行定点经营。经营兽药的企业应当取得兽药经营许可证。

4. 使用管理 加强农药兽药安全使用的宣传和使用管理。农药使用者应当严格按照农药的标签标注的使用范围、使用方法和剂量、使用技术要求和注意事项使用农药，不得扩大使用范围、加大用药剂量或者改变使用方法。不得使用禁用的农药。标签标注安全间隔期的农药，在农产品收获前应当按照安全间隔期的要求停止使用。剧毒、高毒农药不得用于防治卫生害虫，不得用于蔬菜、瓜果、茶叶、菌类、中草药材的生产，不得用于水生植物的病虫害防治。兽药使用应当遵守兽药安全使用规定。有休药期规定的兽药用于食用动物时，饲养者应当向购买者或者屠宰者提供准确、真实的用药记录；购买者或者屠宰者应当确保动物及其产品在用药期、休药期内不被用于食品消费。

5. 执行残留限量标准 《食品安全国家标准 食品中农药最大残留限量》（GB 2763—2021）规定了食品（主要是食用农产品）中 564 种农药 10 092 项最大残留限量。《食品安全国家标准 食品中兽药最大残留限量》（GB 31650—2019）规定了动物性食品中 104 种兽药的最大残留限量。农业、食品药品监督管理等相关部门应加强对农产品中农药兽药的检测，禁止销售农药兽药残留量超过标准的农产品。

6. 调整农药和兽药的品种结构 禁用或限用高毒、高残留的农药，促进农药产品的升级换代，完善混配制剂，发展安全、高效的新品种，重点发展控制和调节有害生物的生长、发育和繁殖过程的生物农药，应特别重视具有选择性高、低毒、易降解、不易产生抗性的植物源农药的开发及应用。

为加强饲料、兽药和人用药品的管理，禁止在饲料和动物饮用水中添加激素类药品和国家规定的其他禁用药品，农业部先后发布了《禁止在饲料和动物饮用水中使用的药物品种目录》（第 176 号公告）、《禁止在饲料和动物饮水中使用的物质》（第 1519 号公告）、《食品动物中禁止使用的药品及其他化合物清单》（第 250 号公告），兽药使用者应严格遵守相关规定。动物性食品生产者应严格落实原料进货查验记录制度，禁止使用兽药超标、含有国家明令禁止的其他兽药的畜禽肉和水产品作为原料加工食品。

7. 消除残留于食品中的农药和兽药 农药主要残留于粮食的糠麸、蔬菜的表面和水果的表皮，在去壳、去皮、碾磨、浸泡、清洗、榨汁、发酵、灭菌、蒸煮、油炸等加工烹调过程中可被破坏或部分除去。

通过选择合适的烹调加工、冷藏等方法也可减少食品中残留的兽药。WHO 估计，肉制品经加热烹调后，其中残留的四环素类可从 5～10mg/kg 降至 1mg/kg；经煮沸 30 分钟后，残留的氯霉素至少有 85% 失去活性。

8. 尽可能减少农药和兽药的使用 通过推广生物防治、物理防治、使用先进施药器械等措施，逐步减少农药使用量。改革农药剂型和施药方法，应用微乳剂、水乳剂、悬乳剂、悬浮剂、水分散粒剂、可溶性粉剂、微胶囊剂、缓释剂、超低容量制剂等利用率高、使用量小、污染少的剂型，取代污染严重、毒性高且用量大的乳油、粉剂、可湿性粉剂、粒剂；设立专业化病虫害防治服务组织，对专业化病虫害防治和限制使用农药的配药、用药进行指导、规范和管理；轮换交替使用不同作用机制的农药；采取病虫草害"综合治理"措施，如培育抗病虫害的农作物品种，培育昆虫的天敌，改善农作物栽培技术，发展无公害食品、绿色食品和有机食品等措施，减少对农药的依赖。通过推广良好的养殖规范、改善动物饲养的环境卫生条件、改善营养等措施减少兽药的使用。

二、有毒金属污染及其预防

自然界存在各种金属元素，它们可通过食物和饮水摄入、呼吸道吸入和皮肤接触等途径进入人体，但通过食物进入人体是主要途径。其中一些金属元素是人体必需的，但在过量摄入时对人体可产生毒性作用或潜在危害；有些金属元素即使在较低摄入量的情况下，亦可干扰人体正常生理功能，并产生明显的毒性作用，如铅、镉、汞等，常称之为有毒金属。

（一）有毒金属概述

1. 有毒金属污染食品的途径

（1）农药的使用和工业"三废"的排放：有些农药含有重金属，如有机汞、有机砷类农药的施用，工业"三废"(废渣、废水、废气)排放对环境造成的污染,对食品可造成直接或间接的污染。有毒金属即使在环境中的浓度很低,也可通过食物链富集,在食品及人体内达到很高的浓度。如鱼、虾等水产品中,汞和镉等有毒金属的含量可能高达其生存环境浓度的数百甚至数千倍。

(2)食品加工、储存、运输和销售过程中的污染:食品加工、储存、运输和销售过程中使用或接触金属设备、管道、容器,以及因工艺需要加入的食品添加剂等含有的重金属可污染食品。1956年日本曾发生的酱油砷污染事件,就是因为在生产中使用了含砷量高的碳酸氢钠所引起的。

(3)自然环境的高本底含量:由于不同地区环境中元素分布的不均一性,可造成某些地区金属元素的本底值高于其他地区,使这些地区生产的食用动植物中有毒金属元素含量较高。如在我国北方以及贵州省有些地区,砷的本底水平高于其他地区。

2. 食品中有毒金属污染的毒作用特点　摄入被有毒金属污染的食品对人体可产生多方面的危害,包括一次大剂量造成的急性中毒,以及低剂量长期摄入后在体内蓄积导致的慢性危害和远期效应(如致癌、致畸、致突变作用),大多数情况下是后者。有毒金属毒作用有如下特点:

(1)毒性与存在形式有关:以有机形式存在的金属及水溶性较大的金属盐类,通常毒性较大。如溶于水的有毒金属化合物如氯化镉、硝酸镉的毒性比难溶于水的硫化镉、碳酸镉大,有机汞毒性大于无机汞。

(2)影响机体酶活性:许多有毒金属可与机体酶蛋白的活性基团,如巯基、羧基、氨基、羟基等结合,使酶活性受到抑制甚至丧失,从而发挥毒性作用。特别是巯基,许多有毒金属与巯基的亲和力很强。

(3)蓄积性强:有毒金属进入人体后排出缓慢,生物半衰期较长,易在体内蓄积。

(4)食物链的生物富集作用:经过食物链的生物富集作用,有毒金属可在某些生物体内或人体内达到较高的浓度。

(5)食物中某些营养素影响有毒金属的毒性:膳食成分可以影响有毒金属的毒性,如膳食蛋白质可与有毒金属结合,延缓其在肠道的吸收;含硫氨基酸可提供巯基而拮抗有毒金属的作用;维生素C使六价铬还原为三价铬,降低其毒性;铁与铅竞争肠黏膜载体蛋白和其他相关的吸收及转运载体,从而减少铅的吸收,故铁可拮抗铅的毒性作用;锌可与镉竞争含巯基的金属硫蛋白,所以锌可拮抗镉的毒性作用。

另外,某些有毒金属元素间也可产生协同作用。如砷和镉的协同作用可造成对巯基酶的严重抑制而增加其毒性;汞和铅可共同作用于神经系统,从而加重其毒性作用。

3. 预防有毒金属污染的措施

(1)严格监管工业生产中"三废"的排放。

(2)开展土壤和水源治理,源头控制。农田灌溉用水和渔业养殖用水应符合国家相关规定。

(3)合理使用农药,禁止使用含有毒金属的农药;严格控制有毒金属和有毒金属化合物的使用;控制食品生产加工过程有毒金属的污染,包括限制食品加工设备、管道、食品接触材料及制品中镉和铅的含量;限制油漆等的镉含量等;推广使用无铅汽油等。

(4)制定食品中有毒金属的允许限量标准并加强监督检验。

(二)几种主要有毒金属对食品的污染及毒性

1. 汞

(1)理化特性:汞(mercury,Hg)为银白色液体金属,具有易蒸发的特性,常温下可以形成汞蒸气。汞在环境中被微生物作用可转化成甲基汞等有机汞。在自然界中有单质汞(水银)、无机汞和有机汞等几种形式。

（2）对食物的污染：汞及其化合物广泛应用于工农业生产和医药卫生行业，可通过"三废"排放等污染环境，进而污染食物。

含汞的废水排入江河湖海后，其中所含的金属汞或无机汞可以在水体（尤其是底层污泥）中某些微生物体内甲基钴氨酸转移酶的作用下，转变为甲基汞；如果在硫化氢存在的情况下可转变为二甲基汞，并可由于食物链的生物富集作用而在鱼体内达到很高的含量。除水产品外，汞亦可通过含汞农药的使用和废水灌溉农田等途径污染农作物和饲料，造成谷类、蔬菜类、水果类和动物性食品的汞污染。我国居民膳食总汞的主要食物来源为水产类和谷类，膳食甲基汞的食物来源为水产品。

（3）体内代谢和毒性：食品中的金属汞几乎不被吸收，无机汞吸收率亦很低，90%以上随粪便排出，而有机汞的消化道吸收率很高，甲基汞可达95%。吸收的汞迅速分布到全身组织和器官，但以肝、肾、脑等器官含量最多。甲基汞主要与蛋白质的巯基结合。在血液中90%与红细胞结合，10%与血浆蛋白结合。血液中的总汞可作为近期摄入体内汞的水平指标，也可作为体内汞负荷程度的指标。因甲基汞具有亲脂性以及与巯基的亲和力很强，可通过血脑屏障、胎盘屏障和血睾屏障，可致胎儿和新生儿的汞中毒。大脑对其亲和力很强，脑中汞浓度可比血液中浓度高 3～6 倍，汞进入大脑后导致脑和神经系统损伤。

有机汞是强蓄积性毒物，在人体内的生物半衰期平均为 70 天，在脑内的半衰期可达 180～250 天。毛发中的汞水平与摄入量成正比，故毛发中的汞含量亦可反映体内汞负荷情况。体内的汞可通过尿、粪和毛发排出。

甲基汞中毒的主要表现是神经系统损害的症状。起初为疲乏、头晕、失眠、而后感觉异常，手指、足趾、口唇和舌等处麻木，严重者出现共济失调、语言障碍、视野缩小、听力障碍、感觉障碍及精神症状等，进而瘫痪、肢体变形、吞咽困难甚至死亡。血汞 $>200\mu g/L$，发汞 $>50\mu g/g$，尿汞 $>2\mu g/L$，即表明有汞中毒的可能。血汞 $>1mg/L$，发汞 $>100\mu g/g$ 可出现明显的中毒症状。甲基汞还有致畸作用和胚胎毒性。

长期摄入被甲基汞污染的食品可致甲基汞中毒。20 世纪 50 年代日本发生的典型公害病——水俣病，就是由于含汞工业废水严重污染了水俣湾，当地居民长期大量食用该水域捕获的鱼类而引起的甲基汞中毒的典型事件。我国 20 世纪 70 年代在松花江流域也曾发生过因江水被含汞工业废水污染而致鱼体甲基汞含量明显增加，沿岸渔民长期食用被甲基汞污染的鱼类引起的慢性甲基汞中毒事件。

（4）食品中汞的允许限量标准：我国现行的《食品安全国家标准　食品中污染物限量》（GB 2762—2022）中规定的食品中汞限量见表 9-1。

2.镉

（1）理化特性：镉（cadmium，Cd）为银白色金属，在自然界中以硫镉矿形式存在，并常与锌、铅、铜、锰等共存。

（2）对食物的污染：镉广泛用于电镀、塑料、油漆等工业生产中，故工业含镉"三废"的排放对环境和食物的污染较为严重。土壤中的镉可以被植物吸收，并通过食物链富集进入人体。过多施用镉含量相对较高的某些化肥（如磷肥）可造成农作物的污染。许多食品接触材料及制品含有的镉也可迁移至食品中。因镉盐有鲜艳的颜色且耐高热，故常用作玻璃、陶瓷类容器的上色颜料、金属合金和镀层的成分以及塑料稳定剂等，使用这类食品接触材料及制品也可对食品造成镉污染。

表 9-1　食品中汞限量标准

食品	限量（MLs）/（mg/kg）	
	总汞（以 Hg 计）	甲基汞
粮食（成品粮）	0.02	—
蔬菜	0.01	—
鲜乳	0.01	—
肉、蛋	0.05	—
水产动物及其制品（不包括食肉鱼类）	—	0.5
食肉鱼类及其制品（不包括金枪鱼、金目鲷、枪鱼、鲨鱼及以上鱼类制品）	—	1.0
金枪鱼及其制品	—	1.2
金目鲷及其制品	—	1.5
枪鱼及其制品	—	1.7
鲨鱼及其制品	—	1.6

食品中镉的含量一般为 0.004～5mg/kg，但由于镉在生物体内的蓄积作用和食物链的生物富集作用，使镉在水产品、动物肾脏等动物性食品中浓度可高达几十至数百 mg/kg。目前我国居民膳食镉的主要食物来源为谷类。

（3）体内代谢和毒性：进入人体的镉主要以消化道摄入为主，消化道吸收率约为 1%～12%，一般为 5%。食物中镉的存在形式以及膳食中蛋白质、维生素 D 和钙、锌等营养素的含量均可影响镉的吸收，低蛋白、低钙和低铁的膳食有利于镉的吸收，维生素 D 可促进镉的吸收。吸收的镉经血液转运至全身。进入人体的镉主要蓄积于肾脏（约占全身蓄积量的 1/3），其次是肝脏（约占全身蓄积量的 1/6）。大多数镉与低分子硫蛋白结合，形成金属硫蛋白。体内的镉可通过粪、尿和毛发等途径排出。镉在人体内的半衰期约 15～30 年。

镉对体内巯基酶有较强的抑制作用。镉中毒主要损害肾脏、骨骼和消化系统。肾脏是镉慢性中毒的靶器官，主要损害肾近曲小管，使其重吸收功能障碍，引起蛋白尿、氨基酸尿、糖尿和高钙尿，高钙尿导致体内出现负钙平衡，造成软骨症和骨质疏松。20 世纪 60 年代发生在日本镉污染大米引起的公害病"痛痛病"（骨痛病），就是由于环境镉污染通过食物链而引起的人体慢性镉中毒。此外，镉干扰膳食中铁的吸收和加速红细胞破坏，可引起贫血。研究表明镉及镉化合物对动物和人体有一定的致畸、致突变和致癌作用。国际癌症研究机构（IARC）将镉定为 I 级致癌物。

（4）食品中镉的允许限量标准：我国现行的《食品安全国家标准 食品中污染物限量》（GB 2762—2022）中规定的食品中镉限量见表 9-2。

3. 铅

（1）理化特性：铅（lead，Pb）为银白色重金属，其氧化态为 0、+2 或 +4 价，在铅的无机化合物中，铅通常处于 +2 价状态。除乙酸铅、氯酸铅、亚硝酸铅和氯化铅外，大多数 +2 价铅盐不溶于水或难溶于水。

（2）对食物的污染：含铅废水废渣的排放可污染土壤和水体，然后经食物链富集污染食品。环境中某些微生物可将无机铅转变为毒性更大的有机铅。使用含有机铅汽油的汽车等交通工具排放的废气中含有大量的铅，造成公路干线附近农作物的严重铅污染。农作物生产中使用含铅农药（如

表 9-2　食品中镉限量标准

食品	限量（MLs）/（mg/kg）	食品	限量（MLs）/（mg/kg）
谷物及其制品		鲜蛋	0.05
稻谷、糙米、大米	0.2	鱼	0.1
其他谷物及碾磨加工品	0.1	豆类、根茎类蔬菜（芹菜除外）	0.1
豆类	0.2		
花生	0.5	叶菜蔬菜、芹菜、黄花菜	0.2
畜禽肉类	0.1	其他蔬菜	0.05
畜禽肝脏	0.5	新鲜水果	0.05
畜禽肾脏	1.0		

砷酸铅等）可造成农作物的铅污染。食品加工中使用含铅的食品添加剂或加工助剂，如加工皮蛋时加入的黄丹粉（氧化铅）可造成食品的铅污染。以铅合金、马口铁、陶瓷及搪瓷等材料制成的食品容器和食具常含有较多的铅，印制食品包装的油墨和颜料等常含有铅，它们在接触食品时造成污染。此外，食品加工机械、管道和聚氯乙烯塑料中的含铅稳定剂等均可导致食品的铅污染。目前我国居民膳食铅的主要食物来源为谷类、肉类和蔬菜。

（3）体内代谢和毒性：非职业性接触人群体内的铅主要来自食物。进入消化道的铅主要由十二指肠吸收，儿童吸收率高于成人，成人吸收率低于 10%，3 个月到 8 岁的儿童最高可达 50%。吸收入血的铅大部分（90% 以上）与红细胞结合后转运至全身，主要储存于骨骼，在肝、肾、脑等组织中亦有一定的分布并产生毒性作用。铅在人体内的半衰期为 4 年，在骨骼的半衰期更长，可长达 10 年，故可长期在体内蓄积。体内的铅主要经尿和粪排出。尿铅、血铅和发铅是反映体内铅负荷的常用指标。血铅的正常值上限我国规定为 2.4μmol/L，尿铅的正常值上限定为 0.39μmol/L（0.08mg/L）。

铅主要损害造血系统、神经系统和肾脏。常见的症状和体征为贫血、神经衰弱、烦躁、失眠、食欲缺乏、口有金属味、腹痛、腹泻或便秘、头昏、头痛、肌肉关节疼痛等。严重者可致铅中毒性脑病。慢性铅中毒还可导致凝血时间延长，并可损害免疫系统。儿童对铅较成人更敏感，过量铅摄入可影响其生长发育，导致智力低下。

（4）食品中铅的允许限量标准：我国现行的《食品安全国家标准　食品中污染物限量》（GB 2762—2022）中规定的食品中铅限量见表 9-3。

表 9-3　食品中铅限量标准

食品	限量（MLs）/（mg/kg）	食品	限量（MLs）/（mg/kg）
谷类、豆类、薯类	0.2	叶菜蔬菜	0.3
畜禽肉类	0.2	芸薹类蔬菜、生姜	0.2
畜禽内脏	0.5	其他新鲜蔬菜	0.1
鲜蛋	0.2	蔓越莓、醋栗	0.2
鱼类	0.5	其他新鲜水果	0.1
双壳贝类	1.5	白酒、黄酒	0.5
鲜乳	0.02	冷冻饮品	0.3
婴儿配方食品（以固态产品计）	0.08	茶叶	5.0

4．砷

（1）理化特性：砷（arsenic，As）是一种非金属元素，但由于其许多理化性质类似于金属，故常将其归为"类金属"之列。砷化合物包括无机砷和有机砷。前者包括剧毒的三氧化二砷（As_2O_3，俗称砒霜）、砷酸钠、亚砷酸钠、砷酸钙、亚砷酸和强毒性的砷酸铅等。无机砷化合物在酸性环境中经金属催化可生成强毒性的砷化氢（AsH_3）气体。天然存在的一甲基砷、二甲基砷和农业用制剂甲基砷酸锌（稻脚青）、甲基砷酸钙（稻宁）等都为有机砷。

（2）对食物的污染：含砷工业废水对水体的污染以及灌溉农田后对土壤的污染，均可造成对水生生物和农作物的砷污染。水生生物，尤其是甲壳类和某些鱼类对砷有很强的富集能力，其体内砷含量可高出其生活水体数千倍，但其中大部分是毒性较低的有机砷。无机砷农药如砷酸铅、砷酸钙、亚砷酸钠等由于毒性大，已很少使用，但有机砷类杀菌剂甲基砷酸锌、甲基砷酸钙、甲基砷酸铁胺（田安）和二甲基二硫代氨基甲酸砷（福美砷）等用于防治水稻纹枯病有较好的效果，其过量使用或未遵守安全间隔期可致农作物中砷含量明显增加。食品加工过程中使用的原料、化学物和添加剂被砷污染和误用，以及被砷污染的食品接触材料及制品也可造成食品的污染。目前我国居民膳食总砷的主要食物来源为水产品、谷类和蔬菜；膳食无机砷的主要食物来源为谷类。

（3）体内代谢和毒性：机体对有机砷和无机砷的吸收率均较高，为70%～90%。砷的毒性与其存在的形式和价态有关。元素砷几乎无毒，砷的硫化物毒性亦很低，而砷的氧化物和盐类毒性较大。As^{3+}的毒性大于As^{5+}，无机砷的毒性大于有机砷。砷化物为一种原浆毒，与机体内蛋白质有很强的结合能力。经消化道吸收入血后主要与Hb中的珠蛋白结合，24小时内即可分布于全身组织，以肝、肾、脾、肺、皮肤、毛发、指甲和骨骼等器官和组织中蓄积量较多。砷的生物半衰期约80～90天，主要经粪和尿排出。砷与头发和指甲中角蛋白的巯基有很强的结合力，故头发和指甲也是其排泄途径之一，测定发砷和指甲砷可反映体内砷水平。

As^{3+}与巯基有较强的亲和力，尤其是对含双巯基结构的酶有很强的抑制作用，其与α-酮戊二酸氧化酶、苹果酸氧化酶、ATP酶等结合后，可导致体内葡萄糖、氨基酸代谢的异常；与丙酮酸氧化酶的巯基结合，使酶失去活性，阻碍细胞正常的呼吸与代谢，引起细胞的死亡。砷也是一种毛细血管毒物，可致毛细血管通透性增高，引起多器官的广泛病变。

急性砷中毒主要由砒霜引起，中毒剂量为10～50mg，致死剂量为100～300mg，主要表现是胃肠炎症状，严重者可致中枢神经系统麻痹而死亡，并可出现口、耳、眼、鼻出血等症状。慢性中毒主要表现为神经衰弱综合征，皮肤色素异常（白斑或黑皮症），手掌和足底皮肤过度角化。日本曾发生的"森永奶粉中毒事件"，系因奶粉生产中使用了含大量砷盐的磷酸氢二钠作为稳定剂而引起的，致使1.3万多名婴儿中毒，在事件发生一年内，共有100多名婴儿死亡。

已证实多种砷化物具有致突变性，可导致基因突变、染色体畸变并抑制DNA损伤的修复。砷酸钠可透过胎盘屏障，对小鼠和仓鼠有一定致畸性。流行病学调查亦表明，无机砷化合物与人类皮肤癌和肺癌的发生有关，被IARC定为I级致癌物。

（4）食品中砷的允许限量标准：我国现行的《食品安全国家标准　食品中污染物限量》（GB 2762—2022）中规定的食品中砷限量见表9-4。

三、N-亚硝基化合物污染及其预防

N-亚硝基化合物（N-nitroso compounds，NOCs）是一类具有＞N-NO结构的有机化合物。许多

表9-4　食品中砷限量标准

食品	限量（MLs）		食品	限量（MLs）	
	总砷	无机砷		总砷	无机砷
谷物及其制品			食用菌及其制品（松茸及其制品除外）	—	0.5mg/kg
稻谷、糙米	—	0.35mg/kg			
大米（粉）	—	0.2mg/kg	松茸及其制品		0.8mg/kg
其他谷物及碾磨加工品	0.5mg/kg	—	食用油脂（鱼油、磷虾油及其制品除外）	0.1mg/kg	—
新鲜蔬菜	0.5mg/kg	—	鱼油、磷虾油及其制品		0.1mg/kg
肉及肉制品	0.5mg/kg	—	食糖、可可制品及巧克力	0.5mg/kg	
乳及乳制品			包装饮用水	0.01mg/L	
鲜乳	0.1mg/kg	—	特殊膳食用食品		
乳粉	0.5mg/kg	—	婴幼儿辅助食品	—	0.1～0.3mg/kg
鱼类及其制品	—	0.1mg/kg	辅助营养补充品	0.5mg/kg	—
其他水产品	—	0.5mg/kg			

N-亚硝基化合物类污染物如 N-二甲基亚硝胺（N-nitrosodimethylamine，NDMA）具有遗传毒性和动物致癌性。NOCs 暴露源广泛，人类可经职业、饮食、化妆品的使用和吸烟等多种外源性途径暴露 NOCs，也可由人体内的胺类化学物经亚基硝化反应形成内源性 NOCs。

（一）分类、结构与理化特性

N-亚硝基化合物包括 N-亚硝胺（N-nitrosamine）和 N-亚硝酰胺（N-nitrosamide）两大类。

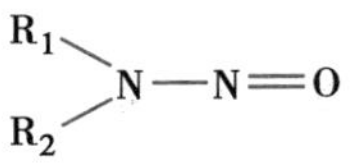

1. N-亚硝胺　N-亚硝胺的基本结构见图9-8。R_1、R_2 可以是烷基或环烷基，也可以是芳香环或杂环化合物，当 R_1 和 R_2 相同时，被称为对称性亚硝胺，如 N-二甲基亚硝胺；当 R_1 和 R_2 不同时，则被称为非对称性亚硝胺，如 N-甲基乙基亚硝胺。

图9-8　N-亚硝胺的基本结构

低分子量的亚硝胺（如 N-二甲基亚硝胺）在常温下为黄色油状液体，而高分子量的亚硝胺多为固体。N-二甲基亚硝胺、N-二乙基亚硝胺和 N-二乙醇亚硝胺可溶于水及有机溶剂，其他亚硝胺仅溶于有机溶剂。N-亚硝胺在中性和碱性环境中较稳定，通常不易发生水解，但在特殊条件下也可发生水解、加成、转亚硝基、氧化还原和光化学反应等，继而形成生物毒性更大的中间代谢产物或者被降解。

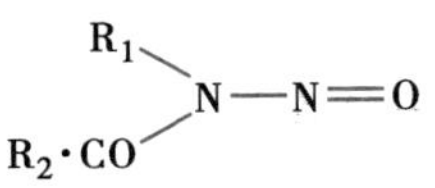

2. N-亚硝酰胺　N-亚硝酰胺的基本结构见图9-9。R_1 可以是烷基或芳基，R_2 也可以是 NH_2、NHR、NR_2（称为 N-亚硝基脲）或 RO 基团（即亚硝基氨基甲酸酯）。N-亚硝酰胺的化学性质活泼，在酸性或碱性条件下（甚至在近中性环境下）均不稳定。在酸性条件下可分解为相应的酰胺和亚硝酸，在碱性条件下可迅速分解为重氮烷。

图9-9　N-亚硝酰胺的基本结构

N-亚硝胺相对稳定，经肝脏线粒体细胞色素 P450 的代谢活化，可生成有致突变、致癌性的烷基偶氮羟基物；而 N-亚硝酰胺类不稳定，能够在作用部位直接降解成重氮化合物，与 DNA 结合发挥其直接致突变和致癌作用。

（二）食物的污染来源

1. N-亚硝基化合物的前体物 环境和食品中的 N-亚硝基化合物系由亚硝酸盐和胺类在一定的条件下合成的,这种反应称亚硝基化反应(图 9-10)。N-亚硝基化合物的前体包括:硝酸盐、亚硝酸盐和胺类物质。

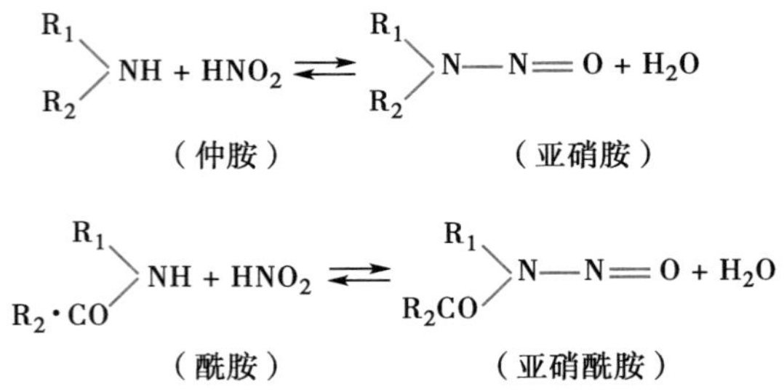

（1）植物性食物中的硝酸盐和亚硝酸盐:硝酸盐和亚硝酸盐广泛地存在于人类生存的环境中。土壤和肥料中的氮在土壤中固氮菌和硝酸盐

$$R_1R_2 \diagup NH + HNO_2 \rightleftharpoons R_1R_2 \diagup N—N=O + H_2O$$

（仲胺） （亚硝胺）

$$R_1R_2 \cdot CO \diagup NH + HNO_2 \rightleftharpoons R_1R_2CO \diagup N—N=O + H_2O$$

（酰胺） （亚硝酰胺）

图 9-10 亚硝基化反应式

生成菌的作用下可转化为硝酸盐,而蔬菜等植物在生长过程中从土壤吸收硝酸盐,在植物体内酶的作用下将其还原为氨,并进一步与光合作用合成的有机酸反应生成氨基酸、蛋白质和核酸等。当光合作用不充分时,植物体内可积蓄较多的硝酸盐。新鲜蔬菜中硝酸盐的含量主要与作物种类、栽培条件(如土壤和肥料的种类)以及环境因素(如干旱、阳光、温度等)有关,不同种类的新鲜蔬菜中亚硝酸盐含量相差数十倍。蔬菜中亚硝酸盐含量通常远低于硝酸盐含量,但是蔬菜的保存和处理过程对硝酸盐和亚硝酸盐含量有很大影响,即硝酸盐在硝酸盐还原菌的作用下可形成亚硝酸盐。因此,在蔬菜的腌制过程中,亚硝酸盐含量明显增高,不新鲜的蔬菜中亚硝酸盐含量亦可明显增高。

（2）动物性食物中的硝酸盐和亚硝酸盐:硝酸盐和亚硝酸盐用作食品防腐剂和护色剂在食品生产中使用。用硝酸盐腌制鱼、肉等动物性食品是一种古老和传统的方法,其作用机制是通过细菌将硝酸盐还原为亚硝酸盐,而亚硝酸盐能抑制许多腐败菌和致病菌的生长,从而达到防腐的目的。此外,亚硝酸分解产生的 NO 可与肌红蛋白结合,形成亚硝基肌红蛋白而具有特有的红色,从而改善此类食品的感官性状。其后发现只需用很少量的亚硝酸盐处理,就能达到较大量硝酸盐的效果,于是亚硝酸盐逐步取代硝酸盐。虽然使用亚硝酸盐作为食品添加剂可产生 N-亚硝基化合物(肉类分解可产生胺类物质),但目前尚无更好的替代品,故仍允许限量使用。我国《食品安全国家标准 食品添加剂使用标准》(GB 2760—2024)中规定肉制品中亚硝酸盐残留量不得超过 30mg/kg。

（3）环境和食品中的胺类:N-亚硝基化合物的另一类前体物——胺类,亦广泛存在于环境和食物中。作为食品天然成分的蛋白质、氨基酸和磷脂,都可以是胺和酰胺的前体物,肉、鱼等动物性食品在其腌制、烘烤等加工处理过程中,尤其是在油煎、油炸等烹调过程中,可产生较多的胺类化合物。许多胺类也是药物、农药和一些化工产品的原料。

在胺类化合物中,以仲胺合成 N-亚硝基化合物的能力最强。在粮食、鱼、肉和某些蔬菜中仲胺含量较高,如海鱼中仲胺的含量多在 100mg/kg 以上,且含量随其新鲜程度、加工过程和储藏条件的不同而有很大差异,晒干、烟熏、装罐等加工过程均可致仲胺含量明显增加。

2. 食品中的 N-亚硝基化合物 肉、鱼等动物性食品中含有丰富的胺类化合物,在弱酸性或酸性的环境中,能与亚硝酸盐反应生成亚硝胺。鱼、肉制品中的亚硝胺主要是吡咯烷亚硝胺和二甲基亚硝胺。但由于加工方法不同,各类鱼、肉制品中亚硝胺的含量可有较大差异。某些乳制品(如干奶酪、奶粉等)含有微量的挥发性亚硝胺,其含量多在 0.5～5.0μg/kg 范围内。

在传统的啤酒生产过程中,大麦芽在窑内加热干燥时,其所含大麦芽碱和仲胺等能与空气中的氮氧化物(NOₓ)发生反应,生成二甲基亚硝胺。故啤酒中常含有微量的二甲基亚硝胺(多在 0.5～5.0μg/kg 范围内)。但近年由于生产工艺的改进,在多数大型企业生产的啤酒中已很难检测出亚硝胺类化合物。

3. N-亚硝基化合物的体内合成　除食品中所含有的 N-亚硝基化合物外，人体也能内源性合成一定量的 N-亚硝基化合物。由于在 pH<3.0 的酸性环境中合成亚硝胺的反应较强，而且胃中存在亚硝酸盐和具有催化作用的氯离子和硫氰酸根离子，有利于胃内 N-亚硝基化合物的合成，因此胃可能是人体内合成亚硝胺的主要场所。

（三）毒性

1. 急性毒性　各种 N-亚硝基化合物的急性毒性有较大差异，对于对称性烷基亚硝胺而言，其碳链越长，急性毒性越低。肝脏是主要的靶器官，另外还有骨髓与淋巴系统的损伤。

2. 致癌作用　已证实 N-亚硝基化合物为强的动物致癌物，对包括 5 种灵长类动物的 40 多种种属的动物均有致癌作用，有的甚至还可以通过胎盘引起子代的肿瘤。其致癌作用的特点是：

（1）具有器官特异性：不同的 N-亚硝基化合物有不同的致癌靶器官，如亚硝胺并不直接引起注射部位的肿瘤，而是对代谢器官发生作用，对称性亚硝胺主要诱发肝癌，不对称亚硝胺主要诱发食管癌。N-亚硝酰胺除了诱发接触部位的肿瘤外，可通过血-脑屏障和血-胎盘屏障诱发中枢神经系统肿瘤和胎儿肿瘤。

（2）多种途径摄入均可诱发肿瘤：呼吸道吸入、消化道摄入、皮下肌内注射，甚至皮肤接触 N-亚硝基化合物都可诱发肿瘤。

（3）不同接触剂量均有致癌作用：反复多次给药，或一次大剂量给药都能诱发肿瘤，且有明显的剂量-效应关系。

亚硝胺中与氨氮相连的 α-碳原子上的氢在细胞色素 P450 的作用下，氧化为羟基，产生不稳定的烷基羟基偶羟基氮化合物，具有高度亲电子性；而 N-亚硝酰胺为不稳定化合物，与组织中水作用发生水解，生成烷基羟基偶氮化合物。这些亲电子成分再与 DNA 分子上的碱基形成加合物，诱发基因突变、染色体异常。N-亚硝基化合物还抑制修复 DNA 损伤的 ^{6}O-烷基脱氧鸟嘌呤烷基转移酶，导致 DNA 修复障碍，继而引发肿瘤。

许多国家和地区的流行病学调查研究表明，人类的某些肿瘤可能与接触 N-亚硝基化合物有关。研究表明，人类胃癌的病因可能与环境中硝酸盐和亚硝酸盐的含量，特别是饮水中的硝酸盐含量有关。我国食管癌高发区居民膳食亚硝胺暴露水平高于低发区，以尿中 N-亚硝基脯氨酸为指标的内源性亚硝基化能力的检测结果表明，高发区居民也明显高于低发区居民。在一些肝癌高发区的流行病学调查也表明，喜食腌菜可能是肝癌发生的危险性因素之一，一些肝癌高发区的腌菜中亚硝胺的检出率可高达 60% 以上。日本人的胃癌高发可能与其爱吃咸鱼和咸菜有关，因咸鱼中胺类（特别是仲胺）含量较高，而咸菜中亚硝酸盐与硝酸盐含量较高，故有利于亚硝胺的合成。N-亚硝基化合物具有广泛的致癌作用，而具有短脂肪链的 N-亚硝基化合物通常导致癌症的风险更大，如烟草特有的亚硝胺可诱导支气管人上皮细胞的恶性转化。

3. 致畸作用　N-亚硝酰胺对动物有一定的致畸性，如甲基（或乙基）亚硝基脲可诱发胎鼠的脑、眼、肋骨和脊柱等畸形，并存在剂量-效应关系。但亚硝胺的致畸作用很弱。

4. 致突变作用　N-亚硝酰胺能引起细菌、真菌、果蝇和哺乳类动物细胞发生突变。使用 Ames 试验检测 34 种 N-亚硝酰胺的结果表明多数具有直接致突变性；亚硝胺则需经哺乳动物微粒体混合功能氧化酶系统代谢活化后才有致突变性。在脂肪族亚硝胺中，有些既有致癌性又有致突变作用，而有些有致癌作用，却无明显的致突变作用。另有研究表明，N-亚硝基化合物的致突变性强弱与其致癌性强弱无明显相关性。

（四）预防措施

1. 防止食物被微生物污染　由于某些细菌或真菌可还原硝酸盐为亚硝基盐,而且许多微生物可分解蛋白质,生成胺类化合物,或有酶促亚硝基化作用,因此,降低各种微生物对食品的污染程度、防止食品霉变应作为重要的预防措施。

2. 改进食品加工工艺　通过控制食品加工中硝酸盐或亚硝酸盐的用量,从而减少食品中亚硝基化反应前体物质的量,以减少亚硝胺的合成。改进食品加工工艺,尽可能使用亚硝酸盐的替代品。

3. 施用钼肥　农业用肥及用水与蔬菜中亚硝酸盐和硝酸盐含量有密切关系。使用钼肥有利于降低蔬菜中硝酸盐和亚硝酸盐含量。

4. 阻断亚硝基化反应　维生素 C、维生素 E 以及酚类及黄酮类化合物有较强的阻断亚硝基化反应的作用。维生素 C 对 N- 亚硝基化合物的阻断机制可能是通过还原亚硝基化反应,或者清除亚硝基阳离子（NO^+)来实现阻断。已证明茶叶、猕猴桃、沙棘果汁等对预防亚硝胺的危害有较好的效果。我国学者还发现大蒜中含有的硫化物和苯二羧酸类是大蒜产生阻断作用的主要活性成分。这些物质能与亚硝酸盐结合生成硫代亚硝酸酯,从而抑制亚硝基化反应。人体摄入的硝酸盐可以在唾液中富集,并在微生物的作用下还原为亚硝酸盐,从而增加胃中 N- 亚硝基化合物的前体物,注意口腔卫生也可减少体内 N- 亚硝基化合物的合成。

5. 制定食品中允许量标准并加强监测　我国现行的《食品安全国家标准　食品中污染物限量》（GB 2762—2022)中 N- 亚硝胺限量为:水产制品（水产品罐头除外)中 N- 二甲基亚硝胺≤4μg/kg;肉制品（肉类罐头除外)中 N- 二甲基亚硝胺≤3μg/kg。应加强对食品中 N- 亚硝基化合物含量的监测,避免食用 N- 亚硝基化合物含量超标的食物。

四、多环芳烃化合物污染及其预防

多环芳烃化合物（polycyclic aromatic hydrocarbons, PAH)是一类具有较强致癌作用的化合物。种类繁多,迄今已鉴定出 100 多种,包括 2 个苯环组成的萘,3 个苯环组成的菲、蒽,4 个苯环组成的芘等,其中以苯并（a)芘[benzo(a)pyrene, B(a)P]最为重要,故以其为代表重点阐述。

（一）苯并（a)芘的结构与理化特性

苯并（a)芘是由 5 个苯环构成的多环芳烃（图 9-11），分子式 $C_{20}H_{12}$,分子量为 252。在常温下为浅黄色的针状结晶,在水中溶解度仅为 0.5~6μg/L,微溶于甲醇和乙醇,易溶于苯、甲苯及环己烷等有机溶剂,在苯溶液中呈蓝色或紫色荧光。性质较稳定,但日光及荧光可使其发生光氧化反应。臭氧也可使其氧化,与 NO 或 NO_2 作用则可发生硝基化反应,也很易卤化。

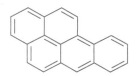

图 9-11　苯并（a)芘的化学结构式

（二）食物的污染来源

多环芳烃主要由各种有机物如煤、柴油、汽油、木材、脂肪及香烟等的不完全燃烧产生。食品中 B(a)P 的主要来源有:①食品在烘烤或熏制时直接受到污染;②食品成分高温烹调加工时发生热解或热聚反应所形成,这是食品中多环芳烃的主要来源;③植物性食物可吸收土壤、水和大气中污染的多环芳烃;④食品加工中受机油和食品接触材料等的污染;⑤在柏油路上晒粮食使粮食受到污染;⑥污染的水可使水产品受到污染;⑦植物和微生物可合成微量的多环芳烃。

由于食品种类、生产加工、烹调方法的差异以及距离污染源的远近等因素的不同,食品中 B(a)P 的含量相差很大,其中含量较多者主要是烘烤和熏制食品。一般烤肉、烤香肠中 B(a)P 含量为 0.17～0.63μg/kg，以炭火烤的肉中达 2.6～11.2μg/kg。工业区生产的小麦中 B(a)P 含量较高，而非工业区则很低，农村生产的蔬菜中 B(a)P 的含量较城市附近生产的低。由于 B(a)P 的水溶性很低，清洗蔬菜基本不能去除。

（三）体内代谢和毒性

通过食物或水进入机体的 PAH 在肠道被吸收入血后很快分布于全身，几乎在所有器官组织中均可发现，但以脂肪组织中含量最高。动物实验发现 PAH 可通过胎盘进入胎儿体内。PAH 主要经肝脏代谢，代谢产物与谷胱甘肽、硫酸盐、葡萄糖醛酸结合后，经尿和粪便排出。但由胆汁中排出的结合物可被肠道中酶水解而重吸收。

PAH 急性毒性为中等或低毒性。有的 PAH 对血液系统有毒性，如二苯并[a,h]蒽引起血液淋巴系统的变化和萘引起贫血。B(a)P 对小鼠和大鼠有胚胎毒、致畸和生殖毒性，在小鼠和兔中能通过血-胎盘屏障发挥致癌作用，造成子代肺腺瘤和皮肤乳头状瘤。B(a)P 具有致癌性，涉及的部位包括皮肤、肺、胃、乳腺等。其在动物体内主要通过混合功能氧化酶系中的芳烃羟化酶(aryl hydrocarbon hydroxylase, AHH)的作用，代谢活化为多环芳烃环氧化物。环氧化物能与 DNA、RNA 和蛋白质等生物大分子结合而诱发突变和肿瘤。此外，B(a)P 还可致大鼠、地鼠、豚鼠、兔、鸭及猴等动物的多种肿瘤，并可经胎盘使子代发生肿瘤，可致胚胎死亡，或导致仔鼠免疫功能下降。

由于 B(a)P 为间接致突变物，在体外致突变试验中需要加入 S9 代谢活化。在 Ames 试验及其他细菌突变试验、噬菌体诱变、果蝇突变、DNA 修复、姐妹染色单体交换、染色体畸变、哺乳类细胞培养基因突变以及哺乳类动物精子畸变等实验中皆呈阳性反应。此外，在人组织培养试验中也发现 B(a)P 有组织和细胞毒性作用，可导致上皮分化不良、细胞损伤、柱状上皮细胞变形等。此外，多项人群流行病学研究也表明食品中 B(a)P 含量与胃癌等多种肿瘤的发生有一定关系。

（四）预防措施

1. 防止污染　①加强环境治理，减少环境 B(a)P 的污染，从而减少其对食品的污染；②熏制、烘烤食品及烘干粮食等加工过程应改进燃烧过程，避免使食品直接接触炭火或直接接触烟，使用熏烟洗净器或冷熏液；③不在柏油路上晾晒粮食和油料种子，以防沥青中 B(a)P 的污染。

2. 去毒　用吸附法可去除食品中的一部分 B(a)P。活性炭是从油脂中去除 B(a)P 的优良吸附剂。在浸出法生产的菜油中加入 0.3%～0.5% 活性炭，在 90℃下搅拌 30 分钟，并在 140℃ 93.1kPa 真空条件下处理 4 小时，其所含 B(a)P 即可去除 89%～95%。

3. 制定食品中限量标准　我国现行的《食品安全国家标准 食品中污染物限量》(GB 2762—2022)中 B(a)P 的限量标准为：谷物及其制品≤2μg/kg，熏烤肉≤5μg/kg，植物油≤10μg/kg。

五、杂环胺类化合物污染及其预防

食物中蛋白质、氨基酸在加工烹调中，由于受到高温的作用可产生杂环化合物。20 世纪 70 年代，日本学者首次证实直接以明火或炭火炙烤的烤鱼具有强致突变性，以后在烤肉甚至是一般烹调加工的肉中也检出致突变性，经研究，发现了杂环胺类化合物。

（一）结构与理化特性

杂环胺类化合物包括氨基咪唑氮杂芳烃(AIAs)和氨基咔啉两类。AIAs 包括喹啉类(IQ)、喹噁啉类(IQx)和吡啶类。AIAs 咪唑环的 α 氨基在体内可转化为 N-羟基化合物而具有致癌和致突变活性。杂环胺的分类和系统命名见表 9-5。氨基咪唑氮杂芳烃(AIAs)类和氨基咔啉类杂环胺的典型结构见图 9-12 和图 9-13。

表9-5 杂环胺的化学名称及最初鉴定时的食物来源

化学名称	最初鉴定时的食物来源
（一）氨基咪唑氮杂芳烃（AIAs）	
1. 喹啉类	
2-氨基-3-甲基咪唑并[4,5-f]喹啉（IQ）	烤沙丁鱼
2-氨基-3,4-二甲基咪唑并[4,5-f]喹啉（4-MeIQ）	烤沙丁鱼
2. 喹噁啉类	
2-氨基-3-甲基咪唑并[4,5-f]喹噁啉（IQx）	碎牛肉与肌酐混合热解
2-氨基-3,8-二甲基咪唑并[4,5-f]喹噁啉（8-MeIQx）	炸牛肉
2-氨基-3,4,8-三甲基咪唑并[4,5-f]喹噁啉（4,8-DiMeIQx）	苏氨酸、肌酐与葡萄糖混合热解
2-氨基-3,7,8-三甲基咪唑并[4,5-f]喹噁啉（7,8-DiMeIQx）	甘氨酸、肌酐与葡萄糖混合热解
3. 吡啶类	
2-氨基-1-甲基-6-苯基-咪唑并[4,5-b]吡啶（PhIP）	炸牛肉
2-氨基-n,n,n-三甲基咪唑并吡啶（TMIP）	碎牛肉与肌酐混合热解
2-氨基-n,n-二甲基咪唑并吡啶（DMIP）	碎牛肉与肌酐混合热解
（二）氨基咔啉类	
1. α-咔啉（9H-吡啶并吲哚）类	
2-氨基-9H-吡啶并[2,3-b]吲哚（AαC）	大豆球蛋白热解产物
2-氨基-3-甲基-9H-吡啶并[2,3-b]吲哚（MeAαC）	大豆球蛋白热解产物
2. γ-咔啉（9H-吡啶并[4,3-b]吲哚）类	
3-氨基-1,4-二甲基-5H-吡啶并[4,3-b]吲哚（Trp-P-1）	色氨酸热解产物
3-氨基-1-甲基-5H-吡啶并[4,3-b]吲哚（Trp-P-2）	色氨酸热解产物
3. δ-咔啉（二吡啶并[1,2-a:3′,2′-d]咪唑）类	
2-氨基-6-甲基-二吡啶并[1,2-a:3′,2′-d]咪唑（Glu-P-1）	谷氨酸热解产物
2-氨基-二吡啶并[1,2-a:3′,2′-d]咪唑（Glu-P-2）	谷氨酸热解产物
4. 苯并吡啶	
2-氨基-5-苯并吡啶（Phe-P-1）	苯丙氨酸热解产物

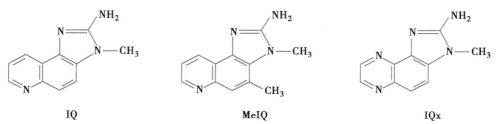

IQ   MeIQ   IQx

图9-12 氨基咪唑氮杂芳烃（AIAs）类杂环胺

Trp-P-1   Glu-P-1   AαC

图9-13 氨基咔啉类杂环胺

（二）食物的污染来源

膳食杂环胺的污染水平主要受食品的烹调方式（温度、水分、时间）和食物成分的影响。

1. **烹调方式**　加热反应主要产生 AIAs 类杂环胺。加热温度越高、时间越长、水分含量越少，产生的杂环胺越多。加热温度是杂环胺形成的重要影响因素，当温度从 200℃升至 300℃时，杂环胺的生成量可增加 5 倍。烹调时间对杂环胺的生成亦有一定影响，在 200℃油炸温度时，杂环胺主要在前 5 分钟形成，在 5～10 分钟形成减慢，进一步延长烹调时间则杂环胺的生成量不再明显增加。而食品中的水分是杂环胺形成的抑制因素。故烧、烤、煎、炸等直接与火接触或与灼热的金属表面接触的烹调方法由于可使水分很快丧失且温度较高，产生杂环胺远远多于炖、焖、煨、煮及微波炉烹调等温度较低、水分较多的烹调方法。由于杂环胺的前体物是水溶性的，可以在加热过程中向表面迁移并被加热干燥，所以杂环胺类化合物主要存在于肉的表面。油炸肉可使肉表面发生脱水，相当于干加热，故可形成杂环胺类化合物。碎牛肉的前体物释放较多，因此高温时杂环胺的生成量比牛排多。

2. **食物成分**　在烹调温度、时间和水分相同的情况下，蛋白质含量较高的食物产生杂环胺较多，而且蛋白质的氨基酸构成也直接影响所产生杂环胺的种类。另外，肌酸或肌酐是杂环胺中 α- 氨基 -3- 甲基咪唑基团的主要来源，故含有肌肉组织的食品可大量产生 AIAs 类（IQ 型）杂环胺，且肉类中的肌酸含量也是杂环胺形成的主要限速因素之一。

美拉德反应（Maillard reaction）在杂环胺的形成中可能起到催化作用，也有研究表明糖中的碳原子可以进入一些杂环胺中，如糖与氨基酸、肌酸在一定条件下可产生大量杂环物质，其中一些可进一步反应生成杂环胺。如该反应生成的吡嗪和醛类可缩合为喹啉类杂环胺。不同的氨基酸在美拉德反应中生成杂环物的种类和数量不同，最终生成的杂环胺也有较大差异。正常烹调食品中也含有一定量的杂环胺，主要来自烹调的鱼和肉。

（三）体内代谢与毒性

杂环胺经口摄入后，很快吸收并通过血液分布于体内的大部分组织，肝脏是其重要的代谢器官，肠、肺、肾等组织也有一定的代谢能力。杂环胺需经过代谢活化后才具有致突变性和致癌性，杂环胺代谢解毒主要是经过环氧化以及与葡萄糖醛酸、硫酸或谷胱甘肽的结合反应。机体解毒能力与代谢活化的相对强度，是决定杂环胺致突变性、致癌性的重要因素之一。杂环胺可诱导细胞色素 P450 酶系，从而促进其自身的代谢活化。但这种诱导作用有明显的种属、性别和器官差异。在加 S9 的 Ames 试验中，杂环胺对 TA98 菌株有很强的致突变性，提示杂环胺可能是移码突变物。除诱导细菌基因突变外，杂环胺经 S9 活化后诱导哺乳类细胞的 DNA 损伤、染色体畸变、姐妹染色单体交换、DNA 断裂及修复异常等遗传学损伤。但杂环胺对哺乳动物细胞的致突变性较对细菌的致突变性弱。Trp-p-2 和 PhIP 在 S9 活化系统中对中国仓鼠卵巢细胞有较强的致突变性，而 IQ、MeIQ、8-MeIQx 的致突变性相对较弱。

杂环胺对啮齿类动物具有致癌性。PhIP 可导致大鼠结肠和乳腺肿瘤，并有剂量-效应关系。其他杂环胺的主要靶器官为肝脏，此外，还可诱发血管、肠道、前胃、乳腺、阴蒂腺、淋巴组织、皮肤和口腔等其他部位肿瘤。IQ 杂环胺对灵长类也有致癌性。但是，需要指出的是，这些实验所用的剂量大大超过食品中的实际含量。

杂环胺的 N- 羟基代谢产物可直接与 DNA 形成加合物，与脱氧鸟嘌呤碱基上的第 8 位碳原子共价结合。动物实验表明，PhIP-DNA 加合物在心脏、肺、胰腺和结肠较高，肝脏非常低，其他杂环胺的 DNA 加合物以肝脏为高，其次是肠、肺和肾脏。

（四）预防措施

1. 改变不良的烹调方式和饮食习惯 杂环胺的生成与烹调加工有关,特别是过高温度烹调食物。因此,应注意不要使烹调温度过高,不要烧焦食物,并应避免过多食用烧烤煎炸的食物。此外,在烹炸的鱼、肉表面涂抹淀粉糊,肉类烹调前先用微波预热,可减少杂环胺生成。

2. 增加蔬菜水果的摄入量 蔬菜水果中的膳食纤维有吸附杂环胺并降低其活性的作用,酚类、黄酮类等成分有抑制杂环胺的致突变性和致癌性的作用,因此,增加蔬菜水果的摄入量对于防止杂环胺的危害有积极作用。

3. 加强监测 依据《食品安全国家标准 高温烹调食品中杂环胺类物质的测定》(GB 5009.243—2016)方法,加强食物中杂环胺含量监测,深入研究杂环胺的生成及其影响条件、体内代谢、毒性作用及其阈剂量等,为制定食品中的杂环胺限量标准提供科学依据。

六、氯丙醇及其酯的污染及其预防

氯丙醇及其酯是由于食品中的植物性蛋白被过量盐酸高温催化以及焦糖色素的不合理使用所产生的一类化学性污染物。其主要存在于用盐酸水解法生产的酸水解植物蛋白调味液中。

（一）分类、结构与理化特性

氯丙醇(chloropropanols)是丙三醇(甘油)上的羟基被1～2个氯取代形成的一系列产物的总称。根据羟基被取代的个数和位置的不同,分为一氯代产物和二氯代产物。一氯代产物有:3-氯-1,2-丙二醇(3-monochloro-1,2-propanediol,3-MCPD)、2-氯-1,3-丙二醇(2-monochloro-1,3-propanediol,2-MCPD);二氯代产物有:1,3-二氯-2-丙醇(1,3-dichloro-2-propanol,1,3-DCP)、2,3-二氯-1-丙醇(2,3-dichloro-1-propanol,2,3-DCP)。各种氯丙醇的化学结构式见图9-14。

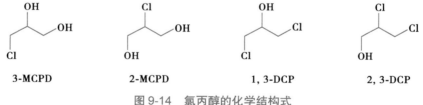

图9-14 氯丙醇的化学结构式

氯丙醇酯(chloropropanol esters)是3-MCPD、2-MCPD、1,3-DCP、2,3-DCP 与脂肪酸的酯化产物,包括单酯和二酯。由于氯丙醇和脂肪酸种类的不同,氯丙醇酯呈现丰富的结构多样性。即使二酯的两个脂肪酸相同,氯丙醇酯也有7种,包括单酯5种(一氯代丙醇单酯3种,二氯代丙醇单酯2种),双酯2种(图9-15)。氯丙醇酯的测定通常采用间接法,即将各种氯丙醇酯水解为游离的氯丙醇测定,反推计算氯丙醇酯的含量,故在食物中检测的氯丙醇酯包括3-MCPD 酯、2-MCPD 酯、1,3-DCP 酯和2,3-DCP 酯。

食品中的氯丙醇很少以游离态存在,多数以酯的形式存在。氯丙醇酯在热、酸、微生物、胰脂酶的作用下,水解成游离态的氯丙醇。

（二）食物的污染来源

在生产过程中,原料中的脂肪被水解为甘油,后者与盐酸的氯离子发生亲核取代反应,生成一系列氯丙醇产物。在各种氯丙醇产物中,3-MCPD 约占70%。

3-MCPD 酯主要存在于精炼的油脂中,如棕榈油、核桃油、红花油、葵花籽油、大豆油、菜籽油。影响3-MCPD 酯形成的因素有:油料中甘油三酯、氯离子的含量;脱色助剂的种类及酸性的强弱;脱

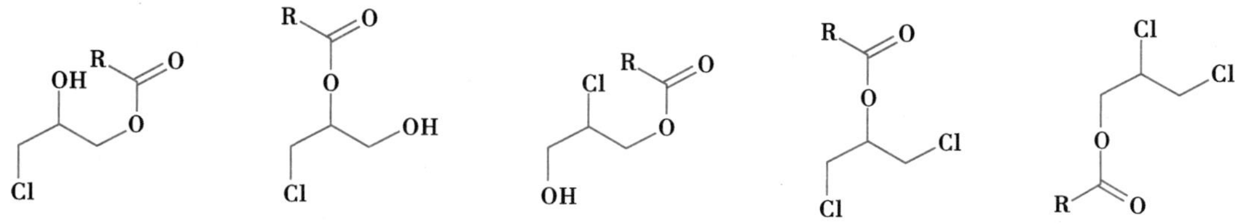

3-氯丙醇单酯　　3-氯丙醇单酯　　2-氯丙醇单酯　　1,3-二氯丙醇单酯　　2,3-二氯丙醇单酯

3-氯丙醇双酯　　　　　　　2-氯丙醇双酯

图9-15　氯丙醇酯的化学结构式

臭工艺是主要的影响因素,温度越高,水蒸气含量越高,3-MCPD酯的含量越高。对大豆油精炼过程的研究发现,氯化钠的添加量与3-MCPD酯的生成量成正比,当水分含量为20%时,3-MCPD酯的含量最高。含脂肪的食品中如果含有盐或其他氯化物,在高温条件下也会形成3-MCPD酯。

精炼棕榈油中还存在较高水平的聚甘油酯(glycidol esters),其水解产物聚甘油(glycidols)被IARC认定是可能的人类致癌物。聚甘油酯与氯离子共存并受热作用也可形成氯丙醇酯。

（三）体内代谢

模拟人肠道消化的研究表明,在脂肪酶的作用下,95%的3-MCPD单酯在1分钟内水解为3-MCPD,而3-MCPD双酯水解为3-MCPD的速度较慢,1分钟、5分钟和90分钟时的产率分别为45%、65%和95%。

经消化道吸收后的3-MCPD广泛分布于各组织和器官中,并可通过血-睾屏障和血-脑屏障,在人乳中也可检出。3-MCPD可与谷胱甘肽结合为硫醚氨酸而部分解毒,但主要被氧化为β-氯乳酸,并进一步分解成CO_2和草酸,且可形成具有致突变和致癌作用的环氧化合物。尿β-氯乳酸可作为3-MCPD暴露的生物标志物。

（四）毒性

3-MCPD酯本身具有一定的毒性,小鼠经口LD_{50} 3-MCPD单酯为2 677mg/(kg·bw),3-MCPD双酯>5 000mg/(kg·bw)。但3-MCPD酯在体内主要代谢为毒性更强的3-MCPD,所以应根据3-MCPD的毒理学资料对3-MCPD酯进行风险评估。

1. 一般毒性　大鼠经口LD_{50} 3-MCPD为150mg/(kg·bw),1,3-DCP为120～140mg/(kg·bw),2,3-DCP为218mg/(kg·bw)。大鼠和小鼠的亚急性和慢性实验表明,3-MCPD的主要靶器官是肾脏;1,3-DCP的主要靶器官是肝脏,同时也对肾脏造成损伤。大鼠实验证实,与1,3-DCP相比,2,3-DCP对肝细胞的毒性较弱,但对肾脏的毒性较强。在职业暴露人群中曾观察到1,3-DCP和2,3-DCP的肝脏毒性作用。

2. 生殖毒性　动物实验发现,3-MCPD可使精子数量减少、活性降低,抑制雄性激素的生成,降低生殖能力。1,3-DCP和2,3-DCP也可使睾丸和附睾的重量减轻,导致精子数量减少。3-MCPD可抑制小鼠卵细胞体外受精和早期胚胎发育,3-MCPD和1,3-DCP均可抑制孕酮的合成。

3. 神经毒性 小鼠和大鼠对 3-MCPD 神经毒作用的敏感性相同,主要表现为脑干对称性损伤、四肢麻木。最早的神经毒性表现局限在神经胶质细胞,主要是星状细胞水肿、细胞器被破坏,并呈明显的剂量-效应关系。

4. 遗传毒性 大鼠骨髓微核试验及肝脏程序外 DNA 合成试验、彗星试验均未显示 3-MCPD 有遗传毒性。而一系列的细菌和哺乳动物体外细胞培养试验均证实,1,3-DCP 可损伤 DNA,有明显的致突变作用和遗传毒性。

5. 致癌性 3-MCPD 与一些器官良性肿瘤的发生有关,但剂量远高于导致肾小管增生的剂量。一项持续 2 年的大鼠实验证实,1,3-DCP 在 19mg/(kg·bw) 的高剂量时才有致癌作用,靶组织为肝脏、肾脏、口腔上皮、舌及甲状腺。肿瘤的发生可能与免疫抑制有关。

（五）预防措施

1. 改进生产工艺 在生产酸水解植物蛋白调味液时,原料中脂肪多、盐酸用量大、温度高、反应时间长,产生的氯丙醇多。针对上述因素调整生产工艺可使氯丙醇的含量大大降低。蒸汽蒸馏、酶解、碱中和及真空浓缩法等均可降低产品中氯丙醇的含量。蛋白质含量高、脂肪含量低的豆粕是理想的原料。通过对脱臭条件进行优化可降低动植物油脂中 3-MCPD 酯的含量。

2. 按照标准组织生产 《酸水解植物蛋白调味液》(SB/T 10338—2000)规定了 3-MCPD 的限量(1mg/kg)。企业应严格按照 GMP 和产品标准组织生产,不得使用动物蛋白氨基酸、味精废液、胱氨酸废液、用非食品原料生产的氨基酸液作为原料。

3. 加强监测 《食品安全国家标准 食品中污染物限量》(GB 2762—2022)规定了 3-MCPD 的限量:添加酸水解植物蛋白的固态调味品为 1.0mg/kg,其他调味品为 0.4mg/kg。应依据相关标准加强对酸水解植物蛋白调味液和添加酸水解植物蛋白的调味品进行监测。

七、丙烯酰胺污染及其预防

丙烯酰胺(acrylamide,AA)是食物在 120℃以上高温烹调过程中,游离氨基酸(如天冬酰胺)与还原糖发生反应而生成的一种化学性有机污染物。其主要由富含碳水化合物的食物在高温油炸和焙烤过程中产生。

（一）结构与理化特性

AA 是一种不饱和酰胺,化学结构见图 9-16。AA 的分子式为 C_3H_5NO,常温下为白色无味的片状结晶,易溶于水、甲醇、乙醇、乙醚、丙酮和三氯甲烷,在室温和弱酸性条件下稳定,受热分解为 CO、CO_2、NO_x。AA 在食物中也较稳定。

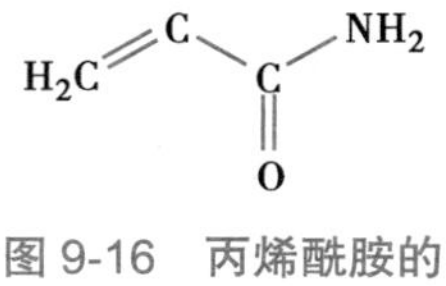

图 9-16 丙烯酰胺的化学结构式

（二）膳食中丙烯酰胺的来源

油炸和焙烤的淀粉类食品是膳食中 AA 的主要来源。从 24 个国家获得的监测数据显示,AA 含量较高的是薯类制品、咖啡及类似制品、早餐谷物(表 9-6)。我国居民长期食用的面包、油条、薯条等焙烤和油炸淀粉类食品也含有大量的 AA,炸鸡、爆玉米花、咖啡、饼干等的含量也较高。

AA 主要由天冬酰胺与还原糖(葡萄糖、果糖、麦芽糖等)在高温下发生美拉德反应生成,两者单独存在时即使加热也不产生 AA。

影响 AA 形成的因素有食品的基质、pH、加工的方式、温度、加热时间等。炸薯片、炸薯条 AA 的含量随油炸时间的延长明显升高。加热到 120℃以上时,AA 开始生成,适宜的温度为 140~180℃,170℃左右生成量最多。当温度从 190℃降至 150℃时,AA 的含量急剧下降。食品的含水量

表 9-6　食品中丙烯酰胺的含量（JECFA，2002—2004）

食品品种	样品数	均值/（μg/kg）	最大值/（μg/kg）	食品品种	样品数	均值/（μg/kg）	最大值/（μg/kg）
谷类	3 304	343	7 834	炸薯片	874	752	4 080
水产品	52	25	233	炸薯条	1 097	334	5 312
肉类	138	19	313	冻薯片	42	110	750
乳类	62	5.8	36	咖啡、茶	469	509	7 300
坚果类	81	84	1 925	咖啡（煮）	93	13	116
豆类	44	51	320	咖啡（烤、磨、未煮）	205	288	1 291
根茎类	2 068	477	5 312	咖啡提取物	20	1 100	4 948
土豆（煮）	33	16	69	咖啡（去咖啡因）	26	668	5 399
土豆（烤）	22	169	1 270	可可制品	23	220	909

高，有利于反应物和产物的流动，产生的 AA 多，但含水量过多使反应物稀释，反应速率降低。在烘烤、油炸食品的最后阶段，因水分减少，表面温度升高，AA 的生成量更多。食品的 pH 为中性时最利于 AA 的产生，pH<5 时，即使在较高的温度下加工，也很少产生 AA。微波加热也会增加食品中AA 的含量。

（三）体内代谢

经口给予大鼠 0.1mg/kg 的 AA，吸收率为 23%～48%。进入人体内的 AA 以血液中的水平为最高，其他依次为肾、肝、脑、脊髓和淋巴液，并可通过胎盘和乳汁进入胎儿和婴儿体内。

人体内的 AA 约 90% 在谷胱甘肽 S- 转移酶的作用下，与还原型谷胱甘肽结合成 AA- 谷胱甘肽结合物，再降解生成巯基尿酸代谢物 N- 乙酰 -S-（2- 氨基甲酰乙基）半胱氨酸［N-acetyl-S-（2-carbamoylethyl）cysteine，AAMA］，10% 左右在肝脏线粒体细胞色素 P450 中 CYP2E1 的作用下，转变成环氧丙酰胺（glycidamide，GA），仅少量以原形经尿排出。GA 同样可与谷胱甘肽结合，降解生成 2 种巯基尿酸化合物 N- 乙酰 -S-（2- 氨基甲酰 -2- 羟乙基）半胱氨酸［N-acetyl-S-（2-carbamoyl-2-hydroxyethyl）cysteine，GAMA］和 N- 乙酰 -S-（1- 氨基甲酰 -2- 羟乙基）半胱氨酸［N-acetyl-S-（1-carbamoyl-2-hydroxyethyl）cysteine，iso-GAMA］。在环氧化物水解酶的作用下，一部分 GA 被转化为 1，2- 二羟基丙酰胺。AAMA、GAMA、异 GAMA、1，2- 二羟基丙酰胺、少量游离的 AA 经尿排出体外。AAMA 和 GAMA 可作为人体暴露 AA 的生物标志物。

GA 比 AA 更易与 DNA 的鸟嘌呤结合成加合物，且具有明显的累积效应。AA 也可与神经和睾丸组织中的蛋白发生加成反应，这可能是其对这些组织产生毒性作用的基础。

血液中游离的 AA 和 GA 含量可以更好地反映生物体 AA 的急性中毒情况，但残留时间短，无法及时监控。AA 和 GA 都能与血红蛋白结合，生成稳定的加合物 AA-Hb 和 GA-Hb，且在血液中的残留时间较长，通常超过 1 周。AA-Hb 和 GA-Hb 也可作为人群 AA 暴露的生物标志物。

（四）毒性

AA 的毒性作用主要是其代谢产物 GA 引起的。还原型谷胱甘肽在 AA 的代谢过程中被消耗，从而使细胞内的抗氧化能力降低，呈现一系列毒性表现。实验证明，GA 消耗 GSH 的速率是 AA 的1.5 倍。

1. 一般毒性　以大鼠、小鼠、豚鼠和兔的经口 LD_{50} 为 150～180mg/（kg·bw）判断，AA 具有中等毒性。经口给予小鼠 AA,可使其抗氧化能力及网状内皮系统的吞噬功能降低。大鼠在妊娠期和哺乳期慢性暴露于 AA,幼鼠的出生体重降低,哺乳期间体重增长缓慢。职业接触 AA 可引起昏睡、恶心、呕吐,继之出现头晕、心慌、食欲减退、四肢麻木、走路不稳、失眠多梦和复视。

2. 神经毒性　动物实验表明,AA 的急性或亚急性中毒以精神症状及脑功能障碍为主,主要损害中枢神经系统;慢性中毒以周围神经退行性病变为主,且对末梢神经的毒害最为严重。AA 的神经毒作用大于 GA。职业接触 AA 主要表现为神经系统受损的症状和体征,末梢神经的病变与血红蛋白加合物水平呈正相关关系。

3. 生殖毒性　AA 的生殖毒性主要表现为对雄性生殖系统形态及功能的影响,使大、小鼠曲细精管萎缩,精原细胞和精母细胞退化,精子数量减少、活力下降、畸形率增加、到达子宫腔的时间延长,生育能力下降。AA 主要通过 GA 抑制驱动蛋白样物质的活性,导致精子细胞及睾丸间质细胞有丝分裂和减数分裂障碍,DNA 断裂,从而呈现生殖毒性。

4. 遗传毒性　体内外实验均显示,AA 可引起哺乳动物体细胞、生殖细胞基因突变和染色体异常,如微核形成、姐妹染色单体交换、多倍体、非整倍体和其他有丝分裂异常等,显性致死试验也呈阳性,并证明 GA 是主要的致突变物质。在无代谢活化系统的情况下,GA 可诱导人类乳腺细胞程序外 DNA 合成(unscheduled DNA synthesis,UDS)。给大鼠腹腔注射 AA 后,无论单次注射还是多次注射,都无法诱导肝脏细胞 UDS;而注射 GA 后,人的乳腺细胞、大鼠的肝细胞以及精细胞中都出现大量的 UDS。

5. 致癌性　AA 可使大鼠的乳腺、甲状腺、睾丸、肾上腺、口腔、子宫、脑垂体等多种组织器官发生肿瘤,诱发小鼠发生肺腺瘤和皮肤癌。有限的流行病学资料表明,职业接触 AA 和聚丙烯酰胺的人群脑癌、胰腺癌、肺癌的发生率增高。早在 1994 年,国际癌症研究机构将 AA 列为 2A 类致癌物(可能的人类致癌物)。

(五)预防措施

1. 探索降低食品中丙烯酰胺含量的方法和途径　改变食品的加工工艺和条件,如用酵母菌发酵减少原料中的天冬酰胺和还原糖,降低食品的 pH;加入植酸、柠檬酸、苹果酸、琥珀酸、山梨酸、苯甲酸等降低食品的 pH,均可抑制 AA 产生。加入氯化钙、亚硫酸氢钠、果胶、黄原胶、海藻酸,以及食品中的天然抗氧化物如维生素 C、维生素 B_6、烟酸、茶多酚、大蒜素、黄酮醇、竹叶抗氧化物等均可抑制 AA 的产生。加入半胱氨酸、同型半胱氨酸、谷胱甘肽等含巯基化合物可促进 AA 的降解。

2. 注意烹调方法　低温和短时的加热方式不利于 AA 的生成。在煎、炸、烘、烤食品时,应避免温度过高、时间过长,提倡采用蒸、煮、煨等烹调方法。

3. 减少丙烯酰胺的摄入　少吃油炸、焙烤食品,多食新鲜蔬菜水果,尤其是孕妇、产妇。

4. 降低丙烯酰胺的毒性　大蒜素和大蒜提取物可抑制 AA 向 GA 转化,茶多酚、白藜芦醇可抑制 GA 对 DNA 的破坏,减少 GA 与血红蛋白的结合。大蒜素和茶多酚可增强谷胱甘肽-S-转移酶的活性,提高细胞中 GSH 的含量,对 AA 所致的氧化损伤有保护作用。

5. 加强监测　加强膳食中 AA 的监测,将其列入食品安全风险监测计划,对人群 AA 的暴露水平进行评估,为建立食品中 AA 限量值提供依据。

八、食品接触材料及制品的污染及其预防

食品接触材料及制品(food contact materials and articles)是指在正常使用条件下,各种已经或预期可能与食品接触,或其成分可能转移到食物中的材料和制品,包括食品生产、加工、包装、运输、

贮存和使用过程中用于食品的包装材料、容器、工具和设备,及可能直接或间接接触食品的油墨、黏合剂、润滑油等。它们在与食品、食品添加剂接触的过程中,其中的有毒有害成分会向食品、食品添加剂迁移,特别是使用工业级原料和再生废料生产的产品。

（一）安全要求

食品接触材料及制品中的物质迁移到食品中的量不应危害人体健康。食品接触材料及制品在与食品接触时,不应造成食品成分、结构或色香味等性质的改变,不应对食品产生技术功能,但有特殊规定的除外,如新型食品接触材料(活性和智能材料)。食品接触材料及制品中使用的物质在可达到预期效果的前提下应尽可能降低在食品接触材料及制品中的用量,并应符合相应的质量规格要求。对于不和食品直接接触的、与食品之间有有效阻隔层阻隔的、未列入相应食品安全国家标准的物质,食品接触材料及制品生产企业应对其进行安全性评估和控制,使其迁移到食品中的量不超过 0.01mg/kg。致癌、致畸、致突变物质及纳米物质不适用于以上原则,需按照相关法律法规规定执行。

食品接触材料及制品的总迁移量应符合相应产品安全标准中对于总迁移限量的规定。食品接触材料及制品中物质的使用量、特定迁移量、特定迁移总量和残留量等,应符合相应食品安全国家标准对于最大使用量、特定迁移限量、特定迁移总量限量和最大残留量等的规定。

（二）卫生监督管理

我国正在建立和完善由基础标准、产品标准、检验方法标准、生产规范构成的食品接触材料标准体系和监督管理体系。因食品接触材料所使用的化学物质以及残留物质数量巨大,多数缺乏充分毒理学资料,且迁移到食品中的量极低,因此对其安全进行监督管理应以风险评估为基础,以企业对生产过程的安全控制为主。监督管理的重点包括以下几个方面。

1. 新品种的审批　生产食品接触材料新品种、用于生产食品接触材料的新原料或新添加剂;扩大使用范围或者使用量的食品接触材料及其添加剂;首次进口食品接触材料新品种的,应当按照《食品相关产品新品种申报与受理规定》向国家卫生行政部门的技术审评机构报批。

对已批准的原辅料和添加剂的安全性有质疑的,或有证据表明其安全性可能存在问题的,国家卫生行政部门应当按照《食品相关产品新品种行政许可管理规定》,及时组织专家进行重新评估。

2. 食品接触材料及制品用添加剂的管理　保证添加剂使用的安全是保证食品接触材料及制品安全的重要前提。鉴于有报道聚氯乙烯保鲜膜中增塑剂己二酸二(2-乙基己基)酯可引起内分泌失调,对动物有致癌作用,其在塑料类、橡胶类食品接触材料及制品中的使用量应严格控制在最大使用量(35%)以下。鉴于邻苯二甲酸酯类有类似雌激素的作用,干扰内分泌,是潜在的内分泌干扰物,《食品安全国家标准　食品接触材料及制品用添加剂使用标准》(GB 9685—2016)删除了邻苯二甲酸、邻苯二甲酸二甲酯、邻苯二甲酸二异丁酯、邻苯二甲酸二异辛酯等 4 种邻苯二甲酸酯类物质,并调整了其他 5 种允许使用的邻苯二甲酸酯类物质的使用范围、最大使用量和限制接触的食品类型,规定不得用于接触脂肪性食品、酒精含量高于 20% 的食品和婴幼儿食品。

3. 食品接触材料及制品的生产许可　按照国家有关工业产品生产许可证管理的规定,质量监督部门对食品接触材料及制品实施生产许可,并对其生产活动实施监督管理。

4. 进出口食品接触材料的监督管理　出入境检验检疫部门对进出口食品接触材料实施监督管理。

（三）食品接触用塑料材料和制品及其卫生问题

塑料制品(plastic articles)是指以树脂或塑料材料为原料,添加或不添加添加剂或其他物质,成型加工为具有一定形状并在正常使用条件下能保持其既定形状的制成品。食品接触用塑料材料及制品是指在食品生产、加工、包装、运输、贮存和使用过程中,各种已经或预期与食品接触,或其成分可能转移到食品中的各种塑料材料及制品。

1. 主要卫生问题

(1)含有的低分子化合物,包括游离单体、低聚合度化合物、低分子降解产物,易向食品中迁移,可能对人体有一定的毒性作用。

(2)含有的添加剂在一定的使用条件下向食品中迁移。

(3)印刷油墨和黏合剂中存在有毒化学物质:油墨由颜料、黏合剂和添加剂构成,颜料中的铅、镉、汞、铬等有毒金属和苯及多环芳烃类;制作复合包装材料使用的黏合剂含有的添加剂及分解产物,前者如邻苯二甲酸酯类,后者如2,4-二异氰酸基-1-甲基苯水解产生的甲苯二胺等,可向食品中迁移。

(4)使用不符合《食品安全国家标准 食品接触材料及制品用添加剂使用标准》(GB 9685—2016)的物质,对食品造成污染。如为了降低成本,在塑料的生产过程中大量添加工业级的石蜡、碳酸钙、滑石粉及回收废塑料等作为填充料;用标准规定的品种以外的苯、甲苯、二甲苯等有机溶剂稀释油墨。

(5)塑料的强度和阻隔性差,且带静电,易吸附微生物和微尘杂质,对食品造成污染;未经严格消毒和长期积压的一次性塑料制品微生物学指标易超标。

(6)含氯塑料在加热和作为垃圾焚烧时会产生二噁英。

2. 主要技术要求

(1)原料要求:树脂、单体及其他起始物的质量规格应能确保塑料成型品在正常及预期使用条件下不会对人体健康产生危害。

(2)感官要求:树脂应色泽正常,无异嗅、异味、不洁物等,塑料材料及制品还应表面光滑;树脂、塑料材料及制品迁移实验所得的浸泡液不应有着色、浑浊、沉淀、异味等感官性状的劣变。

(3)理化指标:树脂、塑料材料及制品的总迁移量、高锰酸钾消耗量、重金属、脱色试验均应符合相应的规定。食品接触用塑料材料及制品中化学物质的特定迁移量、最大残留量和特定迁移量总限量应符合相关规定。

3. 常用塑料及其卫生问题

(1)聚乙烯:聚乙烯(polyethylene,PE)为饱和聚烯烃,相容性差,能加入的添加剂种类很少,吸水性差,但能耐大多数酸、碱,低温柔软性好,在 −40℃仍能保持柔韧性。高压法低密度聚乙烯质地较软,适宜制成薄膜或食具;低压法高密度聚乙烯质地硬,可制成吸管、砧板。聚乙烯有一定的透气性,放在密封聚乙烯袋中的茶叶仍会返潮。聚乙烯易溶于油脂,尤其是低密度聚乙烯,用其制成容器长期盛装食用油,可因低分子量聚乙烯迁移其中而带有蜡味。聚乙烯的毒性极低,LD_{50} 大于最大可能灌胃量,且乙烯单体的毒性也较低,是最安全的塑料。

(2)聚丙烯:聚丙烯(polypropylene,PP)的特点是:①防潮性在包装薄膜中最优良;②透气性为聚乙烯的1/2;③耐热性比聚乙烯好;④透明性和印刷适应性好;⑤耐油性也好于聚乙烯。缺点是易老化、加工性能差。主要用于制造薄膜,尤其是复合薄膜袋,也可制成各种食品瓶的螺纹盖以及既耐低温又耐高温的食品容器,如保鲜盒和供微波炉使用的容器等。毒性与聚乙烯类似,世界各国都允许用于食品包装。

(3)聚苯乙烯:聚苯乙烯(polystyrene,PS)的吸水性差,即使在潮湿的条件下仍保持绝缘性,但不耐煮沸,耐油性有限,不宜盛放含高油脂、酸性、碱性食品,常用于制作食品盒或保鲜膜等。丙烯腈-丁二烯-苯乙烯共聚物(acrylonitrile butadiene styrene, ABS)则具有较强的抗冲击性、尺寸稳定性,且耐热、耐溶剂浸泡,属于工程塑料,可制成铲子等食品用工具。

聚苯乙烯可在体内氧化为苯甲酸,与葡萄糖醛酸结合排出体外,故本身无毒。但苯乙烯单体及其降解产物苯、甲苯等,有一定的毒性。ABS除了苯乙烯单体残留外,还有丙烯腈(acrylonitrile)单体残留的问题。口服丙烯腈可对循环系统、肾脏有一定的毒性,甚至可使中枢神经系统、肾脏等器官发生肿瘤。

(4)聚氯乙烯:聚氯乙烯(polyvinyl chloride, PVC)易分解及老化,低温时易脆化,紫外线也易促进其降解,且加工成型温度与分解温度接近,因此,加工过程中需使用增塑剂、稳定剂、抗氧化剂等多种添加剂,在使用过程中易迁移。依据加入增塑剂的多少,有硬质、半硬质、软质之分,加入的增塑剂一般为<10%、10%～30%和30%～50%。在PVC成型品的生产过程中,应按规定使用各种添加剂。

氯乙烯单体有致癌作用。氯乙烯可与DNA结合,引起肝血管肉瘤,并可产生毒性作用,主要表现在神经系统、骨骼和肝脏。乙烯法生产PVC易产生1, 2-二氯乙烷,其毒性比乙炔法生产PVC产生的1, 1-二氯乙烷高10倍。

(5)聚碳酸酯:在聚碳酸酯(polycarbonate, PC)的生产过程中,4, 4'-二羟基二苯基丙烷(又称双酚A, bisphenol A, BPA)与碳酸二苯酯进行酯交换时会产生中间体苯酚。苯酚对皮肤、黏膜有腐蚀性,对中枢神经有抑制作用,对肝脏、肾脏的功能均有损害作用。双酚A本身也是环境内分泌干扰物,可导致婴幼儿等敏感人群内分泌失调,我国禁止生产、进口和销售PC婴幼儿奶瓶。PC在高浓度乙醇溶液中浸泡后,重量和抗张强度都明显下降,故不能接触高浓度乙醇溶液。

(四)食品接触用橡胶材料及制品及其卫生问题

橡胶(rubber)是一种具有高弹性的高分子化合物,分为天然橡胶和合成橡胶。食品接触用橡胶材料及制品以天然橡胶、合成橡胶为主要原料,配以特定的助剂制成,如奶嘴及接触食品的片、圈、管,如瓶盖、高压锅垫圈以及输送食品原料、辅料和水的管道等。天然橡胶是以顺式-1, 4-聚戊二烯为主要成分的天然高分子化合物,含量在90%以上;合成橡胶则是由各种单体聚合而成的合成高分子化合物。

1. 主要卫生问题

(1)天然橡胶:本身既不分解也不被人体吸收,毒性来源于基料中的杂质和加工添加剂。其基料包括液体的鲜胶乳(需加氨防止凝固)和浓缩胶乳,固体的胶片(风干胶片、白皱片等)和颗粒胶。鲜胶乳经离心可得浓缩胶乳,加酸(乙酸和甲酸)经脱水、凝固等工艺制成胶片。风干胶片因添加催干剂而颜色较浅,适合制造浅色制品;白皱片则在凝固前漂白,主要用于白色制品。褐皱片由"杂胶"制成,质量较差;烟胶片经烟熏处理,可能含有多环芳烃,故不可用于食品用橡胶制品。天然橡胶的弹性虽好但易老化,加工过程中使用的添加剂易带来安全风险。

(2)合成橡胶:合成橡胶的毒性来源于单体和添加剂。传统的主要有硅橡胶、丁橡胶、乙丙橡胶等。硅橡胶化学性质稳定,毒性小,广泛用于食品加工业,目前市售的奶嘴多数是用硅橡胶生产的。丁橡胶由异戊二烯和异丁二烯聚合而成,乙丙橡胶由乙烯和丙烯聚合而成,被广泛用来制作食品用橡胶制品,但其单体均有麻醉作用。丁苯橡胶单体有毒,但聚合物本身无毒,也可制作食品用橡胶制品。丁腈橡胶中残留的丙烯腈单体有毒。氯丁橡胶单体有致癌风险,故不得用于制作食品用橡胶制品。

(3)添加剂:橡胶制品在加工成型时需加入大量的添加剂。绝大多数橡胶制品都要通过高温硫化成型,以提升弹性。硫化过程中可能产生亚硝胺。常用的硫化促进剂多为仲胺类。仲胺类硫化促进剂与氮氧化物反应生成 N- 亚硝胺。例如,二甲基二硫代氨基甲酸锌和二硫化四甲基秋兰姆可能产生 N- 二甲基亚硝胺。《食品安全国家标准 食品接触材料及制品用添加剂使用标准》(GB 9685—2016)仅允许有限使用某些促进剂在食品接触材料中。

2. 主要技术要求

(1)原料要求:天然橡胶应为从植物源巴西三叶橡胶树得到的顺式 -1, 4- 聚戊二烯。合成橡胶聚合物料应为国家允许使用聚合物。除天然橡胶、顺式 -1, 4- 聚异戊二烯橡胶、硅橡胶外,其他橡胶不得用于生产奶嘴。

(2)感官要求:样品应色泽正常,无异嗅、异味、污物等。浸泡液不应有着色、浑浊、沉淀、异嗅等感官性状的劣变。

(3)理化指标:总迁移量、高锰酸钾消耗量、重金属(以铅计)、锌迁移量、N- 亚硝胺迁移量、N- 亚硝胺可生成物迁移量应不超过规定的限量。

(4)添加剂:食品接触用橡胶材料及制品中添加剂的使用应符合《食品安全国家标准 食品接触材料及制品用添加剂使用标准》(GB 9685—2016)及其他相关规定。橡胶制品常用的填充剂炭黑含有较多的 B(a)P,使用量应小于限量规定。

(五)食品接触用涂料和涂层及其卫生问题

食品接触用涂料是指涂覆在食品接触材料及制品的直接接触食品面上形成的具有保护和 / 或影响技术性能的层或薄膜,经固化成膜后形成涂层,具有防腐、防粘等作用。纸的涂层不具有功能阻隔层作用,且通常与纸一起生产而单独涂布于纸的表面,不属于食品接触用涂料和涂层。根据使用对象及成膜条件的不同,涂料分为非高温成膜涂料和高温成膜涂料两类。

1. 主要卫生问题

(1)非高温成膜涂料:有环氧聚酰胺树脂涂料、过氯乙烯涂料、漆酚涂料等。涂覆或喷涂成膜后,须待溶剂完全挥发,再用清水冲洗干净后方可使用。

环氧树脂由双酚 A 与环氧氯丙烷聚合而成,聚酰胺是环氧树脂的固化剂。因而环氧聚酰胺树脂涂料的卫生问题主要涉及环氧树脂的质量(是否含有未完全聚合的单体)、与固化剂聚酰胺的配比及固化度、未固化物质(包括添加剂)向食品的迁移。过氯乙烯涂料以过氯乙烯树脂为主要基料。过氯乙烯树脂中含有氯乙烯单体,成膜后仍可能有氯乙烯的残留。漆酚涂料以我国特有的天然漆(生漆)为成膜物质,其中的游离酚可向食品迁移。

(2)高温固化成膜涂料:有环氧酚醛涂料、水基改性环氧树脂涂料、有机硅防粘涂料、有机氟防粘涂料等,喷涂后需经高温烧结,固化成膜。

环氧酚醛涂料由环氧树脂和酚醛树脂聚合而成,成膜后涂层中可能含有游离酚和甲醛等单体和低分子聚合物。水基改性环氧涂料因含有环氧酚醛树脂,也可能含有游离酚和甲醛。有机硅防粘涂料以聚硅氧烷为成膜物质,是较安全的食品容器内壁防粘涂料。有机氟防粘涂料包括聚氟乙烯、聚四氟乙烯、聚六氟丙烯涂料等,以聚四氟乙烯涂料最为常用。虽然聚四氟乙烯是较安全的食品容器内壁涂料,但由于对被涂覆的坯料清洁程度要求较高,坯料在喷涂前常用铬酸盐处理,故涂料中可有铬的残留。生产聚四氟乙烯树脂关键的原料全氟辛酸铵(ammonium perfluorooctanoate, APFO)所含的全氟辛酸(perfluorooctanoic acid, PFOA)被认为可引起肝损害,并有致癌作用。聚四氟乙烯在 280℃时会发生裂解,产生有毒氟化物如氟化氢、甲氟乙烯、六氟丙烯、八氟异丁烯等。

2. 主要技术要求

(1)原料要求:基础树脂应符合相关要求。

（2）感官要求：涂料固化成膜后，表面应平整、色泽均匀、无气孔。涂层经浸泡后，应无龟裂、不起泡、不脱落。涂层浸泡液不应有着色、浑浊、沉淀、异嗅等感官性状的劣变。

（3）理化指标：高锰酸钾消耗量、重金属（以铅计），以及甲醛、游离酚、六价铬、氟的迁移量应符合相关的规定。

（4）对常用涂料及涂层使用的特殊限制

1）过氯乙烯聚合物仅用于生产以其为主要原料，配以颜料及助剂组成的涂料。经喷、刷工艺而制成的涂层，可用于接触酒类的贮存池、槽车等容器内壁，起到防腐蚀作用。

2）二甲苯甲醛聚合物仅用于生产以乙二撑硬脂酸胺为脱模剂的食品罐头内壁涂料。涂料涂印在镀锡薄板上，经高温烘烤成涂膜。

3）环氧聚酰胺树脂仅用于生产用于食品容器（包括用具、输送管道、贮存池、贮存罐、槽车等）内壁作为防腐蚀用的环氧聚酰胺树脂涂层，不可用于制造婴幼儿食品容器。

4）聚甲基硅氧烷、聚甲基苯基硅氧烷仅用于生产以其为主要原料，配以一定添加剂制成的有机硅涂料，涂料涂覆于铝板、镀锡铁板等金属表面，经自然挥干、高温烘烤固化成膜。

5）苯乙烯改性的环氧树脂、丙烯酸改性的环氧树脂仅用于生产水基改性环氧树脂涂料。涂料涂覆于全铝或钢的二片罐内壁，用于直接接触啤酒、碳酸型饮料、茶饮料、咖啡及能量运动饮料。不可用于制造婴幼儿食品容器。

6）甲醛与（氯甲基）环氧乙烷和苯酚的聚合物、缩水甘油封端双酚 A 环氧氯丙烷共聚物仅用于生产食品罐头内壁环氧酚醛涂料。涂料经印铁高温成膜。缩水甘油封端双酚 A 环氧氯丙烷共聚物不可用于制造婴幼儿食品容器。

7）以聚四氟乙烯为主要原料，配以一定的助剂组成的涂料，涂覆于铝板、铁板等金属表面，经高温烧结，作为接触非酸性食品容器的涂料，使用温度应限制在 250℃以下。

（六）食品接触用金属材料及制品

食品接触用金属材料及制品是指在正常或可预见的使用条件下，预期或已经与食品接触的各种金属（包含合金及金属镀层）材料及制品，包括金属制成的食品包装材料、容器、餐厨具，以及食品生产加工用工具、设备或加工处理食品用电器中直接接触食品的金属零部件。食品接触用金属材料及制品分为有、无有机涂层两类；无有机涂层的又分为有、无金属镀层两种。

1. 主要卫生问题　有有机涂层的食品接触用金属材料及制品卫生问题主要来源于表面涂覆的涂层（见食品接触用涂料和涂层及其卫生问题）和涂层的脱落。

无有机涂层的食品接触用金属材料及制品卫生问题主要是有毒金属向食品中迁移。某些金属镀覆（如镀银、镀锌）工艺可能使用氰化物或铅、镉化合物作为助剂。镀铬液的主要成分多为铬酸酐，镀层可能残留六价铬。焊料如铅锡合金也可能引入铅和镉。

不锈钢的主要卫生问题是重金属向食品迁移。例如，铁锅和铝制品存在重金属迁移问题，尤其在酸性或碱性食物中，铝迁移较多，长期使用可能增加铝摄入。流行病学调查和动物实验发现，铝是老年痴呆症的危险因素。回收铝来源复杂，不可用来制造食具和食品容器，只能用来制造菜铲、瓢、勺等炊具。铁制容器长期存放食物，尤其是油类，易引起铁氧化腐蚀，铁锈可引起呕吐、腹泻、食欲缺乏，白铁皮（铅皮）中的锌也可能迁移至食品中。

2. 主要技术要求

（1）原料要求：金属基材不得使用以铅、镉、砷、汞、铍和锂作为合金元素的材料；杂质元素中，砷、镉和铅含量不得超过限值；材料中其他成分应与产品所标识成分或牌号的相应成分一致。与食品直接接触的焊接部位使用的焊接材料中,铅和镉含量不得超过规定的限值。通过铅、镉含量的限定可以限制某些安全风险高的焊料使用。由于金属制品焊接部位的成分不易测试,规定的铅、镉含量是"基于焊接材料的质量分数",即:如需检测,应测试焊接材料而不是成品的焊接部位。

(2)特殊使用要求:食品接触面为无涂层的铝及铝合金、铜及铜合金、覆金属镀层的制品(镀锡薄板容器除外)不可用于接触酸性食品。铁基材料和低合金钢制品不可用于长时间储存酸性食品。

(3)标签标识:金属基材应明确标识其材料类型及材料化学成分,或以我国标准牌号或统一数字代号表示,如"不锈钢06Cr19Ni10"或"不锈钢S30408""铝合金3004"等。接触面覆有金属镀层或有机涂层的,应标识镀层或涂层材料,如"镀铬""镀锌镍合金""聚四氟乙烯涂层"等。金属镀层不止一层时,应按由外层到内层顺序标出各层金属成分,并以斜杠隔开,如"铬/镍/铜"。

(七)食品接触用纸、纸板及纸制品

食品接触用纸、纸板及纸制品是指在正常或可预见的使用条件下,预期或已经与食品接触的各种纸、纸板及纸制品,包括以纸和纸板为主要基材、经过涂蜡、淋膜或与其他材料(如塑料或铝箔)复合等加工而成的单层或多层食品包装材料和容器,食品烹饪、烘烤、加工处理用纸,以及纸浆模塑制品等。

1. 主要卫生问题 主要卫生问题有:①纸浆原料中农药的残留。②造纸加工助剂的毒性,如荧光增白剂、石蜡中含有的多环芳烃均有致癌作用;造纸或纸加工过程中多个环节使用的甲醛,纸浆加工、储存过程中为防止微生物形成而添加的杀菌剂和防霉剂,复合食品包装材料和容器各层之间黏合所用聚氨酯型黏合剂中的添加剂2,4-二异氰酸基-1-甲基苯(2,4-甲苯二异氰酸酯)水解产生的甲苯二胺,印刷用油墨及颜料中含有的铅、镉、甲苯及多氯联苯等,均有一定的毒性。③回收纸的油墨及颜料中含有铅、镉、多氯联苯等;④用废旧报纸、纸张直接包装食品,会造成微生物污染。

2. 主要技术要求

(1)原料要求:纤维原料应主要为植物纤维,可含有符合要求的合成纤维,如聚丙烯纤维等。经防腐防霉处理的原木、竹等植物材料不应对人体健康产生危害。纸产品食品接触面上涂覆的蜡应为食品级。

(2)感官要求:色泽正常,无异嗅、异味、霉斑或其他污物。浸泡液不应有着色、异味、异嗅等感官性的劣变。

(3)理化指标:与食品(食用或烹饪、加工前需经去皮、去壳或清洗的水果、蔬菜、鲜蛋等农副产品除外)直接接触的纸、纸板及纸制品中的铅、砷、甲醛、荧光性物质不应超过规定的限量。预期接触液态或表面有游离水或游离脂肪食品的成品纸、纸板及纸制品,其食品接触面的迁移物指标如总迁移量、高锰酸钾消耗量、重金属(以铅计)、脱色试验应符合相关规定。复合食品包装袋的甲苯二胺不应超过规定的限量。

(4)微生物指标:预期直接与食品(食用或烹饪、加工前需经去皮、去壳或清洗的水果、蔬菜、鲜蛋等农副产品除外)接触和不经过消毒或清洗直接使用的纸、纸板及纸制品,不得检出大肠菌群、沙门氏菌,真菌≤50CFU/g。

(八)陶瓷制品

陶瓷(ceramics)以黏土为主要原料,加入长石、石英等,经配料、粉碎、炼泥、成型、干燥、上釉、彩饰,再经1 000~1 200℃的高温烧结而成。

1. 主要卫生问题 陶瓷的瓷釉是硅酸盐和金属盐类,着色颜料也多使用金属盐物质,这些物质含有铅、镉等重金属。当烧制质量不好时,彩釉未能形成不溶性硅酸盐,在酸性、温度较高条件下使用时,陶瓷产品中的铅、镉等重金属很容易溶出,污染食品。

2. 主要技术要求 所用原料应符合相应标准和有关规定;内壁表面应光洁,上釉制品釉彩均匀,花饰无脱落现象;铅、镉应符合标准的规定。另外,产品声称具有耐高温、可微波炉使用性能时,应在产品或最小销售包装上进行标识。

(九)玻璃制品

玻璃分为钠钙玻璃、铅玻璃、硅酸盐玻璃。食品接触用玻璃制品是以石英砂、纯碱、长石及石灰石等为原料,经混合、高温熔融、匀化后,加工成形,再经退火而得的硅酸盐玻璃。

1. 主要卫生问题 硅酸盐玻璃的主要成分是二氧化硅,作为一种无机非金属材料,玻璃制品在与食品接触时,重金属铅、镉是主要的食品安全风险。在玻璃的生产过程中,三氧化二砷或三氧化二锑会作为澄清剂加入而有可能残留于玻璃制品中。在与食品接触时,砷和锑迁移到食品会导致食品安全风险。有色玻璃的着色剂主要是金属氧化物,如红丹粉(四氧化三铅)、三氧化二砷,尤其是中高档玻璃器皿,如高脚酒杯,加铅量可达30%以上,铅、砷等有毒金属会向食品迁移。

2. 主要技术要求 所用原料应符合相应标准和有关规定;玻璃制品接触食品的表面应光洁,无明显的气泡、杂质、污迹、口突、口陷、口扁、裂纹、变形、皱纹及模具氧化印等;铅、镉、砷、锑应符合标准的规定。另外,产品声称具有耐高温、可微波炉使用性能时,应在产品或最小销售包装上进行标识。

(杨万水)

第三节 食品的物理性污染及其预防

与生物性污染和化学性污染一样,食品的物理性污染也成为威胁人类健康的重要问题之一。物理性污染物(physical contaminant)根据污染物的性质,可分为放射性污染物(radioactive contaminant)和杂物(foreign material)两类。

食品中的放射性污染物分为天然放射性污染物和人工放射性污染物。一般情况下,食品中的天然放射性污染物比较常见,在一些天然放射性高本底地区,种植和生产的食品中会检测到高含量的天然放射性物质。相比之下,人工放射性污染源多来自医药、工农业、国防等领域。这些辐射实践可能导致特定区域或特定时间段的放射性污染物超标。核事故泄漏的人工放射性核素会污染环境和食品,使食品中放射性物质超标,如1986年苏联切尔诺贝利核电站事故和2011年日本福岛核电站事故。

食品杂物污染存在偶然性,杂物污染物纷繁复杂,以至于食品安全标准无法囊括杂物污染物,从而给食品杂物污染的预防及卫生管理带来诸多困难。食品中的杂物污染物可能并不直接威胁消费者健康,但却严重影响了食品应有的感官性状和营养价值,使食品质量得不到保证。

一、食品的放射性污染及其预防

(一)放射性核素的概述

核素(nuclide)是指具有确定质子数和中子数的原子总称。质子数相同而质量数不同的核素处于元素周期表中同一位置上,互为同位素(isotope)。同位素分为稳定同位素和放射性同位素或放射性核素(radionuclide)。

1. 放射性核素的衰变 放射性核素自发放出射线并转变成另一种核素的过程称作放射性衰变

（radiation decay）或蜕变。放射性核素原子数目因物理衰变减少到原来的一半所需的时间称物理半衰期（physical half life），简称半衰期。生物半排期（biological half life）指生物体内的放射性核素经各种途径从体内排出一半所需要的时间。有效半减期（effective half life）是由于物理衰变与生物代谢共同作用，生物体内的放射性核素减少至原有放射性活度的一半所需的时间。

放射性衰变的类型包括 α 衰变、β 衰变、γ 衰变、正电子衰变和电子俘获衰变等。原子核自发放射出 α 粒子（氦原子核）的过程称为 α 衰变。α 射线带正电荷，电离能力强，质量大，射程短，穿透力差。原子核自发放射出电子或正电子或俘获一个轨道电子的转变过程称为 β 衰变，包括 β⁻ 衰变、β⁺ 衰变和轨道电子俘获。β⁻ 衰变的射线是高速电子流，与 α 射线相比，它带电量少，电离能力小，穿透力强。发生 α 衰变和 β 衰变后的子核可能会处于激发态，会放出 γ 射线，释放能量，跃迁到低能态或基态，这个过程称为 γ 跃迁。γ 射线是高能光子，不带电荷，穿透物质的能力最强。

2. 射线与物质的作用　　α 粒子、质子和电子等带电粒子与物质作用的主要过程包括电离（ionization）、激发（excitation）、散射（scattering）和轫致辐射（bremsstrahlung）。

γ 射线、X 射线光子不能直接引起物质原子电离或激发，而是将其能量的全部或大部分传递给次级带电粒子。其主要过程包括光电效应（photoelectric effect）、康普顿效应（Compton effect）和电子对效应（electron pair effect）等。

3. 电离辐射计量　　电离辐射的计量包括基本的辐射剂量学量（radiation quantity）和放射防护量（radiological protection quantity）。

基本的剂量学量包括比释动能（kerma）、照射量（exposure）和吸收剂量（absorbed dose）等。

放射防护量是国际放射防护委员会（international commission on radiation protection，ICRP）为评估照射水平、控制健康危害，对受照射人体规定的一类辐射量。放射防护量包括器官剂量（organ dose）、当量剂量（equivalent dose）、有效剂量（effective dose）、待积剂量（committed dose）、集体量、人均量和负担量等。放射防护量都无法直接测量，只能根据外照射的辐射场量、内照射的放射核素摄入量进行计算，或通过其他可以测量的量来估计。

（二）食品中的电离辐射源

人类生存的地球环境存在各种电离辐射，电离辐射源分为天然辐射源和人工辐射源。天然辐射源对人类的辐照是天然本底照射。天然辐射源年平均有效剂量（2.4mSv）是人工辐射源（0.4mSv）的 6 倍，占人类年平均总有效剂量的 85%。有效剂量是以各器官和组织权重因子修正后，器官和组织当量剂量的总和。2000 年联合国辐射效应科学委员会（United Nations Scientific Committee on the Effects of Atomic Radiation，UNSCEAR）报告，天然辐射是人类受照射的最大辐射源。

1. 自然环境中的天然辐射源　　天然本底照射是指自然界本身固有的未受人类活动影响的电离辐射水平。天然辐射源来自大气层外的宇宙射线和地壳中的天然放射性核素。宇宙射线是来自宇宙的一种具有相当大能量的带电粒子流。初级宇宙射线进入大气层后，与大气层中的原子核相互作用发生级联效应，产生大量的新辐射粒子，称为次级宇宙射线，这些新生成的放射性核素称为宇生放射性核素，约有 20 余种，其中最重要的有 ^{3}H（氚）、^{7}Be（铍）、^{14}C（碳）和 ^{22}Na（钠）4 种，它们能够通过食物和饮水进入机体，^{3}H、^{14}C 和 ^{22}Na 参与机体的生理代谢过程，这 4 种宇生放射性核素成人的年平均有效剂量仅为 $12.19\mu Sv \cdot a^{-1}$。

陆地上存在的天然放射性核素称为原生放射性核素，主要包括 ^{238}U（铀）系和 ^{232}Th（钍）系的各级子代放射性核素及 ^{40}K（钾）。这些原生放射性核素对人体既有外照射又有内照射。人体受到外照射的水平与当地土壤岩石的类型和室内所用的建材有关。土壤中 ^{40}K 的比活度比 ^{238}U 和 ^{232}Th 高一个数量级。人体内照射的主要核素是氡,它有三个同位素 ^{222}Rn(氡)、^{220}Rn 和 ^{219}Rn,分别是 ^{238}U 系的 ^{226}Ra(镭)、^{232}Th 系的 ^{224}Ra 和 ^{235}U 系的 ^{223}Ra 衰变产生。氡及其衰变子体的内照射剂量约占天然辐射源对人体年平均总有效剂量的一半,达 $1.25mSv \cdot a^{-1}$。

2. 食品中的天然放射性物质　由于生物体与其环境之间进行物质交换,绝大多数的动物性、植物性食品中都含有不同量的天然放射性物质。由于各地的放射性本底值不同,动、植物对放射性物质的亲和力各异,故不同食品中的天然放射性物质本底值差异很大。食物中主要的天然放射性物质有以下几种。

(1)^{40}K:^{40}K 是食品中含量最多的天然放射性核素,其半衰期为 1.3×10^9 年。^{40}K 约占天然总钾量的 0.011 9%,天然钾的放射性比活度为 32.2Bq/g。调查发现,我国成年男女体内的 ^{40}K 含量分别为 69.9Bq/(kg·bw)和 51.4Bq/(kg·bw),成人每日平均摄入 ^{40}K 为 50Bq。

(2)^{226}Ra:^{226}Ra 可通过饮水和食物进入人体。其半衰期为 1 600 多年。不同食物中的 ^{226}Ra 含量差异较大($10^{-4} \sim 10Bq/kg$),一般地区平均每人每日摄入 ^{226}Ra 为 0.02~0.2Bq。动物和人体内的 ^{226}Ra 主要集中于骨组织中,^{226}Ra 的含量平均为 $5.2 \times 10^{-4}Bq/g$。

(3)^{210}Po:^{210}Po(钋)的起始核素为 ^{238}U,前身有 ^{226}Ra、^{222}Rn、^{210}Pb(铅)、^{210}Bi(铋)等。自然环境中的 ^{210}Po 和 ^{210}Pb 处于平衡状态,广泛存在于植物和一些海产品中,^{210}Po 寿命较短(半衰期 138.4 天),但 ^{210}Pb 的半衰期长达 22.3 年。不同食物中 ^{210}Po 含量差异较大,如谷物为 0.04~0.37Bq/kg,根菜类 0.04~0.11Bq/kg,绿叶蔬菜 0.02~3.7Bq/kg,奶 0.003~0.02Bq/kg,动物内脏(肝、肾等)0.19~37Bq/kg,动物骨骼和肝肾组织的 ^{210}Po 含量远高于肌肉。浮游生物从水中浓集 ^{210}Po 的能力较强,其 $^{210}Po/^{210}Pb$ 比率可大于 1,故以浮游生物为食的鱼类 ^{210}Po 含量较高,尤以肝组织和精、卵细胞中含量最高。以海产品为主食的居民摄入 ^{210}Po 的量较大。

3. 自然环境中的人工辐射源　人工辐射源来自人类医药卫生、工农业生产、国防、能源等方面的辐射实践,如:①原子弹和氢弹爆炸;②核工业生产中的采矿、冶炼、燃料精制、浓缩、反应堆组件生产和核燃料再处理等过程;③人工放射性同位素的生产和科研、医疗方面的使用;④意外核事故的发生。在这些辐射实践过程中,不同量的人工放射性核素向环境排放。除 X 线以外,对人体短期外照射的核素主要是半衰期小于 100 天的裂变产物及其子体,如 ^{95}Nb(铌)、^{106}Ru(钌)、^{54}Mn(锰)和 ^{144}Ce(铈)等;对人体长期外照射的核素是 ^{137}Cs(铯);短期(几周至几个月)内照射的核素是 ^{131}I(碘)、^{140}Ba(钡)和 ^{89}Sr(锶);长期内照射的核素是 ^{90}Sr 和 ^{14}C,它们的半衰期分别为 28.8 年和 5 730 年。2000 年联合国辐射效应科学委员会报告,在人工辐射源所致的人口年平均有效剂量中,X 射线诊断为 0.4mSv,大气层核试验为 0.005mSv,切尔诺贝利核事故为 0.002mSv,核能生产为 0.000 2mSv,总计为 0.41mSv,其中,医疗辐射是最大的人工辐射源,其剂量贡献约占人工辐射的 98%,占人类总辐射的 14%。

4. 食品中的人工放射性物质　环境中存在的人工放射性核素会通过各种途径,如空气、水、土壤以及食物链进入动、植物性食品,污染食品的人工辐射源主要有以下几种。

(1)^{131}I:^{131}I 是核爆炸早期及核反应堆运转过程中产生的主要裂变物,在医学上主要用于甲状腺疾病的诊断与治疗,进入消化道可完全被吸收,浓集于甲状腺内。^{131}I 的半衰期为 8.02 天。^{131}I 对蔬菜的污染具有较大意义,人可通过摄入新鲜蔬菜摄入较多的 ^{131}I。^{131}I 可通过污染牧草进入牛体内使牛奶受到污染。^{131}I 可通过母乳对婴儿产生较大危害。^{131}I 对食品的长期污染意义不大。

(2)^{90}Sr 和 ^{89}Sr:^{90}Sr 在核爆炸中大量产生,广泛存在于土壤中,可在环境中长期存在,半衰期

28.8 年。^{90}Sr 是食品中主要的人工放射性核素。据欧美国家调查,通过膳食人平均每年摄入 ^{90}Sr 可达 0.148～0.185Bq,其中主要为奶制品,其次是蔬菜水果、谷类和面制品。^{90}Sr 进入人体后大部分沉积于骨骼,其代谢与钙相似。^{89}Sr 也是核爆炸的产物,虽然产量比 ^{90}Sr 更高,但是 ^{89}Sr 的半衰期短(50.5 天),它对食品的污染较轻。

(3) ^{137}Cs:^{137}Cs 化学性质与钾相似,易被机体充分吸收并可参与钾的代谢过程。^{137}Cs 主要通过肾脏排出,部分通过粪便排出。半衰期长达 30 年,^{137}Cs 进入人体主要通过地衣 - 驯鹿 - 人的特殊食物链。

(三)环境中放射性核素向食品中的转移

人类的食品直接或间接来自动、植物,它们都存在新陈代谢过程,与所处的环境之间进行物质和能量的交换,这样,环境中的放射性核素就转移到了动、植物的体内。环境中放射性核素向食品中转移的主要途径有如下几种。

1. 向植物性食品的转移　天然和人工的放射性核素污染了环境(水、土壤和空气)以后,含有放射性核素的雨水和水源可直接渗透入植物组织或被植物的根系吸收,植物的根系也可从土壤中吸收放射性核素。空气中的放射性物质沉降可污染地面和露天生长的蔬菜等食品。放射性核素向植物转移的量与气象条件、放射性核素和土壤的理化性质、土壤 pH、植物种类和使用化肥的类型等因素有关。既往核事故的监测经验表明,露天生长的大叶、表面有微小绒毛的蔬菜如菠菜更容易吸附空气中沉降的放射性物质。

2. 向动物性食品的转移　动物饮用被天然或人工放射性核素污染的水、吸入放射性污染的空气、接触受污染的土壤都会使放射性核素进入体内,并可进入奶及蛋中。放射性核素向动物的转移过程中常表现出生物富集效应,如草食动物可通过食物链富集进入植物的放射性核素,以草食动物为食的动物则进一步富集草食动物的放射性核素。因此,半衰期长的 ^{90}Sr 和 ^{137}Cs 是食物链中易于富集的放射性核素。

3. 向水生生物体内转移　进入水体的放射性核素可溶解于水或以悬浮状态存在较长时间。水生植物和藻类对放射性核素有很强的富集能力,如 ^{137}Cs 在藻类的浓度可高于周围水域浓度的100～500 倍。水中的放射性核素可通过鳃和口腔进入鱼体内,亦可附着于体表逐渐渗透进入鱼体内。鱼及水生动物还可通过摄入低等水生植物或动物而富集放射性物质,表现出经食物链的生物富集效应,如某些鱼类能富集 ^{137}Cs 和 ^{90}Sr、软体动物能富集 ^{90}Sr、牡蛎能富集大量 ^{65}Zn(锌)。

(四)食品中放射性核素电离辐射的生物学效应

1. 电离辐射的生物学效应分类　电离辐射的生物学效应按照照射的方式分为外照射和内照射。人体暴露于放射性污染的环境(主要指大气环境),电离辐射直接作用于人体体表,称为外照射。γ 射线、X 射线等穿透能力强的射线,外照射的生物学效应强。进入了机体的放射性核素作用于人体内部,辐射产生的生物学效应称为内照射。内照射的效应以射程短且电离强的 α、β 射线作用为主。内照射常以局部损害为主,呈进行性的发展和症状迁延。

电离辐射的生物学效应按照剂量阈值分为:确定性效应和随机性效应。

确定性效应的严重程度与照射剂量的大小有关,存在剂量阈值,超过此阈值,效应即出现,且危害十分严重。确定性效应包括辐射性白内障、血液系统疾病(高色素性贫血、白细胞与血小板减少、再生障碍性贫血)、放射性不育症、全身放射性损伤、皮肤的电离效应(红斑、脱毛、脱屑、表皮坏死、溃疡、皮肤癌)以及对寿命的影响。年幼者的确定性效应比成人更严重,出现生长发育障碍、激素水平低下、器官功能不足以及智力低下等后果。

随机性效应的严重程度与受照剂量无关,不存在剂量阈值,照射的剂量越大,效应的发生率越高。实际上,引发随机性效应是体细胞和生殖细胞突变的结果,最终导致基因突变、癌症和遗传性疾病。人体辐射致癌最敏感的组织是甲状腺和骨髓,常见的辐射癌症为白血病和甲状腺癌,还有乳腺癌和肺癌。

2. **食品中放射性核素的随机性生物学效应**　食品中放射性核素以天然放射性核素为主,人的有效剂量很低,达不到确定生物学效应的阈值,不足以产生局部和全身的确定性健康损伤。食品中放射性核素对人体的电离辐射生物学效应主要是低剂量长期内照射引起的随机性生物学效应,主要表现为对免疫系统、生殖系统的损伤和致癌、致畸、致突变作用。研究表明,低剂量辐射可引起动物免疫功能抑制或增强,如辅助性 T 细胞的活性增强,体液免疫反应增强。辐照可使精子畸形数增加,精子生成障碍,精子数减少以及睾丸重量下降。低剂量内照射可致暂时性不育。

(五)食品的放射防护

1. **放射防护的原则**　放射防护的宗旨在于控制电离辐射照射,防止组织反应,将随机性效应限制在可接受的水平。放射防护的基本原则是辐射实践正当性(justification of practice)、辐射防护最优化(optimization of protection)和制订个人剂量限值(limitation of individual dose)。辐射实践正当性是指辐射实践对受照个人和社会的利益应足以弥补由该实践所致的辐射危害。辐射防护最优化是指考虑社会、经济因素后,实践中引起照射的可能性、导致的照射水平及受照射人数保持在合理的最低水平。个人剂量限值是使受照者避免确定性效应的发生;限制随机性生物学效应危害的概率,保持在可接受的水平。

放射防护评价时,在低剂量率、小剂量范围内,只要有效剂量值相等,无论何种照射的情况(外照射、内照射、全身照射或局部照射),人体受到的随机性生物学效应程度相似。因此,有效剂量可以在同一个基础上实现相加,是评价照射水平和控制健康危害的重要指标。注意,在发生辐射事故和辐射危害流行病学调查时不使用这个指标。

2. **食品放射防护的措施**　食品放射防护的主要措施分为两方面:一方面防止食品受到放射性物质的污染,即加强对放射性污染源的卫生防护和经常性的卫生监督管理;另一方面定期进行食品卫生监测,严格执行国家卫生标准,加强对食品中放射性污染的监督,使食品中放射性核素的量控制在允许范围之内。

《中华人民共和国放射性污染防治法》加速了我国放射性污染的防治和管理法治化进程,详细规定了如何对放射源进行管理以及防止意外事故的发生和放射性核素在采矿、冶炼、燃料精制、浓缩、生产和使用过程中应遵循的原则,并对放射性废弃物的处理与净化提出了具体的要求和管理措施。《电离辐射防护与辐射源安全基本标准》(GB 18871—2002)中规定了人体年有效剂量1mSv;特殊情况下,如果 5 个连续年的年平均剂量不超过 1mSv,则某一单一年份的有效剂量可提高到 5mSv。

《食品中放射性物质限制浓度标准》(GB 14882—1994)中规定了粮食、薯类、蔬菜及水果、肉、鱼虾类和鲜奶等食品中人工放射性核素 ^3H、^{89}Sr、^{90}Sr、^{131}I、^{137}Cs、^{147}Pm(钷)、^{239}Pu(钚)和天然放射性核素 ^{210}Po、^{226}Ra、^{228}Ra、^{232}Th 和 ^{238}U 的限制浓度,并颁布了相应的检验方法标准(GB 14883.1～10)。

此外,我国制定了饮用水放射标准和辐照食品管理办法。《生活饮用水卫生标准》(GB 5749—2022)中规定了饮用水中总 α 和总 β 放射性的标准。《食品安全国家标准　预包装食品标签通则》(GB 7718—2011)规定经电离辐射线或电离能量处理过的食品应在食品名称附近标示"辐照食品",经电离辐射线或电离能量处理过的任何配料,应在配料表中标明。

二、食品的杂物污染及其预防

（一）食品的杂物污染

按照杂物污染食品的来源将污染食品的杂物分为来自食品生产、储存、运输、销售的污染物和食品的掺杂掺假污染物。

食品在生产、储存、运输、销售过程中，都有可能受到杂物的污染，主要污染途径有：①生产时的污染，如生产车间密闭性不好，粮食收割时混入草籽，动物在宰杀时血污、毛发及粪便对畜肉的污染，食品加工过程中设备的陈旧或故障引起加工管道中金属颗粒或碎屑对食品的污染、②食品储存过程中的污染，如苍蝇、昆虫的尸体和鼠、雀的毛发、粪便等对食品的污染、③食品运输过程的污染，如运输车辆、装运工具、不清洁铺垫物和遮盖物对食品的污染、④意外污染，如戒指、头发及饰物、指甲、烟头、废纸、携带个人物品和杂物的污染及卫生清洁等用品的污染。

食品的掺杂掺假是一种人为故意向食品中加入杂物的过程。掺杂掺假所涉及的食品种类繁杂，掺杂污染物众多，如粮食中掺入的砂石，肉中注入的水，奶粉中掺入大量的糖，牛奶中加入的米汤、牛尿、糖和盐等。掺杂掺假不仅严重破坏市场经济秩序，损害了消费者的经济利益，还会损害居民身体和心理健康，严重的甚至造成人员伤亡，近年来发生多起食品掺假引发的食品安全问题，严重危害人体健康，引起监管部门的足够重视。从源头上培养公民诚信意识、提高公民整体素质是最终杜绝掺杂掺假现象的根本措施。在现阶段，加强违法的打击力度，以及加强食品安全监督管理是非常必要的。

（二）食品杂物污染的预防

1. 加强食品生产、储存、运输、销售过程的监督管理，执行良好生产规范（GMP），把住产品的质量关。

2. 改进加工工艺，如筛选、磁选和风选去石，清除有毒的杂草籽及泥沙石灰等异物，定期清洗专用池、槽，防尘、防蝇、防鼠、防虫，尽量采用食品小包装。

3. 制定食品安全标准，如《小麦粉》（GB/T 1355—2021）中规定小麦粉中含砂量小于 0.02%，磁性金属物小于 0.003g/kg。

4. 严格执行《中华人民共和国食品安全法》，加强食品"从农田到餐桌"的质量和安全的监督管理，严厉打击食品掺杂掺假违法行为。

（何更生）

本章小结

概述部分介绍了食品安全和食品卫生的概念及两者的区别。在食品污染及其预防这一章，重点介绍了食品污染的分类及其危害；在食品的微生物污染及其预防中，介绍了食品中微生物生长的条件，食品的细菌污染和评价食品卫生质量的细菌污染指标，真菌产毒及真菌毒素的食品污染、毒性及其预防措施，食品腐败变质及其预防措施；在食品的化学性污染及其预防中，介绍了农药和兽药残留、有毒金属、N-亚硝基化合物、多环芳烃化合物、杂环胺类化合物、氯丙醇及其酯、丙烯酰胺、食品接触材料及制品的污染及预防；在食品的物理性污染及其预防中，介绍了食品的放射性污染、杂物污染及其预防。

思考题

1. 食品污染的主要来源及造成的危害有哪些？
2. 控制食品中农药和兽药残留量的主要措施有哪些？
3. 食品接触材料及制品的通用安全基本要求有哪些？

第十章
食品添加剂及其管理

食品添加剂是食品加工业的灵魂，是食品工业科技创新的推动力。合理使用食品添加剂可以改善食品的组织状态、增强食品的色香味和口感、提高营养价值、延长食品保质期、方便加工操作，然而滥用食品添加剂可能导致健康损害。因此，正确认识和合理使用食品添加剂，有助于最大限度保证食品安全，防止损害消费者健康。

第一节　食品添加剂概述

1956 年联合国粮食及农业组织（FAO）和世界卫生组织（WHO）设立食品添加剂专家委员会（Joint FAO/WHO Expert Committee on Food Additives, JECFA）。JECFA 认为，食品添加剂（food additives）是指在食品制造、加工、调整、处理、包装、运输、保管中为其技术目的添加的物质。食品添加剂本身不作为食品消费，也不是食品的特有成分，而是作为辅助成分直接或间接成为食品成分，但不能影响食品的特性，不含污染物、并不以改善食品营养为目的的物质。除单一品种的食品添加剂外，还有复配食品添加剂。

随着食品工业的发展，食品添加剂的种类和数量逐年增加。据统计，目前国际上使用的食品添加剂种类已达 25 000 余种，其中直接使用的约 3 000 种，美国约使用 3 200 种，日本约使用 1 500 种，欧洲约使用 1 500 种。我国 2024 年 2 月公布的《食品安全国家标准　食品添加剂使用标准》（GB 2760—2024）中允许使用的食品添加剂共有 2 300 多种。

一、食品添加剂的定义

《中华人民共和国食品安全法》和《食品安全国家标准　食品添加剂使用标准》（GB 2760—2024）对食品添加剂的定义是：为改善食品品质和色、香、味，以及为防腐、保鲜和加工工艺的需要而加入食品中的人工合成或者天然物质。食品用香料、胶基糖果中基础剂物质、食品工业用加工助剂、营养强化剂也包括在内。《食品安全国家标准　复配食品添加剂通则》（GB 26687—2011）规定，复配食品添加剂是指为了改善食品品质、便于食品加工，将两种或两种以上单一品种的食品添加剂，添加或不添加辅料，经物理方法混匀而成的食品添加剂。

二、食品添加剂的分类

食品添加剂按生产方法可大致分为三类，一是应用生物技术（酶法和发酵法）获得的产品，如柠檬酸、红曲米和红曲色素等；二是利用物理方法从天然动植物中提取的物质，如甜菜红、辣椒红素等；三是用化学合成方法得到的纯化学合成物，如苯甲酸钠、胭脂红等。按来源可分为天然食品添加剂和人工化学合成食品添加剂两类。天然食品添加剂是指来自动、植物组织或微生物的代谢产物及一些矿物质，用干燥、粉碎、提取、纯化等方法而制得的天然物质。人工合成食品添加剂则是通过化学手段使元素或化合物经过氧化、还原、缩合、聚合、成盐等反应制备的物质，其中又可以分为一般化学合成品和人工合成天然等同物如天然等同色素、天然等同香料等。天然食品添加剂的品种少、价格较高；化学合成食品添加剂品种齐全、价格低、使用量少，但是当其成分不纯或用量过大时毒性通常大于天然食品添加剂，易对机体造成损害。

食品添加剂按功能作用可分为很多类别，各国家和国际组织对食品添加剂的分类略有不同。我国的《食品安全国家标准 食品添加剂使用标准》（GB 2760—2024）将其分为23大类，见表10-1。

表 10-1 食品添加剂功能类别与代码

名称	代码	名称	代码	名称	代码
酸度调节剂	01	护色剂	09	防腐剂	17
抗结剂	02	乳化剂	10	稳定剂和凝固剂	18
消泡剂	03	酶制剂	11	甜味剂	19
抗氧化剂	04	增味剂	12	增稠剂	20
漂白剂	05	面粉处理剂	13	食品用香料	21
膨松剂	06	被膜剂	14	食品工业用加工助剂	22
胶基糖果中基础剂物质	07	水分保持剂	15	其他	23
着色剂	08	营养强化剂	16		

资料来源：《食品安全国家标准 食品添加剂使用标准》（GB 2760—2024）。

三、食品添加剂的使用原则

目前国内外对于食品添加剂的安全性问题均给予了高度的重视。我国食品添加剂的使用必须符合《食品安全国家标准 食品添加剂使用标准》（GB 2760—2024）、《食品安全国家标准 复配食品添加剂通则》（GB 26687—2011）、《中华人民共和国食品安全法》或国家卫生行政部门规定的品种及其使用范围和使用量。

（一）食品添加剂使用的基本要求

1. 不应对人体产生任何健康危害。
2. 不应掩盖食品腐败变质。
3. 不应掩盖食品本身或加工过程中的质量缺陷，或以掺杂、掺假、伪造为目的而使用食品添加剂。
4. 不应降低食品本身的营养价值。
5. 在达到预期效果的前提下尽可能降低在食品中的使用量。

（二）在下列情况下可使用食品添加剂

1. 保持或提高食品本身的营养价值。
2. 作为某些特殊膳食用食品的必要配料或成分。
3. 提高食品的质量和稳定性，改进其感官特性。
4. 便于食品的生产、加工、包装、运输或者贮藏。

（三）食品添加剂质量标准

按照《食品安全国家标准 食品添加剂使用标准》（GB 2760—2024）的规定，允许使用的食品添加剂应当符合相应的质量规格要求。

（四）食品添加剂带入原则

1.食品添加剂可以通过食品配料（含食品添加剂）带入食品中的使用准则

（1）根据《食品安全国家标准　食品添加剂使用标准》（GB 2760—2024），食品配料中允许使用该食品添加剂。

（2）食品配料中该添加剂的用量不应超过允许的最大使用量。

（3）应在正常生产工艺条件下使用这些配料，并且食品中该添加剂的含量不应超过由配料带入的水平。

（4）由配料带入食品中的该添加剂的含量应明显低于直接将其添加到该食品中通常所需要的水平。

2.食品添加剂在特定食品配料中的使用及标签标示规定　当某食品配料作为特定终产品的原料时，批准用于上述特定终产品的添加剂允许添加到这些食品配料中，同时该添加剂在终产品中的量应符合《食品安全国家标准　食品添加剂使用标准》（GB 2760—2024）的要求。在所述特定食品配料的标签上应明确标示该食品配料用于上述特定食品的生产。

（五）复配食品添加剂使用基本要求

1.复配食品添加剂不应对人体产生任何健康危害。

2.在达到预期的效果下，应尽可能降低在食品中的用量。

3.用于生产复配食品添加剂的各种食品添加剂，应符合《食品安全国家标准　食品添加剂使用标准》（GB 2760—2024）和国家卫生行政部门的规定，具有共同的使用范围。

4.用于生产复配食品添加剂的各种食品添加剂和辅料，其质量规格应符合相应的食品安全国家标准或相关标准。

5.复配食品添加剂在生产过程中不应发生化学反应，不应产生新的化合物。

6.复配食品添加剂生产企业应按照国家标准和相关标准组织生产，制定复配食品添加剂的生产管理制度，明确规定各种食品添加剂的含量和检验方法。

四、食品添加剂的卫生管理

（一）我国食品添加剂的卫生管理

1.制定和执行食品添加剂使用标准和法规　从1973年成立食品添加剂卫生标准科研协作组起，我国就对食品添加剂的生产和使用进行严格管理。1977年制定了《食品添加剂使用卫生标准（试行）》，1981年正式颁布了《食品添加剂使用卫生标准》（GB 2760—1981），其中包括食品添加剂的种类、名称、使用范围、最大使用量等，同时颁布了保证该标准贯彻执行的《食品添加剂卫生管理办法》。2024年我国对GB 2760进行了最新修订。我国在《中华人民共和国食品安全法》中对食品添加剂也有相应的法律规定。

2.食品添加剂新品种的管理　食品添加剂新品种是指未列入食品安全国家标准、国家卫生行政部门允许使用的和扩大使用范围或者用量的食品添加剂品种。食品添加剂新品种应按《食品添加剂新品种管理办法》和《食品添加剂新品种申报与受理规定》的审批程序，经批准后才能生产和使用。

3.食品添加剂生产经营和使用的管理　为使食品添加剂生产经营及使用更具有安全性和依据性，现行的《中华人民共和国食品安全法》和《食品生产许可管理办法》都规定，申请食品添加剂生产许可，应当具备与所生产食品添加剂品种相适应的场所、生产设备或者设施、食品安全管理人员、专业技术人员和管理制度。食品添加剂生产许可申请符合条件的,由申请人所在地县级以上地方市场监督管理部门依法颁发食品生产许可证,并标注食品添加剂,有效期为5年。食品添加剂经营者应当在取得营业执照后30个工作日内向所在地县级人民政府食品药品监督管理部门备案。

GB 2760—2024或国家卫生行政部门规定了食品添加剂的品种及其使用范围、使用量。如要扩大食品添加剂使用范围或使用量,或使用进口且未列入我国GB 2760—2024的品种时,生产、经营、使用或者进口的单位或个人要直接向国家卫生行政部门提出申请,并向有关部门提供相关资料。经国家卫生行政部门有关机构组织专家审议后报批。

（二）国际上对食品添加剂的卫生管理

为了维护各国消费者的利益,确保国际贸易的公正性,FAO/WHO设立的食品添加剂联合专家委员会(JECFA)对食品添加剂的安全性进行评估,只有经过评估,赋予其每日允许摄入量(ADI)值或基于其他标准认为是安全的,并且具有法典指定国际编码系统编码的食品添加剂方可列入允许使用的名单。JECFA建议将食品添加剂分为以下四类管理。

1. 第一类为GRAS物质(general recognized as safe)　即一般认为是安全的物质,可以按照正常需要使用,不需要建立ADI值。

2. 第二类为A类　又分为A1和A2两类。A1类为经过JECFA安全性评价,毒理学性质已经清楚,可以使用并已制订出正式ADI值者;A2类为目前毒理学资料不够完善,制订暂时ADI值者。

3. 第三类为B类　即毒理学资料不足,未建立ADI值者,又分为B1和B2两类。B1类是JECFA曾经进行过安全性评价,因毒理学资料不足未制订ADI者;B2类是JECFA尚未进行过安全性评价者。

4. 第四类为C类　即原则上禁止使用的食品添加剂,又分为C1和C2两类。C1类是认为在食品中使用不安全的,C2类只限于在某些食品中作特殊用途使用。

在此基础上,世界各国在食品添加剂使用时都有各自严格的规定。

（牛玉存）

第二节　各类食品添加剂

我国食品添加剂按功能用途可分为23个类别,本节介绍常用食品添加剂的功能、用途、允许使用的主要品种、使用范围、最大使用量或残留量等。

一、酸度调节剂

1. 定义　酸度调节剂(acidulating agent)是指用以维持或改变食品酸碱度的物质。这类物质通过解离出的H^+或OH^-调节食品或食品加工过程中的pH,从而改善食品的感官性状,增加食欲,并具有防腐和促进体内钙、磷消化吸收的作用。

2. 种类和使用　酸度调节剂包括多种有机酸及其盐类。在食品加工过程中,可以单独使用,亦可掺配使用。有机酸大多数存在于各种天然食品中,由于各种有机酸及盐类均能参与体内代谢,故它们的毒性很低,可以按照生产需要适量使用。一些品种在应用的过程中必须注意这些酸的纯度,尤其是对生产这些酸度调节剂的盐酸、硫酸等原料要求高纯度,并且在成品中不能检测出游离无机盐。另外,酸中砷含量不能超过1.4mg/kg,重金属(以铅计)的含量不得超过0.001%。我国最新批准使用的酸度调节剂有50种。其中柠檬酸、乳酸、酒石酸、苹果酸、枸橼酸钠、柠檬酸钾等均可按正常需要用于食品。碳酸钠、碳酸钾可用于面制食品中,醋酸及磷酸可用于复合调味品及罐头中,偏酒石酸用于水果罐头中,盐酸用于蛋黄酱、沙拉酱,我国《食品安全国家标准 食品添加剂使用标准》(GB 2760—2024)规定均可以按照生产需要适量使用。盐酸、氢氧化钠属于强酸、强碱性物质,其对人体具有腐蚀性,可以用作加工助剂,但要在食品完成加工前予以中和。

二、抗氧化剂

1. 定义 抗氧化剂(antioxidant)是指能防止或延缓油脂或食品成分氧化分解、变质,提高食品稳定性的物质,可以延长食品的贮存期、货架期。食品中因含有大量脂肪(特别是多不饱和脂肪酸),容易氧化酸败,因此,常使用抗氧化剂来延缓或防止油脂及富含脂肪食品的氧化酸败。

2. 种类和使用 抗氧化剂的氧化中止作用表现为以下三种形式:一是抗氧化剂可提供自身的氢原子来阻断油脂自动氧化的连锁反应,从而防止油脂的氧化变质;二是食品抗氧化剂直接消耗食品内部和环境中的氧气,自身被氧化,从而保护食品不被氧化;三是食品抗氧化剂通过破坏、抑制催化酶促反应的氧化酶的活性来防止食品氧化变质。抗氧化剂根据其作用机制分为自由基吸收剂、酶抗氧化剂、氧清除剂、单线态氧淬灭剂、紫外线吸收剂、金属离子螯合剂等。目前常用的抗氧化剂均为酚类化合物,属于自由基吸收剂,包括丁基羟基茴香醚(butylated hydroxyanisole, BHA)、二丁基羟基甲苯(butylated hydroxytoluene, BHT)、没食子酸丙酯(propyl gallate, PG)、特丁基对苯二酚(tertiary butylhydroquinone, TBHQ)等。

抗氧化剂根据其溶解特点可分为水溶性(如异抗坏血酸及其钠盐等)和脂溶性(如 BHA、茶多酚等)两类。还可根据其来源分为天然抗氧化剂和合成抗氧化剂。我国现已批准使用的抗氧化剂有丁基羟基茴香醚(BHA)、二丁基羟基甲苯(BHT)、没食子酸丙酯(PG)、特丁基对苯二酚(TBHQ)、迷迭香提取物、抗坏血酸(又名维生素 C)等。

(1)丁基羟基茴香醚(BHA):BHA 对热较为稳定,不溶于水,易溶于乙醇、丙二醇和油脂,在弱碱性条件下也不易被破坏,尤其是对使用动物油脂焙烤的食品能维持较长时间的作用。一般认为,BHA 是毒性较低、安全性较高的抗氧化剂,与其他抗氧化剂有协同作用,与增效剂如柠檬酸等同时使用时,其抗氧化效果更为显著。BHA 是目前国际上广泛使用的脂溶性抗氧化剂,也是我国常用的抗氧化剂之一。FAO/WHO 于 1996 年将其 ADI 值定为 0~0.5mg/(kg·bw)。我国《食品安全国家标准 食品添加剂使用标准》(GB 2760—2024)规定 BHA 主要用于脂肪、油和乳化脂肪制品、熟制坚果和籽类、即食谷物等,最大使用量为 0.2g/kg;胶基糖果为 0.4g/kg。

(2)二丁基羟基甲苯(BHT):BHT 特点是稳定性较高,抗氧化效果好,没有 BHA 特有的臭味,也没有与金属离子反应着色的缺点。BHT 耐热性好,在普通烹调温度下受影响较小,可用于长期保存食品,且价格低,故被许多国家采用。但在焙烤食品中的效果比 BHA 差。FAO/WHO 于 1996 年将其 ADI 值定为 0~0.3mg/(kg·bw)。一般与 BHA 并用,并以柠檬酸或其他有机酸为增效剂。我国规定其主要用于脂肪、油和乳化脂肪制品、熟制坚果与籽类、即食谷物、方便米面制品等,最大使用量为 0.2g/kg;胶基糖果为 0.4g/kg。

(3)没食子酸丙酯(PG):PG 对热比较稳定,对植物油也有良好的稳定性,且对猪油的抗氧化作用比 BHA 和 BHT 两者均强。PG 在体内水解后,没食子酸大部分变成 4-氧基-甲基没食子酸,并进一步内聚成葡萄糖醛酸,经尿排出体外。因此,在人体不具有蓄积性,毒性较小。FAO/WHO 于 1994 年规定其 ADI 值为 0~1.4mg/(kg·bw)。我国规定其主要用于脂肪、油和乳化脂肪制品,熟制坚果和籽类、方便米面制品等,最大使用量为 0.1g/kg;胶基糖果为 0.4g/kg。

（4）特丁基对苯二酚（TBHQ）：TBHQ 是一种较新的酚类抗氧化剂。因熔点和沸点较高所以特别适用于煎炸食品。同时 TBHQ 还具有良好的抗细菌、抗真菌的作用，可增强高油脂食品的防腐保鲜效果。一般来说 TBHQ 是目前对多不饱和脂肪酸，特别是鱼油的理想抗氧化剂。在应用上 TBHQ 与 BHA、BHT、维生素 E 复配使用可达到最佳效果，抗氧化性能比单独使用高出数倍。但 TBHQ 不能与 PG 混合使用。我国规定 TBHQ 主要用于脂肪、油和乳化脂肪制品、熟制坚果与籽类、方便米面制品、焙烤食品馅料及表面用挂浆等，最大使用量为 0.2g/kg。

（5）抗坏血酸类：抗坏血酸是一种抗氧化营养素，可以保护维生素 A、维生素 E 及其他多种天然抗氧化剂免受氧化破坏。研究表明，添加抗坏血酸能降低肉制品的 pH，具有增强抗氧化的作用。其抗氧化机制为与氧结合，并钝化金属离子，从而阻止动物油脂的氧化酸败。抗坏血酸不仅对人体无害，还能阻止亚硝胺的生成。FAO/WHO 对其 ADI 值不做规定。

我国规定抗坏血酸用于去皮或预切的鲜水果和蔬菜，最大使用量为 5.0g/kg；小麦粉，最大使用量为 0.2g/kg；果蔬汁（浆），最大使用量为 1.5g/kg。另外，我国允许使用的抗坏血酸类抗氧化剂还有抗坏血酸钠、抗坏血酸钙、D-异抗坏血酸及其钠盐、抗坏血酸棕榈酸酯。

（6）其他天然抗氧化物

1）天然香料：大多数天然香料都具有抗氧化作用，因此天然香料加入食品中，不仅可以改善食品风味，还可以防止食品氧化变质。其中桂皮的抗氧化活性最强，迷迭香、花椒、桂丁、桂子、草果药的抗氧化性较强。

2）低聚原花青素：作为一种天然的抗氧化剂在国际上被广泛应用。低聚原花青素主要分布在一些植物的树皮、树叶、树根、芯材中，如葡萄籽、花生、樱桃、草莓等，其中以葡萄籽的含量最高。我国有丰富的葡萄资源，可作为低聚原花青素的良好来源。

三、漂白剂

1. 定义　漂白剂（bleaching agent）是指能够破坏、抑制食品的发色因素，使其褪色或使食品免于褐变的物质。漂白剂是通过氧化或还原破坏、抑制食品氧化酶活性和食品的发色因素，使食品褐变色素褪色或免于褐变，同时还具有一定的防腐作用。

2. 种类和使用　漂白剂有氧化型和还原型两种类型。前者是将着色物质氧化分解后漂白，主要用于面粉的漂白，其用途及用量均有限制。后者为亚硫酸及其盐类，它们主要是通过所产生二氧化硫的还原作用使其作用的物质褪色，使用时要严格控制使用量及二氧化硫残留量。我国允许使用的漂白剂主要是以亚硫酸制剂为主的还原型漂白剂，包括二氧化硫、亚硫酸盐类、硫黄等。

（1）二氧化硫：二氧化硫遇水形成亚硫酸，其漂白、防腐作用主要是由于其具有还原性所致。其作用机制为：①亚硫酸被氧化时可将着色物质还原褪色，使食品保持鲜艳的色泽。②植物性食品的褐变多与食品中氧化酶有关，亚硫酸对氧化酶有强抑制作用，故可防止酶性褐变；另外，亚硫酸与糖进行加合反应，其加合物不形成酮结构，因此可以阻断含羰基化合物与氨基酸的缩合反应，从而防止由羰氨反应造成的非酶性褐变。③亚硫酸为强还原剂，能阻断微生物的生理氧化过程，对细菌、真菌、酵母菌也有抑制作用，故其既是漂白剂又是防腐剂。

二氧化硫随着食品进入体内后生成亚硫酸盐，并由组织细胞中的亚硫酸氧化酶将其氧化为硫酸盐，通过正常的解毒后最终由尿排出体外。其 ADI 值为 0～0.7mg/（kg·bw）。我国规定二氧化硫主要用于：表面处理的鲜水果、水果干类、蜜饯凉果、啤酒和麦芽饮料。在各类适用食品中的最大使用范围分别为 0.01～0.35g/kg（以 SO_2 残留量计）。目前存在的主要问题是某些食品二氧化硫残留量超标严重,如烘炒食品、银耳、干黄花菜、蜜饯食品等。

（2）亚硫酸盐类:亚硫酸盐类通过与酸反应产生二氧化硫,二氧化硫遇水形成亚硫酸而发挥作用。常用的亚硫酸盐类有焦亚硫酸钠/钾、亚硫酸钠、亚硫酸氢钠、低亚硫酸钠。在食品加工中多用于蜜饯、干果等食品和处理、保藏水果原料及其半成品,但应严格控制二氧化硫的残留量。亚硫酸盐在人体内可被代谢成硫酸盐并通过解毒过程从尿中排出。亚硫酸盐的 ADI 值均为 $0 \sim$ $0.7mg/(kg \cdot bw)$。另外,亚硫酸盐不适用于肉、鱼等动物性食品,以免其残留的气味掩盖了肉、鱼的腐败气味并破坏其中的维生素 B_1。由于亚硫酸盐能导致过敏反应,在美国其使用受到严格限制。我国规定其使用范围和最大使用量同二氧化硫。

（3）硫黄:硫黄通过燃烧产生二氧化硫而具有漂白食品并防止食品褐变的作用。我国规定硫黄用于熏蒸水果干类、蜜饯、食糖和魔芋粉。在各类适用食品中的最大使用范围分别为 $0.1 \sim 0.9g/kg$（以残留 SO_2 量计）。但硫黄必须非常纯净,不得有砷检出,且不能直接加入食品中。

四、着色剂

着色剂（colour）是使食品赋予色泽和改善色泽的物质。这类物质本身具有色泽,故又称为色素。按其来源和性质可分为天然色素和合成色素两类。若以溶解性能来区分,则可分为脂溶性色素和水溶性色素。

（一）天然色素

1. 定义　天然色素是来自天然物质（主要是来源于动、植物或微生物代谢产物）、利用一定的加工方法获得的有机着色剂。

2. 种类和使用　天然色素可分为植物色素如辣椒红（paprika red）、姜黄素（curcumin）等,动物色素如紫胶红（lac dye red）、胭脂虫红（carmine cochineal）等,微生物色素如红曲红（monascus red）等。

天然色素作为食物的成分,增加了人们对其使用的安全感。但天然色素存在难溶、着色不均、难以任意调色及对光、热、pH 稳定性差和成本高等缺点。天然色素虽然多数比较安全,但个别的也具有毒性,如藤黄有剧毒不能用于食品。天然色素在加工制造过程中,也可能被杂质污染或化学结构发生变化而产生毒性,因此作为食品添加剂新品种,天然色素也必须进行安全性评价。目前,国际上已开发出的天然色素达 100 多种,而我国允许使用的有 40 余种。

（1）红曲红:是将紫红曲霉接种在稻米上经发酵制成的红曲色素。这类色素为脂溶性,对 pH 变化反应稳定,耐光、耐热,不受金属离子的影响,但经阳光直射时会褪色。其对蛋白质丰富的食物着色力强,对肉制品具有良好的着色稳定性。紫红曲霉在形成色素的同时,还合成谷氨酸类物质,具有增香作用。我国《食品安全国家标准　食品添加剂使用标准》（GB 2760—2024）中规定,除风味发酵乳、糕点和焙烤食品馅料及表面用挂浆外,其他适用食品可按生产需要适量使用。

（2）焦糖色:是将蔗糖、葡萄糖或麦芽糖浆在 $160 \sim 180℃$ 高温下加热使之焦糖化,再用碱中和制成的红褐色或黑褐色膏状物或固体物质。焦糖色为暗褐色的液体或固体粉末,有焦苦味,易溶于水,具有胶体的特性,有等电点。在焦糖色的大量生产中,有时使用铵盐作为催化剂。这种焦糖色由于含有一种氮杂环化合物（4-甲基咪唑）,可以引起动物惊厥,因此我国规定氨法和亚硫酸铵法制成的焦糖色中 4-甲基咪唑含量不得超过 200mg/kg。我国《食品安全国家标准　食品添加剂使用标准》（GB 2760—2024）中除特殊规定外,大多数适用食品均可根据生产需要适量使用。

（3）甜菜红:是从藜科植物红甜菜中提取的水溶性天然食用色素,属于吡啶类衍生物,是红甜菜中所有有色化合物的总称,由红色的甜菜色苷和黄色的甜菜黄素组成。我国规定该类色素在食品中可按生产需要适量使用。

（4）紫胶红（虫胶红）：是紫胶虫在其寄生植物上所分泌的原胶中的一种有色物质，属蒽醌衍生物类化学物。色调可随 pH 的改变而改变：pH 为 3～5 时，色调为红色；pH 为 6 时，色调为红至紫色；pH≥7 时，色调为紫色。其最大使用量不得超过 0.5g/kg。

（5）番茄红素：是一种类胡萝卜素，可提供鲜艳的红色且有较强的抗氧化作用。番茄红素来源广泛，分布于番茄、南瓜、葡萄等的果实和茶叶以及胡萝卜等的根部。番茄红素是由 11 个共轭及 2 个非共轭碳碳双键组成的多不饱和脂肪烃，对氧化反应十分敏感，如光、温度、氧气、pH 及表面活性物质等均能影响其稳定性。番茄红素是非常有效的单线态氧淬灭剂，同时对氧氮自由基和脂类过氧化反应等具有清除作用。因此番茄红素作为一种新型的天然抗氧化剂，同时也作为着色剂广泛应用于食品工业中。我国规定了番茄红素（合成）可用于乳制品、饮料、固体汤料等，在各类适用食品中的最大使用范围分别为 0.015～0.39g/kg。

（6）β-胡萝卜素：胡萝卜素有三种异构体，α-、β-、γ-胡萝卜素，其中 β-胡萝卜素含量最多，是自然界中存在最普遍也是最稳定的天然色素。它们具有由黄到红的颜色，属于多烯色素中的一类。β-胡萝卜素是人类食品中的正常成分，同时又是人体所需要的营养素之一，因此，在食品生产中应用广泛。在各类适用食品中的最大使用范围分别为 0.02～20g/kg。

（二）合成色素

1. 定义　合成色素主要指用人工合成的方法从煤焦油中制取或以苯、甲苯、萘等芳香烃化合物为原料合成的有机色素，故又称为煤焦油色素或苯胺色素。

2. 种类和使用　合成色素按其化学结构又可分为偶氮类和非偶氮类。偶氮类包括柠檬黄（tartrazine）、苋菜红（amaranth）等；非偶氮类包括赤藓红、亮蓝等。合成色素性质稳定、着色力强、可任意调色、成本低廉、使用方便，因此被广泛使用。

目前世界各国允许使用的合成色素几乎多是水溶性色素，包括它们的色淀（即由水溶性色素沉淀在许可使用的不溶性基质上所制得的特殊着色剂，主要是铝色淀）。我国允许使用的合成色素有苋菜红、柠檬黄、靛蓝以及它们各自的铝色淀和叶绿素铜钠盐、二氧化钛等。

（1）苋菜红：又名蓝光酸性红，属于偶氮类化合物。1984 年 FAO/WHO 确立 ADI 值为 0～0.5mg/（kg·bw）。按我国《食品安全国家标准　食品添加剂使用标准》（GB 2760—2024）规定苋菜红可用于冷冻饮品、果酱、糕点上彩妆、水果调味糖浆、饮料类等制品，在各类适用食品中的最大使用范围分别为 0.025～0.3g/kg。

（2）柠檬黄：又称肼黄，经过长期动物实验证明其安全性较高。FAO/WHO 确定其 ADI 值为 0～10mg/（kg·bw）。我国规定，柠檬黄可用于乳制品、冷冻饮品、果酱、糕点上彩妆、蛋卷、复合调味料类等 30 余类制品，在各类适用食品中的最大使用范围分别为 0.04～0.5g/kg。

（3）靛蓝：也称酸性靛蓝、磺化靛蓝。2018 年 FAO/WHO 将其 ADI 值规定为 0～5mg/（kg·bw）。我国规定可用于蜜饯类、腌渍的蔬菜、糖果、糕点上彩妆、饮料类等制品，在各类适用食品中的最大使用量为 0.01～0.3g/kg。

五、护色剂

1. 定义　护色剂（colour fixative）又称发色剂，是指能与肉及肉制品中呈色物质作用，使之在食品加工、保藏等过程中不致分解、破坏，呈现良好色泽的物质。我国允许使用的护色剂有硝酸钠（钾）、亚硝酸钠（钾）、葡萄糖酸亚铁、D-异抗坏血酸及其钠盐 7 种。

2. 种类和使用　常用的护色剂是（亚）硝酸盐，具体的发色过程如下：肉类腌制时加入亚硝酸盐和硝酸盐，后者在硝酸盐还原菌的作用下可转变为前者。亚硝酸盐在酸性条件下（pH 5.5～6.5）可由细菌分解为亚硝酸，进而转变为一氧化氮。一氧化氮能取代肌红蛋白分子中铁的配位体，形成鲜红的亚硝基肌红蛋白。一氧化氮还能直接与高铁肌红蛋白反应，使之还原为亚硝基肌红蛋白。亚硝基肌红蛋白不稳定，必须经过加热或烟熏，在盐的作用下使其蛋白质部分变性，转变为一氧化氮亚铁血色原，才能变为比较稳定的粉红色。腌肉过程中硝酸盐和亚硝酸盐变化的途径及化学反应式见图10-1。

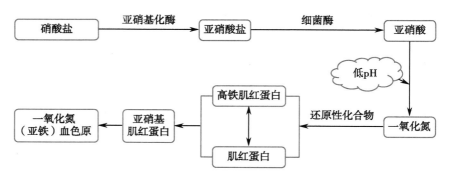

图 10-1　硝酸盐和亚硝酸盐生色反应的途径

（亚）硝酸盐除对肉制品有护色作用外，还对微生物的繁殖有一定的抑制作用，特别是对肉毒梭状芽胞杆菌有特殊抑制作用。此外，亚硝酸盐还可提高腌肉的风味。

在保证色泽良好的条件下，护色剂的用量应限制在最低水平。因为机体大量摄入亚硝酸盐，可使血红蛋白转变为高铁血红蛋白，失去其运输氧的能力而导致缺氧和发绀症。（亚）硝酸盐还是N-亚硝基化合物的前体物，而 N-亚硝基化合物对动物具有较强致癌作用。因此，在加工工艺可行的情况下，应尽量使用（亚）硝酸盐的替代品。另外，在使用发色剂的同时，常常加入一些能促进发色的物质，这些物质称为"发色助剂"。在肉类腌制品中最常用的发色助剂为抗坏血酸、抗坏血酸钠及烟酰胺等，这些物质的使用可以减少（亚）硝酸盐的使用量，从而降低对人体的危害。鉴于（亚）硝酸盐可能存在的致癌性，欧共体建议不得将其用于儿童食品。我国规定其使用范围见表10-2。

表 10-2　护色剂的使用标准及 ADI 值

名称	使用范围	最大使用量/（g/kg）	最高残留量/（g/kg）	ADI/[mg/（kg·bw）]
硝酸钠（钾）	肉制品	0.50	0.03	0～3.7
亚硝酸钠（钾）	畜禽肉类罐头	0.15	0.05	0～0.07
	肉制品	0.15	0.03	
	西式火腿	0.15	0.07	

资料来源：《食品安全国家标准　食品添加剂使用标准》（GB 2760—2024），ADI 值根据 FAO/WHO 2002 年、1995 年建议。

六、酶制剂

1. 定义　酶制剂（enzyme preparations）是用动物或植物的可食或非可食部分直接提取，或用传统或通过基因修饰的微生物（包括但不限于细菌、放线菌、真菌菌种）发酵提取制得的，具有特殊催化功能的生物制品。酶制剂具有催化活性高、反应条件温和、作用特异性强、底物专一性强等优点，用于加速食品加工过程和提高食品产品质量。

2. 种类和使用　按其加工食品原料的不同及作用机制的不同，分为糖类水解酶、蛋白质水解酶、脂肪分解酶、氧化还原酶，以及具有某种特定作用的酶，如转移酶、裂解酶等。酶制剂来源于生物体，一般来说较为安全。但因通常使用的酶制剂不是酶的纯品，可能混杂有残存的原材料及微生物的某些有毒代谢产物（如毒素、抗生素等），有些酶可能还有致敏作用。为了保证其生产安全性及提高产品纯度，我国制定了《食品工业用酶制剂卫生管理办法》。

（1）谷氨酰胺转氨酶：属于催化酰基转移反应的转移酶，能够使酪蛋白、肌球蛋白、谷蛋白和乳球蛋白等分子之间产生交联，改变蛋白质的功能性质。谷氨酰胺转氨酶作为稳定剂和凝固剂用于豆类制品加工时，最大使用量为 0.25g/kg。

（2）木瓜蛋白酶：可从未成熟的木瓜的胶乳中提取，是一种应用很广泛的植物蛋白酶。该酶对蛋白质有较强的分解能力，能使食品的蛋白质水解成小分子肽或氨基酸，且能有效地提高蛋白质的利用率，提高食品营养价值。木瓜蛋白酶可用于水解动植物蛋白、饼干、畜禽制品。

（3）α- 淀粉酶：可以从几种细菌、真菌和猪或牛的胰腺分离获得，应用比较广泛。生产此酶的微生物有地衣芽孢杆菌、解淀粉芽孢杆菌、枯草杆菌等。α- 淀粉酶只可作用于淀粉分子内任意 α-1,4- 糖苷键，且从分子链的内部进行切割，故又称内淀粉酶，属于内切酶。在水溶液中 α- 淀粉酶能使淀粉分子迅速液化，产生较小分子的糊精，故也被称为液化酶。常用的 α- 淀粉酶有耐高温 α- 淀粉酶、真菌 α- 淀粉酶。α- 淀粉酶，可按生产需要适量使用于淀粉、糖、发酵酒、蒸馏酒和酒精中。

七、增味剂

1. 定义　增味剂（flavour enhancers）是指可补充或增强食品原有风味的物质。增味剂可能本身并没有鲜味，但却能增加食物的天然鲜味。

2. 种类和使用　按其化学性质的不同，增味剂可分为氨基酸系列、核苷酸系列。我国《食品安全国家标准　食品添加剂使用标准》（GB 2760—2024）允许使用的增味剂有：氨基乙酸（glycin，又名甘氨酸）、L-丙氨酸（L-alanine）、琥珀酸二钠（disodium succinate）、辣椒油树脂（paprika oleoresin）、5′-呈味核苷酸二钠（disodium 5′-ribonucleotide）、5′-肌苷酸二钠（disodium 5′-inosinate）、5′-鸟苷酸二钠（disodium 5′-guanylate）、谷氨酸钠（monosodium glutamate）和氯化镁（magnesium chloride）。糖精钠（sodium saccharin）既是甜味剂，也可作为增味剂。

（1）谷氨酸钠：谷氨酸钠又名味精，为含有一分子结晶水的 L-谷氨酸钠，属于氨基酸类增味剂。易溶于水，在 150℃时失去结晶水，210℃时发生吡咯烷酮化，生成焦谷氨酸，270℃左右时则分解。对光稳定，在碱性条件下加热发生消旋作用，呈味力降低。在 pH≤5 的酸性条件下加热时亦可发生吡咯烷酮化，变成焦谷氨酸，呈味力降低。在 pH 7 时加热则很少发生变化。

谷氨酸钠属于低毒物质，其 ADI 值不需要特殊规定。最初，FAO/WHO 认为"味精作为食品添加剂是极为安全的"。但味精的使用曾一度在西欧引起争议，原因是食用谷氨酸钠过量（每人每天＞6.8g）时，可使血液中谷氨酸含量上升，引起一过性的头痛、心跳加速、恶心等症状。此外，谷氨酸的两个羟基可以与金属离子螯合，从而抑制了钙、镁等的利用。因此 20 世纪 80 年代西方一些国家味精的消耗量锐减。但后来经实验证明，在正常使用范围内，未见上述不良影响，故 JECFA 于 1987 年将谷氨酸钠、L-谷氨酸及其钠盐的同系物 L-谷氨酸铵、L-谷氨酸钾等其他氨基酸系列增味剂的 ADI

值均由原来的 120mg/(kg·bw)修改为无须规定。由于味精只在其钠盐的形式下才能产生增味作用，故只能在 pH 5.0～8.0 之间增强食品风味。

（2）核苷酸系列增味剂：核苷酸系列增味剂都是以二钠（或二钾、钙）盐的形式才有鲜味，如果羟基被酯化或酰胺化，即无鲜味。核苷酸广泛存在于各种食品中，例如鱼、畜、禽类等食品就含有大量肌苷酸，而香菇等菌类则含有大量鸟苷酸。核苷酸不但独有一种鲜味，而且其增强风味的能力也较强，尤其是对肉特有的味道有显著影响，故用于肉酱、鱼酱、肉饼、肉罐头等肉、鱼类的加工食品，其增味效率是味精的 10 倍（以重量为基础计算）。我国《食品安全国家标准 食品添加剂使用标准》（GB 2760—2024）中除特殊规定外，大多数适用食品中的 5'-呈味核苷酸二钠、5'-肌苷酸二钠、5'-鸟苷酸二钠均可根据生产需要适量使用。

近年来，又开发了许多天然增味剂，如肉类抽提物、酵母抽提物、水解动物蛋白和水解植物蛋白等。这类增味剂不仅风味多样，而且富含蛋白质、肽类、氨基酸、矿物质等营养成分。麦芽酚也是一种天然增味剂，存在于数种植物和烘烤过的麦芽、咖啡豆、可可豆等原料中。麦芽酚的水溶性强，主要用于增强食品的水果味和甜味。

八、防腐剂

1. 定义 防腐剂（preservative）是指防止食品腐败变质、延长食品储存期的物质。

2. 种类和使用 按照来源可分为化学防腐剂和天然防腐剂两类；按其抗微生物的作用和性质可分为杀菌剂和抑菌剂；按照物质的性质可分为酸型、酯型、生物型和其他等。一般认为，防腐剂对微生物的作用在于抑制微生物的代谢，使微生物的发育减缓和停止。目前，国外用于食品的防腐剂，美国有 50 余种，日本有 40 余种，我国允许使用的有苯甲酸及其钠盐、山梨酸及其钾盐、脱氢乙酸及其钠盐、丙酸及其钠盐等 30 余种。防腐剂大多是人工合成的，超标准使用会对人体造成一定损害。我国严格规定了其在适用食品中的最大使用量。

（1）酸型防腐剂：苯甲酸、山梨酸、丙酸都是有机酸，其防腐效果主要来自非解离性的分子，作用强度随 pH 而定，食品保持在低 pH 范围内则防腐效果较好，而在碱性条件下几乎无效。常见防腐剂的抗菌效果见表 10-3。

表 10-3 防腐剂的抗菌效果

名称	真菌	酵母	乳酸菌	革兰氏阳性菌（无芽胞）	革兰氏阴性菌（无芽胞）
苯甲酸	++	++	++	++	++
山梨酸	+++	+++	-	++	++
丙酸	++	-	-	++	++
对羟基苯甲酸*	+++	+++	++	+++	++

注：+++ 强，++ 普通，+ 微弱，- 无效。
* 对羟基苯甲酸的抗菌效果不受 pH 的影响，在固体状态下杀菌效果强；其余几种防腐剂均在酸性条件下，杀菌效果较好。

1）苯甲酸（benzoic acid）及其钠盐：苯甲酸又称安息香酸，无臭或略带安息香或苯甲醛的气味。性质稳定，但有吸湿性。最适 pH 为 2.5～4，在 pH 低的环境中，对多种微生物有效，但对产酸菌作用弱。在 pH 5.5 以上时，对很多真菌和酵母无作用。由于苯甲酸在水中的溶解度低，实际使用时，主要应用苯甲酸钠。苯甲酸的毒性较低，对其 ADI 值不作规定。我国规定，苯甲酸及其钠盐主要用于风味冰类、蜜饯、调味品类、碳酸饮料、浓缩果蔬汁（浆）等多种食品中，在各类适用食品中的最大使用范围分别为 0.2～2.0g/kg。

2）山梨酸（sorbic acid）及其钾盐：山梨酸又名花楸酸，是一种不饱和脂肪酸，微溶于水而溶于有机溶剂，所以多用其钾盐。山梨酸可参与体内正常代谢，几乎对人体无害，是目前国际上公认较安全的防腐剂。FAO/WHO 规定其 ADI 值为 0～25mg/（kg·bw）（以山梨酸计）。其对真菌、酵母和需氧细菌的生长发育有抑制作用，而对厌氧细菌几乎无效。在酸性介质中对微生物有良好的抑制作用，随 pH 的增大防腐效果减小，pH 为 8 时丧失防腐作用，因此山梨酸及其钾盐适用于 pH 在 5.5 以下的食品防腐。山梨酸在食品被严重污染，微生物数量过高的情况下，不仅不能抑制微生物的繁殖，反而会成为微生物的营养物质，加速食品的腐败。

目前国外使用山梨酸、山梨酸钾代替护色剂亚硝酸盐，既可以防止肉毒梭菌芽胞的生长，又可以降低亚硝胺的含量。我国规定，山梨酸及其钾盐除了作为防腐剂使用，还可以作为抗氧化剂、稳定剂使用。可以应用于人造黄油、经表面处理的鲜水果和蔬菜、果酱、腌渍的蔬菜和水果，豆制品，熟肉制品、浓缩果蔬汁（浆）等多种食品，在各类适用食品中的最大使用量为 0.075～2.00g/kg。

3）丙酸及其盐类：丙酸（propanoic acid）及其盐类是有效的真菌抑制剂。丙酸可认为是食品的正常成分，也是人体的代谢中间产物，故无毒性，对其 ADI 值不作规定（FAO/WHO，2002）。我国规定，丙酸及其盐类主要应用于豆类制品、生湿面制品、调理肉制品、调味品等食品，对控制面包生霉和发黏非常有效，但对于酵母菌基本无作用，因此不影响面包的正常发酵。在各类适用食品中的最大使用量为 0.25～3.0g/kg。

（2）酯型防腐剂：包括对羟基苯甲酸甲酯钠、对羟基苯甲酸乙酯及其钠盐，是苯甲酸的衍生物。对细菌、真菌及酵母有广泛的抑制作用，但对革兰阴性杆菌及乳酸菌的作用较弱。总体的抗菌作用较苯甲酸和山梨酸要强，对羟基苯甲酸酯类的抗菌能力是由其未水解的酯分子起作用，所以其抗菌效果不像酸型防腐剂那样易受 pH 变化的影响，在 pH 为 4～8 的范围内都有较好的抗菌效果。另外，该类防腐剂在水中的溶解度小，但对羟基苯甲酸乙酯和对羟基苯甲酸丙酯复配使用可提高溶解度，并有协同效应。

该类防腐剂主要作用方式是：抑制微生物细胞的呼吸酶系与电子传递酶系的活性，破坏微生物的细胞膜结构。由于摄入体内后代谢途径与苯甲酸基本相同，不在体内蓄积，故毒性很低，有时也用于代替酸型防腐剂。按毒性大小顺序排列：苯甲酸＞对羟基苯甲酸酯类＞山梨酸。

我国规定，对羟基苯甲酸酯类及其钠盐可用于经表面处理的鲜水果和蔬菜、果酱、焙烤食品馅料及表面用挂浆（仅限糕点馅）、调味品类、饮料类等，最大使用量为 0.012～0.5g/kg。

（3）生物型防腐剂：乳酸链球菌素（nisin）又称为乳酸菌肽，主要是乳酸链球菌属微生物的代谢产物，可用乳酸链球菌发酵提取制得。因其是由氨基酸组成的类蛋白质物质，能被人体消化道中的蛋白水解酶水解；使用乳酸链球菌素，不会引起肠道菌群紊乱，不会出现抗药性及与其他抗生素产生交叉抗性，所以是一种高效、无毒的天然食品防腐剂。

乳酸链球菌素对肉毒梭状芽胞杆菌等厌氧芽胞杆菌及嗜热脂肪芽胞杆菌、产气荚膜杆菌、单核细胞增生李斯特菌、金黄色葡萄球菌等有很强的抑菌作用，也能抑制酪酸杆菌，但对真菌和酵母的作用很弱。

乳酸链球菌素对热稳定，和氯化钠等成分的复配制剂广泛应用于食品行业，可降低食品灭菌温度，缩短灭菌时间，降低营养成分的破坏程度，提高食品品质。

　　我国规定,乳酸链球菌素的使用范围为:除巴氏杀菌乳、灭菌乳、特殊膳食用食品以外的乳及乳制品、面包、糕点、食醋等调味品,饮料类,在各类适用食品中的最大使用量为0.15~0.5g/kg。

　　(4)其他防腐剂

　　1)双乙酸钠:又名二醋酸钠,抗菌作用来源于乙酸,对耐热菌马铃薯杆菌、枯草杆菌的孢子有很强的抑制作用,有防止谷类和豆制品真菌繁殖的作用。乙酸分子与类脂化合物的相溶性较好,当乙酸透过细胞壁,可使细胞内蛋白质变性,从而起到抗菌作用。当既要求保持乙酸的杀菌性能,又要求因它的加入而不使产品的酸性增强太多时,可使用双乙酸钠。

　　我国规定,双乙酸钠可应用于豆干类及其制品、肉制品、调味品等,在各类适用食品中的最大使用量范围为1.0~10.0g/kg。

　　2)二氧化碳:在常温下为无色、无臭气体,在0℃和0.1MPa下凝成液体,快速蒸发时部分形成固体,略有酸味。二氧化碳分压的增高,主要是影响需氧微生物对氧的利用,能终止各种需氧微生物呼吸代谢,使微生物失去生存的必要条件。但二氧化碳只能抑制微生物生长,而不能杀死微生物。我国规定主要用于:风味发酵乳、饮料类、配制酒等,按生产需要适量使用。液体二氧化碳(煤气化法)可用于碳酸饮料、其他发酵酒,按生产需要适量使用。

　　3)天然植物型防腐剂:从香辛料和传统的中草药中提取的有效抑菌成分,是天然植物型防腐剂研发的热点之一。经研究发现厚朴、生姜、大蒜、花椒、肉豆蔻等许多香辛料的提取物都有一定的防腐抑菌作用。

九、营养强化剂

　　1. 定义　为了增加食品的营养成分(价值)而加入食品中的天然或人工合成的营养素和其他营养成分。营养强化的主要目的是:①弥补食品在正常加工、储存时造成的营养素损失;②在一定的地域范围内,有相当规模的人群出现某些营养素摄入水平低或缺乏,通过强化可以改善其摄入水平低或缺乏导致的健康影响;③某些人群由于饮食习惯和/或其他原因可能出现某些营养素水平低或缺乏,通过强化可以改善其摄入水平低或缺乏导致的健康影响;④补充和调整特殊膳食用食品中营养素和/或其他营养成分的含量。

　　我国《食品安全国家标准　食品营养强化剂使用标准》(GB 14880—2012)明确营养强化剂的使用应符合以下条件:①营养强化剂的使用不应导致人群食用后营养素及其他营养物质摄入过量或不均衡,不应导致任何营养素和其他营养成分的代谢异常;②添加到食品中的营养强化剂应能在特定的储存、运输和食用条件下保持质量的稳定;③添加的营养强化剂不应导致食品一般特性,如色泽、滋味、气味、烹调特性等发生明显不良改变;④不应通过使用营养强化剂夸大食品中某一营养成分的含量或作用误导和欺骗消费者;⑤营养强化剂的使用不应鼓励和引导与国家营养政策相悖的食品消费模式。

　　营养强化剂的使用通常根据食品种类的不同,采用不同的强化方法。主要包括:①在食品原料中添加,如对大米、白面的营养强化;②在加工过程中添加,如对罐装粉状的婴儿食品、罐装果汁以及各类糖果;③在成品中添加如调制乳粉、代乳粉等营养素的强化;④其他添加方法,利用物理、化学或生物手段对食品营养进行优化,如大豆发酵可产生一定量的B族维生素。

　　2. 种类和应用

　　(1)维生素类强化剂:维生素分为脂溶性维生素和水溶性维生素,其中脂溶性维生素A和维生素D是较常用的营养强化剂,水溶性B族维生素需要强化,但其并不在体内大量储存,水溶性维生素最常用的营养强化剂仍是维生素 C。维生素 A 强化一般用于乳制品、婴幼儿食品、植物油、小麦粉等。维生素 D 强化可用于调制乳粉、调制奶油粉、杂粮粉及其制品等。维生素 C 强化一般用于乳制品、水果罐头、果泥、豆粉和糖果等。

（2）氨基酸类强化剂：作为营养强化剂的氨基酸多是一些必需氨基酸及其盐类。食品强化氨基酸的主要目的是补充食物蛋白质中缺乏或者加工过程中损失的必需氨基酸。许多食品缺乏一种或多种必需氨基酸，如谷物缺乏赖氨酸、玉米食品缺乏色氨酸、豆类缺乏甲硫氨酸。其中赖氨酸是最常用的氨基酸类强化剂，另外对于婴幼儿食品有必要适当强化牛磺酸。赖氨酸主要应用于大米及其制品、小麦及其制品、杂粮粉及其制品和面包中。牛磺酸主要用于调制乳粉、豆粉、饮料等食品中。

（3）矿物质类强化剂：矿物质在食物中分布很广，一般都能满足机体需要，但在某些种类中仍然容易缺乏，如婴幼儿、青年、孕妇和乳母，钙和铁的缺乏较为常见。碘和硒的缺乏主要和环境条件有关，如不能经常吃海产品的居民容易缺碘，某些贫硒地区容易缺硒。近年来应用较多的矿物质营养强化剂主要有钙、铁、锌、碘和硒。钙强化主要应用的是碳酸钙、乳酸钙和葡萄糖酸钙。不同类型的钙应用食品的范围也不相同。铁强化主要应用的是硫酸亚铁、乳酸亚铁和柠檬酸亚铁。锌强化主要应用的是葡萄糖酸锌、硫酸锌和乳酸锌。硒强化主要应用的是亚硒酸钠、硒化卡拉胶和富硒酵母。碘强化主要应用的是碘化钾、碘酸钾。

（4）脂肪酸类营养强化剂：必需脂肪酸具有促进神经系统功能、益智健脑、预防老年性痴呆、预防心肌梗死、降血脂以及预防动脉粥样硬化的作用，脂肪酸强化的食品也越来越受到重视。我国允许使用的脂肪酸强化剂主要包括二十二碳六烯酸、花生四烯酸、亚油酸和 γ- 亚麻酸。

（5）其他营养强化剂：碳水化合物强化剂特别是低聚糖类能够有效地促进人体有益菌的生长。目前使用较多的碳水化合物强化剂有低聚果糖、低聚半乳糖、聚葡萄糖和棉子糖。另外其他类营养强化剂还包括叶黄素、核苷酸类营养强化剂。

十、甜味剂

1. 定义　甜味剂（sweeteners）是指赋予食品甜味的物质，是世界各地使用最多的一类食品添加剂。

2. 种类和使用　甜味剂有几种不同的分类方法。按化学结构和性质的不同，可将甜味剂分为糖类和非糖类甜味剂等。糖类甜味剂如蔗糖、葡萄糖、果糖等，在我国通常称为糖，常作为一般食品，仅糖醇类和非糖甜味剂才作为食品添加剂管理。按来源的不同，可将甜味剂分为天然甜味剂和人工合成甜味剂。天然甜味剂包括：①糖醇类（D- 甘露醇、麦芽糖醇、乳糖醇、山梨糖醇、赤藓糖醇和木糖醇）；②非糖醇类（索马甜、甜菊糖苷和罗汉果甜苷）。人工合成甜味剂包括：①磺胺类（环己基氨基磺酸钠、环己基氨基磺酸钙、糖精钠和乙酰磺胺酸钾）；②二肽类（纽甜、阿力甜、阿斯巴甜和天门冬酰苯丙氨酸甲酯乙酰磺胺酸）；③蔗糖衍生物（三氯蔗糖、异麦芽酮糖）。理想的甜味剂应具有以下特点：①安全性好；②味觉良好；③稳定性好；④水溶性好；⑤价格低廉。

（1）糖精钠：是世界各国广泛使用的人工合成甜味剂，价格低廉，甜度大，其甜度相当于蔗糖的300～500 倍，但缺点是使用量过大时有金属苦味。虽然其本身安全性基本肯定，但产品中可带有致癌物质邻甲苯磺酰胺。糖精在水中的溶解度低，一般使用其钠盐。糖精钠由甲苯和氯磺酸合成。一般认为糖精钠在体内不被分解，不被利用，大部分从尿排出而不损害肾功能，不改变体内酶系统的活性。1993年FAO/WHO将糖精ADI值规定为0～5mg/（kg·bw）。

我国规定，糖精钠的使用范围有冷冻饮品、蜜饯、果糕类等多种食品，在各类适用食品中的最大使用范围分别为0.15～5.0g/kg。

（2）阿斯巴甜：甜度是蔗糖的100～200倍，味感接近于蔗糖。阿斯巴甜是一种二肽衍生物，食用后在体内分解成相应的氨基酸，对血糖没有影响，也不会造成龋齿。但由于其含有苯丙氨酸，故不能用于苯丙酮酸尿症患者，因此，添加阿斯巴甜的食品应标明：阿斯巴甜（含苯丙氨酸）。2023年FAO/WHO推荐其ADI值为0～40mg/（kg·bw）。

我国规定，阿斯巴甜可广泛用于调制乳等乳制品、蔬菜及其制品、水果及其制品、即食谷物、烘焙食品、调味料、胶基糖果、饮料等多种食品，使用量分别为0.3～10g/kg，在餐桌甜味料中可以按生产需要适量使用。若食品类别中同时允许使用天门冬酰苯丙氨酸甲酯乙酰磺胺酸（最大使用量乘以0.64可以转换为阿斯巴甜的用量），当混合使用时，最大使用量不能超过标准规定的阿斯巴甜的最大使用量。

（3）安赛蜜：是一种新型高强度甜味剂。其口味酷似蔗糖，甜度为蔗糖的200倍。安赛蜜性质稳定、口感清爽、风味良好，不带苦、金属、化学等不良口味；同时毒理试验结果证实其安全无副作用。安赛蜜与阿斯巴甜1：1合用，有明显的增效作用，与其他甜味剂混合使用时能够增加30%～100%甜度。

我国规定，安赛蜜可广泛用于风味发酵乳、豆干类、糖果、胶基糖果、焙烤食品、调味品、饮料类等食品中，在各类适用食品中的最大使用范围分别为0.2～4.0g/kg。若食品类别中同时允许使用天门冬酰苯丙氨酸甲酯乙酰磺胺酸（最大使用量乘以0.44可以转换为安赛蜜的用量），当混合使用时，最大使用量不能超过标准规定的安赛蜜的最大使用量。

（4）糖醇类甜味剂：糖醇是由相应的糖经镍催化加氢制得。其特点是甜度低、能量低、黏度低，甜味与蔗糖近似，代谢途径与胰岛素无关，不会引起血糖升高，不产酸，故常用作糖尿病、肥胖症患者的甜味剂，并具有防龋齿作用。

糖醇类甜味剂品种很多，使用较多的有木糖醇（xylitol）、赤藓糖醇（erythritol），它们均可在各类食品中按生产需要适量使用。木糖醇是由木糖（xylose）氢化而形成的五碳多元醇，甜度近似蔗糖，是所有糖醇中甜度最高的。赤藓糖醇的甜度为蔗糖的70%～80%，其能量在蔗糖的1/10以下，属于低能糖醇。我国规定糖醇类甜味剂可按生产需要适量使用。

（5）甜菊糖苷：是从天然植物甜叶菊的叶中提出来的一种含二萜烯（diterpene）的糖苷，属于天然无能量的高甜度甜味剂，甜度约为蔗糖的300倍，能量仅为蔗糖的1/300。经研究证明，甜菊糖苷食用安全，是一种可替代蔗糖、较为理想的甜味剂。在使用时间较长的国家，如巴拉圭、日本，均未见不良副作用报道。但有研究发现，甜菊糖苷可能有一定的致癌作用，故我国香港等地已禁止销售含有甜菊糖苷的食品。

我国规定其可用于发酵乳、糖果、即食谷物、调味品、饮料类、茶制品等，在各类适用食品中的最大使用范围分别为0.17～10.0g/kg，在餐桌甜味料中可以按生产需要适量使用。

（6）罗汉果甜苷：罗汉果为多年生蔓生植物，主要栽培在我国的广西北部，作为甜味剂和中药已有数世纪的历史。罗汉果甜苷的甜度为蔗糖的300倍且含能量低，是糖尿病患者较为理想的甜味剂。

（牛玉存）

本章小结

　　本章系统介绍了我国食品添加剂的定义、分类、使用原则、卫生管理及食品添加剂可使用的范围和使用时应符合的基本要求；同时介绍了国际上对食品添加剂的卫生管理等方面相关内容。介绍了常用食品添加剂的功能、用途、允许使用的主要品种、使用范围、最大使用量或残留量等，为指导科学应用食品添加剂提供了参考。

思考题

1. 什么是食品添加剂？食品添加剂使用的基本要求是什么？
2. 举例说明什么是食品添加剂的带入？带入的原则是什么？
3. 食品生产加工过程中如何正确使用色素？
4. 举例说明我国在食品添加剂使用方面主要存在哪些问题？

第十一章
各类食品卫生及其管理

食品在生产、运输、储存、销售等环节中可能受到生物性、化学性及物理性有毒有害物质的污染,威胁人体健康。由于各类食品本身的理化性质以及所处环境的不同,它们存在的卫生问题既有共同点,也有不同之处。研究和掌握各类食品的卫生问题和卫生管理要求,有利于采取适当措施,确保食品安全。

第一节 粮豆、蔬菜、水果

粮豆类食品是指谷类和豆类食品。谷类是我国居民常见的主食,豆类是平衡膳食的重要组成部分。蔬菜、水果是维生素、矿物质、膳食纤维和植物化学物的重要来源。为了保障食品安全、保护消费者健康,必须重视和加强粮豆、蔬菜、水果的卫生及管理。

一、粮豆的卫生及管理

粮豆在生产、加工、运输、储存和销售等过程中有可能受到真菌及其毒素、有毒有害物质等污染,对食用者的健康造成危害。

（一）粮豆的主要卫生问题

1. 真菌及其毒素的污染　粮豆在生长、收获及储存过程中的各个环节均可受到真菌的污染,曲霉、青霉、毛霉、根霉和镰刀菌等较为常见。粮豆成品如果水分过高,或者其中含有未成熟的、外形干瘪的、破损的籽粒,或者在混有异物的情况下储存,当环境温度增高、湿度较大时,真菌易在粮豆中生长繁殖,分解其营养成分并可能产生真菌毒素,引起粮豆霉变而导致粮豆的感官性状发生改变,营养和食用价值降低。真菌毒素可侵害肝脏、肾脏以及神经系统等,造成人体毒性损伤。

2. 农药残留　粮豆中农药的残留来自:①防治病虫害和除草时直接施用农药;②通过水、空气、土壤等途径从污染的环境中吸收;③在储存、运输及销售过程中由于防护不当受到污染等。粮豆中残留的农药可通过膳食进入人体,引起食源性疾病。

3. 其他有毒有害化学物质的污染　粮豆中其他有毒有害化学物质的污染来源有:①未经处理或处理不彻底的工业废水和生活污水灌溉农田、菜地;②某些地区自然环境中本底含量过高;③加工过程或食品接触材料及制品造成的污染。一般情况下,有机污染物经过生物、物理及化学方法处理后可减少甚至被清除;但以有毒重金属为主的无机污染物或中间产物不易降解,生物半衰期长,可通过富集作用严重污染农作物。目前我国污染粮豆的重金属主要是镉、砷、铅、汞,这些有毒金属的过量摄入可对人体产生毒性作用或潜在危害。

4. 仓储害虫　我国常见的仓储害虫有甲虫(大谷盗、米象和黑粉虫等)、螨虫(粉螨)及蛾类(螟蛾)等50余种。当仓库温度在18～21℃、相对湿度在65%以上时,害虫易在原粮、半成品粮豆上孵化虫卵、生长繁殖,使粮豆发生变质,降低甚至失去食用价值;当仓库温度在10℃以下时,害虫活动减少。

5. 其他卫生问题

（1）自然陈化：粮豆类自然陈化是指其在储存过程中，由于自身酶的作用，营养素发生分解，从而导致风味和品质发生改变的现象。

（2）有毒植物种子的污染：毒麦、麦仙翁籽、毛果洋茉莉籽、槐籽、曼陀罗等植物种子在收割时容易混入。这些种子含有有毒成分，误食后对机体可产生一定的毒性作用。

（3）无机夹杂物的污染：污染粮豆的无机夹杂物主要包括泥土、砂石和金属等，分别来源于田间、晒场、农具及机械设备，这类污染物不仅影响感官性状，还可对牙齿和胃肠道组织造成一定损害。

（4）掺杂、掺假：是指在产品中掺入杂质或者异物，致使产品质量不符合国家法律、法规或者产品明示质量标准规定的质量要求，降低、失去应有使用性能的行为。如新米中掺入霉变米、陈米，米粉和粉丝中加入有毒的荧光增白剂、滑石粉，面粉和腐竹中违禁添加吊白块等。

（二）粮豆的卫生管理

1. 粮豆的安全水分　在储藏期间粮豆的代谢活动主要表现在呼吸作用和后熟作用，水分含量的高低与其储藏时间的长短和加工方式密切相关。粮豆水分含量过高时，其代谢活动增强而发热，真菌、仓虫易生长繁殖，使粮豆发生霉变。因此，应根据《粮食安全储存水分》（GB/T 43994—2024）的规定，将粮豆水分含量控制在安全水分以下。

2. 安全仓储的卫生要求　粮豆具有季节生产、全年供应的特点，为使粮豆在储藏期保持原有的质量，应加强其卫生管理，主要包括：①粮豆入库前的质量检查；②仓库建筑应坚固、不漏、不潮，能防鼠防雀；③保持粮库的清洁卫生，定期清扫消毒；④控制仓库内温度、湿度，按时通风、翻仓、晾晒，降低粮温，掌握顺应气象条件的门窗启闭规律；⑤监测粮豆温度和水分含量的变化，同时注意气味、色泽变化及虫害情况，发现问题立即采取措施。

3. 运输、销售过程的卫生要求　应遵守《食品安全国家标准　食品经营过程卫生规范》（GB 31621—2014）的有关规定。运输粮食应使用专用运输工具，并具备防雨、防尘设施。装过毒品、农药或有异味的车船未经彻底清洗消毒的，禁止用于装运粮豆。粮豆包装必须专用并在包装上标明"食品包装用"字样。包装袋使用的原材料应符合卫生要求，袋上油墨应无毒或低毒，防止向内容物渗透。销售单位应具有与经营食品品种、规模相适应的销售场所、销售设施和设备，保持环境卫生。加强成品粮卫生管理，对不符合食品安全标准的粮豆不进行加工和销售。

4. 控制农药残留　严格遵守《农药管理条例》和《食品安全国家标准　食品中农药最大残留限量》（GB 2763—2021）的规定，采取的措施主要包括：①根据农药毒性和在人体内的蓄积性，确定农药的最高用药量、合适的施药方式、最多使用次数和安全间隔期，以保证粮豆中农药残留量不超过最大残留限量标准（表 11-1）；②大力提倡农作物病虫害的综合防治，开发利用高效、低毒、低残留的新型农药；③对一些持久性农药如六六六、林丹和滴滴涕等制定了食品中再残留限量（EMRL）。

5. 防止无机有害物质及夹杂物的污染

（1）水在灌溉前应先经无害化处理，使水质符合国家标准《农田灌溉水质标准》（GB 5084—2021），并根据作物品种掌握灌溉时期及灌溉量。

（2）严格遵守《食品安全国家标准　食品中污染物限量》（GB 2762—2022）的相关规定。定期检测农田污染程度及农作物的有毒重金属残留量（表 11-2），防止污水中重金属等有毒物质对粮豆的污染。

表 11-1　粮豆中部分农药最大残留限量（GB 2763—2021）

项目	最大残留限量/（mg/kg）	项目	最大残留限量/（mg/kg）
磷化铝（谷物、大豆）	0.05[a]	氯化苦（谷物、大豆）	0.1
溴甲烷（谷物）	0.02[b]	吡蚜酮（小麦）	0.02
甲基毒死蜱（谷物）	5	敌百虫（稻谷、小麦）	0.1
甲基嘧啶磷（稻谷、小麦）	5	氟酰胺（大米）	1
溴氰菊酯（稻谷、麦类）	0.5	代森锰锌（小麦、大麦）	1

注：a. 以磷化氢计；b. 临时限量。

表 11-2　粮豆中部分有毒重金属限量

项目	限量/（mg/kg）	项目	限量/（mg/kg）
铅（Pb）		汞（Hg）	
谷物、豆类	0.2	稻谷、糙米、大米、玉米、小麦	0.02
镉（Cd）		无机砷（以 As 计）	
稻谷、糙米、大米、豆类	0.2	稻谷	0.35
麦类、玉米及其他谷物	0.1		

来源：《食品安全国家标准　食品中污染物限量》（GB 2762—2022）。

（3）粮豆生产过程中使用的工具、器械、容器、材料等应严格控制其卫生质量。粮豆中混入的泥土、砂石、金属屑及有毒种子对粮豆的保管、加工和食用均有很大的影响。为此，应加强选种、种植及收获后的管理，尽量减少有毒种子污染；在粮豆加工过程中使用过筛、吸铁和风车筛选等设备有效去除有毒种子和无机夹杂物；制定粮豆中各种有毒种子的限量标准并进行监督。

此外，应加强对粮豆食品质量的监督管理，防止掺杂、掺假食品对消费者的健康造成损害。

（三）粮豆制品的卫生管理

1. 粮豆制品的安全水分　粮豆制品水分含量高，营养成分丰富，若有微生物污染，易引起腐败变质。应严格控制粮豆制品的水分含量，使其符合安全水分要求，延长保质期。

2. 生产加工过程的卫生管理　应满足良好生产规范（GMP）和危害分析关键控制点（HACCP）的要求，以保证产品的质量与安全。包装材料和容器应符合有关卫生或食品安全标准和相关规定，不能影响产品的感官、特性，不能向产品转移对人体健康有害的物质，其强度足以充分保护产品。

3. 运输、贮存、销售过程的卫生管理　应符合《食品安全国家标准　食品经营过程卫生规范》（GB 31621—2014）要求。采用专用的运输工具运输、小包装销售，注意防尘、防蝇、防晒。不得与其他食品混放，以免造成交叉污染。粮豆制品感官上的变化能灵敏地反映出产品的新鲜度，严禁出售变质的粮豆制品。

二、蔬菜、水果的卫生及管理

蔬菜、水果在栽培过程中容易受到工业废水、生活污水、农药等有毒有害物质污染。此外，果蔬采后贮藏不当易造成腐烂变质。

（一）蔬菜、水果的主要卫生问题

1. 细菌及寄生虫污染　蔬菜、水果在栽培过程中因施用人畜粪便和用生活污水灌溉被肠道致病菌和寄生虫卵污染的情况较为严重。在运输、储藏或销售过程中若卫生管理不当，也可受到肠道致病菌的污染。表皮破损严重的水果大肠埃希氏菌检出率高。水生植物，如红菱、茭白、荸荠等有可能污染姜片虫囊蚴，生吃可导致姜片虫病。

2. 有害化学物质的污染

（1）农药残留：蔬菜和水果最严重的污染问题是农药残留。艾氏剂、滴滴涕等一些持久性农药虽已禁用，但还长期存在于环境中，从而再次在蔬菜和水果中形成残留。甲拌磷、克百威等有机磷类和氨基甲酸酯类农药属于部分范围禁止使用的农药，不得用于蔬菜、瓜果等的生产，但这些剧毒、高毒农药在蔬菜和水果中仍有较高的检出率和超标率。此外，一些具有高效、低毒和广谱等特点的农药被滥用，使蔬菜和水果的农药残留严重超标，影响消费者的身体健康。

（2）工业废水污染：工业废水中含有许多有害物质，如镉、铅、汞、酚等。蔬菜、水果中铅含量超标较明显；有些地区镉是蔬菜、水果的主要污染物，主要是由于使用未经处理的工业废水灌溉所致。不同的蔬菜对有害金属的富集能力差别较大，一般规律是叶菜＞根茎＞瓜类＞茄果类＞豆类。

（3）其他污染：蔬菜、水果在生长时遇到干旱或收获后不恰当地存放、储藏和腌制，以及土壤长期过量施用氮肥，硝酸盐和亚硝酸盐含量会增加。制作果汁所用的水果原料不新鲜，可使果汁中含有真菌毒素。

（二）蔬菜、水果的卫生管理

1. 防止肠道致病菌及寄生虫卵的污染　具体措施有：①人畜粪便应经无害化处理后再施用，采用沼气池比较适宜，不仅可杀灭致病菌和寄生虫卵，还可提高肥效、增加能源途径；②生活或工业污水必须先经沉淀去除寄生虫卵和杀灭致病菌后方可用于灌溉；③蔬菜、水果在生食前应清洗干净或消毒；④蔬菜、水果在运输和销售时应剔除烂根残叶、腐败变质及破损部分，推行清洗干净后小包装上市。

2. 施用农药的卫生要求　蔬菜的特点是生长期短，植株的大部分或全部均可食用而且无明显成熟期，有的蔬菜自幼苗期即可食用，一部分水果食前也无法去皮。因此，应严格控制蔬菜、水果中的农药残留，具体措施是：①严格遵守并执行有关农药安全使用规定，剧毒、高毒农药不准用于蔬菜、水果；②选用高效、低毒、低残留农药，并根据农药的毒性和残效期来确定对农作物使用的次数、剂量和安全间隔期；③制定和执行农药在蔬菜和水果中最大残留量限量标准，应严格依据《食品安全国家标准　食品中农药最大残留限量》（GB 2763—2021）和《食品安全国家标准　食品中2,4-滴丁酸钠盐等112种农药最大残留限量》（GB 2763.1—2022）的规定；④慎重使用激素类农药。

3. 工业废水灌溉的卫生要求　工业废水应经无害化处理，水质符合《城市污水再生利用　农田灌溉用水水质》（GB 20922—2007）的标准后方可灌溉菜地；应尽量采用地下灌溉方式，避免污水与瓜果蔬菜直接接触，并在收获前3～4周停止使用工业废水灌溉。根据《食品安全国家标准　食品中污染物限量》（GB 2762—2022）的要求监测污染物的残留。

4. 储藏的卫生要求　保持蔬菜、水果新鲜度的关键是合理储藏。储藏条件应根据蔬菜、水果的种类和品种特点而定。一般保存蔬菜、水果的适宜温度是10℃左右，此温度既能抑制微生物生长繁殖，又能防止蔬菜、水果间隙结冰，避免在冰融时因水分溢出而造成蔬菜、水果的腐败。蔬菜、水果大量上市时可用冷藏或速冻的方法。保鲜剂可延长蔬菜、水果的储藏期限并提高保藏效果，但也会造成污染，应合理使用。^{60}Co-γ射线辐射法能延长其保藏期，效果比较理想，但应符合我国《辐照新鲜水果、蔬菜类卫生标准》（GB 14891.5—1997）的要求。

（安　丽）

第二节　畜、禽、蛋、鱼类

畜、禽、蛋、鱼类食品是平衡膳食的重要组成部分,由于其含水分、蛋白质、脂类较多,不论生熟均容易受病原微生物和寄生虫污染,若保存不当也容易腐败变质。

一、畜肉的卫生及管理

畜肉食品包括牲畜的肌肉、内脏及其制品,能供给人体所必需的蛋白质和多种营养素,且吸收好、饱腹作用强、故食用价值高。但肉品易受致病菌和寄生虫的污染,易于腐败变质,导致人体发生食物中毒、肠道传染病和寄生虫病。因此,必须加强和重视畜肉的卫生管理。

（一）畜肉的主要卫生问题

1. 腐败变质　牲畜屠宰时肉呈中性或弱碱性(pH 7.0～7.4),宰后畜肉从新鲜到腐败变质要经僵直(rigor)、后熟(after ripening)、自溶(autolysis)和腐败(putrefaction)四个过程。

（1）僵直:刚宰杀的畜肉中糖原和含磷有机化合物在组织酶的作用下分解为乳酸和游离磷酸,使肉的酸度增加(pH 5.4～6.7)。pH 为 5.4 时达到肌凝蛋白等电点,肌凝蛋白开始凝固,导致肌纤维硬化出现僵直,此时肉有不愉快气味,肉汤浑浊,食用时味道较差。此时的肉品一般不宜直接用作烹饪原料。僵直一般出现在宰后 1.5 小时(夏季)或 3～4 小时(冬季)。

（2）后熟:僵直后,肉内糖原继续分解为乳酸,使 pH 进一步下降,肌肉结缔组织变软并具有一定的弹性,此时肉松软多汁、滋味鲜美,表面因蛋白凝固形成一层干膜,可以阻止微生物侵入,这一过程称为后熟。后熟过程与畜肉中糖原含量和外界温度有关。疲劳牲畜的肌肉中糖原少,其后熟过程延长。一般在 4℃时 1～3 天可完成后熟过程,温度越高后熟速度越快。此外,肌肉中形成的乳酸具有一定的杀菌作用,如患口蹄疫的病畜肉经后熟过程,即可达到无害化的目的。畜肉处于僵直和后熟阶段为新鲜肉。

（3）自溶:宰杀后的畜肉若在常温下存放,使畜肉原有体温维持较长时间,则其组织酶在无菌条件下仍然可继续活动,分解蛋白质、脂肪而使畜肉发生自溶。此时,蛋白质分解物硫化氢、硫醇与血红蛋白或肌红蛋白中的铁结合,在肌肉的表层和深层形成暗绿色的硫化血红蛋白并伴有肌肉纤维松弛现象,影响肉的质量,内脏因酶含量高,故自溶速度较肌肉快。当变质程度不严重时,这种肉必须经高温处理后才可食用。为防止畜肉发生自溶,宰杀后应及时将畜肉进行降温处理。

（4）腐败:自溶为细菌的入侵、繁殖创造了条件,细菌的酶使蛋白质、含氮物质分解,使肉的 pH 上升,该过程即为腐败过程。腐败变质的主要表现为畜肉发黏、发绿、发臭。腐败肉中的细菌及其毒素,以及蛋白质和脂肪分解产物,如吲哚、硫化物、硫醇、粪臭素、尸胺、醛类、酮类等,可导致人体中毒。

不适当的生产加工和保藏条件也会促进肉类腐败变质,其原因有:①健康牲畜在屠宰、加工、运输、销售等环节中被微生物污染;②病畜宰前就有细菌侵入,并蔓延至全身各组织;③牲畜宰杀前若疲劳过度,则会导致肌糖原减少,宰杀后肉的后熟力不强,产酸少,难以抑制细菌的生长繁殖,会加速肉的腐败变质。

引起畜肉腐败变质的细菌最初是出现在肉表面的各种需氧球菌,以后为大肠埃希氏菌、普通变形杆菌、化脓性球菌、兼性厌氧菌(如产气荚膜杆菌、产气芽胞杆菌),最后是厌氧菌。根据菌相的变化可确定肉的腐败变质阶段。

2. **人畜共患传染病**　是指人与脊椎动物共同罹患的传染病。常见的人畜共患传染病主要有炭疽、鼻疽、口蹄疫、猪水疱病、猪瘟、猪丹毒、猪出血性败血症、结核病和布鲁氏菌病等。

3. **人畜共患寄生虫病**

（1）囊虫病：囊虫病病原体在牛体内为无钩绦虫，在猪体内为有钩绦虫，家禽为绦虫中间宿主。幼虫在猪和牛的肌肉组织内形成囊尾蚴，主要寄生在舌肌、咬肌、臀肌、深腰肌和膈肌等部位。猪囊尾蚴在半透明水泡状囊中，肉眼为白色，绿豆大小，位于肌纤维间的结缔组织内。包囊一端为乳白色不透明的头节，这种肉俗称"米猪肉"或"痘猪肉"。牛囊虫的包囊较小。

当人体摄入有囊尾蚴的肉后，囊尾蚴在肠道内发育为成虫并长期寄生在肠道内，引起人的绦虫病，可通过粪便不断排出节片或虫卵污染环境。由于肠道的逆转运动，成虫的节片或虫卵逆行入胃，经消化孵出幼虫，幼虫进入肠壁并通过血液达到全身，使人患囊尾蚴病，严重损害人体健康。根据囊尾蚴寄生部位的不同，可分为脑囊尾蚴病、眼囊尾蚴病和肌肉囊尾蚴病。

（2）旋毛虫病：由旋毛虫引起，猪、狗等易感。旋毛虫幼虫主要寄生在动物的膈肌、舌肌、心肌、胸大肌和肋间肌等，以膈肌最为常见，形成包囊。包囊对外界环境的抵抗力较强，耐低温，但加热至70℃可杀死。当人体摄入含旋毛虫包囊的肉后，一周左右幼虫在肠道发育为成虫，并产生大量新幼虫钻入肠壁，随血液循环移行到身体各部位，损害人体健康。病人有恶心、呕吐、腹泻、高烧、肌肉疼痛、运动受限等症状。当幼虫进入脑脊髓可引起脑膜炎症状。人患旋毛虫病与嗜生食或半生食肉类习惯有关。

（3）其他：蛔虫、姜片虫、猪弓形虫病等也是人畜共患寄生虫病。

4. **死畜肉**　死畜肉是指因外伤、中毒或生病而引起急性死亡的牲畜肉。死畜肉因未经放血或放血不全外观呈暗红色，肌肉间毛细血管淤血，切开后按压可见暗紫色淤血溢出，切面呈豆腐状，含水分较多。病死、毒死的畜肉可对人体产生危害。

5. **兽药残留**　为防治牲畜疫病及提高畜产品的生产效率，经常会使用各种药物，如抗生素、抗寄生虫药、生长促进剂、激素类药物等。这些药品不论是大剂量短时间治疗还是小剂量在饲料中长期添加，在畜肉、内脏都会有残留，残留过量会危害食用者健康。

（二）畜肉的卫生管理

1. **屠宰场所的卫生要求**　应符合《食品安全国家标准　畜禽屠宰加工卫生规范》（GB 12694—2016）要求，其中包括对选址及厂区环境、厂房和车间、设施与设备、仓储设施等的相关规定。屠宰场所的通风、照明和废弃物存放与无害化处理设施等也应符合相关规定。

2. **原料的卫生要求**

（1）原料的基本卫生要求：牲畜容易感染致病菌和寄生虫，食用病畜肉可导致人体发生食物中毒、肠道传染病和寄生虫病。此外，兽药残留过量会对食用者的健康造成损害。因此严格的兽医卫生检验是肉品卫生质量的保证。

（2）病害动物和病害动物产品的处理：采用无害化处理办法达到消除病害因素、保障人畜健康安全的目的。无害化处理包括焚烧、掩埋、化制和发酵等方法。根据我国农业农村部2022年发布的《病死畜禽和病害畜禽产品无害化处理管理办法》规定，出现下列情况时，应对病害动物和病害动物产品进行无害化处理：染疫或者疑似染疫死亡、因病死亡或者死因不明的；经检疫、检验可能危害人体或者动物健康的；因自然灾害、应激反应、物理挤压等因素死亡的；屠宰过程中经肉品品质检验确认为不可食用的；死胎、木乃伊胎等；因动物疫病防控需要被扑杀或销毁的；其他应当进行无害化处理的。

（3）预防人畜共患寄生虫病的措施：严格执行《中华人民共和国动物防疫法》和中华人民共和国农业农村部令2022年第3号《病死畜禽和病害畜禽产品无害化处理管理办法》等规定。加强贯彻肉品卫生检验制度，未经检验的肉品不准上市，畜肉须加盖兽医卫生检验合格印戳才允许销售。加强市场管理，防止贩卖病畜肉。对消费者进行卫生宣教，改变生食或半生食肉类的饮食习惯，烹调时防止交叉污染，加热要彻底。

（4）兽药残留的预防：为加强兽药残留监控工作，保证动物性食品卫生安全，《食品安全国家标准　食品中兽药最大残留限量》（GB 31650—2019）规定了动物性食品中阿苯达唑等104种（类）兽药的最大残留限量（表11-3）；规定了醋酸等154种允许用于食品动物，但不需要制定残留限量的兽药；规定了氯丙嗪等9种兽药允许用于治疗，但不得在动物性食品中检出的兽药。此外，《食品安全国家标准　食品中41种兽药最大残留限量》（GB 31650.1—2022）又在动物性食品中增补了得曲恩特等41种兽药的最大残留限量。根据《兽药管理条例》规定，兽药的使用应当遵守国务院兽医行政管理部门制定的兽药安全使用规定，有休药期规定的兽药用于食用动物时，饲养者应向购买者或屠宰者提供准确、真实的用药记录，确保动物及其产品在用药期、休药期内不被用于食品消费。加强兽药残留量的检测，禁止销售含有违禁药物或者兽药残留量超过标准的食用动物产品。

表 11-3　畜肉中部分抗生素最大残留限量

抗生素	肉类残留限量/（μg/kg）	抗生素	肉类残留限量/（μg/kg）
四环素	≤200	红霉素	≤100
金霉素	≤200	链霉素	≤600
土霉素	≤200	青霉素	≤50
林可霉素	≤100	阿莫西林	≤50

资料来源：《食品安全国家标准　食品中兽药最大残留限量》（GB 31650—2019）。

3. 屠宰过程的卫生要求　应符合我国《畜禽屠宰卫生检疫规范》（NY 467—2001）和《食品安全国家标准　畜禽屠宰加工卫生规范》（GB 12694—2016）对屠宰过程中供宰畜验收、屠宰、分割、包装、储存和运输等环节的相关规定。

（1）宰前检查：在屠宰前应综合判定供宰畜是否健康和适合人类食用，对供宰畜群体和个体进行检查。

1）入场检疫：查验法定的动物产地检疫证明或出县境动物及动物产品运载工具消毒证明及运输检疫证明，以及其他所必需的检疫证明，待宰动物应来自非疫区，且健康良好；检查供宰畜饲料添加剂类型、使用期及停用期，使用药物种类、用药期及停药期，疫苗种类和接种日期方面的有关记录；核对供宰畜种类和数目，了解途中病、亡情况；对供宰畜进行群体检疫，剔出可疑病畜，转放隔离圈，进行详细的个体临床检查，必要时进行实验室检查。

2）待宰检疫：健康供宰畜在留养待宰期间尚需随时进行临床观察，送宰前再进行一次群体检疫；临宰前供宰畜应停食静养，并将宰前检查的信息及时反馈给饲养场和宰后检查人员。对判定为不适宜正常屠宰的供宰畜，应按照相关规定进行处理。

（2）宰后检查：在屠宰后，综合判定被宰畜是否健康和适合人类食用，对其头、胴体、内脏和其他部分进行检查。

宰后卫生检验包括头部检验、内脏检验、胴体检验；寄生虫检验、旋毛虫和猪肉孢子虫的实验室检验。通过对内脏、胴体的检疫，做出综合判断和处理意见；检疫合格，确认无动物疫病的家畜鲜肉可进行分割和储存；经检疫合格的胴体或肉品应加盖统一的检疫合格印章，并签发检疫合格证。经宰后检验发现动物疫病时，应按照相关规定进行处理。须做无害化处理的，应在胴体上加盖与处理意见一致的统一印章，并在动物防疫监督部门监督下在厂内处理。

所有屠宰场均应对生产、销售和相应的检疫、处理记录保存两年以上。

（3）人员要求：从事肉类直接接触包装或未包装的肉类、肉类设备和器具、肉类接触面的操作人员，应经体检合格，取得所在区域医疗机构出具的健康证后方可上岗，每年应进行一次健康检查，必要时做临时健康检查。凡患有影响食品卫生的疾病者，应调离食品生产岗位。从事肉类生产加工、检疫检验和管理的人员应保持个人清洁；不同加工区域的人员不应串岗。企业应配备相应数量的检疫检验人员。从事屠宰、分割、加工、检验和卫生控制的人员应具备相应的资格，经过专业培训并经考核合格后方可上岗。

（4）产品检验：根据国家标准《畜禽肉质量分级规程》（GB/T 40945—2021）的规定，对畜肉类产品进行质量分级。畜肉类产品的感官指标、理化指标和微生物指标等应符合国家相关标准的规定。为了加强生猪屠宰管理，保证生猪产品质量，保障消费者身体健康，国务院颁布了《生猪屠宰管理条例》。国家对生猪实行定点屠宰、集中检疫。除农村地区个人自宰自食的不实行定点屠宰外，任何单位和个人未经定点不得从事生猪屠宰活动。在边远和交通不便的农村地区，可以设置仅限于向本地市场供应生猪产品的小型生猪屠宰场点，具体管理办法由省、自治区、直辖市制定。

4. 贮存的卫生要求 应符合《食品安全国家标准 食品经营过程卫生规范》（GB 31621—2014）、《食品安全国家标准 肉和肉制品经营卫生规范》（GB 20799—2016）的相关规定。贮存冷却肉、冷藏食用副产品以及需冷藏贮存的肉制品的设施和设备应能保持0～4℃的温度，贮存冻肉、冷冻食用副产品以及需冷冻贮存的肉制品的设施和设备应能保持–18℃及其以下的温度，并做好温度记录；不得同库存放可能造成串味的产品；肉和肉制品的贮存时间应按照相关规定执行。

5. 运输与销售的卫生要求 肉类食品的合理运输是保证肉品卫生质量的一个重要环节，运输新鲜肉和冻肉应有密闭冷藏车，车上有防尘、防蝇、防晒设施，鲜肉应挂放，冻肉应堆放。合格肉与病畜肉、鲜肉与熟肉不得同车运输，肉尸和内脏不得混放。卸车时应有铺垫。

熟肉制品必须盒装，专车运输，包装盒不能落地。每次运输后车辆、工具必须洗刷消毒。肉类零售店应有防蝇、防尘设备，刀、砧板要专用，当日未售出的肉应冷藏保存，次日重新彻底加热后再销售。

6. 产品追溯与召回管理 应建立完善的可追溯体系，确保肉类及其产品存在不可接受的安全卫生质量风险时，能进行追溯（traceability）。畜禽屠宰加工企业应建立产品召回（recall）制度，当发现出厂产品不合格或有潜在质量安全风险时，应及时、完全地召回不合格批次的产品，并报告官方兽医。对召回后产品的处理，应符合《食品安全国家标准 食品生产通用卫生规范》（GB 14881—2013）的相关规定。

（三）畜肉制品的卫生及管理

肉制品品种繁多，包括腌腊肉制品、酱卤肉制品、熏烧焙烤肉制品、干肉制品、油炸肉制品、肠类肉制品、火腿肉制品、调制肉制品及其他类肉制品。在制作熏肉、火腿、香肠及腊肉时，应注意降低多环芳烃的污染。加工腌肉或香肠时应严格限制硝酸盐或亚硝酸盐使用量。畜肉制品加工时，应保证原料肉的卫生质量，必须符合国家相关规定，防止滥用添加剂。

二、禽肉、蛋类食品的卫生及管理

（一）禽肉的卫生及管理

微生物污染和抗生素残留是禽类产品的主要卫生问题。禽肉有两类微生物污染：一类为病原微生物，如沙门氏菌、金黄色葡萄球菌和其他致病菌，这些病原菌侵入肌肉深部，食用前未充分加热可引起食物中毒或传染病；另一类为假单胞菌等非致病微生物，能在低温下生长繁殖，引起禽肉感官改变甚至腐败变质，在禽肉表面可产生各种色斑。因此，必须加强卫生管理，保证禽肉的产品质量。

1. 合理宰杀 宰前 24 小时禁食、充分喂水以清洗肠道。禽类的宰杀过程类似畜类，为吊挂、放血、浸烫（50～54℃或 56～65℃）、拔毛、通过排泄腔取出全部内脏，尽量减少污染。

2. 加强卫生检验 按照《食品安全国家标准 鲜（冻）畜、禽产品》（GB 2707—2016）等的规定，屠宰前的活禽应经动物卫生监督机构检疫、检验合格。宰前发现病禽应及时隔离、急宰，宰后检验发现的病禽肉尸应根据情况进行无害化处理。污染物限量、农药残留量和兽药残留量应符合国家相关的规定。

3. 宰后冷冻保存 宰后禽肉在 −30～−25℃、相对湿度为 80%～90% 的条件下冷藏，可保存半年。

（二）蛋类的卫生及管理

鲜蛋的主要卫生问题是微生物污染，汞、铅、镉等重金属以及不规范使用抗生素、激素等也会对禽蛋造成污染，禽蛋还有吸收异味的特性。鲜蛋的微生物污染途径有以下几个方面。

1. 产蛋前污染 禽类（特别是水禽）感染致病菌后，病原微生物通过血液进入卵巢卵黄部，使蛋黄带有致病菌，如鸡伤寒沙门氏菌等。

2. 产蛋后污染 蛋壳在泄殖腔、不洁的产蛋场所及运输、储藏过程中受到细菌污染，在适宜条件下，微生物通过蛋壳气孔进入蛋内并迅速生长繁殖，使禽蛋腐败变质。腐败变质的蛋不得食用，应予销毁。

为了防止微生物对禽蛋的污染，提高鲜蛋的卫生质量，应加强禽类饲养条件的卫生管理，保持禽体及产蛋场所的卫生。鲜蛋应贮存在 1～5℃、相对湿度 87%～97% 的条件下，该条件下一般可保存 4～5 个月。自冷库取出时应先在预暖室内放置一段时间，防止因产生冷凝水而造成微生物对禽蛋的污染。

蛋类制品包括液蛋制品、干蛋制品、冰蛋制品和再制蛋（皮蛋、咸蛋和糟蛋等），制作蛋制品不得使用腐败变质的蛋。制作冰蛋和蛋粉应严格遵守有关的卫生制度，采取有效措施防止沙门氏菌的污染，如打蛋前蛋壳预先洗净并消毒，工具容器也应消毒。

蛋与蛋制品的卫生质量应符合我国《食品安全国家标准 蛋与蛋制品》（GB 2749—2015）的相关规定。

三、鱼类食品的卫生及管理

由于环境的污染，导致鱼类动物生长水域污染，而使鱼体内含有较多的重金属、农药、病原微生物及寄生虫等。

（一）鱼类的卫生问题

1. 重金属污染 鱼类对重金属如汞、镉、铅等有较强的耐受性，能在体内蓄积重金属，常因生长水域被污染而使其体内含有较多的重金属。

2. **农药污染**　农田施用农药,农药厂排放的废水污染池塘、江、河、湖水,使生长在污染水域的鱼,不可避免地摄入农药并在体内蓄积。相比较而言,淡水鱼受污染程度高于海鱼。

3. **病原微生物的污染**　由于人畜粪便及生活污水的污染,使鱼类及其他水产品受到病原微生物的污染,常见的致病微生物有副溶血性弧菌、沙门氏菌、志贺氏菌、大肠埃希氏菌、霍乱弧菌以及肠道病毒等。海产品最容易受到副溶血性弧菌的污染,它是引起夏秋季节食物中毒的重要原因。

4. **寄生虫感染**　在自然环境中,有许多寄生虫是以淡水鱼、螺、虾、蟹等作为中间宿主,人作为其中间宿主或终宿主。在我国常见的鱼类寄生虫有华支睾吸虫、肺吸虫等。华支睾吸虫的囊蚴寄生在淡水鱼体内,肺吸虫的囊蚴常寄生在蟹体内,当生食或烹调加工的温度和时间没有达到杀死感染性幼虫的条件时,可使人感染这类寄生虫病。

5. **腐败变质**　鱼类营养丰富,水分含量高,污染的微生物多,且酶的活性高,与肉类相比更易发生腐败变质。一般海水鱼所带有的,并能引起鱼体腐败变质的细菌有假单胞菌属、无色杆菌属、黄杆菌属、摩氏杆菌属等。一般淡水鱼所带有的细菌,除海水鱼体细菌外,还有产碱杆菌属、气单胞杆菌属和短杆菌属等。

（二）鱼类的卫生管理

1. **养殖环境的卫生要求**　主要有:①加强水域环境管理,有效控制工业废水、生活污水和化学农药等污染水体;②保持合理的养殖密度,以维持鱼类健康;③定期监测养殖水体的生态环境。

2. **保鲜的卫生要求**　鲜、冻动物性水产品应符合我国《食品安全国家标准　鲜、冻动物性水产品》(GB 2733—2015)规定。有效的保鲜措施是低温、盐腌、防止微生物污染和减少鱼体损伤。含脂肪多的鱼不宜久藏,因鱼的脂肪酶需在 -23℃以下才会受到抑制。盐腌保藏用盐量视鱼的品种、储存时间及气温高低等因素而定。

3. **运输与销售过程的卫生要求**　生产运输渔船(车)应保持清洁卫生;外运供销的鱼类及水产品应达到规定的鲜度,尽量冷冻调运,用冷藏车船装运。鱼类在运输销售时应避免污水和化学毒物的污染。为保证鱼品的卫生质量,供销各环节均应建立质量验收制度,不得出售和加工已死亡的黄鳝、甲鱼、乌龟、河蟹及各种贝类;含有天然毒素的水产品,如鲨鱼等必须去除肝脏,河豚不得流入市场,如有混杂应剔出并集中妥善处理。有生食鱼类习惯的地区应限制食用品种,严格遵守卫生要求。

4. **鱼类制品的卫生要求**　我国《食品安全国家标准　水产制品生产卫生规范》(GB 20941—2016)规定了水产制品生产过程中原料采购、验收、加工、包装、贮存和运输等环节的场所、设施、人员的基本要求和管理准则。制备咸鱼的原辅料、加工用水、感官指标、理化指标等应符合我国现行的国家标准《咸鱼》(GB/T 30894—2024)相关规定。

（安　丽）

第三节　乳及乳制品

乳类食品营养价值高,是我国居民尤其是处于生长发育期的婴幼儿、儿童的最理想食品。鉴于食用人群的特殊性,及生产加工环节多、消费量大等特点,必须严格监管乳类食品的卫生质量。

一、生乳的卫生问题

生乳(raw milk)是指从符合国家有关要求的健康乳畜的乳房中挤出的无任何成分改变的常乳,

主要卫生问题有微生物污染、化学性污染及掺伪等。

（一）微生物污染

乳类富含多种营养成分，特别适宜微生物的生长繁殖。按途径可将乳类微生物污染分为一次污染和二次污染。一次污染是指乳汁在挤出之前受到了微生物污染，因为健康乳畜的乳房中常有细菌存在，当乳畜患乳腺炎和传染病时，乳汁很容易被病原菌污染。二次污染是指在挤乳过程中或挤出后乳汁被污染，这些微生物主要来源于乳畜体表、环境、容器、加工设备、挤乳员的手和蝇类等。

乳类食品中微生物主要分为以下三大类。

1. **腐败菌** 主要引起乳类腐败变质，常见有乳酸菌、丙酸菌、丁酸菌、芽胞杆菌属、肠杆菌科等，其中乳酸菌是乳中数量最多的一类微生物。

2. **致病性微生物** 这类微生物可引起人或畜的多种疾病，如食物中毒（如沙门氏菌、大肠埃希氏菌）、消化道传染病（如伤寒杆菌、痢疾杆菌）、人畜共患疾病（如炭疽杆菌、口蹄疫病毒）、乳畜乳腺炎（如金黄色葡萄球菌）。

3. **真菌** 主要有乳粉胞霉、乳酪粉胞菌、黑念珠菌等，可引起干酪、奶油等乳制品的霉变和真菌毒素的残留。

（二）化学性污染

乳中残留的有毒有害物质主要是有害金属、农药、放射性物质和其他有害物质，以及抗生素、驱虫药和激素等兽药。

（三）掺伪

掺伪是指人为、有目的地向食品中加入一些非固有成分，以增加其重量或体积而降低成本，或是改变某种质量，以低劣的色、香、味来迎合消费者喜好的行为。在牛乳中除掺水以外，还有许多其他掺入物。

1. **电解质类** 如盐、明矾、石灰水等，这些掺入物有的是为了增加比重，有的是为了中和乳的酸度以掩盖变质现象。

2. **非电解质类** 包括能以真溶液形式存在的小分子物质（如尿素）、针对因腐败所致乳糖含量下降而掺入的蔗糖、为"提升"乳类食品中蛋白质含量而掺入的化工原料三聚氰胺等。

3. **胶体物质** 一般为大分子液体，以胶体溶液、乳浊液形式存在，如米汤、豆浆等。

4. **防腐剂** 如甲醛、硼酸、苯甲酸、水杨酸等，也有人为掺入青霉素等抗生素的情况，其目的是防止腐败，延长保质期。

5. **其他杂质** 在掺水后为保持牛乳表面活性而掺入洗衣粉，也有掺入白硅粉、白陶土等。

二、生乳的卫生管理

（一）生产过程的卫生要求

1. **乳畜的卫生要求** 乳畜应定期进行预防接种及检疫，如发现病畜应及时隔离饲养，工作人员和用具等须严格分开。

2. **挤乳的卫生要求** 挤乳的操作是否规范直接影响到乳的卫生质量。挤乳前应做好充分准备工作，保持乳畜清洁和挤乳环境的卫生，防止微生物的污染。挤乳的容器、用具应严格执行卫生要求。挤乳人员应穿戴好清洁的工作服，洗手至肘部。挤乳时注意每次开始挤出的第一、二把乳应废弃，以防乳头部细菌污染乳汁。此外，产犊后 7 天的初乳、应用抗生素期间和休药期间的乳汁及变质乳不应用作生乳。

一般情况下，刚挤出的乳中存在少量微生物以及草屑、牛毛等非溶解性杂质，故应立即进行过滤或离心等净化处理，降低这些物质的含量，并及时冷却降温，以免因残留的微生物大量繁殖而导致乳腐败变质。

机械化挤乳目前已取代人工挤乳，成为主要挤乳手段，其大致分为厅式挤乳设备、管道式挤乳设备和移动式挤乳车三大类。大型挤乳设备已经实现自动化、智能化。采用机械化挤乳方式的卫生要求与人工挤乳基本相同，特别要注意对所用挤乳杯、集乳器、输乳管等部件进行清洗和消毒处理。

3. **病畜乳的处理原则**　乳中的致病菌主要是人畜共患传染病的病原体，对各种病畜乳必须给予相应的卫生学处理。

（1）结核病畜乳：有明显结核症状的病畜所产乳，应就地消毒后废弃，禁止食用，病畜应予处理。对结核菌素试验阳性而无临床症状的乳畜所产乳，经传统巴氏消毒或煮沸5分钟后可用于制作乳制品。

（2）布鲁氏菌病畜乳：羊布鲁氏菌对人易感性强、威胁大，凡有症状的乳羊，禁止挤乳并给予淘汰处理。患布鲁氏菌病乳牛所产的乳，经煮沸5分钟后方可利用。对凝集反应阳性但无明显症状的乳牛所产乳，经巴氏消毒后允许供食品工业用，但不得用于制作乳酪。

（3）口蹄疫病畜乳：凡乳房出现口蹄疫病变（如水疱）的病畜所产乳，禁止食用并就地进行严格消毒处理后废弃。

（4）乳房炎病畜乳：乳畜乳房局部患有炎症或者乳畜全身疾病在乳房局部有症状表现时，其所产乳均应在消毒后废弃。

（5）其他病畜乳：乳畜患炭疽病、牛瘟、传染性黄疸、恶性水肿、沙门氏菌病等，其所产乳均严禁食用和工业用，应予消毒后废弃。

4. **从业人员的卫生要求**　应保持良好的个人卫生，遵守有关卫生制度，定期健康检查，取得健康合格证后方可上岗。对传染病及皮肤病病人应及时调离工作岗位。

5. **生乳的卫生要求**　生乳的感官指标、理化指标，以及污染物限量、真菌毒素限量、微生物限量、农药残留限量和兽药残留限量应符合《食品安全国家标准　生乳》（GB 19301—2010）规定。

（二）储存、运输的卫生要求

健康乳畜所产乳不得与病畜乳混合存放。挤出后的生乳应在2小时内降温至0~4℃。为保证质量和新鲜度，应在尽可能短的时间内将生乳运送到收乳站或乳品加工厂。运输时采用密封性良好的不锈钢乳桶或带有保温层的不锈钢乳罐车，以免受不同季节环境温度的影响。

（三）消毒与灭菌

生乳作为原料乳，须经过巴氏杀菌、超高温灭菌等工艺，使乳品达到相关国家标准规定后方可上市销售。

1. **巴氏消毒法**　巴氏消毒法（pasteurization）是一种既可利用较低的温度杀死致病菌，又能保持乳中营养成分和风味基本不变的杀菌方法。该法不能有效杀灭芽胞菌，故巴氏杀菌乳的保质期很短，需要冷藏保存。巴氏消毒法又分为：

（1）传统巴氏消毒法：将乳加热至63~65℃，保持30分钟。此种方法可杀死各种生长型致病菌，灭菌效率达97.3%~99.9%。

（2）高温短时巴氏消毒法：将乳加热至72~76℃保持15秒，或80~85℃保持10~15秒。该法杀菌时间更短,工作效率更高。

在杀菌温度的有效范围内,温度每升高 10℃,乳中细菌芽胞的破坏速度可增加约 10 倍,而乳发生褐变的反应速度仅增加约 2.5 倍,故常采用高温短时巴氏消毒法。

2. 超高温灭菌法　在连续流动的状态下,将乳加热到至少 132℃并保持很短时间的灭菌方式。超高温(ultrahigh temperature,UHT)灭菌法既能有效杀灭乳中所有微生物并钝化酶类,又不至于使乳的营养成分和风味变化很大。采用该法灭菌并经无菌灌装等工序生产的灭菌乳可以在常温下保存数月。

3. 煮沸消毒法　将乳直接加热煮沸,保持 10 分钟。该方法虽然简单实用,但对乳的理化性质和营养成分有明显影响,且煮沸时因泡沫部分温度低而影响消毒效果。若将泡沫层温度提高 3.5～4.2℃,可保证消毒效果。

4. 蒸汽消毒法　将瓶装生乳置蒸汽箱或蒸笼中,加热至蒸汽上升后维持 10 分钟,乳温可达85℃。采用该法杀菌,乳的营养成分损失较小,适宜在无巴氏消毒设备的情况下使用。

三、乳制品的卫生管理

乳制品是指以牛乳或其他动物乳为主要原料并经过正规工业化加工而生产出来的产品。我国《食品安全国家标准 乳制品良好生产规范》(GB 12693—2023)规定了乳制品生产过程中原料采购、加工、包装、贮存和运输等环节的场所、设施、人员的基本要求和管理准则。

（一）液态乳制品

1. 巴氏杀菌乳　感官要求:呈乳白色或微黄色,具有乳固有的香味,无异味,呈均匀一致液体,无凝块、无沉淀、无正常视力可见异物;理化指标的要求:全脂乳脂肪含量≥3.1g/100g,牛乳蛋白质含量≥2.9g/100g、酸度 12～18°T。其他理化指标、污染物限量、真菌毒素限量和微生物限量等应符合《食品安全国家标准 巴氏杀菌乳》(GB 19645—2010)的要求。

2. 灭菌乳　感官要求和理化指标要求与巴氏杀菌乳相同,微生物应符合商业无菌的要求。污染物限量、真菌毒素限量等应符合《食品安全国家标准 灭菌乳》(GB 25190—2010)的要求。

3. 调制乳　感官要求:具有调制乳应有的色泽和香味,无异味,呈均匀一致液体,无凝块、可有与配方相符的辅料的沉淀物、无正常视力可见异物。理化指标的要求:全脂乳脂肪含量≥2.5g/100g,蛋白质含量≥2.3g/100g。污染物限量、真菌毒素限量和微生物限量等应符合《食品安全国家标准 调制乳》(GB 25191—2010)的要求。

4. 发酵乳　感官要求:呈乳白色或微黄色,具有发酵乳特有的滋味、气味,组织细腻、均匀,允许有少量乳清析出。理化指标的要求:全脂发酵乳脂肪含量≥3.1g/100g,全脂风味发酵乳脂肪含量≥2.5g/100g;发酵乳蛋白质含量≥2.9g/100g,风味发酵乳蛋白质含量≥2.3g/100g;酸度≥70°T。其他理化指标、污染物限量、真菌毒素限量和微生物限量等应符合《食品安全国家标准 发酵乳》(GB 19302—2010)的要求。生产风味酸乳时允许加入食品添加剂、营养强化剂、果蔬、谷物等,加入的原料应符合相应的食品安全标准和有关规定。发酵乳在出售前应冷藏,当表面生霉、有气泡和大量乳清析出时不得出售和食用。

（二）粉状乳制品

1. 乳粉　感官要求:呈均匀一致的乳白色或乳黄色,具有固有的乳滋味、气味,呈干燥均匀的粉末状。理化指标的要求:牛乳粉蛋白质含量≥非脂乳固体的 34%,调制牛乳粉蛋白质含量≥非脂乳固体的 16.5%;全脂牛乳粉脂肪含量≥26%;复原牛乳粉酸度≤18°T;水分≤5%。其他理化指标、污染物限量、真菌毒素限量和微生物限量等应符合《食品安全国家标准 乳粉》（GB 19644—2024）的要求。

2. 乳清粉和乳清蛋白粉 感官要求：具有均匀一致的色泽和产品特有的滋味、气味，无异味，呈干燥均匀的粉末状、无结块、无正常视力可见杂质。理化指标的要求见表11-4。污染物限量、真菌毒素和微生物限量等应符合《食品安全国家标准 乳清粉和乳清蛋白粉》（GB 11674—2010）的要求。

表 11-4 乳清粉和乳清蛋白粉的理化指标要求

指标	脱盐乳清粉	非脱盐乳清粉	乳清蛋白粉
蛋白质（g/100g）	≥10	≥7	≥25
灰分（g/100g）	≤3	≤15	≤9
乳糖（g/100g）	≥61	≥61	—
水分（g/100g）	≤5	≤5	≤6

资料来源：《食品安全国家标准 乳清粉和乳清蛋白粉》（GB 11674—2010）。

（三）其他乳制品

1. 炼乳 包括淡炼乳、加糖炼乳、调制炼乳，感官要求、理化指标、污染物限量、真菌毒素限量和微生物限量等应符合《食品安全国家标准 浓缩乳制品》（GB 13102—2022）的要求。

2. 奶油 感官要求：呈均匀一致的乳白色、乳黄色或相应辅料应有的色泽；具有稀奶油、奶油、无水奶油或相应辅料应有的滋味和气味，无异味；组织状态均匀一致，允许有相应辅料的沉淀物，无正常视力可见异物。理化指标要求：稀奶油脂肪含量≥10%，酸度≤30°T；奶油脂肪含量≥80%，酸度≤20°T；无水奶油脂肪含量≥99.8%。其他理化指标、污染物限量、真菌毒素限量、微生物限量等应符合《食品安全国家标准 稀奶油、奶油和无水奶油》（GB 19646—2010）要求。

3. 干酪、再制干酪和干酪制品 干酪的感官要求：具有干酪产品正常的色泽、特有的滋味和气味，以及应有的组织状态。污染物限量、真菌毒素限量和微生物限量等应符合《食品安全国家标准 干酪》（GB 5420—2021）要求。再制干酪和干酪制品的感官要求：具有产品本身正常的色泽、特有的滋味和气味，以及应有的组织状态，可有与产品口味相关原料的可见颗粒；粉状产品为干燥均匀的粉末；无正常视力可见的外来杂质。污染物限量、真菌毒素限量和微生物限量等应符合《食品安全国家标准 再制干酪和干酪制品》（GB 25192—2022）要求。

此外，当乳制品的固有颜色、滋味、气味、组织状态等感官性状发生改变时，表明其品质已经降低，应禁止食用。为了让消费者了解产品特性，对一些乳制品还应按照相关标准的规定，在食品标签上进行正确标识。

（安 丽）

第四节 食用油脂

食用油脂是日常膳食必不可少的重要组成部分。根据来源和特性分为食用植物油、食用动物油脂和食用油脂制品。植物油来源于油料作物和其他植物组分，如大豆油、花生油、菜籽油等，绝大多数植物油在常温下呈液体状态，习惯称为油。动物油脂来源于动物的脂肪组织和乳类，如猪油、牛油、羊油、鱼油、动物奶油等，多数动物油脂在常温下呈固体或半固体状态，习惯称为脂。食用油脂制品是指一些油脂深加工产品，主要有氢化植物油和人造奶油。

食用油脂在生产、加工、储存、运输、销售过程中的各个环节，均有可能受到某些有毒有害物质的污染，以致其卫生质量降低，损害食用者健康。

一、食用油脂的生产特点

食用油脂的生产工艺因原料不同而有很大差异。动物油脂的制取方法主要是熬炼，使油脂从脂肪组织中熔出。食用植物油通常采用压榨法、浸出法或两者结合的方法从油料中分离出初级产品"原油"，又称毛油，再经过精炼制得。

（一）食用油脂的制取

1. 动物油脂　动物油脂的原料是生猪、牛、羊、鸡、鸭的板油、肉膘、网膜或附着于内脏器官的纯脂肪组织。常用湿法熬炼和干法熬炼制取动物油脂（奶油除外）。鱼油生产通常采用混榨工艺，从蒸煮、压榨后制得的压榨液中分离出鱼油。

2. 植物油脂　制取植物油可采用压榨法、浸出法（也称溶剂萃取法）、超临界流体萃取法、水溶剂法和酶解法等。压榨法是采用物理压榨方式，从油料中榨油的方法。压榨法分为热榨和冷榨两种：热榨出油率高、杂质少，冷榨通常出油率较低，杂质也较多，但能较好保持油饼中蛋白质原来的理化性质，有利于饼粕资源的开发利用。浸出法是利用食用级有机溶剂将油料作物中的油脂分离出来，再经加热汽提法脱除油脂中溶剂。浸出法分为直接浸出法和预榨浸出法。预榨浸出法是将压榨法与浸出法相结合的方法，该法既可充分利用原料，又可减少溶剂用量，并且出油率较高、产品质量较纯，是目前国内外普遍采用的制油技术。从油料中分离出的毛油含有较多杂质，色泽较深且浑浊，须加以精炼，不宜直接食用。

（二）食用油脂的精炼

毛油中的各种杂质，如磷脂、蛋白质、蜡、种皮，以及其他不溶于油的固体物等，有利于微生物的生长繁殖，加速油脂的酸败，对油脂的安全储藏十分不利。油脂精炼是指清除植物油中所含固体杂质、游离脂肪酸、磷脂、胶质、蜡、色素、异味的一系列工序的统称。毛油中的悬浮性杂质可以通过沉降、过滤和离心分离等方法去除，其他杂质则可采用下述方法加以去除。

1. 脱胶　毛油中胶溶性杂质主要有磷脂、蛋白质、糖类、黏液质等，若不除去，不仅影响油脂的稳定性，也影响油脂深加工的工艺效果。常用水化法脱胶。

2. 脱酸　毛油含有一定量的游离脂肪酸（占 0.5%～5%）。游离脂肪酸过高会导致油脂酸败，使油脂呈现刺激性气味，影响油脂的风味，酸败产物还会对机体产生不良影响。常用碱炼法脱酸。

3. 脱色　毛油含有种类和数量不同的各种色素，包括有机色素（胡萝卜素、叶绿素、黄酮类色素等）、有机降解物（蛋白质、糖类、磷脂等水解产物）及色原体。绝大多数色素对人体无害，但可影响油脂的外观。常用吸附法脱色。

4. 脱臭　各种油脂都存在着不同程度的气味，统称为臭味。引起油脂臭味的主要组分是一些低级的酮、醛、游离脂肪酸及不饱和碳氢化合物等。油脂脱臭不仅可以除去臭味，改善油脂的风味，还可以提高油脂的品质和安全性。常用蒸馏法去除臭味。

5. 脱蜡　米糠油、葵花籽油、玉米油、棉籽油等油脂中含有一定量的蜡质，可使油脂的透明度下降，影响其外观和品质。蜡质的主要成分是高级脂肪醇，一般采用低温结晶法去除。

（三）油脂的深加工

1. 食用植物调和油　根据使用目的的需要，将两种或两种以上的精炼植物油按比例调配制成的食用油脂产品称为食用植物调和油。调和油一般选用精炼大豆油、菜籽油、花生油、葵花籽油等为主要原料制成,外观透明度高。消费者可以根据产品标签标识上注明的各种食物植物油的比例,选择适宜的食用植物调和油品种。

2. **食用油脂制品**　采用精炼、氢化、酯交换、分提等加工方式,可以把动、植物油脂的单品或混合物制作成固态、半固态或流动状的具有某种性能的食用油脂制品,包括食用氢化油、人造奶油(人造黄油)、起酥油、代可可脂(包括类可可脂)等。

(1)食用氢化油:是以食用动、植物油为原料,经氢化和精炼等工艺处理后制得的食品工业用原料油,其中以植物油为原料的称为氢化植物油(hydrogenated vegetable oil)。经过氢化的油脂,其熔点上升并由液态变为半固态,适用于加工制作人造奶油、起酥油、煎炸油、代可可脂和蛋黄酱等。

(2)人造奶油:又称人造黄油,是以食用动、植物油脂及氢化、分提、酯交换油脂中的一种或几种油脂的混合物为主要原料,添加或不添加水和其他辅料,经乳化、急冷或不经急冷捏合而制成的具有类似天然奶油特色的可塑性或流动性的食用油脂制品。人造奶油常被作为淡奶油的替代品。

二、食用油脂的主要卫生问题

食用油脂应具有产品固有的色泽、滋味和气味,以及产品应有的状态。如果食用油脂的正常感官性状发生了变化,就意味着油脂存在不同程度的卫生问题。

(一)油脂酸败

油脂和含油脂高的食品在不当条件下存放过久会呈现出变色、变味等不良感官性状,这种现象称为油脂酸败(oil rancidity)。酸败的油脂所散发出的不良气味俗称哈喇味。

1. **原因**　油脂酸败的原因包含生物学因素和化学因素。生物学因素引起的酸败是一种酶解过程,是在来自动、植物组织残渣或微生物的酯解酶和脂肪氧合酶的催化作用下,甘油三酯水解成甘油和脂肪酸,随后高级脂肪酸碳链在 β 碳原子上发生氧化断裂,生成 β 原酮酸,再经脱羧生成酮类物质,据此又把酶解酸败过程称为酮式酸败。饱和脂肪酸和不饱和脂肪酸都可发生这种变化。化学因素引起的酸败过程主要是水解和自动氧化,多发生在富含不饱和脂肪酸特别是多不饱和脂肪酸的油脂。在储存过程中油脂接触空气或水分后可发生水解反应,生成的不饱和脂肪酸在紫外线和氧的作用下,双键被打开形成过氧化物,再继续分解为低分子脂肪酸和易挥发的醛、酮、醇等物质,使油脂的酸度增加并散发强烈的刺鼻气味,此过程称为醛式酸败。某些金属离子如铜、铁、锰等在油脂氧化过程中起催化作用。在油脂酸败过程中,酶解和自动氧化往往同时发生,也可能主要表现为一种。自动氧化常常是油脂和含脂高的食物发生酸败的主要原因。

2. **常用的卫生学评价指标**

(1)酸价:酸价(acid value, AV)是指中和 1g 油脂中游离脂肪酸所需氢氧化钾的毫克数。油脂酸败时游离脂肪酸增加,酸价随之增高,因此可用酸价来评价油脂酸败的程度。我国现行食品安全国家标准规定,食用植物油(包括调和油)AV 应≤3mg/g;食用动物油 AV 应≤2.5mg/g;食用油脂制品 AV 应≤1mg/g;煎炸过程中的食用植物油 AV 应≤5mg/g。

(2)过氧化值:过氧化值(peroxide value, POV)是指油脂中不饱和脂肪酸被氧化形成过氧化物的量,通常以 100g 被测油脂使碘化钾析出碘的克数表示。POV 是一个反映油脂酸败早期状态的指标。当 POV 上升到一定程度后,油脂开始出现感官性状上的改变。POV 并非随着酸败程度的加剧而持续升高,当油脂由哈喇味变为辛辣味、色泽变深、黏度增大时,POV 反而会降至较低水平。一般情况下,当 POV 超过 0.25g/100g 时,即表示酸败。我国现行食品安全国家标准规定,食用植物油

POV 应≤0.25g/100g；食用动物油 POV 应≤0.20g/100g；食用氢化油 POV 应≤0.10g/100g，其他食用油脂制品 POV 应≤0.13g/100g。

（3）极性组分：食用油脂经过热氧化反应、热聚合反应、热氧化聚合反应、热裂解反应和水解反应，会产生比甘油三酯极性大的一些成分，包括甘油三酸酯的热氧化产物（含有酮基、羟基、过氧化氢基和羧基）、热聚合产物、热氧化聚合产物、水解产物（游离脂肪酸、一酸甘油酯和二酸甘油酯），统称为油脂的极性组分（polar compounds，PC）。极性组分是目前国内外评估食用油脂在高温使用（如煎炸）过程中劣变程度的最重要的指标。反复煎炸的次数越多，油脂的极性组分也就越高。我国现行食品安全国家标准规定，煎炸过程中的食用植物油 PC 含量应≤27%。

（4）丙二醛：丙二醛（malondialdehyde，MDA）是油脂氧化的最终产物，通常用来反映动物油脂酸败的程度。一般用硫代巴比妥酸法测定，优点是简单方便，而且适用于所有食品，并可反映甘油三酯以外的其他物质的氧化破坏程度。与过氧化值不同，丙二醛含量可随着氧化的进行而不断增加。我国现行食品安全国家标准规定，食用动物油脂中 MDA 含量应≤0.25mg/100g。对植物油脂中 MDA 含量目前没有明确的限量规定。

3. 防止油脂酸败的措施　油脂酸败是油脂中不饱和脂肪酸、脂溶性维生素等物质被氧化破坏的结果，油脂感官性状的不良变化是其外在表现。油脂酸败会不同程度降低油脂的营养价值和可食用性，酸败产物还可对人体健康造成损害。因此，应采取相应措施防止油脂的酸败。

（1）保证油脂的纯度：采用任何制油方法生产的毛油均需去除动、植物残渣等成分。在食用植物油、食用动物油脂及食用油脂制品中应无正常视力可见的外来异物。挥发性物质影响油脂风味，水分可促进微生物繁殖和酶的活动，也需严格控制其含量。我国现行的相关国家标准对食用油脂中水分及挥发物提出了限量要求。

（2）防止油脂自动氧化：自动氧化是引起油脂酸败的主要原因，氧、紫外线、金属离子在其中起着重要的催化作用。此外，油脂的氧化速率会随着温度的升高而增大。因此，油脂的贮存应注意密封断氧、低温和避光，同时在油脂的加工和贮存等过程中应避免金属离子污染。

（3）应用抗氧化剂：合理使用抗氧化剂是防止油脂酸败的重要措施。常用的人工合成抗氧化剂有丁基羟基茴香醚、二丁基羟基甲苯和没食子酸丙酯。不同抗氧化剂的混合或与柠檬酸混合使用均具有协同作用。维生素 E 是天然存在于植物油中的抗氧化剂，在生产油脂制品时可根据需要适量添加。

（二）食用油脂污染和天然存在的有害物质

1. 油脂污染物

（1）真菌毒素：油料种子被真菌及其毒素污染后，毒素可转移到油脂中。油脂中最常见的真菌毒素是黄曲霉毒素。在各类油料种子中，花生最容易受到污染，其次为棉籽和油菜籽。碱炼法和吸附法均为有效的去毒方法。

（2）苯并（a）芘：油脂在生产和使用过程中，可受到多环芳烃类化合物的污染，其主要源自油料种子的污染、油脂加工过程中受到的污染以及使用过程中油脂的热聚。通过活性炭吸附、脱色处理等精炼工艺可以有效降低油脂中苯并（a）芘含量。

（3）有毒金属：油脂中的砷、铅主要源自油料和运输、生产过程中使用不符合食品卫生要求的工具及设备等造成的污染；镍是生产氢化植物油过程中的催化剂。食用油脂及其制品中砷、铅、镍的含量应符合我国《食品安全国家标准　食品中污染物限量》（GB 2762—2022）规定。

（4）农药残留：油脂原料中残留的农药可转移到油脂中。食用油脂原料中农药残留限量应符合

《食品安全国家标准　食品中农药最大残留限量》（GB 2763—2021）的要求。

（5）微生物：在食用油脂中，我国仅在《食品安全国家标准　食用油脂制品》（GB 15196—2015）中对人造奶油（人造黄油）提出了微生物指标的限量要求，规定大肠菌群≤10CFU/g，真菌≤50CFU/g。

（6）有机溶剂：采用浸出法生产的食用植物油，可因溶剂沸点较高或生产设备陈旧、操作技术不规范等，导致有机溶剂残留较多。我国《食品安全国家标准　植物油》（GB 2716—2018）规定，压榨油溶剂残留量不得检出，浸出工艺生产的食用植物油（包括调和油）的溶剂残留量应≤20mg/kg。

2. 油脂中的天然有害物质

（1）棉酚：棉籽的色素腺体内含有多种毒性物质，如棉酚、棉酚紫和棉酚绿。棉酚又有游离型和结合型之分，具有毒性作用的是游离棉酚。游离棉酚是一种原浆毒，主要对生殖系统、神经系统和心、肝、肾等实质脏器功能产生严重损害。棉籽油中游离棉酚的含量因加工方法而异，冷榨法生产的棉籽油中游离棉酚的含量很高，可达 0.8% 以上；热榨时棉籽经蒸炒加热，游离棉酚与蛋白质作用形成结合棉酚，压榨时大多数留在棉籽饼中，故热榨法生产的棉籽油中游离棉酚的含量可明显降低，仅为冷榨法的 5%～10%。毛油经过碱炼，棉酚形成溶于水的钠盐，再用温水洗油可除之。我国现行国家标准《棉籽油》（GB/T 1537—2019）规定，食用棉籽油中游离棉酚含量应≤200mg/kg。

（2）芥子油苷：普遍存在于十字花科植物中，油菜籽中含量较多。芥子油苷在植物组织中葡萄糖硫苷酶的作用下可水解为硫氰酸酯、异硫氰酸盐和腈。腈的毒性很强，能抑制动物生长发育或致死。硫氰化物具有致甲状腺肿作用，其机制为阻断甲状腺对碘的吸收，使甲状腺代偿性肿大。但这些硫化合物大多为挥发性物质，在加热过程中可被去除。

（3）芥酸：是一种二十二碳单不饱和脂肪酸，可促使脂肪在多种动物心肌中聚积，导致心肌的单核细胞浸润和纤维化、心肌坏死，并损害肝、肾等器官。此外，芥酸还可导致动物生长发育障碍和生殖功能下降。但有关芥酸对人体的毒性作用还缺乏直接证据。欧盟、美国等一些国家对食用油中的芥酸含量作出严格限制，我国现行国家标准《菜籽油》（GB/T 1536—2021）规定，普通菜籽油芥酸含量为 3.0%～60.0%，低芥酸菜籽油芥酸含量应≤3.0%。培育低芥酸油菜品种是目前降低食用菜籽油中芥酸含量的根本措施。

（4）反式脂肪酸：在氢化（或部分氢化）植物油及其制品中含量较高，其含量可随植物油的氢化程度增加而增加，甚至可达到脂肪酸总量的 60% 左右。油脂在精炼脱臭过程中的高温处理以及将油加热至冒烟或反复煎炸食物时，也会增加反式脂肪酸含量。

三、食用油脂生产的卫生要求

（一）原辅材料

生产食用油脂的各种原辅材料和所用的溶剂必须符合国家标准和有关规定。食品添加剂的使用应符合《食品安全国家标准　食品添加剂使用标准》（GB 2760—2024）的规定；食品营养强化剂的使用应符合《食品安全国家标准　食品营养强化剂使用标准》（GB 14880—2012）的规定；生产用水必须符合国家标准《生活饮用水卫生标准》（GB 5749—2022）的规定。

（二）生产过程

生产食用油脂的车间一般不宜加工非食用油脂。由于某些原因加工非食用油脂后，应将所有输送机、设备、中间容器及管道地坑中积存的油料或油脂全部清除，并应在加工食用油脂的投料初期抽样检验，符合食用油脂的质量、卫生要求或安全标准后方可视为食用油，不合格的油脂应作为工业用油。用浸出法生产食用植物油的设备、管道必须密封良好，严防溶剂跑、冒、滴、漏。生产过程应防止润滑油和矿物油对食用油脂的污染。

（三）成品检验及包装

成品经严格检验达到国家有关质量、卫生要求或安全标准后才能进行包装。食品接触材料及制品应符合相应的标准和有关的规定。食用油脂的销售包装和标签应符合国家标准的规定。由转基因原料加工制成的食用油脂及其制品应符合国家有关规定，在产品标签上明确标识；食用植物调和油的标签标识应注明各种食物植物油的比例；经氢化工艺加工的食用油脂制品应标识反式脂肪酸的含量。

（四）储存、运输及销售

产品应储存在阴凉、干燥、通风良好的场所，食用植物油储油容器的内壁和阀不得使用铜质材料，大容量包装应尽可能充入氮气或二氧化碳气体。储存成品油的专用容器应定期清洗，保持清洁。为防止与非食用油相混，食用油桶应有明显的标记，并分区存放。运输时应使用食用油脂专用罐，装过其他品种食用油脂或非食用油脂的油罐须进行彻底清洗，符合相关要求后方可使用。储存、运输、装卸时要避免日晒、雨淋，防止有毒有害物质的污染。

（五）产品追溯与撤回

油脂生产企业应该建立产品追溯系统及产品撤回程序，明确规定产品撤回的方法、范围等，定期进行模拟撤回训练，并记录存档。严禁不符合国家有关质量、卫生要求的食用油脂流入市场销售。

（安　丽）

第五节　罐头食品

罐头食品（canned food）是以水果、蔬菜、食用菌、畜禽肉、水产动物等为原料，经加工处理、装罐、密封、加热杀菌等工序制成的商业无菌的罐装食品。所谓商业无菌（commercial sterility）是指罐头食品经过适度热杀菌后，不含有致病性微生物，也不含有在通常温度下能在其中繁殖的非致病性微生物的状态。罐头食品种类较多，可直接食用，且在室温条件下能够长期保存，便于携带、运输和贮存，因而备受消费者喜爱，尤其是能满足旅游、野外作业、航空、航海等特殊环境下的需要。

一、罐头食品的分类

罐头食品可以按照不同原料、生产工艺和产品特性进行分类。我国现行的国家标准《罐头食品分类》（GB/T 10784—2020）将罐头食品分为 11 大类：畜肉类罐头、禽类罐头、水产类罐头、水果类罐头、蔬菜类罐头、食用菌罐头、坚果及籽类罐头、谷物和杂粮罐头、蛋类罐头、婴幼儿辅食罐头和其他类罐头。

二、罐头食品生产的卫生要求

（一）包装容器

罐头食品的包装容器包括金属罐、玻璃罐和软包装容器等。包装容器应密封性能良好，能耐化学腐蚀、机械加工、杀菌热应力的冲击，软包装容器不得有分层现象。包装容器的材质、内涂料、接缝补涂料及密封胶应符合相关安全标准要求，检查验收合格后方可使用。

1. **金属罐** 主要材质为镀锡薄钢板(马口铁)、镀铬薄钢板(无锡钢板)和铝合金薄板。按容器结构可分为三片罐和两片罐。马口铁的镀锡层可以保护钢板免受腐蚀,但用于盛装酸性食品(番茄酱、果汁等)和含硫蛋白质高的食品(鱼、肉、贝类等)时,易产生腐蚀现象。为了提高金属罐的耐腐蚀性,应在罐内壁涂上涂料,常用的涂料有环氧酚醛树脂、酚醛树脂及聚烯类树脂等,加工后形成的涂膜应符合国家相关的标准。金属罐焊接时,焊缝应平整光滑,搭接均匀一致,不能外露,须补涂料以防止腐蚀。制罐过程中的焊缝是防腐的薄弱环节,需特别注意补涂工艺的质量。焊缝补涂带应平滑均匀,完全覆盖焊缝及涂料留空部分。采用黏接法生产金属罐的黏接剂以及制盖所使用的密封填料应对人体无毒无害,符合相关的卫生要求。

2. **玻璃罐** 特点是透明、无毒、无臭、无味,化学性能稳定,具有良好的耐腐蚀性。但存在透光、易碎,不能承受温度的骤然改变等缺陷。罐盖接触食品的密封面、垫圈等材料应为食品工业专用材料,符合《食品安全国家标准 食品接触用橡胶材料及制品》(GB 4806.11—2023)、《食品安全国家标准 食品接触材料及制品用添加剂使用标准》(GB 9685—2016)等相关规定。

3. **软包装容器** 按容器材料可分为铝塑复合包装和阻隔性塑料复合包装等。铝塑复合包装是由三层不同材质的薄膜经黏合而成,即外层的聚酯薄膜、中层的铝箔和内层的聚烯烃(如聚乙烯或聚丙烯)。有的材料在铝箔和聚烯烃之间再加一层尼龙以增加强度。三层间采用聚氨酯型黏合剂,该黏合剂中含有甲苯二异氰酸酯(toluene diisocyanate, TDI),其水解产物2, 4-氨基甲苯具有致癌性。根据我国《食品安全国家标准 食品接触材料及制品用黏合剂》(GB 4806.15—2024)规定,TDI 在黏合剂中的最大残留量(QM)为 1mg/kg。软罐头易受外力影响而损坏,因此在加工、储存、运输、销售等过程中需要特别注意保护包装的完整性。

上述金属容器应在灌装或装罐前以恰当的方式进行清洁,如容器倒置后用蒸汽、水等手段清洗并沥干水分;玻璃瓶应经倒置冲洗彻底清除内部的玻璃碎屑等杂物;软包装容器应保持清洁,避免污染。此外,罐头食品包装容器应存放在通风、干燥、无尘、无污染的仓库中。

(二)原辅材料

罐头食品的原料及辅料均应符合相应的食品标准和有关规定。畜禽肉、水产品、果蔬等原料应按相关标准验收合格后方可投入使用。动物性原料必须经严格检疫,不得使用病畜禽肉和变质肉作为原料;原料应严格修整,去除毛污、血污、淋巴结、粗大血管等,以减少微生物的污染。使用冷冻水产品作为原料时,应缓慢解冻,以避免营养成分的流失。果蔬原料加工前应剔除虫蛀、霉烂、锈斑和机械损伤等原料,并经分选、洗涤、去皮(如有必要)、修整、热烫、漂洗等预处理。食品添加剂的使用种类和剂量应符合《食品安全国家标准 食品添加剂使用标准》(GB 2760—2024)的要求,加工用水应符合《生活饮用水卫生标准》(GB 5749—2022)的规定。

(三)加工过程与成品检验

1. **加工过程** 主要包括装罐、排气、密封、杀菌、冷却等生产环节,是直接影响罐头食品品质和卫生质量的关键环节。

(1)装罐、排气和密封:经预处理的原料或半成品应迅速装罐,以减少微生物污染和繁殖的机会。装罐时应严格执行产品工艺规程,控制最大装罐量、pH、装罐温度等,并注意保持封口处的清洁(尤其是软包装罐头)。大多数食品在装罐时需保持适当顶隙(一般为 6~8mm),以免在杀菌或冷却过程中出现鼓盖、胀裂或罐体凹陷。装罐后应立即排气,将罐内顶隙、食品原料中的气体排除,通过排气造成罐内部分真空和乏氧,减少杀菌时罐内产生的压力,防止罐头变形损坏;低氧状态还可抑制某些细菌的生长繁殖,防止食品的腐败变质。排气后应迅速密封,使罐内食品与外界完全隔离,不受微生物污染而能较长时间保存。

（2）杀菌和冷却:罐头食品的杀菌也称商业杀菌(commercial sterilization),要求加热到一定程度后能杀灭罐内存留的绝大部分微生物,并可破坏食品中的酶类,达到长期储存的目的。罐头的杀菌方法主要有常压杀菌、高温高压杀菌和超高温杀菌三大类,常压杀菌多用于蔬菜、水果等酸性罐头食品,高压杀菌常用于肉禽、水产品及部分蔬菜等低酸性食品,超高温杀菌常用于液体食品。罐头杀菌的工艺条件主要由温度、时间和反压等因素组成,常用杀菌公式为:

$$\frac{T_1-T_2-T_3}{t} \text{ 或 } \frac{T_1-T_2}{t}P$$

T_1: 从加热升至杀菌温度所需的时间(min)

T_2: 保持恒定杀菌温度的时间(min)

T_3: 降至常温所需的时间(min)

t: 杀菌温度(℃)

P: 反压冷却时杀菌锅内使用的反压力(Pa)

食物的种类、罐内容物、pH、热传导性能、微生物污染程度、杀菌前初温和罐型大小等的不同,杀菌的温度和杀菌公式也不同。

杀菌结束后应迅速冷却,罐内温度要在短时间内降至40℃左右,以防止金属罐生锈及嗜热芽胞菌的繁殖。对小型金属罐以外的各种罐型,可采用反压冷却,即在罐头冷却过程中使杀菌锅内维持一定的压力,直至罐内压和外界大气压接近,从而避免罐内外压差急剧增加而产生的罐头渗漏、变形、跳盖、爆破等。杀菌冷却水应加氯处理或用其他方法消毒。

2. 成品检验　成品检验是确保产品质量的关键环节。食品生产加工结束后,生产企业应按相关规定抽取样品进行成品检验。成品检验一般包括外观检查、真空度检查和保温试验。外观检查主要是观察容器是否有缺口、折裂、破损以及有无锈蚀(仅对金属容器)、穿孔、泄漏和胀罐等异常现象。在排气不充分、密封不良、罐内食品填充过满以及罐内有气体产生等情况下,真空度会发生变化(检查时会发出浊音),要视具体情况结合其他检查决定如何处理。保温试验是检查成品杀菌效果的重要手段。我国《食品安全国家标准 食品微生物学检验 商业无菌检验》(GB 4789.26—2023)规定,低酸性罐头食品(pH>4.6, a_w>0.85)、酸化罐头食品(pH≤4.6, a_w>0.85)应在36℃±1℃下保温10天,酸性罐头食品(pH≤4.6, a_w>0.85)应在30℃±1℃下保温10天。保温过程中应每天定时检查,外观正常方可进行产品质量检验和卫生检验。

（四）产品检验

应按照国家规定的检验方法抽样,进行感官、理化和微生物等方面的检验。凡不符合标准的产品一律不得出厂。

1. 感官检查　包括容器和内容物的检查。容器的密封应完好,无泄漏、无胀罐;容器外表无锈蚀,内壁涂料无脱落;内容物具有该品种罐头食品应有的色泽、气味、滋味、形态。胀罐是罐头感官检查的重要内容之一,胀罐又称胖听(swelled can),是指罐盖、罐底一端或两端甚至罐身向外凸起的现象。按原因可将胖听分为化学性胖听、生物性胖听和物理性胖听。

（1）化学性胖听:主要由于金属罐受酸性内容物腐蚀产生大量氢气所致,叩击呈鼓音,穿洞有气体逸出,但无腐败气味,一般不宜食用。

（2）生物性胖听:是由于杀菌不彻底残留的微生物或因密封不良从外界进入罐内的微生物,在其中生长繁殖产气所造成的。此类胖听常为两端凸起，保温试验中胖听增大，叩击有明显鼓音，穿洞有腐败味气体逸出，应禁止食用。

（3）物理性胖听：装罐过满、排气不充分（罐内真空度过低）、杀菌时降压速度太快等物理因素引起的胀罐，一般叩击呈实音、穿洞无气体逸出，可食用。

罐头内容物发生变色和变味时，应视具体情况加以处理。如果蔬类罐头内容物色泽不鲜艳、颜色变黄，通常为酸性条件下使叶绿素脱 Mg^{2+} 引起，一般不影响食用。若罐头有油脂酸败味、酸味、苦味和其他异味，或伴有汤汁浑浊、肉质液化等，应禁止食用。

2. 理化检验　检验指标包括组胺和米酵菌酸，前者仅适用于鲐鱼、鲹鱼、沙丁鱼罐头，后者仅适用于银耳罐头，检验结果应符合我国《食品安全国家标准　罐头食品》（GB 7098—2015）的要求。

3. 微生物检验　按照《食品安全国家标准　食品微生物学检验　商业无菌检验》（GB 4789.26—2023）规定的方法进行检验，罐头食品应符合商业无菌要求。番茄酱罐头的真菌检验结果应符合《食品安全国家标准　罐头食品》（GB 7098—2015）的限量要求。平酸腐败（flat-sour spoilage）是罐头食品常见的一种腐败变质，表现为罐头内容物酸度增加，而外观完全正常。此种腐败变质由可分解碳水化合物产酸不产气的平酸菌引起。低酸性罐头的典型平酸菌为嗜热脂肪芽胞杆菌，而酸性罐头则主要为嗜热凝结芽胞杆菌。平酸腐败的罐头应销毁，禁止食用。

4. 其他　污染物限量、真菌毒素限量以及食品添加剂和食品营养强化剂的使用，均应符合相应的食品安全标准的规定。

三、罐头食品的卫生管理

罐头食品的卫生管理主要包括政府行政部门的卫生监督管理和企业自身卫生管理两个方面。罐头食品生产过程中原料采购、加工、包装、贮存和运输等环节的场所、设施、人员的基本要求和管理准则，应符合《食品安全国家标准　食品生产通用卫生规范》（GB 14881—2013）规定。为了加强罐头食品的卫生管理，我国还颁布了《食品安全国家标准　罐头食品生产卫生规范》（GB 8950—2016）、《食品安全国家标准　食品微生物学检验　商业无菌检验》（GB 4789.26—2023）、《罐头食品金属容器通用技术要求》（GB/T 14251—2017）、《罐头食品代号》（GB/T 41900—2022）、《罐头食品的检验方法》（GB/T 10786—2022），以及《罐头食品企业良好操作规范》（GB/T 20938—2007）、《食品安全管理体系　罐头食品生产企业要求》（GB/T 27303—2008）等相关标准和有关规定，为罐头食品的卫生监督管理及生产企业的自身卫生管理提供了充分的依据。

（安　丽）

第六节　饮料酒

根据《饮料酒术语和分类》（GB/T 17204—2021），饮料酒（alcoholic beverage）是指酒精度在0.5%vol 以上的酒精饮料（包括各种发酵酒、蒸馏酒和配制酒）以及酒精度在 0.5%vol 以下的无醇啤酒和无醇葡萄酒。在酒类生产过程中，从原料选择到加工工艺等诸环节若达不到卫生要求，就有可能产生或带入有毒物质，对消费者的健康造成危害。

一、饮料酒的生产特点及分类

酒的主要成分是乙醇。酒的生产涉及多个步骤，包括原料选择、糖化、发酵、蒸馏（对于蒸馏酒）、陈酿和勾兑等过程。基本原理是将原料中的糖类在酶的催化作用下，首先发酵分解为寡糖和单糖，然后在一定温度下，由乙醇发酵菌种作用转化为乙醇，此过程称为酿造，不需氧气也可以进行。

发酵只能使酒精达到15%vol左右（啤酒只有3%～5%vol），要提高酒精度数需要通过蒸馏。饮料酒分类有多种方法，如按生产工艺可以分为发酵酒、蒸馏酒和配制酒；按原料可以分为果酒、谷物酒等。

（一）发酵酒

发酵酒是指以粮谷、薯类、水果、乳类等为主要原料，经发酵或部分发酵酿制而成的饮料酒。根据原料和具体工艺的不同，分为啤酒、葡萄酒、黄酒、果酒、发酵型奶酒及其他发酵酒。

1. 啤酒　是指以麦芽、水为主要原料，加啤酒花（包括啤酒花制品），经酵母发酵酿制而成的、含有二氧化碳并可形成泡沫的发酵酒。按不同分类方法有多种类型，如按杀菌工艺分为熟啤酒和生啤酒；按浊度分清亮啤酒和浑浊啤酒；按色度可分为淡色啤酒、浓色啤酒和黑色啤酒；另有特种啤酒（干啤酒、低醇啤酒、无醇啤酒等）。

2. 葡萄酒　以葡萄或葡萄汁为原料，经全部或部分酒精发酵酿制而成的，含有一定酒精度的发酵酒。按含糖量可分为干葡萄酒、半干葡萄酒、半甜葡萄酒和甜葡萄酒及不同类型的气泡葡萄酒；按二氧化碳含量可分为平静葡萄酒和起泡葡萄酒；按产品特性可分为冰葡萄酒和低醇葡萄酒等特种葡萄酒。

3. 果酒（发酵型）　以水果或果汁（浆）为主要原料，经全部或部分酒精发酵酿制而成的，含有一定酒精度的发酵酒。另外如果是以发酵酒、蒸馏酒、食用酒精等为酒基，加入水果进行浸泡和/或直接加入果汁，可添加食品添加剂经调配、加工而成的属于配制果酒。果酒通常按原料水果名称命名，以区别于葡萄酒。当使用两种或两种以上水果为原料时，可按用量比例最大的水果名称来命名。

4. 黄酒　以稻米、黍米、小米、玉米、小麦、水等为主要原料，经加曲和/或部分酶制剂、酵母等糖化发酵剂酿制而成的发酵酒。按含糖量分为干黄酒、甜黄酒、半干黄酒和半甜黄酒；按产品风格分为传统型黄酒、清爽型黄酒、特型黄酒和红曲酒。

5. 发酵型奶酒　以牛奶、乳清或乳清粉等为主要原料，经发酵、过滤、杀菌等工艺酿制而成的发酵酒。

（二）蒸馏酒

蒸馏酒是以粮谷、薯类、水果、乳类等为主要原料，经发酵、蒸馏，经或不经勾调而成的饮料酒，包括白酒、白兰地、威士忌、伏特加等。

1. 白酒　是以粮谷为主要原料，以大曲、小曲、麸曲、酶制剂及酵母等为糖化发酵剂，经蒸煮、糖化、发酵、蒸馏、陈酿、勾调而成的蒸馏酒。按糖化发酵剂可分为大曲酒、小曲酒、麸曲酒和混合曲酒；按生产工艺可分为固态法白酒、液态法白酒和固液法白酒；按香型又可分为浓香型、清香型、米香型、酱香型白酒等。

2. 其他蒸馏酒　如白兰地、威士忌、伏特加、朗姆酒、杜松子酒、蒸馏型奶酒等。

（三）配制酒

配制酒是以发酵酒、蒸馏酒、食用酒精等为酒基，加入可食用的原辅料和/或食品添加剂，进行调配和/或再加工制成的饮料酒。通常已改变了其原酒基的风味。

二、饮料酒的卫生问题

饮料酒的卫生问题涉及多个方面，包括但不限于有害化学物质和微生物污染等。

（一）蒸馏酒与配制酒

1. 甲醇　甲醇（methanol）是一种有毒的有机化合物，酒中的甲醇主要来自制酒原辅料（薯干、马铃薯、水果、糠麸等）中的果胶。在原料的蒸煮过程中，果胶的半乳糖醛酸甲酯中的甲氧基分解生成甲醇。甲醇具有剧烈的神经毒性，在体内代谢可生成毒性更强的甲醛和甲酸。甲醇主要侵害视神经，导致视网膜受损、视神经萎缩、视力减退和双目失明。一次摄入 5mL 可致严重中毒，致盲剂量为 8～10mL。长期少量摄入可导致慢性中毒，其特征性的临床表现为视野缩小，发生不可校正的视力减退。我国《食品安全国家标准 蒸馏酒及其配制酒》（GB 2757—2012）规定，粮谷类为原料的蒸馏酒或其配制酒中甲醇含量（以 100%vol 酒精度折算）应≤0.6g/L，以薯干等代用品为原料的甲醇含量应≤2.0g/L。

2. 杂醇油　杂醇油（fusel oil）是碳链长于乙醇的多种高级醇的统称，包括正丙醇、异丁醇、异戊醇等，由原料和酵母中蛋白质、氨基酸及糖类分解和代谢产生。高级醇的毒性和麻醉力与碳链的长短有关，碳链越长则毒性越强。杂醇油在体内氧化分解缓慢，可使中枢神经系统充血，饮用杂醇油含量高的酒常使饮用者头痛及醉酒。但目前国家标准中没有规定杂醇油的含量，通过优化酿造工艺、蒸馏条件及可能的微生物筛选或改造，以有效降低杂醇油的生成量，提升白酒的整体品质。

3. 醛类　醛类包括甲醛、乙醛、糠醛和丁醛等。醛类的毒性大于醇类，如甲醛的毒性比甲醇大 30 倍。醛类中以甲醛的毒性为最大，属于细胞原浆毒，可使蛋白质变性和酶失活，当浓度在 30mg/100mL 时即可产生黏膜刺激症状，出现灼烧感和呕吐等。但只要在蒸馏过程中采用低温排醛，就可以去除大部分醛类。

4. 氨基甲酸乙酯　是一种在发酵和蒸馏过程中可能产生的化合物，被国际癌症研究机构（IARC）列为 2A 类致癌物。主要来源于酒类中的前体物质，如尿素、氰酸酯和瓜氨酸，这些物质在一定条件下与乙醇发生化学反应生成氨基甲酸乙酯。目前针对中国白酒和黄酒中氨基甲酸乙酯的卫生问题已开展相关研究，但尚无限量标准。

5. 氰化物　以木薯或果核为原料制酒时，原料中的氰苷经水解后产生氢氰酸。氢氰酸经胃肠吸收后，氰离子可与细胞色素氧化酶中的铁结合，阻止酶的递氧作用，导致组织缺氧，使机体陷于窒息状态。同时，氢氰酸还能使呼吸中枢及血管运动中枢麻痹，导致死亡。由于氢氰酸分子量低，具有挥发性，因此能够随水蒸气一起进入酒中。我国《食品安全国家标准 蒸馏酒及其配制酒》（GB 2757—2012）规定，蒸馏酒与配制酒中氰化物含量（以 HCN 计）应≤8.0mg/L（以 100%vol 酒精度折算）。

6. 铅　酒中的铅主要来源于蒸馏器、冷凝导管和储酒容器。蒸馏酒在发酵过程中可产生少量的有机酸（丙酸、丁酸、酒石酸和乳酸等），含有机酸的高温酒蒸气可使蒸馏器和冷凝管壁中的铅溶出。总酸含量高的酒铅含量往往也高。铅在人体内的蓄积性很强，由于饮酒而引起的急性铅中毒比较少见，但长期饮用含铅高的白酒可致慢性中毒。根据我国《食品安全国家标准 食品中污染物限量》（GB 2762—2022），白酒铅含量需低于 0.5mg/kg。

7. 邻苯二甲酸酯类物质　俗称增塑剂或塑化剂，饮料酒中塑化剂的来源比较复杂，主要有两个来源，一是接触的塑料容器、管道、包装材料和密封材料等迁移入产品中；二是环境中"塑化剂"的污染，如土壤、水中存在的"塑化剂"可能进入。邻苯二甲酸酯类物质本身具有易迁移的特性，经过充分安全性评价的塑化剂，可作为食品接触材料及制品用添加剂使用，但不允许直接加入食品中。作为食品接触材料及制品用添加剂的塑化剂，在食品容器和包装材料生产过程中使用时，需符合我国《食品安全国家标准 食品接触材料及制品用添加剂使用标准》（GB 9685—2016）和相关增补公告的要求。《市场监管总局关于食品中"塑化剂"污染风险防控的指导意见》（国市监食生

〔2019〕214号）规定白酒和其他蒸馏酒中邻苯二甲酸二酯（α-乙基己酯）（DEHP）和邻苯二甲酸二正丁酯（DBP）的含量，分别不高于5mg/kg和1mg/kg。酒类食品中DEHP（白酒、其他蒸馏酒除外）、邻苯二甲酸二异壬酯（DINP）、DBP（白酒、其他蒸馏酒除外）的最大残留量，分别为1.5mg/kg、9.0mg/kg、0.3mg/kg。

（二）发酵酒

1. 展青霉素　水果及其制品容易受到展青霉素的污染。在果酒生产过程中，若原料水果没有进行认真筛选并剔除腐烂、生霉、变质、变味的果实，展青霉素就容易转移到成品酒中。我国《食品安全国家标准　食品中真菌毒素限量》（GB 2761—2017）规定，苹果酒和山楂酒中展青霉素的含量应≤50μg/kg。

2. 二氧化硫　在果酒和葡萄酒生产过程中，加入适量的二氧化硫，不仅对酒的澄清、净化和发酵具有良好的作用，还可以起到促进色素类物质的溶解以及杀菌、增酸、抗氧化和护色等作用。正常情况下，二氧化硫在发酵过程中会自动消失。但若使用量超标准或发酵时间过短，就会造成二氧化硫残留。我国《食品安全国家标准　食品添加剂使用标准》（GB 2760—2024）规定，在生产配制酒、葡萄酒和果酒过程中二氧化硫的最大使用量（以SO_2残留量计）应≤0.25g/L（甜型葡萄酒及果酒系列产品生产过程中二氧化硫的最大使用量应≤0.4g/L），啤酒则为0.01g/kg。

3. 微生物污染　发酵酒微生物污染的原因很多，除了乙醇含量低外，从原料到成品的整个生产过程中均可能受微生物污染。我国《食品安全国家标准　发酵酒及其配制酒》（GB 2758—2012）规定，啤酒中不得检出沙门氏菌和金黄色葡萄球菌。

4. 其他　在啤酒生产中，甲醛可作为稳定剂用来消除沉淀物，我国《食品安全国家标准　发酵酒及其配制酒》（GB 2758—2012）规定，啤酒中甲醛的限量为2.0mg/L；《食品安全国家标准　食品中污染物限量》（GB 2762—2022）规定，黄酒中铅（以Pb计）的限量为0.5mg/kg，其他发酵酒中铅的限量为0.2mg/kg。

三、饮料酒生产的卫生要求

（一）原辅材料

酿酒用的原料种类很多，包括粮食类、水果类、薯类及其他代用原料等。所有的原辅料均应具有正常的色泽和良好的感官性状，无霉变、无异味、无腐烂。粮食类原料应符合《食品安全国家标准　粮食》（GB 2715—2016）、《食品安全国家标准　食品中真菌毒素限量》（GB 2761—2017）及《食品安全国家标准　食品中农药最大残留限量》（GB 2763—2021）的有关规定；各种辅料应符合相应的标准，食品添加剂的品种和使用剂量必须符合《食品安全国家标准　食品添加剂使用标准》（GB 2760—2024）的规定。用于调兑果酒的食用酒精必须符合《食品安全国家标准　食用酒精》（GB 31640—2016）的规定。配制酒所用的酒基必须符合《食品安全国家标准　蒸馏酒及其配制酒》（GB 2757—2012）和《食品安全国家标准　发酵酒及其配制酒》（GB 2758—2012）的规定，不得使用工业酒精和医用酒精作为配制酒的原料。生产用水水质必须符合《生活饮用水卫生标准》（GB 5749—2022）的规定。

（二）食品接触材料及制品

饮料酒的食品接触材料及制品必须符合国家的有关规定，所用容器必须经检验合格后方可使用，严禁使用被有毒物质或异味污染过的回收旧瓶。灌装前的容器必须彻底清洗、消毒，清洗后的容器不得呈碱性、无异味、无杂物、无油垢。容器的性能应能经受正常生产和储运过程中的机械冲击和化学腐蚀。

（三）生产过程

1. 白酒　制曲、蒸煮、发酵、蒸馏等工艺是影响白酒质量的关键环节。生产过程应按照我国颁布的 GB/T 10781（白酒质量要求）系列标准中规定的要求进行生产。酒曲的培养必须在特殊工艺技术条件下进行，为防止菌种退化、变异和污染，应定期进行筛选和纯化。清蒸是减少酒中甲醇含量的重要工艺环节，在以木薯、果核为原料时，清蒸还可使氰苷类物质提前分解挥散。白酒在蒸馏过程中，由于各组分间分子的引力不同，使得酒尾中的甲醇含量要高于酒头，而杂醇油恰好与之相反，酒头含量高于酒尾，应采用"截头去尾"的蒸馏工艺，恰当地选择中段酒，可大大减少成品中甲醇和杂醇油的含量。蒸馏设备和储酒容器应采用含锡 99% 以上的镀锡材料或无铝材料，以减少铅污染。另外《食品安全国家标准　蒸馏酒及其配制酒生产卫生规范》（GB 8951—2016）规定了蒸馏酒（白酒）、蒸馏酒的配制酒生产过程中原料采购、加工、包装、贮存和运输等环节的场所、设施、人员的基本要求和管理准则。

2. 发酵酒　啤酒生产过程主要包括制备麦芽汁、前发酵、后发酵、过滤等工艺环节。原料经糊化和糖化后过滤制成麦芽汁，添加啤酒花后煮沸，煮沸后的麦芽汁应冷却至添加酵母的适宜温度（5～9℃），这一过程要经历一个易污染的温区，因此，整个冷却过程中使用的各种设备、工具容器、管道等应保持无菌状态。冷却后的麦芽汁接种啤酒酵母进入前发酵阶段，而后再经过一段较长时间的低温（1～2℃）后发酵，产生大量二氧化碳，使酒成熟。为防止发酵过程中污染杂菌，酵母培养室、发酵室以及设备、工具、管道、地面等应保持清洁，并定期消毒。啤酒过滤所使用的滤材、滤器应彻底清洗消毒，保持无菌。

果酒的生产过程中，用于盛装原料的容器应清洁干燥，不准使用铁制容器或装过有毒物质、有异臭的容器。葡萄原料应在采摘后 24 小时内加工完毕，以防挤压破碎、污染杂菌而影响酒的质量。黄酒糖化发酵的过程中，不得以石灰中和降低酸度。但为了调味，在压滤前允许加入少量澄清石灰水。应限制成品中氧化钙含量不得超过 0.5%。

（四）包装标识、运输和储存

饮料酒成品标识必须符合《食品安全国家标准　预包装食品标签通则》（GB 7718—2025）和《食品安全国家标准　蒸馏酒及其配制酒》（GB 2757—2012）的相关规定。运输工具应清洁干燥，装卸时应轻拿轻放，严禁与有腐蚀性、有毒的物品一起混运。成品仓库应干燥、通风良好，库内不得堆放杂物。

（五）卫生与质量检验

饮料酒生产企业（厂）必须设有与生产能力相适应的卫生、质量检验室，配备经专业培训、考核合格的检验人员。

（六）产品追溯与召回

饮料酒生产企业应该建立产品追溯系统及产品召回制度。应合理划分记录生产批次，采用产品批号等方式进行标识，便于产品追溯。明确规定产品召回的方法、范围等，定期进行模拟召回训练，并记录存档。

四、饮料酒的卫生管理

（一）遵守食品安全法规

饮料酒生产企业必须遵循《中华人民共和国食品安全法》等相关法律法规，确保产品符合食品安全标准。我国已颁布了蒸馏酒和发酵酒及其配制酒、啤酒生产卫生规范，以及一些饮料酒的安全标准，为饮料酒的监督管理及生产企业的自身管理提供了充分的依据。

（二）风险评估和控制

定期进行风险评估，识别潜在的食品安全问题，并采取预防和控制措施。

（三）标签和标识规范

饮料酒的标签、标识、说明书等必须符合食品安全法的相关规定，不得含有虚假内容或误导消费者的信息。

（四）行业自律监管

发挥中国酒业协会、中国酒类流通协会等的作用，加强行业自律监管。

（孙桂菊）

第七节　冷冻饮品与饮料

冷冻饮品与饮料是人们日常生活中不可缺少的食品之一，具有消暑、解渴、补充水分和营养素的功能。冷冻饮品（frozen drinks）以饮用水、食糖、乳、乳制品、果蔬制品、豆类、食用油脂等其中的几种为主要原料，添加或不添加其他辅料、食品添加剂、食品营养强化剂，经配料、巴氏杀菌或灭菌、凝冻或冷冻等工艺制成的固态或半固态食品。饮料（beverage）是指用一种或几种食用原料，添加或不添加辅料、食品添加剂、食品营养强化剂，经加工制成定量包装的、供直接饮用或冲调饮用、乙醇含量不超过质量分数为 0.5% 的制品，也可称为饮品。

一、冷冻饮品与饮料的分类

根据国家市场监督管理总局 2020 年修订的《食品生产许可分类目录》（2020）冷冻饮品分为冰淇淋、雪糕、雪泥、冰棍、食用冰、甜味冰和其他冷冻饮品 7 类；饮料分为包装饮用水、碳酸饮料（汽水）、茶类饮料、果蔬汁类及其饮料、蛋白饮料、固体饮料及其他类饮料 7 类，每类也有不同细分，如包装饮用水又分饮用天然矿泉水、饮用纯净水、饮用天然泉水、饮用天然水和其他饮用水。

二、冷冻饮品与饮料生产的卫生要求

（一）原辅材料

1. 原料用水　一般采用自来水、井水、矿泉水（或泉水）等原水，均含有一定量的无机物、有机物和微生物。因此，冷冻饮品与饮料的原料用水须经处理达到《生活饮用水卫生标准》（GB 5749—2022）的规定，并符合加工工艺的要求，如水的硬度应低于 8°（以碳酸度计），避免钙、镁等离子与有机酸结合形成沉淀物而影响饮料的风味和质量。

2. 其他原辅材料　如乳、蛋、果蔬汁、豆类、茶叶、甜味料以及各种食品添加剂等，均应符合国家相关的标准或规定，严禁添加国家颁布的禁用物品和销售国家颁布的禁用药物。为增加营养价值而加入食品中的天然或人工合成营养素及食品添加剂，应符合《食品安全国家标准　食品营养强化剂使用标准》（GB 14880—2012）和《食品安全国家标准　食品添加剂使用标准》（GB 2760—2024）的要求。碳酸饮料所使用的二氧化碳应符合《食品安全国家标准　食品添加剂　二氧化碳》（GB 1886.228—2016）的要求，必要时应净化处理。可乐型碳酸饮料中咖啡因含量不得超过 0.15g/kg。

（二）食品接触材料及制品

冷冻饮品与饮料所用的食品接触材料及制品包括瓶（玻璃瓶、塑料瓶）、罐（二片罐和三片罐）、盒、袋等多种类型，应符合《食品安全国家标准 食品接触材料及制品通用安全要求》（GB 4806.1—2016）及 GB 4806 各种材料相应的系列标准。所用材料应无毒、无害，具有一定的稳定性（耐酸、耐碱、耐高温和耐老化），同时还应具有防潮、防晒、防震、耐压、防紫外线穿透和保香等性能。聚乙烯和聚氯乙烯软包装，具有透气且强度低，不能充二氧化碳等缺点，在夏、秋季节易受细菌污染，应严加限制。回收使用的玻璃瓶需考虑爆瓶安全性能要求，其他包装容器不允许回收使用。

（三）生产过程

1. 冷冻饮品　微生物污染是冷冻饮品在生产过程中的主要卫生问题，其原因是原料中的乳、蛋和果品常含有大量微生物。因此，原料配制后的杀菌与冷却是保证产品安全质量的关键环节。68～73℃加热 30 分钟或 85℃加热 15 分钟，能杀灭原辅料中几乎所有的繁殖型细菌，包括致病菌（混合料应该适当提高加热温度或延长加热时间）。杀菌后应迅速冷却，至少要在 4 小时内将温度降至 20℃以下，以避免残存的或熬料后重复污染的微生物在冷却过程中有繁殖的机会。冰淇淋原料在杀菌后常采用循环水和热交换器进行冷却。冰棍、雪糕普遍采用热料直接灌模，以冰水冷却后立即冷冻成型，这样可以保证产品的卫生质量。

冷冻饮品生产过程中所使用设备、管道、模具，其材质应符合国家的有关标准，防止铅等重金属对冷饮食品的污染；在冷水熔冻脱膜时，应避免模具的模边、模底上的冷冻液污染冰体。包装间应于班前、班后对空气进行消毒，从事产品包装的操作人员应注意个人卫生，成品出厂前应做到批批检验。

2. 饮料　饮料的生产过程一般包括水处理、容器处理、原辅料处理和混料后的均质、杀菌、罐（包）装等工序。

水处理的目的是除去水中固体物质、降低硬度和含盐量，杀灭微生物及排除所含的空气，为饮料生产提供优良的水质。采用混凝剂（明矾、硫酸铝、聚合氯化铝等）和过滤（一般采用活性炭和砂滤棒过滤），以去除水中悬浮物和胶体物质，通常作为饮料用水的初步净化手段。水中溶解性杂质主要有 K^+、Ca^{2+}、Mg^{2+}、Na^+、Fe^{3+}、HCO_3^-、SO_4^{2-}、Cl^- 等离子，其总量称作含盐量，饮料用水含盐量高会直接影响产品的质量，因此，必须对其进行脱盐软化处理。

应根据原辅料、工艺的不同采用不同的杀菌技术。常用的杀菌方法有巴氏消毒、超高温瞬间杀菌、加压蒸汽杀菌（适用于非碳酸型饮料）、紫外线杀菌（常用于原料用水的杀菌）等。

饮料的灌（包）装，通常是在暴露和半暴露条件下进行，该过程对产品的卫生质量尤其是无终产品消毒的品种至关重要。空气净化是防止微生物污染的重要环节，应将灌装工序设在单独房间或用铝合金隔成独立的灌装间，与厂房其他工序隔开，避免空气交叉污染。对灌装间消毒可采用紫外线照射（按 $1W/m^3$ 功率设置）、过氧乙酸熏蒸、安装空气净化器等方法。灌（包）装前，空瓶（罐）必须经过严格的清洗和消毒，洗消后的空瓶（罐）、盖必须抽样做细菌检验，菌落总数不得超过 50CFU/瓶（罐或盖），大肠菌群不得检出。灌装前还须进行灯下检查，剔除不合格的空瓶。灌装设备、管道、冷却器等材质应符合相关的卫生要求。

（四）包装、储存和运输

产品包装应严密，整齐，无破损。应设专人检查封口的密闭性，封口密闭性检验方法应有效，以剔除密封不严或破损产品。产品标签应符合相应标准的规定。产品应储存在干燥、通风良好的场所，不得与有毒、有害、有异味、易挥发、易腐蚀的物品同处储存。运输产品时应避免日晒、雨淋。

不得野蛮装卸,损坏产品。不得与有毒、有害、有异味或影响产品质量的物品混装运输。

（五）追溯与召回

冷冻饮品和饮料生产企业应建立产品的可追溯系统,确保从原辅料到成品的标志清楚,具有可追溯性,实现从原辅料验收到产品出库、从产品出库到直接销售的全过程追溯。产品的召回程序明确规定产品召回的方法、范围等,并记录存档。

三、冷冻饮品和饮料的卫生管理

我国已颁布了《食品安全国家标准　饮料生产卫生规范》（GB 12695—2016）、《食品安全国家标准　饮料通则》（GB/T 10789—2015）、《食品安全国家标准　冷冻饮品和制作料》（GB 2759—2015）及《食品安全国家标准　饮料》（GB 7101—2022）等相关的标准,为冷冻饮品和饮料的监督管理及生产企业的自身管理提供了充分的依据。

根据《中华人民共和国食品安全法》,相关部门可依据法律规定的权限,实施对冷冻饮品和饮料安全卫生监管工作。开展微生物污染、化学污染和物理污染风险监测,建立健全冷冻饮品和饮料生产经营者食品安全信用档案;各监督管理部门依据各自职责公布冷冻饮品和饮料安全日常监督管理信息,做到准确、及时、客观,并应相互通报获知的冷冻饮品和饮料食品安全信息,做到信息通报的无缝链接,保证消费者的安全。建立产品召回制度,一旦发现问题可以迅速采取措施。

（孙桂菊）

第八节　保健食品

保健食品（health food）是指声称具有特定保健功能或者以补充维生素、矿物质为目的的食品,即适于特定人群食用,具有调节机体功能,不以治疗疾病为目的,并且对人体不产生任何急性、亚急性或者慢性危害的食品。按照《中华人民共和国食品安全法》,保健食品属于特殊食品范畴。

一、保健食品声称及特征

保健功能声称（health function claim）指对保健食品所具备功能的规范性说明,分为补充膳食营养物质、维持或改善机体健康状况、降低疾病发生风险因素三类。通常将保健食品分为两大类,一类是补充营养物质的营养素补充剂,一类是声称保健功能的功能型保健食品。

保健食品应该具有以下特征:

1. 保健食品属于食品　保健食品是食品的一个种类,应具有食品的共性,即无毒无害、有一定的营养价值并具有相应的色、香、味等感官性状。但保健食品不是普通的食品,保健食品既可以体现传统食品的属性,也可以是胶囊、片剂或口服液等形式,并且保健食品在食用量上有限制,不能替代正常膳食。

2. 保健食品不是药物　保健食品是以调节机体功能为主要目的,不能用于治疗疾病,对人体不产生任何急性、亚急性或慢性危害,可以长期食用。而药物则是以治疗疾病为目的,允许有一定的副作用且多数不能长期使用。此外,保健食品为经口摄入,而药物则可通过注射、皮肤及口服等多种途径给药。

3. 保健食品具有特定的保健功能　保健食品具有经过科学验证的保健功能,如有助于增强免疫力、有助于抗氧化、有助于控制体内脂肪等功能。这是保健食品区别于普通食品的一个重要特征。

4. 保健食品适于特定人群食用　保健食品是针对亚健康人群设计的,不同功能的保健食品对应的是不同特征的亚健康人群,如有助于改善睡眠功能的保健食品适用于睡眠有障碍人群。这是保健食品区别于普通食品的另一个重要特征。

二、保健食品的监督及管理

《中华人民共和国食品安全法》第七十四条明确规定,国家对保健食品等特殊食品实行严格监督管理。有关监督管理部门应当依法履职,承担责任。为了加强保健食品的监督与管理,规范保健食品的生产经营及注册行为,保证保健食品质量,相关部门还颁布了《保健食品注册与备案管理办法》《食品生产许可管理办法》以及《食品安全国家标准 保健食品》(GB 16740—2014)、《保健食品良好生产规范》(GB 17405—1998)等一系列的标准、法规。随着监管制度体系的逐渐完善,我国保健食品产业目前已逐渐步入规范发展阶段。

（一）注册与备案

我国保健食品的管理模式已由原来的单一注册制调整为注册和备案相结合的管理模式。

1. 注册　保健食品注册是指食品安全管理部门根据注册申请人申请,依照法定程序、条件和要求,对申请注册的保健食品的安全性、保健功能和质量可控性等相关申请材料进行系统评价和审评,并决定是否准予其注册的审批过程。生产和进口下列产品应当申请保健食品注册:使用保健食品原料目录以外原料的保健食品;首次进口的保健食品(属于补充维生素、矿物质等营养物质的保健食品除外)。

国家市场监督管理总局(State Administration for Market Regulation, SAMR)负责保健食品的注册管理工作。申请保健食品注册应当提交保健食品的研发报告、产品配方、生产工艺、安全性和保健功能评价、标签、说明书等材料及样品,并提供相关证明文件。SAMR 行政受理机构收到申请材料后,由 SAMR 保健食品评审机构负责组织审评专家对申请材料进行审查,并可根据实际需要组织开展现场核查和复核检验等工作。SAMR 通过对审评程序和结论的合法性、规范性以及完整性进行审查,最终作出准予注册或者不予注册的决定。准予注册的,向申请人颁发《国产保健食品批准证书》或《进口保健食品批准证书》。对不符合要求的,不予注册并书面说明理由。保健食品注册证书有效期为 5 年。有效期届满需要延续的,注册人应当在有效期届满 6 个月前申请延续。

2. 备案　保健食品备案是指保健食品生产企业依照法定程序、条件和要求,将表明产品安全性、保健功能和质量可控性的材料提交食品安全管理部门进行存档、公开、备查的过程。根据我国《保健食品注册与备案管理办法》的规定,依法备案的保健食品包括:使用的原料已经列入保健食品原料目录的保健食品;首次进口的属于补充维生素、矿物质等营养物质(应当是列入保健食品原料目录的物质)的保健食品。SAMR 负责首次进口的属于补充维生素、矿物质等营养物质的保健食品备案管理,省、自治区、直辖市市场监督管理部门负责本行政区域内其他保健食品备案管理。备案时应当提交产品配方、生产工艺、标签、说明书以及表明产品安全性和保健功能的材料。市场监督管理部门收到备案材料后,备案材料符合要求的,当场备案,并完成备案信息的存档备查工作,发放备案号。

（二）保健食品原料目录和功能声称的管理

2019 年 10 月 SAMR 发布《保健食品原料目录与保健功能目录管理办法》(国家市场监督管理总局令第 13 号),明确了保健食品原料目录和允许保健食品声称的保健功能目录的制定、调整和公布流程。2023 年调整发布了《保健食品原料目录 营养素补充剂(2023 年版)》和《允许保健食品声

称的保健功能目录 非营养素补充剂（2023 年版）》，对保健功能进行了调整，由原来的 27 种变为 24 种，并对功能声称用语进行了规范和调整，删除了改善皮肤油分、改善生长发育、促进泌乳三项功能。24 项功能名称及评价要求见表 11-5。

表 11-5　我国允许保健食品声称的保健功能目录

动物实验（七项）	人体试验（四项）	动物实验和人体试食试验（十三项）
有助于增强免疫力、耐缺氧、有助于改善睡眠、有助于改善骨密度、缓解体力疲劳、对电离辐射危害有辅助保护作用、对化学性肝损伤有辅助保护作用	缓解视觉疲劳、有助于改善痤疮、有助于改善黄褐斑、有助于改善皮肤水分状况	有助于维持血脂（胆固醇/甘油三酯）健康水平、有助于维持血糖健康水平、有助于抗氧化、辅助改善记忆、有助于排铅、清咽润喉、有助于维持血压健康水平、有助于控制体内脂肪、有助于调节肠道菌群、改善缺铁性贫血、有助于消化、有助于润肠通便、辅助保护胃黏膜

随后又发布了《保健食品新功能及产品技术评价实施细则（试行）》，旨在推动保健食品新功能及产品研发，以更好地满足人民群众的健康需求。

（三）生产经营

1. 生产审批　保健食品的生产许可由省、自治区、直辖市市场监督管理部门负责。从事保健食品的生产企业，经检查符合《保健食品良好生产规范》要求，依法取得《保健食品生产许可证》。《保健食品生产许可证》应当标明生产的保健食品品种。保健食品生产企业拟增加保健食品品种时，应当依据《保健食品良好生产规范》，检查合格后，在《保健食品生产许可证》上予以标明。

2. 生产过程　保健食品生产企业应当按照注册或者备案的产品配方、生产工艺等技术要求组织生产。生产过程、生产条件必须符合《保健食品良好生产规范》的要求。生产工艺应能保持产品功效成分的稳定性。加工过程中功效成分不损失、不破坏、不转化和不产生有害的中间体。应采用定型包装，直接与保健食品接触的包装材料或容器必须符合有关卫生标准或卫生要求；包装材料或容器及其包装方式应有利于保持保健食品功效成分的稳定。

3. 经营　从事保健食品的经营者应按要求向各级市场监督管理部门提出申请，经检查符合相关要求的，方可到有关部门办理登记注册。保健食品经营应当符合《中华人民共和国食品安全法》和相关规定的要求。

（四）标签、说明书及广告宣传

保健食品的标签、说明书不得涉及疾病预防、治疗功能，内容应当真实，与注册或者备案的内容相一致，载明适宜人群、不适宜人群、功效成分或者标志性成分及其含量等，并声明"本品不能代替药物"。保健食品的功能和成分应当与标签、说明书相一致。为了加强对保健食品的监督管理，国家相关主管部门明确规定了中国保健食品的专用"蓝帽子"标志。保健食品的广告内容应当真实合法，不得含有虚假内容，不得涉及疾病预防、治疗功能。广告内容应当经生产企业所在地省、自治区、直辖市人民政府市场监督管理部门审查批准，取得保健食品广告批准文件。省、自治区、直辖市人民政府市场监督管理部门应当公布并及时更新已经批准的保健食品广告目录以及批准的广告内容。

（五）监督管理

按照我国相关规定，市、县级市场监督管理部门负责本行政区域内注册和备案保健食品的监督管理，以及保健食品生产经营企业的日常监督检查工作，应当建立实施监督检查的运行机制和管理制度，制订保健食品年度监督管理计划并按照年度计划组织开展工作。年度监督管理的重点事项包括保健食品生产过程中的添加行为和按照注册或者备案的技术要求组织生产的情况；保健食品标签、说明书以及宣传材料中有关功能宣传的情况。省级以上市场监督管理部门应当加强信息化建设，提高保健食品注册与备案管理信息化水平，逐步实现电子化注册与备案，还应当根据保健食品质量抽查检验情况，发布保健食品抽检结果。

（孙桂菊）

第九节　特殊医学用途配方食品

随着医疗科技的不断进步和个性化医疗的兴起，特殊医学用途配方食品（foods for special medical purposes，FSMP）在临床营养治疗中扮演着越来越重要的角色。特殊医学用途配方食品不仅为患者提供了必要的营养支持，还有助于疾病管理、促进康复，甚至在某些情况下是患者唯一的营养来源。

一、特殊医学用途配方食品在我国的发展和定义

我国 FSMP 的发展起步较晚，经历了从无到有，从引进到自主研发的转变。最初是以"肠内营养制剂"的身份纳入药品管理。2010 年 12 月，卫生部发布《食品安全国家标准 特殊医学用途婴儿配方食品通则》（GB 25596—2010）。2013 年 12 月，国家卫生计生委发布《食品安全国家标准 特殊医学用途配方食品通则》（GB 29922—2013）。2015 年修订的《中华人民共和国食品安全法》，首次明确将 FSMP 纳入食品规范管理，属于"特殊食品"。随后，又陆续发布了《特殊医学用途配方食品注册管理办法》及 6 个配套文件的注册管理体系。2023 年 9 月，国家卫生健康委发布《食品安全国家标准 特殊医学用途配方食品良好生产规范》（GB 29923—2023）。2023 年 11 月 28 日 SAMR 令第 85 号公布新修订的《特殊医学用途配方食品注册管理办法》，已于 2024 年 1 月 1 日起实施。

1. 定义　根据《食品安全国家标准 特殊医学用途配方食品通则》（GB 29922—2013），FSMP 是指为了满足进食受限、消化吸收障碍、代谢紊乱或特定疾病状态人群对营养素或膳食的特殊需要，专门加工配制而成的配方食品。该类产品必须在医生或临床营养师指导下，单独食用或与其他食品配合食用。

2. 分类　FSMP 包括三种：①全营养配方食品：可作为单一营养来源满足目标人群营养需求的 FSMP；②特定全营养配方食品：可作为单一营养来源能够满足目标人群在特定疾病或医学状况下营养需求的 FSMP；③非全营养配方食品：可满足目标人群部分营养需求的 FSMP，不适用于作为单一营养来源。FSMP 的具体种类见图 11-1。

二、特殊医学用途配方食品的监督及管理

（一）注册

我国对 FSMP 实施注册管理制度，SAMR 负责其注册管理工作。FSMP 注册，是指 SAMR 依据《特殊医学用途配方食品注册管理办法》规定的程序和要求，对申请注册的 FSMP 进行审查，并决定是否准予注册的活动。SAMR 食品审评机构负责 FSMP 注册申请的受理、技术审评、现场核查、制证送达等工作，并根据需要组织专家进行论证。省、自治区、直辖市市场监督管理部门应当配合 FSMP 注册的现场核查等工作。申请 FSMP 注册，应当向 SAMR 提交材料包括：①FSMP 注册申请书；②申请人主体资质文件；③产品研发报告；④产品配方及其设计依据；⑤生产工艺资料；⑥产品标准和

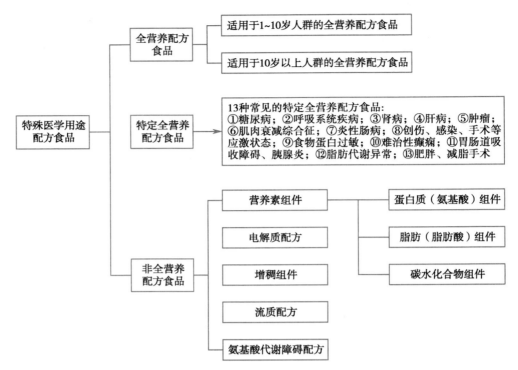

图 11-1　我国特殊医学用途配方食品分类

技术要求；⑦产品标签、说明书样稿；⑧产品检验报告；⑨研发能力、生产能力、检验能力的材料；⑩其他表明产品安全性、营养充足性以及特殊医学用途临床效果的材料。

　　申请特定全营养配方食品注册，一般还应当提交临床试验报告。

　　《特殊医学用途配方食品临床试验质量管理规范(试行)》对 FSMP 临床试验全过程作出了规定，包括临床试验计划制定、方案设计、组织实施、监查、记录、受试者权益和安全保障、质量控制、数据管理与统计分析、临床试验总结和报告。进行 FSMP 临床试验必须周密考虑试验的目的及要解决的问题，整合试验用产品所有的安全性、营养充足性和特殊医学用途临床效果等相关信息，总体评估试验的获益与风险，对可能的风险制定有效的防范措施。

　　SAMR 发布的《特殊医学用途配方食品注册管理办法》对 FSMP 的注册管理作出了具体的规定。审评机构应当对申请注册产品的产品配方、生产工艺、标签、说明书以及产品安全性、营养充足性和特殊医学用途临床效果进行审查，自受理之日起 60 个工作日内完成审评工作。审评机构可以组织营养学、临床医学、食品安全、食品加工等领域专家对审评过程中遇到的问题进行论证，并形成专家意见。审评机构根据食品安全风险组织对申请人进行生产现场核查和抽样检验，对临床试验进行现场核查。必要时，可对食品原料、食品添加剂生产企业等开展延伸核查。审评机构应当根据申请人提交的申请材料、现场核查报告、样品检验报告等资料开展审评，并做出审评结论。申请人的申请符合法定条件、标准，产品科学、安全，生产工艺合理、可行，产品质量可控，技术要求和检验方法科学、合理，现场核查报告结论、样品检验报告结论符合注册要求的，审评机构应当作出建议准予注册的审评结论。

　　(二) 生产经营

　　FSMP 生产过程中的安全控制是确保产品质量和安全的关键环节。2019 年我国出台《特殊医学用途配方食品生产许可审查细则》，企业在生产 FSMP 时应遵循以下安全控制要点。

1. **生产条件审查**　企业必须按照批准注册的产品配方、生产工艺等技术要求组织生产,确保生产条件满足法规要求。

2. **称量配料控制**　称量和配料过程应确保物料种类和数量与产品配方一致,并进行独立复核。

3. **生产工艺控制**　生产过程中的工艺和参数应符合注册时的技术要求,并有详细记录。

4. **产品防护管理**　半成品和成品应采用密闭设备储存,避免裸露存放,确保产品在生产、储存和运输过程中不受污染。

5. **包装控制**　包装材料应正确使用,并确保包装过程无金属或异物混入,符合净含量和密封性要求。

6. **共线生产与风险管控**　不同品种产品共线生产时,应进行食品安全风险分析,制定有效清洁措施,防止交叉污染。

7. **清场管理**　不同批次或品种更换前,应进行彻底清场并保存记录。

8. **清洁消毒制度**　根据原料、产品和工艺特点,制定有效的清洁消毒制度,并做好记录。

9. **生产设备管理**　设备使用前应验证或确认,制定设备使用、清洁、维护和维修的操作规程,并保存记录。

10. **检验管理**　建立原料检验、半成品检验、成品出厂检验的管理制度,确保产品质量安全。

2023年发布《食品安全国家标准　特殊医学用途配方食品良好生产规范》(GB 29923—2023),该标准对生产企业选址及厂区环境、厂房车间、设施设备、生产过程安全控制、贮存和运输等作出了规定。

（三）标签、说明书及广告宣传

根据《特殊医学用途配方食品注册管理办法》第四十四条至第四十九条的规定,FSMP的标签和说明书必须符合法律、法规、规章和食品安全国家标准,并与注册证书内容保持一致。FSMP的标签应当清晰展示产品名称、注册号、适用人群,并包含必要的警示说明,如"请在医生或临床营养师指导下使用""不适用于非目标人群使用"等。说明书应提供产品配方特点或营养学特征的描述,并明确标示产品的使用方式、适用人群和禁忌。2022年SAMR出台《特殊医学用途配方食品标识指南》,强调特殊医学用途配方食品实施标识管理,标识上注有"特医食品"四个字。广告宣传方面,《药品、医疗器械、保健食品、特殊医学用途配方食品广告审查管理暂行办法》(国家市场监督管理总局令2019年第21号)明确了特医食品广告内容应以批准的注册证书和产品标签、说明书为准,且不得超出这些文件的范围。广告中应显著标明适用人群和必要的警示信息。

（四）日常监督管理

FSMP的日常监督管理主要由国家市场监督管理系统负责,除了针对FSMP注册和生产许可证的监管外,日常还应该对其生产过程进行监督,包括原料采购、生产控制、产品检验等环节,以确保产品质量安全。同时对产品贮存和运输进行监管,确保企业按照产品标签所标识的贮存条件进行产品贮存和运输。另外市场监管部门通过信用监管,提升FSMP企业的信用意识,强化企业信用风险分类管理,促进企业自律和社会监督;并依法查处特殊医学用途配方食品生产和经营中的违法违规行为,如提供虚假材料、违反生产规范等。通过这些监督管理措施,监管部门确保特医食品从研发到上市的每个环节都符合国家食品安全标准,保护消费者健康和权益。

（孙桂菊）

第十节　转基因食品

近年来,转基因生物和转基因食品一直备受关注,特别是转基因农作物的大面积种植、转基因食品的大量生产及其国际贸易,引起了世界各国的高度重视。然而转基因食品的卫生问题在许多方面有别于其他传统类别的食品,应当从独特的角度加以审视和理解。

一、转基因食品的主要卫生问题

(一)转基因技术与转基因食品

转基因技术(transgene technology)又称基因工程技术、DNA 重组技术,是按照人们的意愿和设计方案,将某一生物(供体)细胞的基因分离出来或人工合成新的基因,在体外进行酶切和连接并插入载体分子,使遗传物质基因重新组合,然后导入自身细胞或另一种生物(受体)细胞中进行复制和表达的实验手段。利用转基因技术可以有目的地实现动物、植物和微生物等物种之间的 DNA 重组和转移,使现有物种的性状在短时间内趋于完善,或为其创造出新的生物特性。简而言之,转基因技术是指将人工分离和修饰过的基因导入生物体基因组并使之定向表达,进而引起生物体性状变化的一系列手段。

转基因食品(genetically modified food, GMF)是指以利用转基因技术使基因组构成发生改变的生物直接生产的食品或为原料加工制成的食品。在世界范围内,用来生产转基因食品的许多转基因作物早已被大面积种植并实现商品化,主要有大豆、玉米、油菜、木瓜等。应用转基因技术也获得了诸如牛、羊、猪、淡水鱼等转基因动物。转基因食品分为三类:①转基因动物、植物、微生物产品,如转基因大豆、转基因玉米;②转基因动物、植物、微生物直接加工品,如由转基因大豆制取的豆油;③以转基因动物、植物、微生物或以其直接加工品为原料生产的食品和食品添加剂,如用转基因大豆油加工的食品。转基因技术是生产转基因食品的核心技术,其次还包括转基因生物的种植、养殖或培植,以及转基因产品的加工、储藏和包装等一系列过程。

世界上很多国家都投入了大量的人力、物力、财力来扶持转基因食品的发展,美国、巴西、阿根廷、加拿大是全世界种植转基因作物较多的国家。

(二)转基因食品的卫生问题

在生态环境方面的潜在危害主要是被转入基因的漂移所引起的基因污染。关于转基因食品对人体健康的问题一直是敏感话题,其潜在危害主要表现在人体过敏、使细菌产生抗药性、改变食品的营养成分等。然而,目前没有充分的科学证据表明转基因食品会对人体健康产生直接的危害。

1. 过敏反应　转基因植物引入了外源性目的基因后,会产生新的蛋白质,使部分个体可能很难或无法适应而诱发过敏症。

2. 基因转移　转基因食品中的基因可能会转移到人体内的细菌或其他微生物中,从而引发潜在的健康问题。例如,抗生素抗性基因可能通过转基因食品传递给肠道微生物,影响抗生素的治疗效果。

3. 营养成分的改变　转基因食品中的外源性基因可能会改变食物的成分,包括营养成分构成和抗营养因子的变化。如抗除草剂转基因大豆中具有防癌功能的异黄酮成分较传统大豆减少了14%;转基因油菜中类胡萝卜素、维生素 E、叶绿素均发生变化。这些变化会导致食品营养价值降低,人体营养结构失衡,影响机体的健康。

二、转基因食品的卫生管理

随着转基因食品大量投放市场，人们将会更加关注其安全性问题。对转基因食品实施卫生管理，实际上主要是在这类食品的源头进行安全性管控。

早在 1993 年，经济合作与发展组织首次提出了转基因食品的评价原则——"实质等同"原则，即对转基因食品的主要营养成分、主要抗营养物质、毒性物质和过敏性成分等物质的种类及含量进行分析测定，并与同类传统食品作比较，如果两者之间无差异，则认为两者具有实质等同性，不存在安全性问题。如果不具有实质等同性，需逐条进行安全性评价。任何一种转基因食品在上市之前，需由研究人员进行包括"实质等同"对比在内的大量科学试验，每个国家也都制定了法律法规予以监督和管理。

我国对转基因食品的监管体系为农业农村部负责全国农业转基因生物安全的监督管理工作，并设有农业转基因生物安全委员会负责转基因食品的安全评价工作；SAMR 主要负责加工食品的转基因标识管理；海关总署负责全国进出境转基因产品的检验检疫管理工作，确保进口农业转基因生物全部用于原料加工，严禁改变用途。

（一）转基因食品管理的法律法规

我国十分重视转基因食品的卫生管理，早在 20 世纪 90 年代，有关部门就已颁布了相关法律法规，用于指导我国的基因工程研究和开发工作，促进农业生物基因工程的研究及应用，加强安全管理，以防止基因工程及其产品对人类健康、人类赖以生存的环境和农业生态平衡可能造成的危害。

国务院 2001 年颁布了《农业转基因生物安全管理条例》，并于 2011 年和 2017 年分别进行了修订，要求从事农业转基因生物的研究、试验、生产、加工、经营和进口、出口活动者，都必须遵守该条例规定的农业转基因生物安全评价制度、标识管理制度、生产许可制度、经营许可制度和进口安全审批制度等。2002 年 1 月首次发布《农业转基因生物安全评价管理办法》，最近一次修订为 2022 年 1 月 21 日农业农村部令 2022 年第 2 号修订，要求对用于农业生产或者农产品加工的植物、动物、微生物三大类农业转基因生物及其产品，要以科学为依据，以个案审查为原则，开展其对人类、动物、植物、微生物和生态环境构成的危险或者潜在风险的安全评价工作。

《农业转基因生物进口安全管理办法》规定对进口的农业转基因生物进行安全管理，要求境外公司在出口转基因产品到中国前必须获得农业转基因生物安全证书。按照《进出境转基因产品检验检疫管理办法》，海关总署负责全国进出境转基因产品的检验检疫管理工作，对进境转基因动植物及其产品、微生物及其产品和食品实行申报制度，检验检疫机构应当核查标识，符合农业转基因生物标识审查认可批准文件的，准予进境；不按规定标识的，重新标识后方可进境；未标识的，不得进境。对于进境转基因产品实施转基因项目的符合性检测。

按照《农业转基因生物加工审批办法》在中国境内从事农业转基因生物加工的单位和个人，必须获得省级人民政府农业行政主管部门颁发的《农业转基因生物加工许可证》，并具备规定的生产设备和设施条件以及安全管理制度。

针对涉及农业转基因生物的实验室条件和检验方法等，原农业部发布了《农业转基因生物安全管理通用要求　实验室》，主要规定了农业转基因生物在实验室阶段的安全管理办法，包括对实验室设施、设备、人员以及实验操作等方面的要求，旨在确保转基因生物研究的安全性，防止对人类健康和生态环境造成潜在风险。另外我国还发布了一些相关的转基因食品的检测方法。

我国对转基因食品实行强制标识制度,根据《农业转基因生物安全标识管理办法》规定,对 5 大类 17 种转基因作物必须进行标示。转基因食品标识方法有以下三种:①转基因动植物(含种子、种畜禽、水产苗种)和微生物,转基因动植物、微生物产品,含有转基因动植物、微生物或者其产品成分的种子、种畜禽、水产苗种、农药、兽药、肥料和添加剂等产品,直接标注"转基因××";②转基因农产品的直接加工品,标注为"转基因××加工品(制成品)"或者"加工原料为转基因××";③用农业转基因生物或用含有农业转基因生物成分的产品加工制成的产品,但最终销售产品中已不再含有或检测不出转基因成分的产品,标注为"本产品为转基因××加工制成,但本产品中已不再含有转基因成分"或者标注为"本产品加工原料中有转基因××,但本产品中已不再含有转基因成分"。2023 年 10 月,农业农村部发布了《关于修改农业转基因生物标识管理办法的决定(征求意见稿)》,向社会公开征求意见。意见稿中拟对转基因标识方法、非转基因标识、强制标识目录及转基因含量进行修改,包括取消了对制成品中转基因成分的限制,明确了"非转基因标识"要求,以及对实施标识管理的农业转基因生物目录进行调整,新增了大豆蛋白、豆渣、玉米渣、玉米粕、棉籽油、棉籽粕和苜蓿草等产品,并首次明确了单一作物转基因成分含量超过产品 3% 时应当标识。

(二)转基因食品的安全性评价

对转基因食品的安全性进行正确的评估和科学管理,是生物技术发展的必然趋势。依据《农业转基因生物安全管理条例》和《农业转基因生物安全评价管理办法》,我国对农业转基因生物安全评价以科学为依据,以个案审查为原则,实行分级分阶段管理,按照其对人类、动物、植物、微生物和生态环境的危险程度,分为四个安全等级:Ⅰ(无危险)、Ⅱ(低度危险)、Ⅲ(中度危险)、Ⅳ(高度危险)。转基因生物在实验研究的基础上需要完成中间试验、环境释放、生产性试验三个阶段的试验,才可以申请农业转基因生物安全证书。《农业转基因生物安全评价指南》规定了对转基因植物、转基因动物和动物用转基因微生物进行安全性评价的内容。2022 年修订版为转基因植物安全评价提供了详细的指导和要求。

1. **转基因植物的安全评价**　评价内容包括:①分子特征:从基因、转录和翻译水平考察外源插入序列的整合与表达情况;②遗传稳定性:包括目的基因整合的稳定性、目的基因表达的稳定性、目标性状表现的稳定性;③环境安全:包括生存竞争能力、基因漂移的环境影响、功能效率评价、有害生物抗性转基因植物对非靶标生物的影响、对生态系统群落结构和有害生物地位演化的影响、靶标生物的抗性风险;④食用安全:按照个案分析的原则,评价转基因植物与非转基因植物的相对安全性,包括新表达物质的毒理学评价、致敏性评价、关键成分分析(包括营养素、天然毒素及有害物质、抗营养因子、水分、灰分和非预期成分等)、全食品安全性评价、营养学评价、生产加工对安全性影响的评价、按个案分析的原则需要进行的其他安全性评价。

2. **转基因动物的安全评价**　评价内容包括:①分子特征;②遗传稳定性;③转基因动物的健康状况;④功能效率评价;⑤环境适应性;⑥转基因动物逃逸(释放)及其对环境的影响;⑦食用安全。

3. **动物用转基因微生物的安全评价**　评价内容包括:①分子特征;②遗传稳定性;③转基因微生物的生物学特性;④转基因微生物对动物的安全性;⑤转基因微生物对人类的安全性;⑥转基因微生物对生态环境的安全性。

(孙桂菊)

第十一节　其他食品

一、调味品的卫生及管理

调味品（condiment）是指在饮食、烹饪和食品加工过程中广泛应用的，用于调和滋味和气味，并具有去腥、除膻、解腻、增香、增鲜等作用的产品，根据我国《食品生产许可分类目录》（2020），调味品包括酱油、食醋、味精、酱类、调味料和食盐 6 大类及其各类下的 19 小类。在调味品的生产加工过程中，所涉及的原辅料种类繁多，工艺复杂，容易混入或产生有毒有害物质。除了遵循通用要求外，应关注生产加工过程中的危害控制，如原辅料的选择，菌种培养和发酵、灭菌条件的控制等，并建立产品的可追溯系统与召回程序等。

（一）酱油及酱

1. 概述　酱油是指以大豆和 / 或脱脂大豆、小麦和 / 或小麦粉和 / 或麦麸为主要原料，经微生物发酵制成的具有特殊色、香、味的液体调味品。按生产工艺可分为酿造酱油和配制酱油（以酿造酱油为主体，与酸水解植物蛋白调味液、食品添加剂等配制而成）；根据我国《酿造酱油》（GB/T 18186—2000）的标准，不同级别的酱油其氨基酸态氮含量有所不同。按食用方法可分为烹调酱油和餐桌酱油，前者适用于烹调，后者适于直接食用，市售的老抽酱油即为烹调酱油，而生抽酱油则为餐桌酱油。此外，《调味品分类》（GB/T 20903—2007）中将铁强化酱油（添加乙二胺四乙酸铁钠）也纳入为酱油的一个种类。酱通常是指以粮食为主要原料经发酵酿造而成的各种调味酱，以及以调味酱为主体基质添加各种配料（如蔬菜、肉类、禽类等）加工而成的酱类产品，包括豆酱、面酱、番茄酱、辣椒酱、芝麻酱、花生酱、虾酱以及芥末酱。

2. 酱油及酱卫生管理

（1）原辅材料：用于酱油及酱类生产的粮食类原料必须干燥、无杂质、无污染，农药残留、重金属、黄曲霉毒素等有毒有害物质残留应符合《食品安全国家标准　粮食》（GB 2715—2016）的规定；调味类原料必须纯净、无潮解、无杂质、无异味，并应符合相应国家标准的要求；食品添加剂的品种和添加数量应符合食品《安全国家标准　食品添加剂使用标准》（GB 2760—2024）的要求；生产用水应符合《生活饮用水卫生标准》（GB 5749—2022）的规定。生产配制酱油所使用的酸水解植物蛋白调味液应符合《酸水解植物蛋白调味液》（SB /T10338—2000）的规定，3-MCPD 应 ≤1mg/kg；不得使用非食用性原料生产的蛋白水解液和生产氨基酸的废液，以防止铅、砷及有害物质对产品的污染。污染物限量应符合《食品安全国家标准　食品中污染物限量》（GB2762—2022）的规定。

（2）发酵菌种：必须选用蛋白酶活力强、不产毒、不变异的优良菌种，并定期分离纯化，以保证菌株的性能。应用新菌种前，应按《新食品原料安全性审查管理办法》进行审批后方可使用。真菌毒素限量应符合《食品安全国家标准　食品中真菌毒素限量》（GB2761—2017）的规定。

（3）生产加工过程：应符合《食品安全国家标准　食品生产通用卫生规范》（GB 14881—2013）、《食品安全国家标准　酱油生产卫生规范》（GB 8953—2018）等规定；含蛋白质的原料必须经过蒸熟、冷却，应尽量缩短冷却和散凉时间。酿造过程应控制盐水的浓度、温度和拌曲水量；发酵制品应控制发酵时的温度和通风量，以防止杂菌污染；灭菌工艺应严格控制温度和时间，以保证产品的安全质量。灭菌后的产品必须符合《食品安全国家标准　酱油》（GB 2717—2018）、《食品安全国家标准　酿造酱》（GB 2718—2014）的规定；生产配制酱油时，配制酱油中酿造酱油的比例（以全氮计）不得少于50%。

（4）包装与标识：食品接触材料及制品应符合相应的标准和有关规定。定型包装的标识要求应符合有关规定。如酱油类产品在产品的包装标识上必须醒目标出"酿造酱油"或"配制酱油"，还应标明氨基酸态氮的含量、用于"佐餐和/或烹调"等，散装产品亦应在大包装上标明上述内容。

（5）储存及运输：成品的储藏与运输条件应符合相关标准的规定，不得与有毒、有害、有异味、易挥发、易腐蚀的物品同处储存；运输时应避免日晒、雨淋。不得与有毒、有害、有异味或影响产品质量的物品混装运输。

此外，生产企业应建立并实施可追溯性系统及产品召回制度。

（二）食醋

1. 概述　食醋是指单独或混合使用各种含有淀粉、糖的物料、食用酒精，经微生物发酵酿制而成的液体酸性调味品。甜醋则是单独或混合使用糯米、大米等粮食、酒类或食用酒精，经微生物发酵后再添加食糖等辅料制成的食醋。按原料及加工工艺的不同可分为酿造食醋和配制食醋。酿造食醋是单独或混合使用各种含有淀粉、糖的物料或酒精，经微生物发酵酿制而成的液体调味品，如米醋、熏醋、陈醋、水果醋等。配制食醋是以酿造食醋为主体，与冰乙酸（食品级）、食品添加剂等混合配制而成的调味食醋。

2. 食醋的卫生管理　①原辅材料：粮食类原料必须符合《食品安全国家标准　粮食》（GB 2715—2016）的规定；发酵剂必须符合生产工艺要求，选用的菌种必须经常进行纯化和鉴定；食品添加剂和生产用水应符合相关标准的规定。②生产加工过程：应符合《食品安全国家标准　食醋生产卫生规范》（GB 8954—2016）、《食品安全国家标准　食醋》（GB 2719—2018）等有关法规、标准的规定；生产配制食醋时，其中酿造食醋的比例（以乙酸计）不得少于50%，使用冰乙酸应符合《食品安全国家标准　食品添加剂　冰乙酸（又名冰醋酸）》（GB 1886.10—2015）的要求。③包装与标识：食物接触材料及制品应符合相应的卫生标准和有关规定，回收的包装容器应经严格检验后方能使用；定型包装的标识要求应符合有关规定，预包装食醋的标签应标示总酸含量，产品的包装标识上应醒目标出"食醋"或"甜醋"字样。④储存及运输：成品的储藏与运输条件应符合相关标准的规定。此外，生产企业应建立并实施可追溯性系统及产品召回制度。

（三）食用盐

1. 概述　以氯化钠为主要成分，用于食用的盐。我国《食品安全国家标准　食用盐》（GB 2721—2015）规定，食用盐中氯化钠含量（g/100g）应≥97%（以干基计）。食用盐可根据资源、加工方法及用途进行分类。按资源可分为海盐、湖盐、井矿盐；按加工方法分为精制盐、粉碎洗涤盐、日晒盐；按用途分为加碘盐和非加碘盐；按是否加氯化钾分为低钠盐和普通盐。另外近年来市场也有一些其他营养强化盐、调味盐等。

2. 食用盐的卫生管理　①原料：井矿盐是生产精制盐的原料之一，生产中必须将硫酸钙、硫酸钠等杂质分离除去，含有过高硫酸钠的食用盐会有苦涩味，并影响食物在肠道的吸收；此外，井矿盐中还可能含有钡盐，钡盐具有肌肉毒性，长期少量食用可引起慢性中毒。②食品添加剂：为了防结块，食用盐生产过程中常在盐中加入微量的抗结剂，GB 2760—2024规定亚铁氰化钾（以亚铁氰根计）在盐和代盐制品中最大使用量为0.01g/kg；亚铁氰化钾中的铁和氰化物之间结构稳定，在日常烹调温度下分解的可能性极小；此外，食用盐也是安全而有效的营养素强化载体，国内营养强化食用盐除了碘盐，还有铁、锌、钙、硒、核黄素等强化盐，生产此类食用盐时，营养强化剂的使用应符合食品强化的原则及《食品安全国家标准　食品营养强化剂使用标准》（GB 14880—2012）、《食品安全

国家标准　食用盐碘含量》（GB 26878—2011）的有关规定。③生产加工过程：应符合《食品安全国家标准　食品生产通用卫生规范》（GB14881—2013）规定，严禁利用井矿盐卤水晒制、熬制食用盐。④包装与标识：食物接触材料及制品应符合相应的卫生标准和有关规定，抗结剂在产品包装上应当标识。⑤储存及运输：成品的储藏与运输条件应符合相关标准的规定。此外，企业应建立并实施可追溯性系统及产品召回制度。

二、糕点、面包类食品的卫生及管理

1. 概述　糕点是以谷类、豆类、薯类、油脂、糖、蛋等的一种或几种为主要原料，添加或不添加其他原料，经调制、成型、熟制等工序制成的食品，以及熟制前或熟制后在产品表面或熟制后内部添加奶油、蛋白、可可、果酱等的食品；面包是以小麦粉、酵母、水等为主要原料，添加或不添加其他原料，经搅拌、发酵、整形、醒发、熟制等工艺制成的食品，以及熟制前或熟制后在产品表面或内部添加奶油、蛋白、可可、果酱等的食品。糕点、面包类食品通常是不经加热直接食用，因此，为了确保该类食品的安全，从原料选择到销售等诸环节的卫生管理至关重要。

2. 糕点、面包类的卫生管理　糕点、面包类的生产销售应符合《食品安全国家标准　糕点、面包卫生规范》（GB 8957—2016）的要求，终产品应符合《食品安全国家标准　糕点、面包》（GB 7099—2015）的卫生要求。

（1）原辅材料：生产糕点、面包类食品所用的所有原料均应符合相应的标准和规定，所用食品添加剂和生产用水应符合相关标准的规定。

（2）加工过程：粮食原料及其他粉状原辅料使用前必须过筛，且过筛装置中须增设磁铁装置，以除去金属类杂质；乳类原料须经巴氏消毒并冷藏，用前取出；蛋类需经仔细挑选，再经清洗消毒方可使用。

制作油炸类糕点时，煎炸油最高温度不得超过250℃。以肉为馅心的糕点、面包加工过程中，中心温度应达到90℃以上，一般糕点中心温度应达到85℃以上，以防止外焦内生。成品加工完毕，须彻底冷却再包装，以防止糕点发生霉变、氧化酸败等。冷却最适宜的温度是30~40℃，室内相对湿度为70%~80%。

（3）包装、储存、运输及销售：食物接触材料及制品应符合相应的卫生标准和有关规定。产品标签及说明书应符合《食品安全国家标准　预包装食品标签通则》（GB 7718—2025）和《食品安全国家标准　预包装食品营养标签通则》（GB 28050—2025）的规定。

成品库应有防潮、防霉、防鼠、防蝇、防虫、防污染措施。运输产品时应避免日晒、雨淋，不得与有毒、有害、有异味或影响产品质量的物品混装运输。冷工艺产品要在低温条件下储存、运输和销售。销售场所须具有防蝇、防尘等设施，销售散装糕点的用具要保持清洁，销售人员不得用手直接接触糕点。

（4）从业人员：生产企业应有完善的卫生设施和健全的卫生制度。凡是患有原卫生计生委发布的《有碍食品安全的疾病目录》中疾病者，不得在糕点、面包加工车间工作，包括霍乱、细菌性和阿米巴性痢疾、伤寒和副伤寒、病毒性肝炎（甲型、戊型）、活动性肺结核、化脓性或者渗出性皮肤病。

（5）出厂前的检验：糕点、面包类食品在出厂前须进行卫生与质量的检验，内容包括感官、理化及微生物指标等。凡不符合标准的产品一律不得出厂。

（6）产品追溯与召回：企业应建立并实施可追溯性系统，并建立产品召回制度。

三、食糖、蜂蜜、糖果的卫生及管理

1. **概述**　食糖是以蔗糖为主要成分的糖产品的统称。原糖是以甘蔗汁经清净处理、煮炼结晶、离心分蜜制成的带有糖蜜,不供作直接食用的蔗糖结晶,后续利用原糖加工成为白砂糖、绵白糖、赤砂糖、红糖、方糖、冰糖。白砂糖、绵白糖常作为调味品应用在饮食、烹饪和食品加工中。蜂蜜是指蜜蜂采集植物的花蜜、分泌物或蜜露,与自身分泌物混合后,经充分酿造而成的天然甜物质。蜂蜜的主要成分是葡萄糖和果糖(65%~81%),此外,尚含有少量的蔗糖、糊精、矿物质、有机酸、芳香物质和维生素等。糖果是指以食糖或糖浆或甜味剂等为主要原料,经相关工艺制成的甜味食品。根据《食品生产许可分类目录》(2020),糖果可以分为硬质糖果、奶糖糖果、夹心糖果、酥质糖果、焦香糖果(太妃糖果)、充气糖果、凝胶糖果、胶基糖果、压片糖果、流质糖果、膜片糖果、花式糖果和其他糖果 13 类。

2. **食糖、蜂蜜、糖果的安全卫生管理**　我国已经颁布了《食品安全国家标准 食糖》(GB 13104—2014)、《食品安全国家标准 蜂蜜》(GB 14963—2011)、《食品安全国家标准 糖果》(GB 17399—2016)等标准。市场监督管理部门应依据上述标准及有关规定,加强对生产经营者的监督管理。

(1)原辅材料:食糖制糖原料甘蔗和甜菜、生产糖果的所有原辅材料必须符合国家关于农药和污染物含量食品安全国家标准的规定。生产用水、食品添加剂应符合相应标准的规定。蜜蜂放蜂点应选择无污染的蜜源地区,不得来源于雷公藤、博落回、狼毒等有毒蜜源植物。蜜蜂病虫害的防治应使用国家允许的无污染的高效、低毒蜂药,严格遵循休药期的管理。

(2)生产加工过程:应符合《食品安全国家标准 食品生产通用卫生规范》(GB 14881—2013)的规定。含乳糖果生产过程中,由于加工温度相对较低,时间较短,生产企业要严格控制微生物对产品的污染,并用专门容器盛放。生产用的容器、用具、管道、涂料以及包装材料,必须符合相应的标准和要求,严禁使用有毒、有害的容器(如镀锌钢板制品、回收的塑料桶等)盛装产品,不得掺杂使假;食品添加剂的品种和使用量应符合相关规定。

终产品卫生质量要求均应达到相应产品的感官、理化、污染物及微生物的要求,如食糖中原糖的不溶于水杂质≤350mg/kg。

(3)包装与标识:食糖必须采用二层包装袋(内包装为食品包装用塑料袋)包装后方可出厂,食物接触材料及制品和标签应符合相应的标准和有关规定。

(4)储存及运输:产品应储存在干燥、通风良好的场所,单独空间存放;运输产品时应避免日晒、雨淋,不得与有毒、有害、有异味或影响产品质量的物品混装运输。此外,企业应建立产品追溯和召回程序。

四、方便食品的卫生及管理

方便食品(convenience food)在国外称为快速食品、快餐食品或备餐食品等,根据我国《方便食品生产许可证审查细则》,实施食品生产许可证管理的方便食品是指部分或完全熟制,不经烹调或仅需简单加热、冲调就能食用的食品。方便食品具有食用简便迅速、携带方便、营养丰富、卫生安全等特点。

(一)方便食品的分类

方便食品的种类很多,涉及范围较广,目前尚无统一的分类方法。按原料和用途可分为方便主食(方便面、方便米饭、方便米粉、包装速煮米、方便粥、速溶粉类等)、方便副食(各种汤料和菜肴)、

方便调味品(方便咖喱、粉末酱油、调味汁等)、方便小食品(油炸锅巴、香酥片、小米薄酥脆等)、其他方便食品(果汁、饮料等)。我国《食品生产许可分类目录》(2020)中方便食品分为方便面、其他方便食品和调味面制品三类,其中方便面又分油炸方便面、热风干燥方便面和其他方便面,其他方便食品包括主食类和冲调类。

(二)方便食品的卫生管理

1. 原辅材料 生产方便食品的生产用水和所有原辅材料均须符合相应的标准和有关规定。油炸类方便食品的油脂类原料,应符合《食品安全国家标准 植物油》(GB 2716—2018)中煎炸过程中食用植物油的要求。食品添加剂的品种和使用量应符合《食品安全国家标准 食品添加剂使用标准》(GB 2760—2024)的规定。

2. 生产加工过程 应遵循《食品安全国家标准 食品生产通用卫生规范》(GB 14881—2013)的相关规定。方便食品因品种不同所涉及的生产工艺也大不相同,如方便面的生产工艺与糕点的生产工艺类似,因此,生产加工过程也可以参照糕点、面包的卫生规范执行。

3. 包装与标识 各类方便食品的食物接触材料及制品应符合相应的标准和有关规定。产品标签及说明书应符合《食品安全国家标准 预包装食品标签通则》(GB 7718—2025)和《食品安全国家标准 预包装食品营养标签通则》(GB 28050—2025)的规定,定型包装的标识要求应符合有关规定。

4. 储存及运输 成品库应有防潮、防霉、防鼠、防蝇、防虫、防污染措施,不得与有毒、有害、有异味、易挥发、易腐蚀的物品同处储存。运输产品时应避免日晒、雨淋,不得与有毒、有害、有异味或影响产品质量的物品混装运输。

此外,生产企业应建立产品追溯和召回程序。

五、无公害食品、绿色食品及有机食品的卫生及管理

(一)无公害食品

无公害食品(non-environmental pollution food)是指产地环境、生产过程和产品质量符合国家有关标准和规范的要求,经认证合格获得认证证书并允许使用无公害农产品标志的未经加工或者初加工的食用农产品。无公害食品生产过程中允许限量、限品种、限时间使用人工合成的安全的化学农药、兽药、渔药、肥料、饲料添加剂等。从保证消费者安全的角度,无公害食品应该作为对农产品安全质量的基本要求。

2001年4月,农业部正式启动了"无公害食品行动计划",2003年4月,农业部农产品质量安全中心成立,开始实施全国统一标志的无公害农产品认证与管理工作。无公害农产品的种植需要产地认证,并进行无公害农产品认证。无公害农产品实施标志管理。

按照《无公害农产品管理办法》的规定,原农业部、原国家质量监督检验检疫总局、国家认证认可监督管理委员会和国务院有关部门根据职责分工依法组织对无公害农产品的生产、销售和无公害农产品标志使用等活动进行监督管理。无公害农产品认证机构对获得认证的产品进行跟踪检查,受理有关的投诉、申诉等。目前我国停止了无公害农产品认证,并全面启动了农产品承诺达标合格证制度,这源自2023年1月1日起施行的新修订的《中华人民共和国农产品质量安全法》。该法要求农产品生产企业、农民专业合作社、从事农产品收购的单位或个人对其产品作出质量安全承诺,并承担相应的法律责任。承诺其产品符合国家规定的农产品质量安全标准,不使用禁用的农药、兽药及其他化合物,且使用的常规农药、兽药残留不超标等。无公害农产品认证制度的停止并不是取

消,在无公害农产品认证的有效期内,可继续使用标志,但证书到期后将不再开展无公害农产品认证(无公害农产品认证标志的有效期为3年)。

（二）绿色食品

绿色食品（green food）是指产自优良生态环境、按照绿色食品标准生产、实行全程质量控制并获得绿色食品标志使用权的安全、优质食用农产品及相关产品。绿色食品比一般食品更强调"无污染"或"无公害"的安全卫生特征,具备"安全"和"营养"的双重质量保证。

1. 等级和标识　中国绿色食品发展中心将绿色食品分为 AA 级和 A 级两个技术等级。①AA 级绿色食品:系指产地的环境质量符合《绿色食品 产地环境质量》(NY/T 391—2021)的要求,生产过程中不使用化学合成的肥料、农药、兽药、饲料添加剂、食品添加剂和其他有害于环境和身体健康的物质,按有机生产方式生产,产品质量符合绿色食品产品标准,经专门机构认定,许可使用 AA 级绿色食品标志的产品;②A 级绿色食品:是指产地环境质量符合 NY/T 391—2021 的规定,生产过程中严格按照绿色食品生产资料使用准则和生产操作规程的要求,限量使用限定的化学合成生产资料,产品质量符合绿色食品产品标准,经专门机构认定,许可使用 A 级绿色食品标志的产品。AA 级绿色食品与 A 级绿色食品最主要的区别是在生产过程中不使用任何化学合成的物质。

绿色食品也实施标识管理,商标设计使用规范由中国绿色食品发展中心发布《中国绿色食品商标标志设计使用规范手册(2021 版)》,对商标设计使用规范进行了详细规定。标志图形由三部分组成,即上方的太阳、下方的叶片和中心的蓓蕾。标志为圆形,意为保护、安全。AA 级绿色食品标志与标准字体为绿色,底色为白色;A 级绿色食品标志与标准字体为白色,底色为绿色(图 11-2)。中国绿色食品发展中心负责全国绿色食品标志使用申请的审查、颁证和颁证后跟踪检查工作。绿色食品标志使用证书有效期三年。

AA级绿色食品标志　　　　A级绿色食品标志

图 11-2　中国绿色食品标志

2. 生产加工的卫生要求

（1）原辅材料:全部或 95% 的农业原料应来自经认证的绿色食品产地,其产地条件符合《绿色食品 产地环境质量》(NY/T 391—2021)的要求。非农业原料(矿物质、维生素等)必须符合相应的标准和有关的规定。生产用水应符合《生活饮用水卫生标准》(GB 5749—2022)的要求。食品添加剂严格按照《绿色食品 食品添加剂使用准则》(NY/T 392—2023)的规定执行,生产 AA 级绿色食品只允许使用天然食品添加剂。

（2）生产加工过程:生产企业应有良好的卫生设施、合理的生产工艺、完善的质量管理体系和卫生制度。生产过程中严格按照绿色食品生产加工规程的要求操作。生产 AA 级绿色食品时,禁用石油馏出物进行提取、浓缩及辐照保鲜。清洗、消毒过程中使用的清洁剂和消毒液应无毒、无害。

（3）包装与储存:食物接触材料应安全、无污染,不准使用聚氯乙烯和膨化聚苯乙烯等包装材料,标识应符合 GB 7718—2025、GB 28050—2025 和《中国绿色食品商标标志设计使用规范手册(2021 版)》及其他有关规定的要求。储库应远离污染源,库内须通风良好、定期消毒,并设有各种防止污染的设施和温控设施,避免将绿色食品与其他食品混放。储存 AA 级绿色食品时,禁用化学储藏保护剂。

3. 绿色食品的管理　按照《农业部"绿色食品"产品管理暂行办法》的规定,对"绿色食品"产品实行三级质量管理,省、部两级管理机构行使监督检查职能。①生产企业在生产全过程中严格按照"绿色食品"标准执行,在生态环境、生产操作规程、食品品质,卫生标准等方面进行全面质量管理;②省级绿色食品办公室对本辖区"绿色食品"企业进行质量监督检查;③农业部指定的部级环保及食品检测部门对"绿色食品"企业进行抽检和复检。

(三)有机食品

有机食品(organic food)是指符合特定有机标准,并通过独立认证机构认证的食品。这些食品来自有机农业生产体系,根据国际有机农业生产要求和标准进行生产加工。与传统农业相比,有机农业是遵照一定的有机农业生产原则,在生产中不采用基因工程获得的生物及其产物,不使用化学合成的农药、化肥、生长调节剂、饲料添加剂等物质,遵循自然规律和生态学原理,协调种植业和养殖业的平衡,采用一系列可持续发展的农业技术以维持持续稳定的农业生产体系的一种农业生产方式。在中国,有机食品的生产、加工、标识与管理体系遵循国家标准《有机产品　生产、加工、标识与管理体系要求》(GB/T 19630—2019)。

有机食品与绿色食品、无公害食品比较,其安全质量要求更高,AA 级绿色食品在标准上与有机食品类似。从总体上讲,以上三类食品都具有无公害、无污染、安全、营养等特征,但三者在产地环境、生产资料和生产加工技术、标准体系和管理上又存在一定的差异。

中国有机产品的认证标志分为中国有机产品认证标志和中国有机转换产品认证标志两种(图 11-3)。中国有机产品认证标志标有中文"中国有机产品"字样和相应的英文(ORGANIC);图案主要由三部分组成,即外围的圆形、中间的种子图形及其周围的环形线条;图案以绿色为主色调。中国有机转换产品认证标志是指在有机产品转换期内生产的产品或者以转换期内生产的产品为原料的加工产品所使用的认证标志。该标志标有中文"中国有机转换产品"字样和相应英文(CONVERSION TO ORGANIC)。图案和中国有机食品认证标志相同,区别是图案的颜色以棕色为主。

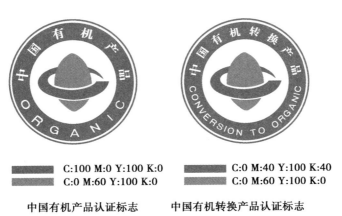

中国有机产品认证标志　　中国有机转换产品认证标志

图 11-3　中国有机产品认证标志和中国有机转换产品认证标志

有机食品的管理应遵循国家相应的法律、法规和标准,如《中华人民共和国食品安全法》《有机产品　生产、加工、标识与管理体系要求》《中华人民共和国认证认可条例》《有机产品认证管理办法》等。

有关管理部门和单位对有机产品认证以及有机产品的生产、加工、销售活动进行监督检查,包括组织同行进行评议,向被认证的企业或者个人征求意见,对认证及相关检测活动及其认证决定、检测结果等进行抽查,要求从事有机产品认证及检测活动的机构报告业务情况,对证书、标志的使用情况进行抽查,对销售的有机产品进行检查,受理认证投诉、申诉,查处认证违法、违规行为。

（孙桂菊）

本章小结

　　食品在生产、运输、储存、销售等环节可能受到污染,各类食品存在的卫生问题既有共同点,又有不同之处。本章着重阐述了粮豆、蔬菜、水果、畜肉、禽肉蛋类、鱼类、乳及乳制品、食用油脂、罐头、饮料酒、冷冻饮品与饮料等常见食品的主要卫生问题和卫生要求,以及生产、加工、储存、食用过程的卫生监督与管理,介绍了保健食品、特殊医学用途配方食品和转基因食品的概念、特征、卫生监督与管理。此外,还简要介绍了调味品、糕点、面包类、食糖、蜂蜜、糖果、方便食品、无公害食品、绿色食品及有机食品的卫生及管理。

思考题

1. 如何预防农产品的农药残留?
2. 近年来肉制品安全问题颇受人们关注,你对此有何看法?
3. 保健食品和特殊医学用途配方食品的定义、适用人群及管理有什么异同点?
4. 如何正确理解无公害食品、绿色食品和有机食品?

第十二章
食源性疾病及其预防

食源性疾病（foodborne disease）是当今世界上分布最广泛、最常见的疾病之一，是当前世界范围内最为突出的公共卫生问题之一。"食源性疾病"一词由传统的"食物中毒"逐渐发展而来，是对"由食物摄入引起的疾病"认识上的不断深入。食源性疾病发病频繁，且波及的面广，涉及的人多，不仅危害人体健康和生命安全，还会造成重大经济损失。

第一节　食源性疾病

食源性疾病的预防与控制是一个世界范围的问题。食源性疾病最常见的临床表现为胃肠道症状，然而，摄入受污染的食品也可能造成全身多器官损伤，甚至引发癌症，从而造成残疾和死亡。

一、概述

（一）食源性疾病的定义

WHO 对食源性疾病的定义为"通过摄入食物进入人体的各种致病因子引起的、通常具有感染或中毒性质的一类疾病"。我国《中华人民共和国食品安全法》（2015）中对食源性疾病的定义为"食品中致病因素进入人体引起的感染性、中毒性等疾病，包括食物中毒"。食源性疾病包括三个基本要素：①食物是携带和传播病原物质的媒介；②导致人体罹患疾病的病原物质是食物中所含有的各种致病因子；③临床特征为急性、亚急性中毒或感染。

随着人们对疾病认识的深入和发展，食源性疾病的范畴也在不断扩大。它既包括传统的食物中毒，还包括经食物而感染的肠道传染病、食源性寄生虫病、人畜共患传染病、食物过敏，以及由食物中有毒、有害污染物所引起的慢性中毒性疾病。

（二）引起食源性疾病的致病因子

能引起人类食源性疾病的致病因子多种多样，主要包括生物性、化学性和物理性三大类。

1. 生物性因素

（1）细菌及其毒素：细菌及其毒素是引起食源性疾病最重要的病原物。细菌主要包括：①引起细菌性食物中毒的病原菌；②引起人类肠道传染病的病原菌；③引起人畜共患病的病原菌。这些细菌及其毒素可通过其污染的食物进入人体而致病。

（2）真菌及其毒素：包括黄曲霉、赭曲霉、镰刀菌、展青霉、杂色曲霉等及其产生的毒素。

（3）病毒和立克次体：可引起腹泻或肠道传染病，如轮状病毒、柯萨奇病毒、埃可病毒、腺病毒、冠状病毒、诺如病毒、甲型肝炎病毒、朊病毒等。

（4）寄生虫和原虫：可引起人畜共患寄生虫病的有囊尾蚴（绦虫）、毛线虫（旋毛虫）、弓形虫以及其他寄生虫。

（5）有毒动物及其毒素：河豚体内的河豚毒素、某些海鱼体内的雪卡毒素、贝类中的石房蛤毒素等。除此之外，还包括动物性食物储存时产生的毒性物质，如鱼体不新鲜或腐败时所形成的组胺。

（6）有毒植物及其毒素：苦杏仁及木薯中的氰苷类；粗制棉籽油中所含的毒棉酚；菜豆（四季豆）中的皂素；鲜黄花菜中的类秋水仙碱；马铃薯在储存时其芽眼处产生的龙葵素等。

2. **化学性因素** 主要包括农药残留；兽药残留；不符合要求的食品生产工具、食品接触材料以及非法添加物；有毒有害化学物质，如镉、铅、砷、偶氮化合物等；食品加工中可能产生的有毒化学物质，如反复高温加热油脂产生的油脂聚合物；烘烤或烟熏动物性食物产生的多环芳烃类；食品腌制过程中产生的亚硝酸盐等。

3. **物理性因素** 主要来源于放射性物质的开采、冶炼、国防核武器以及放射性核素在生产活动和科学实验中使用时，其废弃物不合理排放及意外性泄漏，通过食物链的各个环节污染食品，尤其是半衰期较长的放射性核素碘 -131、锶 -90、锶 -89、铯 -137 污染的食品，引起人体慢性损害及远期的损伤效应。

（三）食源性疾病的流行情况

食源性疾病是一个日趋严重的公共卫生问题。2015 年，WHO 首次估算了细菌、真菌毒素、病毒、寄生虫和化学品等 31 种病原体造成的食源性疾病负担，并指出全球每年有多达 6 亿人或近十分之一的人因食用受到污染的食品而患病，造成 42 万人死亡，其中 5 岁以下儿童 12.5 万人，几乎占食源性疾病死亡的 30%。

不同国家引发食源性疾病暴发的主要病原有所不同。美国食源性疾病首要病原是诺如病毒，其次为沙门氏菌；欧盟和澳大利亚食源性疾病首要病原为沙门氏菌；中国食源性疾病首要病原为有毒动植物，其次为副溶血性弧菌和沙门氏菌。

从世界范围来看，非洲和东南亚的食源性疾病发病率和死亡率均较高，我国食源性疾病的发病率亦呈上升趋势。目前世界上只有少数发达国家建立了食源性疾病年度报告制度，且漏报率较高，可高达 90%，发展中国家的漏报率在 95% 以上。

（四）食源性疾病的监测

无论在发达国家还是在发展中国家，食源性疾病都是重要的公共卫生问题，不仅影响到人类的健康，而且对经济、贸易甚至社会安定产生极大的影响。世界各国纷纷建立起食源性疾病监测系统，以保障全球食品安全战略的实施。

1. **国际食源性疾病监测情况** 国际组织和世界各国建立了多个监测网络，如 WHO 建立的全球沙门氏菌监测系统（WHO Global Salm-Surv，WHO GSS）、美国食源性疾病主动监测网（the Foodborne Diseases Active Surveillance Network，Food-Net）、美国食源性疾病暴发监测网（Foodborne Disease Outbreak Surveillance System，FDOSS）、美国 PulseNet 实验室网络、美国国家食源性疾病病原菌耐药性监测系统（National Antimicrobial Resistance Monitoring System，NARMS）、欧盟 EnterNet、丹麦综合耐药性监测和研究项目（Danish Programme for Surveillance of Antimicrobial Consumption and Resistance in Bacteria from Food Animals，Food and Humans，DANMAP）等。

2. **我国食源性疾病监测情况** 自 2000 年起建立国家食源性致病菌监测网，对食品中的沙门氏菌、肠出血性大肠埃希氏菌 O157∶H7、单核细胞增生李斯特氏菌和弯曲菌进行连续主动监测。2002 年建立食源性疾病监测网。2005 年起制定了与 5 种肠道传染病（痢疾、伤寒 / 副伤寒、霍乱、小肠结肠炎耶尔森菌、大肠埃希氏菌 O157∶H7）相关的监测方案，在全国对暴发疫情、病原学、细菌耐药性和流行因素进行监测。2009 年颁布实施《中华人民共和国食品安全法》，食源性疾病监测正式纳入国家食品风险监测计划。

2010 年，国家开始建立全国食源性疾病（包括食物中毒）报告系统和疑似食源性异常病例 / 异常健康事件报告系统。食物中毒报告系统的报告对象是所有处置完毕的发病人数在 2 人及以上，或死亡人数为 1 人及以上的食源性疾病事件。异常病例报告系统所针对的是一组用目前的知识难以解释的可能与食品有关的疾病或事件。之后监测系统逐步完善，包括食源性疾病主动监测、食源性疾病病例监测、食源性疾病暴发监测、食源性单核细胞增生李斯特菌感染病例监测、食源性致病菌分子溯源及食源性致病菌耐药性监测等。但在我国目前的监测系统中，食源性疾病发病人数在 2 人以下者未纳入上报范畴，同时食源性慢性损害也不在上报之列，因此仍然存在漏报现象。

为了加强对食源性疾病的监测和防控，2019 年，国家卫生健康委发布了《食源性疾病监测报告工作规范（试行）》，制定了我国食源性疾病名录，将食源性疾病分为细菌性、病毒性、寄生虫性、化学性、有毒动植物性、真菌性及其他 6 大类，明确了食源性疾病的监测报告、信息报送和组织保障等工作。

二、人畜共患传染病

人畜共患传染病（anthrop zoonoses）是指人和脊椎动物之间自然传播的疾病和感染。该类疾病的病原体既可存在于动物体内，也可存在于人体内，人畜共患疾病通常由动物传染给人，由人传染给动物的比较少见。

2022 年 8 月 19 日，农业农村部发布了人畜共患传染病名录，包括牛海绵状脑病、高致病性禽流感、狂犬病、炭疽、布鲁氏菌病、弓形虫病、棘球蚴病、钩端螺旋体病、沙门氏菌病、牛结核病、日本血吸虫病、日本脑炎（流行性乙型脑炎）、猪链球菌Ⅱ型感染、旋毛虫病、囊尾蚴病、马鼻疽、李氏杆菌病、类鼻疽、片形吸虫病、鹦鹉热、Q 热、利什曼原虫病、尼帕病毒性脑炎、华支睾吸虫病。

本章内容仅为细菌和病毒引起的人畜共患传染病，由寄生虫引起的人畜共患传染病参见第十一章相关内容。

（一）炭疽

炭疽（anthrax）是由炭疽芽胞杆菌（bacillus anthracis）引起的烈性传染病。通常本病主要发生在畜间，以牛、羊、马等草食动物最为多见；人患本病多是由于接触病畜或染菌皮毛等所致。

1. 病原　炭疽杆菌为需氧芽胞杆菌，革兰氏染色阳性，在未形成芽胞之前，在 55~58℃的温度下 10~15 分钟即可被杀死。炭疽杆菌在空气中 6 小时形成芽胞，炭疽杆菌的芽胞具有强大的抵抗力，需140℃干热、3 小时或 120℃高压蒸汽、10 分钟方能杀灭，能在土壤中存活 15 年。

2. 流行病学　炭疽呈世界性分布，各大洲均有炭疽发生或流行的报道。炭疽在我国普遍存在，全国每年的发病数在数百例，以四川、新疆、贵州、甘肃、青海、内蒙古等地发病较多。一年四季均可发病，7~9 月呈现高峰，多为散发。

3. 临床表现　炭疽主要是牛、羊和马的传染病，潜伏期 1~5 天，呈急型炭疽（电击型）。牲畜突然发病，知觉丧失、倒卧、呼吸困难、脾脏大、天然孔流血、血液呈沥青样暗黑色且不易凝固。猪多患慢性局部炭疽，病变部位在颌下、咽喉与肠系膜淋巴结，病变淋巴结剖面呈砖红色、肿胀、质硬，宰前一般无症状。

传染给人的途径主要经皮肤接触或由空气吸入，因食用被污染食物引起的胃肠型炭疽较少见。临床上常依感染途径不同分为体表感染（皮肤）炭疽、经口感染（肠）炭疽、吸入感染（肺）炭疽。病程中常并发败血症、脑膜炎等，最终可因毒素引起机体功能衰竭而死亡，除皮肤炭疽外，肠炭疽和肺炭疽病死率较高,危害严重。

4. **病畜处理及预防措施**　发现炭疽病畜必须在 6 小时内立即采取措施,防止芽胞形成。对发病动物和实验室检测呈阳性的动物采用电击方法实施无血扑杀和无害化处理,原则上就地焚烧,确需移动,应将死亡动物天然孔塞紧后,严格包裹,以防扩大污染地区。不得对尸体直接进行掩埋处置。无害化处理时,避免使用生石灰。

对牲畜普遍实施疫苗接种是预防牲畜感染最有效的方法,当接种头数达到畜群总数的 70% 时,能够产生有效的保护作用。

(二)鼻疽

鼻疽(glanders)是由鼻疽假单胞菌引起的烈性传染病,主要有马、骡和驴患病,羊、猫、犬、骆驼、家兔、雪貂等也可被感染,患病动物为本病的传染源。

1. **病原**　鼻疽假单胞菌为革兰氏阴性需氧杆菌,菌体平直或微弯曲、两端钝圆,是一种不形成芽胞及荚膜、无鞭毛、不能运动、生化反应不活泼的杆菌。

2. **流行病学**　20 世纪以前,鼻疽病在人和动物中流行很广泛,遍及世界各国。目前许多国家已基本消灭本病,国内仍可见于各养马地区,人鼻疽病与职业有明显关系,多发生于兽医、饲养员、骑兵及屠宰工人中,多数为男性,年龄多在 20～40 岁。本病无季节性,多呈散发或地方性流行。

3. **临床表现**　鼻疽的潜伏期不定,一般为数小时至 3 周,部分携菌者可潜伏数月甚至几年。临床上常分为急性型和慢性型。马多为慢性经过,骡、驴常呈急性经过。按临床症状又可分为肺鼻疽、鼻腔鼻疽和皮肤鼻疽。急性型在病初表现为体温明显升高,可视黏膜潮红,常伴发轻度黄染、颌下淋巴结肿大等全身性变化,多经 2～3 周死亡。肺鼻疽常发生干性短咳,有时有鼻衄血或咳出带血黏液和肺炎症状。鼻腔鼻疽一或两侧鼻孔流出浆液性或黏液性分泌物,呈白色或白黄色,鼻腔黏膜上常见鼻疽结节、特征性溃疡,偶见鼻隔穿孔。皮肤鼻疽表现为四肢、胸侧、腹下或体表其他部位皮肤出现结节、溃疡,结节和溃疡附近的淋巴结肿大,形成串珠状索肿。结节破溃后排出脓汁,形成边缘不整、喷火口状的溃疡,底部呈油脂样,难以愈合。慢性鼻疽无明显症状,病程可长达10 余年。

鼻疽传染给人的途径主要有接触传播和呼吸道传播。临床表现主要为急性发热,呼吸道、皮肤、肌肉处出现蜂窝织炎、坏死、脓肿和肉芽肿。有些呈慢性经过、间歇性发作,病程迁延可达数年之久。

4. **病畜处理**　对患鼻疽的病畜处理同炭疽。

(三)结核病

结核病(tuberculosis)是由结核分枝杆菌引起的慢性传染病,牛、羊、猪和家禽均可感染。牛型和禽型结核可传染给人。

1. **病原**　结核分枝杆菌为长 1.5～4.0μm,宽 0.2～0.6μm 的细长、正直或微弯曲的杆菌,有时菌体末端有不同的分枝,有的两端钝圆,无鞭毛、无荚膜、无芽胞,没有运动性。结核分枝杆菌由于含有大量的类脂和蜡质成分,对外界的抵抗力较强。它在干燥状态可存活 2～3 个月,在腐败物和水中可存活 5 个月,在土壤中可存活 7 个月到一年。但此菌对湿热抵抗力较差,60℃的条件下 30 分钟即失去活力。

2. **流行病学**　结核病分布广泛,世界各国均有发生,奶牛最易感染,其次为黄牛、牦牛。结核病病牛是本病的主要传染源。牛型结核分枝杆菌随鼻汁、痰液、粪便和乳汁等排出体外,健康牛可通过被污染的空气、饲料、饮水等经呼吸道或消化道等途径感染，人还会通过喝含菌牛乳而被感染。

3. **临床表现** 潜伏期一般为3～6周，有的可长达数月或数年。临床通常呈慢性经过，以肺结核、乳房结核和肠结核最为常见。肺结核以长期顽固性干咳为特征，且以清晨最为明显。患畜容易疲劳，逐渐消瘦，病情严重者可见呼吸困难。乳房结核一般先是乳房淋巴结肿大，继而后方乳腺区发生局限性或弥漫性硬结，硬结无热无痛表面凹凸不平，泌乳量下降，乳汁变稀，严重时乳腺萎缩，泌乳停止。肠结核表现为消瘦，持续下痢与便秘交替出现，粪便常带血或脓汁。

病理可见肺脏、乳房和胃肠黏膜等处形成特异性白色或黄白色结节，结节大小不一，切面干酪样坏死或钙化，有时坏死组织溶解和软化，排出后形成空洞，胸膜和肺膜可发生密集的结核结节。

4. **病畜处理及预防措施** 对确认患病的病畜要全部扑杀，病死和扑杀的病畜，按照《病死畜禽和病害畜禽产品无害化处理管理办法》（农业农村部令2022年第3号）进行无害化处理。

预防结核病传播的重要措施是：早发现、严隔离、彻底治疗。牛乳应煮后食用，婴儿普种卡介苗。对畜群结核病的预防通过加强检疫、隔离，防止疫病扩散；对患病动物全部扑杀；对受威胁的畜群（病畜的同群畜）实施隔离。对病畜和阳性畜污染的场所、用具、物品进行严格消毒。

（四）布鲁氏菌病

布鲁氏菌病（brucellosis）是由布鲁氏菌引起的慢性接触性传染病，绵羊、山羊、牛及猪易感。

1. **病原** 布鲁氏菌属是一类革兰氏阴性细胞内寄生菌，为长0.6～1.5μm、宽0.5～0.7μm的球杆菌或短杆菌，有荚膜，无芽胞，无鞭毛，为需氧菌。在自然界中抵抗力较强，土壤中可存活24～40天，在病畜肉制品中可存活40天，水中可生存5～150天。对一般消毒剂敏感。

2. **流行病学** 布鲁氏菌病具有分布广泛、侵犯多宿主的特点，既侵犯人群，也伤害家畜，又能感染多种野生动物。家畜中羊、牛、猪的易感性最强，母畜比公畜易感，成年畜比幼畜发病多。在世界上200多个国家和地区中有近170个国家和地区的人畜中存在布鲁氏菌病。布鲁氏菌病呈地方性流行，一年四季均可发病，但产仔季节以及畜群大批发生流产时，是本病大规模传播时期，呈现出明显的季节性高发，以及间隔不定多发年的特点；流行的形式以多发的、分散的点状流行代替了大规模的暴发流行形式；人的发病分布与畜类发病分布一致，在我国青海、内蒙古等几大牧区均为流行疫区。

3. **临床表现** 布鲁氏菌病潜伏期为14～180天，布鲁氏菌一般容易在生殖器官——子宫和睾丸中繁殖，特别是怀孕的子宫，致使胚胎绒毛发生坏死，胎盘松动，引起胎儿死亡或流产。流产后可能发生胎衣滞留和子宫内膜炎，从阴道流出污秽不洁恶臭的分泌物。布鲁氏菌靠较强的内毒素致病，尤以羊布鲁氏菌的内毒素毒力最强。家畜感染布鲁氏菌后临床症状轻微，有的几乎不表现任何症状，但能通过分泌物和排泄物不断向外排菌，成为最危险的传染源。

本病主要通过消化道感染，也可以经皮肤、黏膜和呼吸道感染。患畜症状轻微，雄畜多出现睾丸炎，附睾炎或关节炎。雌畜表现为传染性流产、阴道炎、子宫炎等。

布鲁氏菌主要通过皮肤、黏膜、消化道和呼吸道等途径感染人，尤其以感染羊种布鲁氏菌、牛种布鲁氏菌最为严重。人感染布鲁氏菌较家畜严重，病情复杂，表现为乏力、全身软弱，食欲缺乏，失眠，咳嗽，有白色痰，可听到肺部干鸣音，多呈波浪热，也有稽留热、不规则热或不发热。盗汗或大汗，睾丸肿大，一个或多个关节发生无红肿热的疼痛、肌肉酸痛等。

4. **病畜处理及预防措施** 发现疑似疫情，畜主应限制动物移动；对疑似患病动物应立即隔离，对患病动物全部扑杀,对受威胁的畜群(病畜的同群畜)实施隔离,可采用圈养和固定草场放牧两种方式隔离。患病动物及其流产胎儿、胎衣、排泄物、乳、乳制品等按照《病死及病害动物无害化处理技术规范》进行无害化处理。

(五)牛海绵状脑病

牛海绵状脑病(bovine spongiform encephalopathy, BSE)俗称疯牛病,是由朊毒体引起的成年牛的渐进性神经性致死性疫病,以潜伏期长、视听触三觉过敏、共济失调和病死率高为特征。其病理改变是脑海绵状变性,并伴有严重的神经系统症状和体征。疯牛病属于"可传播性海绵状脑病(transmissible spongiform encephalopathy, TSE)"中的一种,病死率100%。TSE在人类表现为克-雅病(Creutzfeldt-Jakob disease, CJD),在动物还表现为羊瘙痒病等。

1. **病原**　疯牛病是由一种非常规的病毒——朊病毒(prion)引起的。朊病毒又称朊蛋白,它不含有一般病毒所含有的核酸,也没有病毒的形态,却能在动物体内复制,从没有感染性转化为具有感染性。其主要成分是一种蛋白酶抗性蛋白,能够抵抗蛋白酶的作用。正因为这种结构特点,它对现有杀灭一般病毒的物理化学方法均有抵抗力,即现在的消毒方法对它都不起作用。

2. **流行病学**　20世纪80年代中期至90年代中期是疯牛病暴发流行期,主要的发病国家为英国和其他欧洲国家。英国于1986年首次确认BSE,英国在1987—1999年间证实的疯牛病病牛达17万头,整个牛群的发病率为2%～3%。后来其他欧洲国家、北美洲和亚洲国家也出现了疯牛病病牛。疯牛病主要发生于奶牛,发病率一般不超过3%,病死率100%。该病无明显的季节性,可常年发病。

3. **临床表现**　典型病例早期没有明显症状,随病程发展,逐渐出现神经症状(不安、恐惧、惊厥或沉郁);不自主运动(如磨牙、肌肉抽搐、震颤和痉挛);反应过敏,特别对触摸、声音和光照过度敏感;不愿通过门槛、有缝隙的地面或进入畜栏;运动异常,共济失调,步态呈"鹅步"状,四肢伸展过度,反复跌倒。在BSE之前,人类早有海绵状脑病,称为CJD,它是一种早老性痴呆病,发病率极低,仅为百万分之一。1995年英国报告了2例"CJD病例",其发病年龄、临床表现和病理变化与经典的CJD有很大差别,根据这些病例特征将其正式命名为新变异型克-雅病(nvCJD),nvCJD的发病与BSE感染有关。食用被朊病毒污染了的牛肉、牛脑髓的人,有可能患CJD,造成致命性神经变性。CJD是疯牛病在人类的表现形式,病人最初表现为冷漠、进行性共济失调、记忆受损、阵发性痉挛,多在1年内死于全身感染。

4. **病畜处理和预防措施**　对所有病畜及同群易感畜以静脉注射巴比妥酸盐或电击法扑杀,采集所有扑杀牛的脑样品送检,并对病死牛、扑杀牛及产品等进行无害化处理。总的原则是彻底焚烧。牛只焚烧前,需要将其适当肢解,以便于焚烧完全。肢解时,注意做好生物安全防护。

严禁从牛海绵状脑病流行国家和地区进口动物及相关动物产品;一旦发现疑似BSE必须及时向政府主管兽医部门报告,发病地区应扑杀并销毁全部患病动物和疑似患病动物,停止使用患病动物组织制作动物产品,并做无害化处理;不食用患BSE的动物和动物制品,如与患病动物和动物制品接触,应注意个人防护;对神经外科的操作及器械消毒要严格规范化,对角膜及硬脑膜的移植要排除供者患病的可能。

(六)猪链球菌病

猪链球菌病(swine streptococcicosis)是由多种致病性链球菌感染引起的一种人畜共患传染病。

1. **病原**　猪链球菌属于链球菌属中的一类,菌体呈圆形或椭圆形,直径小于2.0μm,一般呈链状或成双排列,革兰氏染色呈阳性,菌落小,呈灰白色透明。多数致病菌株具有溶血能力。猪链球菌分为35个血清型,即1～34型和1/2型,引起猪发病的链球菌以2型为主,不仅对猪致病性很强,而且可以感染特定的人群,是近几年引发猪链球菌病的主要病原菌。溶菌酶释放蛋白和细胞外蛋白因子是猪链球菌2型的两种重要的毒性因子。猪链球菌2型在环境中的抵抗力较强,25℃时在灰尘和粪便中分别可存活24小时和8天;0℃时分别可以存活1个月和3个月;在4℃的动物尸体中能存活6周;在22～25℃可存活12天;50℃加热2小时、60℃加热10分钟和100℃可被直接杀灭。猪链球菌对一般消毒剂敏感,常用的消毒剂和清洁剂能在1分钟内杀死该菌。

2. **流行病学**　猪链球菌病在世界上广泛分布。猪链球菌感染最早见于荷兰(1951年)和英国(1954年)的报道。此后,猪链球菌病在所有养猪业发达的国家都有报道。20世纪50—60年代,猪链球菌病在我国养猪场开始发生,80年代后逐渐严重。猪链球菌病流行无明显的季节性,一年四季均可发生,但以10月至次年3月份较多。重症猪链球菌2型感染暴发时,致病性强,传播迅速,猪病死率高。1968年,丹麦报告了首例人感染猪链球菌的病例,之后该病在全球范围内逐渐蔓延。1998年和2005年,中国分别出现了猪链球菌感染人的病例,其中患者表现出严重的神经系统症状,甚至导致死亡。

3. **临床表现**　猪链球菌病在临床上常见有猪败血症、猪脑膜炎和猪淋巴结脓肿三种类型。其主要特征是急性出血性败血症、化脓性淋巴结炎、脑膜炎以及关节炎,其中以败血症的危害最大。在某些特定诱因作用下,发病猪群的死亡率可以达到80%以上。猪链球菌主要经呼吸道和消化道感染,也可以经损伤的皮肤、黏膜感染。病猪和带菌猪是该病的主要传染源,其排泄物和分泌物中均有病原菌。

该病可通过破损皮肤、呼吸道传染给人,严重感染时可引起人的死亡。

4. **病畜处理及预防措施**　本病呈零星散发时,应对病猪作无血扑杀处理,对同群猪立即进行强制免疫接种或用药物预防,并隔离观察14天。必要时对同群猪进行扑杀处理。对被扑杀的猪、病死猪及排泄物、可能被污染的饲料、污水等按有关规定进行无害化处理;对可能被污染的物品、交通工具、用具、畜舍进行严格彻底消毒。

三、食物过敏

食物过敏(food allergy)也称为食物的超敏反应,是指摄入体内的食物中的某组成成分作为抗原诱导机体产生免疫应答而发生的一种变态反应性疾病。存在于食品中可以引发人体过敏的成分称为食物致敏原(allergen)。由食物成分引起的人体免疫反应主要是由免疫球蛋白E(IgE)介导的速发过敏反应。已知结构的过敏原都是蛋白质或糖蛋白,分子量常为10～60kDa。

食物不耐受是摄入食物后机体出现不涉及免疫系统的不良反应,如摄食某食物后出现胀气、呃逆、腹泻或不愉快的反应等。食物过敏和食物不耐受容易混淆,诊断时应注意区分。

(一)流行病学特征

据世界过敏组织估计,全球有超过2.5亿人受到食物过敏的影响,食物过敏患病率在成人中约为5%,在儿童中为8%。

1. **婴幼儿及儿童的发病率高于成人**　婴幼儿过敏性疾病以食物过敏为主,4岁以上儿童对吸入性抗原的敏感性增加。

2. **发病率随年龄的增长而降低**　比如患病儿童随着年龄的增长对牛奶不再过敏;但对花生、坚果、鱼虾则多数为终身过敏。

3. 人群中实际发病率较低 由于临床表现难以区分,人们往往把各种原因引起的对食物的不良反应误认为是食物过敏。

(二)常见的致敏食物以及食物过敏的症状

引起食物过敏的食物约有300种,但常见的致敏食品主要有8类:①牛乳及乳制品(干酪、酪蛋白、乳糖等);②蛋及蛋制品;③花生及其制品;④大豆和其他豆类以及各种豆制品;⑤小麦、大麦、燕麦等谷物及其制品;⑥鱼类及其制品;⑦甲壳类及其制品;⑧坚果类(核桃、芝麻等)及其制品。

食物过敏症状一般在食用致敏食物后几分钟至一小时内出现,可持续数天甚至数周。过敏反应的特定症状和严重程度受摄入致敏原的量以及过敏者敏感性的影响。食物过敏者可出现皮肤症状,如发痒、发红、肿胀等;胃肠道症状,如腹痛、恶心、呕吐、腹泻、口腔发痒和肿胀等;呼吸道症状,如鼻和喉发痒和肿胀、哮喘等;眼睛发痒和肿胀;心血管系统症状,如胸部疼痛、心律不齐、血压降低、昏厥、丧失知觉甚至死亡。

(三)防治措施和处理原则

1. 避免食物致敏原 预防食物过敏易感者发生食物过敏的唯一办法是避免食用含有致敏原的食物。一旦确定了致敏原应严格避免再进食,从食物中排除该食物致敏原,即不会发生过敏反应。

对含有麸质蛋白的谷物过敏的病人,要终身禁食全谷类食物,应食用去除谷类蛋白的谷类。此外,生食物都比熟食物更易致敏,烹调或加热使大多数食物抗原失去致敏性。比如,对牛奶、鸡蛋、香蕉等过敏者,可采用加热的方法降低过敏的发生。

2. 致敏食物标签 食物致敏原的标识已经成为许多国家法规的强制性要求。美国食品药品监督管理局(FDA)自2000年起已经开始提供食物致敏原的信息,并提出了食物进行标签标识的要求,从而有利于食物过敏者避免食用。

3. 一旦发生食物过敏需对症处理 对IgE介导的过敏反应,可适当给予抗组胺类药物。

四、诺如病毒感染性腹泻

诺如病毒感染性腹泻是指由诺如病毒属病毒引起的腹泻,通常在社区、学校、餐馆、医院、托儿所、敬老院以及军队等处集体暴发。

1. 病原 诺如病毒(norovirus,NoV)又名诺瓦克病毒,属杯状病毒科中诺如病毒属,为一组直径27~40nm、无包膜的单股正链RNA病毒。它的基因组长度在7.5~7.7kb,共包括3个可读框(ORF1、ORF2和ORF3),其中ORF1编码非结构蛋白,ORF2和ORF3编码外壳蛋白。该病毒具有较强的抵抗能力和耐酸性,可以在0~60℃以及含有胃酸的环境中存活。同时,它还具有很强的传染性,通常只需要10~100个病毒粒子就可以致病。

2. 流行病学 诺如病毒感染性腹泻在全世界范围内均有流行,感染对象主要是成人和学龄儿童,全年均可发生,但主要发生在秋冬季。传播途径以粪—口传播途径为主,被诺如病毒污染的食品种类繁多,以双壳贝类(如牡蛎、贻贝、扇贝等)、生的或是未经彻底加热的蔬菜(尤其是绿叶蔬菜如菠菜、生菜和各种芽菜等)以及浆果(包括草莓、蓝莓、树莓等)最为常见。其次为即食肉制品、乳制品、沙拉和焙烤食品。其中,奶酪是乳制品中引起诺如病毒感染的高风险食品。

3. 临床表现 诺如病毒感染性腹泻的潜伏期多在24~48小时,最短12小时,最长72小时。感染者发病突然,主要症状为恶心、呕吐、发热、腹痛和腹泻。儿童患者呕吐普遍,成人患者腹泻多,24 小时内腹泻 4～8 次,粪便为稀水便或水样便,无黏液脓肿。原发感染患者的呕吐症状明显多于继发感染者,有些感染者仅表现呕吐症状。此外,也可见头痛、寒战和肌肉痛等症状,严重者可出现脱水症状。在免疫功能正常的个体中,该疾病通常是自限性的,临床症状通常持续 2～3 天。

4. **治疗和预防**　目前尚无诺如病毒特效治疗药物,临床治疗本病以对症支持治疗为主,多数患者通过补液、抗病毒等干预可获得显著效果,少数脱水严重致电解质紊乱者需住院治疗。

减少诺如病毒的发生在于预防,应加大健康知识普及,针对主要流行病毒的传染特点、传播途径、预防措施等开展重点健康教育;确保食物彻底煮熟,尤其是海鲜;避免食用生的或未充分处理的食物;饮用安全的水源,避免未消毒的水;饭前便后要洗手、培养良好的卫生习惯。

五、食物中毒

(一)食物中毒的概念

食物中毒(food poisoning)是指摄入含有生物性、化学性有毒有害物质的食品或把有毒有害物质当作食品摄入后所出现的非传染性的急性、亚急性疾病。

食物中毒是食源性疾病中最为常见的疾病。食物中毒既不包括因暴饮暴食而引起的急性胃肠炎、食源性肠道传染病(如伤寒)和寄生虫病(如旋毛虫),也不包括因一次大量或长期少量多次摄入某些有毒、有害物质而引起的以慢性损害为主要特征(如致癌、致畸、致突变)的疾病。一般按发病原因,将食物中毒分为细菌性食物中毒、真菌及其毒素食物中毒、有毒动物中毒、有毒植物中毒和化学性食物中毒。

(二)食物中毒的发病特点

食物中毒发生的原因各不相同,但发病具有如下共同特点。

1. 发病潜伏期短,来势急剧,呈暴发性,短时间内可能有多数人发病。

2. 发病与食物有关,病人有食用同一有毒食物史,流行波及范围与有毒食物供应范围相一致,停止该食物供应后,流行即终止。

3. 中毒病人临床表现基本相似,以恶心、呕吐、腹痛、腹泻等胃肠道症状为主。

4. 一般情况下,人与人之间无直接传染。发病曲线呈突然上升之后又迅速下降的趋势,无传染病流行时的余波。

(三)食物中毒的流行病学特点

1. **发病的季节性特点**　食物中毒发生的季节性特点与食物中毒的种类有关,如细菌性食物中毒主要发生在 6—10 月,化学性食物中毒全年均可发生。

2. **发病的地区性特点**　绝大多数食物中毒的发生有明显的地区性,如我国沿海地区多发生副溶血性弧菌食物中毒,肉毒中毒主要发生在新疆等地区,霉变甘蔗中毒多见于北方地区等。但由于近年来食品的快速配送,食物中毒发病的地区性特点越来越不明显。

3. **食物中毒原因的分布特点**　在我国引起食物中毒的原因分布不同年份略有不同。在病因明确的食物中毒暴发事件中,动植物及毒蘑菇引起的事件数最多,占 41.7%;其次是微生物,占15.8%;化学物引起事件数最少,占 4.6%;不明原因的食物中毒占 37.9%。微生物引起的暴发事件累计患病人数最多,占 35.8%;动植物及毒蘑菇,化学物引起的事件患病人数大致相当,分别占4.8% 和 4.6%;不明原因事件的患病人数占 32.8%。

微生物导致的食物中毒事件中,主要病原菌为沙门氏菌、副溶血性弧菌、金黄色葡萄球菌、蜡样芽胞杆菌、致泻性大肠埃希氏菌、肉毒梭菌等。副溶血性弧菌引起的食物中毒起数在我国报道中最多，占该类食物中毒报告起数的 38.1%，沙门氏菌占 31.6%。有毒动植物引起的食物中毒事件中，主要致病因子为毒蘑菇、未煮熟四季豆、乌头、野菜、油桐果、苦瓠子、发芽马铃薯、河豚、蓖麻籽等，其中毒蘑菇食物中毒事件占该类食物中毒事件报告起数的 69.8%。化学性食物中毒事件的主要致病因子为亚硝酸盐、农药、漂白剂等。

4. 食物中毒病死率特点　食物中毒的病死率较低。2000—2015 年，我国食物中毒暴发事件共 4 363 起，累计发病 160 541 人，死亡 3 001 人，总体死亡率 1.96%；有毒动植物引起的死亡率最高，为 5.55%；其次为化学性食物中毒，死亡率为 4.33%；而微生物引起的死亡率较低，为 0.25%。

5. 食物中毒发生场所分布特点　食物中毒发生的场所多见于餐饮服务单位和家庭，2011—2020 年我国食物中毒事件有 49.3% 发生于餐饮服务单位，46.7% 发生于家庭。

（马玉霞）

第二节　细菌性食物中毒

一、概述

细菌性食物中毒（bacterial food poisoning）是指因摄入被致病性细菌或其毒素污染的食物而引起的中毒。细菌性食物中毒是最常见的食物中毒。

（一）细菌性食物中毒的分类

根据病原和发病机制的不同，可将细菌性食物中毒分为感染型、毒素型和混合型三类。

1. 感染型　病原菌随食物进入肠道后，在肠道内继续生长繁殖，靠其侵袭力附着于肠黏膜或侵入黏膜及黏膜下层，引起肠黏膜充血、白细胞浸润、水肿、渗出等炎性病理变化。典型的感染型食物中毒有沙门氏菌食物中毒、变形杆菌食物中毒等。除引起腹泻等胃肠道综合征之外，这些病原菌还进入黏膜固有层，被吞噬细胞吞噬或杀灭，菌体裂解，释放出内毒素。内毒素可作为致热原，刺激体温调节中枢，引起体温升高。因而感染型食物中毒的临床表现多有发热症状。

2. 毒素型　大多数细菌能产生肠毒素或类似的毒素。肠毒素的刺激，激活了肠壁上皮细胞的腺苷酸环化酶或鸟苷酸环化酶，使胞质内的环腺苷酸或环磷酸鸟苷的浓度增高，通过胞质内蛋白质的磷酸化过程，进一步激活了细胞内的相关酶系统，使细胞的分泌功能发生变化。由于 Cl^- 的分泌亢进，肠壁上皮细胞对 Na^+ 和水的吸收受到抑制，导致腹泻。常见的毒素型细菌性食物中毒有金黄色葡萄球菌食物中毒等。

3. 混合型　病原菌进入肠道后，除侵入黏膜引起肠黏膜的炎性反应外，还产生肠毒素，引起急性胃肠道症状。这类病原菌引起的食物中毒是由致病菌对肠道的侵入与它们产生的肠毒素协同作用引起的，因此，其发病机制为混合型。常见的混合型细菌性食物中毒有副溶血性弧菌食物中毒等。

（二）细菌性食物中毒的特点

1. 发病原因

（1）致病菌的污染：畜禽生前感染和宰后污染，以及食品在运输、储藏、销售等过程中受到致病菌的污染。

（2）储藏方式不当：被致病菌污染的食物在不适当的温度下存放，食品中适宜的水分活性、pH及营养条件使其中的致病菌大量生长繁殖或产生毒素。

（3）烹调加工不当：被污染的食物未经烧熟煮透或煮熟后被带菌的食品加工工具、食品从业人员中的带菌者再次污染。

2. 流行病学特点

（1）发病率及病死率：细菌性食物中毒在国内外都是最常见的食物中毒，发病率高，但病死率则因致病菌的不同而有较大的差异。常见的细菌性食物中毒，如沙门氏菌、葡萄球菌、变形杆菌等食物中毒，病程短、恢复快、预后好、病死率低。但李斯特氏菌、小肠结肠炎耶尔森菌、肉毒梭菌、椰毒假单胞菌食物中毒的病死率较高，且病程长，病情重，恢复慢。

（2）季节性：细菌性食物中毒全年皆可发生，但在夏秋季高发，5—10月较多。这与夏季气温高，细菌易于大量繁殖和产生毒素密切相关，也与机体的防御功能降低，易感性增高有关。

（3）中毒食品种类：动物性食品是引起细菌性食物中毒的主要食品，其中畜肉类及其制品居首位，其次为禽肉、鱼、乳、蛋类。植物性食品如剩米饭、米糕、米粉则易引起金黄色葡萄球菌、蜡样芽胞杆菌食物中毒。

（三）细菌性食物中毒的临床表现及诊断

1. 临床表现　细菌性食物中毒的临床表现以急性胃肠炎为主，主要表现为恶心、呕吐、腹痛、腹泻等。葡萄球菌食物中毒呕吐较明显，呕吐物含胆汁，有时带血和黏液，腹痛以上腹部及脐周多见，且腹泻频繁，多为黄色稀便和水样便。侵袭性细菌（如沙门氏菌等）引起的食物中毒，可有发热、腹部阵发性绞痛和黏液脓血便。

2. 诊断　细菌性食物中毒的诊断主要根据流行病学调查资料、病人的临床表现和实验室检查分析资料。

（1）流行病学调查资料：根据发病急，短时间内同时发病，发病范围局限在食用同一种有毒食物的人群等特点，找到引起中毒的食物。

（2）病人的临床表现：潜伏期和中毒表现符合食物中毒特有的临床特征。

（3）实验室诊断资料：对中毒食物或与中毒食物有关的物品或病人的样品进行检验的资料，包括对可疑食物、病人的呕吐物及粪便等进行细菌学及血清学检查（菌型的分离鉴定、血清学凝集试验）。对怀疑细菌毒素中毒者，可通过动物实验检测细菌毒素的存在。

（4）判定原则：根据上述三种资料，可判定为由某种细菌引起的食物中毒。对于因各种原因无法进行细菌学检验的食物中毒，则由3名副主任医师以上的食品卫生专家进行评定，得出结论。

3. 鉴别诊断

（1）非细菌性食物中毒：食用有毒动植物（发芽马铃薯、河豚或毒蕈等）引起的食物中毒的临床特征是潜伏期很短，一般不发热，以多次呕吐为主，腹痛、腹泻较少，但神经症状较明显，病死率较高。汞、砷引起食物中毒时，主要表现为咽痛、充血、吐泻物中含血，经化学分析可确定病因。

（2）霍乱：霍乱的潜伏期最短6～8小时，也可长至2～3天不等，主要表现为剧烈的上吐下泻，大便呈水样，常伴有血液和黏液，有时会发生肌肉痉挛。由于过度排出水分，常导致病人严重脱水，当体液得不到补充时，病人便会死亡。通过粪便培养或涂片后经荧光抗体染色镜检找到霍乱弧菌，即可确诊。常伴有二代病例的出现。

（3）急性菌痢：一般呕吐较少，常有发热、里急后重，粪便多混有脓血，下腹部及左下腹部压痛明显,镜检发现粪便中有红细胞、脓细胞及巨噬细胞,粪便培养约半数有痢疾杆菌。

（4）病毒性胃肠炎:临床上以急性小肠炎为特征,潜伏期24～72小时,主要表现为发热、恶心、呕吐、腹胀、腹痛及腹泻,水样便或稀便,吐泻严重者可发生水、电解质及酸碱平衡紊乱。

（四）细菌性食物中毒的防治原则

1. 预防措施

（1）加强卫生宣传教育:改变生食等不良的饮食习惯;严格遵守牲畜宰前、宰中和宰后的卫生要求,防止污染;食品加工、储存和销售过程要严格遵守卫生制度,搞好食具、容器和工具的消毒,避免生熟交叉污染;食品在食用前加热充分,以杀灭病原体和破坏毒素;在低温或通风阴凉处存放食品,以控制细菌的繁殖和毒素的形成;食品加工人员、医院、托幼机构人员和炊事员应认真执行就业前体检和录用后定期体检的制度,经常接受食品卫生教育,养成良好的个人卫生习惯。

（2）加强食品卫生质量检查和监督管理:应加强对食堂、食品餐饮点、食品加工厂、屠宰场等相关部门的卫生检验检疫工作。

（3）建立快速可靠的病原菌检测技术:根据致病菌的生物遗传学特征和分子遗传特征,结合现代分子生物学等检测手段和流行病学方法,分析病原菌的变化、扩散范围和趋势等,为大范围食物中毒暴发的快速诊断和处理提供相关资料,防止更大范围内的传播和流行。

2. 处理原则

（1）现场处理:将病人进行分类,轻者在原单位集中治疗,重症者送往医院或卫生机构治疗;及时收集资料,进行流行病学调查及病原学的检验工作,以明确病因。

（2）对症治疗:常用催吐、洗胃、导泻的方法迅速排出毒物。同时治疗腹痛、腹泻,纠正酸中毒和电解质紊乱,抢救呼吸衰竭。

（3）特殊治疗:对细菌性食物中毒通常无须应用抗菌药物,可以经对症疗法治愈。对症状较重、考虑为感染性食物中毒或侵袭性腹泻者,应及时选用抗菌药物,但对金黄色葡萄球菌肠毒素引起的中毒,一般不用抗生素,以补液、调节饮食为主。对肉毒毒素中毒,应及早使用多价抗毒素血清。

二、沙门氏菌食物中毒

（一）病原学特点

沙门氏菌属（Salmonella）是肠杆菌科的一个重要菌属。目前国际上有2 600多种血清型,我国已发现292种。大部分沙门氏菌的宿主特异性极弱,既可感染动物也可感染人类,极易引起人类的食物中毒。

沙门氏菌为革兰氏阴性杆菌,需氧或兼性厌氧,绝大部分具有周身鞭毛,能运动。沙门氏菌属不耐热,55℃加热1小时、60℃加热15～30分钟或100℃数分钟即被杀死。此外,由于沙门氏菌属不分解蛋白质、不产生靛基质,食物被污染后无感官性状的变化,故对储存较久的肉类,即使没有腐败变质的表象,也应注意彻底加热灭菌,以防引起食物中毒。

（二）流行病学特点

1. 发病率及影响因素
沙门氏菌食物中毒的发病率较高,占总食物中毒的40%～60%。发病率的高低受活菌数量、菌型和个体易感性等因素的影响。通常情况下,食物中沙门氏菌的含量达到2×10^5CFU/g即可发生食物中毒;沙门氏菌致病力的强弱与菌型有关,致病力越强的菌型越易引起食物中毒。猪霍乱沙门氏菌的致病力最强,其次为鼠伤寒沙门氏菌,鸭沙门氏菌的致病力较弱;对于幼儿、体弱老人及其他疾病病人等易感性较高的人群,即使是菌量较少或致病力较弱的菌型,仍可引起食物中毒,甚至出现较重的临床症状。

2. **流行特点**　虽然全年皆可发生,但季节性较强,多见于夏、秋两季,5—10 月的发病起数和中毒人数可达全年发病起数和中毒人数的 80%。发病点多面广,暴发与散发并存。青壮年多发,且以农民、工人为主。

3. **中毒食品种类**　引起沙门氏菌食物中毒的食品主要为动物性食品,特别是畜肉类及其制品,其次为禽肉、蛋类、乳类及其制品。

4. **食品中沙门氏菌的来源**　由于沙门氏菌属广泛分布于自然界,在人和动物中有广泛的宿主,因此,沙门氏菌污染肉类食物的概率很高,特别是家畜中的猪、牛、马、羊、猫、犬,家禽中的鸡、鸭、鹅等。健康家畜、家禽肠道沙门氏菌的检出率为 2%～5%,腹泻病人的检出率约为 13.96%。

（1）家畜、家禽的生前感染和宰后污染:生前感染是指家禽、家畜在宰杀前已感染沙门氏菌,是肉类食品中沙门氏菌的主要来源。生前感染包括原发性沙门氏菌病和继发性沙门氏菌病两种。原发性沙门氏菌病是指家畜、家禽在宰杀前即患有沙门氏菌病,如猪霍乱、牛肠炎、鸡白痢等。继发性沙门氏菌病是指家畜、家禽肠道沙门氏菌引起的自身沙门氏菌感染。由于健康家畜、家禽肠道沙门氏菌的带菌率较高,当它们由于患病、饥饿、疲劳或其他原因而致机体的抵抗力下降时,寄生在肠道内的沙门氏菌即可通过淋巴系统进入血流、内脏和肌肉,引起继发性沙门氏菌感染。宰后污染是指家畜、家禽在屠宰的过程中或屠宰后被带沙门氏菌的粪便、容器、污水等污染。

（2）乳中沙门氏菌的来源:患沙门氏菌病奶牛的乳中可能带菌,即使是健康奶牛的乳在挤出后亦容易受到污染。

（3）蛋类沙门氏菌的来源:蛋类及其制品感染或污染沙门氏菌的机会较多,尤其是鸭、鹅等水禽及其蛋类,其带菌率一般在 30%～40%。除因原发和继发感染使家禽的卵巢、全身及卵黄带菌外,禽蛋经泄殖腔排出时,粪便中的沙门氏菌可污染肛门腔的蛋壳,进而通过蛋壳的气孔侵入蛋内。

（4）熟制品中沙门氏菌的来源:烹调后的熟制品可再次受到带菌的容器、烹调工具等污染或被食品从业人员带菌者污染。

（三）中毒机制

大多数沙门氏菌食物中毒是沙门氏菌活菌对肠黏膜的侵袭而导致的感染型中毒。肠炎沙门氏菌、鼠伤寒沙门氏菌可产生肠毒素,通过对小肠黏膜细胞膜上腺苷酸环化酶的激活,抑制小肠黏膜细胞对 Na^+ 的吸收,促进 Cl^- 的分泌,使 Na^+、Cl^- 和水在肠腔潴留而致腹泻。

（四）临床表现

潜伏期短,一般为 4～48 小时,长者可达 72 小时。潜伏期越短,病情越重。沙门氏菌食物中毒有多种临床表现,可分为胃肠炎型、类霍乱型、类伤寒型、类感冒型、败血症型,其中以胃肠炎型最为常见。开始表现为头痛、恶心、食欲缺乏,随后出现呕吐、腹泻、腹痛。一天腹泻可达数次至十余次,主要为水样便,少数带有黏液或血。体温升高,可达 38～40℃,轻者 3～4 天症状消失。

（五）诊断和治疗

1. **诊断**　一般根据流行病学特点、临床表现和实验室检验结果,按照《沙门氏菌食物中毒诊断标准及处理原则》(WS/T 13—1996)进行诊断。

（1）流行病学特点：同一人群在短期内发病，且进食同一可疑食物，发病呈暴发性，中毒表现相似。

（2）临床表现：如上所述，除消化道症状外，常伴有高热等全身症状。

（3）实验室检验：除传统的细菌学诊断技术和血清学诊断技术外，还建立了很多快速的诊断方法，如酶联免疫检测技术、胶体金检测技术、特异的基因探针和 PCR 法检测等，其中细菌学检验结果阳性是确诊最有力的依据。

1）细菌学检验：按《食品安全国家标准　食品微生物学检验　沙门氏菌检验》（GB 4789.4—2024）进行细菌的培养与分离。

2）血清学鉴定：用分离出的沙门氏菌与已知 A～F 多价 O 血清及 H 因子进行玻片凝集试验，进行分型鉴定。

3）用病人患病早期和恢复期血清分别与从可疑食物或病人呕吐物、粪便中分离出的沙门氏菌做凝集试验。恢复期的凝集效价明显升高。

2. 治疗　轻症者以补充水分和电解质等对症处理为主，对重症、患菌血症和有并发症的病人，需用抗生素治疗。

（六）预防措施

针对细菌性食物中毒发生的三个环节采取相应的预防措施。

1. 防止沙门氏菌污染食品　加强对肉类、禽蛋类食品的卫生监督及家畜、家禽屠宰的卫生检验。防止被沙门氏菌污染的畜、禽肉尸、内脏及蛋进入市场。加强卫生管理，防止肉类食品在储藏、运输、加工、烹调或销售等各个环节被沙门氏菌污染，特别要防止食品从业人员带菌者、带菌的容器及生食物污染。

2. 控制食品中沙门氏菌的繁殖　影响沙门氏菌繁殖的主要因素是储存温度和时间。低温储存食品是控制沙门氏菌繁殖的重要措施。加工后的熟肉制品应尽快食用，或低温储存，并尽可能缩短储存时间。

3. 彻底加热以杀灭沙门氏菌　加热杀灭病原菌是防止食物中毒的关键措施，但必须达到有效的温度。经高温处理后可供食用的肉块，重量不应超过 1kg，并持续煮沸 2.5～3 小时，或应使肉块的深部温度至少达到 80℃，并持续 12 分钟，使肉中心部位变为灰色而无血水，以便彻底杀灭肉类中可能存在的沙门氏菌并灭活毒素。禽蛋类需将整个蛋洗净后，带壳煮或蒸，煮沸 8～10 分钟以上。

三、副溶血性弧菌食物中毒

（一）病原学特点

副溶血性弧菌（vibrio parahemolyticus）为革兰氏阴性杆菌，呈弧状、杆状、丝状等多种形态，无芽胞，主要存在于近岸海水、海底沉积物和鱼、贝类等海产品中。副溶血性弧菌在 30～37℃、pH 7.4～8.2、含盐 3%～4% 的培养基上和食物中生长良好，而在无盐的条件下不生长，也称为嗜盐菌。该菌不耐热，加热 56℃、5 分钟或 90℃、1 分钟，或用含醋酸 1% 的食醋处理 5 分钟，均可将其杀灭。该菌在淡水中的生存期短，在海水中可生存 47 天以上。

副溶血性弧菌有三种抗原，即 O 抗原（菌体抗原），K 抗原（荚膜抗原）及 H 抗原（鞭毛抗原），其中在血清学分类上有意义的是 O 抗原和 K 抗原，目前已发现 O 抗原有 13 种血清群，K 抗原有 75 种血清型。其致病力可用神奈川（Kanagawa）试验来区分。该菌能使人或家兔的红细胞发生溶血,在血琼脂培养基上出现 β 溶血带,称为"神奈川试验"阳性。神奈川试验阳性菌的感染能力强,引起食物中毒的副溶血性弧菌 90% 神奈川试验阳性(K^+),通常在 12 小时内出现症状。K^+ 菌株能产生一种耐热型直接溶血素,K^- 菌株能产生一种热敏型溶血素,而有些菌株能产生这两种溶血素。

（二）流行病学特点

1. **地区分布** 我国沿海地区为副溶血性弧菌食物中毒的高发区。近年来,随着海产食品大量流向内地,内地也有此类食物中毒事件的发生。

2. **季节性及易感性** 7—9 月是副溶血性弧菌食物中毒的高发季节。男女老幼均可发病,但以青壮年为多。

3. **中毒食品种类** 主要是海产食品,其中以墨鱼、带鱼、黄花鱼、虾、蟹、贝、海蜇最为多见,如墨鱼的带菌率达 93%;其次为盐渍食品,如咸菜、腌制的畜禽类食品等。

4. **食品中副溶血性弧菌的来源** 海水及沉积物中含有副溶血性弧菌,海产品容易受到污染而带菌率高。沿海地区的饮食从业人员、健康人群及渔民副溶血性弧菌的带菌率为 30% 左右。此外,熟制品还可受到带菌者、带菌的生食品、容器及工具等污染。被副溶血性弧菌污染的食物在较高温度下存放,食用前加热不彻底或生吃,从而导致食物中毒。

（三）中毒机制

副溶血性弧菌食物中毒属于混合型细菌性食物中毒。摄入一定数量的致病性副溶血性弧菌数小时后,引起肠黏膜细胞及黏膜下炎症反应等病理病变,并可产生肠毒素及耐热性溶血毒素。大量的活菌及耐热型溶血毒素共同作用于肠道,引起急性胃肠道症状。

（四）中毒症状

潜伏期为 2～40 小时,多为 14～20 小时。发病初期主要为腹部不适,尤其是上腹部疼痛或胃痉挛。继之恶心、呕吐、腹泻,体温一般为 37.7～39.5℃。发病 5～6 小时后,腹痛加剧,以脐部阵发性绞痛为特点。粪便多为水样、血水样、黏液或脓血便,里急后重不明显。重症病人可出现脱水、意识障碍、血压下降等,病程 3～4 天,预后良好。近年来国内报道的副溶血性弧菌食物中毒,临床表现不一,可呈胃肠炎型、菌痢型、中毒性休克型或少见的慢性肠炎型。

（五）诊断和治疗

1. **诊断** 按《副溶血性弧菌食物中毒诊断标准及处理原则》(WS/T 81—1996)进行。根据流行病学特点与临床表现,结合细菌学检验可作出诊断。

（1）流行病学特点:在夏秋季进食海产品或间接被副溶血性弧菌污染的其他食品。

（2）临床表现:发病急,潜伏期短,上腹部阵发性绞痛,腹泻后出现恶心、呕吐。

（3）实验室诊断:①细菌学检验:按《食品安全国家标准 食品微生物学检验 副溶血性弧菌检验》(GB 4789.7—2013)操作;②血清学检验:在中毒初期的 1～2 天内,病人血清与细菌学检验分离的菌株或已知菌株的凝集价通常增高至 1∶40～1∶320,一周后显著下降或消失(健康人的血清凝集价通常在 1∶20 以下);③动物实验:将细菌学检验分离的菌株注入小鼠的腹腔,观察毒性反应;④快速检测:采用 PCR 等快速诊断技术,24 小时内即可直接从可疑食物、呕吐物或腹泻物样品中检出副溶血性弧菌。

2. **治疗** 以补充水分和纠正电解质紊乱等对症治疗为主。

（六）预防措施

与沙门氏菌食物中毒的预防基本相同,也要抓住防止污染、控制繁殖和杀灭病原菌三个主要环节,其中控制繁殖和杀灭病原菌尤为重要。各种食品,尤其是海产食品及各种熟制品应低温储藏。鱼、虾、蟹、贝类等海产品应煮透。凉拌食物清洗干净后在食醋中浸泡 10 分钟或在 100℃沸水中漂烫数分钟即可杀灭副溶血性弧菌。此外,盛装生、熟食品的器具要分开,并注意消毒,以防止交叉污染。

四、李斯特氏菌食物中毒

(一)病原学特点

李斯特氏菌属(Listeria)是革兰氏阳性、短小的无芽胞杆菌,包括格氏李斯特氏菌、单核细胞增生李斯特氏菌、默氏李斯特氏菌等 8 个种。引起食物中毒的主要是单核细胞增生李斯特氏菌,这种细菌本身可致病,并可在血液琼脂上产生被称为李斯特氏菌溶血素 O 的 β-溶血素。

李斯特氏菌在 5～45℃均可生长。在 5℃的低温条件下仍能生长是该菌的特征。该菌在 58～59℃ 10 分钟可被杀死,在 -20℃可存活一年。该菌耐碱不耐酸,在 pH 为 9.6 的条件下仍能生长,在含 10% NaCl 的溶液中可生长,在 4℃的 20% NaCl 中可存活 8 周。该菌可以在潮湿的土壤中存活295 天或更长时间。

李斯特氏菌分布广泛,在土壤、健康带菌者和动物的粪便、江河水、污水、蔬菜、青贮饲料及多种食品中均可分离出该菌,而且该菌在土壤、污水、粪便、牛乳中存活的时间比沙门氏菌长。稻田、牧场、淤泥、动物粪便、养场和有关地带的样品,单核细胞增生李斯特氏菌的检出率为 8.4%～44%。

(二)流行病学特点

1. **季节性**　春季可发生,在夏、秋季发病率呈季节性增高。

2. **中毒食品种类**　主要有乳及乳制品、肉类制品、水产品、蔬菜及水果。尤以在冰箱中保存时间过长的乳制品、肉制品最为多见。

3. **易感人群**　为孕妇、婴儿、50 岁以上的人群、因患其他疾病而身体虚弱者和处于免疫功能低下状态的人。

4. **食品中李斯特氏菌的来源**　牛乳中的李斯特氏菌主要来自粪便,人类、哺乳动物、鸟类的粪便均可携带李斯特氏菌,如人粪便的带菌率为 0.6%～6%。即使是消毒的牛乳,污染率也在 21% 左右。此外,由于肉尸在屠宰的过程易被污染,在销售过程中,食品从业人员的手也可造成污染,以致在生的和直接入口的肉制品中该菌的污染率高达 30%。受热处理的香肠也可再污染该菌。国内有人从冰糕、雪糕中检出了李斯特氏菌,检出率为 17.39%,其中单核细胞增生性李斯特氏菌为 4.35%。由于该菌能在低温条件下生长繁殖,故用冰箱冷藏食品不能抑制其繁殖。

(三)中毒机制

李斯特氏菌引起食物中毒主要为大量李斯特氏菌的活菌侵入肠道所致;此外也与李斯特氏菌溶血素 O 有关。

(四)临床表现

临床表现有两种类型:侵袭型和腹泻型。侵袭型的潜伏期在 2～6 周,病人开始常有胃肠炎的症状,最明显的表现是败血症、脑膜炎、脑脊膜炎、发热,有时可引起心内膜炎。孕妇可出现流产、死胎等后果,幸存的婴儿则易患脑膜炎,导致智力缺陷或死亡,免疫系统有缺陷的人则易出现败血症、脑膜炎。少数轻症病人仅有流感样表现。病死率高达 20%～50%。腹泻型病人的潜伏期一般为8～24 小时,主要症状为腹泻、腹痛、发热。

（五）诊断和治疗

1. 诊断

（1）流行病学特点：符合李斯特氏菌食物中毒的流行病学特点，在同一人群中短期发病，且进食同一可疑食物。

（2）特有的临床表现：侵袭型的临床表现与常见的其他细菌性食物中毒的临床表现有明显的差别，突出的表现有脑膜炎、败血症、流产或死胎等。

（3）细菌学检验：按《食品安全国家标准　食品微生物学检验　单核细胞增生李斯特氏菌检验》（GB 4789.30—2016）操作。

2. 治疗　进行对症和支持治疗，用抗生素治疗时可选择氨苄西林／舒巴坦、亚胺培南、莫西沙星、左氧氟沙星等。

（六）预防措施

由于李斯特氏菌在自然界广泛存在，且对杀菌剂有较强的抵抗力，因而从食品中消灭李斯特氏菌不切实际。食品生产者和加工者应该把注意力集中在减少李斯特氏菌对食品的污染方面。必须按照严格的食品生产程序生产，用危害分析与关键控制点原理进行监控。

五、大肠埃希氏菌食物中毒

（一）病原学特点

埃希氏菌属（Escherichia）俗称大肠杆菌属，为革兰氏阴性杆菌，多数菌株有周身鞭毛，能发酵乳糖及多种糖类，产酸产气。该菌主要存在于人和动物的肠道内，属于肠道的正常菌群，通常不致病。该菌随粪便排出后，广泛分布于自然界中。该菌在自然界的生活力强，在土壤、水中可存活数月，繁殖所需的最小水分活性为0.94～0.96。

当人体的抵抗力降低或食入被大量的致病性大肠埃希氏菌活菌污染的食品时，便会发生食物中毒。大肠埃希氏菌的抗原成分复杂，可分为菌体抗原（O）、鞭毛抗原（H）和表面抗原（K），后者有抗机体吞噬和抗补体的能力。根据菌体抗原的不同，可将大肠埃希氏菌分为170多个血清型。引起食物中毒的致病性大肠埃希氏菌的血清型主要有 $O_{157}：H_7$、$O_{111}：B_4$、$O_{55}：B_5$、$O_{26}：B_6$、$O_{86}：B_7$、$O_{124}：B_{17}$ 等。目前已知的致病性大肠埃希氏菌包括如下5型。

1. 肠产毒性大肠埃希氏菌（enterotoxigenic escherichia coli., ETEC）　是导致婴幼儿和旅游者腹泻的常见病原菌，可从水中和食物中分离到。ETEC的毒力因子包括菌毛和毒素，毒素分耐热毒素（ST）和不耐热毒素（LT），菌株可单独产生ST或LT，或同时产生两种毒素。LT有与霍乱肠毒素相似的作用，ST能活化鸟苷酸环化酶引起小肠分泌功能亢进，其中以产LT毒素菌株引起腹泻者较多，且临床表现较重。

2. 肠侵袭性大肠埃希氏菌（enteroinvasive escherichia coli., EIEC）　较少见，主要感染儿童和成人，具有类似于志贺氏菌和伤寒沙门氏菌侵入肠黏膜上皮细胞的能力，发病特点很像细菌性痢疾，因此，又称它为志贺样大肠埃希氏菌。不同的是，EIEC不具有痢疾志贺氏菌Ⅰ型所具有的产生肠毒素的能力。EIEC主要特征是能侵入小肠黏膜上皮细胞，并在其中生长繁殖，导致炎症、溃疡和腹泻。

3. 肠致病性大肠埃希氏菌（enteropathogenic escherichia coli., EPEC）　是引起流行性婴儿腹泻（持续性重度腹泻）的常见病原菌。EPEC不产生肠毒素，不具有与致病性有关的K88、CFAⅠ样菌毛，但可通过表达黏附素（如成束菌毛、EspA菌丝、紧密黏附素等）黏附于肠黏膜上皮细胞，并产生痢疾志贺样毒素，侵袭部位是十二指肠、空肠和回肠上段，引起黏膜刷状缘破坏、微绒毛萎缩、上皮细胞排列紊乱及功能受损，导致严重腹泻，发病特点很像细菌性痢疾，因此容易误诊。

4. 肠出血性大肠埃希氏菌（enterohemorrhagic escherichia coli., EHEC）　是 1982 年首次在美国发现的引起出血性肠炎的病原菌，主要血清型是 O_{157}：H_7、O_{26}：H_{11}。EHEC 不产生肠毒素，不具有 K88、K99 等黏附因子，不具有侵入细胞的能力，但可产生志贺样 Vero 毒素，有极强的致病性，引起上皮细胞脱落、肠道出血、肾远曲小管和集合管变性、内皮细胞损伤和血小板聚集。人群普遍易感，但以老人和儿童为主，并且老人和儿童感染后往往症状较重。临床特征是出血性结肠炎，剧烈的腹痛和便血，严重者出现溶血性尿毒症。

5. 肠黏附（集聚）型大肠埃希氏菌（enteroaggregative escherichia coli., EAEC）　不侵袭细胞，有 4 种不同形态的菌毛，细菌通过菌毛特征性地聚集黏附于肠黏膜上皮细胞，形成砖状排列，阻止液体吸收，并产生毒素，常引起婴儿持续性腹泻，脱水，偶有血便。毒素为肠集聚耐热毒素和大肠埃希氏菌的 α 溶血素。

（二）流行病学特点

1. 季节性　多发生在夏秋季。

2. 中毒食品　引起中毒的食品种类与沙门氏菌相同。

3. 食品中大肠埃希氏菌的来源　大肠埃希氏菌随粪便排出而污染水源和土壤，进而直接或间接污染食品。食品中致病性大肠埃希氏菌的检出率高低不一，高者可达 30%。饮食行业的餐具易被大肠埃希氏菌污染，检出率高达 43%。

（三）中毒机制

与致病性埃希氏菌的类型有关。肠产毒性大肠埃希氏菌、肠出血性大肠埃希氏菌和肠黏附（集聚）型大肠埃希氏菌引起毒素型中毒；肠致病性大肠埃希氏菌和肠侵袭性大肠埃希氏菌主要引起感染型中毒。

（四）临床表现

临床表现因致病性大肠埃希氏菌的类型不同而有所不同，主要有以下三种类型。

1. 急性胃肠炎型　主要由肠产毒性大肠埃希氏菌引起，易感人群主要是婴幼儿和旅游者。潜伏期一般为 10~15 小时，短者 6 小时，长者 72 小时。临床症状为水样腹泻、腹痛、恶心，体温可达 38~40℃。

2. 急性菌痢型　主要由肠侵袭性大肠埃希氏菌和肠致病性大肠埃希氏菌引起。潜伏期一般为 48~72 小时，主要表现为血便或脓黏液血便、里急后重、腹痛、发热。病程 1~2 周。

3. 出血性肠炎型　主要由肠出血性大肠埃希氏菌引起。潜伏期一般为 3~4 天，主要表现为突发性剧烈腹痛、腹泻，先水便后血便，严重者出现溶血性尿毒综合征、血栓性血小板性紫癜。病程 10 天左右，病死率为 3%~5%，老人、儿童多见。

（五）诊断和治疗

1. 诊断　按《病原性大肠艾希氏菌食物中毒诊断标准及处理原则》（WS/T 8—1996）进行。

（1）流行病学特点：引起中毒的常见食品为各类熟肉制品，其次为蛋及蛋制品，中毒多发生在 3~9 个月，潜伏期 4~48 小时。

（2）临床表现：因病原的不同而不同。主要为急性胃肠炎型、急性菌痢型及出血性肠炎型。

（3）实验室诊断：①细菌学检验：按《食品安全国家标准　食品微生物学检验　沙门氏菌、志贺氏菌和致泻大肠埃希氏菌的肠杆菌科噬菌体诊断检验》（GB/T 4789.31—2013）、《食品安全国家标准　食品微生物学检验　致泻大肠埃希氏菌检验》（GB 4789.6—2016）操作及《食品安全国家标准　食品微生物学检验　大肠埃希氏菌计数》（GB 4789.38—2012）、《食品安全国家标准　食品微生物学检验　大肠菌群计数》（GB 4789.3—2016）检测，O_{157}：H_7 与 O_{157}：NM 的检验可参照《食品安全国家标准　食品微生物学检验　大肠埃希氏菌 O_{157}：H_7/NM 检验》（GB 4789.36—2016）进行；②对肠产毒性大肠埃希氏菌应进行肠毒素测定，而对侵袭性大肠埃希氏菌则应进行豚鼠角膜试验；③血清学鉴定：取经生化试验证实为大肠埃希氏菌的琼脂培养物，与致病性大肠埃希氏菌、侵袭性大肠埃希氏菌和肠产毒性大肠埃希氏菌多价 O 血清和出血性大肠埃希氏菌 O_{157} 血清进行凝集试验，凝集价明显升高者，再进行血清分型鉴定；④产毒大肠埃希氏菌基因探针检验：从大肠菌 C600 的质粒 pEW D299 分离出 850bp 片段用于鉴别不耐热肠毒素的存在。

2. 治疗　主要是对症治疗和支持治疗，对部分重症病人应尽早使用抗生素。首选药物为亚胺培南、美洛匹宁，以及哌拉西林联合他唑巴坦。

（六）预防措施

大肠埃希氏菌食物中毒的预防同沙门氏菌食物中毒的预防。

六、变形杆菌食物中毒

（一）病原学特点

变形杆菌（Proteus）属肠杆菌科，为革兰氏阴性杆菌。变形杆菌食物中毒是我国常见的食物中毒之一，引起食物中毒的变形杆菌主要是普通变形杆菌、奇异变形杆菌。变形杆菌属腐败菌，一般不致病，需氧或兼性厌氧，生长繁殖对营养的要求不高，在4～7℃即可繁殖，属低温菌。因此，该菌可以在低温储存的食品中繁殖。变形杆菌对热的抵抗力不强，加热55℃持续1小时即可将其杀灭。变形杆菌在自然界分布广泛，在土壤、污水和垃圾中均可检测出该菌。据报道，健康人肠道的带菌率为 1.3%～10.4%，其中以奇异变形杆菌为最高，可达半数以上，其次为普通变形杆菌和摩氏摩根菌，雷氏普鲁威登菌最低。腹泻病人肠道的带菌率可达 13.3%～52.0%。人和食品中变形杆菌的带菌率的高低因季节而异，夏秋季较高，冬春季下降。

（二）流行病学特点

1. 季节性　全年均可发生，大多数发生在5—10月，7—9月最多。

2. 中毒食品种类　主要是动物性食品，特别是熟肉以及内脏的熟制品。变形杆菌常与其他腐败菌同时污染生食品，使生食品发生感官上的改变，但熟制品被变形杆菌污染后通常无感官性状的变化，极易被忽视而引起中毒。

3. 食物中变形杆菌的来源　变形杆菌广泛分布于自然界，也可寄生于人和动物的肠道，食品受其污染的机会很多。生的肉类食品，尤其是动物内脏变形杆菌的带菌率较高。在食品的烹调加工过程中，由于处理生、熟食品的工具、容器未严格分开，被污染的食品工具、容器可污染熟制品。受污染的食品在较高温度下存放较长的时间，变形杆菌便会在其中大量繁殖，食用前未加热或加热不彻底，食后即可引起食物中毒。

（三）中毒机制

主要是大量活菌侵入肠道引起的感染型食物中毒。此外，摩氏摩根菌等组氨酸脱羧酶活跃，可引起组胺过敏样中毒。

（四）临床表现

潜伏期一般为 12～16 小时，短者 1～3 小时，长者 60 小时。主要表现为恶心、呕吐、发冷、发热、头晕、头痛、乏力、脐周阵发性剧烈绞痛。腹泻物为水样便，常伴有黏液，恶臭，一日数次。体温一般在 37.8～40℃，但多在 39℃以下。发病率较高，一般为 50%～80%。病程较短，为 1～3 天，多数在 24 小时内恢复，一般预后良好。

（五）诊断和治疗

1. 诊断　按《变形杆菌食物中毒诊断标准及处理原则》（WS/T 9—1996）进行，内容包括流行病学特点、临床表现、细菌学和血清学检验等。

（1）流行病学特点：除具有一般食物中毒的流行病学特点外，变形杆菌食物中毒的来势比沙门氏菌食物中毒更迅猛，病人更集中，但病程短，恢复快。

（2）临床表现：符合变形杆菌食物中毒的临床表现，以上腹部似刀绞样疼痛和急性腹泻为主。

（3）实验室诊断：①细菌学检验：由于普通变形杆菌、雷氏普鲁威登菌和摩氏摩根菌在自然界分布较为广泛，一般条件下无致病性，故在可疑中毒食品或病人的吐泻物中检出时，尚不能肯定是由该菌引起的食物中毒，需进一步通过血清学试验验证。②血清学凝集分型试验：通过血清学凝集分型试验可以确定从可疑中毒食品中或病人吐泻物中检出的变形杆菌是否为同一血清型。③病人血清凝集效价测定：取病人早期（2～3 天）及恢复期（12～15 天）血清，与从可疑食物中分离的变形杆菌进行抗原抗体反应，观察血清凝集效价的变化。恢复期凝集价升高 4 倍有诊断意义。④动物实验：通过动物毒力试验可进一步确定分离菌株的致病性。通常用检出菌株的 24 小时肉汤培养物给小白鼠进行皮下或腹腔注射，通过观察死亡情况，检测肝、脾、血液中有无注射的变形杆菌菌株以及脏器有无器质性病变来判断。

2. 治疗　变形杆菌食物中毒的治疗一般不必用抗生素，仅需补液等对症处理。对重症病人可给予氯霉素、庆大霉素等抗菌药物。

（六）预防措施

同沙门氏菌食物中毒。

七、葡萄球菌食物中毒

（一）病原学特点

葡萄球菌属微球菌科，有 40 多个菌种，包括金黄色葡萄球菌、表皮葡萄球菌等。葡萄球菌为革兰氏阳性兼性厌氧菌，生长繁殖的最适 pH 为 7.4，最适温度为 30～37℃，可以耐受较低的水分活性（0.86），能在含氯化钠 10%～15% 的培养基或在含糖浓度较高的食品中繁殖。葡萄球菌的抵抗能力较强，在干燥的环境中可生存数月。

金黄色葡萄球菌是引起食物中毒的常见菌种，对热具有较强的抵抗力，在 70℃时需 1 小时方可灭活。有 50% 以上的菌株可产生肠毒素，并且一个菌株能产生两种以上的肠毒素。能产生肠毒素的菌株凝固酶试验常呈阳性。多数金黄色葡萄球菌肠毒素能耐受 100℃的温度 30 分钟，并能抵抗胃肠道中蛋白酶的水解。因此，若要完全破坏食物中的金黄色葡萄球菌肠毒素需在 100℃加热 2 小时。

引起食物中毒的肠毒素是一组对热稳定的单纯蛋白质，由单个无分枝的肽链组成，分子量为 26 000～30 000Da。根据抗原性的不同将肠毒素分为 A、B、C₁、C₂、C₃、D、E、F、G、H、I 共 11 个血清型，其中 F 型为引起毒性休克综合征的毒素，其余各型均能引起食物中毒，以 A、D 型较多见，B、C 型次之。也有两种肠毒素混合引起的中毒。各型肠毒素的毒力不同，A 型较强，B 型较弱。

（二）流行病学特点

1. **季节性** 全年皆可发生，但多见于夏秋季。

2. **中毒食品种类** 引起中毒的食品种类很多，主要是营养丰富且含水分较多的食品，如乳类及乳制品、蛋及蛋制品，各类熟肉制品，其次为含乳制品的冷冻食品，偶见鱼类及其制品等。近年来，由熟鸡、鸭制品引起的食物中毒事件增多，个别也有含淀粉类食品。

3. **食品被污染的原因**

（1）食物中金黄色葡萄球菌的来源：金黄色葡萄球菌广泛分布于自然界，人和动物的鼻腔、咽、消化道的带菌率均较高。上呼吸道被金黄色葡萄球菌感染者，鼻腔的带菌率为 83.3%，健康人的带菌率也达 20%～30%。人和动物的化脓性感染部位常成为污染源，如奶牛患化脓性乳腺炎时，乳汁中就可能带有金黄色葡萄球菌；畜、禽有局部化脓性感染时，感染部位可对其他部位造成污染；带菌从业人员常对各种食物造成污染。

（2）肠毒素的形成：与温度、食品受污染的程度、食品的种类及性状有密切的关系。食品被葡萄球菌污染后，如果没有形成肠毒素的合适条件（如在较高的温度下保存较长的时间），就不会引起中毒。一般说来，在 37℃ 以下，温度越高，产生肠毒素需要的时间越短，在 20～37℃ 时，经 4～8 小时即可产生毒素，而在 5～6℃ 时，需经 18 天方可产生毒素。食物受污染的程度越严重，葡萄球菌繁殖越快，也越易形成毒素。此外，含蛋白质丰富，含水分较多，同时又含一定量淀粉的食物，如奶油糕点、冰淇淋、冰棒、油煎荷包蛋等及含油脂较多的食物，受金黄色葡萄球菌污染后更易产生毒素。

（三）中毒机制

金黄色葡萄球菌食物中毒属毒素型食物中毒。摄入含金黄色葡萄球菌活菌而无肠毒素的食物不会引起食物中毒，摄入达到中毒剂量的肠毒素才会中毒。肠毒素作用于胃肠黏膜，引起充血、水肿，甚至糜烂等炎症变化及水与电解质代谢紊乱，出现腹泻，同时刺激迷走神经的内脏分支而引起反射性呕吐。

（四）临床表现

发病急骤，潜伏期短，一般为 2～5 小时，极少超过 6 小时。主要表现为明显的胃肠道症状，如恶心、呕吐、中上腹部疼痛、腹泻等，以呕吐最为显著。呕吐物常含胆汁，或含血及黏液。剧烈吐泻可导致虚脱、肌痉挛及严重失水。体温大多正常或略高。病程较短，一般在数小时至 1～2 天内迅速恢复，很少死亡。发病率为 30% 左右。儿童对肠毒素比成人更为敏感，故其发病率较成人高，病情也较成人重。

（五）诊断和治疗

1. **诊断** 按《葡萄球菌食物中毒诊断标准及处理原则》（WS/T 80—1996）进行。

（1）流行病学特点及临床表现：符合金黄色葡萄球菌食物中毒的流行病学特点及临床表现。

（2）实验室诊断：以毒素鉴定为主，细菌学检验意义不大。分离培养出葡萄球菌并不能确定肠毒素的存在；反之，有肠毒素存在而细菌学分离培养阴性时也不能否定诊断，因为葡萄球菌在食物中繁殖后因环境不适宜而死亡，但肠毒素依然存在，而且不易被加热破坏。因此，应进行肠毒素检测。

常规的诊断包括：①从中毒食品中直接提取肠毒素，用双向琼脂扩散（微玻片）法、动物（幼猫）

试验法检测肠毒素,并确定其型别;②按《食品安全国家标准 食品微生物学检验 金黄色葡萄球菌检验》(GB 4789.10—2016)操作;③从不同病人呕吐物中检测出金黄色葡萄球菌,肠毒素为同一型别。

凡符合上述三项中一项者即可诊断为金黄色葡萄球菌食物中毒。

2. **治疗**　按照一般急救处理的原则,以补水和维持电解质平衡等对症治疗为主,一般不需用抗生素。对重症者或出现明显菌血症者,除对症治疗外,还应根据药物敏感性试验结果采用有效的抗生素,不可滥用广谱抗生素。

（六）预防措施

1. **防止金黄色葡萄球菌污染食物**

（1）避免带菌人群对各种食物的污染:要定期对食品加工人员、饮食从业人员、保育员进行健康检查,有手指化脓、化脓性咽炎、口腔疾病时应暂时调换工作。

（2）避免葡萄球菌对畜产品的污染:应经常对奶牛进行兽医卫生检查,对患有乳腺炎、皮肤化脓性感染的奶牛应及时治疗。奶牛患化脓性乳腺炎时,其乳不能食用。在挤乳的过程中要严格按照卫生要求操作,避免污染。健康奶牛的乳在挤出后,除应防止金黄色葡萄球菌污染外,还应迅速冷却至10℃以下,防止该菌在较高的温度下繁殖和产生毒素。此外,乳制品应以消毒乳为原料。

2. **防止肠毒素的形成**　食物应冷藏,或置阴凉通风的地方,放置的时间不应超过6小时,尤其在气温较高的夏、秋季节,食用前还应彻底加热。

八、肉毒梭菌食物中毒

（一）病原学特点

肉毒梭菌(clostridium botulinum)又称为肉毒梭状芽胞杆菌,为革兰氏阳性、厌氧、产芽胞的杆菌,广泛分布于自然界,特别是土壤中。所产的孢子为卵形或圆筒形,着生于菌体的端部或亚端部,在20～25℃可形成椭圆形的芽胞。当pH低于4.5或大于9.0时,或当环境温度低于15℃或高于55℃时,芽胞不能繁殖,也不能产生毒素。食盐能抑制芽胞的形成和毒素的产生,但不能破坏已形成的毒素。提高食品的酸度也能抑制肉毒梭菌的生长和毒素的形成。芽胞的抵抗力强,需在180℃干热加热5～15分钟,或在121℃高压蒸气加热30分钟,或在100℃湿热加热5小时方可致死。

肉毒梭菌食物中毒是由肉毒梭菌产生的毒素即肉毒毒素(botulinum toxin)所引起。肉毒毒素是一种毒性很强的神经毒素,对人的致死量为10^{-9}mg/(kg·bw)。肉毒毒素对消化酶(胃蛋白酶、胰蛋白酶)、酸和低温稳定,但对碱和热敏感。在正常的胃液中,24小时不能将其破坏,故可被胃肠道吸收。根据血清反应特异性的不同,可将肉毒毒素分为A、B、C_α、C_β、D、E、F、G共8型,其中A、B、E、F四个型别可引起人类中毒,A型比B型或E型的致死能力更强。

（二）流行病学特点

1. **季节性**　一年四季均可发生,主要发生在4—5月。

2. **地区分布**　肉毒梭菌广泛分布于土壤、水及海洋中,且不同的菌型分布存在差异。A型主要分布于山区和未开垦的荒地,B型多分布于草原区耕地;E型多存在土壤、湖海淤泥和鱼类肠道中,F型分布于欧、亚、美洲海洋沿岸及鱼体。

3. **中毒食品种类**　引起中毒的食品种类因地区和饮食习惯的不同而异。国内以家庭自制植物性发酵品为多见，如臭豆腐、豆酱、面酱等，罐头瓶装食品、腊肉、酱菜和凉拌菜等引起的中毒也有报道。在黄土高原地区，66.7% 的中毒由自制臭豆腐引起；在华北平原地区，54.1% 的中毒由自制面酱、豆瓣酱引起。在日本等沿海地区，90% 以上的肉毒梭菌食物中毒由家庭自制的鱼和鱼类制品引起。欧洲各国的中毒食物多为火腿、腊肠及其他肉类制品。美国通常与食用家庭罐装、腌制或发酵蔬菜、肉类或鱼类有关。

4. **来源及食物中毒的原因** 食物中的肉毒梭菌主要来源于带菌的土壤、尘埃及粪便，尤其是带菌的土壤，可对各类食品原料造成污染。在家庭自制发酵和罐头食品的生产过程中，加热的温度或压力尚不足以杀死存在于食品原料中的肉毒梭菌芽胞，却为芽胞的形成与萌发及其毒素的产生提供了条件。如果有食品制成后不经加热而食用的习惯，更容易引起中毒的发生。

（三）中毒机制

肉毒毒素经消化道吸收进入血液后，主要作用于中枢神经系统的脑神经核、神经肌肉的连接部和自主神经末梢，抑制神经末梢乙酰胆碱的释放，导致肌肉麻痹和神经功能障碍。

（四）临床表现

以运动神经麻痹症状为主，而胃肠道症状少见。潜伏期数小时至数天，一般为 1～7 天，短者 6 小时，长者 8～10 天，潜伏期越短，病死率越高。临床特征表现为对称性脑神经受损的症状。早期表现为头痛、头晕、乏力、走路不稳，以后逐渐出现视力模糊、眼睑下垂、复视、瞳孔散大等神经麻痹症状。重症病人则首先表现为对光反射迟钝，逐渐发展为语言不清、咀嚼无力、张口困难、伸舌困难、吞咽困难、声音嘶哑等，严重时出现呼吸困难，常因呼吸衰竭而死亡。病死率为 30%～70%，多发生在中毒后的 4～8 天。国内由于广泛采用多价抗肉毒毒素血清治疗本病，病死率已降至 10% 以下。病人经治疗可于 4～10 天恢复，一般无后遗症。

婴儿肉毒中毒的主要症状为便秘、头颈部肌肉软弱、吮吸无力、吞咽困难、眼睑下垂、全身肌张力减退，可持续 8 周以上。大多数在 1～3 个月自然恢复；重症者可因呼吸麻痹猝死。

（五）诊断和治疗

1. **诊断** 按《肉毒梭菌食物中毒诊断标准及处理原则》（WS/T 83—1996）进行，主要根据流行病学调查、特有的中毒表现以及毒素检验和菌株分离进行诊断。为了及时救治，在食物中毒现场则主要根据流行病学资料和临床表现进行诊断，无须等待毒素检测和菌株分离的结果。

（1）流行病学特点：多发生在冬春季；中毒食品多为家庭自制的发酵豆、谷类制品，其次为肉类和罐头食品。

（2）临床表现：具有特有的对称性脑神经受损的症状，如眼部症状、延髓麻痹和分泌障碍等。

（3）实验室诊断：按《食品安全国家标准 食品微生物学检验 肉毒梭菌及肉毒毒素检验》（GB 4789.12—2016）操作，从可疑食品中检出肉毒毒素并确定其类别。

2. **治疗** 早期使用多价抗肉毒毒素血清，并及时采用支持疗法及进行有效的护理，以预防呼吸肌麻痹和窒息。

（六）预防措施

1. 加强卫生宣教，建议牧民改变肉类的储藏方式。

2. 对食品原料进行彻底的清洁处理，以除去泥土和粪便。家庭制作发酵食品时应彻底蒸煮原料，加热温度为 100℃，并持续 10～20 分钟，以破坏各型毒素。

3. 加工后的食品应迅速冷却并在低温环境储存，避免再污染和在较高温度或缺氧条件下存放，以防止毒素产生。

4. 食用前对可疑食物进行彻底加热是破坏毒素预防中毒发生的可靠措施。

5. 生产罐头食品时，要严格执行卫生规范，彻底灭菌。

九、志贺氏菌食物中毒

（一）病原学特点

志贺氏菌属（Shigella）通称为痢疾杆菌，依据 O 抗原的性质分为 4 个血清组：A 群，即痢疾志贺氏菌；B 群，也称福氏志贺氏菌群；C 群，亦称鲍氏志贺氏菌群；D 群，又称宋内氏志贺氏菌群。痢疾志贺氏菌是导致典型细菌性痢疾的病原菌，对敏感人群很少数量就可以致病。虽然痢疾志贺氏菌可以由食物传播，但因其具有传染性，并不像其他 3 种志贺氏菌那样被认为是导致食物中毒的病原菌。

志贺氏菌在人体外的生活力弱，在 10~37℃的水中可生存 20 天，在牛乳、水果、蔬菜中也可生存 1~2 周，在粪便中（15~25℃）可生存 10 天，光照 30 分钟可被杀死，58~60℃加热 10~30 分钟即死亡。志贺氏菌耐寒，在冰块中能生存 3 个月。志贺氏菌食物中毒主要由宋内志贺氏菌和福氏志贺氏菌引起，因它们在体外的生存力相对较强。

（二）流行病学特点

1. 季节性　多发生于 7—10 月。

2. 中毒食品种类　主要是凉拌菜。

3. 食品被污染的原因　在食品生产加工企业、集体食堂、饮食行业的从业人员中，痢疾病人或带菌者的手是造成食品污染的主要因素。熟食品被污染后，存放在较高的温度下，经过较长的时间，志贺氏菌就会大量繁殖，食用后就会引起中毒。

（三）中毒机制

对痢疾志贺氏菌的毒性性质了解得较多，而对其他三种志贺氏菌中毒机制的了解甚少。一般认为，志贺氏菌食物中毒是由于大量活菌侵入肠道引起的感染型食物中毒为主，部分志贺氏菌还可分泌外毒素（如细胞毒素、肠毒素和神经毒素）引起混合型食物中毒，使临床表现更为复杂和严重。

（四）临床表现

潜伏期一般为 10~20 小时，短者 6 小时，长者 24 小时。病人常突然出现剧烈的腹痛、呕吐及频繁的腹泻，并伴有水样便，便中混有血液和黏液，有里急后重、恶寒、发热，体温高者可达 40℃以上，有的病人可出现痉挛。

（五）诊断和治疗

1. 诊断

（1）流行病学和临床特点：符合志贺氏菌食物中毒的流行病学特点，病人有类似菌痢样的症状，粪便中有血液和黏液。

（2）细菌学检验：按《食品安全国家标准　食品微生物学检验　志贺氏菌检验》（GB 4789.5—2012）操作。

（3）血清凝集试验：宋内氏志贺氏菌凝集效价在 1∶50 以上有诊断意义。

2. 治疗　一般采取对症和支持治疗方法。

（六）预防措施

同沙门氏菌食物中毒。

十、空肠弯曲菌食物中毒

（一）病原学特点

空肠弯曲菌（Campylobacter）属螺旋菌科，革兰氏染色阴性，在细胞的一端或两端生有单极鞭毛。弯曲菌属包括约 17 个菌种，与人类感染有关的菌种有：胎儿弯曲菌胎儿亚种、空肠弯曲菌、大肠弯曲菌，其中与食物中毒最密切相关的是空肠弯曲菌（空肠亚种）和结肠弯曲菌。

空肠弯曲菌是氧化酶和触酶阳性菌，在 25℃、含 3.5% NaCl 的培养基中不能生长。它是微好氧菌，需要少量的 O_2（3%～6%），在含氧量达 21% 的情况下生长实际上被抑制，而在 CO_2 的含量约为 10% 时才能良好地生长。当空肠弯曲菌接种到真空包装的加工火鸡肉中时，在 4℃ 储存 28 天后菌数有所减少，但仍有相当多的细菌存活。空肠弯曲菌在水中可存活 5 周，在人或动物排出的粪便中可存活 4 周。它在所有的肉食动物的粪便中出现的比例都很高，如鸡粪的检出率为 7.58%～73.08%。

（二）流行病学特点

1. 季节性　多发生在 5—10 月，尤以夏季为最多。

2. 中毒食品种类　主要为牛乳及肉制品等。

3. 食品被污染的原因　空肠弯曲菌在猪、牛、羊、狗、猫、鸡、鸭、火鸡和野禽的肠道中广泛存在。此外，健康人的带菌率为 1.3%，腹泻病人的检出率为 5%～10.4%。食品中的空肠弯曲菌主要来自动物粪便，其次是健康带菌者。处理受空肠弯曲菌污染的肉类的工具、容器等未经彻底洗刷消毒，也可对熟食品造成交叉污染。当进食被空肠弯曲菌污染的食品，且食用前又未彻底消毒时，就会发生空肠弯曲菌食物中毒。

（三）中毒机制

空肠弯曲菌食物中毒部分是大量活菌侵入肠道引起的感染型食物中毒，部分与热敏型肠毒素有关。

（四）临床表现

潜伏期一般为 3～5 天，短者 1 天，长者 10 天。临床表现以胃肠道症状为主，主要表现为突然腹痛和腹泻。腹痛可呈绞痛，腹泻物一般为水样便或黏液便，重症病人有血便，腹泻次数达 10 余次，腹泻物带有腐臭味。体温可达 38～40℃，特别是当有菌血症时，常出现发热，但也有仅腹泻而无发热者。此外，还有头痛、倦怠、呕吐等，重者可致死亡。集体暴发时，各年龄组均可发病，而在散发的病例中，儿童较成人多。

（五）诊断和治疗

1. 诊断

（1）初步诊断：根据流行病学调查，确定发病与食物的关系，再依据临床表现进行初步诊断。

（2）病因诊断：依据实验室检验资料进行，包括：①细菌学检验，按《食品安全国家标准 食品微生物学检验 空肠弯曲菌检验》（GB 4789.9—2014）操作；②血清学试验，采集病人急性期和恢复期血清，同时采集健康人血清作对照，进行血清学试验。空肠弯曲菌食物中毒病人恢复期血清的凝集效价明显升高，较健康者高 4 倍以上。

2. 治疗　临床上一般可用抗生素治疗。空肠弯曲菌对红霉素、庆大霉素、四环霉素敏感。此外，尚需对症和支持治疗。

（六）预防措施

空肠弯曲菌不耐热，乳品中的空肠弯曲菌可在巴氏灭菌的条件下被杀死。预防空肠弯曲菌食物中毒要注意避免食用未煮透或灭菌不充分的食品,尤其是乳品。

十一、其他细菌性食物中毒

(一)蜡样芽胞杆菌食物中毒

蜡样芽胞杆菌(Bacillus cereus)为革兰氏阳性、需氧或兼性厌氧芽胞杆菌,有鞭毛,无荚膜,生长 6 小时后即可形成芽胞。繁殖体不耐热,生长繁殖的温度范围为 28~35℃,10℃以下不能繁殖,在 100℃时经 20 分钟可被杀死,在 pH 为 5 以下时对繁殖体的生长繁殖有明显的抑制作用。蜡样芽胞杆菌在发芽的末期可产生引起人类食物中毒的肠毒素,包括腹泻毒素和呕吐毒素。腹泻毒素系不耐热肠毒素,毒性作用类似大肠埃希氏菌和霍乱弧菌产生的毒素。腹泻毒素对胰蛋白酶敏感,45℃加热 30 分钟或 56℃加热 5 分钟均可失去活性,几乎所有的蜡样芽胞杆菌均可在多种食品中产生不耐热肠毒素。呕吐毒素系低分子耐热肠毒素,126℃加热 90 分钟也不失活,且对酸、碱、胃蛋白酶、胰蛋白酶均不敏感。呕吐毒素常在米饭类食品中形成。

蜡样芽胞杆菌食物中毒发生的季节性明显,以夏、秋季,尤其是 6—10 月为多见。引起中毒的食品种类繁多,包括乳及乳制品、肉类制品、蔬菜、米粉、米饭等。在我国引起中毒的食品以米饭、米粉最为常见。食物受蜡样芽胞杆菌污染的机会很多,带菌率较高,肉及其制品为 13%~26%,乳及其制品为 23%~77%,米饭为 10%,豆腐为 4%,蔬菜为 1%。污染源主要为泥土、尘埃、空气,其次为昆虫、苍蝇、不洁的用具与容器。受该菌污染的食物在通风不良及温度较高的条件下存放时,其芽胞便可发芽,并产生毒素,若食用前不加热或加热不彻底,即可引起食物中毒。

蜡样芽胞杆菌食物中毒的发生为蜡样芽胞杆菌在食物中生长、繁殖并产生肠毒素所致,临床表现因毒素的不同而分为腹泻型和呕吐型两种。

蜡样芽胞杆菌食物中毒的诊断按《蜡样芽胞杆菌食物中毒诊断标准及处理原则》(WS/T 82—1996)进行;检验按《食品安全国家标准 食品微生物学检验 蜡样芽胞杆菌检验》(GB 4789.14—2014)检验。治疗以对症治疗为主,重症者可采用抗生素治疗;预防以减少污染为主。在食品的生产加工过程中,企业必须严格执行食品良好操作规范。此外,剩饭及其他熟食品只能在 10℃以下短时间储存,且食用前须彻底加热,一般应在 100℃加热 20 分钟。

(二)产气荚膜梭菌食物中毒

产气荚膜梭菌(clostridium perfringens)为厌氧的革兰氏阳性粗大芽胞杆菌,在烹调的食品中很少产生芽胞,而在肠道中却容易形成芽胞。产气荚膜梭菌食物中毒为该菌产生的肠毒素所引起。该毒素的抵抗力弱,在 60℃加热 45 分钟后丧失生物活性,在 100℃瞬时也可被破坏,但对胰蛋白酶和木瓜蛋白酶有抗性。

产气荚膜梭菌在自然界分布较广,在污水、垃圾、土壤、人和动物的粪便、食品中以及昆虫的体内均可检出,在受无症状带菌者的粪便直接或间接污染的食品中亦可检测出。产气荚膜梭菌食物中毒的发生有明显的季节性,以夏、秋气温较高的季节为多见。引起中毒的食品主要是鱼、肉、禽等动物性食品,主要原因是加热不彻底或冷食这些食品。

产气荚膜梭菌肠毒素食物中毒的潜伏期多为 10~20 小时,短者 3~5 小时,长者可达 24 小时。发病急,多呈急性胃肠炎症状,以腹泻、腹痛为多见,每日腹泻次数达 10 余次,一般为稀便和水样便,很少有恶心、呕吐。

诊断按《产气荚膜梭菌食物中毒诊断标准及处理原则》(WS/T 7—1996)执行。检验按《食品安

全国家标准 食品微生物学检验 产气荚膜梭菌检验》（GB 4789.13—2012）检验。治疗一般以对症和支持治疗为主。预防措施同沙门氏菌食物中毒。

（三）椰毒假单胞菌酵米面亚种食物中毒

椰毒假单胞菌酵米面亚种（Pseudomonas cocovenenans subsp. Farinofermentans）食物中毒传统上称为臭米面食物中毒（或酵米面食物中毒），是由椰毒假单胞菌酵米面亚种所产生的外毒素引起的。椰毒假单胞菌为革兰氏阴性菌，在自然界分布广泛，产毒的椰毒假单胞菌检出率为 1.1%，在玉米、臭米面、银耳中都能检出。

椰毒假单胞菌酵米面亚种食物中毒主要发生在东北三省，以 7、8 月份为最多。这类食物中毒的发生与当地居民特殊的饮食习惯有关，引起中毒的食品主要是谷类发酵制品，为米酵菌酸和毒黄素所致的毒素型食物中毒。

临床上胃肠道症状和神经症候群的出现较早。继消化道症状后，也可能出现肝大、肝功能异常等中毒性肝炎为主的临床表现，重症者出现肝性昏迷，甚至死亡。对肾脏的损害一般出现得较晚，轻者出现血尿、蛋白尿等，重者出现血中尿素氮含量增加、少尿、无尿等尿毒症状，严重时可因肾衰竭而死亡。因椰毒假单胞菌毒素的毒性较强，且目前尚缺乏特效的解毒药，致使该类食物中毒的病死率高达 30%～50%。

由于该类食物中毒发病急、多种脏器受损、病情复杂、进展快、病死率高，应及早做出诊断。中毒发生后应进行急救和对症治疗。

（四）小肠结肠炎耶尔森菌食物中毒

耶尔森氏菌属属于肠杆菌科，引起人类食物中毒和小肠结肠炎的主要是小肠结肠炎耶尔森氏菌（Yersinia enterocolitica）。这种革兰氏阴性杆菌的特点是能在 30℃ 以下运动，而在 37℃ 以上不运动。该菌耐低温，在 0～5℃ 也可生长繁殖，是一种独特的嗜冷病原菌，故应特别注意冷藏食品被该菌污染。

小肠结肠炎耶尔森氏菌广泛分布在陆地、湖水、井水和溪流中，具有侵袭性，并能产生耐热肠毒素，引起的食物中毒多发生在秋冬、冬春季节，引起中毒的食物主要是动物性食品，如猪肉、牛肉、羊肉等，其次为生牛乳，尤其是在 0～5℃ 的低温条件下运输或储存的乳类或乳制品。

该菌所引起的食物中毒潜伏期较长，为 3～7 天。多见于 1～5 岁的幼儿，以腹痛、腹泻和发热为主要表现，体温达 38～39.5℃，病程 1～2 天。此外，该菌也可引起结肠炎、阑尾炎、肠系膜淋巴结炎、关节炎及败血症。对这类食物中毒一般采用对症治疗的方法，对重症病例可用抗生素。

第三节　真菌及其毒素食物中毒

真菌及其毒素食物中毒是指食用被真菌及其毒素污染的食物而引起的食物中毒。中毒发生主要由被真菌污染的食品引起，用一般烹调方法加热处理不能破坏食品中的真菌毒素，发病率较高，死亡率也较高，发病的季节性及地区性均较明显。

一、赤霉病麦中毒

麦类、玉米等谷物被镰刀菌（fusarium）污染引起的赤霉病是一种世界性病害，它的流行除了造成严重的减产外，还会引起人畜中毒。从赤霉病麦中分离的主要菌种是禾谷镰刀菌（无性繁殖期的名称，其有性繁殖期的名称叫玉米赤霉）。此外，还可从病麦中分离出串珠镰刀菌、燕麦镰刀菌、木贼镰刀菌、黄色镰刀菌、尖孢镰刀菌等。赤霉病麦中的主要毒性物质是这些镰刀菌产生的毒素，包括单端孢霉烯族化合物中的脱氧雪腐镰刀菌烯醇（deoxynivalenol，DON）、雪腐镰刀菌烯醇（nivalenol，NIV）和另一种镰刀菌毒素玉米赤霉烯酮。DON 主要引起呕吐，故也称呕吐毒素。这些镰刀菌毒素对热稳定，一般的烹调方法不能将它们破坏而去毒。摄入的数量越多，发病率越高，病情也越严重。

（一）流行病学特点

麦类赤霉病在全国各地均有发生，多发于多雨、气候潮湿地区，以淮河和长江中下游一带最为严重，黑龙江省春麦区也常有发生。

（二）中毒症状

人误食赤霉病麦后，并非所有的进食者都出现中毒症状。发病者一般在食后十多分钟至半小时发病，亦有 1～2 小时发病者。主要症状有恶心、呕吐、腹痛、腹泻、头昏、头痛、嗜睡、流涎、乏力，少数病人有发热、畏寒等。症状一般在一天左右自行消失，缓慢者持续一周左右，预后良好。个别重病例呼吸、脉搏、体温及血压波动，四肢酸软，步态不稳，形似醉酒，故有的地方称之为"醉谷病"。一般病人无须治疗而自愈，对呕吐严重者应补液。

（三）预防

关键在于防止麦类、玉米等谷物受到真菌的污染和产毒，主要措施包括以下几个方面。

1. 预防赤霉病发生　加强田间管理，在春季低温多雨时，使用高效、低毒、低残留的杀菌剂。收获后及时晾晒或烘干，使谷物的水分含量降至安全水分以下；仓储期间注意通风，控制粮谷的含水量。

2. 去除或减少粮食中病粒或毒素

（1）及时烘晒：对于已感染赤霉病的小麦，收获后应及时晾晒，或加热烘干或低热通风干燥，降低含水量，防止霉菌继续繁殖。

（2）分离处理：由于赤霉病麦麦粒轻，比重小，可用比重分离法分离病粒或用稀释法使病粒的比例降低。

（3）加工处理：由于毒素主要存在于表皮内，可用打麦清理法、碾皮处理法、压制麦片法等去除毒素。毒素对热稳定，一般的烹调方法难以将其破坏，可用病麦发酵制成酱油或醋，达到去毒的效果。

3. 制定粮食中霉菌毒素的限量标准　脱氧雪腐镰刀菌烯醇含量在玉米、玉米面（渣、片）、大麦、小麦、小麦粉中的含量不得高于 1 000μg/kg，玉米赤霉烯酮在上述粮谷类中的限量为 60μg/kg。

二、霉变甘蔗中毒

甘蔗在不良的条件下长期储存，会发生霉变，食用霉变甘蔗会导致人中毒。霉变甘蔗质地较软，瓤部外观色泽比正常甘蔗深，一般呈浅棕色，闻之有霉味。霉变甘蔗含有大量的有毒霉菌及其毒素，这些毒素对神经系统和消化系统有较大的损害。霉变甘蔗切成薄片后在显微镜下可见有真菌菌丝侵染，从霉变甘蔗中分离出的产毒真菌为甘蔗节菱孢霉。新鲜甘蔗中甘蔗节菱孢霉的侵染率极低，仅为 0.7%～1.5%，但经过 3 个月储藏后，其污染率可达 34%～56%。长期贮藏的甘蔗是节菱孢霉发育、繁殖、产毒的良好培养基。节菱孢霉产生的 3-硝基丙酸（3-nitropropionic acid，3-NPA）是一种强烈的嗜神经毒素，主要损害中枢神经系统。

（一）流行病学特点

甘蔗在每年 10—11 月收获,次年春季 3—4 月仍有销售,销售季节长达 5～6 个月,甘蔗的存储与运输均可影响甘蔗的霉变。霉变甘蔗中毒多发生于我国北方地区的初春季节,2—3 月为发病高峰期,但在多雨潮湿地区甘蔗也易霉变而发生中毒。中毒多见于儿童和青少年,病情常较严重,甚至危及生命。

（二）中毒症状

潜伏期短,最短仅十几分钟,轻度中毒者的潜伏期较长,重度中毒者多在 2 小时内发病。中毒症状最初表现为一时性消化道功能紊乱,表现为恶心、呕吐、腹痛、腹泻、黑便,随后出现头昏、头痛和复视等神经系统症状。重者可发生阵发性抽搐,抽搐时四肢强直,屈曲内旋,手呈鸡爪状,眼球向上,偏侧凝视,瞳孔散大,继而进入昏迷状态。病人可死于呼吸衰竭,幸存者则留下严重的神经系统后遗症,导致终生残疾。

（三）治疗与预防

目前尚无特效的治疗方法。发生中毒后应尽快洗胃、灌肠,以排除毒物,并对症治疗。对轻度患者应及时补液,纠正水电解质平衡紊乱,加强护理。对重度患者应迅速控制脑水肿,促进脑功能恢复,改善血液循环,维持水电平衡等,减少后遗症的发生。

减少霉变甘蔗中毒主要在于预防,甘蔗必须于成熟后收割,收割后注意防捂、防冻、防霉菌污染繁殖。贮存期不可过长,并定期对甘蔗进行感官检查,严禁出售变质的霉变甘蔗。加强宣传教育,教育群众不买、不吃霉变甘蔗。

（马玉霞）

第四节　有毒动植物中毒

有毒动植物中毒是指一些动植物本身含有某种天然有毒成分或由于储存条件不当形成某种有毒物质,被人食用后所引起的中毒。在近年的食物中毒事件中,有毒动植物引起的食物中毒导致的死亡人数最多,应引起重视。

一、河豚中毒

河豚（pufferfish）又名河鲀,是鲀毒鱼类的一个泛称,主要包括鲀形目的鲀科鱼类。河豚多生活在海水中,分布于我国沿海,每年清明节前后从大海游至长江中下游,生活于淡水中。河豚丰腴鲜美,但含有剧毒,民间自古就有"不吃河豚,焉知鱼味"和"拼死吃河豚"的说法。

（一）河豚有毒成分的来源

河豚含有的有毒成分为河豚毒素（tetrodotoxin,TTX）,是一种非蛋白质神经毒素,其毒性是氰化钠的 1 250 倍,0.5mg 即可致人死亡。河豚毒素为无嗅无色针状结晶,呈弱碱性,微溶于水和浓酸,极易溶于稀酸溶液,不溶于无水乙醇、乙醚、苯等有机溶剂;对热稳定,100℃加热 4 小时才可破坏,常规煮沸和日晒不能将其破坏;耐盐腌,用 30% 盐腌 1 个月仍无法去除。

河豚的种间、种内、性别、个体和组织器官间河豚毒素含量都存在差异。卵巢、肝脏和肠中的河豚毒素含量较高,其次是脾脏、血液和皮肤。卵巢中的毒素含量与生殖周期有关,每年春季为河豚卵巢发育期,毒素含量最高。通常情况下,河豚的肌肉大多不含毒素或仅含少量毒素,但菊黄东方豚、虫纹东方豚肌肉中的河豚毒素含量可达到或超过 1 000μg/g。不同品种河豚及不同部位的河豚毒素含量相差很大,如棕斑东方鲀的肌肉、肝脏、皮中的河豚毒素分别为未检出、未检出和 $0.03\mu g/g$;而菊黄东方鲀以上三个部位中的河豚毒素含量均大于 $1\,000\mu g/g$。人工养殖的河豚(例如红鳍东方鲀和暗纹东方鲀)一般不含有河豚毒素。

（二）流行病学特点

河豚中毒多发生在沿海地区居民中,以春季发生中毒的次数、中毒人数和死亡人数为最多。引起中毒的河豚主要来源于从个体零售商贩购买、自行捕捞/捡食、友人赠送、宾馆饭店直接提供等,食品类型有河豚鲜鱼、内脏,冷冻的河豚和河豚鱼干。

（三）中毒机制及中毒症状

河豚毒素是电压门控 Na^+ 通道阻断剂,人体摄入后可直接对胃肠道产生局部刺激作用;入血后,河豚毒素高度特异性地阻断细胞膜对 Na^+ 的通透性,抑制动作电位产生,使神经肌肉迅速丧失兴奋性,导致以神经和肌肉麻痹为主要代表的生理机能障碍。首先感觉神经麻痹,随后运动神经麻痹,严重者脑干麻痹,引起外周血管扩张,血压下降,最后出现呼吸中枢和血管运动中枢麻痹,导致急性呼吸衰竭,危及生命。

河豚中毒的特点是发病急速而剧烈,潜伏期一般在 10 分钟至 3 小时。起初感觉手指、口唇和舌有刺痛,然后出现恶心、呕吐、腹泻等胃肠症状。同时伴有四肢无力,发冷,口唇、指尖和肢端知觉麻痹,并伴有眩晕。重者瞳孔及角膜反射消失,四肢肌肉麻痹,以致身体摇摆、共济失调,甚至全身麻痹、瘫痪,最后出现语言不清、血压和体温下降。一般预后较差。常因呼吸麻痹、循环衰竭而死亡。一般情况下,病人直到临死前意识仍然清醒,死亡通常发生在发病后 4～6 小时以内,最快为 1.5 小时,最迟不超过 8 小时。由于河豚毒素在体内排泄较快,中毒后若超过 8 小时未死亡者,一般可恢复。

（四）急救与治疗

河豚中毒尚无特效解毒药,一般以排出毒物和对症处理为主。

1. 催吐、洗胃、导泻,及时清除未吸收毒素。

2. 大量补液及利尿,促进毒素排泄。

3. 早期给予大剂量激素和莨菪碱类药物。肾上腺皮质激素能减少组织对毒素的反应和改善一般情况;莨菪碱类药物能兴奋呼吸循环中枢,改善微循环。

4. 支持呼吸、循环功能,必要时行气管插管,心搏骤停者行心肺复苏。

（五）预防措施

1. 加强卫生宣传教育,首先让广大居民认识到野生河豚有毒,不要自行捕捞和食用;其次让广大居民能识别河豚,以防误食。

2. 水产品收购、加工、供销、市场监管等部门应严格把关,防止野生河豚进入市场或混进其他水产品中。

3. 采用河豚去毒工艺 活河豚加工时先断头、放血(尽可能放净)、去内脏、去鱼头、扒皮,肌肉经反复冲洗,直至完全洗去血污为止,经专职人员检验,确认无内脏、无血水残留,做好记录后方可食用。将所有的废弃物投入专用处理池,加碱、加盖、密封发酵,待腐烂后用作肥料。冲洗下来的血水,也应排入专用处理池,经加碱去毒后再排放。

二、鱼类引起的组胺中毒

鱼类引起组胺(histamine)中毒的主要原因是食用了某些不新鲜或腐败的鱼类(含有较多的组

胺），同时也与个人的过敏体质有关，组胺中毒是一种过敏性食物中毒。

（一）有毒成分的来源

海产鱼类中的青皮红肉鱼，如鲐鱼、鲣鱼、鲹鱼、鲕鱼、竹荚鱼、金枪鱼等鱼体中含有较多的组氨酸。当鱼体不新鲜或腐败时，发生自溶作用，组氨酸被释放出来。污染鱼体的细菌，如组胺无色杆菌或摩氏摩根菌产生脱羧酶，使组氨酸脱羧基形成大量的组胺。一般认为当鱼体中组胺含量超过 200mg/100g 即可引起中毒。也有食用虾、蟹等之后发生组胺中毒的报道。

（二）流行病学特点

组胺中毒在国内外均有发生。多发生在夏秋季，在温度 15～37℃、有氧、弱酸性（pH 6.0～6.2）和渗透压不高（盐分含量3%～5%）的条件下，组氨酸易于分解形成组胺引起中毒。

（三）中毒机制及中毒症状

组胺是一种生物胺，可导致支气管平滑肌强烈收缩，引起支气管痉挛；循环系统表现为局部或全身的毛细血管扩张，病人出现低血压，心律失常，甚至心搏骤停。

组胺中毒临床表现的特点是发病急、症状轻、恢复快。病人在食鱼后 10 分钟至 2 小时内出现面部、胸部及全身皮肤潮红和热感，全身不适，眼结膜充血并伴有头痛、头晕、恶心、腹痛、腹泻、心跳过速、胸闷、血压下降、心律失常，甚至心搏骤停。有时可出现荨麻疹，咽喉烧灼感，个别病人可出现哮喘。一般体温正常，大多在 1～2 天内恢复健康。

（四）急救与治疗

一般可采用抗组胺药物和对症治疗的方法。常用药物为口服盐酸苯海拉明，或静脉注射 10% 葡萄糖酸钙，同时口服维生素 C。

（五）预防措施

1. 防止鱼类腐败变质，禁止出售腐败变质的鱼类。

2. 鱼类食品必须在冷冻条件下储藏和运输，防止组胺产生。

3. 避免食用不新鲜或腐败变质的鱼类食品。

4. 对于易产生组胺的青皮红肉鱼类，家庭在烹调前可采取一些去毒措施。应先彻底刷洗鱼体，去除鱼头、内脏和血块，然后将鱼体切成两半后以冷水浸泡。在烹调时加入少许醋或雪里蕻或红果，可使鱼中组胺含量下降 65% 以上。

5. 监测和严格执行鱼类食品中组胺最大允许含量标准。我国《食品安全国家标准 鲜、冻动物性水产品》（GB 2733—2015）规定，鲐鱼、鲹鱼、竹荚鱼、鲭鱼、鲣鱼、金枪鱼、秋刀鱼、马鲛鱼、青占鱼、沙丁鱼等高组胺鱼类中组胺≤40mg/100g，其他海水鱼类中组胺≤20mg/100g。

三、麻痹性贝类中毒

麻痹性贝类中毒（paralytic shellfish poisoning，PSP）是由贝类毒素引起的食物中毒。麻痹性贝类毒素（paralytic shellfish toxins，PSTs）是一类比较普遍且毒性极强的海洋生物毒素，中毒特点为神经麻痹。

（一）有毒成分的来源

贝类含有毒素，与海水中的藻类有关。当贝类摄入有毒的藻类（如双鞭甲藻、膝沟藻科的藻类等）后，其所含的有毒物质即进入贝体内，呈结合状态，对贝类本身没有毒性。当人食用这种贝类后，毒素可迅速从贝肉中释放出来对人呈现毒性作用。藻类是 PSTs 的直接来源，但它们并不是唯一的或最终的来源，与藻类共生的微生物也可产生。PSTs 是一类三烷基四氢嘌呤化合物，目前已分离出 20 多种，依据基团相似性分为 5 类：氨基甲酸酯类、N-磺酰氨甲酰基类、脱氨甲酰基类、13-脱氧脱氨甲酰基类和羟基苯甲酸酯类毒素。其中,氨基甲酸酯类包括石房蛤毒素(saxitoxin,STX)、新石房蛤毒素和膝沟藻毒素。STX 是发现最早且研究最广泛的,毒性最强,与神经毒气沙林相同。STX 是白色、溶于水、分子量较小的非蛋白质毒素,很容易被胃肠道吸收而不被消化酶所破坏,对酸、热稳定,碱性条件下发生氧化,毒性丧失。

（二）流行病学特点

麻痹性贝类中毒在全世界均有发生,有明显的地区性和季节性。全球沿海地区几乎都有过麻痹性贝类中毒致死的报道,但较为流行的地区在太平洋西北部及加拿大沿岸。以夏季沿海地区多见,这一季节易发生赤潮(大量的藻类繁殖使水产生微黄色或微红色的变色,称为赤潮),而且贝类也容易捕获。

（三）中毒机制及中毒症状

STX 为神经毒,对人的经口致死量为 $0.5\sim1.0$mg,中毒机制是阻断细胞膜 Na^+ 通道造成神经系统传导障碍而产生麻痹作用。

麻痹性贝类中毒的潜伏期短,仅数分钟至 20 分钟。开始为唇、牙龈和舌头周围刺痛,随后有规律地出现指尖和脚趾的麻木,进而麻木发展到手臂、腿部和颈部,病人可以做随意运动,但相当困难。病人可伴有头痛、头晕、恶心和呕吐,最后出现呼吸困难。膈肌对此毒素特别敏感,重症者常在 $2\sim24$ 小时因呼吸麻痹而死亡,病死率为 $5\%\sim18\%$。病程超过 24 小时者,则预后良好。

（四）急救与治疗

目前尚无有效解毒剂,有效的抢救措施是尽早采取催吐、洗胃、导泻的方法,及时去除毒素,并对症治疗。

（五）预防措施

主要应进行预防性监测,当发现贝类生长的海水中有大量海藻存在时,应测定捕捞的贝类所含的毒素量。我国《食品安全国家标准 鲜、冻动物性水产品》(GB 2733—2015)规定,贝类中 PSTs≤4 鼠单位/克(MU/g)。

四、毒蕈中毒

蕈类(mushroom)通常称蘑菇,属于真菌植物。我国有可食用蕈 300 多种,毒蕈 80 多种,其中含剧毒能对人致死的有 10 多种。毒蕈与可食用蕈不易区别,常因误食而中毒。毒蕈中毒目前为我国食物中毒致死的主要原因。

（一）有毒成分的来源

不同类型的毒蕈含有不同的毒素,也有一些毒蕈同时含有多种毒素。

1. **胃肠毒素** 含有这种毒素的毒蕈很多,主要为黑伞蕈属和乳菇属的某些蕈种,毒性成分可能为类树脂物质、苯酚、类甲酚、胍啶或蘑菇酸等。

2. **神经、精神毒素** 存在于毒蝇伞、豹斑毒伞、角鳞灰伞、臭黄菇及牛肝菌等毒蘑菇中。这类毒素主要有 4 大类:①毒蝇碱(muscarine),存在于毒蝇伞蕈、丝盖伞属及杯伞属蕈、豹斑毒伞蕈等毒蕈中;②鹅膏蕈氨酸(ibotenic acid)及其衍生物,存在于毒伞属的一些毒蕈中;③光盖伞素(psilocybin)及脱磷酸光盖伞素(psilocin),存在于裸盖菇属及花褶伞属蕈类;④致幻剂(hallucinogens),主要存在于橘黄裸伞蕈中。

3. **溶血毒素** 鹿花蕈(gyromitra esculenta)也叫马鞍蕈,含有马鞍蕈酸,属甲基联胺化合物,有强烈的溶血作用。此毒素具有挥发性,对碱不稳定;可溶于热水,烹调时如弃去汤汁可去除大部分毒素;耐热性差,加热至70℃或在胃内消化酶的作用下可失去溶血性能。

4.肝肾毒素　主要存在于毒伞属蕈、褐鳞小伞蕈及秋生盔孢伞蕈中,包括毒肽类、毒伞肽类、鳞柄白毒肽类、非环状肽等,具有肝肾毒性。此类毒素为剧毒,如毒肽类对人类的致死量为0.1mg/(kg·bw)。因此,肝肾损害型毒蕈中毒危险性大,死亡率高,一旦发生中毒,应及时抢救。

5.类光过敏毒素　存在于胶陀螺(又称猪嘴蘑)中。

(二)流行病学特点及中毒症状

世界各地每年都会发生毒蕈中毒事件,主要集中在欧洲、美国、日本、中国、伊朗等地区或国家。我国毒蕈中毒事件呈现地域性和季节性分布特点,云南、贵州、四川等省为中毒高发区域,6—9月为中毒高发期,误将毒蕈当作可食用蕈是引发中毒的主要原因。

毒蕈中毒的临床表现各不相同,一般分为以下几类。

1.胃肠型　主要刺激胃肠道,引起胃肠道炎症反应。一般潜伏期较短,多为0.5~6小时,病人有剧烈恶心、呕吐、阵发性腹痛,以上腹部疼痛为主,体温不高。经过适当处理可迅速恢复,一般病程2~3天,很少死亡。

2.神经精神型　潜伏期约为1~6小时,临床症状除有轻度的胃肠反应外,主要有明显的副交感神经兴奋症状,如流涎、流泪、大量出汗、瞳孔缩小、脉缓等。少数病情严重者可有精神兴奋或抑制、精神错乱、谵妄、幻觉、呼吸抑制等表现。

误食牛肝蕈、橘黄裸伞蕈等毒蕈,除胃肠炎症状外,多有幻觉(小人国幻视症)、谵妄等症状,部分病例有迫害妄想,类似精神分裂症。

3.溶血型　潜伏期多为6~12小时,红细胞大量破坏,引起急性溶血。主要表现为恶心、呕吐、腹泻、腹痛。发病3~4天后出现溶血性黄疸、肝脾大,少数病人出现血红蛋白尿。病程一般2~6天,病死率低。

4.肝肾损害型　此型中毒最严重,可损害人体的肝、肾、心脏和神经系统,对肝脏损害最大,可导致中毒性肝炎。病情凶险而复杂,病死率非常高。按其病情发展一般可分为6期:①潜伏期,多为10~24小时,短者为6~7小时;②胃肠炎期,病人出现恶心、呕吐、脐周腹痛、水样便腹泻,多在1~2天后缓解;③假愈期,胃肠炎症状缓解后病人暂时无症状或仅有轻微乏力、不思饮食,而实际上毒素已逐渐进入内脏,肝脏损害已开始,轻度中毒病人肝损害不严重可进入恢复期;④内脏损害期,严重中毒病人在发病2~3天后出现肝、肾、脑、心等内脏损害的症状,可出现肝大、黄疸、转氨酶升高,甚至出现肝坏死、肝性昏迷,肾损害症状可出现少尿、无尿或血尿,严重时可出现肾功能衰竭、尿毒症;⑤精神症状期,此期的症状主要是由于肝脏的严重损害出现肝性昏迷所致,病人主要表现为烦躁不安、表情淡漠、嗜睡,继而出现惊厥、昏迷,甚至死亡,一些病人在胃肠炎期后很快出现精神症状,但看不到肝损害明显症状,此种情况属于中毒性脑病;⑥恢复期,经过积极治疗的病人,一般在2~3周进入恢复期,各项症状体征逐渐消失而痊愈。

5.类光过敏型　误食后可出现类似日光性皮炎的症状。在身体暴露部位出现明显的肿胀、疼痛,特别是嘴唇肿胀外翻。另外还有指尖疼痛,指甲根部出血等。

(三)急救与治疗

1.及时催吐、洗胃、导泻、灌肠,迅速排出毒物　凡食毒蕈后10小时内均应彻底洗胃,洗胃后可给予活性炭吸附残留的毒素。无腹泻者,洗胃后用硫酸镁20~30g或蓖麻油30~60mL导泻。

2.对各型毒蕈中毒根据不同症状和毒素情况采取不同的治疗方案　①胃肠型可按一般食物中

毒处理；②神经精神型可采用阿托品治疗；③溶血型可用肾上腺皮质激素治疗，一般状态差或出现黄疸者，应尽早应用较大量的氢化可的松，同时给予保肝治疗；④肝肾损害型可用二巯基丙磺酸钠治疗，保护体内含巯基酶的活性。

3. 对症治疗和支持治疗

（四）预防措施

预防毒蕈中毒的最有效方法是不采摘食用野生蘑菇；毒蕈与可食用蕈很难鉴别，加强宣传教育对预防毒蕈中毒尤为重要。民间百姓有一定的实际经验，如在阴暗肮脏处生长的、颜色鲜艳的、形状怪异的、分泌物浓稠易变色的、有辛辣酸涩等怪异气味的蕈类一般为毒蕈，但这些经验不够完善，不够可靠。

五、含氰苷类食物中毒

含氰苷类食物中毒是指因食用苦杏仁、桃仁、李子仁、枇杷仁、樱桃仁、木薯等含氰苷类食物引起的中毒。

（一）有毒成分的来源

含氰苷类食物中毒的有毒成分为氰苷，其含量在苦杏仁中最高，平均为 3%，甜杏仁平均为 0.1%，其他果仁平均为 0.4%～0.9%。木薯中亦含有氰苷。当果仁在口腔中咀嚼和在胃肠内进行消化时，氰苷被果仁所含的水解酶水解释放出氢氰酸并迅速被黏膜吸收入血引起中毒。

（二）流行病学特点

苦杏仁中毒多发生在杏子成熟的初夏季节，儿童中毒多见，常因儿童不知道苦杏仁的毒性食用后引起中毒；还有因为吃了加工不彻底未完全消除毒素的凉拌杏仁造成的中毒。

（三）中毒机制及中毒症状

氢氰酸的氰离子可与细胞色素氧化酶中的铁离子结合，使呼吸酶失去活性，氧不能被组织细胞利用，导致组织缺氧而陷于窒息状态。另外，氢氰酸可直接损害延髓的呼吸中枢和血管运动中枢。苦杏仁氰苷为剧毒，对人的最小致死量为 0.4～1.0mg/（kg·bw），约相当于 1～3 粒苦杏仁。

苦杏仁中毒的潜伏期短者 0.5 小时，长者 12 小时，一般 1～2 小时。木薯中毒的潜伏期短者 2 小时，长者 12 小时，一般为 6～9 小时。

苦杏仁中毒时，出现口中苦涩、流涎、头晕、头痛、恶心、呕吐、心悸、四肢无力等。较重者胸闷、呼吸困难、呼吸时可嗅到苦杏仁味。严重者意识不清、呼吸微弱、昏迷、四肢冰冷、常发生尖叫，继之意识丧失、瞳孔散大、对光反射消失、牙关紧闭、全身阵发性痉挛，最后因呼吸麻痹或心跳停止而死亡。此外，还可引起多发性神经炎。

木薯中毒的临床表现与苦杏仁中毒相似。

（四）急救与治疗

1. 催吐　用 5% 的硫代硫酸钠溶液洗胃。

2. 解毒治疗　首先吸入亚硝酸异戊酯 0.2mL，每隔 1～2 分钟一次，每次 15～30 秒，数次后，改为缓慢静脉注射亚硝酸钠溶液，成人用 3% 溶液，儿童用 1% 溶液，每分钟 2～3mL。然后静脉注射新配制的 50% 硫代硫酸钠溶液 25～50mL，儿童用 20% 硫代硫酸钠溶液，每次 0.25～0.5mL/（kg·bw），如症状仍未改善者，重复静脉注射硫代硫酸钠溶液，直到病情好转。

3. 对症治疗　根据病人情况给予吸氧，呼吸兴奋剂、强心剂及升压药等。对重症病人可静脉滴注细胞色素 C。

（五）预防措施

1. 加强宣传教育　向广大居民，尤其是儿童进行宣传教育，勿食苦杏仁等果仁，包括干炒果仁。

2. 采取去毒措施　加水煮沸可使氢氰酸挥发，可将苦杏仁等制成杏仁茶、杏仁豆腐。木薯所含氰苷 90% 存在于皮内，食用时可通过去皮、蒸煮等方法去除氢氰酸。

六、粗制棉籽油棉酚中毒

棉籽未经蒸炒加热直接榨油，所得油即为粗制生棉籽油。粗制生棉籽油色黑、黏稠，含有毒物质，食用后可引起急性或慢性棉酚中毒（gossypol poisoning）。

（一）有毒成分的来源

粗制生棉籽油中主要含有棉酚、棉酚紫和棉酚绿三种有毒物质，其中以游离棉酚含量最高，可高达 24%～40%，未经精炼的粗制棉籽油中棉酚类物质未被彻底清除，可引起中毒。

（二）流行病学特点

棉酚中毒有明显的地区性，主要见于产棉区食用粗制棉籽油的人群。我国湖北、山东、河北、河南、陕西等产棉区均发生过急性或慢性中毒。本病在夏季多发，日晒及疲劳常为发病诱因。由于多年来大力普及宣传棉籽油的危害和推广棉籽油精制技术，发病者已大大减少。然而由于棉籽饼粕进入动物饲料中，以及家畜冬春季在棉茬地里放牧等原因，家畜的棉酚中毒事件时有发生。

（三）中毒机制及中毒症状

游离棉酚是一种毒苷，为血液毒和细胞原浆毒，可损害人体肝、肾、心等实质器官及血管、神经系统等，并损害生殖系统。

棉酚中毒的发病有急性与慢性之分。急性中毒表现为恶心呕吐、腹胀腹痛、便秘、头晕、四肢麻木、周身乏力、嗜睡、烦躁、畏光、心动过缓、血压下降，进一步可发展为肺水肿、黄疸、肝性昏迷、肾功能损害，最后可因呼吸循环衰竭而死亡。

慢性中毒的临床表现主要有三个方面。

1. 引起"烧热病"　长期食用粗制棉籽油，可出现疲劳乏力、皮肤潮红、烧灼难忍、口干、无汗或少汗、皮肤瘙痒如针刺、四肢麻木、呼吸急促、胸闷等症状。

2. 生殖功能障碍　棉酚对生殖系统有明显的损害。对女性可破坏子宫内膜、使子宫萎缩，血液循环减少，子宫变小变硬，出现闭经，孕卵不能着床，导致不育症。对男性可使睾丸曲细精管中的精子细胞、精母细胞受损，导致曲细精管萎缩，精子数量减少甚至无精。对男性的生殖系统损害较女性更为明显。

3. 引起低血钾　以肢体无力、麻木、口渴、心悸、肢体弛缓性瘫痪为主。部分病人心电图异常，女性及青壮年发病较多。

（四）急救与治疗

目前尚无特效解毒剂，一般给予对症治疗，并采取以下急救措施。

1. 立即刺激咽后壁诱导催吐。

2. 口服大量糖水或淡盐水稀释毒素，并服用大量维生素 C 和 B 族维生素。

3. 对症处理，有昏迷、抽搐的病人，应有专人护理并清除口腔内毒物，保持呼吸道畅通。

（五）预防措施

1. 加强宣传教育，勿食粗制生棉籽油。

2. 由于棉酚在高温条件下易分解,可采取榨油前将棉籽粉碎,经蒸炒加热后再榨油的方法,榨出的油再经过加碱精炼,则可使棉酚逐渐分解破坏。

3. 加强对棉籽油中棉酚含量的监测、监督与管理,我国规定棉籽油中棉酚含量不得超过0.02%,超过此标准的棉籽油不得出售。

4. 研发低酚的棉花新品种。

七、其他有毒动植物中毒

除了前面已经介绍的能够引起食物中毒的动物和植物外,在自然界中还有一些动物性食品或植物性食品中含有毒素,如加工烹调不当或误食,均可引起食物中毒。见表 12-1。

表 12-1　其他有毒动植物中毒

名称	有毒成分	临床特点	急救处理	预防措施
动物甲状腺中毒	甲状腺素	潜伏期 10～24 小时、头痛、乏力、烦躁、抽搐、震颤、脱发、脱皮、多汗、心悸等	抗甲状腺素药,促肾上腺皮质激素,对症处理	加强兽医检验,屠宰牲畜时除净甲状腺
动物肝脏中毒(狗、鲨鱼、海豹、北极熊等)	大量维生素 A	潜伏期 0.5～12 小时,头痛、恶心、呕吐、腹部不适、皮肤潮红、脱皮等	对症处理	含大量维生素 A 的动物肝脏不宜过量食用
发芽马铃薯中毒	龙葵素	潜伏期数分钟至数小时,咽部瘙痒、发干、胃部烧灼、恶心、呕吐、腹痛、腹泻、伴头晕、耳鸣、瞳孔散大	催吐、洗胃、对症处理	马铃薯储存干燥阴凉处,食用前挖去芽眼、削皮,烹调时加醋
四季豆中毒(扁豆)	皂素,植物血凝素	潜伏期 1～5 小时,恶心、呕吐、腹痛、腹泻、头晕、出冷汗等	对症处理	扁豆煮熟煮透至失去原有的绿色
鲜黄花菜中毒	类秋水仙碱	潜伏期 0.5～4 小时,呕吐、腹泻、头晕、头痛、口渴、咽干等	及时洗胃、对症处理	鲜黄花菜须用水浸泡或用开水烫后弃水炒煮后食用
有毒蜂蜜中毒	生物碱	潜伏期 1～2 天,口干、舌麻、恶心、呕吐、头痛、心慌、腹痛、肝大、肾区疼痛	输液、保肝、对症处理	加强蜂蜜检验,防止有毒蜂蜜进入市场
白果中毒	银杏酸,银杏酚	潜伏期 1～12 小时,呕吐、腹泻、头痛、恐惧感、惊叫、抽搐、昏迷,甚至死亡	催吐、洗胃、灌肠、对症处理	白果须去皮加水煮熟煮透后弃水食用

(查龙应)

第五节　化学性食物中毒

化学性食物中毒是指由于食用了被有毒有害化学物污染的食品、被误认为是食品及食品添加剂或营养强化剂的有毒有害物质、添加了非食品级的或伪造的或禁止食用的食品添加剂和营养强化剂的食品、超量使用了食品添加剂的食品或营养素发生了化学变化的食品(如油脂酸败)等所引起的食物中毒。化学性食物中毒发生的起数和中毒人数相对微生物食物中毒较少,但病死率较高。

一、亚硝酸盐中毒

（一）理化特性

常见的亚硝酸盐有亚硝酸钠和亚硝酸钾，为白色和嫩黄色结晶，呈颗粒状粉末，无臭，味咸涩，易潮解，易溶于水。

（二）引起中毒的原因

1. 误食中毒　亚硝酸盐价廉易得，外观上与食盐相似，容易误将亚硝酸盐当作食盐食用而引起中毒。

2. 食品添加剂滥用中毒　亚硝酸盐是一种食品添加剂，不但可使肉类具有鲜艳色泽和独特风味，而且还有较强的抑菌效果，所以在肉类食品加工中被广泛应用，食用含亚硝酸盐过量的肉类食品可引起食物中毒。

3. 食用含有大量硝酸盐、亚硝酸盐的蔬菜而引起中毒　蔬菜储存过久、腐烂、煮熟后放置过久及刚腌制不久等，均可引起亚硝酸盐含量增加。当胃肠道功能紊乱、贫血、患肠道寄生虫病及胃酸浓度降低时，胃肠道中的硝酸盐还原菌大量繁殖，如同时大量食用硝酸盐含量较高的蔬菜，即可使肠道内亚硝酸盐形成速度过快或数量过多以致机体不能及时将亚硝酸盐分解为氨类物质，从而使亚硝酸盐大量吸收入血导致中毒。

4. 饮用含硝酸盐、亚硝酸盐较多的水中毒　个别地区的井水含硝酸盐较多（一般称为"苦井"水），用这种水煮饭，如存放过久，硝酸盐在细菌的作用下可被还原成亚硝酸盐。此外，也有因工业亚硝酸盐污染生活用水引起中毒。

（三）流行病学特点

亚硝酸盐食物中毒全年均有发生，多数由于将亚硝酸盐当作食盐误食而引起，也有因为食入含有大量硝酸盐、亚硝酸盐的蔬菜或水而引起，多发生在农村或集体食堂。

（四）毒性及中毒症状

亚硝酸盐具有很强的毒性，其生物半衰期为 24 小时，摄入 0.3～0.5g 就可以中毒，1～3g 可致人死亡。亚硝酸盐摄入过量会使血红蛋白中的 Fe^{2+} 氧化为 Fe^{3+}，使正常血红蛋白转化为高铁血红蛋白，失去携氧能力导致组织缺氧。另外，亚硝酸盐对周围血管有麻痹作用。

亚硝酸盐中毒发病急速，潜伏期一般为 1～3 小时，短者 10 分钟，大量食用蔬菜引起的中毒可长达 20 小时。中毒的主要症状为口唇、指甲以及全身皮肤出现青紫等组织缺氧表现，也称为"肠源性青紫病"。病人自觉症状有头晕、头痛、乏力、胸闷、心率快、嗜睡或烦躁不安、呼吸急促，并有恶心、呕吐、腹痛、腹泻，严重者昏迷、惊厥、大小便失禁，可因呼吸衰竭导致死亡。

（五）急救与治疗

轻症中毒一般不需治疗，重症中毒要及时抢救和治疗。

1. 尽快排出毒物　采用催吐、洗胃和导泻的方法，尽快将胃肠道还没有吸收的亚硝酸盐排出体外。

2. 及时应用特效解毒剂　主要应用解毒剂亚甲蓝（又称美蓝）。亚甲蓝用量为每次 1～2mg/（kg·bw）。通常将 1% 的亚甲蓝溶液用 25%～50% 葡萄糖 20mL 稀释后，缓慢静脉注射。1～2 小时后如青紫症状不退或再现，可重复注射以上剂量或半量。亚甲蓝也可口服，剂量为每次 3～5mg/（kg·bw），每 6 小时 1 次或 1 天 3 次。同时补充大剂量维生素 C，有助于高铁血红蛋白还原成亚铁血红蛋白，起到辅助解毒作用。

亚甲蓝的用量要准确,可小量多次使用。因亚甲蓝具有氧化剂和还原剂双重作用,过量使用时,体内的还原型辅酶Ⅱ不能把亚甲蓝全部还原,从而发挥其氧化剂的作用,不但不能解毒,反而会加重中毒。

3. 对症治疗

（六）预防措施

1. 加强对集体食堂尤其是学校食堂、工地食堂的管理,禁止餐饮服务单位采购、储存、使用亚硝酸盐,避免误食。

2. 肉类食品企业要严格按《食品安全国家标准　食品添加剂使用标准》（GB 2760—2024）的规定添加硝酸盐和亚硝酸盐。

3. 保持蔬菜新鲜,勿食存放过久或变质的蔬菜;剩余的熟蔬菜不可在高温下存放过久;腌菜时所加盐的含量应达到 12% 以上,需腌制 15 天以上再食用。

4. 尽量不用苦井水煮饭,不得不用时,应避免长时间保温后的水又用来煮饭菜。

二、砷中毒

（一）理化特性

砷是有毒的类金属元素,化学性质复杂,化合物众多,在自然界中以 As^{3-}、As^-、As、As^+、As^{3+}、As^{5+} 的形式存在。食物中含有机砷和无机砷,而饮水中则主要含有无机砷。

（二）引起中毒的原因

1. 误将砒霜当成食用碱、团粉、糖、食盐等加入食品,或误食含砷农药拌的种粮、污染的水果、毒死的畜禽肉等而引起中毒。

2. 不按规定滥用含砷农药喷洒果树和蔬菜,造成水果、蔬菜中砷的残留量过高。喷洒含砷农药后不洗手即直接进食等。

3. 盛装过含砷化合物的容器、用具,不经清洗直接盛装或运送食物,致使食品受砷污染。

4. 食品工业用原料或添加剂质量不合格,砷含量超过食品安全标准。

（三）流行病学特点

砷中毒多发生在农村,夏秋季多见,常由于误用或误食而引起中毒。

（四）砷的毒性及中毒症状

无机砷化合物一般都有剧毒,As^{3+} 的毒性大于 As^{5+}。砷的成人经口中毒剂量以 As_2O_3 计约为 5～50mg,致死量为 60～300mg。As^{3+} 为原浆毒,毒性比 As^{5+} 大 35～60 倍,主要为表现在如下几方面。

1. 对消化道的直接腐蚀作用。接触部位如口腔、咽喉、食管和胃等可产生急性炎症、溃疡、糜烂、出血,甚至坏死。

2. 在机体内与细胞内酶的巯基结合而使其失去活性,从而影响组织细胞的新陈代谢,引起细胞死亡。这种毒性作用如发生在神经细胞,则可引起神经系统病变。

3. 麻痹血管运动中枢和直接作用于毛细血管,使血管扩张、充血、血压下降。

4. 砷中毒严重者可出现肝脏、心脏及脑等器官的缺氧性损害。

砷中毒的潜伏期短,仅为十几分钟至数小时。病人口腔和咽喉有烧灼感、口渴及吞咽困难,口中有金属味。随后出现恶心、反复呕吐,甚至吐出黄绿色胆汁。重者呕血、腹泻,初为稀便,后呈米泔样便并混有血液。继而全身衰竭,脱水,体温下降,虚脱,意识丧失。肝肾损害可出现黄疸、蛋白尿、少尿等症状。重症病人出现神经系统症状,如头痛、狂躁、抽搐、昏迷等。抢救不及时可因呼吸中枢麻痹于发病1～2天内死亡。

（五）急救与治疗

1. 尽快排出毒物 采用催吐、洗胃的方法。然后立即口服氢氧化铁,它可与三氧化二砷结合形成不溶性的砷酸盐,从而保护胃肠黏膜并防止砷化物的吸收。

2. 及时应用特效解毒剂 特效解毒剂有二巯基丙磺酸钠、二巯丙醇等。此类药物的巯基与砷有很强的结合力,能夺取组织中与酶结合的砷,形成无毒物质并随尿液排出。一般首选二巯基丙磺酸钠,因其吸收快、解毒作用强,毒性小。采用肌内注射,每次用量为 5mg/(kg·bw)。第 1 天每 6 小时注射 1 次,第 2 天每 8 小时注射 1 次,以后每天 1～2 次,共计 5～7 天。

3. 对症处理 应注意纠正水、电解质紊乱。

（六）预防措施

1. 对含砷化合物及农药要健全管理制度,实行专人专库、领用登记。农药不得与食品混放、混装。

2. 盛装含砷农药的容器、用具必须有鲜明、易识别的标志并标明"有毒"字样,并不得再用于盛装食品。拌过农药的粮种亦应专库保管,防止误食。

3. 砷中毒死亡的家禽家畜,应深埋销毁,严禁食用。

4. 砷酸钙、砷酸铅等农药用于防治蔬菜、果树害虫时,于收获前半个月内停止使用,以防蔬菜水果农药残留量过高;喷洒农药后必须洗净手和脸后才能吸烟、进食。

5. 食品加工过程中所使用的原料、添加剂等砷含量不得超过国家允许限量标准。

三、有机磷农药中毒

（一）理化特性

有机磷农药(对硫磷、内吸磷、马拉硫磷、乐果、敌百虫及敌敌畏等)多为油状液体,有蒜臭味;挥发性强,微溶于水;对光、热、氧、酸稳定;遇碱破坏,但敌百虫遇碱可生成毒性更大的敌敌畏。

（二）引起中毒的原因

1. 误食农药拌过的种子或误把有机磷农药当作酱油或食用油而食用,或把盛装过农药的容器再盛装油、酒以及其他食物等引起中毒。

2. 喷洒农药不久的瓜果、蔬菜,未经安全间隔期即采摘食用,可造成中毒。

3. 误食被农药毒杀的家禽家畜。

（三）流行病学特点

有机磷农药是我国生产使用最多的一类农药,因此食物中有机磷农药残留较为普遍。污染的食物以水果和蔬菜为主,尤其是叶菜类;夏秋季高于冬春季,夏秋季节害虫繁殖快,农药使用量大,污染严重。

（四）毒性及中毒症状

有机磷农药进入人体后与体内胆碱酯酶迅速结合,形成磷酰化胆碱酯酶,使胆碱酯酶活性受到抑制,失去催化水解乙酰胆碱的能力,结果使大量乙酰胆碱在体内蓄积,导致以乙酰胆碱为传导介质的胆碱能神经处于过度兴奋状态,从而出现中毒症状。

中毒的潜伏期一般在 2 小时以内,误服农药纯品者可立即发病,在短期内引起以全血胆碱酯酶活性下降出现毒蕈碱、烟碱样和中枢神经系统症状为主的全身症状。根据中毒症状的轻重可将急性中毒分为三度。

1. 急性轻度中毒　进食后短期内出现头晕、头痛、恶心、呕吐、多汗、胸闷无力、视力模糊等，瞳孔可能缩小。全血中胆碱酯酶活力一般在 50%～70%。

2. 急性中度中毒　除上述症状外，还出现肌束震颤、瞳孔缩小、轻度呼吸困难、流涎、腹痛、步履蹒跚、意识清楚或模糊。全血胆碱酯酶活力一般在 30%～50%。

3. 急性重度中毒　除上述症状外，如出现下列情况之一，可诊断为重度中毒：①肺水肿；②昏迷；③脑水肿；④呼吸麻痹。全血胆碱酯酶活性一般在 30% 以下。

需要特别注意的是某些有机磷农药，如马拉硫磷、敌百虫、对硫磷、苯硫磷（伊皮恩）、乐果、甲基对硫磷等有迟发性神经毒性，即在急性中毒后的 2～3 周，有的病例出现感觉运动型周围神经病，主要表现为下肢软弱无力、运动失调及神经麻痹等。神经 - 肌电图检查显示神经源性损害。

（五）急救与治疗

1. 迅速排出毒物　迅速给予中毒者催吐、洗胃。必须反复、多次洗胃，直至洗出液中无有机磷农药臭味为止。洗胃液一般可用 2% 苏打水或清水，但误服敌百虫者不能用苏打水等碱性溶液，可用 1∶5 000 高锰酸钾溶液或 1% 氯化钠溶液。但对硫磷、内吸磷、甲拌磷及乐果等中毒时不能用高锰酸钾溶液，以免这类农药被氧化而增强毒性。

2. 应用特效解毒药　轻度中毒者可单独给予阿托品，以拮抗乙酰胆碱对副交感神经的作用，解除支气管痉挛，防止肺水肿和呼吸衰竭。中度或重度中毒者需要阿托品和胆碱酯酶复能剂（如解磷定、氯解磷定）两者并用。胆碱酯酶复能剂可迅速恢复胆碱酯酶活力，对于解除肌束震颤、恢复病人神态有明显的疗效。敌敌畏、敌百虫、乐果、马拉硫磷中毒时，由于胆碱酯酶复能剂的疗效差，治疗应以阿托品为主。

3. 对症治疗

4. 急性中毒者临床表现消失后，应继续观察 2～3 天　乐果、马拉硫磷、久效磷等中毒者，应适当延长观察时间；中度中毒者，应避免过早活动，以防病情突变。

（六）预防措施

在遵守《农药安全使用标准》的基础上应特别注意以下几点。

1. 有机磷农药必须由专人保管，必须有固定的专用储存场所，其周围不得存放食品。

2. 喷药及拌种用的容器应专用，配药及拌种的操作地点应远离畜圈、饮水源和瓜菜地，以防污染。

3. 喷洒农药必须穿工作服，戴手套、口罩，并在上风向喷洒，喷药后须用肥皂洗净手、脸，方可吸烟、饮水和进食。

4. 喷洒农药及收获瓜、果、蔬菜，必须遵守安全间隔期。

5. 禁止食用因有机磷农药致死的各种畜禽。

6. 禁止孕妇、乳母参加喷药工作。

四、锌中毒

（一）理化特性

锌是人体所必需的微量元素，保证锌的适量摄入对于促进人类生长发育和维持健康具有重要意义。正常情况下锌在体内存在一个很强的内稳态平衡机制,所以一般不易发生锌中毒。

（二）引起中毒的原因

到目前为止,锌中毒发生的原因主要由于使用镀锌容器存放酸性食品和饮料所致。锌不溶于水,能在弱酸或果酸中溶解,致使被溶解下来的锌以有机盐的形式大量混入食品,即可引起食物中毒。过量使用锌补充剂也可以引起锌慢性中毒。

（三）流行病学特点

国内曾报告几起由于使用锌桶盛装食醋、大白铁壶盛放酸梅汤和清凉饮料而引起的锌中毒事件,也有儿童因为补锌过量而导致锌中毒的报道。

（四）毒性及中毒症状

成人一次性摄入 2g 以上的锌会发生锌中毒,表现为上腹痛、腹泻、恶心、呕吐。锌经口 LD_{50} 为 $3g/(kg \cdot bw)$。另外,若给病人每天补充 100mg 的锌,长期补充可导致贫血和免疫功能下降。

锌中毒潜伏期很短,仅数分钟至 1 小时。临床上主要表现为胃肠道刺激症状,如恶心、持续性呕吐、上腹部绞痛、口中烧灼感及麻辣感,伴有眩晕及全身不适。体温不升高,甚至降低。严重中毒者可因剧烈呕吐、腹泻而虚脱。病程短,几小时至 1 天可痊愈。

（五）急救与治疗

对误服大量锌盐者可用 1% 鞣酸液、5% 活性炭或 1∶2 000 高锰酸钾液洗胃。如果呕吐物中带血,应避免用胃管及催吐剂。可酌情服用硫酸钠导泻,口服牛奶以沉淀锌盐。必要时输液以纠正水和电解质紊乱,并给予巯基解毒剂。慢性中毒时,还应尽快停止服用补锌制剂。

（六）预防措施

1. 禁止使用含锌铁桶盛放酸性食物、食醋及清凉饮料;食品加工、运输和储存过程均不可使用镀锌容器和工具接触酸性食品。

2. 服用补锌产品应在医生指导下进行,不可盲目乱补。

（查龙应）

第六节 食物中毒调查处理

食物中毒是最常见的食品安全事故之一。按《中华人民共和国食品安全法》的定义,食品安全事故指食源性疾病(包括食物中毒)、食品污染等源于食品,对人体健康有危害或者可能有危害的事故。因此,食物中毒的调查处理,应按《中华人民共和国突发事件应对法》《中华人民共和国食品安全法》《中华人民共和国食品安全法实施条例》《突发公共卫生事件应急条例》《国家突发公共事件总体应急预案》《国家食品安全事故应急预案》等的要求进行。

一、食物中毒调查处理的组织协调和经常性准备

（一）明确职责,建立协调机制

1. 明确职责　明确各部门职责,建立协调机制,调动各相关机构在食物中毒调查处理中的主动性,充分发挥其职能。

按照我国目前的食品安全监管体制及其部门分工,国家市场监督管理总局负责食品安全监督管理综合协调工作,并"负责食品安全事故应急体系建设,组织和指导食品安全事故应急处置和调查处理工作,监督事故查处落实情况"。国家卫生行政部门负责"突发公共卫生事件监测和风险评

估计划,组织和指导突发公共卫生事件预防控制和各类突发公共事件的医疗卫生救援,发布法定报告传染病疫情信息、突发公共卫生事件应急处置信息"。

按《中华人民共和国食品安全法》(以下简称《食品安全法》)规定,发生食品安全事故的单位应当立即采取措施,防止事故扩大。事故单位和接收病人进行治疗的单位应当及时向事故发生地县级人民政府食品安全监督管理、卫生行政部门报告。县级以上人民政府农业行政等部门在日常监督管理中发现食品安全事故或者接到事故举报,应当立即向同级食品安全监督管理部门通报。

医疗机构发现其接收的病人属于食源性疾病病人或者疑似病人的,应当按照规定及时将相关信息向所在地县级人民政府卫生行政部门报告。县级人民政府卫生行政部门认为与食品安全有关的,应当及时通报同级食品安全监督管理部门。

县级以上人民政府卫生行政部门在调查处理传染病或者其他突发公共卫生事件中发现与食品安全相关的信息,应当及时通报同级食品安全监督管理部门。

县级以上人民政府食品安全监督管理部门接到食品安全事故的报告后,应当立即会同同级卫生行政、农业行政等部门进行调查处理,并采取相应措施,防止或者减轻社会危害。

疾病预防控制机构负责食物中毒事件的流行病学调查和对事故现场的卫生处理;进行实验室检验,调查诊断中毒原因;填报食物中毒登记报告表,完成流行病学调查报告并向同级食品安全监督管理、卫生行政部门提交;并承担日常的技术培训工作等。

食品安全监督管理部门应当会同有关部门进行事故责任调查,督促有关部门履行职责,向本级人民政府和上一级人民政府食品安全监督管理部门提出事故责任调查处理报告。

2. 制定食物中毒应急预案　食物中毒属于食品安全事故。《食品安全法》规定,由国务院组织制定国家食品安全事故应急预案。

县级以上地方人民政府应当根据有关法律、法规的规定和上级人民政府的食品安全事故应急预案以及本行政区域的实际情况,制定本行政区域的食品安全事故应急预案,并报上一级人民政府备案。食品安全事故应急预案应当对食品安全事故分级、事故处置组织指挥体系与职责、预防预警机制、处置程序、应急保障措施等作出规定。

食品生产经营企业应当制定食品安全事故处置方案,定期检查本企业各项食品安全防范措施的落实情况,及时消除事故隐患。

3. 开展食物中毒调查处理的监测和培训工作

(1)省级卫生行政部门应建立由流行病学、病原微生物、分析化学、毒理学、卫生监督及临床医学等相关专业技术人员组成的常设专家小组,有计划地开展食物中毒流行病学监测和常见食物中毒的病原学研究。

(2)开展经常性培训工作。卫生行政部门和其他相关部门应经常对有关人员进行食物中毒报告及处理的技术培训,提高对食物中毒的诊断、抢救和控制水平。

(3)食品安全监督管理部门应定期向食品经营单位和个人宣传食物中毒的防控知识,并使其掌握食物中毒发生后的报告和应急处理方法。

(二)保障经费和所需物资设备

各级政府部门应充分满足食物中毒和相关突发事件调查处理的人力、物资和经费需求;疾病预防控制机构应配备常用的食物中毒诊断试剂和调查处理所需的工具器材;医疗机构应配备食物中毒特效治疗药物,并定期更新、补充。

二、食物中毒报告制度

发生食品安全事件的单位,应当在 2 天内向所在地县级食品安全监督管理部门、卫生行政部门报告。医疗机构发现其收治的病人可能与食品安全事件有关的,应当在 2 天内向所在地县级食品安全监督管理部门、卫生行政部门报告。发现食品安全事件的单位或个人,应当及时向所在地县级食品安全监督管理部门、卫生行政部门报告。食品安全事件的报告应当及时、客观、真实,任何单位或者个人不得隐瞒、谎报、缓报。

食品安全监督管理部门接到食品安全事件报告或者通报后,应当立即进行初步核实,报告本级人民政府和上级食品安全监督管理部门。各级食品安全监督管理部门应当按照食品安全事件级别逐级上报,每级上报时间不得超过 2 天。特别重大食品安全事件和重大食品安全事件报至国家市场监督管理总局,由国家市场监督管理总局上报国务院。较大食品安全事件上报至省级食品安全监督管理部门,一般食品安全事件上报至市级食品安全监督管理部门。必要时,在向上一级食品安全监督管理部门报告的同时可以越级报告。

食品安全监督管理部门应当采用书面形式报告食品安全事件,情况紧急时可以先行口头报告。初次报告后,应根据调查处理情况及时续报。

报告主要包括下列内容:

1. 事件发生单位、时间、地点,事件简要经过。
2. 事件造成的发病和死亡人数、主要症状、救治情况。
3. 可疑食品基本情况。
4. 已采取的措施。
5. 其他已经掌握的情况。

三、食物中毒诊断及技术处理

(一)食物中毒诊断

食物中毒诊断主要以流行病学调查资料及病人的潜伏期和中毒的特有表现为依据,中毒的病因诊断则应根据实验室检查结果进行确定。

食物中毒的确定应尽可能有实验室诊断资料,但由于采样不及时或已用药或其他技术、学术上的原因而未能取得实验室诊断资料时,可判定为原因不明食物中毒,但一般应由三名副主任医师以上的食品卫生专家进行评定。

(二)食物中毒技术处理

1. 对病人采取紧急处理,并及时报告专门负责机构
(1)停止食用中毒食品。
(2)采集病人标本,以备送检。
(3)对病人的急救治疗:包括急救(催吐、洗胃、清肠);对症治疗和特殊治疗。
2. 对中毒食品控制处理
(1)保护现场,封存中毒食品或疑似中毒食品。
(2)追回已售出的中毒食品或疑似中毒食品。
(3)对中毒食品进行无害化处理或销毁。
3. 对中毒场所采取的消毒处理　根据不同的中毒食品,对中毒场所采取相应的消毒处理。

四、食物中毒调查处理程序与方法

食品安全事件调查应当成立调查组,由食品安全监督管理部门主要负责人或者主管食品安全应急管理工作的负责人担任组长,根据需要,由应急管理、食品生产监管、食品经营监管、稽查执法等有关机构的人员参加。食品安全监督管理部门可以根据食品安全事件实际情况,组织卫生行政、农业行政等有关部门和食品检验、疾病预防控制等有关机构参加调查工作。

发生食物中毒或疑似食物中毒事故时,卫生行政部门应按照《食品安全事故流行病学调查工作规范》《食品安全事故流行病学调查技术指南》等的要求,及时组织县级以上疾病预防控制机构开展现场流行病学调查,并参与对可疑食品的控制、处理等工作,同时注意收集与食物中毒事故有关的证据。

县级以上疾病预防控制机构应当按照规定及时向调查组提交流行病学调查报告,明确事件范围、发病人数、死亡人数、事件原因、致病因素、污染食品及污染原因等。

（一）食物中毒现场调查处理的主要目的

1. 查明食物中毒暴发事件发病原因,确定是否为食物中毒及中毒性质;确定食物中毒病例;查明中毒食品;确定食物中毒致病因子;查明致病因子的致病途径。

2. 查清食物中毒发生的原因和条件,并采取相应的控制措施防止蔓延。

3. 为病人的急救治疗提供依据,并对已采取的急救措施给予补充或纠正。

4. 积累食物中毒资料,分析中毒发生的特点、规律,制订有效措施以减少和控制类似食物中毒发生。

5. 收集对违法者实施处罚的证据。

（二）报告登记

食物中毒或疑似食物中毒事故的流行病学调查应使用统一的调查登记表,登记食物中毒事故的有关内容,尽可能包括发生食物中毒的单位、地点、时间、可疑及中毒病人的人数、进食人数、可疑中毒食品、临床症状及体征、病人就诊地点、诊断及抢救和治疗情况等。同时应通知报告人采取保护现场、留存病人呕吐物及可疑中毒食物等措施,以备后续的取样和送检。

（三）食物中毒的调查

接到食物中毒报告后,应立即指派两名以上相关专业人员赴现场调查,对涉及面广、事故等级较高的食物中毒,应成立由 3 名以上调查员组成的流行病学调查组。调查员应携带采样工具、无菌容器、生理盐水和试管、棉拭子等,以及卫生监督笔录、采样记录、卫生监督意见书、卫生行政控制书等法律文书;取证工具、录音机、摄像机、照相机等;食物中毒快速检测箱;各类食物中毒的特效解毒药;记号笔、白大衣、帽及口罩等。

1. 现场卫生学和流行病学调查 包括对病人、同餐进食者的调查,对可疑食品加工现场的卫生学调查。应尽可能采样进行现场快速检验,根据初步调查结果提出可能的发病原因、防控及救治措施。

（1）对病人和进食者进行调查,以了解发病情况:调查内容包括各种临床症状、体征及诊治情况,应详细记录其主诉症状、发病经过、呕吐和排泄物的性状、可疑餐次（无可疑餐次应调查发病前72 小时的进食情况）的时间和食用量等信息。

通过对病人的调查,应确定发病人数,共同进食的食品,可疑食物的进食者人数范围及其去向,临床表现及其共同点（包括潜伏期、临床症状、体征）,掌握用药情况和治疗效果,并提出进一步的救治和控制措施建议。

对病人的调查应注意：①调查人员首先要积极参与组织抢救病人，切忌不顾病人病情而只顾向病人询问；②应重视首发病例，并详细记录第一次发病的症状和发病时间；③尽可能调查到所发生的全部病例的发病情况，如人数较多，可先随机选择部分人员进行调查；④中毒病人临床症状调查应按规范的"食物中毒病人临床表现调查表"进行逐项询问调查和填写，并须经调查对象签字认可，对住院病人应抄录病历有关症状、体征及化验结果；⑤进餐情况应按统一制定的"食物中毒病人进餐情况调查表"调查病人发病前 24～48 小时进餐食谱，进行逐项询问和填写，以便确定可疑中毒食物，中毒餐次不清时，需对发病前 72 小时内的进餐情况进行调查，调查结果亦须经调查对象签字认可；⑥调查时应注意了解是否存在食物之外的其他可能的发病因子，以确定是否为食物中毒，对可疑刑事中毒案件应及时通报公安部门。

（2）可疑中毒食物及其加工过程调查：在上述调查的基础上追踪可疑中毒食物的来源、食物制作单位或个人。对可疑中毒食物的原料及其质量、加工烹调方法、加热温度和时间、用具和容器的清洁度、食品贮存条件和时间、加工过程是否存在直接或间接的交叉污染、进食前是否再加热等进行详细调查。在现场调查过程中发现的食品污染或违反食品安全法规的情况，应进行详细记录，必要时进行照相、录像、录音等取证。

（3）食品从业人员健康状况调查：疑为细菌性食物中毒时，应对可疑中毒食物的制作人员进行健康状况调查，了解近期有无感染性疾病或化脓性炎症等，并进行采便及咽部、皮肤涂抹采样等。

2. 样品的采集和检验

（1）样品的采集

1）食物样品采集：尽量采集剩余可疑食物。无剩余食物时可采集用灭菌生理盐水洗刷可疑食物的包装材料或容器后的洗液，必要时还应采集可疑食物的半成品或原料。

2）可疑中毒食物制、售环节的采样：应对可疑中毒食品生产过程中所用的容器、工（用）具如刀、墩、砧板、筐、盆、桶、餐具、冰箱等进行棉拭子采样。

3）病人呕吐物和粪便的采集：采集病人吐泻物应在病人服药前进行，无吐泻物时，可取洗胃液或涂抹被吐泻物污染的物品。

4）血、尿样采集：疑似细菌性食物中毒或发热病人，应采集病人急性期（3 天内）和恢复期（2 周左右）静脉血各 3mL，同时采集正常人血样作对照。对疑似化学性食物中毒者，还需采集其血液和尿液样品。

5）从业人员可能带菌样品的采集：使用采便管采集从业人员大便。对患有呼吸道感染或化脓性皮肤病的从业人员，应对其咽部或皮肤病灶处进行涂抹采样。

6）采样数量：对发病规模较大的中毒事件，一般至少应采集 10～20 名具有典型症状病人的相关样品，同时采集部分具有相同进食史但未发病者的同类样品作为对照。

（2）样品的检验

1）采集样品时应注意避免污染并在采样后尽快送检，不能及时送样时应将样品进行冷藏保存。

2）结合病人临床表现和流行病学特征，推断导致食物中毒发生的可能原因和致病因子的性质，从而选择针对性的检验项目。

3）对疑似化学性食物中毒，应将所采集的样品尽可能地用快速检验方法进行定性检验，以协助诊断和指导救治。

4）实验室在收到有关样品后应在最短的时间内开始检验，若实验室检验条件不足时，应请求上级机构或其他有条件的部门予以协助。

3. 取证 调查人员在食物中毒调查的整个过程中必须注意取证的科学性、客观性、法律性，可充分利用录音机、照相机、录像机等手段，客观地记录下与当事人的谈话及现场的卫生状况。在对有关人员进行询问和交谈时，必须做好个案调查笔录并经调查者复阅签字认可。

（四）调查资料的技术分析

1. 确定病例 病例的确定主要根据病人发病的潜伏期和各种症状（包括主诉症状和伴随症状）与体征的发生特点；并同时确定病人病情的轻重分级和诊断分级；确定流行病学相关因素。提出中毒病例的共同性，确定相应的诊断或鉴定标准，对已发现或报告的可疑中毒病例进行鉴别。

2. 对病例进行初步的流行病学分析 绘制发病时间分布图，可有助于确定中毒餐次；绘制发病的地点分布地图，可有助于确定中毒食物被污染的原因。

3. 分析病例发生的可能病因 根据确定的病例和流行病学资料，提出是否属于食物中毒的意见，并根据病例的时间和地点分布特征、可疑中毒食品、可能的传播途径等，形成初步的病因假设，以采取进一步的救治和控制措施。

4. 对食物中毒的性质作出综合判断 根据现场流行病学调查、实验室检验、临床症状和体征、可疑食品的加工工艺和储存情况等进行综合分析，按各类食物中毒的判定标准、依据和原则做出综合分析和判断。

（五）食物中毒事件的控制和处理

1. 现场处理 食品安全事件发生单位应当妥善保护可能造成事件的食品及其原料、工具、用具、设施设备和现场。任何单位和个人不得隐匿、伪造、毁灭相关证据。调查组成立后应当立即赶赴现场，按照监督执法的要求开展调查。根据实际情况，可以采取以下措施：①通过取样、拍照、录像、制作现场检查笔录等方法记录现场情况，提取相关证据材料；②责令食品生产经营者暂停涉事食品、食品添加剂及食品相关产品的生产经营和使用，责令食品生产经营者开展全面自查，及时发现和消除潜在的食品安全风险；③封存可能导致食品安全事件的食品、食品添加剂及食品相关产品，必要时立即进行检验，确属食品质量安全问题的，责令相关食品生产经营者将问题产品予以下架、退市，依法召回；④查封可能导致食品安全事件的生产经营活动的场所；⑤根据调查需要，对发生食品安全事件的有关单位和人员进行询问，并制作询问调查笔录。

2. 对救治方案进行必要的纠正和补充 通过以上调查结果和对中毒性质的判断，对原救治方案提出必要的纠正和补充，尤其应注意对有毒动、植物中毒和化学性食物中毒是否采取针对性的特效治疗方案提出建议。

3. 处罚 调查过程中发现相关单位涉及食品违法行为的，调查组应当及时向相关食品安全监督管理部门移交证据，提出处罚建议。相关食品安全监督管理部门应当依法对事发单位及责任人予以行政处罚；涉嫌构成犯罪的，依法移送司法机关追究刑事责任。发现其他违法行为的，食品安全监督管理部门应当及时向有关部门移送。

4. 信息发布 依法对食物中毒事件及其处理情况进行发布，并对可能产生的危害加以解释和说明。

5. 撰写调查报告 调查工作结束后，应及时撰写食物中毒调查总结报告，按规定上报有关部门，同时作为档案留存和备查。调查报告的内容应包括发病经过、临床和流行病学特点、病人救治和预后情况、控制和预防措施、处理结果和效果评估等。

（查龙应）

本章小结

　　本章主要包括食源性疾病及其预防以及食物中毒各论的内容。在食源性疾病及其预防中，介绍了食源性疾病的概况、人畜共患传染病的特点和预防措施、食物过敏以及食物中毒的概念、发病特征和预防措施。在食物中毒各论中介绍了细菌、真菌及其毒素、有毒动植物、化学性物质引起的食物中毒，重点掌握各种食物中毒的中毒机制、临床特点、引起中毒的食品和预防措施，熟悉其流行特点和急救治疗，最后介绍了食物中毒的调查处理。

思考题

1. 什么是食源性疾病？食源性疾病的基本要素有哪些？
2. 简要叙述人畜共患传染病的处理及预防措施。
3. 什么是食物中毒？食物中毒有哪些发病特点和流行病学特点？
4. 细菌性食物中毒和化学性食物中毒有何异同点？
5. 如何对食物中毒事件开展调查和处理？

第十三章
食品安全风险分析

食品中可能对健康产生潜在不良影响的生物、化学、物理因素或食品存在的状况称为危害（hazard）。食品中危害产生某种不良健康影响的可能性及其严重性则称为食品安全风险（risk）。食品安全风险的高低与该食品中存在的危害毒性的大小并非同一概念。有些危害的毒性极大，但实际上人们通过食物暴露的机会很少，故食品安全风险较低；而另外一些危害的毒性虽然较小，但人们通过食物暴露的概率较大，故食品安全风险较大。因此，食品安全风险的高低不仅取决于危害本身的毒性，还与人们暴露于危害的可能性、暴露频率、膳食摄入量、生物利用率、吸收速率、代谢和排泄等多种因素密切相关。因此，通过食品安全性风险分析有助于明确和判断危害及其所致的风险，为食源性危害控制提供科学依据。

第一节 食品安全性毒理学评价

食品安全性毒理学评价需按一定的程序进行。《食品安全国家标准 食品安全性毒理学评价程序》（GB 15193.1—2014）规定了食品安全性毒理学评价的程序。该程序适用于评价食品生产、加工、保藏、运输和销售过程中所涉及的可能对健康造成危害的生物、化学和物理因素的安全性，检验对象包括食品及其原料、食品添加剂、新食品原料、辐照食品、食品相关产品（用于食品的包装材料、容器、洗涤剂、消毒剂和用于食品生产经营的工具、设备）以及食品污染物。

一、食品安全性毒理学评价对受试物的要求

1. 应提供受试物的名称、批号、含量、保存条件、原料来源、生产工艺、质量规格标准、性状、人体推荐（可能）摄入量等有关资料。

2. 对于单一成分的物质，应提供受试物（必要时包括其杂质）的物理、化学性质（包括化学结构、纯度、稳定性等）。对于混合物（包括配方产品），应提供受试物的组成，必要时应提供受试物各组成成分的物理、化学性质（包括化学名称、化学结构、纯度、稳定性、溶解度等）有关资料。

3. 若受试物是配方产品，应是规格化产品，其组成成分、比例及纯度应与实际应用的相同。若受试物是酶制剂，应该使用在加入其他复配成分以前的产品作为受试物。

二、食品安全性毒理学评价试验内容

食品安全性毒理学评价试验的内容包括：①急性经口毒性试验；②遗传毒性试验；③28 天经口毒性试验；④90 天经口毒性试验；⑤致畸试验；⑥生殖毒性试验和生殖发育毒性试验；⑦毒物动力学试验；⑧慢性毒性试验；⑨致癌试验；⑩慢性毒性和致癌合并试验。其中遗传毒性试验包括 10 项试验，一般遵循原核细胞与真核细胞、体内试验与体外试验相结合的原则进行组合。

三、不同受试物选择毒性试验的原则

对不同的受试物进行毒理学评价时，可根据具体情况选择试验。以下是针对不同受试物选择

毒性试验的原则。

1. 凡属我国首创的物质，特别是化学结构提示有潜在慢性毒性、遗传毒性或致癌性或该受试物产量大、使用范围广、人体摄入量大，应进行系统的毒性试验，包括急性经口毒性试验、遗传毒性试验、90天经口毒性试验、致畸试验、生殖发育毒性试验、毒物动力学试验、慢性毒性试验和致癌试验（或慢性毒性和致癌合并试验）。

2. 凡属已知物质（指经过安全性评价并允许使用者）的化学结构基本相同的衍生物或类似物，或在部分国家和地区有安全食用历史的物质，则可先进行急性经口毒性试验、遗传毒性试验、90天经口毒性试验和致畸试验，根据试验结果判断是否需进行毒物动力学试验、生殖毒性试验、慢性毒性试验和致癌试验等。

3. 凡属已知的或在多个国家有食用历史的物质，同时申请单位又有资料证明申报受试物的质量规格与国外产品一致，则可先进行急性经口毒性试验、遗传毒性试验和28天经口毒性试验，根据试验结果判断是否进行进一步的毒性试验。

4. 对于食品添加剂、新食品原料、食品相关产品、农药残留及兽药残留的安全性毒理学评价，应根据《食品安全国家标准 食品安全性毒理学评价程序》（GB 15193.1—2014）的要求，选择适宜的试验。

四、食品安全性毒理学评价试验的目的和结果判定

（一）毒理学试验的目的

1. **急性毒性试验** 了解受试物的急性毒性强度、性质和可能的靶器官，测定LD_{50}，为进一步进行毒性试验的剂量和毒性观察指标的选择提供依据，并根据LD_{50}进行急性毒性分级。

2. **遗传毒性试验** 了解受试物的遗传毒性以及筛查受试物的潜在致癌作用和细胞致突变性。

3. **28天经口毒性试验** 在急性毒性试验的基础上，进一步了解受试物毒作用性质、剂量-反应关系和可能的靶器官，得到28天经口未观察到有害作用水平，初步评价受试物的安全性，并为下一步较长期毒性和慢性毒性试验剂量、观察指标、毒性终点的选择提供依据。

4. **90天经口毒性试验** 观察受试物以不同剂量水平较长期喂养后对实验动物的毒性作用性质、剂量-反应关系和靶器官，得到90天经口未观察到有害作用水平，为慢性毒性试验剂量选择和初步制定人群安全接触限量标准提供科学依据。

5. **致畸试验** 了解受试物是否具有致畸作用和发育毒性，并可得到致畸作用和发育毒性的未观察到有害作用水平。

6. **生殖毒性试验和生殖发育毒性试验** 了解受试物对实验动物繁殖及对子代的发育毒性，如性腺功能、发情周期、交配行为、妊娠、分娩、哺乳和断乳以及子代的生长发育等。得到受试物的未观察到有害作用水平，为初步制定人群安全接触限量标准提供科学依据。

7. **毒物动力学试验** 了解受试物在体内的吸收、分布和排泄速度等相关信息；为选择慢性毒性试验的合适实验动物种（species）、系（strain）提供依据；了解代谢产物的形成情况。

8. **慢性毒性试验和致癌试验** 了解经长期接触受试物后出现的毒性作用以及致癌作用；确定未观察到有害作用水平，为受试物能否应用于食品的最终评价和制定健康指导值提供依据。

（二）各项毒理学试验结果的判定

1. **急性毒性试验** 如LD_{50}小于人的推荐（可能）摄入量的100倍，一般应放弃该受试物用于食品，不再继续进行其他毒理学试验。

2. **遗传毒性试验** ①遗传毒性试验组合中两项或以上试验阳性,则表示该受试物可能具有遗传毒性和致癌作用,一般应放弃该受试物应用于食品。②如遗传毒性试验组合中一项试验为阳性,则再选两项备选试验(至少一项为体内试验)。如再选的试验均为阴性,则可继续进行下一步的毒性试验;如其中有一项试验阳性,应该放弃该受试物应用于食品。③如三项试验均为阴性,则可继续进行下一步的毒性试验。

3. **28 天经口毒性试验** 对只需要进行急性毒性、遗传毒性和 28 天经口毒性试验的受试物,若试验未发现有明显毒性作用,综合其他各项试验结果可作出初步评价;若试验中发现有明显毒性作用,尤其是有剂量-反应关系时,则考虑进行进一步的毒性试验。

4. **90 天经口毒性试验** 根据试验所得的未观察到有害作用水平进行评价,原则是:①未观察到有害作用水平小于或等于人的推荐(可能)摄入量的 100 倍表示毒性较强,应放弃该受试物用于食品;②未观察到有害作用水平大于 100 倍而小于 300 倍者,应进行慢性毒性试验;③未观察到有害作用水平大于或等于 300 倍者则不必进行慢性毒性试验,可进行安全性评价。

5. **致畸试验** 根据试验结果评价受试物是不是实验动物致畸物。若致畸试验结果阳性则不再继续进行生殖毒性试验和生殖发育毒性试验。在致畸试验中观察到的其他发育毒性,应结合 28 天和/或 90 天经口毒性试验结果进行评价。

6. **生殖毒性试验和生殖发育毒性试验** 根据试验所得到的未观察到有害作用水平进行评价,原则是:①未观察有害作用水平小于或等于人的推荐(可能)摄入量的 100 倍表示毒性较强,应放弃该受试物用于食品;②未观察到有害作用水平大于 100 倍而小于 300 倍者,应进行慢性毒性试验;③未观察到有害作用水平大于或等于 300 倍者则不必进行慢性毒性试验,可进行安全性评价。

7. **慢性毒性和致癌试验**

(1)根据慢性毒性试验所得的未观察到有害作用水平进行评价的原则是:①未观察到有害作用水平小于或等于人的推荐(可能)摄入量的 50 倍者,表示毒性较强,应放弃受试物用于食品;②未观察到有害作用水平大于 50 倍而小于 100 倍者,经安全性评价后,决定该受试物可否用于食品;③未观察到有害作用水平大于或等于 100 倍者,则可考虑允许用于食品。

(2)根据致癌试验所得的肿瘤发生率、潜伏期和多发性等进行致癌试验结果判定的原则是:①肿瘤只发生在试验组动物,对照组中无肿瘤发生;②试验组与对照组动物均发生肿瘤,但试验组发生率高;③试验组动物中多发性肿瘤明显,对照组中无多发性肿瘤,或只是少数动物有多发性肿瘤;④试验组与对照组动物肿瘤发生率虽无明显差异,但试验组中发生时间较早。凡符合下列情况之一,可认为致癌试验结果阳性。若存在剂量-反应关系,则判断阳性更可靠。

8. **其他** 若受试物掺入饲料的最大添加量(原则上最高不超过饲料的 10%)或液体受试物经浓缩后仍达不到未观察到有害作用水平为人推荐(可能)摄入量的规定倍数时,综合其他的毒性试验结果和实际食用或饮用量进行安全性评价。

五、食品安全性评价时需要考虑的因素

进行食品安全性评价时需要考虑的因素如下。

1. **试验指标的统计学意义、生物学意义和毒理学意义** 对实验中某些指标的异常改变,应根据试验组与对照组指标是否有统计学差异、有无剂量-反应关系、同类指标横向比较、性别一致性及与本实验室的历史性对照值范围等,综合考虑指标差异有无生物学意义,并进一步判断是否具有毒理学意义。此外,如在受试物组发现某种在对照组没有发生的肿瘤,即使与对照组比较无统计学意

义,仍要给予关注。

2. 人的推荐(可能)摄入量较大的受试物　应考虑给予受试物量过大时,可能影响营养素摄入量及其生物利用率,从而导致某些毒理学表现,而非受试物的毒性作用所致。

3. 时间-毒性效应关系　对由受试物引起实验动物的毒性效应进行分析评价时,要考虑在同一剂量水平下毒性效应随时间的变化情况。

4. 特殊人群和易感人群　对孕妇、乳母或儿童食用的食品,应特别注意其胚胎毒性或生殖发育毒性、神经毒性和免疫毒性等。

5. 人群资料　由于存在着动物与人之间的物种差异,在评价食品的安全性时,应尽可能收集人群接触受试物后的反应资料,如职业性接触和意外事故接触等。在确保安全的条件下,可以考虑遵照有关规定进行人体试食试验,并且志愿受试者的毒物动力学或代谢资料对于将动物实验结果推论到人具有很重要的意义。

6. 动物毒性试验和体外试验资料　本标准所列的各项动物毒性试验和体外试验系统是目前管理(法规)毒理学评价水平下所得到的最重要的资料,也是进行安全性评价的主要依据,在试验得到阳性结果,而且结果的判定涉及受试物能否应用于食品时,需要考虑结果的重复性和剂量-反应关系。

7. 不确定系数　即安全系数。将动物毒性试验结果外推到人时,鉴于动物与人的物种差异和个体之间的生物学差异,不确定系数通常为100倍,但可根据受试物的原料来源、理化性质、毒性大小、代谢特点、蓄积性、接触的人群范围、食品中的使用量和人的可能摄入量、使用范围及功能等因素来综合考虑其安全系数的大小。

8. 毒物动力学试验的资料　毒物动力学试验是对化学物质进行毒理学评价的一个重要方面,因为不同化学物质、剂量大小,在毒物动力学或代谢方面的差别往往对毒性作用影响很大。在毒性试验中,原则上应尽量使用与人具有相同毒物动力学或代谢模式的动物种系来进行试验。研究受试物在实验动物和人体内吸收、分布、排泄和生物转化方面的差别,对于将动物实验结果外推到人和降低不确定性具有重要意义。

9. 综合评价　在进行综合评价时,应全面考虑受试物的理化性质、结构、毒性大小、代谢特点、蓄积性、接触的人群范围、食品中的使用量与使用范围、人的推荐(可能)摄入量等因素,对于已在食品中应用了相当长时间的物质,对接触人群进行流行病学调查具有重大意义,但往往难以获得剂量-反应关系方面的可靠资料;对于新的受试物质,则只能依靠动物实验和其他试验研究资料。然而,即使有了完整和详尽的动物实验资料和一部分人类接触的流行病学研究资料,由于人类的种族和个体差异,也很难作出能保证每个人都安全的评价。所谓绝对的食品安全实际上是不存在的。以食用安全为前提,在受试物可能对人体健康造成的危害以及其可能的有益作用之间进行权衡。安全性评价的最终结论不仅要考虑安全性毒理学试验的结果,而且还要考虑当时的科学水平、技术条件以及社会经济、文化因素等因素的影响。因此,随着时间的推移、社会经济的发展、科学技术的进步,有必要对已通过评价的受试物进行重新评价。

(周萍萍)

第二节　食品安全风险监测

食品安全风险监测是食品安全监管的基础性工作,通过系统收集、分析和评价食品污染物数据,并对发现的问题及时开展风险预警和加强政府监管,对维护人民群众身体健康和生命安全起到重要的作用。

一、概述

（一）食品安全风险监测定义

食品安全风险监测是系统持续收集食源性疾病、食品污染以及食品中有害因素的监测数据及相关信息,并综合分析、及时报告和通报的活动。

（二）我国食品安全风险监测的法律、法规规定

1995 年正式实施的《中华人民共和国食品卫生法》规定“县级以上地方人民政府卫生行政部门在管辖范围内行使食品卫生监督职责”,包括进行食品卫生监测、检验和技术指导等。2009 年实施的《中华人民共和国食品安全法》以及经过修订并于 2015 年 10 月 1 日起实施的《中华人民共和国食品安全法》对食品安全风险监测均有明确的规定。现行的《中华人民共和国食品安全法》（2021 年修正）第二章第十四条规定:国家建立食品安全风险监测制度,对食源性疾病、食品污染以及食品中的有害因素进行监测。国务院卫生行政部门会同国务院食品安全监督管理等部门,制定、实施国家食品安全风险监测计划。省、自治区、直辖市人民政府卫生行政部门会同同级食品安全监督管理等部门,根据国家食品安全风险监测计划,结合本行政区域的具体情况,制订、调整本行政区域的食品安全风险监测方案,报送国务院卫生行政部门备案并实施。

（三）食品安全风险监测的目的

食品安全风险监测在行政上作为一种国家制度,使其在国家层面法律化、规范化和日常化。通过食品安全风险监测,能够了解我国食品中主要污染物及有害因素的污染水平和变化趋势,确定危害因素的分布和可能来源,掌握我国食品安全状况,及时发现食品安全隐患;评价食品生产经营企业的污染控制水平与食品安全标准的执行情况与效果,为食品安全风险评估、食品安全标准制定修订、食品安全风险预警和交流、监督管理等提供科学支持。

二、食品安全风险监测的方法和内容

（一）食品污染物及有害因素监测

食品污染物及有害因素监测在工作形式上主要分为常规监测、专项监测和应急监测三类。食品污染物及有害因素监测主要包括对食品中化学污染物和有害因素监测、食品微生物及其致病因子监测、食品中放射性物质监测。

（二）食源性疾病监测

食源性疾病监测可分为主动监测和被动监测两类。主动监测是公共卫生人员定期到医院、疾病预防控制中心、药店、学校等责任报告单位主动收集特定疾病发生情况的监测方式。在主动监测过程中,一般采取直接采集信息的形式,即通过检查医学记录、实验室记录、访谈食源性疾病暴发调查中的个体或筛选高危人群等形式实现。主动监测主要包括哨点医院监测、实验室监测和流行病学调查三部分内容。通过主动监测可以显著增加某种食源性疾病的报告数量,同时提高报告的准确性。

被动监测是由责任报告人（如医务人员、食源性疾病暴发或发生单位等）按照既定的报告规范和程序向卫生行政部门、疾病预防控制中心和食品安全监督管理部门等机构常规地报告疾病数据和信息,而报告接收单位被动接受报告的监测方式。被动监测容易出现实际病例数可能被低估或者报告延迟等缺点。

食源性疾病监测包括对食源性疾病暴发监测、食源性疾病病例监测、食源性疾病专项监测（如单增李斯特氏菌、克罗诺杆菌感染病例监测等）、分子分型监测及溯源调查等。

三、国内外食品安全风险监测工作

（一）中国

我国卫生行政部门在风险监测方面，最初主要集中于覆盖流通环节的产品，随后进一步扩展至种植、养殖、餐饮和生产环节，样品来源日益多样化，涵盖超市、市场、餐馆及食品生产加工企业。市场监管总局负责对食品生产、流通和餐饮环节的监督抽检，食品安全监督抽检涉及生产加工、流通和餐饮环节，针对日常消费品及高风险食品开展抽检，重点监测加工食品、包装食品、餐饮食品及农产品。此外，还对食品接触材料（如包装材料、容器）和进口食品进行抽检。农业农村部负责农产品安全监测，关注农药、兽药残留、重金属污染以及转基因农产品的安全性。海关总署则负责进口食品及食品接触材料的风险监测。各省市的市场监管局依据国家计划制订地方抽检计划，并结合当地食品安全实际，重点抽检地方特色食品、餐饮环节及生产加工等方面，特别加强对网络外卖和食品摊贩等新兴食品供应链的监督与抽检。

（二）国际组织及相关国家

国际组织和其他国家食品安全风险监测的形式、采用的手段和负责的部门各不相同。WHO、FAO 与联合国环境规划署于 1976 年共同设立了 GEMS/Food。GEMS/Food 是一个协调指导体系，为各国污染物监测工作提供指导，并收集、汇总、整理各国的监测数据。

欧盟在 1991 年建立了 GEMS/Food-Euro 体系，2004 年欧洲食品安全局成立后，部分监测工作移交 EFSA 负责。美国食品药品监督管理局和美国农业部是美国食品污染物监测的主要负责机构。USDA 主要监测国内及进口的禽、肉、蛋类产品，而 FDA 主要负责除 USDA 管辖的肉、禽、蛋等动物性食品之外的所有食品的监测。

（周萍萍）

第三节　食品安全风险分析

风险分析（risk analysis）是一个控制生物、系统或（亚）人群可能暴露于一个危害因素的过程，由风险评估、风险管理和风险交流三部分组成。风险分析是 FAO/WHO 倡导的预防和应对任何食品安全问题必须遵循的原则。食品安全风险分析框架表述了风险分析的过程，清晰地表明风险分析三个部分在功能上相互独立，必要时三者间或相互之间需要信息交换。在食品安全风险分析框架内，风险评估与风险管理的相对独立对确保风险评估结果的科学客观具有重要意义（图 13-1）。风险评估是风险管理的科学基础，同时风险交流提供信息的支持。

图 13-1　食品安全风险分析框架

一、风险评估

风险评估（risk assessment）是风险分析的核心组成部分，为风险管理决策提供科学依据，旨在确定保护人类健康所需的措施。风险评估作为一种系统的科学过程,用来识别和评估食品中潜在的危害及其对人类健康的影响,风险评估通常包括四个步骤:危害识别、危害特征描述、暴露评估和风险特征描述。该过程综合考虑了所有可用的相关科学数据,并识别数据中的不确定性。

（一）危害识别

危害识别（hazard identification）根据人群流行病学、动物毒性试验、体外试验、结构-效应关系等科学数据和文献信息,确定生物、系统或（亚）人群暴露于某一因素或状况后对健康造成不良影响的类型和属性的过程。

危害识别是风险评估的定性阶段,旨在识别可能对人体造成不良影响的危险源,并对这些不良作用的本质进行定性描述。该阶段的主要任务是基于已有的毒理学资料,确定某种食源性因素是否对健康构成不良影响,以及这种影响的性质和特征,并明确在何种条件下可能表现出这些影响。

在对食品中化学危害物进行危害识别时,首先要收集现有的毒理学资料,并对这些资料的质量和可信度进行评价、以便作出合理的取舍。尽管人群资料具有最高的价值,但由于每个途径所提供的信息均存在局限性,因此在进行危害识别时,最好整合来自多途径的资料,并进行综合分析。根据重要性,资料的优先顺序依次为人群流行病学资料、动物毒性试验资料、体外试验资料以及结构-效应关系资料（简称构效关系资料）。

1. 人群流行病学资料　评价人群的健康风险,最有说服力的证据来自设计良好的流行病学研究,它能提供人体暴露与疾病之间的确切联系。人体资料在反映食物有害因素对人体是否有害时不确定因素较动物实验少,这些资料主要来自试验研究（如人体志愿者试食试验和干预试验）和观察性研究（如病例-对照研究和队列研究）,有时也参考临床个案报道。人体志愿者试食试验尽管能控制暴露水平,能够提供暴露和效应之间的关系,但由于存在伦理道德、经济方面和实际条件的限制,有很多局限性。比较而言,观察性流行病学研究资料在危害识别中就显得特别重要。在分析具有阳性结果的流行病学资料时,应当充分考虑个体的易感性,包括遗传易感性、与年龄和性别相关的易感性以及营养状况与经济状况等。此外,由于大部分流行病学研究的统计学效率不足以发现低水平暴露的效应,因此对于人群低水平暴露化学物的流行病学研究即使得到阴性结果,也不能轻易得出该食源性暴露无害的定论。

2. 动物毒理实验资料　如前所述,实际工作中人体资料往往难以获得,因此用于危害识别的绝大多数毒理学资料均来源于动物实验。由于数据的准确性和可信度直接关系到安全性评价的质量,因此动物实验的开展必须遵循国际认可的毒理学标准化试验方法,或依据我国《食品安全国家标准　食品安全性毒理学评价程序》（GB 15193.1—2014）进行,动物实验的毒理学终点主要包括观察到的毒性效应,包括致死性、致突变性、致癌性、生殖/发育毒性、神经毒性和免疫毒性等。此外,动物实验还能提供有关毒性作用机制、剂量-效应关系以及毒物代谢动力学的数据。

3. 体外试验资料　体外试验系统主要用于毒性筛选以及积累更全面的毒理学资料,也可用于局部、组织或靶器官的特异毒效应研究。一般来说,体外试验资料不直接用于计算健康指导值,但体外实验对阐明危害的毒作用机制具有重要意义。体外试验需要有一套完善的细胞培养标准操作程序和质量控制体系,并且有必要充分确定所用的亚细胞、细胞、组织、器官系统的来源、质量和特征。

4. 结构-效应关系资料　通过研究食品中化学危害物的分子结构及其特定的官能团,可以预测该化合物潜在的毒性效应及其代谢产物。例如环氧化物、氨基甲酸盐和具有亚硝胺基团的化学物可能具有致癌性;含有机磷酸酯基团的物质可能表现出神经毒性。这类结构-效应关系比较容易理解和应用,如果能同时估计化学物的人体摄入量,将有助于确定所需进行的毒理学试验数量。

化学物风险评估正经历范式转移,传统的动物实验将逐步被体外试验、结构-效应关系资料等非动物替代方法取代。

对于微生物,危害识别需要特别关注微生物在食物链中的生长、繁殖和死亡的动力学过程及其传播/扩散的潜力。

（二）危害特征描述

危害特征描述(hazard characterization)是指对食品中生物、化学和物理因素所产生的不良健康影响进行定性和/或定量分析。可以利用动物实验、临床研究以及流行病学研究确定危害与各种不良健康作用之间的剂量-反应关系、作用机制等。

危害特征描述是食品安全风险评估的定量分析阶段,其主要任务是研究食品中某种危害因素对健康的剂量-反应关系及其相关的不确定性。可用于风险评估的人群流行病学资料通常有限,常需借助动物实验的数据。而风险评估主要关注的是长期低剂量暴露水平对人群健康的影响,这一暴露水平往往要低于动物实验观察的范围。《食品安全国家标准　健康指导值》(GB 15193.18—2015)规定了食品及食品有关的化学物质健康指导值的制定方法,该标准适用于能够引起有阈值的毒作用的受试物。

1. 健康指导值　健康指导值(health-based guidance values, HBGV)是指人类在一定时期内(终生或 24 小时)摄入某种(或某些)物质,而不产生可检测到的对健康产生危害的安全限值,包括每日允许摄入量、耐受摄入量、急性参考剂量等。

（1）每日允许摄入量:每日允许摄入量(acceptable daily intake, ADI)是指人类终生每日摄入正常使用的某化学物质(如食品添加剂),不产生可检测到的对健康产生危害的量。以每千克体重可摄入的量表示,即 $mg/(kg \cdot bw)$。

（2）耐受摄入量:耐受摄入量(tolerable intake, TI)是指人类在一段时间内或终生暴露于某化学物质,不产生可检测到的对健康产生危害的量。以每千克体重可摄入的量表示,即 $mg/(kg \cdot bw)$,包括日耐受摄入量(tolerable daily intake, TDI)、暂定每日最大耐受摄入量(provisional maximal tolerable daily intake, PMTDI)、暂定每周耐受摄入量(provisional tolerable weekly intake, PTWI)和暂定每月耐受摄入量(provisional tolerable monthly intake, PTMI)。

（3）急性参考剂量:急性参考剂量(acute reference dose, ARfD)是指人类在 24 小时或更短的时间内摄入某化学物质(如农药),而不产生可检测到的对健康产生危害的量。

2. 制定方法

（1）收集相关数据:为制定健康指导值,首先应收集相关的毒理学研究资料,需要对来源于适当的数据库、经同行专家评审的文献及诸如企业界未发表的研究报告的科学资料进行充分的评议。

（2）起始点的确定:起始点(point of departure, POD)是指从人群资料或实验动物的敏感观察指标的剂量-反应关系得到的、用于外推健康指导值的剂量值,包括未观察到有害作用水平和基准剂量等。通过动物实验,以现有的技术手段和检测指标未观察到任何与受试物有关的有害作用的最大剂量称为未观察到有害作用水平(no observed adverse effect level, NOAEL)。在规定的条件下,受试物引起实验动物组织形态、功能、生长发育等有害效应的最小作用剂量称为最低可见不良作用水平(lowest observed adverse effect level, LOAEL)。基准剂量(benchmark dose, BMD)是依据剂量-反应关系研究的结果,利用统计学模型计算出的受试物引起预先确定的损害效应发生率(通常定量资料为 10%,定性资料为 5%)的统计学可信区间的剂量。通常将 BMD 的 95% 可信区间的下限值

（BMDL）作为基准剂量。起始点的确定取决于测试系统和测试终点的选择、剂量设计和剂量-反应模型等。常用的起始点有 NOAEL 或 BMD/BMDL。

（3）不确定系数的选择：鉴于从实验动物结果外推到人时，存在固有的不确定性，包括物种间外推不确定性、人物种内外推不确定性、高剂量结果外推到低剂量的不确定性、少量实验动物结果外推到大量人群的不确定性，实验动物低遗传异质性外推到高人群异质性的不确定性等。将动物资料外推到人通常以 100 倍的不确定系数（uncertainty factors，UFs）作为起点，即物种间差异 10 倍，以及人群内易感性差异 10 倍。当数据不充分时应进一步增加不确定系数，如以亚慢性研究结果外推到慢性研究、LOAEL 代替 NOAEL、数据库不完整，而需要通过部分判断来弥补等。一般把每种不确定系数的默认值定为 10。

（4）健康指导值的计算：HBGV=POD/UFs。

对于微生物，危害特征描述需要考虑不同亚型的致病能力，环境变化对微生物感染率和致病力的影响、宿主的易感性、免疫力、既往暴露史等，微生物的剂量反应关系可以直接采用国内外权威评估报告及数据；对于无法获得剂量-反应关系资料的微生物，可根据专家意见确定危害特征描述需要考虑的重要因素（如感染力等）；也可利用风险排序获得微生物或其所致疾病严重程度的特征。

（三）暴露评估

暴露评估（exposure assessment）是指对在食用过程中可能摄入的生物、化学、物理因素及其他来源的暴露进行定性和/或定量的评估。描述危害进入人体的途径，估算不同人群摄入危害的含量水平。

根据危害在膳食中的含量水平和人群膳食消费量，初步估算危害的膳食总摄入量，同时考虑其他非膳食进入人体的途径，估算人体总摄入量，并与相关的健康指导值或毒理学上的 POD（如 NOAEL、BMDL）进行比较。

在这一阶段要对人体通过各种途径所暴露的化学物或微生物进行定性和定量评估，其中包括暴露某化学物或微生物的剂量、频率和时间及接触途径（如经皮、经口和呼吸道）。化学物暴露评估分外暴露评估（即通过各种途径接触化学物的量）和内暴露评估（即化学物进入机体的有效剂量或与机体发生相互作用的有效剂量）。对于食品而言，外暴露量的评估就是膳食摄入量的评估。对食物中化学物的暴露评估主要从以下三方面开展：①定量分析食物或膳食中存在的化学物含量水平，包括在食物生产加工过程中的变化；②确定含有相关化学物的每种食物的消费模式；③把消费者摄入某些食物的可能性和这些食物中含有一定浓度相关化学物的可能性综合起来进行分析。

1. 膳食暴露评估　膳食暴露评估分为急性暴露评估或慢性暴露评估。急性暴露是指一餐或 24 小时以内时的暴露，而慢性暴露是指连续或间歇的长期暴露并持续终生。

急性和慢性膳食暴露评估的通用公式如下：

$$膳食暴露量 = \frac{\Sigma 食物消费量 \times 食品中化学物含量}{体重}$$

在化学物的急性暴露评估中，食物消费量和物质含量（浓度）通常分别选用高端值（如 $P_{97.5}$）或最大值；而在慢性暴露评估中，食物消费量和物质含量（浓度）可以分别选用平均值、中位数或 P_{95} 等百分位数的不同组合。营养素的膳食暴露评估应同时关注 P_{25} 等低端值。

膳食暴露量的计算主要有三部分数据：①食物消费量：可以使用食物平衡表、推荐摄入量、生理需要量、文献数据、膳食调查数据；②化学物含量数据：可以使用 ML/MRL/限量标准、GEMS/

Food 数据、监管数据/抽查数据、文献数据、监测数据、总膳食研究数据等；③体重数据：可以使用实际调查的数据、标准体重、估算体重（婴幼儿）。暴露评估中还会经常遇到未检出数据（统计上称为左删失数据）的处理问题。除非有理由假设种食品中不含目标化学物，否则应当假设可能含有关注化学物的含量水平低于检出限（limit of detection，LOD）或定量限（limit of uantification，LOQ）的。常用处理方法有：①下限估计（lower bound estimation，LB）：是对所有低于 LOD/LOQ 的样品赋值为 0，然后计算膳食暴露量；②上限值估计（upper bound estimation，UB）：是对所有低于 LOD 的样品赋值为 LOD，对低于 LOQ 但高于 LOD 的数值赋值为 LOQ，然后计算膳食暴露量；③中限估计（Median estimation，MB）：指定为 LOD 或 LOQ 的一半。其他处理方法：①给出不同处理结果的 LB～UB；②如果很长一段时间内，特定食品中从未检出国标化合物，则低于 LOD 的值设定为 0 值；如果该食品中至少有一个检出了浓度水平，则低于 LOD 的结果设定为 LOD 的二分之一（或 LOD）。WHO 建议，如果低于 LOD 或 LOQ 的数值的比例≤60%，那么分别将所有的 ND 和/或 NQ 赋值为 1/2LOD 或 1/2LOQ；如果低于 LOD 或 LOQ 的数值的比例≥60%，但≤80%，且至少有 25 个结果以数量表示，那么分别将所有 ND 和/或 NQ 赋值为 0 和 LOD 或 LOQ；如果低于 LOD 或 LOQ 的数值的比例＞80%，那么分别将所有 ND 和/或 NQ 赋值为 0 和 LOD 或 LOQ，这样能够得到一个比较合理的均值估计。

暴露评估方法按数据分析主要包括三种：点评估（也称确定性评估）、点分布评估（也称半概率评估）、概率评估。①点评估是发展较早且应用较广泛的暴露评估方法之一。常见的点评估包括产销量法、丹麦预算法和双份饭法等，这些方法所需数据较少、得出的结果也相对保守。②点分布评估是暴露评估常用方法，消费量数据是个体分布数据，含量数据是平均值或中位数，将个体的消费量数据与食品中污染物的含量数据相结合。对每个个体，将消费量与污染物含量相乘，得到个体的暴露量。汇总所有个体的暴露量，分析整个人群的暴露分布，包括计算平均暴露量、中位数暴露量以及暴露量的百分位数。③概率评估是利用蒙特卡洛模拟等方法，结合消费量和污染物残留水平的分布，评估不同人群的暴露概率分布。概率评估模型的结构与点估计模型相似，均基于相同的基本公式，通过将食物消费数据与浓度数据相结合来估计膳食暴露水平。这两种模型的核心区别在于，概率评估模型中至少有一个变量是通过分布函数而非单一数值表示。这一特征使概率评估模型能够考虑变量的不确定性和变异性，从而提供更全面的暴露评估。

2. 集合暴露和累积暴露　除食品外，人体也可能会通过食品外的其他途径暴露同种化学物，也可能会同时暴露于具有相同（毒性）机制的不同化学物或药物。单一化合物通过多种途径（经口、皮肤、呼吸道）和多种媒介（食品、饮水、居住环境）产生的联合暴露称作集合暴露（aggregate exposure）。具有相同毒性机制的多个化学物造成的共同暴露风险也应考虑，这种情形的暴露称为累积暴露（cumulative exposure）。对特定化学物进行累积风险评估的一种方法是采用毒性当量因子（toxic equivalency factor，TEF）。在 IPCS（2009）、EFSA（2007）和 USEPA（2001，2002）已经提出了计算集合暴露和开展累积风险评估的指南。

3. 暴露的生物标志物　利用生物标志物及生物标本来评估进入机体的化学物的量（即内暴露量），这包括：生物组织或体液（血液、尿液、呼出气、头发、脂肪组织等）中化学物及其代谢产物的浓度；化学物进入机体后所引起的生物学效应的改变以及进入机体后与靶器官相互作用生成继发产物的量。在过去十几年中，已经建立的生物学标志物主要是各种化学物和致癌物在体内的代谢产物或与机体内大分子物质如 DNA 和蛋白质形成的加合物，将其作为反映机体内暴露的监测指标，如食品中污染物黄曲霉毒素、亚硝胺、多环芳烃、杂环胺与机体 DNA 和蛋白质形成的加合物等。通过这些标志物的检测,可以对人群内暴露水平及引起的危害进行评估。在食品污染物的生物监测中,除了上面这些以 DNA 和蛋白质加合物为主的效应性生物标志物外,还有一些暴露生物标志物可以反映机体负荷水平,如脂肪中有机氯农药六六六和滴滴涕、多氯联苯和二噁英等可反映环境持久性污染物机体内暴露水平。

微生物危害与化学性危害的主要差别是需要考虑微生物在环境和宿主体内的增长和死亡;需要考虑宿主的免疫力和易感性;观察结局具有多样性;需要考虑不同菌株之间的遗传学差异;需要考虑可能存在二次传播;一次暴露后存在多种健康结局;对于不同干预措施的反应差异大;微生物检测方法的敏感性普遍较低;需要考虑菌群生态系统的动态变化;暴露途径更加多样化。

（四）风险特征描述

风险特征描述(risk characterization)是在危害识别、危害表征和暴露评估的基础上进行综合分析,对生物、系统或(亚)人群暴露于某种因素或状况所产生的已知或潜在的健康不良作用的可能性和程度,以及相关的不确定性进行定性或定量的描述。

风险特征描述通常是将膳食暴露水平与健康指导值(如 ADI、TDI、ARfD 等)进行比较,同时考虑被评估物质毒性程度、与其他化学物共同暴露并发生联合毒性的可能性、暴露水平(若超过健康指导值)发生时长及频率等因素,对潜在风险进行综合判断。对于无法制定健康指导值的化学物(如遗传毒性致癌物),可采用暴露边界(margin of exposure)方法进行风险描述;对于营养素,需要同时描述其过量和不足的风险;对于微生物,通常是根据膳食暴露水平估计风险发生的人群概率,并根据剂量反应关系估计危害对健康的影响程度。

食品安全风险评估结果是制定、修订食品安全标准和实施食品安全监督管理的科学依据。经食品安全风险评估,得出食品、食品添加剂、食品相关产品不安全结论的,国务院食品安全监督管理等部门应当依据各自职责立即向社会公告,告知消费者停止食用或者使用,并采取相应措施,确保该食品、食品添加剂、食品相关产品停止生产经营;需要制定、修订相关食品安全国家标准的,国务院卫生行政部门应当会同国务院食品安全监督管理部门立即制定、修订。

二、风险管理

风险管理是指与各利益相关方磋商后,权衡各种政策措施,考虑风险评估结果和其他保护消费者健康、促进公平贸易有关的因素,并在必要时选择适当预防和控制措施的过程。对于有待继续跟踪研究的风险,制订管理方案,明确需要给予的条件,继续研究的方向和侧重点,研究期望及达到的预期成果,并评价风险管理绩效。FAO/WHO 在风险管理建议中提出了 8 条原则:①风险管理应采用系统的方法;②风险管理决策应优先考虑保护人类健康;③风险管理决策和操作过程应当透明;④风险评估政策的制定应是风险管理的重要组成部分;⑤应确保风险管理功能和风险评估功能上的区别,从而保证风险评估过程中科学严谨性和一致性;⑥风险管理应考虑风险评估结果中的不确定性;⑦风险管理涵盖整个过程中与消费者和有关利益相关方之间的透明且互动的沟通;⑧风险管理是一个动态的过程,需持续将新生成的数据纳入风险管理决策的分析与评估之中。

三、风险交流

风险交流是指在风险分析全过程中,风险评估者、风险管理者、消费者、产业界、学术界和其他利益相关方对风险、风险相关因素和风险感知的信息和看法,包括对风险评估结果解释和风险管理决策依据进行互动式沟通。风险评估者应以通俗易懂的方式解释风险评估的数据、模型及结果。

风险管理者应以风险评估为基础解释各种风险管理备选方案的合理性。利益相关方应交流他们的关心事宜,并审视和理解风险评估和风险管理的内容与方案。利用这一平台,可以提高政府主管部门的监管透明度,遵循公正、公开、公平原则,提高食品安全风险管理水平。同时,通过风险交流,企业能够对食品加工储存过程中潜在的危害风险实施严格控制。消费者作为直接受益者,可以获得预防风险的知识,并及时掌握风险动态。FAO/WHO 提出了风险交流的原则:①了解受众;②纳入科学家;③培养交流技能;④确保信息来源可靠;⑤责任共担;⑥区分科学与价值观;⑦保证透明度;⑧正确应对风险。

四、国际和各国食品安全风险评估机构

国际和各国的主要食品安全风险评估机构包括联合国粮农组织/世界卫生组织联合食品添加剂专家委员会、联合国粮农组织/世界卫生组织农药残留联席会议、联合国粮农组织/世界卫生组织微生物风险评估专家委员会、欧盟食品安全局、中国国家食品安全风险评估中心、美国 FDA、加拿大卫生部、英国食品标准局、德国联邦风险评估研究所、法国国家食品环境与职业安全卫生局、荷兰国家公共卫生与环境研究院、澳新食品标准局、日本食品安全委员会、韩国食品药品安全部等。这些机构通过独立的科学研究和分析,确保食品安全标准的制定和实施,从而保护消费者的健康。同时,各机构通过国际合作共享经验和科学数据,以应对全球化背景下的食品安全挑战。

五、我国食品安全风险评估体系的发展

依据 2009 年颁布实施的《中华人民共和国食品安全法》,国家建立食品安全风险评估制度,有力推动了我国食品安全风险评估工作的全面启动与发展。总体来说,风险评估的在我国发展与应用经历了三个阶段。1990—2009 年,食品卫生法没有明确要求;2001 年入世后开展风险评估,初步应用于制订食品安全标准;2009—2015 年食品安全法强化风险管理,我国卫生部组建了第一届国家食品安全风险评估专家委员会,加强风险评估体系建设,推动风险分析框架的应用实践。国家食品安全风险评估专家委员会设秘书处,挂靠在国家食品安全风险评估中心。2015 年修订的《中华人民共和国食品安全法》进一步扩大了食品安全风险评估的范围,并明确了需要开展食品安全风险评估的情形。风险评估工作体系建设逐步完善,成为食品安全风险管理的重要支撑。2020 年,国家卫生健康委组建了第二届国家食品安全风险评估专家委员会,下设顾问委员会和四个专业委员会,秘书处仍设在国家食品安全风险评估中心。基于风险分析和供应链管理的食品安全监管体系初步建成。2010 年以来,我国已发布 20 余项风险评估相关技术规范和指南,包括进行食品安全风险评估的技术指导和对风险评估的数据收集要求等。

我国现在不只是对生物性、化学性、物理性的食源性危害开展风险评估,也对“三新”食品,即新食品原料、新食品添加剂和新食品相关产品要求开展风险评估。新食品原料是指在我国无传统食用习惯的如下物品:①动物、植物和微生物;②从动物、植物和微生物中分离的成分;③原有结构发生改变的食品成分;④其他新研制的食品原料。传统食用习惯,是指某种食品在省辖区域内有30 年以上作为定型或者非定型包装食品生产经营的历史,并且未载入《中华人民共和国药典》。新食品原料风险评估是指对尚未在食品中广泛使用的新型原料进行科学评估,以确保其安全性。新食品添加剂包括那些用于改善食品品质、颜色、香味等特性的新型添加剂,它们需要经过评估以确保对人体无害。新食品相关产品是指用于食品生产、加工、包装等过程中的新型材料和物质,例如新型食品接触材料。

目前风险评估也应用于食药物质的目录管理。按照传统既是食品又是中药材物质(食药物质)是指传统作为食品且列入《中华人民共和国药典》中的物质。传统食用历史,是指某种物质在省辖区内2个县级区域以上,具有30年以上作为食品食用的历史;列入《中华人民共和国药典》正文,不包括附录;使用部位一致。根据食品安全法,生产经营的食品中不得添加药品,但是可以添加按照传统既是食品又是中药材的物质。我国的食药物质实行目录管理,是指将那些既可以作为食品又可以作为中药材使用的物质列入官方认可的目录中,并对其进行管理。这些物质既具有营养价值,也具有一定的药用功效,因此需要通过规范的管理来确保它们的安全使用。食药物质风险评估是指对既可以作为食品又可以作为中药材使用的物质进行系统性科学评估,以确保其在特定使用条件下的安全性和有效性。由于这些物质既具有食品属性又具备药用功能,因此风险评估需要特别关注其在不同使用场景下的潜在风险和益处。

(周萍萍)

本章小结

　　本章介绍了食品安全分析的关键环节和要点,并重点介绍了食品安全性毒理学评价中对食品及食品相关产品的要求及评价程序;介绍了食品安全风险监测的定义、内容及我国食品安全风险监测的实施概况和法律法规等;系统阐述了食品安全风险分析的框架及应用,食品安全风险管理、风险交流、风险评估的内容,以及化学性危害食品安全风险评估的原理、实施步骤及应用,应重点掌握食品安全风险评估的四个步骤。概述了国际和各国食品安全风险评估机构及我国食品安全风险评估体系的发展历程,并简要介绍了"三新"食品产品和食药物质风险评估。

思考题

1. 食品安全性毒理学评价试验的内容有哪些? 结果如何判定?
2. 简述食品安全风险监测的目的。
3. 简述风险评估的四个步骤。膳食暴露评估的3种方法是什么?
4. 风险评估、风险管理、风险交流之间有何关系?

食品安全监督管理是保障食品安全的重要举措,保障食品安全的措施广义上主要包括三方面:一是强化食品生产经营者自身的守法意识,提高其食品安全认知及管理能力,从源头上杜绝食品安全隐患;二是建立"从农田到餐桌"整个食物链的全程监管体系,防止各类"问题食品"进入市场流通环节;三是提高消费者自身的食品安全管理意识及其正确选择和烹调食物的能力。目前我国经济发展迅速,膳食模式及食品生产方式均在不断发展,而部分食品生产经营者和从业人员素质不高,加强食品安全监督管理尤为重要。

第一节 概 述

一、基本概念

食品安全问题直接影响社会稳定和经济发展,世界各国都已将食品安全监督管理纳入国家公共卫生管理的职能中,并致力于建立和完善食品安全的法治化管理。20世纪50年代,我国卫生部就已发布了一系列食品卫生监督管理相关规章和标准,如《食用合成染料管理办法》以及粮、油、肉、蛋等食品类别的卫生标准和管理办法等。1965年颁布的《食品卫生管理试行条例》和1979年颁布的《中华人民共和国食品卫生管理条例》标志着我国食品卫生管理已从单项管理过渡到全面管理,并向法制管理方向转变。1982年《中华人民共和国食品卫生法(试行)》的颁布,使食品卫生监督管理工作进一步走上了法治化管理轨道。1995年正式颁布了《中华人民共和国食品卫生法》,其后相继制定/修订和发布了一系列相关法规和标准,使我国的食品卫生法律法规和监督管理体系逐渐完善。2009年6月1日起实施的《中华人民共和国食品安全法》,标志着我国的食品安全监督管理工作进入了一个新的发展时期。2015年10月1日起实施的修订后的《中华人民共和国食品安全法》(以下简称《食品安全法》),从落实监管体制改革和政府职能转变、强化企业主体责任落实、强化地方政府责任落实、创新监管机制方式、完善食品安全社会共治、严惩重处违法违规行为6个方面对2009版的《食品安全法》作了修改、补充和完善,并于2018年和2021年进行了修正。

广义的食品安全监督管理是指政府及其相关部门开展的食品安全监督执法和食品安全管理工作,包括食品生产加工、流通环节、餐饮环节食品安全的日常监管;实施生产许可、强制检验等食品质量安全市场准入制度;查处生产、制造不合格食品及其他违法行为;食品行业和企业的自律及其相关食品安全管理活动等。食品安全监督是指国家职能部门依法对食品生产、流通企业和餐饮业的食品安全相关行为行使法律范围内的强制监察活动。食品安全监督强调政府部门的依法职能,方式由法律规定、较单一。食品安全管理是指政府相关部门及食品企业自身采取计划、组织、领导和控制等方式,对食品、食品添加剂和食品原材料的采购,食品生产、流通、销售及食品消费等过程进行有效协调及整合,以达到确保食品安全的活动过程。食品安全管理强调行业内部的自发行为,其"管理"活动也可采用多种方式。

二、食品安全监督管理体系

（一）美国、欧盟和日本的食品安全监督管理体系

1. 美国　食品安全有关的主要法令是 1938 年开始执行的联邦食品药品化妆品法（Federal Food, Drug, and Cosmetic Act, FFDCA）。联邦负责食品安全监管的核心机构主要监管分工为：卫生与人类服务部下属的食品药品管理局（Food and Drug Administration, FDA）负责除肉、禽、蛋品以外所有食品的安全及标签管理；农业部下属的食品安全监督局（Food Safety and Inspection Service, FSIS）负责肉、禽、蛋品的安全及标签管理；环境保护局（Environmental Protection Agency, EPA）负责饮用水、新农药及毒物、垃圾等安全管理，并负责制定农药、环境化学物的残留限量和相关法规；商业部下属的国家海洋渔业署（National Marine Fisheries Service, NMFS）负责通过其（非官方的）水产品检查和等级制度来保证水产品的质量。此外还有许多其他机构在研究、教育、监测、预防等方面负责协助食品安全工作，如卫生与人类服务部下属的疾病控制中心负责食源性疾病的监测与控制；国立卫生研究所（National Institutes of Health, NIH）也从事相关的食品安全研究；农业部下属的农业研究署负责农产品方面的研究等。

2. 欧盟　对食品安全的监管实行集中管理模式，即由独立的机构对食品安全问题进行统一监管，并且食品安全的决策部门与管理部门、风险分析部门相分离。欧盟的立法机构是欧洲理事会以及欧盟委员会，负责有关法规及政策的制定并对食品安全问题进行决策。管理事务主要由欧盟健康与消费者保护总署及其下属的食品与兽医办公室（Food and Veterinary Office, FVO）负责；食品安全风险分析则主要由欧洲食品安全局（European Food Safety Authority, EFSA）负责。

欧盟的法律体系分为法令（directive）和法规（regulation）两类，法令被各成员国采纳后对采纳的国家有效，而法规则直接有效。2000 年 1 月 12 日发布的《食品安全白皮书》提出，食品安全管理应当是"从农田到餐桌"的综合管理，包括饲料生产、食品原料、食品加工、储藏、运输直到消费的所有环节。2002 年颁布的 178 号法规［Regulation（EC）No 178/2002］明确了食品和食品安全的通用定义，以及欧盟食品安全总的指导原则、方针和目标。178 号法规还对制定食品法律的原则和要求做了规定，如应以保护消费者健康为目标、有利于食品的自由贸易、充分采用国际标准、充分引入风险评估原则、保证法律的透明度等。

欧盟的食品安全监管体系属于多层次监管，除了欧盟层面的监管机构外，各成员国也设有本国的食品安全监管机构，如德国食品安全监管由联邦食品、农业和消费者保护部负责，其职能是领导食品安全管理、制定食品安全法律等，该部对外代表德国利益负责同欧盟当局联系和沟通，对内统筹宏观管理工作，下设联邦消费者保护与食品安全局和联邦风险评估研究所；丹麦设有食品、农业与渔业部负责全国的食品安全监管等。

3. 日本　与食品安全有关的法律包括《食品安全基本法》《屠宰法》《禽类屠宰监督管理法》等。2003 年颁布的《食品安全基本法》提出，保护国民健康是首要任务，并强调食品安全管理应当建立在科学和充分风险交流的基础上。日本食品安全委员会作为独立的机构负责开展风险评估并向管理部门提供管理建议，与社会各界开展风险交流、处理突发性食源性事件。厚生劳动省负责食品卫生的风险管理，农林水产省负责农林水产品的风险管理。日本还在食品安全的总体框架下建立了食品和食品添加剂的卫生标准体系。

（二）我国的食品安全监督管理体系

我国的食品安全监督管理体系依据《食品安全法》构建，是进行食品安全监督管理必需的基本

体制和框架,2015 年《食品安全法》修订后将过去的食品安全分段监管模式改为由统一的监管主体对食品安全进行监管。2018 年后我国组建了国家市场监督管理总局,实施食品安全监督管理职能,食用农产品在市场准入前由农业行政部门负责监管。国务院卫生行政部门负责组织开展食品安全风险监测和风险评估,并会同国务院食品安全监督管理部门制定和公布食品安全国家标准,国务院农业行政部门负责食用农产品的质量安全管理。县级以上地方人民政府可依照《食品安全法》和国务院的规定,确定本级食品安全监督管理、卫生行政部门和其他有关部门的职责。有关部门在各自职责范围内负责本行政区域的食品安全监督管理工作。县级人民政府食品安全监督管理部门可以在乡镇或者特定区域设立派出机构,将食品安全监管服务延伸到乡镇街道等基层。

(陈锦瑶)

第二节 食品安全法律法规体系

食品安全法律法规是指以法律或政令形式颁布的,对全社会具有约束力的权威性规定。食品安全法律法规体系是由中央和地方权力机构和政府颁布的现行法律法规等有机联系而构成的统一整体。

一、食品安全法律法规体系构成

食品安全法律法规体系的构成包括:①食品安全法律;②食品安全法规;③食品安全规章;④食品安全标准;⑤其他规范性文件。

(一)食品安全法律

法律由全国人民代表大会审议通过、国家主席签发,其法律效力最高,也是制定相关法规、规章及其他规范性文件的依据。目前我国的食品安全相关法律主要包括《中华人民共和国食品安全法》(2009 年实施,2015 年修订,2018 年和 2021 年修正);《中华人民共和国农产品质量安全法》(2006 年实施,2018 年修正,2022 年修订)和《中华人民共和国进出境动植物检疫法》(1992 年实施,2009 年修正)等。

《中华人民共和国食品安全法》是我国食品安全法律法规体系中最重要的法律。2015 年 4 月 24 日,十二届全国人大常委会第十四次会议通过了在 2009 版《食品安全法》基础上修订的 2015 版《食品安全法》,自 2015 年 10 月 1 日起施行。《食品安全法》包括总则、食品安全风险监测和评估、食品安全标准、食品生产经营、食品检验、食品进出口、食品安全事故处置、监督管理、法律责任、附则,共十章 154 条。

在我国的法律体系中,宪法是最高层次的,其他所有法律都必须符合宪法的规定。《中华人民共和国刑法》《中华人民共和国民法典》和三部诉讼法(即刑事、民事、行政诉讼法)为第二层次,《食品安全法》等专门法则属于第三层次,即与《食品安全法》有关的刑事案件,必须以《中华人民共和国刑法》为依据;有关的民事纠纷也必须以《中华人民共和国民法通则》为依据。涉及《食品安全法》的刑事案件、民事案件、行政诉讼案件则分别按三部诉讼法的规定执行。

(二)食品安全法规

食品安全法规包括:①行政法规:由国务院制定,如《突发公共卫生事件应急条例》(2022 年)、《农业转基因生物安全管理条例》(2017 年)等;②地方性法规:由地方(省、自治区、直辖市、省会城市和“计划单列市”)人民代表大会及其常务委员会制定。

食品安全法规的法律效力低于食品安全法律,高于食品安全规章。

（三）食品安全规章

食品安全规章包括:①部门规章:指国务院各部门根据法律和国务院的行政法规,在本部门的权限内制定的规定、办法、实施细则、规则等规范性文件。如原国家食品药品监督管理总局制定的《保健食品注册与备案管理办法》(2016年)、国家市场监督管理总局制定的《食品生产经营监督检查管理办法》(2022年)、中华人民共和国海关总署制定的《中华人民共和国进出口食品安全管理办法》(2021年),原农业部制定的《饲料添加剂安全使用规范》(2018年)等。②地方性规章:指省、自治区、直辖市、省会城市和"计划单列市"人民政府根据法律和行政法规,制定的适用于本地区行政管理工作的规定、办法、实施细则、规则等规范性文件。

食品安全规章的法律效力低于食品安全法律和食品安全法规,但也是食品安全法律体系的重要组成部分。人民法院在审理食品安全行政诉讼案件过程中,规章可起到参照作用。

（四）食品安全标准

食品安全法律规范具有很强的技术性,常常需要有与其配套的食品安全标准,如《食品安全国家标准　乳制品良好生产规范》(GB 12693—2023)、《食品安全国家标准　食品添加剂使用标准》(GB 2760—2024)等。虽然食品安全标准不同于食品安全法律、法规和规章,其性质是属于技术规范,但也是食品法律体系中不可缺少的部分。《食品安全法》规定"食品安全标准是强制执行的标准"。

（五）其他规范性文件

在食品安全法律体系中,还有一类既不属于食品安全法律、法规和规章,也不属于食品安全标准的规范性文件。如省、自治区、直辖市人民政府食品安全监督管理部门和卫生行政部门制定的食品安全相关管理办法、规定等。此类规范性文件也是依据《食品安全法》授权制定的、属于委任性的规范文件,故也是食品安全法律法规体系中的一部分。

二、食品安全法调整的法律关系

任何法律均有其各自调整的法律关系。食品安全法调整的法律关系是指各级人民政府食品安全监督管理部门和其他授权部门在食品安全监督管理活动中与行政管理相对人产生的权利和义务关系,由食品安全法律关系的主体、客体和内容三个要素构成。食品安全法律关系,包括行政法律关系、民事法律关系、刑事法律关系。其中行政法律关系主要体现为行政主体和食品生产经营者之间形成的许可、监督检查、处罚等法律关系;民事法律关系主要包括消费者和食品生产经营者之间形成的合同法律关系和侵权法律关系;刑事法律关系主要是根据我国刑法的规定,对食品生产经营者的犯罪行为予以惩处所形成的法律关系等。

（一）食品安全法律关系的主体

行政法律关系的主体即行政法律关系的当事人,它是指在行政法律关系中享有权利和承担义务的组织或个人,一般以国家行政机关和法律、法规授权的组织作为执法主体,相关企业和公民等作为行政管理相对人。根据《食品安全法》规定,食品安全法律关系中执法主体一方为各级食品安全监督管理部门、农业行政部门等;行政管理相对人一方为食品生产经营者,包括在中华人民共和国境内从事食品、食品添加剂、食品相关产品的生产经营,食品生产经营者使用食品添加剂、食品相关产品,以及对食品、食品添加剂和食品相关产品的安全管理等活动的法人、公民和其他组织。管理相对人在食品生产经营活动中,如违反食品安全法律法规,应承担食品安全行政法律责任,主体双方在食品安全法律关系中是一种监督与被监督的关系。即只需要监督主体单方面作出行政行为，而不需要征得生产经营者的同意，该法律关系即成立。

（二）食品安全法律关系的客体

行政法律关系的客体，是指行政法律关系主体的权利和义务所指向的标的或对象。包括物质、行为和精神等。由于食品安全法律关系的特殊性，其客体主要由物质和行为组成，包括一切食品、食品添加剂、食品接触材料、洗涤剂、消毒剂和用于食品生产经营的工具、设备及食品的生产经营场所、设施、有关环境，以及食品生产经营者为保证食品安全而履行的行为。

（三）食品安全法律关系的内容

行政法律关系的内容，是指行政法律关系主体在行政法律关系中所享有的权利和所承担的义务。食品安全法律关系的内容即为《食品安全法》规定的食品安全监督管理各部门在监督管理中与行政管理相对人所形成的权利和义务。它是食品安全监督行政权的体现。

1. 形成权 指食品安全监督管理各部门可依法作出产生、变更或终止某种法律关系的权利，即赋予行政管理相对人一定的法律身份的权利，主要形式包括核发食品生产、经营许可证及食品、食品添加剂和食品相关产品的审批等。

2. 管理权 指食品安全监督管理各部门在管辖范围内，依照所规定的职责，采取相应食品安全管理措施的权利，如经常性的监督检查等。

3. 命令权 指食品安全监督管理各部门有权命令行政管理相对人作为或者不作为，如要求食品生产经营者禁止生产经营《食品安全法》第四章第三十四条规定的食品、食品添加剂和食品相关产品等，相对人若不履行命令则构成违法。

4. 处罚权 指食品安全监督管理各部门对违反《食品安全法》的行政管理相对人依法实施行政处罚的权利，处罚种类包括罚款、没收违法所得、销毁违法产品、吊销许可证等。

食品安全监督管理各部门在享有食品安全监督行政权的同时，也必须履行该法规定的义务，如食品安全信息公布、营养知识宣传、卫生技术指导等。行政管理相对人的权利和义务在《食品安全法》中也有规定或体现，如相对人享有合法生产经营的权利，要求食品安全监督管理各部门对所采集的样品提供检验报告、对检验结果有异议可申请复检和行政诉讼等权利；同时也应承担《食品安全法》规定的必须履行的义务。

三、食品安全法律规范

食品安全法律规范是指国家制定的规定食品安全监督管理部门和管理相对人的权利和义务，并由国家强制实施的一系列法律法规和标准的总称。食品安全法律规范的结构与其他法律规范基本相同，即都由适用条件、行为模式和法律后果三部分构成。

（一）食品安全法律规范的分类

1. 按食品安全法律规范本身的性质，可将其分为授权性规范、义务性规范和禁令性规范。

（1）授权性规范：指授予主体某种权利的法律规范。它不规定主体作为或者不作为，而是授予主体自主选择。在法律条文中表述此类法律规范，常用"有权""可以"等文字。如《食品安全法》第四章第六十三条："食品生产经营者未依照本条规定召回或者停止经营的，县级以上人民政府食品安全监督管理部门可以责令其召回或者停止经营"。

（2）义务性规范：指规定主体必须做出某种行为的法律规范。法律条文在表述此类规范时，多用"必须""应当"等字样。如《食品安全法》第一章"总则"第四条："食品生产经营者应当依照法律、法规和食品安全标准从事生产经营活动,保证食品安全,诚信自律,对社会和公众负责,接受社会监督,承担社会责任。"

（3）禁令性规范:指规定主体不得作出某种行为的法律规范。法律条文在表述此类规范时,多用"禁止""不得"等字样。如《食品安全法》第四章第四十五条:"患有国务院卫生行政部门规定的有碍食品安全疾病的人员,不得从事接触直接入口食品的工作。"

2. 按食品安全法律规范对主体的约束程度,可将其分为强制性规范和任意性规范。

（1）强制性规范:指主体必须严格按照规定作为或者不作为,不允许主体作任何选择的法律规范。此类法律规范多属于义务性规范和禁令性规范。

（2）任意性规范:指主体在不违反法律和道德的前提下,可按照自己的意志,选择作为或不作为的法律规范。任意性规范多属授权性规范。

3. 按食品安全法律规范内容的确定方式,可将其分为确定性规范、准用性规范和委任性规范。

（1）确定性规范:指直接明确地规定某一行为规则的法律规范。

（2）准用性规范:指没有直接规定规范的内容,只规定了在适用该规范时准予援用该规范所指定的其他规范的法律规范。准用性规范只需列入它所准用的规范内容,即成为确定性规范。

（3）委任性规范:指没有规定规范的内容,但指出了该规范的内容由某一专门单位加以规定的法律规范。准用性规范与委任性规范都属于没有直接规定某一行为规则具体内容的法律规范,但两者之间的区别是,前者准予援用的规范是已有明文规定的法律规范,后者则是尚无明文规定的非确定性规范。

（二）食品安全法律规范的效力

食品安全法律规范的效力范围即适用范围,由法律规范的空间效力、时间效力和对人的效力三个部分组成。

1. 空间效力　即食品安全法律规范适用的地域范围。法律规范的空间效力是由国家的立法体制决定的。在我国,由全国人大及其常委会制定的《食品安全法》等法律在中华人民共和国境内有效。

2. 时间效力　即食品安全法律规范何时生效、何时失效及对生效前发生的行为有无溯及力等。我国《食品安全法》第一百五十四条规定"本法自 2015 年 10 月 1 日起施行",而对其生效前的行为没有溯及力。

3. 对人的效力　即食品安全法律规范在确定的时间和空间范围内适用于哪些公民、法人和其他组织。《食品安全法》对人的效力采用的是属地原则,即具体适用于在中华人民共和国境内从事食品、食品添加剂、食品相关产品的生产经营,食品生产经营者使用食品添加剂、食品相关产品,食品的贮存和运输以及对食品、食品添加剂和食品相关产品的安全管理等活动的一切单位和个人。

（陈锦瑶）

第三节　食品安全标准

标准是指为在一定的范围内获得最佳秩序,对活动或其结果规定共同的和重复使用的规则、导则或特征性的文件。食品安全标准是判定食品是否符合质量安全要求的重要技术依据,对食品安全监督管理有重要意义。

一、食品安全标准的概念、性质和意义

（一）食品安全标准的概念

食品安全标准是指对食品中具有与人类健康相关的质量要素和技术要求及其检验方法、评价程序等所作的规定。这些规定通过技术研究，形成特殊形式的文件，经与食品有关各部门进行协商和严格的技术审查后，由国务院卫生行政部门会同国务院食品安全监督管理部门制定、公布为国家食品安全标准。食品安全地方标准由省、自治区、直辖市人民政府卫生行政部门制定并公布，并报国务院卫生行政部门备案。

（二）食品安全标准的性质

1. **政策法规性**　按照《食品安全法》规定，我国食品安全国家标准由国务院卫生行政部门会同国务院食品监督管理部门制定、公布，国务院标准化行政部门提供国家标准编号。食品安全地方标准由省、自治区、直辖市人民政府卫生行政部门组织制定。因此，食品安全标准被赋予了其在食品安全法治化管理中的法规特性。

2. **科学技术性**　是标准的本质。标准是科学技术的产物，只有基于科学技术制定的标准才能起到对食品安全监督管理的技术支撑作用。

3. **强制性**　根据《中华人民共和国标准化法》的规定，凡是涉及人体健康与安全的标准，都应是强制性标准。《食品安全法》规定，食品安全标准是强制执行的标准。除食品安全标准外，不得制定其他食品强制性标准。

4. **社会性和经济性**　主要指执行食品安全标准所能产生的社会和经济效益。食品安全标准的实施，可有效控制食品中与健康相关的质量要素，防止食源性疾病的发生，保障消费者健康，可产生明显的社会效益。食品安全标准的经济效益包括直接效益和间接效益两方面，直接经济效益如减少食品资源的浪费、避免食品安全问题引发的经济纠纷、促进食品的进出口贸易等；间接经济效益如减少因食源性疾病产生的疾病负担、提高国民劳动生产力、促进经济发展等。

（三）食品安全标准的意义

食品安全标准对于保证消费者健康，维护社会稳定和谐，促进经济增长有重要意义。

1. **食品安全标准是食品安全法律法规体系的重要组成部分**　《食品安全法》明确规定禁止生产经营不符合食品安全标准或要求的食品。食品安全标准作为实施《食品安全法》的技术支撑，是食品安全法律法规体系的重要组成部分。

2. **食品安全标准是食品安全法治化管理的重要依据**　《食品安全法》第九章明确规定，凡生产不符合食品安全标准的食品或者经营明知是不符合食品安全标准的食品，将予以相应的行政处罚。故食品安全标准是评价食品安全质量及判别生产经营行为是否合法的重要依据，是食品安全监督执法的前提。

3. **食品安全标准是维护国家主权、促进食品国际贸易的技术保障**　随着我国加入世界贸易组织（World Trade Organization，WTO），食品进出口贸易日趋增长。WTO在其《实施卫生和植物卫生措施协定》（Agreement on the Application of Sanitary and Phytosanitary Measures，SPS协定）及《贸易技术壁垒协定》（Agreement on Technical Barriers to Trade，TBT协定）中指出：各成员国有权根据各国国民的健康需要制定各自的涉及健康与安全的食品标准。我国制定食品安全标准，一方面可有效阻止国外低劣食品进入国内市场，保障我国消费者健康，对维护国家主权和利益起到技术保障作用；另一方面可为提高我国出口食品的安全性、增强我国食品的国际竞争力起到技术支持作用。

二、食品安全标准的分类

经过几十年的建设,我国已初步形成了门类齐全、结构相对合理、具有一定配套性和完整性的食品安全标准体系。根据不同的分类原则,食品安全标准可分为不同的类型。

（一）按食品安全标准的适用对象分类

1. 食品原料与产品安全标准　此类标准又可按食品的类别(如粮食及其制品、食用油脂、调味品类等)进行分类。

2. 食品添加剂使用标准、食品添加剂产品安全标准

3. 食品营养强化剂使用标准

4. 食品接触材料及其制品标准

5. 食品中农药最大残留限量标准

6. 食品中真菌毒素限量标准

7. 食品中污染物限量标准

8. 食品中抗生素及其他兽药限量标准

9. 食品企业生产卫生规范

10. 食品标签标准

11. 食品检验方法标准

（1）食品微生物检验方法标准。

（2）食品理化检验方法标准。

（3）食品安全性毒理学评价程序与方法标准。

12. 其他　如消毒剂等食品相关产品标准等。

（二）按标准发生作用的范围或其审批权限分类

1. 食品安全国家标准　对需要在全国范围内统一的食品安全质量要求所制定的标准。由国务院卫生行政部门会同国务院食品监督管理部门负责制定、公布,国务院标准化行政部门提供国家标准编号。

2. 食品安全地方标准　对于没有食品安全国家标准,但需要在省、自治区、直辖市范围内统一实施的,可制定食品安全地方标准。省级卫生行政部门负责制定、公布、解释食品安全地方标准。国务院卫生行政部门负责食品安全地方标准备案。食品添加剂、食品相关产品、新食品原料、保健食品等不得制定食品安全地方标准。

（三）按标准的约束性分类

《食品安全法》第三章第二十五条规定:食品安全标准是强制执行的标准。除食品安全标准外,不得制定其他的食品强制性标准。所以,我国的食品安全标准均为强制性标准,而其他一般性的食品质量标准可以是推荐性标准。

三、食品安全标准的制定

（一）食品安全标准的制定依据

1. 法律依据　《食品安全法》和《中华人民共和国标准化法》(简称《标准化法》)是制定食品安全标准的主要法律依据。《标准化法》规定:所有工业产品都应制定标准。

（1）国家食品安全标准与地方食品安全标准的制定与批准:《食品安全法》对食品安全标准的制

定与批准作出了明确规定,即食品安全国家标准由国务院卫生行政部门会同国务院食品安全监督管理部门制定、公布,国务院标准化行政部门提供国家标准编号。食品安全国家标准应当经食品安全国家标准审评委员会审查通过。省、自治区、直辖市人民政府卫生行政部门组织制定食品安全地方标准,应当参照执行本法有关食品安全国家标准制定的规定,并报国务院卫生行政部门备案。

（2）食品安全标准的适用范围:《食品安全法》第二十六条规定,食品安全标准应当包括下列内容:①食品、食品添加剂、食品相关产品中的致病性微生物、农药残留、兽药残留、生物毒素、重金属等污染物质以及其他危害人体健康物质的限量规定;②食品添加剂的品种、使用范围、用量;③专供婴幼儿和其他特定人群的主辅食品的营养成分要求;④对与卫生、营养等食品安全要求有关的标签、标志、说明书的要求;⑤食品生产经营过程的卫生要求;⑥与食品安全有关的质量要求;⑦与食品有关的食品检验方法与规程;⑧其他需要制定为食品安全标准的内容。

（3）食品安全标准的技术内容:食品安全标准的技术内容应包括安全和与安全相关的营养的所有质量技术要求。

2. 与国际标准协调一致性　WTO 在其 SPS 协定中规定:其成员国应按照两种形式制定国家食品标准,一是按照国际食品法典委员会(codex alimentarius commission,CAC)的法典标准、导则、卫生规范和推荐指标,制定食品标准或等同采用进口国标准。二是如出于对本国国民实施特殊的健康保护目的,需自行制定本国食品标准时,要求必须首先对以下两种危害进行评价:①某种疾病在本国的流行及其可能造成的健康和经济危害;②食品、饮料或饲料中的添加剂、污染物、毒素、致病菌对人或动物健康的潜在危害。WTO 认为只有在上述评价的基础上才能制定既能保护本国国民身体健康又不致对食品国际贸易产生技术壁垒作用的食品标准。

3. 科学技术依据　在标准的制定过程中,应当尊重科学,遵循客观规律,保证标准的科学性。《食品安全法》明确规定,制定食品安全标准,应当依据食品安全风险评估结果。同时,制定标准还应合理利用现有科技成果,与时俱进,使标准具有较强的技术可行性和先进性。

（二）食品安全标准的主要技术指标

1. 严重危害人体健康的指标　包括致病性微生物与毒素,如沙门氏菌、金黄色葡萄球菌及其产生的毒素、真菌毒素等;有毒有害化学物质,如砷、铅、汞、镉、多环芳烃类化合物等;放射性污染物等。

2. 反映食品可能被污染及污染程度的指标　如菌落总数、大肠菌群等。

3. 间接反映食品安全质量发生变化的指标　包括水分、含氮化合物、挥发性盐基氮等。

4. 营养指标　包括碳水化合物、脂肪、蛋白质、矿物质、维生素等营养素和能量、膳食纤维等指标。专供婴幼儿和其他特定人群的主辅食品的营养成分要求尤其重要。

5. 商品质量指标　有些食品的质量规格指标与食品安全质量无直接关系,但又往往难以截然分开。例如酒类中的乙醇含量、汽水中的二氧化碳含量、食盐中的氯化钠含量、味精中的谷氨酸钠含量等,这些指标不仅反映了食品的纯度、质量,还能说明其卫生状况和杂质含量等。如乙醇含量、二氧化碳含量可协助评价防腐作用;氯化钠含量、谷氨酸钠含量可以协助判断食品有无掺假、掺杂,对保证食品安全也有不同程度的作用。

（三）食品中有毒有害物质限量标准的制定

食物中可能存在多种多样的污染物和天然有毒有害成分,如重金属、农药兽药残留、持久性有机污染物、动植物毒素等。为保障消费者健康,需将这些有毒有害物质控制在一定的水平。这类控制限量标准即称为食品中有毒有害物质的限量标准,其制定应基于风险评估的基本原则。在风险评估中对有毒有害物质的不良健康效应研究包括人群数据及动物实验数据,对大多数食品有毒有害物质而言,人群流行病学资料和临床资料通常难以得到,且大部分流行病学调查的统计结果不足以推导出人群低暴露水平所致的健康危害效应。目前大多数食品污染物和天然有毒有害成分的限量标准制定仍以动物毒性试验的资料为依据。以下介绍以动物实验资料为基础制定食品中有毒有害物质限量的具体步骤。

1. 确定动物未观察到有害效应水平或基准剂量下限 未观察到有害效应水平(no observed adverse effect level, NOAEL)系指某一物质在试验条件下,对受试动物不显示任何毒性损害的剂量水平。基准剂量下限(benchmark dose lower confidence limit, BMDL)为依据剂量-反应关系曲线、利用统计模型获得的可使有毒有害物质的引起某种特定反应的变化或较低健康风险发生(通常计量资料为5%、计数资料为10%)的剂量的95%可信区间下限值。在确定NOAEL或BMDL时,应采用动物最敏感的毒性指标;除观测一般毒性指标外,还应考虑受试物的特殊毒性指标,如致癌、致畸、致突变、迟发性神经毒性等,对具有这些特殊毒性的物质,在制定食品中最大限量标准时应慎重。

2. 确定人体可耐受摄入量 可耐受摄入量(tolerable intake, TI)是指人类终生摄入该物质而对机体不产生任何已知不良效应的剂量,以相对于人体每千克体重的该物质摄入量表示[即mg/(kg·bw)],包括每日、每周、每月可耐受摄入量。每周/每月可耐受摄入量通常用于具有蓄积毒性的物质,如有害重金属镉、铅等,而最常用者为每日可耐受摄入量(tolerable daily intake, TDI)或每日允许摄入量(acceptable daily intake, ADI)。为安全起见,从动物的NOAEL/BMDL外推到人体TDI或ADI时,必须设置一定的不确定系数,一般考虑动物与人的种间差异(10)及人群个体之间的差异(10)。不确定系数可根据有毒有害物质的性质与毒性反应强度、毒理学数据库完整性、暴露人群的种类等不同而有所不同,如有特殊毒性,或可能是婴幼儿等特殊生理人群经常接触的物质,其不确定系数还应适当扩大。

$$\text{TDI/ADI}[\text{mg}/(\text{kg·bw})]=\text{NOAEL/BMDL}[\text{mg}/(\text{kg·bw})]\times 1/100$$

就一般成人而言,人群(成人)的平均体重通常以60kg计,故:

$$\text{TDI/ADI}[\text{mg}/(\text{人·d})]=\text{NOAEL/BMDL}[\text{mg}/(\text{kg·bw})]\times 1/100\times 60(\text{kg})$$

例如,某物质的动物NOAEL为10mg/(kg·bw),则此物质的TDI/ADI为10mg×1/100×60=6mg/(人·d)[或0.1mg/(kg·bw·d)]。

3. 确定每日总膳食中的允许含量 即组成人体每日膳食的所有食品中含有该物质的总量。由于人体每日暴露的有毒物质不仅来源于食品,还可能来源于空气、饮水或职业性皮肤暴露和呼吸道暴露等。当按TDI/ADI计算该物质在食品中的最高容许量时,须先确定人体摄入该物质的总量中来源于食品的部分所占的比例。一般对于非职业性暴露者,食品仍然是有毒物质的主要来源,大致占总量的80%~85%,而来自饮水、空气及其他途径者,一般不超过20%。如已知某物质的人体TDI/ADI为0.1mg/(kg·bw·d)[6mg/(人·d)],且根据调查,此物质进入人体总量的80%来自食品,则每日摄入的各种食品中含该物质的总量不应超过6mg×80%=4.8mg,此即该物质在总膳食中的最高允许含量。

4. 确定每种食物中的最大允许量 为确定某物质分别在各种食物中的最高允许量,须通过膳食调查,了解含有该物质的食品种类与人群每日食物消费量。以上述物质为例,如只有一种食物含有该物质,且这种食物的每日摄入量为500g,那么,此种食物中该物质的最大允许量(限量)为:

4.8mg×1 000/500=9.6mg/kg（食物）。如还有另外一种食物中含有该物质，此食物的摄入量为250g，那么，这两种食物中该物质的平均最大允许量为：4.8mg×1 000/（500+250）=6.4mg/kg。如果还有第三种或更多种食物含有该物质，其平均最大允许量的计算以此类推。

5. 制定食品中有毒有害物质的限量标准　一般而言，根据上述方法计算出的各种食品中某有毒物质的最大允许量即是其限量标准。但实际上常需要在保障人体健康的前提下，根据可操作性等具体因素进行适当调整。在最大限量标准的制定过程中，还应收集和参考国内外权威机构的分析和评价结果，如联合国粮农组织/世界卫生组织（Food and Agriculture Organization of the United Nations/World Health Organization，FAO/WHO）食品添加剂联合专家委员会和FAO/WHO农药残留联合专家组的评估报告及各国的风险评估等。标准制定之后，还须进行后续跟踪调查和风险评估等。

四、国际食品安全标准体系概况

1. 国际食品法典委员会简介　1961年，FAO和WHO召开会议，讨论建立一套国际食品标准，以指导日趋发展的全球食品工业，保护人类健康，促进食品的公平国际贸易。其后，FAO/WHO联合成立了CAC。CAC的首要职责是保护消费者健康和保证食品国际贸易的公平性，其主要工作包括：

（1）制定推荐性的食品标准及食品加工规范。

（2）促进国际政府和非政府组织间有关食品标准工作的协作并协调各国的食品标准。

（3）指导各成员国和全球食品安全标准体系的建立。

2. 食品法典　CAC向各成员国推荐的有关食品标准、最大残留限量、卫生规范和指南等通称为食品法典（codex alimentarius，Codex），包括所有加工、半加工食品或食品原料的标准、有关食品卫生、食品添加剂、农药残留、污染物、标签及说明、采样与分析方法等方面的通用条款及准则，还包括食品加工的卫生规范和其他指导性条款。

食品法典是推荐性的标准，它不对国际食品贸易构成直接的强制约束力，但由于它是在大量科学研究的基础上制定并经各成员国协商确定的，因此，食品法典具有科学性、协调性和权威性，在国际食品贸易中有举足轻重的作用。CAC已被WTO在其SPS协定中认可为解决国际食品贸易争端的依据之一，故已成为公认的食品安全国际标准。

3. 食品法典标准与我国食品安全标准　在我国食品安全标准的制定/修订过程中，应合理采用或参考国际食品法典标准。另外，我国也应进一步加强法典标准制定的参与力度，尽最大可能使法典标准符合我国国情。在我国缺乏相关基础数据的情况下，应积极参考FAO/WHO相关专家组织和权威机构的风险评估结果和科学数据，制定适合本国的风险管理措施。在我国有大量科学数据的领域，则应坚持应用风险分析的原则，自主建立我国的食品安全标准，以确保我国人民的健康。

（陈锦瑶）

第四节　食品安全监督管理的原则和内容

一、食品安全监督管理的原则

《食品安全法》第三条规定：食品安全工作实行预防为主、风险管理、全程控制、社会共治，建立科学、严格的监督管理制度。

1. 预防为主　预防性原则旨在将工作重点由事后处理变为预防事故的发生,这是我国食品安全监管理念的基本原则。预防性原则不仅出现在立法行为和监管执法行为中,而且覆盖了整个食品生产经营环节,具体体现在食品生产经营许可制度、食品安全标准制度、食品安全强制检验制度和食品安全标签制度等。例如《食品安全法》第六十三条规定,国家建立食品召回制度。食品生产者发现其生产的食品不符合食品安全标准或者有证据证明可能危害人体健康的,应当立即停止生产,召回已经上市销售的食品,通知相关生产经营者和消费者,并记录召回和通知情况。第一百二十四条规定,对"生产经营致病性微生物,农药残留、兽药残留、生物毒素、重金属等污染物质以及其他危害人体健康的物质含量超过食品安全标准限量的食品、食品添加剂"等情形,县级以上人民政府食品安全监督管理部门没收违法所得和违法生产经营的食品、食品添加剂,并可以没收用于违法生产经营的工具、设备、原料等物品;并根据违法生产经营的食品、食品添加剂货值金额处以罚款,情节严重的,吊销许可证。

2. 风险管理　风险管理需考虑风险评估和其他因素,并要求与利益相关方磋商后权衡利弊,选择适当的政策和预防控制措施。我国现行《食品安全法》在多个条款贯彻了食品安全风险管理的原则,如第一百零九条规定,县级以上人民政府食品安全监督管理部门根据食品安全风险监测、风险评估结果和食品安全状况等,确定监督管理的重点、方式和频次,实施风险分级管理。

3. 全程控制　食品安全风险存在于"从农田到餐桌"的全过程中。全程控制原则,就是对食品从源头的生产,到经营销售,再到消费者的餐桌整个过程的控制监管。我国现行《食品安全法》强化了食品安全全程控制原则,如总则第六条提出了建立健全食品安全全程监督管理工作机制和信息共享机制,并在其后各章的内容中体现了全程控制和全程追溯的原则与要求,如第四十二条规定,国家建立食品安全全程追溯制度。

4. 社会共治　社会共治原则旨在强调食品从生产到最终消费的整个过程中,食品生产经营者、流通者、消费者、政府及其监管部门、行业协会、新闻媒体、检验机构和认证机构等,都是维护和保障食品安全的重要参与者。只有让其各自都承担起相应的责任,食品安全才能得到真正的保障。

二、食品安全监督管理的内容

按照《食品安全法》的要求,国务院及县级以上地方人民政府食品安全监督管理部门对食品生产经营活动实施监督管理,国家市场监督管理总局于2022年发布了《食品生产经营监督检查管理办法》,对食品(含食品添加剂)生产经营者执行食品安全法律、法规、规章和食品安全标准等情况实施监督检查时适用该办法。

1. 重点监督管理内容　食品安全年度监督管理计划应当将下列事项作为监督管理的重点。

(1)专供婴幼儿和其他特定人群的主辅食品。

(2)保健食品生产过程中的添加行为和按照注册或者备案的技术要求组织生产的情况,保健食品标签、说明书以及宣传材料中有关功能宣传的情况。

(3)发生食品安全事故风险较高的食品生产经营者。

(4)食品安全风险监测结果表明可能存在食品安全隐患的事项。

2. 常规监督管理内容　县级以上人民政府食品安全监督管理部门有权采取下列措施,对生产经营者的情况进行监督检查。

(1)进入生产经营场所实施现场检查。

(2)对生产经营的食品、食品添加剂、食品相关产品进行抽样检验。

（3）查阅、复制有关合同、票据、账簿以及其他有关资料。

（4）查封、扣押有证据证明不符合食品安全标准或者有证据证明存在安全隐患以及用于违法生产经营的食品、食品添加剂、食品相关产品。

（5）查封违法从事生产经营活动的场所。

3. **食品生产经营许可** 国家市场监督管理总局 2020 年发布的《食品生产许可管理办法》和 2023 年发布的《食品经营许可和备案管理办法》规定了食品生产许可和经营许可的申请、受理、审查、决定及其管理等事项，并规定食品生产许可实行一企一证原则，即同一个食品生产者从事食品生产活动，应当取得一个食品生产许可证；食品经营者在不同经营场所从事食品经营活动的，应当依法分别取得食品经营许可或进行备案。

4. **风险分级管理** 国家食品药品监督管理总局 2016 年发布的《食品生产经营风险分级管理办法》提出，食品生产经营风险分级管理工作应当遵循风险分析、量化评价、动态管理、客观公正的原则，将食品生产经营者风险等级从低到高分为 A 级风险、B 级风险、C 级风险、D 级风险四个等级，并规定由国家食品安全监督管理部门负责制定食品生产经营风险分级管理制度，指导和检查全国食品生产经营风险分级管理工作。省级食品安全监督管理部门负责制定本省食品生产经营风险分级管理工作规范，结合本行政区域内实际情况，组织实施本省食品生产经营风险分级管理工作。各市、县级食品安全监督管理部门负责开展本地区食品生产经营风险分级管理的具体工作。

5. **食品召回** 国家建立食品召回制度。食品生产者发现其生产的食品不符合食品安全标准或者有证据证明可能危害人体健康的不安全食品，应当立即停止生产，召回已经上市销售的食品，通知相关生产经营者和消费者，并记录召回和通知情况。国家食品药品监督管理总局 2015 年发布了《食品召回管理办法》，国家市场监督管理总局于 2020 年予以修订，根据食品安全风险的严重和紧急程度，食品召回分为三级。

（1）一级召回：食用后已经或者可能导致严重健康损害甚至死亡的，食品生产者应当在知悉食品安全风险后 24 小时内启动召回，并向县级以上地方市场监督管理部门报告召回计划。

（2）二级召回：食用后已经或者可能导致一般健康损害，食品生产者应当在知悉食品安全风险后 48 小时内启动召回，并向县级以上地方市场监督管理部门报告召回计划。

（3）三级召回：标签、标识存在虚假标注的食品，食品生产者应当在知悉食品安全风险后 72 小时内启动召回，并向县级以上地方市场监督管理部门报告召回计划。标签、标识存在瑕疵，食用后不会造成健康损害的食品，食品生产者应当改正，可以自愿召回。

6. **其他** 对违反《食品安全法》及相关法律法规的行为依法进行行政处罚，对情节严重者，依法追究其法律责任；引导食品生产经营者依法生产营养，推动行业的食品安全管理能力等。

三、食品生产的监督管理

《食品安全法》第四十四条明确规定，食品生产经营企业应当建立健全食品安全管理制度。为了适应食品工业的产业化发展，应建立和不断完善能够有效保证食品安全质量的管理体系，如食品良好生产规范（good manufacture practice，GMP）和卫生标准操作程序（sanitation standard operating procedure，SSOP）体系、危害分析关键控制点（hazard analysis and critical control point，HACCP）体系和 ISO 9000（国际标准化组织产品质量认证）体系等。

GMP 体系属于一般性的食品质量保证体系，它规定了食品生产过程的各个环节实行全面质量控制的具体技术要求以及为保证产品质量所必须采取的监控措施。GMP 体系强调食品生产过程

（包括生产环境）和储运过程的品质控制。SSOP 是为实现 GMP 目标必须遵守的基本卫生条件，是为了消除食品加工过程中的不良因素，以确保加工的食品符合卫生要求而制定的。HACCP 体系则是一个预防性的食品安全监控系统，是对可能发生在食品加工过程中的食品安全危害进行识别和评估，进而采取控制的一种预防性控制方法，可最大限度地减少产生食品安全危害的风险，同时避免了单纯依靠最终产品检验进行质量控制所产生的问题。原则上，有效实施 HACCP 的前提是已建立了完善的 GMP 体系。ISO 9000 体系是国际标准化组织（ISO）提出的质量管理与保证体系，它规定了质量体系中各个环节（要素）的标准化实施规程和合格评定实施规程，这些质量管理和质量认证的目的都是为了确保终产品的质量。ISO 9000 提出的基本原则与方法具有普遍的指导意义，适用于各种行业的质量管理和品质保证。

食品生产企业可综合利用 GMP、HACCP、ISO 9000 等管理体系和方法，充分发挥各种管理体系的优势，实施有效的食品安全质量管理，以达到有效保障终产品质量安全和消费者健康的目的。

（一）食品良好生产规范（GMP）

1. GMP 的基本概念　GMP 是为保障食品安全、质量而制定的贯穿食品生产全过程的一系列措施、方法和技术要求。GMP 要求食品生产企业具备适宜的生产设备、合理的生产过程、完善的质量管理和检测系统，以确保终产品的安全质量符合有关标准。

2. GMP 的发展沿革　GMP 来源于药品的生产，美国 FDA 于 1963 年颁布了世界上第一部药品 GMP。1969 年，美国将 GMP 的观点引入食品生产中，制定了《食品制造、加工、包装及储存的良好工艺规范》。此后又陆续制定了低酸性罐头食品等几类食品的 GMP。1985 年，CAC 制定了《食品卫生通用良好生产规范》。1996 年，美国 FDA 颁布了《通用良好生产操作规范》。加拿大、澳大利亚、日本、英国等也相继制定了相关食品企业的 GMP。

我国食品企业 GMP 相关工作起步于 20 世纪 80 年代中期，先后颁布了《食品企业通用卫生规范》《乳品厂卫生规范》等一批食品企业卫生规范。1998 年首次颁布了国家标准《保健食品良好生产规范》和《膨化食品良好生产规范》，2003 年又颁布了《乳制品企业良好生产规范》《熟肉制品企业良好卫生规范》和《定型包装饮用水企业生产卫生规范》。2013 年发布修订后的《食品安全国家标准　食品生产通用卫生规范》（GB 14881—2013），目前我国还在逐步对各类食品卫生规范进行制定/修订，以形成我国完整的 GMP 规范体系。

3. 实现 GMP 的目标　GMP 体系要求食品工厂在食品的生产、包装及储运等过程中相关人员配置，建筑，设施、设备等的设置以及卫生管理、制造过程的管理、产品质量的管理等均能符合良好生产规范，以确保食品安全卫生和品质稳定。

（1）将人为的差错控制到最低限度：在管理方面的措施是质量管理部门从生产管理部门中独立，建立相互督促检查的制度，制定规范的实施细则和作业程序，严格复核生产工序等；设施方面则要求各工作间要保持宽敞，消除生产障碍，不同品种操作须有一定间距。

（2）预防可能造成食品污染的因素：在管理方面的措施是制定操作室清扫和设备洗净的标准并严格实施，操作人员定期进行体检，限制非生产人员进入工作间等；设施方面则要求操作室专用化，对直接接触食品的机械设备、工具、宣传品等须选用不导致食品变化的材质制成，注意防止机械润滑油对食品的污染等。

（3）保证质量管理体系有效运行：在管理方面的措施是质量管理部门独立行使质量管理职责，定期进行机械设备工具的维修校正；设施方面则要求操作室和机械设备的合理配备，采用合理的工艺布局和先进的设备，为实施质量管理配备必要的实验检验设备工具等。

4. GMP 的基本内容

（1）人员

1）人员素质：食品企业生产和质量管理部门的负责人应具有相应学历，应能按 GMP 的要求组织生产或进行质量管理。工厂应有足够的质量管理和检验人员，能做到按批进行产品检验。

2）教育与培训：从业人员上岗前必须经过卫生法规教育及相应的技术培训，企业应建立培训考核制度。企业负责人及生产和质量管理部门的负责人应接受更高层次的专业培训并取得相应合格证书。

（2）企业的设计与设施

1）厂房环境：食品厂不得设置在容易受污染的区域，厂区周围不得有各类污染源和昆虫大量孳生的场所。

2）厂房及设施：包括厂房和车间的合理布局与配置，以及对地面、屋顶及天花板、墙壁、门窗、通风设施、给排水、照明设施、洗手设施、更衣室、沐浴室和厕所等的具体要求。

3）设备、工具：包括接触食品物料的设备、工具、管道的设计和构造、材料和制作；生产设备的排列；配备必需的检验设备和用于测定、控制或记录的测量仪、记录仪等。

（3）质量管理

1）机构：食品企业必须建立相应的质量管理部门或组织。质量管理部门应配备具有相应资格的专职或兼职的质量管理人员。

2）质量管理部门的任务：质量管理部门负责生产全过程的质量监督管理。应贯穿预防为主的管理原则，把管理工作的重点从事后检验移到事前设计和控制上，消除产生不合格产品的各种隐患。

3）生产过程管理：如制定和严格执行"生产管理手册"；原、辅料必须经过检验，合格者方可使用；所有的生产作业（包括包装、运输和储存）都应符合卫生安全原则；生产设备、工具、容器、场地等在使用前后均应彻底清洗消毒，维修、检查设备时不得污染食品。

4）原料、半成品和成品的品质管理：如制定和严格执行"产品品质管理标准手册"；制定原料及包装材料的质量标准、检验项目、抽样及检验方法等，并保证实施；对半成品的品质管理应采用 HACCP 的原则和方法，找出预防污染、保证产品卫生质量的关键控制点，以及控制标准和监测方法等，并保证执行，发现异常现象应迅速查明原因并加以纠正；对成品的品质管理应制定其质量标准、检验项目、抽样及检验方法等，并保证实施；每批成品均须检验和留样保存，对不合格者予以适当处理。

（4）成品的储存与运输：储存成品时应防止阳光直射、雨淋、撞击。仓库应设有防鼠防虫等设施，并定期进行清扫消毒。仓库出货时应遵循先进先出的原则。运输工具应符合运输要求，应根据产品特点配备防雨、防尘、冷藏、保温等设施。运输作业应轻拿轻放，防止剧烈振荡和撞击；不得与有毒有害物品混装、混运。

（5）标签标识：食品标签标识应符合《食品安全国家标准　预包装食品标签通则》（GB 7718）的规定。

（6）卫生管理：建筑物和各种机械设备、装置、设施、给排水系统等均应保持良好的卫生状态；制定有效的消毒方法和制度，以确保所有场所的清洁卫生，防止食品污染；厂房应定期或必要时开展除虫灭害工作，采取防鼠、防蚊蝇、防昆虫等孳生的有效措施；各类卫生设施应有专人管理，经常保持良好状态；应对食品从业人员定期进行健康检查，必须取得体检合格证后持证上岗。

（7）成品售后意见的处理：应建立顾客意见处理制度，对顾客提出的书面或口头意见，质量管理负责人应调查原因并予以妥善处理。应建立不合格产品召回制度和相应的运作体系，包括召回制度、召回品的鉴定、处理和防止再度发生的措施。

不同种类食品的生产过程都有各自的特点和要求，因此 GMP 体系所规定的只是一个基本的框架，企业应根据食品生产的具体情况，在此框架的基础上制订出适合本企业生产情况的详细条款。

（二）危害分析关键控制点（HACCP）体系

1. HACCP 的基本概念及意义　HACCP 是一种食品安全保障体系，其基本含义是，为保障食品安全，对食品生产加工过程中造成食品污染发生或发展的各种危害因素进行系统和全面的分析，确定能有效预防、减轻或消除危害的加工环节（即"关键控制点"），进而在关键控制点对危害因素进行控制，同时监测控制效果，发生偏差时予以纠正，并随时对控制方法进行纠正和补充。HACCP 已成为食品工业的一种有效的产品安全质量保证体系。

HACCP 体系一般由七个基本原理和部分组成：①危害分析；②确定关键控制点；③确定关键限值；④确定监控措施；⑤建立纠偏措施；⑥建立审核（验证）措施；⑦建立记录保存措施。

HACCP 体系对于预防性保障食品安全具有重要作用。HACCP 体系能有效保证食品的安全性，预防食源性疾病的发生，保护消费者健康，提高劳动生产率，有利于经济发展和社会稳定；能显著提高食品生产加工企业的质量管理水平，适应国际食品贸易中重视生产过程质量控制的要求，促进食品出口；能提高食品生产加工企业的质量控制意识，加强自身管理。

2. HACCP 体系的发展沿革　HACCP 系统是 20 世纪 60 年代美国建立的，主要用于航天食品的质量控制。1971 年在美国食品保护会议上首次提出 HACCP 的概念，随后被美国 FDA 采纳并作为低酸性罐头 GMP 的基本内容。1989 年 11 月，美国食品微生物咨询委员起草了《用于食品生产的 HACCP 原理的基本准则》，历经多次修改完善后形成了 HACCP 的七个基本原理。1993 年 CAC 食品卫生分委会制定了《应用 HACCP 原理的指导准则》，并对 HACCP 的名词术语、发展 HACCP 的基本条件、关键控制点决策树的使用等进行了详细规定。1993 年，欧盟通过了《关于食品生产运用 HACCP 的决议》。1997 年 CAC 颁布了新版食品法典指南《HACCP 体系及其应用准则》。

我国从 20 世纪 90 年代起就已陆续开展了 HACCP 体系的培训和试点工作，先后对乳制品、肉制品、饮料、水产品、酱油、益生菌类保健食品、凉果和餐饮业等各类食品企业开展了试点研究。2002 年 7 月，卫生部制定并颁布了《食品企业 HACCP 实施指南》。2004 年，参照 CAC《食品卫生通则》附录《HACCP 体系及其应用准则》，等同制定了国家标准《危害分析与关键控制点（HACCP）体系及其应用指南》（GB/T 19538—2004），其后相继颁布了乳制品、速冻食品、肉制品、调味品等 HACCP 的应用指南。2002 年，国家认证认可监督管理委员会发布实施了《食品生产企业危害分析与关键控制点管理体系（HACCP）认证管理规定》，进一步推动了国内食品行业 HACCP 认证工作。《食品安全法》也明确规定，国家鼓励食品生产经营企业符合良好生产规范要求，实施危害分析与关键控制点体系，提高食品安全管理水平。

3. HACCP 体系的建立　在食品生产加工企业或餐饮业建立一套完整的 HACCP 系统，通常需要以下 12 个步骤。

（1）组建 HACCP 工作组：是建立企业 HACCP 计划的首要步骤，工作组应由生产企业的最高管理者或其代表组织，由生产管理、安全质量控制、设备维护、产品检验等多部门的专业人员组成，主要负责制订 HACCP 计划、验证修改 HACCP 计划并保证 HACCP 计划的实施等。HACCP 工作组应熟悉食品安全相关常识和 HACCP 原理。

（2）描述产品：应包括其所有主要特性，如成分、理化特性（包括水分活度、pH等）、杀菌或抑菌方法、包装方式、储存条件和储存期限、销售方式等。对产品的完整描述有助于开展危害分析。

（3）确定产品的预期用途：明确产品的食用方式及食用人群，如产品是即食食品还是加热后食用食品，消费对象是一般人群还是特殊的亚人群（如免疫力较低的老年人或儿童）。还应考虑产品的食用条件，如是否有可能在大规模集体用餐时食用该食品。

（4）制作产品加工流程图：产品加工流程图是对产品生产加工过程直观、简明和全面的说明。流程图应包括整个食品加工操作的所有环节，包括从原料及辅料的接收、加工直到成品储藏运输的所有步骤。制订HACCP计划时，应按照流程图的各个环节进行危害分析。

（5）现场确认流程图：应到现场对所绘制的流程图加以确认和作必要的修改。

（6）危害分析：危害是指食品中可能造成人类健康损害的生物、化学或物理性污染物，以及影响食品污染发生发展的各种因素。危害分析指通过资料分析、现场监测、实验室检测等方式，收集和评估有关的危害以及导致这些危害存在的资料，以确定哪些危害对食品安全有重要影响因而需要在HACCP计划中予以解决的过程。HACCP要求危害分析中不仅要确定潜在的危害及其发生点，并且要对危害程度进行评价。主要应考虑以下几点：①危害发生的可能性及对健康影响的严重性；②危害出现的性质和规模；③相关微生物的存活和繁殖情况；④动植物毒素、化学物质或物理因素在食品中的出现或残留，以及导致这些情况出现的条件；⑤对所认定的危害已有哪些控制措施等。

（7）确定关键控制点：食品生产销售过程中，当某一点（环节）出现食品被污染或食品腐败变质，若不加以控制或降低到安全水平，则将影响到终产品（食品）的质量，从而危害人群健康。这一点（环节）为关键控制点（critical control point, CCP），即能将危害预防、消除或降低到可接受水平的关键环节。一种危害可由几个关键控制点来控制，若干种危害也可由一个关键控制点来控制。分析某一环节是否为关键控制点应考虑以下几个因素：①该环节是否有影响终产品安全的危害存在；②在该环节是否可采取控制措施以减小或消除危害；③该环节此后的环节是否有有效的控制措施。在食品生产加工过程中，有以下几类关键控制点一般需要纳入分析。

1）食品原料：将原料的危害控制在最低程度，可减轻生产加工过程中的质量控制负担。尤其当有以下情况时，可将食品原料作为关键控制点：①食品原料来自严重污染环境/地区，如近海采集的水产品；②食品原料生产供应商未通过HACCP认证；③食品原料本身含有一定量的某些危害成分；食品加工过程中缺乏有效的消毒灭菌工艺。

2）生产加工工艺：应根据不同的食品及其生产加工工艺与方法，具体确定相应的关键控制点。如热加工能灭活多数致病微生物和造成食品变质的微生物等，所以热加工常是食品生产加工过程的关键控制点。在食品餐饮业和家庭，热加工也常是重要的关键控制点；冷却对热加工后的食品和冷藏食品是关键控制点等。

3）生产加工环境：生产用水、车间空气、直接接触食品的设备和机器、食品接触材料及其制品等有时也可能成为某些食品生产加工过程中的关键控制点。

（8）确定关键限值：关键限值（critical limit, CL）是指应用控制措施时确定的能确保消除或降低危害的技术指标，即区分可接受水平和不可接受水平的标准值。CL是在多次实验的基础上得出的，达到这一限值即可保证危害的有效控制。在一个具体环节上可能会有多个关键限值，其所采用的指标应能快速测量和观察，如时间、温度、pH、水分活性、敏感的感官指标等。

（9）建立监控程序：关键控制点失控将导致临界缺陷，产生危害或不安全因素，故必须建立和实施有效监控程序，对关键控制点及其关键限值进行定时检测或观察，以评价关键控制点是否处于控制之中。由于在线分析不允许实验和分析的时间过长,监控 CCP 的方法必须能迅速获得实验结果。通常可将物理和化学测量法结合使用,其应用范围包括监测 pH、时间、温度、相对湿度、交叉污染的改善措施及特殊食品加工过程等。微生物测定通常需要消耗较长的时间,在 CCP 的监控中具有一定局限性,但也可用于监控 CCP 是否处于有效控制的随机检查。

(10)建立纠偏措施:在 HACCP 系统中,对每一个关键控制点都应当建立相应的纠偏措施(如改变温度或时间、调整 pH、改进加工工艺、后期重新加工等),以便在监控出现偏离关键限值的现象时及时采取措施。纠偏措施必须事先明确,采取纠偏措施后必须能证实关键控制点已回到控制之中。

(11)建立审核 HACCP 计划正常运转的评价程序:利用各种能检查 HACCP 计划是否按预定程序运行的方法、程序或实验对其进行审核,包括随机抽样和检验等。验证的频率应足以确认HACCP 系统的有效运行,验证活动可以包括审核 HACCP 系统及其记录、审核偏差产品的处理、确认关键控制点的控制措施是否有效等。

(12)建立有效记录保存程序:必须建立有效记录保存程序以便于 HACCP 计划存档。存档的HACCP 文件应能够提供有关关键控制点、预防/纠偏措施及产品处理等方面的各种记录文件。记录的填写应该清晰,以便于自查和验证。HACCP 的保存文件应包括以下内容:①HACCP 小组成员名单及其职责说明;②产品描述及其预期用途说明;③标有关键控制点的完整的生产流程图;④危害说明以及针对每一种危害所采取的预防措施;⑤有关关键限值的细节;⑥执行监控方法的说明;⑦偏离临界值时所采取纠正措施的说明;⑧HACCP 计划审核程序说明;⑨记录保存程序说明等。

四、食品经营的监督管理

食品经营环节包括食品采购、运输、验收、贮存、分装与包装、销售等过程。《食品安全法》第四章对食品生产经营过程的安全性要求作出了严格的规定。《食品安全国家标准　食品经营过程卫生规范》(GB 31621—2014)则详细规定了食品经营过程中采购、运输、验收、贮存、销售、产品追溯和召回、卫生管理和培训、人员及文件管理的食品安全相关要求。

五、餐饮服务的监督管理

餐饮服务指通过即时制作加工、商业销售和服务性劳动等,向消费者提供食品和消费场所及设施的服务活动。餐饮业包括餐馆、小吃店、快餐店、食堂等。餐饮业是食品生产经营企业的重要组成部分,保证餐饮业的食品安全也是食品安全监督管理的一项重要工作。

我国卫生部 2000 年发布了《餐饮业食品卫生管理办法》,2005 年发布了《餐饮业和集体用餐配送单位卫生规范》,并于 2010 年修订发布了《餐饮服务食品安全监督管理办法》,对餐饮业卫生管理、食品采购、加工和贮存、外卖食品、食品安全事故处理和监督管理职责等作出了规定,《餐饮业食品卫生管理办法》同时废止。

国家市场监督管理总局于 2018 年发布了《餐饮服务食品安全操作规范》,详细规定了各类餐饮服务提供者(包括餐馆、小吃店、快餐店、饮品店、食堂、集体用餐配送单位和中央厨房等)、各类餐饮操作工艺过程应遵循的食品安全相关操作规范,以及人员、场所、设施和设备等应达到的要求。

1. 餐饮业食品安全管理的基本要求

(1)餐饮服务提供者必须依法取得《食品经营许可证》,按照许可范围依法经营,并在就餐场所醒目位置悬挂或者摆放《食品经营许可证》。

（2）应建立健全食品安全管理制度，配备专职或兼职的食品安全管理人员。

（3）应建立并执行从业人员健康管理制度，建立从业人员健康档案。餐饮服务从业人员应每年进行健康检查，取得健康合格证明后方可从事餐饮服务工作。患有可能影响食品安全的疾病的人员，应当将其及时调离接触直接入口食品的工作岗位。

（4）餐饮服务提供者应当组织从业人员参加食品安全培训，学习食品安全法律、法规、标准和食品安全知识，明确食品安全责任，并建立培训档案；应当加强专（兼）职食品安全管理人员的食品安全法律法规和相关食品安全管理知识的培训。

（5）餐饮服务企业和餐饮服务提供者应当建立食品、食品原料、食品添加剂和食品相关产品的采购查验、索证索票制度和采购记录制度；禁止采购、使用和经营《食品安全法》和其他相关法规禁止生产经营的食品。

（6）食品监督管理部门依法开展抽样检验时，被抽样检验的餐饮服务提供者应当配合抽样检验工作，如实提供被抽检样品的相关信息。

2. 各类餐饮业和餐具、饮具的食品安全管理

（1）餐饮服务提供者应当制定并实施原料控制要求，不得采购不符合食品安全标准的食品原料。倡导餐饮服务提供者公开加工过程，公示食品原料及其来源等信息。餐饮服务提供者在加工过程中应当检查待加工的食品及原料，不得加工或者使用《食品安全法》禁止生产经营者。

（2）餐饮服务提供者应当定期维护食品加工、贮存、陈列等设施、设备；定期清洗、校验保温设施及冷藏、冷冻设施。餐饮服务提供者应当按照要求对餐具、饮具进行清洗消毒，不得使用未经清洗消毒的餐具、饮具；餐饮服务提供者委托清洗消毒餐具、饮具的，应当委托符合条件的餐具、饮具集中消毒服务单位。

（3）学校、托幼机构、养老机构、建筑工地等集中用餐单位的食堂应当严格遵守法律、法规和食品安全标准；从供餐单位订餐的，应当从取得食品生产经营许可的企业订购，并按照要求对订购的食品进行查验。供餐单位应当严格遵守法律、法规和食品安全标准，当餐加工，确保食品安全。

学校、托幼机构、养老机构、建筑工地等集中用餐单位的主管部门应当加强对集中用餐单位的食品安全教育和日常管理，降低食品安全风险，及时消除食品安全隐患。

（4）餐具、饮具集中消毒服务单位应当具备相应的作业场所、清洗消毒设备或者设施，用水和使用的洗涤剂、消毒剂应当符合相关食品安全国家标准和其他国家标准、卫生规范。

餐具、饮具集中消毒服务单位应当对消毒餐具、饮具进行逐批检验，检验合格后方可出厂，并应当随附消毒合格证明。消毒后的餐具、饮具应当在独立包装上标注单位名称、地址、联系方式、消毒日期以及使用期限等内容。

3. 餐饮服务的卫生要求

（1）在制作加工过程中应当检查待加工的食品及食品原料，发现有腐败变质或者其他感官性状异常的，不得加工或使用。

（2）贮存食品原料的场所、设备应当保持清洁，禁止存放有毒、有害物品及个人生活物品，应当分类、分架、隔墙、离地存放食品原料，并定期检查、处理变质或超过保质期限的食品。

（3）应保持食品加工经营场所的内外环境整洁，消除老鼠、蟑螂、苍蝇和其他有害昆虫及其孳生条件。

（4）应定期维护食品加工、贮存、陈列、消毒、保洁、保温、冷藏、冷冻等设备设施，及时清理清洗，确保正常运转和使用。

（5）操作人员应保持良好的个人卫生。

（6）需要熟制加工的食品，应当烧熟煮透；需要冷藏的熟制品，应当在冷却后及时冷藏；将食品、半成品与食品原料分开存放。

（7）制作凉菜应当做到专人负责和专室制作以及工具、消毒和冷藏专用的要求。

（8）用于餐饮加工操作的工具、设备必须无毒无害，标志或者区分明显，并做到分开使用，定位存放，用后洗净，保持清洁；接触直接入口食品的工具、设备应当在使用前进行消毒。

（9）应当按照要求对餐具、饮具进行清洗、消毒，并在专用保洁设施内备用。不得使用未经清洗和消毒的餐具、饮具；购置、使用集中消毒企业供应的餐具、饮具，应当查验其经营资质，索取消毒合格凭证。

（10）应当保持运输食品原料的工具与设备设施的清洁，必要时应当消毒。运输保温、冷藏（冻）食品应当有必要的且与提供的食品品种、数量相适应的保温、冷藏（冻）设备设施。

六、食用农产品的监督管理

农产品是指来源于种植业、林业、畜牧业和渔业等的初级产品，即在农业活动中获得的植物、动物、微生物及其产品。我国于 2006 年颁布了《中华人民共和国农产品质量安全法》，并于 2022 年进行修订，对农产品的质量安全风险管理和标准制定、生产及产地、销售及监督管理等作出了规定。我国《食品安全法》规定：供食用的源于农业的初级产品（以下称食用农产品）的质量安全管理，遵守现行《中华人民共和国农产品质量安全法》的规定，但《食品安全法》另有规定的，应当遵守《食品安全法》的有关规定。2023 年，国家市场监督管理总局发布了《食用农产品市场销售质量安全监督管理办法》。

1. 农产品的生产 国家引导、推广农产品标准化生产，鼓励和支持生产优质农产品，禁止生产、销售不符合国家规定的农产品质量安全标准的农产品。

食用农产品生产者应当依照食品安全标准和国家有关规定使用农药、肥料、兽药、饲料和饲料添加剂等农业投入品，保证食用农产品安全。食用农产品的生产企业和农民专业合作经济组织应当建立食用农产品生产销售记录制度，并向购货者出具检验合格证明和产地证明等文件。农业部门和食品安全监督管理部门共同建立以食用农产品质量合格为核心内容的产地准出管理与市场准入管理衔接机制。

2. 农产品的市场销售 食用农产品市场销售是指通过集中交易市场、商场、超市、便利店等销售食用农产品的活动。我国目前是由市场监督管理部门负责本行政区域内食用农产品市场销售质量安全的监督管理工作。现行的食用农产品质量安全实行分段监管，市场销售的监督管理不包括农业生产技术、动植物疫病防控和转基因生物安全的监督管理。市场监督管理部门负责对农产品集中交易市场开办者、销售者和贮存服务提供者进行日常监督管理。

食用农产品的监督管理应推进产地准出与市场准入相衔接，保证市场销售的食用农产品可追溯。鼓励集中交易市场开办者和销售者建立食品安全追溯体系，利用信息化手段采集和记录所销售的食用农产品信息。

（陈锦瑶）

本章小结

　　本章主要介绍了食品安全监督管理的概念和主要内容，发达国家和我国的食品安全监管体系；我国食品安全法律法规体系及其构成，食品安全法调整的法律关系；食品安全标准的概念、性质、意义、分类和国际食品安全标准体系概况，食品中有毒有害物质限量标准的制定方法；食品安全监督管理的原则和内容；良好生产规范（GMP）和危害分析与关键控制点（HACCP）体系的概念、目的、主要内容和建立方法；食品生产、经营、餐饮服务和食用农产品的安全监管等内容。

思考题

1. 简述我国的食品安全监管体系和食品安全法律法规体系的构成。
2. 食品生产经营企业应当建立哪些质量管理体系来保证食品安全？
3. 食品经营主要包括哪些过程？在食品安全方面各有哪些基本要求？

推荐阅读

［1］ 孙长颢. 营养与食品卫生学.8 版. 北京：人民卫生出版社，2017.

［2］ 中国营养学会. 中国居民膳食营养素参考摄入量（2023 版）. 北京：人民卫生出版社，2023.

［3］ 中国营养学会. 中国居民膳食指南（2022）. 北京：人民卫生出版社，2022.

［4］ 杨月欣，葛可佑. 中国营养科学全书（2 版，上册）. 北京：人民卫生出版社，2019.

［5］ 高国全，汤其群. 生物化学与分子生物学.10 版. 北京：人民卫生出版社，2024.

［6］ 罗自强，管又飞. 生理学.10 版. 北京：人民卫生出版社，2024.

［7］ 国家卫生健康委员会疾病预防控制局. 中国居民营养与慢性病状况报告.2020 版. 北京：人民卫生出版社，2020.

［8］ 中国营养学会. 中国高龄老年人体质指数适宜范围与体重管理指南（T/CNSS 021—2023）. 中华流行病学杂志，2023，44（9）：1335-1337.

［9］ 中华人民共和国. 中华人民共和国食品安全法. 北京：法律出版社，2015.

［10］ BOUILLON R，MARCOCCI C，CARMELIET G，et al. Skeletal and Extraskeletal Actions of Vitamin D：Current Evidence and Outstanding Questions. Endocr Rev，2019，40（4）：1109-1151.

［11］ WHO. Carbohydrate intake for adults and children：WHO guideline. 2023.

［12］ National Institute of Health. 2020—2030 Strategic Plan for NIH Nutrition Research［EB/OL］. Washington，2020.

［13］ FERGUSON L R，DE CATATERINA R，GöRMAN U，et al. Guide and Position of the International Society of Nutrigenetics/Nutrigenomics on Personalised Nutrition：Part 1-Fields of Precision Nutrition. Journal of Nutrigenetics and Nutrigenomics，2016，9（1）：12-27.

［14］ MANN J，CUMMINGS JH，ENGLYST HN，et al. FAO/WHO scientific update on carbohydrates in human nutrition：conclusions. European Journal of Clinical Nutrition，2007，61 Suppl 1：S132-S137.

［15］ Human energy requirements：report of a joint FAO/ WHO/UNU Expert Consultation. Food and Nutrition Bulletin，2005，26（1）：166.

［16］ SPEAKMAN JR，YAMADA Y，SAGAYAMA H，et al. A standard calculation methodology for human doubly labeled water studies. Cell Reports. Medicine，2021，2（2）：100203.

［17］ KRUMBIEGEL P. Assessment of body composition and total energy expenditure in humans using stable isotope techniques：IAEA Human Health Series No. 3. Isotopes in Environmental and Health Studies，2010，46（4）：508-509.

［18］ Weir J B DE B. New methods for calculating metabolic rate with special reference to protein metabolism. The Journal of Physiology，1949，109（1-2）：1-9.

［19］ UPAGANLAWAR AB，WANKHEDE NL，KALE MB，et al. Interweaving epilepsy and neurodegeneration：Vitamin E as a treatment approach. Biomedicine & Pharmacotherapy=Biomedecine & Pharmacotherapie，2021，143：112146.

［20］ MAUGHAN RJ，BURKE LM，DVORAK J，et al. IOC consensus statement：dietary supplements and the high-performance athlete. Br J Sports Med. 2018 Apr；52（7）：439-455.

附　录

附表 1　中国居民膳食能量和蛋白质的 DRIs 及脂肪供能比

人群	能量/(MJ/d) EER						能量/(kcal/d) EER						蛋白质 RNI		脂肪占能量百分比/%
	男			女			男			女			男	女	
	PAL(Ⅰ)	PAL(Ⅱ)	PAL(Ⅲ)	PAL(Ⅰ)	PAL(Ⅱ)	PAL(Ⅲ)	PAL(Ⅰ)	PAL(Ⅱ)	PAL(Ⅲ)	PAL(Ⅰ)	PAL(Ⅱ)	PAL(Ⅲ)			
0岁~	–	0.38MJ/(kg·d)	–	–	0.38MJ/(kg·d)	–	–	90kcal/(kg·d)	–	–	90kcal/(kg·d)	–	9(AI)	9(AI)	48(AI)
0.5岁~	–	0.31MJ/(kg·d)	–	–	0.31MJ/(kg·d)	–	–	75kcal/(kg·d)	–	–	75kcal/(kg·d)	–	17(AI)	17(AI)	40(AI)
1岁~	–	3.77	–	–	3.35	–	–	900	–	–	800	–	25	25	35(AI)
2岁~	–	4.60	–	–	4.18	–	–	1100	–	–	1000	–	25	25	35(AI)
3岁~	–	5.23	–	–	4.81	–	–	1250	–	–	1150	–	30	30	–
4岁~	–	5.44	–	–	5.23	–	–	1300	–	–	1250	–	30	30	–
5岁~	–	5.86	–	–	5.44	–	–	1400	–	–	1300	–	30	30	–
6岁~	5.86	6.69	7.53	5.44	6.07	6.90	1400	1600	1800	1300	1450	1650	35	35	–
7岁~	6.28	7.11	7.95	5.65	6.49	7.32	1500	1700	1900	1350	1550	1750	40	40	–
8岁~	6.69	7.74	8.79	6.07	7.11	7.95	1600	1850	2100	1450	1700	1900	40	40	–
9岁~	7.11	8.16	9.20	6.49	7.53	8.37	1700	1950	2200	1550	1800	2000	45	45	–
10岁~	7.53	8.58	9.62	6.90	7.95	8.79	1800	2050	2300	1650	1900	2100	50	50	–
11岁~	7.95	9.20	10.25	7.32	8.37	9.41	1900	2200	2450	1750	2000	2250	55	55	–
12岁~	9.62	10.88	12.13	8.16	9.20	10.25	2300	2600	2900	1950	2200	2450	70	60	–

人群	能量/(MJ/d) 男			能量/(MJ/d) 女			能量/(kcal/d) 男			能量/(kcal/d) 女			蛋白质 RNI 男	蛋白质 RNI 女	脂肪占能量百分比/%
	PAL(I)	PAL(II)	PAL(III)	PAL(I)	PAL(II)	PAL(III)	PAL(I)	PAL(II)	PAL(III)	PAL(I)	PAL(II)	PAL(III)			
15岁~	10.88	12.34	13.81	8.79	9.83	11.09	2 600	2 950	3 300	2 100	2 350	2 650	75	60	-
18岁~	9.00	10.67	12.55	7.11	8.79	10.25	2 150	2 550	3 000	1 700	2 100	2 450	65	55	-
30岁~	8.58	10.46	12.34	7.11	8.58	10.04	2 050	2 500	2 950	1 700	2 050	2 400	65	55	-
50岁~	8.16	10.04	11.72	6.69	8.16	9.62	1 950	2 400	2 800	1 600	1 950	2 300	65	55	-
65岁~	7.95	9.62	-	6.49	7.74	-	1 900	2 300	-	1 550	1 850	-	72	62	-
75岁~	7.53	9.20	-	6.28	7.32	-	1 800	2 200	-	1 500	1 750	-	72	62	20~30
孕妇(早)	-	-	-	+0	+0	+0	-	-	-	+0	+0	+0	-	+0	20~30
孕妇(中)	-	-	-	+1.05	+1.05	+1.05	-	-	-	+250	+250	+250	-	+15	20~30
孕妇(晚)	-	-	-	+1.67	+1.67	+1.67	-	-	-	+400	+400	+400	-	+30	20~30
乳母	-	-	-	+1.67	+1.67	+1.67	-	-	-	+400	+400	+400	-	+25	20~30

注：PAL为身体活动水平，Ⅰ为低强度身体活动水平，Ⅱ为中等强度身体活动水平，Ⅲ为高强度身体活动水平。
未制定参考值者用"-"表示。
"+"表示在相应年龄阶段的成年女性需要量基础上增加的需要量。

附表 2　中国居民膳食常量元素和微量元素的 DRIs

人群	钙 mg/d RNI/AI	钙 UL	磷 mg/d RNI	磷 UL	钾 mg/d AI	钾 PI-NCD	钠 mg/d AI	钠 PI-NCD	镁 mg/d RNI/AI	氯 mg/d AI	铁 mg/d RNI 男女	铁 AI	铁 UL	碘 μg/d RNI/AI	碘 UL	锌 mg/d RNI 男女	锌 AI	锌 UL	硒 μg/d RNI/AI	硒 UL	铜 mg/d RNI/AI	铜 UL	氟 mg/d AI	氟 UL	铬 μg/d AI 男女	铬 UL	锰 mg/d AI 男女	锰 UL	钼 μg/d RNI/AI	钼 UL
0岁~	200 (AI)	1 000	105 (AI)	-	400	-	80	-	20 (AI)	120	-	0.3 (AI)	-	85 (AI)	-	1.5 (AI)	-	-	15 (AI)	-	0.3 (AI)	-	0.01	-	0.2	-	0.01	-	3 (AI)	-
0.5岁~	350 (AI)	1 500	180 (AI)	-	600	-	180	-	65 (AI)	450	10	-	-	115 (AI)	-	3.2	-	-	20 (AI)	-	0.3 (AI)	-	0.23	-	5.0	-	0.7	-	6 (AI)	-

人群	钙 RNI/AI (mg/d)	钙 UL	磷 RNI (mg/d)	磷 UL	钾 AI (mg/d)	钾 PI-NCD	钠 AI (mg/d)	钠 PI-NCD	镁 RNI (mg/d)	氯 AI (mg/d)	铁 RNI 男 (mg/d)	铁 RNI 女	铁 UL	碘 RNI (μg/d)	碘 UL	锌 RNI 男 (mg/d)	锌 RNI 女	锌 UL	硒 RNI (μg/d)	硒 UL	铜 RNI (mg/d)	铜 UL	氟 AI (mg/d)	氟 UL	铬 AI 男 (μg/d)	铬 AI 女	锰 AI 男 (mg/d)	锰 AI 女	锰 UL	钼 RNI (μg/d)	钼 UL
1岁~	500	1 500	300	–	900	–	500	–	140	800	10	10	25	90	–	4.0	4.0	9	25	80	0.3	2	0.6	0.8	15	15	2.0	1.5	–	10	200
2岁~	–	–	–	–	–	–	600	–	–	900	–	–	–	–	–	–	–	–	–	–	–	–	–	–	–	–	–	–	–	–	–
3岁~	–	–	–	–	–	–	700	–	–	1 100	–	–	–	–	–	–	–	–	–	–	–	–	–	–	–	–	–	–	–	–	–
4岁~	600	2 000	350	–	1 100	1 800	800	≤1 000	160	1 200	10	10	30	90	200	5.5	5.5	13	30	120	0.4	3	0.7	1.1	15	15	2.0	2.0	3.5	12	300
7岁~	800	2 000	440	–	1 300	2 200	900	≤1 200	200	1 400	12	12	35	90	250	7.0	7.0	21	40	150	0.5	3	0.9	1.5	20	20	2.5	2.5	5.0	15	400
9岁~	1 000	2 000	550	–	1 600	2 800	1 100	≤1 500	250	1 700	16	16	35	90	250	7.0	7.0	24	45	200	0.6	5	1.1	2.0	25	25	3.0	3.0	6.5	20	500
12岁~	1 000	2 000	700	–	1 800	3 200	1 400	≤1 900	320	2 200	16	18	40	110	300	8.5	7.5	32	60	300	0.7	6	1.4	2.4	33	30	4.5	4.5	9.0	25	700
15岁~	1 000	2 000	720	–	2 000	3 600	1 600	≤2 100	330	2 500	16	18	40	120	500	11.5	8.0	37	60	350	0.8	7	1.5	3.5	35	30	5.0	5.0	10	25	800
18岁~	800	2 000	720	3 500	2 000	3 600	1 500	≤2 000	330	2 300	12	18	42	120	600	12.0	8.5	40	60	400	0.8	8	1.5	3.5	35	30	4.0	4.0	11	25	900
30岁~	800	2 000	710	3 500	2 000	3 600	1 500	≤2 000	320	2 300	12	18	42	120	600	12.0	8.5	40	60	400	0.8	8	1.5	3.5	35	30	4.0	4.0	11	25	900
50岁~	800	2 000	710	3 500	2 000	3 600	1 500	≤2 000	320	2 300	12	10[a] / 18[b]	42	120	600	12.0	8.5	40	60	400	0.8	8	1.5	3.5	30	25	4.0	4.0	11	25	900
65岁~	800	2 000	680	3 000	2 000	3 600	1 400	≤1 900	310	2 200	12	10	42	120	600	12.0	8.5	40	60	400	0.8	8	1.5	3.5	30	25	4.0	4.0	11	25	900
75岁~	800	2 000	680	3 000	2 000	3 600	1 400	≤1 800	300	2 200	12	10	42	120	600	12.0	8.5	40	60	400	0.7	8	1.5	3.5	30	25	4.0	4.0	11	25	900
孕妇(早)	+0	2 000	+0	3 500	+0	+0	+0	+0	+40	+0	–	+0	42	+110	500	–	+2.0	40	+5	400	+0.1	8	+0	3.5	–	+0	–	+0	11	+0	900
孕妇(中)	+0	2 000	+0	3 500	+0	+0	+0	+0	+40	+0	–	+7	42	+110	500	–	+2.0	40	+5	400	+0.1	8	+0	3.5	–	+3	–	+0	11	+0	900
孕妇(晚)	+0	2 000	+0	3 500	+0	+0	+0	+0	+40	+0	–	+11	42	+110	500	–	+2.0	40	+5	400	+0.1	8	+0	3.5	–	+5	–	+0	11	+0	900
乳母	+0	2 000	+0	3 500	+0	+0	+0	+0	+0	+0	–	+6	42	+120	500	–	+4.5	40	+18	400	+0.7	8	+0	3.5	–	+5	–	+0.2	11	+5	900

注：未制定参考值者用"–"表示。
"+"表示在相应年龄阶段的成年女性需要量基础上增加的需要量。
a 无月经；b 有月经。

附录

附表3 中国居民膳食维生素的DRIs

人群	维生素A μgRAE/d RNI 男	RNI 女	UL	维生素D μg/d RNI	UL	维生素E mgα-TE/d AI	UL	维生素K μg/d AI	维生素B$_1$ mg/d RNI 男	RNI 女	维生素B$_2$ mg/d RNI 男	RNI 女	维生素B$_6$ mg/d RNI	UL	维生素B$_{12}$ μg/d RNI	叶酸 μgDFE/d RNI	UL	烟酸 mgNE/d RNI 男	RNI 女	UL	泛酸 mg/d AI	胆碱 mg/d AI 男	AI 女	UL	生物素 μg/d AI	维生素C mg/d RNI	PI-NCD	UL
0岁~	300 (AI)		600	10 (AI)	20	3	–	2	0.1 (AI)		0.4 (AI)		0.1 (AI)	–	0.3 (AI)	65 (AI)	–	1 (AI)		–	1.7	120		–	5	40 (AI)	–	–
0.5岁~	350 (AI)		600	10 (AI)	20	4	–	10	0.3 (AI)		0.6 (AI)		0.3 (AI)	–	0.6 (AI)	100 (AI)	–	2 (AI)		–	1.9	140		–	10	40 (AI)	–	–
1岁~	340	330	700	10	20	6	150	30	0.6		0.7	0.6	0.6	20	1.0	160	300	6	5	11	2.1	170		1 000	17	40	–	400
4岁~	390	380	1 000	10	30	7	200	40	0.9		0.9	0.8	0.7	25	1.2	190	400	7	6	15	2.5	200		1 000	20	50	–	600
7岁~	430	390	1 300	10	45	9	300	50	1.0	0.9	1.0	0.9	0.8	32	1.4	240	500	9	8	19	3.1	250		2 000	25	60	–	800
9岁~	560	540	1 800	10	45	11	400	60	1.1	1.0	1.1	1.0	1.0	40	1.8	290	650	10	10	23	3.8	300		2 000	30	75	–	1 100
12岁~	780	730	2 400	10	50	13	500	70	1.4	1.2	1.4	1.2	1.3	50	2.0	370	800	13	12	30	4.9	380		2 000	35	95	–	1 600
15岁~	810	670	2 800	10	50	14	600	75	1.6	1.3	1.6	1.2	1.4	55	2.5	400	900	15	12	33	5.0	450	380	2 500	40	100	–	1 800
18岁~	770	660	3 000	10	50	14	700	80	1.4	1.2	1.4	1.2	1.4	60	2.4	400	1 000	15	12	35	5.0	450	380	3 000	40	100	200	2 000
30岁~	770	660	3 000	10	50	14	700	80	1.4	1.2	1.4	1.2	1.4	60	2.4	400	1 000	15	12	35	5.0	450	380	3 000	40	100	200	2 000
50岁~	750	660	3 000	10	50	14	700	80	1.4	1.2	1.4	1.2	1.6	55	2.4	400	1 000	15	12	35	5.0	450	380	3 000	40	100	200	2 000
65岁~	730	640	3 000	15	50	14	700	80	1.4	1.2	1.4	1.2	1.6	55	2.4	400	1 000	15	12	35	5.0	450	380	3 000	40	100	200	2 000
75岁~	710	600	3 000	15	50	14	700	80	1.4	1.2	1.4	1.2	1.6	55	2.4	400	1 000	15	12	35	5.0	450	380	3 000	40	100	200	2 000
孕妇(早)	–	+0	3 000	+0	50	+0	700	+0	–	0	–	+0	+0.8	60	+0.5	+200	1 000	–	+0	35	+1.0	–	+80	3 000	+10	+0	+0	2 000
孕妇(中)	–	+70	3 000	+0	50	+0	700	+0	–	+0.2	–	+0.1	+0.8	60	+0.5	+200	1 000	–	+0	35	+1.0	–	+80	3 000	+10	+15	+0	2 000
孕妇(晚)	–	+70	3 000	+0	50	+0	700	+0	–	+0.3	–	+0.2	+0.8	60	+0.5	+200	1 000	–	+0	35	+1.0	–	+80	3 000	+10	+15	+0	2 000
乳母	–	+600	3 000	+0	50	+3	700	+5	–	+0.3	–	+0.5	+0.3	60	+0.8	+150	1 000	–	+4	35	+2.0	–	+120	3 000	+10	+50	+0	2 000

注：未制定参考值者用"–"表示。

"+"表示在相应年龄阶段的成年女性需要量基础上增加的需要量。

中英文名词对照索引